서비스 고객의 심리와 행동

Service Customers' Psychology & Behavior

이화인 저

기문사
KIMOONSA
www.kimoonsa.co.kr

머리말

소비자행동에서 서비스가 차지하는 비중은 참으로 크다. 외식, 여가, 교육, 금융, 의료, 유통, 교통, 통신 등 소비자는 매일 다양한 형태의 서비스를 구매하고 이용하며 살아간다. 또한 유형제품의 경우에도 신속한 배송과 A/S 등 관련 서비스를 소비자에게 제공해야 경쟁우위를 확보할 수 있다. 즉 서비스는 소비자행동을 이해하고 예측함에 있어 중요한 일부분을 차지하게 된 것이다.

이 책은 서비스와 관련된 소비자의 심리와 행동을 체계적으로 설명하고 관련 이론과 사례들을 제시하고자 한다. 소비자행동에 관한 서적들이 서점에 다수 나와 있지만 서비스 고객의 심리와 행동에 초점을 맞춘 책은 찾아보기 어렵다. 따라서 소비자행동을 전공하고 다년간 호텔서비스 고객행동 분야의 연구와 강의를 해온 저자는 그동안 축적해온 강의노트를 바탕으로 이 책을 집필하게 된 것이다. 최근의 소비자행동 연구 분야의 흐름을 반영하는 동시에 서비스 고객 심리와 행동의 특수성을 충실히 소개하고자 하는 것이 저자가 이 책을 쓰면서 설정한 목표이다.

저자가 이 책을 쓰는 과정에서 고민한 부분은 서비스 고객 행동 관련 연구들만 소개할 것인가, 아니면 소비자행동론 전반에 등장하는 이론들을 폭넓게 다룰 것인가 하는 문제였다. 결론적으로 저자는 후자를 택하였다. 왜냐하면 서비스 고객 행동 관련 연구가 최근에 활발히 진행되었다고는 하나 아직 일반 소비자행동론에서 수행된 광범위한 스펙트럼의 연구주제들을 포함할 만큼 연구의 축적이 이루어지지는 않았기 때문이다. 따라서 이 책은 소비자행동론의 기본 이론들을 우선 충실히 설명하고 이에 관한 서비스 고객의 사례를 제시하는 방식을 채택하였다. 소비자행동론의 다양한 영역을 접해보는 것이 서비스 고객 행동을 공부하고자 하는 학생들에게 기초지식을 쌓고 적용능력을 키우는데 도움이 될 것이라는 저자의 판단이다.

이 책은 독자가 쉽게 이해할 수 있도록 다양한 예와 함께 소비자행동 이론들을 설명하였다. 또한 각 장에 소개된 소비자행동의 이론적 틀을 토대로 서비스마케팅 전략들을 제안하였다. 이 책의 내용은 수많은 소비자연구들의 결과에 기초한다. 지면을 줄이기 위해 본문에 일일이 인용하지 못하였으므로, 인용논문들을 확인하기 위해서는 이 책 맨 뒤의 참고문헌 목록을 참고하기 바란다.

이 책의 출판을 장려해주시고 여러모로 도움을 아끼지 않으신 기문사 한인환 사장님과 편집위원님들께 감사의 말씀을 드리고 싶다. 특유의 낙천적인 성격과 너그러움으로 늘 나에게 많은 웃음과 위로를 주는 남편에게 고마운 마음과 사랑을 보낸다.

이화인

차례

제6장 | 서비스 고객의 태도 • 177

제12장 | 준거집단과 구전 커뮤니케이션 • 399

제1장

서비스와 소비자

제1장

“서비스와 소비자”

1 소비자 생활 속의 서비스

소비자 A씨의 생활을 들여다보자. 그는 아침에 일어나서 버스와 지하철을 타고 직장에 간다. 회사 앞 빵집에서 아침세트 메뉴를 사가지고 사무실에 들어가서 간단히 아침을 먹는다. 점심시간이 되자 그는 동료들과 함께 회사 근처 식당에서 점심식사를 하고 커피전문점에서 커피를 사 마신다. 회사에서는 스마트폰으로 집에 택배가 배달되었다는 문자를 확인하고, 상사가 보지 않을 때 짬짬이 주식가격도 체크한다. 이동통신 서비스가 없었던 시대를 그는 상상조차 할 수 없다. 퇴근 후 그는 영어학원에 가서 회화와 문법을 공부하고, 저녁에 집에 돌아와서는 인터넷을 하며 뉴스도 보고 인터넷 쇼핑도 한다. 주말이 되자 그는 여자친구를 만나 백화점도 들러보고, 패밀리 레스토랑에서 식사를 한 후 함께 극장에 가서 영화를 본다. 이발소에 가서 머리도 자르고, 더러워진 재킷과 셔츠는 세탁소에 맡기며, 치과에 가서 스케일링도 받고 온다. 여름휴가철에 그는 렌트카를 빌려서 친구들과 동해안 여행을 다녀올 것이다. 겨울에는 스키여행을 계획하고 있다. 그는 몇 년 내에 여자친구와 멋진 호텔에서 결혼식을 올리고 해외로 신혼여행을 다녀올 일을 꿈꾼다.

위의 예에 언급된 것들은 모두 서비스 상품들이다. 서비스는 이처럼 우리 생활 가운데 없어서는 안 될 부분들을 차지하고 있다. 외식, 교통, 교육, 금융, 통신, 의료, 여가 등 서비스가 사람들의 소비생활에서 차지하는 비중을 살펴보면, 서비스산업이 우리나라 GDP의 60퍼센트 (미국은 70%) 이상을 차지한다는 사실을 실감할 수 있다. 서비스란 무엇일까? 서비스란 소비자에게 효용을 제공하는 무형적 상품이나 경험을 의미하는 것으로, 서비스의 개념에는 상품 판매와 연계하여 소비자에게 제공되는 모든 활동과 편익이 포함된다. 편리성과 쾌락성, 다양성을 추구하는 현대사회 소비자에게 서비스 상품에 대한 니즈와 의존도는 갈수록 높아지는 추세이다.

소비생활에 있어 서비스가 차지하는 규모와 중요성이 커짐에 따라 새로운 유형의 서비스가 계속 탄생하고 있으며 서비스 기업의 경쟁 또한 갈수록 치열해지고 있다. 경영 컨설팅, 기술자문, 법률 등과 같은 전문서비스에 대한 수요도 큰 폭으로 증가하여 전문 서비스 분야의 경쟁 또한 심화되고 있다. 생활경제의 성숙과 함께 소비자의 서비스 욕구는 다양화, 고급화되고 서비스에 대한 기대수준은 갈수록 높아진다. 이와 같은 서비스시장 환경에서 소비자를 보다 잘 이해하고 이들의 니즈를 충족시키는 일은 서비스 기업에게 선택이 아닌 필수요건이 되었다.

'초일류 서비스 기업의 조건'(Discovering the Soul of Service)의 저자 Leonard L. Berry는 고객에 대한 지속적 학습이 서비스 기업의 경쟁우위의 기반이 된다고 말하였다. 초일류 서비스 기업은 언제나 고객에게 귀를 기울이고, 끊임없이 고객으로부터 배우며, 고객으로부터 아이디어를 얻는다. 고객에 대해 잘 알고 있는 기업은 고객과의 관계형성 및 유지에 선도적 위치를 가지게 되며, 고객의 니즈와 심리에 대한 정보를 바탕으로 기업이 의도하는 방향으로 고객행동을 유도할 수 있다.

2 서비스의 특성

Shostack가 서비스를 위한 마케팅은 일반 유형 제품 마케팅에서 탈출해야 한다고 역설한 이후 많은 연구들이 서비스와 서비스 고객을 초점으로 하여 실시되어 왔다. 서비스마케팅 연구의 기본 가정은 서비스가 유형 제품과 근본적인 차이가 있으므로 별도의 개념으로 다루어져야 한다는 것이다. 서비스가 갖는 고유한 특성은 다음과 같은 네 가지 요인으로 요약될 수 있다. 이 네 가지 특성은 영문 앞 글자를 따서 '4 I's'라고도 한다.

1. 무형성(Intangibility)

서비스의 가장 두드러진 특성은 손에 잡히지 않는다는 것이다. 서비스는 점포에 진열할 수 없고 그 품질을 단시간에 눈으로 확인할 수도 없다. 서비스란 가시화될 수 없는 성과나 행동, 또는 어떤 편익이 전달되는 과정 그 자체로써, 구매 전에 시용하기 힘들다는 특징이 있다. 즉 소비자가 직접 경험하지 않으면 그 가치와 품질을 평가하기 어렵다.

그런데 상품은 유형 혹은 무형으로 이분되기보다는 정도의 차이로 이해될 필요가 있다. 많은 서비스에는 어느 정도의 유형재가 포함되는 까닭이다. 즉 유형재와 서비스의 차이는 형태의 유무로 구분되는 것이 아니라 정도의 문제라고 볼 수 있다. 예컨대 외식서비스는 유형적 요인(음식)이 중요한 부분이 되는 반면, 교육서비스나 컨설팅서비스는 소비자가 무형적 가치를 획득할 뿐 가시적으로 드러나는 유형적 실체가 거의 없다. Shostack은 상품의 유형성/무형성에 따라 상품의 시장실체성(market entities)을 [그림 1-1]과 같이 정렬하였다.

[그림 1-1] 유형-무형성의 연속성

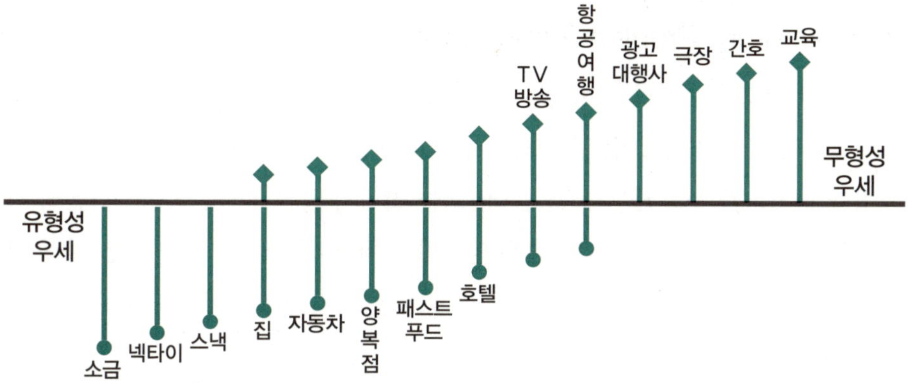

2. 비분리성(Inseparability)

유형 제품은 생산 후 구매와 소비가 뒤따르는 반면, 서비스는 보통 구매결정이 이루어진 후 생산과 소비가 동시에 일어난다. 즉 생산과 소비가 시간적으로 분리되지 않는다. 따라서 비분리성은 '동시성(simultaneity)'이라고 일컬어지기도 한다. 서비스의 비분리성은 소비자로 하여금 종종 서비스의 생산과 공급에 참여하도록 만든다. 고객은 서비스의 생산에 직접 참여해야 하며, 서비스가 제대로 전달되도록 도와야 자신이 원하는 서비스를 경험할 수 있다. 유형 제품의 경우에는 제조과정에서 제품의 가치가 결정되지만 서비스는 비분리성이라는 특성 때문에 구매자가 직접 서비스생산 및 인도과정에 참여하여 판매자나 서비스종사원과 성공적으로 상호작용할 때 비로소 효용이 창출된다.

3. 이질성(Inconsistency/Heterogeneity)

서비스는 주로 사람이 제공하는 것이기 때문에 그 품질을 일정 수준으로 통제하고 표준화하기 어렵다. 이와 같은 이질성과 변동성은 서비스를 생산하고 인도하는 과정에 있어 다음과 같은 가변적 요소 때문에 발생한다. 첫째, 생산과 소비가 동시에 이루어지기 때문에 서비스가 고객에게 전달되기 전에 사전 품질관리가 불가능하다는 것이 그 원인이다. 둘째, 대부분의 서비스산업의 경우 수요의 굴곡이 심해 수요가 집중되는 피크시간에 서비스의 질을 유지하기가 어렵기 때문이다. 셋째, 서비스의 인적 요소이다. 서비스종사원에 따라 서비스의 질이 달라지기도 하며, 고객의 서비스 기대 차이로 인해 같은 수준의 서비스일지라도 그 품질이 다르게 지각된다.

4. 소멸성(Inventory Problem/Perishability)

서비스는 시간의 경과에 따라 소비되는 것이므로 보관하거나 저장할 수 없다. 서비스는 유형재화와는 달리 창고에 저장될 수 없으므로 시간 내에 판매되지 않으면 그 시간대에 얻을 수 있는 수익창출의 기회가 소멸된다. 예를 들어, 오늘 팔리지 않은 TV는 내일 얼마든지 판매할 수 있지만, 오늘 판매되지 않은 호텔 객실은 영원히 판매기회를 잃은 채 그 다음 날로 넘어가는 것이다. 소비자는 서비스가 생산되는 동안 그 효용을 경험하는 것이며, 서비스생산의 종료와 함께 이용권한이 소멸된다.

3 서비스의 분류

서비스 상품에는 어떠한 것들이 있을까? 소비자가 구매하고 이용하는 서비스에는 법률서비스처럼 전문적인 것에서부터 제공자의 특별한 전문지식이 필요하지 않은 서비스, 실용적 목적으로 구매되는 서비스와 쾌락적 목적으로 구매되는 서비스 등 지극히 다양한 것들이 존재한다. 서비스의 유형에 따라 소비자의 행동은 큰 차이를 나타낼 것이므로 일정 기준에 의해 서비스를 몇몇의 공통성이 있는 집단으로 세분화하여 그 종류와 특성에 맞는 상황적 접근을 하는 것이 필요하다. 체계적인 분류는 서비스의 광범위한 스펙트럼을 이해하는데 도움이 될 뿐 아니라 서비스 특성별 소비자 행동을 이해하고 그에 맞는 마케팅 전략을 세우는데 도움을 줄 것이다.

1. 서비스의 대상과 서비스 행위의 유/무형성에 의한 분류

Lovelock은 서비스를 제공받는 대상이 사람인지 사물인지, 그리고 서비스의 성격이 유형인지 무형인지에 따라 네 개의 범주로 서비스를 분류하였다. 서비스의 대상이 사물일 경우에는 서비스의 최종결과가 핵심이 되지만, 사람인 경우에는 서비스의 결과뿐 아니라 고객과 서비스제공자와의 인적 관계 및 상호작용, 그리고 서비스가 제공되는 과정이 중요성을 띄게 된다. 또한 서비스의 대상이 사람인 경우 고객은 서비스를 받기 위해 시스템 내에 있어야 하므로 물리적 환경의 중요성이 두드러진다. 서비스행위가 유형인 경우와 비교해서 무형인 경우는 서비스업체의 명성이 나 신용도가 소비자의 의사결정에 더욱 중요한 결정요인이 된다.

[표 1-1] **서비스의 대상과 서비스 행위의 유/무형성에 의한 분류**

서비스 행위	서비스의 대상	
	사 람(과정 중시)	사 물(결과 중시)
유형적	사람의 몸을 대상으로 제공되는 서비스 (예) 의료, 교통, 미용실, 헬스클럽, 호텔, 음식점	물리적 제품이나 소유물을 대상으로 하는 서비스 (예) 기계수리, 청소, 세탁, 화물운송
무형적	사람의 정신을 대상으로 제공되는 서비스 (예) 교육, 방송, 정보서비스, 경영컨설팅	무형자산을 대상으로 하는 서비스 (예) 은행, 법률상담, 회계, 보험, 증권

2. 서비스의 고객화 정도와 서비스 요원의 재량권에 의한 분류

서비스의 고객화(customization)란 고객의 개성과 욕구에 맞추어 서비스를 개별적으로 변화시킴을 말한다. 고객화는 서비스의 수준을 높이고 고객의 욕구를 충족시키는 효과가 있는 반면, 서비스 생산의 시간적, 재정적 비용을 증가시키고 서비스의 표준화에 어려움을 유발할 수 있다. 서비스의 고객화가 가능한 경우 서비스업체는 고객화에 따르는 수익과 비용 측면을 분석하여 고객화의 적정 수준을 결정하여야 한다. 서비스 요원이 자신이 제공하는 서비스에 대한 재량권의 정도 역시 서비스의 유형에 따라 다르게 나타난다. 서비스 요원의 재량권이 큰 경우 서비스 제공자가 능동적으로 의견을 제시하고 고객의 문제해결을 선도하는데 반해, 재량권이 약한 경우에는 고객의 요구에 따라 서비스가 제공된다.

[표 1-2] **서비스의 개별화 정도와 서비스 요원의 재량권에 의한 분류**

서비스 요원의 재량권	서비스의 개별화 정도	
	높다	낮다
크다	법률상담, 의료진단 및 외과수술, 건축디자인, 개인교사, 유학상담	학교교육, 학원, 예방의학
적다	이동통신 서비스, 고급 레스토랑, 일반금융거래, 호텔	대중교통, 영화관람, 스포츠 관람, 패스트푸드 레스토랑

3. 서비스 수요의 시간변동성과 공급의 수요적응성에 의한 분류

서비스에는 하루 중 시간, 혹은 계절에 따라 수요의 변동이 심한 것들이 있는가 하면 수요변동성이 낮은 것들도 있다. 전기, 가스, 이동통신 서비스 등은 수요의 시간변동성이 커도 공급이 이에 적응하는 능력이 큰데 반해, 식당, 극장, 호텔 등은 공급의 수요적응성이 현저히 떨어진다. 이와 같이, 수요의 시간변동성이 크고 공급의 수요적응성이 떨어질 때에는 적극적인 수요통제 노력이 요구된다.

[표 1-3] **서비스 수요의 시간변동성과 공급의 수요적응성에 의한 분류**

공급의 수요적응성	서비스 수요의 시간변동성	
	높다	낮다
높다	전기, 전화, 통신 서비스, 천연가스 공급서비스	보험, 법률상담, 은행, 세탁, 의료 서비스
낮다	회계, 여객수송, 극장, 음식점, 호텔	위 칸과 유사하나 서비스, 인력 및 시설이 부족한 경우

4. 서비스의 설비의존도와 인적요소 의존도에 의한 분류

서비스는 시설 · 설비의존도와 인적요소 의존도에 따라서 분류될 수 있다. 예를 들어, 지하철은 설비의존도가 높고 인적요소 의존도는 상대적으로 낮은 경우이다. 반대로 컨설팅 서비스는 설비의존도는 낮은 반면, 인적요소 의존도는 높다. 진행자 없이 음악만 틀어주는 라디오 방송은 양 측면의 의존도가 상대적으로 모두 낮으며, 고급 호텔은 설비의존도와 인적요소 의존도가 모두 높은 경우라고 볼 수 있다. 서비스의 설비의존도와 인적요소 의존도가 모두 높은 경우에는 시설관리 및 물리적 환경관리, 직원의 인적서비스 품질 관리가 중요한 과제가 된다.

[그림 1-2] 서비스의 설비의존도와 인적요소 의존도에 의한 분류

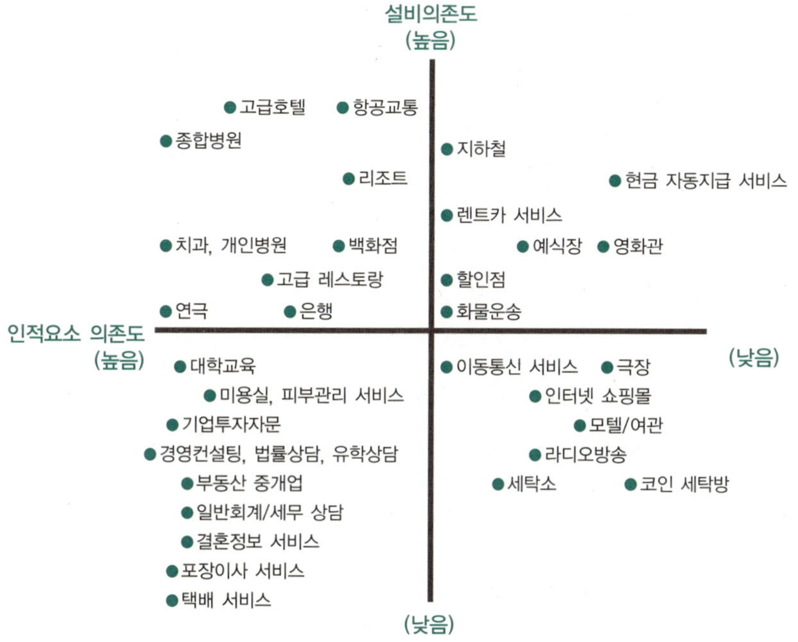

4 소비자행동 모델

소비자 학자들은 소비자들의 의사결정과정을 분석하고 소비자행동에 영향을 미치는 외적 요인과 내적 요인들을 발견하기 위해 많은 연구를 진행시켜 왔다. 소비자행동 이론은 소비자들이 왜 구매하고, 어떠한 과정을 거쳐 특정 브랜드의 선택에 이르며, 가격, 촉진활동 등 다양한 마케팅 자극들에 대해 어떠한 반응을 나타내는지를 이해하는 것에 초점을 둔다. 소비자행동론에서 다루어지는 내용들에 대한 윤곽을 파악하기 위해서는 종합적 소비자행동 모델을 살펴보는 것이 필요하다.

본서에서는 대표적인 소비자행동 모델인 Howard-Sheth 모델과 Engel-Blackwell-Miniard 모델을 소개한다.

1. Howard-Sheth 모델

Howard-Sheth 모델은 소비자 의사결정을 크게 본격적 의사결정, 제한된 의사결정, 일상

화된 의사결정, 이렇게 세 가지로 분류하고, 구매 전 혹은 구매과정에서 소비자행동에 영향을 미치는 변수들을 다음과 같은 영역으로 구분하고 있다.

1) **투입변수**(Input Variables)

투입변수에는 실체적 변수와 상징적 변수, 그리고 사회적 변수가 있는데, 이러한 변수들은 소비자들의 행동을 유발하는 자극변수의 역할을 한다.

2) **지각요인**(Perceptual Constructs)

지각구성요인은 소비자가 투입자극으로부터 오는 정보를 받아들이고 처리하는 과정을 의미한다. 예컨대, 자극의 모호성(stimulus ambiguity)은 입수된 정보의 의미가 명확하지 않을 경우 발생하며, 지각적 편향(perceptual bias)은 소비자가 입수된 정보를 자신의 기존 욕구나 경험에 따라 왜곡할 때 발생한다.

3) **학습요인**(Learning Constructs)

학습요인은 상품에 대한 소비자의 개념형성의 기능을 수행한다. 소비자학습에 관여하는 하부요인에는 소비자의 목표, 대안평가기준, 상표정보이해, 의도 등이 있다. Howard-Sheth 모델은 이러한 소비자 학습관련 요인들이 모델을 구성하는 타 개념들과 연결되어 변수들 간 상호작용을 한다고 제안한다.

4) **산출변수**(Output Variables)

산출변수는 투입변수와 소비자 개개인의 내생변수들(지각, 학습)의 상호작용 결과로 얻어지는 주의, 이해, 태도, 구매의도, 실제 구매행위 등을 의미한다.

5) **외생변수**(Exogenous Variables)

Howard & Sheth는 위에 제시된 요인들 외에도, 구매의 중요도, 소비자 개인 특성, 시간적 압력, 재정적 상황과 같은 외생변수들이 소비자행동에 관여한다고 제안한다.

[그림 1-3] Howard-Sheth 모델

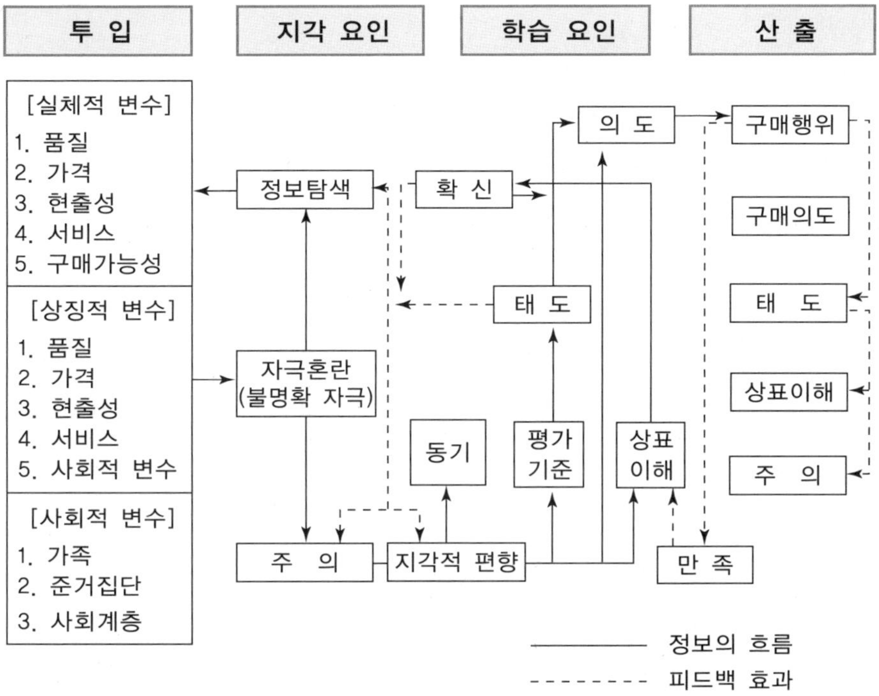

2. Engel-Blackwell-Miniard 모델

Engel-Blackwell-Miniard 모델은 소비자행동 관련 요인들을 투입영역, 정보처리, 의사결정 과정, 영향변수로 분류한다.

1) 투입영역(Input)

소비자행동을 유발하는 자극에는 크게 기업의 마케팅활동에서 발생하는 것과 기타 환경적 자극이 있을 수 있다. 전자에는 광고와 같은 기업 촉진활동이나 판매원과의 접촉 등이 해당되며, 후자에는 소비자가 우연히 노출되는 관련 정보나 타인의 소비생활 등이 해당된다.

2) 정보처리(Information Processing)

EBM 모델에 의하면, 정보처리는 다음과 같은 5가지 단계를 거쳐 이루어진다. 우선 외적 자극에 대한 노출(exposure)이 이루어진 후, 노출된 정보를 처리하기 위한 인지적 역량을 할당하는 주의(attention) 단계를 거치게 된다. 그 다음에는 투입된 정보를 나름대로 이해(comprehension)하여 소비자 자신에게 의미 있는 지식의 형태로 가공하고, 이렇게 가공된 지식이 자신의 욕구에 부합되면 이를 수용(acceptance)한 후 미래의 구매의사결정에 활용하기 위해 기억 속에 보유(retention)한다.

3) 의사결정 과정(Decision Process)

Engel-Blackwell-Miniard 모델의 중심부를 이루고 있는 의사결정 과정은 크게 6단계로 구성되어 있다. 욕구인식, 정보탐색, 대안평가, 구매, 소비/사용, 구매 후 평가의 여섯 단계이다.

4) 영향변수(Influencing Variables)

소비자 의사결정 과정에 영향을 주는 요인들에는 크게 환경적 요인과 개인적 요인이 있다. 환경적 요인은 문화, 사회계층, 가족, 상황 등의 변수들을 포함하고 있으며, 개인적 요인은 소비자 자원, 동기, 관여도, 지식, 태도, 개성, 가치, 생활양식 등을 포함한다.

[그림 1-4] EBM(Engle-Blackwell-Miniard) 모델

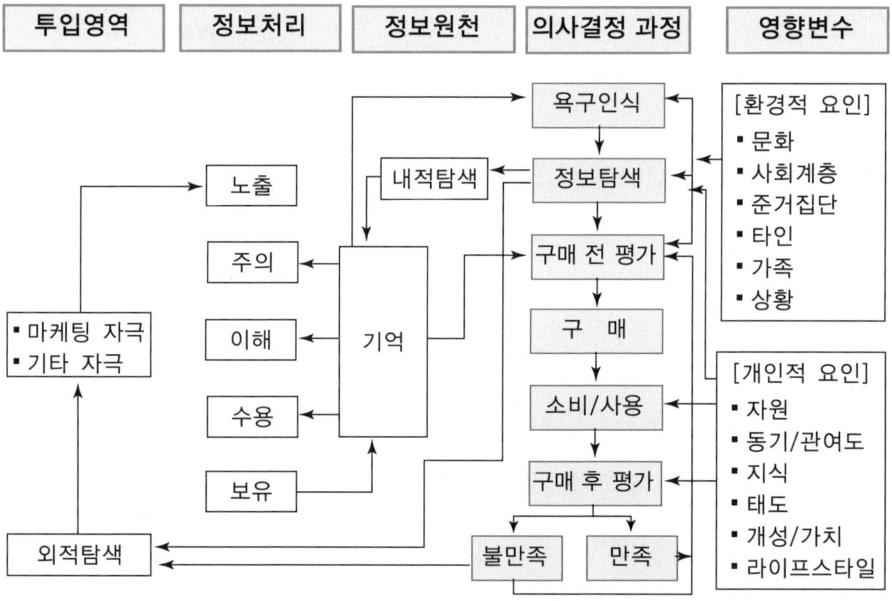

5 소비자행동 연구 방법

1. 연구디자인

1) 탐색적 연구

탐색적 연구(exploratory research)는 기존 선행연구에 연구의 기초가 될 만한 이론적 기반이 충분히 형성되어 있지 않은 경우 새로운 연구조사 영역을 개발하기 위해 시도되는 방법이다. 탐색적 연구는 가설을 도출하기 위한 기초 자료를 수집하는데 종종 그 목적이 있으며, 가설을 통계적으로 검증하는 것은 아니다. 탐색적 연구를 실시할 때 사용되는 방법에는 사례연구(case study)나 전문가 의견조사(expert survey), 심층면접(in-depth interview), 투사법(projective technique), 결정적 사건서술법(CIT: Critical Incident Technique) 등이 있다.

여기에서 투사법이란 응답자에게 어떤 상황을 제시하고 응답자가 그 상황에 대해 해석함으로써 응답자의 내면적 동기를 파악하는 방법이며, 결정적 사건서술법이란 응답자들로 하여금 해당 연구주제와 관련하여 본인이 경험한 특정 사건에 대해 서술하게 하고 그것을 바탕으로 소비자행동의 보편적 현상을 발견해내는 방법을 말한다.

2) 서술적 연구

서술적 연구(descriptive research)는 특정 소비자집단의 특징을 설명하거나 시장상황에 대한 분석을 할 때 종종 사용되는 방법이다. 예를 들면, 소비자의 서비스 이용 간에 따라 관계혜택 지각의 정도가 어떻게 달라지는가를 분석하는 연구가 서술적 연구이다. 서술적 연구는 대개 구체적인 가설을 기초로 하며 구조화된 조사분석을 한다는 점에서 탐색적 연구와는 차이가 있다. 서술적 연구는 보통 서베이를 통해 조사표본으로부터 자료를 수집하고 자료에 대한 실증분석을 토대로 결론을 도출한다.

3) 실험연구

실험연구(experiment)는 특정 변수들 간의 인과관계(causal relationship)를 규명하기 위해 연구자가 독립변수(혹은 원인변수)를 연구의도에 맞춰 조작하는 실험의 형태를 띤다. 실험연구에서는 독립변수가 종속변수(혹은 결과변수)에 어떠한 영향을 주는지를 가려내기 위하여, 연구자의 통제 하에 독립변수의 수준을 조작하고 외생변수의 잡음효과는 제거한다. 예를 들어, 외식고객의 레스토랑 내 체류시간에 미치는 배경음악 템포의 영향을 알기 위해서, 같은 장소, 같은 시간대에 각각 빠른 음악과 느린 음악을 틀어주며 그것이 테이블 회전율에 어떠한 영향을 미치는지를 분석하는 연구는 실험연구이다.

실험연구가 서술적 연구와 다른 점은, 실험연구에서는 연구자가 독립변수를 연구목적에 맞춰 조작한다는 것이다. 연구자는 조작점검(manipulation check)을 통해 독립변수의 조작이 성공적으로 이루어졌는지를 확인하고 독립변수에 따라 종속변수가 어떠한 방향으로 변화하는지를 분석한다.

2. 연구의 형태

1) 정성적 연구

정성적 연구(qualitative research)는 연구참여자와의 심층 인터뷰를 통해 거기서 어떠한 두드러지는 현상과 의미를 도출해내는 방법이다. 정성적 연구방법은 자연주의적, 해석적 연구방법이라고도 불리는 것으로, 총체적 시각을 가지고 특정 고객행동 이면의 동기와 주관적 의미들을 찾아내는데 그 초점을 둔다.

정성적 연구에는 상황에 의존하는 관찰 및 해석, 개방적이고 친밀한 대화를 통한 현상학적 인터뷰, 라이프히스토리 사례연구, 단계별로 거슬러 올라가며 고객행동의 심층적 원인을 찾아가는 래더링 기법 등이 사용된다. 정성적 연구는 정량적 연구에서 주로 사용되는 설문응답 항목들에 국한되지 않는 자유로운 응답을 이끌어낼 수 있다는 장점이 있다. 응답자들은 자신의 경험에 기초하여 자유롭게 개인적 진술을 하게 되는데, 그 진술내용은 녹취하였다가 여러 명의 전문가들이 그것을 듣고 의견을 종합하여 응답자의 진술로부터 의미 있는 현상들과 통찰력을 얻게 된다.

2) 정량적 연구

정량적 연구(quantitative research)는 다양한 외적 · 내적 영향요인들이 소비자의 행동 변수들과 어떠한 상호작용을 하는지를 계량적으로 분석하는 연구이다. 정량적 방법에서는 연구자가 조사 참여자들의 응답을 수집한 후 응답 자료를 통계적으로 분석하여 미리 세워둔 가설이 지지 혹은 기각되는지를 검증한다.

고객행동 연구의 틀을 구성하는 변수들에는 크게 독립변수, 종속변수, 매개변수, 조절변수가 있는데, 이러한 변수들 간의 관계는 [그림 1-5]와 같다.

[그림 1-5] 정량적 연구의 형태

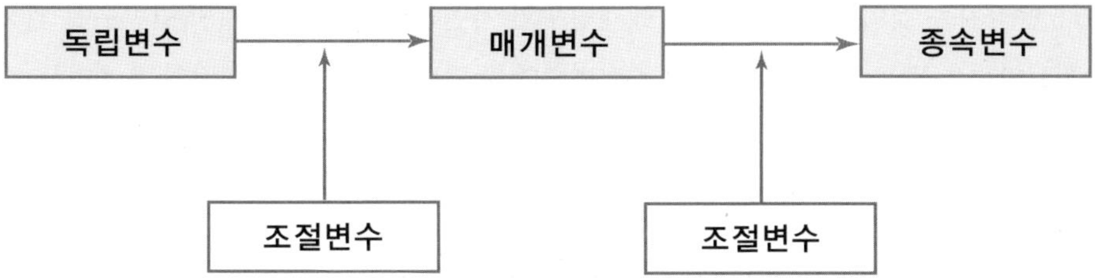

독립변수 독립변수(independent variable)란 원인변수라고도 하는 것으로, 독립적으로 존재하며 다른 변수에 영향을 미치는 변수이다. 예를 들어, 서비스 실패가 발생했을 때 서비스 회복 작업에 대한 고객의 공정성 지각이 고객의 재방문 의도에 미치는 영향을 알아보는 연구가 있다고 하자. 여기서 서비스 회복에 대한 고객의 공정성 지각은 독립변수이다.

종속변수 종속변수(dependent variable)는 독립변수에 의해 영향을 받는 변수이다. 앞의 예에서 고객의 재방문 의도는 종속변수이다. 독립변수인 회복공정성 지각의 정도에 따라 피동적으로 변화하는 변수이기 때문이다.

매개변수 매개변수(mediating variable)는 종속변수에 대한 독립변수의 영향을 매개하는 역할을 하는 변수로 '중재변수' 라고도 한다. 앞의 예에서 '서비스 회복에 대한 공정성 지각' (독립변수)과 '재방문 의도' (종속변수) 사이에는 '기업에 대한 신뢰' 라는 매개변수를 제시할 수 있다. 회복공정성을 지각하는 고객의 경우, 서비스 기업에 대한 신뢰도가 높아져 결국 재구매 의도가 발생된다는 논리이다. 독립변수와 종속변수 간에 통계적으로 유의한 직접 경로가 발견되지 않는 경우에는, 매개변수를 도입함으로써 간접 경로를 찾을 수 있다. 매개변수는 독립변수가 종속변수에 영향을 미치는 경로와 기제(mechanism)를 밝히는데 유용하게 사용된다.

조절변수 조절변수(moderating variable)는 독립변수의 효과가 발생하는데 그 영향력의 크기에 관여하는 제 3의 변수이다. 위에 제시된 예를 다시 한 번 사용해보자. '회복공정성 지각' 이 '서비스 기업에 대한 고객신뢰' 에 미치는 영향은 '서비스 실패의 심각성' 이라는 제 3의 변수에 의해 조절될 수 있다. 아무리 서비스회복이 철저하게 이루어져 회복공정성이 지각되었다 하더라도, 만약 애초에 발생한 서비스 실패가 핵심 서비스에 대한 심각한 결함이었다면, 기업에 대한 고객 신뢰는 형성되지 않을 개연성이 있다. 그러나 서비스 실패가 지엽적인 부분에서 발생된 사소한 것이었다면, 회복공정성 지각과 함께 기업에 대한 고객신뢰가 현저히 높아질 것이다. 즉 회복공정성 지각이 기업에 대한 신뢰에 미치는 영향의 크기는 조절변수인 서비스실패의 심각성에 따라 달라지는 것이다. 조절변수와 매개변수의 차이점은, 매개변수는 독립변수에 의해 피동적으로 영향을 받는 변수인데 반해, 조절변수와 독립변수는 서로 독립적인 관계라는 점이다.

6 서비스 소비자행동의 특성

서비스 상품에는 수없이 많은 유형들이 있어 서비스 소비자의 행동 특성을 일반화하기에는 어려움이 있다. 그러나 앞에서 설명한 서비스의 특성으로 인해 소비자가 유형 제품을 구매할 때와 무형 서비스의 구매할 때의 행동에는 차이점이 발견된다. 서비스 소비자행동의 특성은 다음과 같이 간추릴 수 있다.

첫째, 서비스는 구매, 이용, 평가가 동시에 발생하므로 구매의사결정 과정에 있어 소비자가 지각하는 위험도와 불확실성을 크게 발생시킨다. 이러한 서비스의 동시성 및 품질평가의 즉시성으로 인해 서비스 구매의사결정 과정은 유형 제품에 비해 종종 복잡성을 띄게 된다. 소비자는 구매의사결정을 내릴 때 서비스 그 자체의 속성 이외에 다른 많은 주변요인들에 의해서도 영향을 받는다. 예컨대 호텔객실을 예약할 때 소비자는 객실 외에도 호텔 주변의 환경, 교통접근성, 부대시설 서비스, 다른 이용고객들의 질 등 많은 주변요소들에 대해서도 주의를 기울일 것이다.

둘째, 소비자는 무형의 서비스를 구매할 때 비개인적인 원천보다 자신의 과거 경험이나 구전과 같은 개인적 원천(personal source)에 더욱 의존하는 경향이 있다. 따라서 서비스 마케터는 상업적 원천보다는 구전 커뮤니케이션을 활용하고 서비스 인카운터에서 고객 만족을 이루어 재구매 행동을 유도할 필요가 있다.

셋째, 서비스를 구매하는 경우 소비자의 대안 평가 과정에서 고려되는 대안의 수가 유형 제품을 구매하는 경우보다 종종 적게 나타난다. 일반적으로 서비스는 대안 평가가 용이하지 않기 때문에, 소비자들은 주변 사람들의 추천이나 기억에 저장된 정보를 바탕으로 몇몇 소수의 대안을 추려내고 그 중 한 업체를 선택한다. 예컨대 옷을 살 때는 수많은 점포를 방문하고 다양한 디자인을 비교한 후 구매결정을 내리지만, 피부관리 서비스를 받을 때는 보통 소수의 대안들을 비교한 후 의사결정이 이루어질 것이다.

넷째, 구매가 이루어질 때까지 직접 서비스의 질을 평가할 수 없으므로 소비자들은 종종 대안적인 품질 단서를 찾는다. 따라서 브랜드 이미지와 명성, 그리고 가격 정보의 영향력이 유형 제품과 비교하여 높은 수준으로 나타난다. 같은 지역에 여러 커피전문점이 있을 때 사람들이 이름 없는 곳은 종종 외면하고 '스타벅스'를 찾는 이유가 여기에 있다. 많은 외식 관련 서비스의 경우 브랜드의 가치표현적 의미와 사회적 요소가 중요하게 고려된다.

다섯째, 서비스 품질은 기능적(과정) 품질, 기술적(결과) 품질, 물리적 환경품질로 구성되는데, 서비스 지식과 경험이 적은 소비자일수록 기술적(결과) 품질과 물리적 환경품질의 영향을 많이 받는다. 그러나 서비스 경험이 풍부한 기존 고객은 기능적(과정) 품질을 더욱 중요하게 지각한다. 서비스 경험자의 경우, 기술적 품질이 일정 수준 이상이라면 기능적 품질에 따라 만족도와 태도가 결정되는 것이다. 이것은 곧 서비스 소비자에게 서비스의 결과 뿐 아니라 전달과정, 그리고 소비자-서비스직원의 상호작용이 중요함을 말해준다.

여섯째, 서비스 품질에 만족한 소비자는 유형 제품의 경우보다 상표전환이 낮은 수준으로 나타난다. 상표전환에 따른 위험과 비용을 높게 지각하는 까닭이다. 이것은 구매 전 서비스 품질 평가의 어려움에 따른 것인데, 소비자는 새로운 서비스 상품을 탐색하는 데 필요한 노력과 불확실성을 최소화하기 위해 신규 서비스 탐색을 포기하고 같은 서비스업체를 계속 이용하는 경향이 있다. 예를 들어, 소비자들은 마음에 드는 음식점이나 미장원이 있으면 반복 구매행동을 한다.

서비스 소비자의 행동이 일반 소비자행동과 본질적으로 다른 것은 아니다. 그러나 마케팅 관리자가 서비스 상품을 위한 효과적인 마케팅활동을 전개하기 위해서는 서비스 구매상황에서 소비자의 행동적, 심리적 특성을 고려할 필요가 있다. 이 책은 소비자행동론에서 다루어지는 다양한 주제들, 즉 소비자 의사결정 과정 및 외적, 내적 영향요인들, 그리고 소비자의 행동적, 심리적 반응을 서비스 소비자에 초점을 맞추어 체계적으로 논의하고자 한다. 본서에서 다루어지는 내용은 [그림 1-6]과 같다.

[그림 1-6] **본서의 구성**

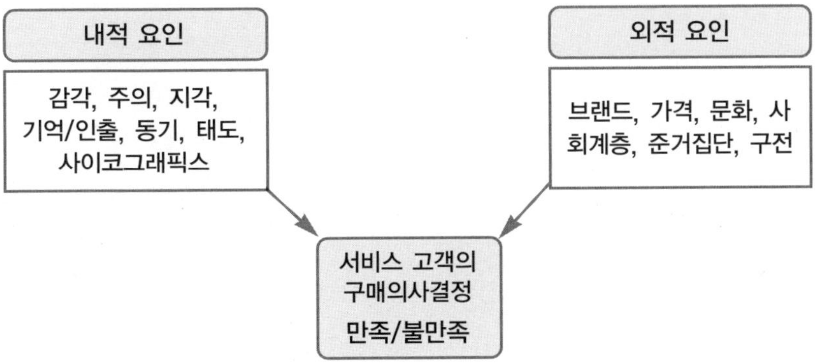

제2장

서비스 고객의 감각과 주의

[1] 서비스 고객의 정보처리

[2] 감각

1. 감각정보의 특성
2. 감각의 형태
   1) 시각　2) 청각
   3) 후각　4) 미각
   5) 촉각
3. 식역수준
   1) 절대식역　2) 차이식역
   3) 식역하 자극

[3] 주의

1. 소비자 주의의 특성
   1) 주의의 제한성　2) 주의의 선택성
   3) 주의의 가분성
2. 주의와 환기수준
3. 소비자 주의 증대방법
   1) 개인적 관련성이 있는 자극
   2) 두드러지는 자극
   3) 생생한 자극
   4) 즐거움을 주는 자극
4. 주의의 측정
   1) 구두측정법　2) 비구두측정법

제2장

서비스 고객의 감각과 주의

1 서비스 고객의 정보처리

소비자는 일상생활에서 다양한 상품, 광고, 간판, 브랜드명, 로고 등 수많은 마케팅 자극(marketing stimuli)에 노출된다. 이와 같은 마케팅 자극은 소비자가 구매의사결정에 활용할 수 있는 정보의 역할을 한다. 서비스 고객에게 마케팅 정보(marketing information)란 서비스 상품에 대한 속성 정보뿐 아니라, 서비스의 물리적 환경, 브랜드 로고, 서비스 종사원, 광고홍보 등 구매의도에 영향을 미치는 모든 마케팅 자극들을 포함한다. 서비스 마케터는 다양한 도구와 매체를 통해 소비자에게 정보를 제공하는데, 소비자는 마케팅 정보에 반복적으로 노출되면서 직간접적으로 서비스를 경험하고 평가하게 되는 것이다.

서비스 고객의 정보처리 과정(information processing)은 소비자가 마케팅 정보에 노출되고, 주의를 기울이며, 이해하고 인식하는 과정으로 정의될 수 있다. 서비스 기업은 자사가 희망하는 방향으로 고객이 정보처리를 하도록 다양한 마케팅 자극과 매력물들을 사용한다. 소비자 정보처리 과정은 다음과 같이 감각, 주의, 지각, 기억의 네 단계로 세분화될 수 있다.

첫째, 감각(sensation)이란 소비자가 외부자극에 노출될 때 그 자극을 감지하는 것을 의미한다. 소비자의 정보처리 과정은 소비자가 의도적이든, 비의도적이든 마케팅 자극에 선택적으로 노출되면서 시작된다. 감각기관을 통해 들어온 외부자극은 중앙신경계에 의해 전기화학적 자극으로 전환되어 뇌로 신호를 보내는데, 대부분의 감각정보는 매우 짧은 시간 동안만 감각기억에 저장된다.

둘째, 주의(attention)란 외부에서 유입된 정보 중 특정 정보에 선택적으로 개인의 정보처리 용량을 할당하는 것이다. 주의는 소비자가 자극의 원천 쪽으로 감각을 집중시키는 '지향반응

(orientation response)' 단계이다. 이 단계에서 소비자의 주의를 끌지 못한 마케팅 자극은 소비자의 감각기억에서 소멸되며, 주의를 기울인 정보에 대해서는 본격적인 정보처리가 시작된다.

셋째는 지각(perception) 단계이다. 주의를 통해 두뇌로 들어온 정보는 지각과정을 거치게 된다. 지각이란 유입된 정보를 주관적으로 해석하고 의미 있는 카테고리로 분류하며 머릿속에 구체적인 이미지를 구성하는 작업이다. 예를 들어, 외식 관련 잡지에 실린 A호텔의 브런치 메뉴 사진을 접한 두 사람이 있다고 하자(사진 참고). 한 사람은 주말에 가족과 함께 즐기기에 매우 적합하리라고 여기는 반면, 다른 사람은 한국인의 입맛에는 맞지 않는 메뉴라고 생각할 수 있다. 이와 같이 지각과정을 통해 형성된 이미지는 매우 주관적이며, 같은 사람이라 할지라도 때와 상황에 따라 달라질 수 있다.

네 번째 단계는 기억(memory)이다. 소비자는 지각과정을 통해 조직된 정보를 기억저장소에 보관하는데, 입력된 마케팅 정보들은 추후 필요와 인출단서에 따라 기억장치에서 불러내어 구매 의사결정에 사용한다.

이 책은 이와 같은 소비자 정보처리 과정을 차례대로 설명한다. 본 장에서는 소비자의 감각과 주의에 대해 서술하고, 제 3장에서는 지각 그리고 제 4장에서는 기억에 대해 차례로 다루기로 한다.

[그림 2-1] **서비스 고객의 정보처리 과정**

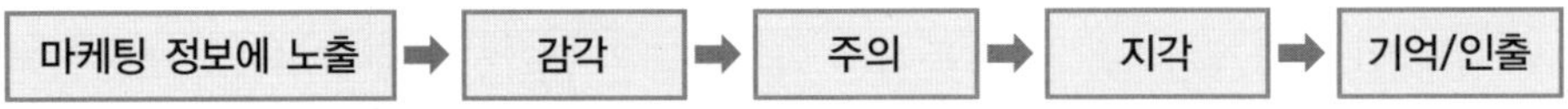

정보처리 과정은 크게 해석과정과 통합과정으로 나누어서 생각해볼 수 있다. 첫째, **해석과정**(interpretation process)은 외부정보의 유입 및 해석에 관한 것으로, 소비자들이 외부 마케팅 정보에 선택적으로 노출되고 주의를 기울이며 주관적으로 정보를 이해하고 신념을 형성하는

과정이다. 즉 정보노출 단계부터 지각단계까지가 여기에 포함된다. 둘째, **통합과정**(integration process)은 외부로부터 유입되는 정보를 기억장치 속에 있는 지식과 결합하는 과정이다. 새로운 정보를 소비자의 머리에 이미 입력되어 있는 관련정보와 통합시켜 서비스 상품에 대한 태도를 형성하고 구매의사결정에 활용하는 것이다.

2 감각

소비자가 마케팅 정보를 대하였을 때 이를 받아들이는 과정은 감각으로부터 시작된다. 어떤 정보도 인간의 감각기관을 거치지 않고는 두뇌에 입력될 수 없다. 시각, 청각 등의 감각기관은 보통 감각등록기(sensory register)라고 하는데, 외부 자극이 머무는 시간이 매우 짧으므로 기억이라고 칭하지 않고 등록기라 부르는 것이다.

사람들은 감각등록기에 얼마나 많은 정보를 얼마나 오랫동안 저장할 수 있을까? 이것을 알아내기 위해서 한 실험이 실시되었다. 슬라이드 영사기를 통해 글자나 그림을 0.05초 동안 보여주고 사람이 과연 한 번에 몇 개나 볼 수 있는지를 테스트한 결과, 몇 글자를 보여주든 간에 사람들은 보통 4~5 글자 이상을 보고하지 못하는 것으로 나타났다. 측정방법에 따라, 그리고 개인의 능력에 따라 달라질 수는 있겠지만, 이러한 실험결과는 감각등록기에 저장될 수 있는 정보의 양이 매우 제한적이라는 것을 말해준다.

감각등록기를 통한 외적 자극들로부터의 정보는 '**절약의 원칙**(law of parsimony)' 에 따라 처리된다. 사람들은 수없이 많은 감각정보 중에서 일부의 감각정보만을 제한적으로 선택하는 것이다. 감각등록기는 짧은 시간 동안에 가장 두드러진 자극만을 선택하여 기억구조와 연결시킨다.

1. 감각정보의 특성

외부 정보의 일차적 자극수용기관인 감각등록기는 정보처리 과정에 있어 다음과 같은 특성을 지니고 있다.

첫째, 외부자극의 일부분만이 뇌로 전달된다. 외부에서 유입된 정보와 인간의 감각기관을 통해 뇌로 전달된 정보는 일치하지 않는데, 이는 감각등록기가 일종의 여과 장치를 통해 정보의 일부분만을 선택적으로 뇌에 전달시키기 때문이다. 따라서 뇌에 전달된 정보는 외부 정보의 극히 일부분에 불과하며 개인에 의해 많은 부분이 삭제된 정보라고 할 수 있다.

둘째, 감각등록기에 등록된 정보는 극히 짧은 시간 동안만 존속한다. 감각등록기의 정보 저장 용량이 매우 제한적이기 때문에 즉각 처리되지 않은 많은 양의 정보는 곧 사라져 버린다. 주의를 기울이지 않은 상태에서 TV 광고에 노출된 소비자가 광고를 보는 중에는 영상과 소리를 감지하나 광고의 종료와 동시에 광고메시지가 무엇이었는지, 혹은 광고상품이 무엇이었는지조차 기억하지 못하는 것은 이 때문이다.

셋째, 외부세계에서 유입되는 감각정보는 왜곡된 형태로 처리될 가능성이 있다. 예컨대, 같은 시각적 자극이 주어진다 할지라도 그것을 보는 개인의 문화적 배경이나 경험, 그리고 시각 등에 따라 다른 형태로 보일 수 있다. 감각정보는 극히 단시간에 처리되므로 개인은 찰나에 유입되는 감각정보를 자신도 모르는 사이에 주관적으로 편집하게 된다.

2. 감각의 형태

인간의 감각기관에는 시각(visual), 청각(auditory), 미각(gustatory), 후각(olfactory), 촉각(tactile)의 다섯 가지가 있다.

이와 같은 오감은 각각 고유의 영역을 관장하지만, 때로는 하나의 감각이 또 하나의 감각을 불러오기도 한다. 음파가 귀에 자극될 때 색상을 느낀다거나, 후각과 함께 맛을 느끼는 것처럼 말이다. 사람들은 빨간색의 음식을 보면 맵다고 느끼고, 파란 색깔을 보면 차가운 느낌을 받는다. 소비자들은 청량음료에 노란색이 들어가면 레몬맛이 난다고 여기며, 색이 짙은 커피는 맛과 향도 강하다고 생각한다. 일례로, 밀러 하이 라이프(Miller High Life)는 소비자들이 다른 맥주에 비해 맛이 묽고 알코올도수가 낮은 것으로 인식하였는데, 이는 하이 라이프가 투명한 병에 담겨있기 때문이다. 이와 같은 감각 간의 상호작용 및 상호의존성은 **공감각**(synesthesia), 혹은 **감각전이 현상**(sensation transference)이라고 부른다.

인간의 5개 감각기관은 우리가 외부세계와 접촉하는 통로이다. 우리는 오감을 통해서 우리 주변의 세계를 파악하고 이해한다. 서비스 고객 역시 오감에 의존하여 마케팅 정보에 노출되고 서비스 상품에 대한 태도를 형성해간다. 따라서 서비스 기업은 서비스 전달 과정에서 고객의 오감이 모두 만족되었는지를 확인할 필요가 있다. 감각적 즐거움이 그 무엇보다도 강조되는 최근의 감각적 소비 트렌드에 따라, 서비스 마케터는 소비자의 오감을 적극적으로 활용하여 긍정적인 소비자 반응을 이끌어내기 위해 이 다섯 가지 감각을 효과적으로 자극해야 한다.

Marketing Highlight

■감각마케팅

감각이 발휘하는 힘은 매우 강력하다. 부지불식간에 인간의 행동과 감정을 지배하기 때문이다. 소비자는 자신도 모르는 사이에 특정 브랜드나 상품에 호의적인 반응을 나타내곤 하는데 이러한 소비자의 무의식을 지배하는 일차적 요소가 바로 '감각'이다. 감각마케팅(Sensory Marketing)이란 소비자의 오감을 자극하고 소비자의 감각을 기반으로 하여 호의적인 시장 반응을 이끌어내는 방법이다.

감각은 의식적 정보처리 과정이 진행되기 전에 먼저 우리의 뇌를 좌우한다. 뇌과학 및 신경생리학에서는 우리 인간이 사물에 대한 의식적 평가를 내리기 전에 감각을 통해 일차적 판단이 이루어진다는 사실을 밝혀냈다. 감각을 통해 뇌에 각인된 것은 쉽게 잊혀지지 않는다는 뇌과학의 연구 결과를 바탕으로, 마케터들은 이제 소비자의 오감을 사로잡는 자극들을 밝혀내고자 노력하고 있다. 인간은 자신의 감각에 충실하며 또 감각에 지배당할 수밖에 없다는 전제 하에, 감각마케팅은 소비자들이 어떤 자극에 어떠한 반응을 나타내는지, 또 어떤 자극을 좋아하고 혹은 싫어하는지를 분석하여 이를 마케팅의 도구로 사용한다.

고급 레스토랑에서 조용히 흐르는 음악, 서로 다른 색깔의 계절과일을 다채롭게 진열한 할인마트의 진열대, 그리고 스타벅스의 실내 장식과 은은한 커피 향은 모두 오감의 위력을 적절히 이용한 마케팅 전략이다. 소비자들로 하여금 백화점의 시식코너에서 맛을 보게 하는 체험마케팅 또한 감각마케팅의 일종이다. 시각적 자극을 이용한 컬러마케팅, 브랜드의 이미지와 어울리는 음악을 오프라인 매장과 온라인 웹사이트에서 틀어줌으로써 브랜드에 대한 감성적 이미지를 형성시키는 소리마케팅, 그리고 향기로 매장의 무드를 조성하는 향기마케팅 등은 모두 감각마케팅의 영역이라고 할 수 있다.

인간의 감각은 감정과 밀접한 관계가 있다. 예컨대 어렸을 때 즐겨들었던 음악을 다시 들으면 우리는 그 음악을 들었던 그때 그 장소에 대한 향수와 함께 강한 감정이 일어난다. 소비자는 감각기관을 통해 마케팅 자극을 감지하고(sense), 감정을 느끼고(Feel), 감정에 따라 행동하는(Do) 순서를 거치는데, 감각마케팅은 우선 소비자의 오감을 만족시켜 호의적인 감정상태를 조성하고, 궁극적으로 소비자로 하여금 기업의 이미지와 브랜드에 대해 긍정적 선유경향을 나타내도록 만드는데 그 목적이 있다.

자료원: Bertil Hulten, Niklas Broweus, & Marcus Van Dijk (2009), *Sensory Marketing*, Palgrave MacMillan.

1) 시각

오감 중 인간의 의존도가 가장 높은 것은 시각이다. 개는 후각이, 박쥐는 청각이, 지렁이는 촉각이 잘 발달되어 있다면, 인간에게 가장 중요한 감각은 아마도 시각일 것이다. 혹자에 의하면, 인간의 지각현상 중 2/3이 이 시각을 통해서 이루어진다고 한다. 우리는 우리 눈에 보이는 것들에 근거하여 사물을 지각하고 판단한다. 레이건 전 미국 대통령의 언론보좌관이었던 마이

클 디버는 공화당 전당대회를 준비하면서 연단을 비롯하여 텔레비전이 비추는 장내의 모든 곳을 구석진 모서리 없이 부드러운 곡선 모양으로 처리했는데, 이는 미국 국민으로 하여금 레이건 대통령이 온화하고 부드러운 인물이라고 생각하도록 유도하기 위함이었다.

소비자의 오감 중 시각은 마케팅 정보의 가장 효과적인 유입통로라고 말할 수 있다. 시각적 정보는 구매의사결정에 절대적인 영향을 미치는데, 예컨대 소비자는 시각을 통해 다양한 광고에 노출되며 또 시각을 통해 상품의 디자인을 확인한다. 서비스 고객은 서비스 상품의 품질을 평가하기 위해 물리적 단서를 사용한다. 물리적 환경이 세련되고 매력적이면 거기서 제공하는 서비스도 수준이 높을 것으로 예상한다. 우리는 공간 이미지 변신으로 고객유치에 성공한 병원이나 레스토랑의 사례를 주변에서 종종 발견할 수 있다.

호스피탈리티 서비스 업체는 시각적 단서를 고객과 커뮤니케이션하는 도구로 활용할 수 있다. 예를 들어, 은은한 조명과 하얀 테이블보, 정성스레 접힌 린넨 냅킨은 그곳이 풀 테이블 서비스를 제공하는 고급 레스토랑임을 말해준다. 하얀 형광등과 원색의 실내장식, 카운터의 높은 의자들은 젊은 층을 위한 캐주얼 식당임을 짐작하게 한다. 시각적 단서들이 서비스의 성격과 품질을 대변함을 고려할 때, 서비스 업체는 물리적 환경의 세부적인 부분까지 빠짐없이 검토해야 할 것이다. 예컨대 네온사인의 전구가 나가 불이 안 들어오는 글자가 있거나, 벽에 페인트칠이 벗겨진 부분이 있거나, 스탠드의 갓이 찢어진 채로 방치되어 있다면 고객은 그 업체가 고객 서비스의 세심한 데까지 신경을 쓰지 않는 곳이라고 판단할 것이다.

고급 호텔이나 레스토랑과 같은 서비스업에서 디자인은 곧 기능이다. 시각적 자극은 고객에게 보는 즐거움을 제공하는데, 건축양식, 실내 인테리어, 조명 등의 매력성과 심미성은 고객을 유인하는 효과가 있다. 벽면의 레이아웃이나 구조설계와 같은 공간요소들은 고객의 동선과 체류시간에 영향을 미치기도 한다. 호텔신라는 개관 후 30여 년 만에 전면적인 레노베이션을 실시하였다. 객실에는 브라운, 베이지 계역의 목재와 대리석 및 패브릭이 사용됐고 객실면적은 이전보다 넓어졌다. 호텔 객실을 단순히 머무는 기능에 제한하지 않고 인테리어 자체가 휴식의 즐거움이 될 수 있도록 각 층마다 색다른 콘셉트와 인테리어 디자인을 적용했다는 것이 이 호텔의 설명이다.

호텔신라의
객실/욕실과
Executive Lounge

서비스 업체들은 시각적 디자인의 차별화를 통해 시장을 세분화하는 것이 가능하다. 소비자 개인에 따라 선호도가 다르므로 독특한 디자인으로 서로 다른 표적시장에 선별적으로 접근할 수 있는 것이다. [그림 2-1]의 예와 같이 웨딩홀의 인테리어는 현대적인 분위기, 혹은 고풍스러운 성당의 분위기 등으로 연출하여 각기 다른 취향의 고객군에 어필할 수 있다.

[그림 2-2] **웨딩홀 인테리어의 차별화**

(자료원: Wedding 21)

서비스 환경의 색상(color)은 서비스 고객의 정서 및 생리적 반응에 영향을 미친다. 색상에는 색조, 명도, 채도의 세 가지 차원이 있다. 먼저 **색조**(hue)란 빨강, 파랑, 노랑 등과 같은 색채를 말한다. 빨강, 주황과 같은 따뜻한 색조는 주의를 유발시키고 활동과 흥분을 일으키는 효과가 있는 반면, 파랑과 같은 차가운 색은 마음을 진정시키고 차분하게 하는 효과가 있다. 갈색이나 원목 색상은 심리적 안정감을 준다. 둘째, **명도**(lightness)란 색상의 밝고 어두운 정도를 나타낸다. 예를 들어, 청색에는 하늘색과 같이 밝은 색이 있는가 하면 네이비, 다크블루와 같은 짙은 색도 있다. 셋째, **채도**(saturation)는 색조의 진함과 묽음을 뜻한다. 예컨대, 수채화 물감의 경우, 동일한 청색이라도 물감의 농도를 낮게 하면 맑고 옅은 청색이, 농도를 높게 하면 탁하고 짙은 청색이 된다. 진하고 강렬한 색상은 맑고 옅은 색상에 비해 높은 수준의 흥분과 각성(arousal)을 불러일으킨다.

색상이 인간의 지각과 행동에 미치는 효과를 알기 위해 한 실험이 실시되었다. 이 실험에서 한 쪽 벽에는 차가운 색상의 페인트가, 다른 쪽 벽에는 따뜻한 색상의 페인트가 칠해져 있는 방에 사람들을 들여보낸 후 자유롭게 자리를 잡아 앉으라고 하였다. 사람들은 차가운 색보다는 따뜻한 색상의 벽 쪽에 더 가까이 다가가 앉는 것이 관찰되었다. 또 다른 연구에서는 사람들을 따뜻한 색상의 방과 시원한 색상의 방 안에 일정 시간 있게 한 후 그들의 심리적 반응을 측정하였다. 그 결과 시원한 색상의 실내에 있던 사람들은 따뜻한 색의 실내에 있던 사람들에 비해 더 편안한 느낌이 든다고 응답하였다. 이러한 연구결과들을 종합해볼 때, 붉은색 계통은 주의유발 효과와 유인효과가 있으나 사람들이 오래 노출되는 것을 선호하지는 않는 반면에, 푸른색 계통은 주의유발 정도는 약하지만 편안하고 쾌적한 느낌을 준다는 것을 알 수 있다.

색상은 소비자들이 가장 손쉽게 기억할 수 있는 요소이다. 브랜드 로고, 간판, 상품 및 패키지의 색상은 소비자들의 인식에 가장 먼저 입력된다. 코카콜라는 자사 로고의 컬러인 빨강색을 상표권에 등록시켜 타 음료수 회사가 동일한 명도와 채도의 빨강색을 사용하지 못하도록 하였다. 우리나라의 맥주 브랜드인 '맥스'는 브랜드 컬러로 흰색과 금색을 사용했는데, 흰색은 맥주 맛을 결정하는 부드러운 거품을, 금색은 프리미엄 맥주의 맛을 상징한다. T.G.I.프라이데이스의 경우 식욕을 자극한다고 알려진 빨간색 계통을 로고와 테이블보, 그리고 직원 유니폼의 색상으로 선택하였다. 아웃백 스테이크는 목재를 소재로 한 갈색 톤을 사용하여 편안하고 아늑한 분위기를 연출한다. 색상은 소비자의 행동반응과도 관련이 있는데, 패스트푸드 레스토랑 매장의 강렬한 색상은 테이블 회전율을 높이는 효과가 있다.

2) 청각

청각은 다른 감각과는 달리 자극으로부터의 차단이 용이하지 않다는 특징이 있다. 시각, 촉각, 미각, 후각은 개인이 선택적으로 자극에 노출되거나 혹은 기피할 수 있으나, 외부 소음과 같은 청각적 자극은 마음대로 차단하기 어렵다. 소리는 인간의 감정반응과 특히 밀접한 관계가 있다. 예를 들어, 경쾌한 댄스음악을 들으면 기분이 고조되고, 조용한 명상음악을 들으면 마음이 차분해지며, 손톱으로 칠판을 긁는 소리와 같이 귀에 거슬리는 소리를 들으면 즉각 불쾌해진다.

마케팅상황에서 청각적 자극은 다양한 역할을 수행한다.

첫째, 소리는 상품 종종 그 자체, 혹은 상품의 핵심속성이 된다. 예컨대 CD 플레이어, 스피커와 같은 오디오 기기나 피아노, 바이올린 등의 악기를 구입할 때 소비자들은 음질(sound quality)로 상품의 가치를 평가한다. 또 사람들은 음악을 감상하기 위해 연주회나 뮤지컬 극장에 가기도 하는데, 이때 음악의 소리는 바로 소비자가 구매하는 상품 그 자체라고 할 수 있다.

둘째, 소리는 상품의 품질을 말해준다. 에어컨이나 냉장고는 소음이 낮을수록 소비자들이 품질을 높게 지각한다. 소비자는 또한 자동차의 문 닫히는 소리가 차의 성능과 품질을 나타내는 척도라고 믿는다. 깡통이 부딪히는 것 같은 소리는 조악한 품질을, 조용하고 묵직한 소리는 자동차의 내구성을 말해준다.

셋째, 소리는 소비자의 감정에 영향을 준다. 시냇물 흐르는 소리나 새 지저귀는 소리는 평온한 감정을 느끼게 한다. 서비스 업장의 배경음악은 고객의 좋은 기분을 유도할 수 있다. 따라서 많은 서비스 기업에서 매장의 무드를 조성하고 고객의 긍정적 정서를 불러일으키는 도구로 음악을 사용한다. 반면에 시끄러운 소음이나 날카로운 전자음은 불쾌감과 긴장감, 불안감 등의 부정적 심리반응을 유발한다. 소비자는 판매원의 목소리나 말투에서 즐거움이나 불쾌감을 느끼기도 한다.

넷째, 소리는 소비자의 행동에 영향을 준다. 예컨대, 광고의 CM송과 각종 효과음은 광고청중의 주의를 유발시키기 위해 사용된다. 휴대폰 이용자는 자신의 휴대폰 벨소리에 즉각적으로 반응하도록 학습된다. 백화점이나 할인점에서는 음악의 템포에 따라 쇼핑객의 이동속도와 체류시간이 달라진다.

소비자에게 영향을 미치는 청각적 자극에는 음악, 소음, 효과음 등 다양한 것들이 있으나 여기서는 음악에 초점을 두기로 하자.

음악은 서비스 고객의 감정반응을 유발하는데 유용하게 사용될 수 있다. 음악에 의해 어떠한 감정이 유발되는지는 음악의 구조적 특성에 달려있는데, 인간의 다양한 감정반응을 불러일으키는 음악의 구조적 특성은 [표 2-1]에 나와 있다.

[표 2-1] 감정적 반응을 유발하는 음악의 구조적 특성

음악 요소	감정의 차원								
	진지한	슬픈	감상적인	평온한	익살맞은	행복한	흥분되는	장엄한	무서운
음계	장음계	단음계	단음계	장음계	장음계	장음계	장음계	장음계	단음계
템포	느린	느린	느린	느린	빠른	빠른	빠른	중간	느린
음조	낮은	낮은	중간	중간	높은	높은	중간	중간	낮은
리듬	안정된	안정된	흘러가는	흘러가는	흘러가는	흘러가는	고르지 않은	안정된	고르지 않은
조화	조화	부조화	조화	조화	조화	조화	부조화	부조화	부조화
음량	중간	조용한	조용한	부드러운	중간	중간	시끄러운	시끄러운	변화되는

자료원: G. C. Bruner (1990), "Music, Mood, and marketing," *Journal of Marketing*, 54 (4), pp. 94-104.

음악은 또한 기억속의 정보를 인출하는데 도움을 준다. 이것을 음악의 인출단서(retrieval cue) 효과라고 한다. 광고음악의 분위기와 상품의 성격 간 유사성이 높을 때 음악으로 인해 상품의 이미지가 강화되는데, 음악이 곧 인출단서가 되어 광고 메시지나 브랜드명을 쉽게 기억하게 하는 것이다.

소비자의 감정반응과 행동반응을 일으키는 음악의 속성들 중 템포와 친숙도/선호도, 그리고 음량의 효과를 좀 더 자세히 살펴보면 다음과 같다.

음악의 템포 음악의 템포는 인간의 감정과 관련이 있다. 음악의 템포와 인간의 감정반응에 대한 실험 결과, 템포와 긍정적 감정에는 역 U자의 관계가 나타났다. 이는 곧 템포가 너무 빠르거나 느리지 않은 중간 수준의 음악을 들을 때 가장 편안하고 기분 좋게 느낀다는 것을 의미한다.

또한 템포는 소비자의 행동반응과 직접적인 관계가 있다. Milliman은 슈퍼마켓과 레스토랑에서 템포가 빠른 음악과 느린 음악을 틀어주었을 때의 고객 행동을 비교하였다. 슈퍼마켓 쇼핑객들은 느린 음악을 틀어주었을 때 이동 속도가 늦어지고 쇼핑시간이 길어졌는데, 매장 내 체류시간이 길어짐에 따라 구매액 또한 증가하였다. 쇼핑시간이 길어지면서 여러 상품들을 둘러보고 구매계획에 없었던 상품들까지 소비자가 카트에 담게 되기 때문이다. 레스토랑의 경우, 슈퍼마켓과 마찬가지로 저템포 배경음악 환경에서 고객의 평균 체류시간이 증가하였다. 그런데 고객의 체류시간이 증가할수록 레스토랑의 주류/음료 매출은 증가하였으나 식사 매출은 영향을 받지 않았다.

소비자행동에 대한 음악의 효과를 적용하여, 호텔 레스토랑과 외식업체들은 필요에 맞추어 BGM(Background Music: 배경음악)의 템포를 조절한다. 고객이 많이 몰려 테이블 회전 속도를 높여야 할 때는 빠르고 경쾌한 음악을, 바쁘지 않은 시간에는 고객이 오래 머물면서 와인 등 기타 메뉴를 주문하도록 유도하기 위하여 느리고 편안한 음악을 틀어준다.

음악의 친숙도와 선호도 사람은 누구나 자신에게 친숙하고 자신이 좋아하는 음악을 들을 때 기분이 좋아진다. 상품에 대한 소비자의 태도도 음악의 친숙도와 선호도에 따라 달라질 수 있다. Gorn은 음악의 친숙도와 선호도가 소비자의 상표태도에 주는 영향을 확인하기 위해 다음과 같은 실험을 하였다. 그는 피험자들을 펜 광고에 노출시켰는데, 이 펜 광고에는 대학생들로 구성된 피험집단이 좋아하는 음악(영화 Grease의 주제음악)과 싫어하는 음악(인도 전통음악)이 광고음악으로 사용되었다. 피험자들을 광고에 노출시킨 후 광고된 펜에 대한 선택률을 살펴보았더니, 좋아하는 음악이 있던 광고의 펜이 싫어하는 음악이 있던 광고의 펜보다 높은 선택률을 나타내었다. 광고음악으로 인해 유발된 긍정적 감정이 상품에 대한 호의적 태도로 전이된 것이다.

음악의 친숙도/선호도는 서비스 고객의 대기(waiting) 지각에도 영향을 미친다. 서비스를 기다리는 동안 자신이 좋아하는 음악이 나오면 고객은 대기시간을 비교적 짧게 지각하는 것으로 밝혀졌다. 좋아하는 음악을 들으면 즐겁고 편안한 감정이 생기면서 지루함을 덜 느끼게 되고 이에 따라 흘러간 시간을 짧게 인식하기 때문이다.

음량 인간이 감지할 수 있는 가청음(audible sound)은 성인의 경우 10~130 데시벨로 알려져 있다. 1 데시벨은 사람이 음량의 변화를 인식할 수 있는 최소단위이다. 사람들은 생활하면서 다양한 음량의 소리환경에 노출되는데(표 2-2), 130 데시벨 이상의 소리는 고막에 통증을 유발하고 청력의 손상을 가져온다.

서비스 환경에서 음량 수준에 따른 고객의 반응은 서비스의 성격에 따라 크게 달라질 수 있다. 록 페스티벌이나 댄스클럽에서는 높은 수준의 음량에 노출될 때 관객의 흥분과 즐거움이 고조된다. 이때 음악소리는 배경(background)이 아닌 전경(foreground)이다. 그러나 호텔 로비나 고급 레스토랑의 배경음악은 고객의 대화에 방해가 되지 않도록 고객의 앉은 자리위치 기준, 40 데시벨 정도로 음량을 조절할 필요가 있다. 배경음악의 음량은 고객의 체류시간에 영향을 미치는데, 레스토랑에서 배경음악의 볼륨을 높이면 고객의 체류시간이 감소하고 테이블 회전속도를 높이는 효과가 있다. 그러나 이러한 경우 높은 음량으로 인해 고객만족도가 낮아지지 않을지 주의를 기울여야 할 것이다.

[표 2-2] **다양한 음량의 예**

음량(데시벨: dB)	(예)
10 ~ 20 dB	나뭇가지 사이를 지나는 미풍
20 ~ 30 dB	1 미터 앞에서 사람이 속삭이는 소리
30 ~ 40 dB	조용한 강당 내의 배경 소음
40 ~ 60 dB	카페나 레스토랑의 배경음악
60 ~ 70 dB	사람들의 대화 소리(듣는 사람의 위치)
70 ~ 80 dB	비행중의 항공기 객실 내 소음
80 ~ 90 dB	디너파티의 밴드 음악(관객의 위치)
90 ~ 100 dB	오케스트라 음악의 클라이맥스(맨 앞자리 청중의 위치)
100 ~ 110 dB	디스코/댄스 음악
110 ~ 115 dB	매우 시끄러운 록 밴드 콘서트(맨 앞자리 청중의 위치)
115 ~ 130 dB	귀가 아프기 시작
140dB	3 미터 앞 제트기 엔진 소리 / 즉각적 청력손상

3) 후각

후각은 동물에게 있어 오감 중 가장 효과적인 경고체계로써의 역할을 한다. 사람들은 후각적 자극에 매우 신속히 반응하는데, 예컨대 음식이 타는 냄새가 나면 즉각 부엌으로 달려가며, 가스냄새를 맡으면 집안에 가스가 새고 있다는 위험을 직감하고 즉시 창문을 열거나 불의 사용을 금한다. 후각은 인간의 반사적인 생리적 반응을 일으키기도 한다. 예를 들어 배가 고프지 않은 사람도 맛있는 음식냄새가 나면 갑자기 배고픔을 느끼기도 한다. 또한 후각은 감정과도 밀접한 관계가 있어, 꽃향기와 같이 좋은 향기가 나는 곳에 있으면 기분이 좋아지고 악취를 맡으면 즉시 불쾌해진다.

쥐스킨트는 그의 소설 '향수'에서 향기에 대한 인간의 반응을 매우 극적으로 그려냈다. 후각적 자극은 인간의 무의식적인 행동에 영향을 줄 수 있는데, 사람은 잠자는 동안에도 후각적 자극에 심장박동, 호흡 등의 자율반응을 나타낸다. 향기는 자율신경과 내분비시스템을 통해 인간의 생체학적 반응을 유발한다. 예를 들어, 페퍼민트 향이나 유칼리나무 향은 졸음을 쫓아주고 신경을 각성시키는 효과가 있다. 또한 사이프러스 향과 라임향은 긴장을 풀어주고 마음을 안정시키는 효과가 있다고 알려져 있다. 한 보고서에 따르면 새콤한 사과향이 혈압을 떨어뜨리고 긴장을 완화시켜주며, 레몬향은 운전자의 반사행동을 민첩하게 한다.

후각은 자극이 한동안 지속되면 쉽게 적응하여 소실된다는 특징이 있다. 어떤 냄새에 일정시간 노출되면 그 냄새에 익숙해져서 더 이상 지각을 하지 못하는 것이다. 따라서 마케터는 서비스매장에서 좋지 않은 냄새가 나는데도 불구하고 관리자가 알아채지 못하는 부분은 없는지 확인해야 한다(사례 참고).

사 례

지방의 식료품 체인점이 신선한 농산물과 건강식품을 구비하여 성공을 거두고 있었다. 이곳은 일반 슈퍼마켓의 3분의 1 수준인 5,000여 개의 품목들만 취급했지만 편의점보다는 훨씬 더 많은 품목과 넓은 판매 공간을 가지고 있었다. 건강식품을 찾는 젊은 쇼핑객들이나 신선한 농산물을 찾는 연령대가 높은 단골들이 물건을 많이 사가곤 했다. 필자들 역시 그 상점을 자주 가곤 했었다.

그러던 어느 날, 우리는 그 상점에 들어서자마자 평소와는 냄새가 다름을 알아차렸다. 매장 한쪽에서 생선을 팔기 시작했던 것이다. 생선이 닿은 곳은 어디라도 계속해서 세척제로 닦아내야 한다는 사실을 경험 부족으로 인해 제대로 인식하지 못한 탓으로 상점 분위기는 마치 선착장의 고기잡이배처럼 되어버렸다. 그러나 매니저와 직원들은 생선 냄새에 코가 익숙해져서 고객들을 쫓아내고 있는 불쾌한 냄새를 전혀 인식하지 못하고 있었다. 그들은 말 그대로 손님들을 쫓아낸 셈이었고, 아마도 지금쯤 예전에 잘 나가던 상점이 왜 갑자기 망하게 되었을까 의아해하고 있을 것이다.

자료원: Robert B. Settle & Pamela L. Alrech (2008), *Why They Buy(소비의 심리학)*, P. 113
대흥기획 마케팅 컨설팅 그룹 옮김, 세종서적.

후각적 정보는 상품에 대한 소비자의 태도와 행동에 영향을 미친다. Hirsch는 향기가 소비자행동에 미치는 영향을 알기 위해 다음과 같은 실험을 하였다. 첫 번째 실험에서 그는 피험자들을 두 개의 방에 각각 들여보내어 나이키 운동화를 평가하도록 하였는데, 이 두 방은 다른 조건은 모두 동일하나 향기의 유무에서만 차이가 있었다. 실험결과 피험자들은 꽃향기를 뿌려놓은 방에서 운동화를 더욱 호의적으로 평가하는 것이 발견되었다. 두 번째 실험은 라스베가스의 힐튼호텔 카지노에서 진행이 되었다. 한 슬롯머신 구역에는 향기를 분사시켜 놓았고 또한 곳의 슬롯머신 구역에는 향기가 없는 공기를 주입하였는데, 카지노 고객들은 이 두 가지 실험환경 중 좋은 향기가 있는 환경에서 카지노 게임에 더욱 많은 돈을 소비하였다.

'더바디샵'의 창업자 Anita Roddick은 첫 번째 점포를 오픈할 때 길거리에서 딸기향 향수를 뿌리며 고객을 유인했다고 한다. 향기는 소비자의 긍정적인 행동반응을 가져오는데, 그것은 향기의 감정유발 효과 때문이다. 향기 자극은 인간의 뇌에서 가장 원시적이고 즉각적인 감정을 담당하는 대뇌변연계를 통해 처리된다. 좋은 향기를 맡으면 자연스럽게 무드가 향상되고 긍정적인 감정상태에 이르게 되는 것이다. 긍정적 정서 상태의 소비자는 상품에 대해서도 호의적으로 반응할 가능성이 높다. 미국의 부동산중개업자는 주택매매 시 매수희망자가 집을 보러 오기 전에 비스킷을 구우라고 매도자에게 귀띔을 한다. 집에서 고소한 빵 냄새가 나면 방문자가 아늑한 분위기를 느끼고 자기 집(home)에 온 듯한 편안한 느낌을 받기 때문이다.

[그림 2-3] **서비스 업장에서의 후각적 자극의 영향**

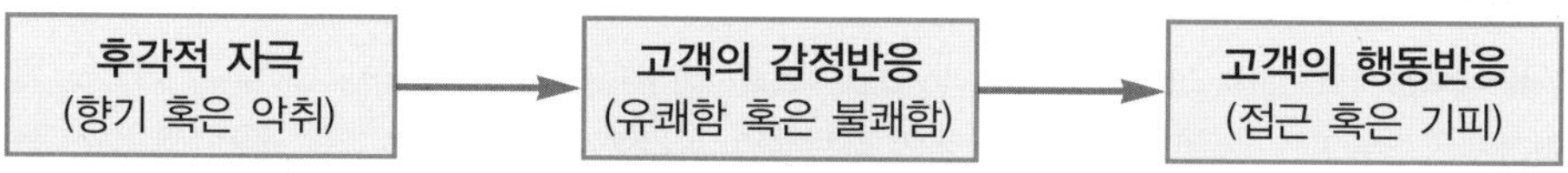

향기의 효과는 개인에 따라 다르게 나타나는데, 예컨대 감성강도가 높은 소비자가 감성강도가 낮은 소비자보다 향기에 보다 민감하게 반응한다. 감성강도(affect intensity)란 개인이 느끼는 감정의 세기를 뜻한다. 감정을 느끼는 강도는 개인에 따라 다른데, 감성이 풍부하고 감정표현이 극적인 사람이 있는가하면 웬만한 일에는 감정의 동요가 거의 없는 사람도 있다. 한 연구에 따르면 서비스 매장에 뿌려진 향기의 효과는 감성강도가 높은 사람들에게서 더욱 두드러지게 나타났는데, 감성강도가 높은 고객은 감성강도가 낮은 고객보다 향기가 있는 서비스 환경에서 서비스 품질을 더욱 긍정적으로 평가하고 만족도 또한 높은 수준을 나타냈다.

서비스업체에서는 소비자의 후각을 다양한 방법으로 관리한다. 싱가포르 항공은 기내에서 스테판 플로리안 워터스라 불리는 매력적인 향기가 나는 것으로 유명하다. 싱가포르 항공은 자사만의 향기를 만들기 위해 유명 향수업체의 도움을 얻어 스테판 플로리안 워터스를 직접 기획, 제작하였다. 스테판 플로리안 워터스는 뜨거운 물수건은 물론이고 기내 전체에 퍼져나간다. 싱가포르 항공을 이용한 사람들은 누구나 기내의 독특한 향기에 대한 좋은 추억을 가지게 된다. T.G.I 프라이데이스는 식욕을 자극하는 것으로 알려진 포도향을 매장 전체에 은은하게 퍼지게 하고 있다. 백화점과 호텔에서는 방향기기를 곳곳에 설치하여 일정 시간마다 향기를 분사시켜 업장의 무드를 조성하는데, 서비스 고객은 라벤더 향, 진저 향, 그리고 스피어민트 향을 가장 선호한다고 한다. 할인마트에서는 빵 굽는 냄새 등 맛있는 냄새로 소비자의 식욕을 자극한다. 소비자는 배고픔을 느낄 때 더 많이 구매하기 때문이다.

서비스업체에서 향기를 사용할 때 유념할 점은 향을 싫어하는 고객이 있을 수 있다는 사실이다. 따라서 향기마케팅을 실시할 때는 고객의 반응을 유심히 살피고, 향기의 농도를 적절히 조절하여 소비자의 거부반응이 나타나지 않도록 주의해야 한다. 또한 향기를 사용하기 이전에 더욱 중요하게 관리되어야 할 것은 불쾌한 냄새의 제거이다. 음식냄새와 연기가 많이 나는 음식점이나 많은 사람들이 몰려있는 카지노 시설은 환기시설을 가동시켜 상쾌한 실내공기를 유지할 필요가 있다. 일본의 고급 전통 일식 레스토랑들은 주방기구와 도마 등을 살균세척하고 천연 레몬향 등을 매장에 뿌려서 생선비린내를 철저히 없애는 것으로 유명하다.

4) 미각

미각은 외식업 그리고 호텔 레스토랑 등에서 특히 중요한 영역이다. 음식의 맛은 레스토랑 선택에 있어 가장 핵심적 요인이라고 할 수 있다. 인간은 혀의 미뢰(taste bud)를 통해 단맛, 쓴맛, 짠맛, 신맛을 구별하는데, 이 네 가지의 맛이 합해져서 3,000여 가지의 맛을 만들어내는 것이다.

맛있는 음식에 대한 인간의 열망은 실로 강렬하다. '음식에 대한 사랑보다 더 진실된 사랑은 없다(There is no sincerer love than the love of food)' 라는 버나드 쇼의 명언이 있을 정도이다. 식료품 업체는 음식/음료의 맛을 개선시키기 위해 해마다 엄청난 금액을 투자하며, 음식점 요리사 역시 손님의 입맛에 맞는 음식을 만들어내기 위해 많은 노력을 기울인다. 호텔 레스토랑은 미식가의 입맛을 사로잡기 위해 다양한 맛의 메뉴를 선보인다.

미각은 음식의 형태와 색상이라는 시각적 단서를 통해 다르게 느껴지기도 한다. 예쁜 그릇에 보기 좋게 담긴 음식은 더욱 맛있게 느껴지고, 짙은 색깔의 음식은 맛 또한 강하게 여겨진다. 미각은 온도에 따라서도 그 민감도가 달라질 수 있는데, 예컨대 너무 뜨거운 음식은 맛을 잘 분간하기 어려우며 음식의 온도가 내려가면 더 짜게 느껴지기도 한다. 모든 음식에는 음식의 맛이 최대화되는 적정 온도가 있다. 예를 들어, 커피는 92도에서 가장 강한 향이 느껴지고, 생선회는 5~10도로 차게 먹을 때 가장 맛있게 느껴진다고 한다. 레스토랑에서는 뜨거운 음식은 뜨겁게, 차가운 음식은 차갑게 내어야 고객이 음식의 참맛을 즐길 수 있다. 예컨대 스테이크 전문점에서는 손님이 계속 뜨거운 스테이크를 즐길 수 있도록 스테이크 전용철판을 사용하기도 한다.

서울 웨스틴조선 호텔의 '비프 트리오':

3개국 최고등급 소고기 안심 혹은 등심(한우, 호주산 와규, 미국산 프라임)을 한 접시에 놓고 맛보는 메뉴

맛에 대한 선호는 문화적 요인과 개인의 취향에 따라 크게 다를 수 있다. 따라서 마케터는 표적고객 다수가 선호하는 맛을 알아내고 입맛 변화의 트렌드를 선도할 수 있어야 한다. 해외시장으로 진출하는 외식업체의 경우, 음식 맛의 현지화는 성공의 열쇠가 될 수 있다. 예를 들어, 맥도널드는 일본에서는 라이스버거와 해물스프를, 우리나라에서는 불고기버거를 메뉴에 포함시켜 매출을 향상시킬 수 있었다.

우리나라 사람들의 입맛은 서구 식생활의 도입과 함께 매우 다양하게 변화해왔다. 예컨대 달고 톡쏘는 맛이 주를 이루던 종전의 음료수 시장에 비타민 음료와 이온 음료, 녹차, 옥수수차와 같이 덜 자극적인 맛의 음료수들이 진입하였다. 커피시장 또한 커피믹스와 같이 달고 고소한 커피 맛을 좋아하던 한국인들이 스타벅스의 한국시장 진출과 더불어 짙은 향의 원두커피 본연의 맛을 즐기게 되었다. 음식에서도 미각의 세계화가 이루어져 한국인들은 이제 서양음식뿐 아니라 인도음식, 멕시코음식 등 다양한 맛의 세계음식을 즐겨 먹는다. 여러 레스토랑을 찾아다니며 다양한 맛을 즐기는 현대인의 외식생활 트렌드를 고려할 때, 마케터의 역할은 아직 충족되지 않은 새로운 미각을 발견하여 소비자를 유인하는 일이다.

그런데 새로운 맛을 개발함에 있어 주의해야 할 점이 있다. 그것은 길들여진 맛에 대한 소비자의 정서이다. 펩시콜라가 'Pepsi Challenge'라는 캠페인을 실시하면서 블라인드 테스트에서 코카콜라보다 펩시콜라 맛을 소비자들이 더 선호한다는 것을 대대적으로 선전하자, 코카콜라는 곧 단 맛을 강화한 뉴코크를 개발했다. 이 뉴코크는 무려 19만 명을 대상으로 한 블라인드 테스트에서 펩시콜라보다 맛이 좋다는 평가를 받았다. 그러나 코카콜라가 야심차게 출시한 뉴코크에 대한 시장의 반응은 냉랭하기만 했다. 왜일까? 콜라를 마신 소비자의 뇌를

FMRI(Functional Magnetic Resonance Imaging)로 분석한 결과 그 해답이 나왔다. 코카콜라를 마실 때 소비자의 뇌는 매우 독특한 반응을 했는데, 달콤한 음식을 먹을 때 반응하는 복내측 전전두피질(ventromedial prefrontal cortex) 뿐 아니라 정서와 기억을 담당하는 중뇌와 해마가 함께 활성화된 것이다. 펩시콜라를 마실 때는 이러한 반응이 관찰되지 않았다. 이것은 코카콜라가 단순히 맛이 좋아서 마시는 음료수가 아니라 어린 시절의 향수와 정서적 의미를 담고 있다는 것을 의미한다. 오리지널 코카콜라에 이러한 소비자 감정이 연루되어 있다는 것을 알게 된 코카콜라사는 예전의 맛을 그대로 살린 콜라를 ' 코카콜라 클래식 '이란 이름으로 재도입하였다. 이와 같은 코카콜라의 사례에서 알 수 있는 바와 같이, 외식산업 마케터는 익숙해진 전통적 맛에 대한 고객의 정서를 감안하여 메뉴 관리를 해야 할 것이다.

[표 2-3] **소비자의 5감을 자극하는 감각 마케팅의 예**

감 각	사 례
시 각	• 호텔 건물 외관과 인테리어의 매력적인 디자인으로 고객 유인 • 레스토랑에서 빨간색 색상을 사용하여 식욕 자극
청 각	• 패스트푸드 레스토랑에서 빠른 템포의 음악으로 테이블 회전 촉진 • 백화점에서 느린 템포의 음악을 틀어 매장 내 체류시간을 증가시킴
후 각	• 할인점의 빵 굽는 냄새는 쇼핑객의 식욕을 자극하여 구매량을 증대시킴 • 호텔 로비에서 은은한 향기를 분사시켜 고객의 기분을 좋게 만들어줌
미 각	• 음식점에서 새로운 맛의 음식으로 식도락가를 유인 • 국제적인 패밀리 레스토랑은 현지인의 입맛에 적응한 메뉴 개발
촉 각	• 슈퍼마켓에서 소비자들이 직접 만져서 고르도록 과일 진열대 설치 • 호텔 객실에서 좋은 촉감의 린넨, 타월 등을 비치

5) 촉각

우리는 피부를 통해 사물의 따뜻함과 차가움, 표면의 거침과 부드러움, 피부에 가해지는 압력 등을 느낀다. 피부의 감각신경 말단에 있는 수용세포는 신체부위에 따라 민감도가 다른데, 인간은 피부에 닿은 사물의 촉감에 따라 다양한 느낌을 받는다.

아이들은 촉감을 통해 많은 것을 배운다. 따라서 무엇이든 처음 보는 것은 손을 대어 만져보려고 한다. 구매상황의 소비자 역시 마찬가지이다. 수박을 살 때는 손바닥으로 두드려보고, 타이어를 살 때는 발로 툭툭 찬다. 소비자들은 구매하기 전에 상품을 만져보기를 좋아하는데, 소비자들로 하여금 직접 상품을 만질 수 있도록 한 진열방식은 구매를 촉진시키는 효과가 있다. 일례로 한 슈퍼마켓은 패키지에 포장된 과일들 옆에 소비자가 직접 골라 담을 수 있는 과

일진열대를 추가로 설치한 결과, 과일매출을 거의 두 배로 증가시킬 수 있었다고 한다. 촉각이 소비자에게 중요한 이유는, 상품에 대한 촉각적 접촉이 시각이나 청각과는 달리 소비자에게 주관적인 직접경험으로 인식되기 때문이다. 소비자는 상품을 직접 만지고 느껴봄으로써 비로소 상품의 품질을 확인할 수 있다고 여긴다.

마케팅에서 촉각의 효과에 관한 연구는 다른 감각과 비교할 때 미미한 수준이지만, 상품에 대한 소비자 지각에 있어 촉감의 중요성은 매우 높다고 말할 수 있다. 예컨대, 손가락 끝에 진동을 일으키는 휴대폰 버튼의 터치감은 이용자에게 즐거움을 준다. 전자제품 스위치를 켜고 끌 때 유격 없이 '딸깍' 하고 닫히는 느낌은 제품의 품질을 말해준다. 옷을 살 때는 옷의 디자인만큼이나 중요한 것이 피부에 느껴지는 원단의 질감이다. 사람들이 피부관리숍이나 스파를 찾는 것은 따뜻한 오일로 마사지 되는 피부의 촉감을 즐기기 때문이다. 레스토랑에서 음식을 먹을 때는 음식의 맛 뿐 아니라 아삭함, 쫄깃함 등 입 안에서 느껴지는 식자재의 식감이 매우 중요하다.

촉각은 소비자 행동반응을 가져온다. 레스토랑이나 커피 전문점 의자의 딱딱함이나 푹신함은 고객의 체류시간에 영향을 미친다. 패스트푸드 레스토랑에는 대부분 딱딱한 의자가 설치되어 있는데, 이는 신속한 테이블 회전을 위한 것이다. 스타벅스의 의자 중 푹신한 안락의자에 앉은 고객은 대체로 매장에 오래 머무르는 것이 관찰된다. 한 조사에 따르면 구매상황에서 판매원과의 적정 수준의 접촉이 이루어지는 경우(예: 고객의 어깨를 털어줌), 고객이 호의적 태도를 나타내고 구매가능성이 높아진다고 하는데, 신체접촉에 대한 반응은 문화권과 개인적 성향에 따라 다르게 나타날 수 있으므로 주의가 요구된다.

터치 디지털과 인간의 스킨십 욕구

아이팟 1세대는 오직 하나로 승부했다. 버튼을 만지면서 돌리면 따그락 거리면서 돌아가는 그 느낌 하나로 엄청난 경쟁자들을 한 방에 날려 보낸 것이다. 자신감 백 배가 된 애플은 '아이팟 터치,' '아이폰'을 내밀어 시장을 점령해버린다. 오직 '만지기' 하나로...

만지고, 또 만져지는 '터치'는 인간의 가장 근본적 욕구다. 피부는 '드러난 뇌'다. 세포분열이 일어나 태아가 될 때, 뇌로 들어가는 세포와 피부로 나오는 세포는 같은 종류다. 아기가 태어나면 뇌로 생각하지 않는다. 피부로 생각한다. 스위스의 위대한 발달심리학자 장 피아제는 이를 가리켜 '감각운동적 사고'라고 명명했다. 피부로 만지고 만져질 때, 그 감각이 내면화되어 뇌가 된다는 것이다.

우리가 서로 이해할 수 있는 인식론적 근거를 철학에서는 '상호주관성(inter-subjectivity)'이라고 한다. 주관성이 서로 공유하는 영역이 상호 이해의 기초가 된다는 이야기다. 고도의 추상적 개념들도 그 기원을 따져 들어가면 만지고 만져지는 구체적 경험에서 출발한다. 아무리 어려운 개념들을 서로 공유한다고 해도, 서로 만지고 만져지는 감각적 경험은 계속되어야 한다. 감각적 경험의 구체성을 상실한 삶은 허무하다.

의사소통 장애는 아주 심각한 한국사회의 문제다. 모두들 소통의 문제를 지적한다. 그러나 그 원인에 대해서는 별 이야기가 없다. 인간은 논리적으로 소통하지 않는다. 정서적, 감각적 경험의 상실이 소통장애의 원인이다. 그중에서도 가장 큰 원인은 스킨십의 상실이다. 서로 공유할 수 있는 구체적, 감각적 경험이 상실되었기 때문이다. 그 사이를 뚫고 아주 새로운 시장이 만들어졌다. 마사지 시장이다. 피부마사지, 스포츠마사지로부터 고급 스파, 찜질방, 안마시술소에 이르기까지. 마사지 관련 사업은 당분간 망하지 않을 것이다. 만지고 만져지고 싶은 인간의 근원적 욕구가 충족되지 않기 때문이다.

아이팟의 성공은 바로 이 터치의 경험을 구체화했기 때문에 가능했다. 물론 기계와의 스킨십이다. 그러나 내 피부와의 접촉을 통해 대상의 변화가 일어난다는 원초적 경험이 재생되었기에 사람들은 열광하는 것이다.

자료원: 김정운, 주간조선 2082호, 2009년 11월 30일

3. 식역수준

소비자가 오감을 통해 마케팅 자극을 감지할 수 있기 위해서는 어느 정도의 자극이 필요할까? 식역수준(threshold levels)이란 인간이 외부자극을 감지하거나 자극의 차이를 인식할 수 있는 자극 에너지의 강도를 뜻한다. 식역(識閾)이란 의식의 문턱, 혹은 경계를 의미하는데, 외부자극이 우리의 의식 속으로 들어오려면 일정 수준의 강도를 넘어야 한다는 말이다. 감각정보에 노출되더라도 자극의 강도가 극히 낮아 의식의 경계를 넘지 못하면 소비자는 자극의 존재를 알아챌 수도, 반응할 수도 없다.

1) 절대식역

절대식역(absolute threshold)이란 개인의 감각기관이 자극을 인식하는데 필요한 최소한의 자극에너지 강도를 말한다. 즉 자극의 존재유무를 판가름할 수 있는 최저점이다. 많은 사람들이 모여 있는 시끄러운 곳에서 누군가 라디오를 틀었다고 하자. 소리를 매우 약하게 했을 때는 라디오가 켜졌다는 사실을 아무도 알지 못한다. 그러나 볼륨을 점차 올려나가다 보면 어느 순간 사람들이 라디오 소리를 알아챌 때가 있을 것이다. 라디오 소리의 음량이 절대식역에 도달한 까닭이다. 아마도 매우 조용한 곳에서는 최소가청음(threshold of audibility)이 이보다 훨씬 낮은 수준일 것으로 예상된다. 이처럼 절대식역은 환경과 상황에 따라 달라질 수 있다. 절대식역은 또한 개인에 따라서도 크게 달라질 수 있는데, 사람마다 시력과 청력 등의 감각 민감성에 차이가 있기 때문이다.

소비자가 마케팅자극을 감지할 수 있기 위해서는 유입정보의 자극 강도가 절대식역 수준을 초과해야 한다. 자극의 강도가 절대식역에 도달하지 않으면 개인의 감각기관이 활성화되지 않는다. 소비자의 절대식역을 넘어설 만큼 마케팅자극의 강도가 충분해야 비로소 소비자가 그 자극에 노출되었다고 말할 수 있다. 예컨대, 고속도로상의 옥외광고는 자동차로 빠르게 지나가는 사람의 시야에 광고문구가 쉽게 들어오도록 글자를 크게 색칠하고 단순한 그림을 사용한다. 소비자의 절대식역을 넘어서기 위함이다. 실제로 인터넷 쇼핑몰의 많은 상품들은 절대식역에 도달하지 못한 채 소비자의 눈길 한 번 받지 못하고 외면당하고 있다.

[표 2-4] **감각별 절대식역의 예**

감 각	절대적 식역
시 각	맑은 날 밤 50Km 떨어진 곳의 촛불
청 각	조용한 가운데 6m 떨어진 거리에서 손목시계가 째깍거리는 소리
미 각	8 리터의 물에 설탕 한 숟가락
후 각	방 세 개짜리 아파트 안의 향수 한 방울
촉 각	1cm 높이에서 뺨 위에 살짝 떨어진 벌의 날개

자료원: E. Galanter (1962), "Contemporary Psychophysics," in New Directions in sychology, R. Brown et al. eds., New york, Holt, Rinehart & Winston.

2) 차이식역

차이식역(differential threshold)은 두 개 이상의 자극의 차이를 감각적으로 구분하는데 필요한 최소한의 자극에너지 차이를 의미한다. 차이식역은 최소가지차이(最小可知差異), 즉

J.N.D.(just noticeable difference)라고도 부른다. 우리가 안경을 맞출 때 안경사는 시력측정기에 여러 렌즈를 바꿔 끼워가며 글자가 더 선명해졌는지, 혹은 덜 선명해졌는지를 묻는다. 이때 A와 B 그리고 B와 C의 차이를 못 느끼던 사람이 A와 C를 비교할 때는 그 차이를 인식하기도 한다. 선명도의 차이가 비로소 차이식역(J.N.D.)을 넘어섰기 때문이다. 차이식역은 개인의 감각민감도에 따라 다른데, 요리사나 와인 테이스터(wine taster)와 같은 직업은 미각의 민감도가 높아 미세한 맛의 차이를 알아낼 수 있는 사람에게 적합하다고 할 수 있다.

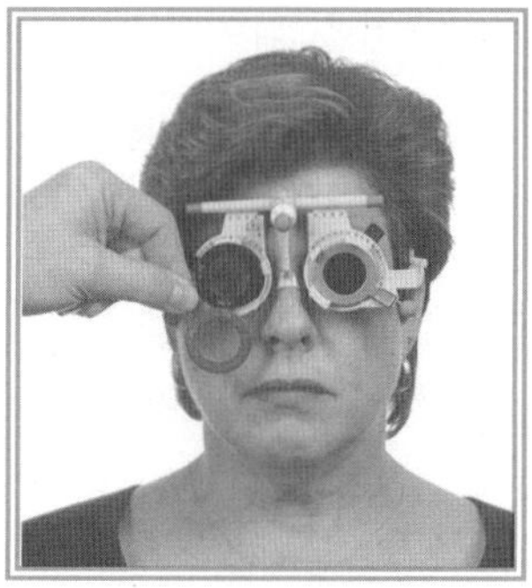

베버는 차이식역의 기본 특성을 다음과 같이 설명한다. 베버는 두 물체의 무게를 구분할 수 있는 가장 작은 차이를 발견하기 위한 실험을 했는데, 실험결과 그는 자극의 구분이 절대적이라기보다 상대적이라는 결론을 내렸다. 차이식역에 도달하기 위해 필요한 자극의 최소 변화치는 초기 자극의 강도에 비례한다는 것이다. 즉 초기 자극이 강할수록 자극의 강도 차이가 크게 벌어져야 사람은 차이를 지각할 수 있다. 예를 들어, 옅은 커피를 마신 후에는 커피가 조금만 짙어져도 곧 차이를 알아내지만, 짙은 커피를 마신 경우에는 농도 차이가 더 커야지만 비로소 차이를 알아챌 수 있을 것이다. 차이식역에 필요한 자극의 최소변화치와 초기 자극 강도의 비례적 관계는 **베버의 법칙**(Weber' s Law)이라고 부르는데 다음과 같은 공식으로 정리된다.

$$\Delta I = I \times K$$

ΔI : 차이식역(J.N.D)
I : 초기자극의 수준
K : 비례상수

차이식역의 개념은 서비스업에서 크게 세 가지 방법으로 적용될 수 있다. 첫째는 자극의 변화를 되도록 차이식역에 못 미치도록 조절하는 경우이다. 이것은 기업에서 시장이 자극 변화에 반응을 나타내지 않기를 희망할 때 적용된다. 예를 들어, 가격을 인상하거나 상품의 용량을 감소시킬 때 기업은 가능한 한 시장의 저항을 최소화하기 위해 변화의 크기를 차이식역 이내로 제한하려 할 것이다. 그러나 소비자들이 초기에는 미미한 차이를 인식하지 못할지라도 변화가 반복되면 차이식역이 초과되는 경우가 있으므로 주의가 요구된다. 항공사들은 비용절감과 고객수용도 증가를 위해 비행기의 이등석 좌석 간 간격을 점차 좁혀왔는데, 이것이 결국 고객의 차이식역을 넘어서면서 급기야 여행객들이 불편을 호소하게 되었다. 이것은 **증식효과이론**(incremental effects theory)으로 설명될 수 있다. 식역수준에 미치지 못하는 자극의 미세한 차이를 처음에는 잘 감지하지 못하다가, 반복적으로 변화가 발생하면 자극의 강도가 축적되어 결국 절대식역을 넘게 된다는 것이다.

둘째는 자극의 변화 크기를 J.N.D.(최소가지차이) 수준에 맞추는 하는 방법이다. 스타벅스사의 로고는 [그림 2-4]와 같이 시대에 맞추어 디자인이 조금씩 변화되어 왔는데, 이 변화는 소비자가 겨우 알아챌 수 있는 J.N.D 수준이라는 것을 알 수 있다. 소비자는 차이를 인식하기는 하지만 별다른 반응을 보이지 않고 곧바로 적응한다.

[그림 2-4] **스타벅스 로고의 변천**

셋째는 자극의 변화 크기가 소비자들의 차이식역을 초과하도록 만드는 방법이다. 이 방법은 서비스 기업이 마케팅 자극의 차이를 고객에게 분명히 인지시키고 싶을 때 사용한다. 예를 들어, 할인 이벤트를 할 때는 가격인하폭이 차이식역을 넘어야 고객은 비로소 값이 싸졌다고 인식하고 구매의도를 갖게 된다. 서비스업장의 물리적 환경이나 서비스의 품질이 경쟁사보다 우수하다는 것을 고객에게 지각시키기 위해서는 품질의 차이가 고객의 차이식역을 넘어서는 수준인지를 확인할 필요가 있다. 소비자는 품질 차이를 분명히 구분할 수 있어야 차별적 반응을 하기 때문이다.

3) 식역하 자극

자극이 인간에게 영향을 주기 위해서는 그 강도가 반드시 식역수준에 도달해야 할까? 절대식역에 미치지 못하는 식역하 자극이 사람들에게 미치는 영향을 알아보기 위해 Bevan은 다음과 같은 흥미로운 실험을 하였다. 그는 실험참가자의 손목에 몇 번의 가벼운 전기충격을 주었는데, 실험집단에게는 전기충격 사이에 의식 이하의 약한 전기쇼크를 추가적으로 주었고, 통제집단에게는 아무런 추가적 쇼크를 주지 않았다. 그 결과, 실험집단은 추가적 전기쇼크를 전혀 감지하지 못했지만 통제집단보다 전기충격의 강도를 좀 더 높게 느낀 것으로 나타났다. 추가적인 전기충격을 의식하지는 못했지만, 전반적인 충격수준의 평가에 차이가 발생한 것이다.

Vicary라는 한 마케팅회사 연구원은 소비자가 식역하 자극에 영향을 받는지를 확인하기 위해 다음과 같은 실험을 하였다. 미국 뉴저지의 한 극장에서 6주간에 걸쳐 이루어진 이 실험에서 Vicary는 영화 스크린에 "Eat Popcorn and Drink Coca Cola" 라는 자막을 5초 간격으로 0.03초라는 짧은 시간 동안 영화 관람객에게 보여주었다. 극히 순간적으로 노출된 이 자극을 감지한 사람은 아무도 없었다. 그러나 영화가 끝난 후 팝콘과 콜라의 판매량이 평소보다 59퍼센트와 18퍼센트가 각각 증가하였다고 Vicary는 보고하였다. 이것은 곧 식역하 자극이 소비자의 무의식을 조종할 수 있다는 것을 의미하는 결과로써 시장의 반향을 일으키고 그와 동시에 언론의 호된 비판을 받았다. New Yorker지는 "Mind had been broken and entered"라고 논평하며 소비자의 무의식에까지 침범하는 비윤리적인 마케팅 행태를 개탄하였다.

그런데 사실 Vicary의 실험은 신뢰성이 결여된 것이었다. 이 실험에 이어 여러 번의 유사 실험들이 실행되었지만 위와 같은 결과는 확인되지 않았다. Vicary 역시 위의 결과는 과장된 것이었다고 실토하였다. 그럼에도 불구하고 Vicary의 실험은 식역하 자극에 대한 많은 호기심과 후속연구들을 촉발시켰다.

마케팅 연구자들은 식역하 자극이 소비자에게 영향을 미칠 가능성이 있다는 몇몇 근거들을 제시한다. 첫째, 식역하에서 노출된 자극은 추후 그와 관련하여 절대식역 이상의 자극이 주어졌을 때 그 효과를 증진시킨다. 한 연구는 소비자들에게 어떤 상품이 PPL(Product Placement)로 등장한 드라마를 보게 한 다음 프로그램이 끝난 후 일련의 광고들을 보여주었다. 소비자들은 그 상품이 PPL로 나왔다는 사실은 의식하지 못하였다. 그러나 프로그램 후 보여준 광고의 기억량을 비교해본 결과, PPL된 상품의 광고가 그렇지 않은 상품의 광고보다 재인(recognition)과 회상(recall)이 높은 수준으로 나타났다. 즉 식역하 자극인 PPL이 추후 노출된 광고의 효과를 높이는 결과를 가져온 것이다.

둘째, 식역하 자극은 소비자의 무의식적인 느낌에 영향을 미친다는 잠정적 증거가 존재한다. 예컨대, 소비자들은 성적소구를 식역하에 삽입한 광고에 대해서 강한 느낌을 가지는 반응을 나타냈다는 주장이 있다. 즉 식역하 자극은 소비자의 이성적 사고에 영향을 미치지는 못하지만 의식수준 밖의 원시적 충동이라는 반응을 유발할 가능성이 있다는 설명이다.

셋째, 인간은 어떤 대상이나 과업에 주의를 집중시키는 동안 주위에 있는 다른 정보들에 대해 무의식적인 정보처리를 한다. 어떤 대상에 집중적으로 주의를 기울이는 것을 초점주의(focal attention)라고 하는데, 초점주의에 사용하고 남은 주의자원을 자신도 모르는 사이 주변 정보들에 할당하는 것이다. 시내에서 자동차를 몰고 가는 상황을 상상해보라. 길 양 옆의 간판들은 전방을 주시하며 운전하는 사람이 잘 의식하지 못하는 식역하 자극이라고 할 수 있다. 그러나 길옆에 있는 한 음식점의 간판이 운전자의 주변 시야에 잡혀 뇌에 입력될 수 있다. 간판에 대해 주의를 기울이는 용량이 극히 미미하여 의식수준에 도달하지는 못할지라도 말이다. 이와 같이 소비자가 의식하지 못하는 사이에 정보가 처리되는 현상을 선주의 정보처리(preattentive processing)라고 한다. 의식의 문턱을 넘지 못한 식역하 자극은 소비자의 무의식 속에서 선주의 정보처리가 될 가능성이 있다.

식역하 자극의 효과에 대해서는 아직까지 결론이 내려지지 않은 상태이다. 식역하 자극에 대한 수많은 실험들이 수행되었으나 이 실험들은 서로 상충되는 결과를 제시하고 있어 식역하 자극의 효과는 아직도 소비심리학자들의 논쟁의 대상이 되고 있다. 일부 소비자들은 많은 광고에 인간의 무의식을 자극하는 숨겨진 그림들이 있다고 주장을 하나 이는 광고주들에 의해 확인되지 않은 사실이다. 실제로 몇몇 업체들이 육안으로 잘 확인할 수 없는 이미지를 광고에 포함시키는 등 실험적으로 식역하 광고를 과거에 사용한 적이 있지만 그 효과에 대해서는 알려지지 않았다. 현재 대부분의 광고대행사들은 식역하 자극을 사용하고 있지 않다고 말하는데, 그것은 아마도 사실일 것이다. 식역하 광고(subliminal advertising)에 의존하기에는 그 효과가 극히 불안정하기 때문이다.

그런데 아래 그림의 서비스 기업 로고들을 자세히 관찰하라. 우리가 쉽게 알아채지 못했던 이미지들이 숨겨져 있음을 발견할 수 있다. FedEx의 로고에는 작은 화살표가 들어있어 우편물이 수취인을 향해 빠르게 옮겨가는 모습을 나타내고 있다. Northwest 항공 로고의 세모꼴은 원의 북서쪽(Northwest)을 가리키고 있다. Amazon.com 로고의 주황색 곡선은 언뜻 미소처럼 보이지만 이를 가만히 살펴보면 a부터 z까지 잇는 화살표로서 처음부터 끝까지 없는 것 없이 모든 것을 취급한다는 메시지가 담겨있는 듯하다. 이것은 혹시 소비자의 식역하 지각을 겨냥한 기업의 계산된 디자인 아닐까?

[그림 2-5] 서비스 기업 로고의 숨겨진 이미지

3 주의

소비자는 매일 무수한 마케팅 자극에 노출된다. 지하철을 타든, 인터넷을 하든, 소비자의 눈길이 닿는 곳마다 광고가 있고, 할인마트에 들어가면 수많은 상품들이 진열되어 있으며, 도시의 거리를 걸어가다 보면 수많은 음식점과 카페들을 지나치게 된다. 이 모든 것들이 소비자에게 주어지는 마케팅 정보이다. 그러나 소비자는 이 모든 마케팅 정보에 주의를 기울일 능력이 없고 또 그럴 의사도 없다.

주의(attention)란 일정 시점에 특정 정보에 대하여 개인의 정보처리능력을 집중시키는 것을 말한다. 인간의 인지적 용량은 제한적이어서 한꺼번에 많은 정보를 처리할 수 없다. 따라서 소비자는 매순간 접촉하는 수많은 마케팅 정보들을 선택적으로 걸러내기 위해서 주의라는 메커니즘을 사용한다. 노출된 마케팅정보 중 자신에게 의미 있는 소수의 정보를 선별하여 거기 정보처리용량을 집중적으로 할당하는 것이다.

1. 소비자 주의의 특성

1) 주의의 제한성

인간의 주의자원(attention resource)은 제한적이어서 동시에 여러 자극에 주의를 기울이는 것은 불가능하다. 주의의 제한성(limitedness)은 소비자가 정보처리에 할당할 수 있는 주의자원이 한정적임을 의미한다. 자동차를 운전하고 있는 사람에게 7 더하기 5와 같은 간단한 연산문제를 내어보라. 아마 대부분의 사람들이 문제없이 답을 할 수 있을 것이다. 운전을 하며 단순한 암산을 할 만큼의 정보처리 자원은 갖고 있기 때문이다. 그러나 그때 길에 강아지가 갑자기 뛰어들었다고 해보자. 이 경우 사람들은 자동차 방향을 돌리거나 급히 브레이크를 밟느라고 연산에 주의를 기울이지 못할 것이다. 주의용량이 제한적이므로 우선순위가 높은 쪽으로 주의가 옮겨간 까닭이다.

주의의 제한성은 광고 컨셉의 결정에 적용될 수 있다. 소비자의 주의용량이 제한적임을 고려할 때, 마케터들은 광고를 기획함에 있어 광고컨셉을 한두 가지로 한정시켜야 할 것이다. 광고주가 내세우고 싶어 하는 여러 가지 상품특성들을 하나의 광고에 모두 포함시키면 광고메시지의 초점이 없어지게 되고 광고정보처리에 소량의 주의용량만을 할애하는 소비자는 결국 기억에 아무것도 남지 않기 때문이다.

2) 주의의 선택성

주의의 선택성(selectivity)은 주의의 제한성과 직접적인 관련이 있다. 인간의 주의능력은 매우 제한적이어서 동시에 두 가지 일에 주의를 기울이기 힘들다. 따라서 사람들은 우선순위가 낮은 투입정보는 무시하고 자신에게 의미가 있거나 흥미로운 정보만을 골라서 거기 초점주의(focal attention)를 집중시키는 것이다. 사람들은 선택적으로 특정자극에 주의를 기울일 수 있기 때문에 시끄러운 파티장이나 공사장에서도 서로 대화가 가능하다. 주의의 선택성이 매우 높아지게 되면 다른 자극에 대해서 감각기관이 차단되기도 한다. 예를 들어, 독자는 독서삼매경에 빠져서 정신없이 책을 읽느라고 어머니가 밥 먹으라고 부르는 소리를 못 들은 경험이 있을 것이다. 소비자 또한 흥미성이 떨어지거나 자신과 연관성이 없는 마케팅 자극은 마치 없는 듯이 무시해버리고(tune out) 독특하고 의미 있는 자극에 선택적 주의를 기울이는(tune into) 경향이 있다.

칵테일파티 현상

많은 사람들이 모여 있는 칵테일파티. 파티에 온 사람들이 여러 그룹을 지어 유쾌하게 이야기를 하고 있다. 파티장은 여러 사람들이 웃고 떠드는 소리와 음악소리로 소란하다. 그런데 당신은 파티장의 온갖 소음에도 불구하고 주위사람들과 대화를 할 수 있다. 대화 외의 다른 소리들은 배경소음으로 걸러내고 상대방의 목소리에 청각신경을 집중시킬 수 있는 것이다.

그런데 친구들과 이야기를 하고 있던 당신에게 문득 뒤의 테이블에서 당신이 좋아하는 사람의 이름이 언급되는 것이 귀에 들린다. 누군가 당신의 애인에 대해 말하고 있는 것이다. 그때부터 당신은 뒤 테이블 대화에 귀를 쫑긋 세우고 듣느라고 옆에 있는 친구들과의 대화에 주의를 기울이지 못하게 된다.

이처럼 사람들은 소음 가운데서도 자신에게 의미 있는 단어나 이름은 즉각 감지하고, 자신이 관심 있는 대화에 선별적으로 주의를 집중할 수 있다. 이와 같은 현상은 Cherry의 표현을 빌어서 '칵테일파티 현상'(cocktail party phenomenon) 혹은 '칵테일파티 효과'(cocktail party effect)라고 부른다.

3) 주의의 가분성

소비자는 제한된 주의용량을 활용하기 위해 필요에 따라 주의를 선택적으로 집중하기도 하고 분리하기도 한다. 주의의 가분성(divisibility)이란 소비자가 주의자원을 분할해서 여러 가지 자극에 할당하는 것을 뜻한다. 많은 학생들은 음악을 들으며 동시에 공부를 할 수 있다. 자신의 주의용량을 공부에 필요한 인지적 용량과 음악 감상에 필요한 감각적 용량으로 적절히 분산시키는 것이다.

소비자 또한 마케팅 자극들에 대한 주의가 종종 분산된다. TV 광고의 경우, 소비자의 눈길을 끌기 위해 수많은 광고가 경쟁하는 광고혼잡 상황에서 소비자의 주의는 분산되기 쉽다. 한 조사에 의하면, 다른 생각을 하거나 전화벨, 초인종 등과 같은 외부자극에 신경 쓰느라고, 소비자가 TV를 켜긴 했지만 광고에 주의를 기울이지는 않는 경우가 48%라고 한다. 소비자의 주의가 쉽게 분산되며 적은 양의 주의자원만이 광고에 할당된다는 것을 감안할 때, 광고메시지는 되도록 단순하게 만들어져야 소비자의 뇌에 입력될 확률이 높다는 것을 알 수 있다.

2. 주의와 환기수준

마케팅 자극에 기울여지는 주의의 강도(intensity)는 소비자 개인에 따라, 그리고 상황에 따라 달라질 수 있다. 주의의 강도란 특정자극에 주의용량이 집중된 정도, 혹은 정보처리에 주어지는 노력의 강도를 의미한다. 예컨대 흥미진진한 컴퓨터게임을 하는 사람은 게임에 열중할 때 다른 것은 생각할 여력이 없을 정도로 강도 높은 주의를 게임에 기울일 것이다. 그러나 시청하고자 하는 TV 프로그램을 기다리며 프로그램 전 광고에 수동적으로 노출된 사람은 비록 시선은 TV 스크린에 고정시키고 있지만 주의의 강도는 낮을 것으로 예상할 수 있다.

주의는 일정 자극에 인지적 자원을 할당하는 과정인데, 이를 위해서는 정보처리에 필요한 에너지를 공급해주는 생리적 활성화, 다시 말해 환기가 필요하다. 환기(arousal)란 정신적, 신체적으로 일깨워져 흥분과 긴장감을 느끼는 정도를 의미한다. 몹시 졸려서 몽롱한 상태일 때는 환기수준이 거의 바닥이라고 할 수 있다. 그러나 열띤 논쟁을 벌일 때나 롤러코스터를 탈 때와 같이 아드레날린이 급격히 분비되는 상태에서는 환기수준이 매우 높아진다. 소비자가 마케팅자극에 주의를 기울이기 위해서는 일정 수준의 환기, 즉 적절한 정신적 긴장감과 각성상태가 형성되어야 한다.

주의의 정도는 개인의 환기수준에 따라 달라진다. 환기수준이 낮을 때는 주의가 분산되고 집중력이 떨어진다. 이러한 주의력 산만 상태에서는 정보처리를 하기가 어렵다. 그러나 환기수준이 높아지면 주의의 범위가 적정수준으로 좁혀지면서 두뇌에 정보처리를 위한 적절한 긴장상태가 만들어진다. 따라서 주의의 강도와 정보처리능력이 높아지는 것이다. 하지만 환기수준이 너무 높아지면 정신적/생리적 각성상태에 돌입하여 주의의 범위가 지나치게 협소해진다. 이러한 상황에서는 소수의 자극에 필요 이상의 집중이 이루어져 정작 중요한 정보들을 놓쳐버리기 쉽다. 따라서 효과적인 정보처리가 어려워진다. 이와 같이 주의와 환기수준은 역U자형의 관계를 보이는데, 이를 Yerkes-Dodson의 법칙이라고 한다(그림 2-6).

[그림 2-6] Yerkes-Dodson의 법칙

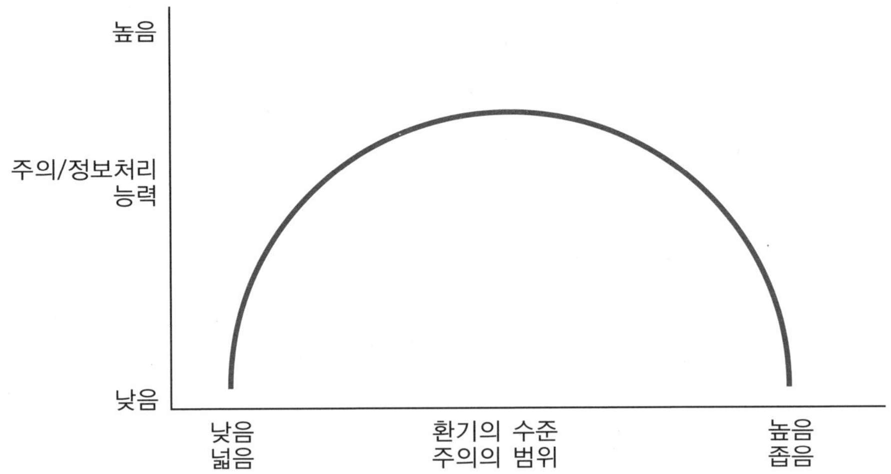

Yerkes-Dodson의 법칙은 다양한 소비자 상황에서 관찰된다. 슈퍼볼은 매년 1월에 NFL(National Football League)의 우승팀과 AFC(American Football League)의 우승팀이 겨루는 미국 프로미식축구 챔피언결정전이다. 슈퍼볼 시즌이 되면 게임뿐 아니라 광고에 대해서도 사람들의 관심이 높은데, 해마다 1억 명이 넘는 시청자가 지켜보는 슈퍼볼 게임에 기업들은 초당 무려 1억 5천만 원에 달하는 광고비를 내고 다양한 선도적 광고들을 선보인다. 미국의 한 마케팅 연구팀은 슈퍼볼 광고에 대한 소비자의 주의와 기억에 대해 조사하였다. 그런데 그 결과가 흥미롭다. 프로미식축구팀은 각각 특정 도시에 소속되어 있는데, 결승전에 참가한 팀 소속 도시의 시청자들이 다른 지역의 시청자들보다 광고에 대한 주의력과 기억이 현저하게 떨어지는 것으로 나타난 것이다. 이것은 결승팀의 도시에 사는 시청자들이 게임에 몰입하여 환기수준이 매우 높았기 때문인 것으로 분석된다. 응원 열기와 함께 환기수준이 과도하게 높아져서 광고정보를 처리할 인지적 자원이 감소한 것이다.

Yerkes-Dodson의 법칙은 구매상황에도 적용될 수 있다. 소비자가 백화점의 한 점포에 들어간다. 손님이 가게에 들어온 것을 발견한 판매원은 곧바로 그에게 다가와서 이 물건, 저 물건을 보여주며 열심히 설명하기 시작한다. 그런데 아직 환기수준이 낮은 상태인 소비자는 한꺼번에 주어지는 상품정보를 잘 처리할 수 없다. 부담을 느낀 고객은 상품을 다 둘러보지도 못한 채 점포를 나와 버린다. 우리가 종종 경험하는 일 아닌가? 이러한 경우, 숙련된 판매원이라면 아마 다음과 같이 할 것이다. 그는 우선 고객을 반갑게 맞이한 후 고객이 자유롭게 상점을 둘러보며 관여도가 높아질 때까지 기다린다. 고객이 여러 물건들을 둘러보다가 마음에 드는 상품을 발견하면 비로소 환기수준이 증가하기 시작할 것이다. 특정상품에 대한 관심이 생겨나면서 심리적 몰입과 각성상태가 만들어지는 것이다. 이때 판매원이 고객에게 다가가서 상품설명을 하거나 질문에 대답을 하면, 고객은 주어진 정보를 잘 소화하여 구매의사결정에 활용할 수 있다.

온라인 쇼핑상황 역시 마찬가지다. 인터넷에서 소비자가 마음이 드는 상품의 사진이 있어 상세정보를 알기 위해 클릭하면 바로 로그인 메뉴가 뜨는 사이트가 간혹 있다. 만약 회원이 아니라면 그 사이트에 회원가입을 해야 비로소 상세 상품정보를 볼 수 있는 것이다. 이 경우 소비자는 상품에 대한 관심도가 증가하기도 전에 더 큰 투입을 강요받는 셈이므로, 대부분 곧 탐색을 포기하고 사이트를 빠져나오게 된다. 좀 더 경험 있고 소비자 친화적인 사이트라면 소비자가 상품에 대해 충분히 알아볼 기회를 주고 상품관여도와 환기수준이 증가할 때까지 기다렸다가 소비자가 주문결정을 내리면 그때 비로소 회원가입을 하도록 유도할 것이다.

3. 소비자 주의 증대방법

마케팅 자극에 대한 소비자의 지각과정이 주의에서 시작되는 만큼, 소비자 주의에 대한 마케터들의 관심은 지대할 수밖에 없다. 소비자들은 언제, 어떤 자극에 주의를 기울일까? 소비자가 주의를 기울이는 대상에는 광고, 브랜드로고, 간판, 물리적 서비스 환경 등 다양한 것들이 있겠으나, 여기서는 광고에 초점을 두기로 하자. 소비자 주의에 대한 연구들이 주로 광고와 관련하여 이루어졌기 때문이다. 소비자의 주의를 증대시키는 자극은 개인적 관련성이 있는 자극, 두드러지는 자극, 생생한 자극, 즐거움을 주는 자극으로 나누어 생각해볼 수 있다.

1) 개인적 관련성이 있는 자극

소비자는 자신과 관련성(personal relevance)이 있는 자극에 주의를 기울일 가능성이 높다.

개인의 욕구나 당면한 문제와 관련이 있는 자극들은 소비자의 주의를 유발하는데, 예컨대 배가 몹시 고픈 상태에 있는 사람은 외식업체나 음식광고에 저절로 시선이 갈 것이다. 소비자의 자아관련성을 높이기 위해서는 다음과 같은 실행방안을 사용할 수 있다.

소비자의 필요와 욕구에 소구(appeal)하라 소비자는 맛있는 것을 먹고 싶은 욕구, 편안함을 느끼고 싶은 욕구, 매력적이고 싶은 욕구 등 다양한 생리적, 심리적 욕구를 가지고 있다. 이러한 욕구 중 어느 하나가 활성화되면 소비자는 그 욕구와 관련되는 마케팅자극에 주의를 기울일 가능성이 커진다. 마케터는 소비자가 이상적으로 생각하는 상태(예: 이국적 휴양지에서 멋진 휴가를 보냄)를 제시하거나 현 상황의 불편함을 환기시킴으로써 그것의 해결책이 되는 상품대안에 관심을 가지도록 유도할 수 있다.

소비자의 두려움을 자극하라 소비자에게는 여러 가지 두려움이 있을 수 있다. 첫째는 손해에 대한 두려움이다. 지금 사지 않으면 영영 기회를 잃거나 나중에 손해를 볼 것 같은 두려움 때문에 소비자들은 종종 충동구매를 한다. 이러한 이유로 '한정판매'나 '세일,' '품절' 같은 단어가 소비자의 주의를 유발하는 것이다. 마케터는 공급이 수요를 넘지 않도록 상품의 수량을 제한하거나 한 번에 소량만을 판매함으로써 소비자의 조바심과 주의를 불러일으킨다.

둘째는 제품이나 서비스를 사용하지 않을 때 겪게 될 체면손상이나 곤경에 대한 두려움이다. 공포소구(fear appeal)는 소비자에게 일종의 불안이나 공포심을 조성해 상품에 대한 관심을 유도하는 기법이다. 예컨대 구강청정제 리스테린은 구취 때문에 체면을 구기는 상황을 광고에 이용하여 소비자로 하여금 광고 중 인물처럼 망신을 당하고 싶지 않다는 마음이 생겨나도록 만든다.

셋째는 서비스 실패와 관련된 위험이다. 소비자는 서비스에 문제가 있거나 불만족스러울 가능성에 대해 불안감을 느낀다. 예를 들어, 성형수술의 부작용에 대한 경고가 신문기사나 광고에 실리면 성형수술에 관심이 있던 사람은 지각적 경계(perceptual vigilance)가 발생하여 즉각 주의를 기울일 것이다. 소비자는 두려운 상황을 종종 자신의 경우와 빗대어 생각하기 때문에 두려움을 자극하는 메시지는 소비자의 관심을 끌게 되는 것이다.

표적청중과 유사한 모델을 사용하라 사람들은 자신과 유사성이 있는 대상에 관심과 주의를 기울인다. 소비자는 광고모델의 연령대, 라이프스타일, 추구가치 등이 자신과 유사하다고 생각될 때 친근감을 느끼며 광고에 더욱 주목하게 된다. 예를 들어, 미스터피자는 체조요정 손연재를 광고모델로 기용하여 체형관리에 관심이 많은 젊은 여성층의 주의를 끌고자 하였다.

드라마 광고를 사용하라 스토리텔링은 젊은 사람이나 나이든 사람이나 좋아하기 마련이다. 일단 흥미롭고, 또 인간사의 여러 측면을 볼 수 있기 때문이다. 이러한 이유로 많은 사람들이 드라마를 즐겨보며 자신의 삶과 비교도 하고 극중 인물과의 공통점을 발견하기도 한다. 광고에도 드라마 형식이 있는데, 드라마 광고란 광고 중 인물의 이야기를 미니스토리 형식으로 전달하는 방식을 말한다. 예컨대, 웅진코웨이 정수기 렌탈 서비스는 젊은 부인의 임신, 출산, 육아 과정을 드라마 광고 형식으로 전달하여 소비자의 많은 공감을 이끌어냈다(그림 2-7).

[그림 2-7] 드라마 광고의 예(웅진코웨이 정수기 렌탈 서비스)

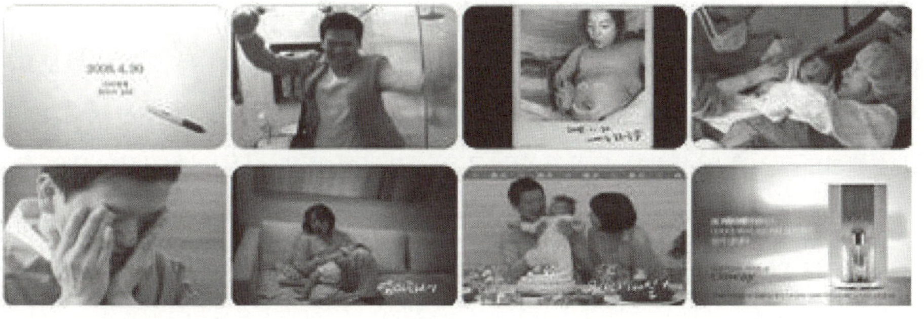

2) 두드러지는 자극

다른 자극과는 차별화되는 두드러지는 자극(prominent stimuli)은 소비자의 주의를 받기 쉽다. 사람들은 대체로 독특하거나, 강렬하거나, 다른 것과는 대조가 되는 자극에 주목한다. 자극의 돌출성과 현저성을 높이기 위해서는 다음과 같은 요인이 고려될 수 있다.

대조의 원리를 이용하라 소비자의 시선을 끌기 위해서는 주위와 대조를 이루는 자극을 이용할 수 있다. 다른 광고들이 모두 흑백일 때 컬러광고는 단연 돋보인다. 반면에 다른 광고들이 모두 컬러일 경우 흑백광고가 오히려 주의를 유발할 수 있다. 요즘은 매팅(matting)이란 광고제작기법이 종종 사용되는데, matting이란 윤을 지운다는 뜻으로 광고의 배경은 흑백으로 처리하고 상품과 로고는 선명한 컬러로 배치하여 소비자의 눈에 띄기 쉽게 만드는 기법이다. 또한 글자가 빽빽한 신문지면에서 광고면의 대부분을 여백으로 처리하는 것도 대조의 원리를 이용한 주의유발 기법이다.

자극의 강도를 높여라 큰 글자나 간판, 밝은 색깔, 시끄러운 소리 등은 자극의 강도가 높아 소비자의 주의를 받기 쉽다. 예컨대, 라디오와 TV 광고는 일반 프로그램보다 소리가 크게 나오는 경우가 있는데, 이는 자극의 강도효과를 위한 것이다.

눈에 띄기 쉬운 위치를 선택하라 광고물의 위치는 소비자의 주의 정도에 많은 영향을 미친다. 예를 들어, 신문에는 돌출광고라는 것이 있는데 기사가 실리는 지면 한 귀퉁이에 광고가 돌출된 형태로 위치해 있어 독자의 주목을 받기 쉽다. TV광고는 방송 프로그램이 시작하기 직전, 혹은 끝난 직후에 광고가 나가는 것이 유리하다. 소매점 상품의 경우, 소비자 눈높이의 선반에 놓인 상품들이 소비자의 시선을 주로 받는다.

독특한 자극을 만들어라 충격적이거나 색다른 컨셉의 그림은 주의유발 효과가 크다. 독특한 광고를 논할 때는 베네통 광고를 빠뜨릴 수 없는데, 베네통은 백인, 흑인, 동양인의 심장, 에이즈로 죽어가는 사람, 탯줄이 채 떨어지지 않은 갓난아기의 사진 등 도저히 안보고는 지나치기 어려운 특이한 사진으로 소비자의 주의를 끌었다. American Airlines는 사과로 호주의 오페라하우스를 형상화한 독창적인 자극을 사용하여 뉴욕 – 시드니 직항노선을 홍보한다. 사진이나 그림 외에도 독특한 언어적 표현이나 특이한 소리, 의외성(unexpectedness)이 있는 상품디자인이나 간판 등은 평범한 자극들에 비해 두드러져 보이는 효과를 지닌다.

[그림 2-8] **독특한 자극의 예**(베네통 광고와 아메리칸 항공 광고)

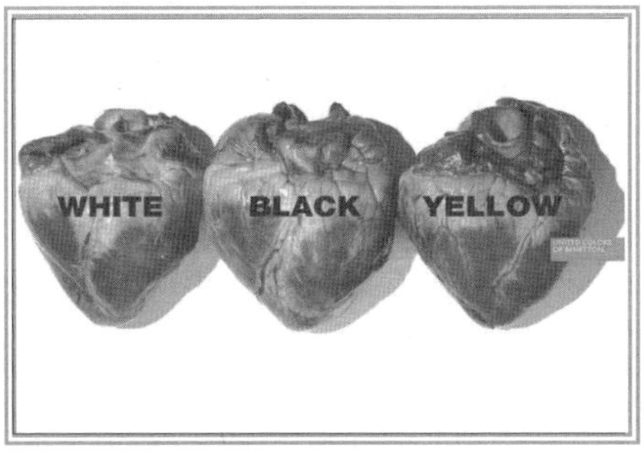

3) 생생한 자극

소비자는 생생한 자극(vivid stimuli)에 주의를 기울인다. 위에서 설명한 '두드러지는 자극'은 배경이나 다른 자극물과의 대비, 혹은 비교에 의해 결정되는 반면, 생생한 자극은 다른 자극과는 무관하게 해당 자극 그 자체의 구체성과 선명도로 만들어진다.

생동감 있는 언어를 사용하라 마케팅자극을 제공할 때 사용되는 언어형태는 주의에 영향을 미친다. 긍정적이고 생동감 있는 언어표현(예: 짜릿함)은 부정적인 의미의 단어(예: 침울함)보다 사람들의 주의를 많이 받는다. 긍정적 의미의 단어는 심리적 저항감이 없어 수용가능성이 높기 때문이다. 또한 구체적인 표현은 추상적이거나 불분명한 표현보다 주의를 받을 가능성이 크다. 예컨대 '햇빛가리개' 보다는 '형형색색의 비치파라솔' 이 더욱 구체적이고 묘사적이다. 이동통신 서비스 광고의 예를 들어보자. LG 유플러스는 '서울에서 제주까지 U+ LTE 시대!' 라는 문구를 사용했는데, 이는 'U+LTE 전국망 개통' 이라고 하는 것보다 더욱 구체적이고 생동감 있게 느껴진다.

움직이는 자극을 사용하라 움직이는 자극은 정체되어 있는 자극보다 쉽게 눈에 들어온다. 움직이거나 반짝이는 물체는 시선을 유인하는 힘이 있다. 예컨대 동영상은 스틸사진이나 인쇄된 문자보다 주의와 흥미 유발 효과가 크다. 평면적이고 정체된 형태의 정보에 비해 역동성이 있는 정보는 그 생생함으로 인해 소비자의 환기수준(arousal level)을 상승시키고 시선을 유인한다. 옥션, G마켓과 같은 인터넷 쇼핑몰의 많은 판매자들은 소비자의 시선을 끌기 위해 움직이는 사진들을 사용한다. 그러나 한 가지 유념할 것은 모든 것이 동시에 움직이면 눈의 피로를 야기하여 소비자가 주의를 지속하기 어렵다는 점이다.

소비자의 심상을 자극하라 어떤 자극을 받았을 때 마음속에 떠오르는 감각정보들은 집합적으로 심상(imagery)이라고 한다. 시각적으로 선명한 정보나 구체적인 사물의 소리는 소비자에게 감각적 심상을 불러일으킨다. 예컨대 '퐁!' 하고 맥주병 따는 소리나 '차르르~!' 하고 기름에 음식이 튀겨지는 소리는 소비자로 하여금 마치 그 자리에 있는 듯한 현장감을 준다. 이처럼 소비자의 상상력을 자극하고 심상을 불러일으키는 감각정보는 주의를 받기 쉽다.

구전을 활용하라 광고보다 상품을 직접 경험한 사람이 들려주는 이야기가 더 생생하고 흥미롭게 다가온다. 모르는 사람한테 듣는 것보다 가까운 사람한테 직접 듣는 이야기가 더욱 선명하게 느껴진다. 무형 서비스의 경우, 구전의 중요성은 더욱 부각되는데, 예컨대 인터넷 예약 사이트를 통해 호텔객실 예약을 하는 사람들은 전에 이용한 사람들의 이용후기에 면밀한 주의를 기울인다. 서비스의 좋은 점과 불편한 점에 대한 생생한 직접 경험이 들어가 있기 때문이다. 김포 롯데시티호텔은 개장을 앞두고 체험단을 모집하여 호텔서비스를 경험하게 한 후 인터넷 블로그에 체험후기를 올리도록 하였는데, 이들의 생생한 후기는 인터넷으로 정보를 검색하는 잠재고객의 관심을 이끌었다.

4) 즐거움을 주는 자극

개인에게 즐거움과 쾌락을 주는 자극은 소비자의 주목을 받을 가능성이 크다. 사람들은 누구나 쾌락적 욕구가 있어 즐거움을 주는 대상에 주의를 기울이게 된다.

매력적인 자극을 사용하라 연예인이나 스포츠맨과 같이 많은 사람들이 모방하고 싶어 하는 유명인 모델은 소비자의 주목을 받을 가능성이 높다. 성적 매력이 있는 모델을 사용하는 성적 소구(sex appeal) 또한 높은 주의유발 효과가 있다. 연구결과에 따르면 광고에 매력적인 유명인 모델이 등장할 때 브랜드 회상도와 광고회상도가 현저히 증가하는 것으로 나타났다. 모델 외에도 광고 속에 제시되는 매력적인 영상들은 소비자의 주의를 끌 수 있는데, 예를 들어 휴양지의 아름다운 경관이나 호텔의 화려한 내부 사진은 소비자의 시각에 호소하는 힘이 있다. 매력적인 자극을 사용할 때의 유의점은 소비자가 매력물에만 주의를 기울이고 광고메시지는 무시하지 않도록 하는 것이다.

유머를 사용하라 웃기고 재미있는 것은 누구나 좋아한다. 유머는 소비자의 경계심을 풀고 광고상품과 브랜드에 대한 친밀감을 느끼도록 만든다. 유머에는 청중의 주의를 이끄는 효과가 있어 효과적인 대중연설을 위한 필수 요소가 되기도 한다. 유머소구는 종종 소비자의 관심을 끌기 위해 사용되는데, 광고에 대한 흥미와 호감도를 증가시켜 소비자로 하여금 호의적인 상품 태도를 갖게 하는 효과가 있다. 또한 유머는 주의를 적절히 분산시킴으로써 메시지에 대한 반박주장을 줄이기도 한다. 웃는 도중 경계심이 해제되어 메시지의 진위를 따지거나 이의를 제기하지 않게 되는 것이다.

[그림 2-9] 유머소구의 예(KTF의 "쇼를 하라! 쇼!")

음악을 사용하라 음악은 사람들의 감정을 불러일으키는 효과가 있다. 신나는 음악을 들으면 무릎이 들썩거려지며 잔잔한 음악을 들으면 정서가 풍부해지고 감상적이 된다. 음악은 특유의 호소력으로 소비자의 주의를 끌고 광고의 분위기를 결정한다. 인기곡의 친숙한 가락은 주의 획득력이 높은데, 예컨대 갤럭시 노트는 Maroon5의 'Move like Jagger'를 광고음악으로 사용하면서 노래 앞부분의 휘파람소리로 젊은이들의 청각을 유인했다. 광고주제나 브랜드이미지와 조화를 이루는 음악을 사용하면 광고메시지에 대한 소비자의 주의와 기억을 높이는데 도움이 된다. 대한항공은 Anita Singers의 'Welcome to My World'를 광고음악으로 사용했는데, 이는 신세계를 향해 하늘을 날아가는 이미지와 잘 맞아떨어져 아직도 많은 사람들이 이 노래를 들으면 대한항공을 떠올릴 정도이다.

참신성을 유지하라 아무리 흥미로운 광고라도 같은 메시지에 반복해서 노출되면 소비자는 그 광고에 더 이상 반응을 보이지 않게 된다. 자극에 대한 점진적인 조절을 적응(adaptation)이라고 하는데, 소비자가 동일한 자극에 장시간 노출되면 이와 같은 적응현상이 발생한다. 소비자가 광고메시지에 과다노출되면 광고메시지에 무감각해지거나 경우에 따라 짜증, 회피와 같은 거부반응이 나타난다. 이것을 광고효과의 감퇴현상(advertising wearout)이라고 하는데, 이러한 감퇴현상을 최소화하기 위해서는 광고를 적절히 변화시켜 광고의 신선함을 유지하는 것이 필요하다. 동일한 메시지라 할지라도 광고실행(advertising execution)을 조금씩 달리하여 시리즈 광고를 만들거나 여러 모델을 번갈아 사용하는 것은 광고카피에 대한 소비자의 적응을 감소시키는데 도움이 될 수 있다. 예컨대 미국의 맥도널드 햄버거는 같은 TV 광고를 2주 이상 보여 주지 않는다. 광고의 주제와 메시지는 일정 기간 동일하게 유지하면서도 그 구성과 모델을 계속 바꾸어 소비자가 싫증을 느끼지 않도록 하는 것이다.

위에서 소개한 방법 외에도, 티저(teaser)광고로 소비자의 호기심을 유발하는 방법, 전화벨, 사이렌 등 우리가 주의를 기울이도록 학습된 소리를 삽입하는 방법, 또한 고의적으로 불완전한 형태의 자극을 사용하는 방법 등 다양한 방법들이 소비자의 주의 유발을 위해 시도될 수 있다.

4. 주의의 측정

주의의 측정 방법은 크게 구두측정법과 비구두측정법으로 분류될 수 있다. 구두측정법(verbal measurement)은 소비자의 구두응답에 의존하는 방법이며, 비구두측정법(non-verbal measurement)은 기계적인 장치를 이용하는 방법이다.

1) 구두측정법

구두측정법은 소비자를 마케팅 자극(예: 광고)에 노출시킨 후 무엇을 보았는지를 기억나는 대로 보고하도록 하는 방법이다. 소비자의 회상기억을 이용하는 이 방법은 소비자가 주의를 기울인 것에 대해서는 기억이 남아있을 것이라는 기본가정에 의한 것이다. 즉 소비자가 기억하는 것을 토대로 그가 어떠한 마케팅 자극에 어느 정도의 주의를 기울였는지를 추정한다. 이 방법은 가장 간편한 측정방법이면서도 주의의 선별성과 강도를 모두 측정할 수 있다는 장점이 있다.

그러나 구두측정법의 문제는 소비자의 주의능력과 기억능력 차이에서 발생하는 오류가 있을 수 있다는 점이다. 즉 소비자는 실제로 특정 자극에 주의를 기울였으나 시간의 흐름에 따라 이를 망각할 수 있다. 또한 구두측정법에는 솔직하지 않은 응답의 가능성이 존재한다. 예컨대 특정 사진에 시선이 갔더라도 보지 못한 척 하는 경우도 간혹 발생하는 것이다.

2) 비구두측정법

시선이동분석(Eye Movement Analysis) 시선 이동 분석은 눈동자의 움직임을 추적함으로써 조사대상자가 어느 부분에 시선을 집중되는지를 분석하는 방법이다. 이 방법은 두 눈동자가 함께 움직인다는 것에 착안하여 사람의 한쪽 눈에만 기계를 부착하기도 하고 얼굴 앞에 카메라를 설치하기도 하여 조사대상자의 시선이 어떻게 움직이는지를 분석한다. 시선이동분석법은 소비자가 광고의 어느 부분에 시선을 집중시키는지와 진열대의 상품들 중 어느 것에 주의를 기울이는지 등을 파악하는데 유용하게 사용될 수 있다.

예컨대, 오비맥주는 카스레몬을 출시하면서 한예슬이 클럽에서 음악에 맞춰 트위스트 춤을 추는 광고를 만들었는데, 브레인앤드리서치가 소비자 시선추적을 통해 이 광고를 분석하자 다음과 같은 문제점이 발견되었다. 즉 상품이 등장했을 때 로고에 시선이 집중되지 않고, 모델이 병으로 건배할 때 소비자의 시선 대부분은 모델의 얼굴로 집중되었으며, 모델이 맥주를 마신 후 병을 내려놓는 장면에서 소비자가 로고를 보는 시선은 0%에 가까웠다. 즉, 모델에 대한 시선 집중도가 너무 높아 상품 홍보 효과가 적다는 결론이 내려져 오비맥주는 그 후 광고를 수정해야 했다.

[그림 2-10] **시선추적 장치**(eye-tracking devices)

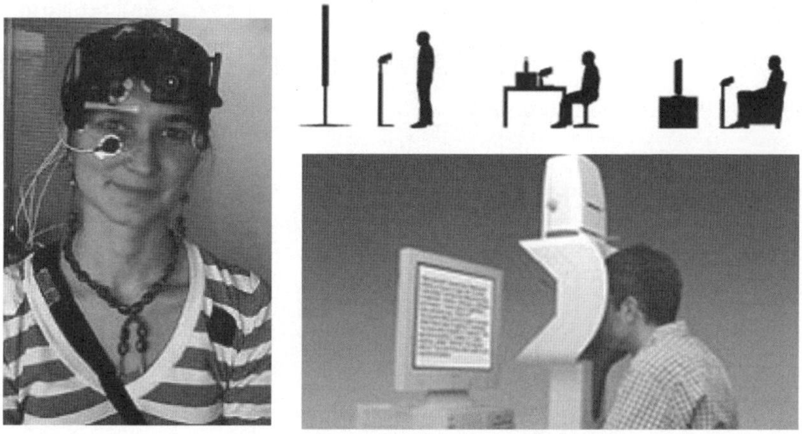

동공확장 측정법(Pupil Dilation Analysis) 보석도매상들은 종종 선글라스를 쓰고서 보석 가격을 흥정한다고 한다. 자신이 특정 보석에 관심이 높다는 사실을 거래상대방에게 들키고 싶지 않아서이다. 어떤 자극물에 노출되었을 때의 동공의 확장 정도는 그 자극에 대한 관심도와 주의집중도를 나타낸다. 흥미롭고 관심이 생기는 자극물을 접하면 동공이 확대되는 반면, 불쾌하거나 재미없는 자극에 노출되면 동공이 축소된다. 접근하고 싶거나 회피하고 싶다는 인간의 심리적 반응이 눈동자에 반영되는 것이다.

동공의 크기는 마케팅 자극에 대한 소비자의 정보처리와 정신작용의 활발성을 나타내는 지표 역할을 한다. Krugman의 연구에 의하면 소비자는 광고를 본 후 4~10초경에 동공이 가장 크게 확장되었는데, 이때가 곧 광고에 대한 정보처리가 활발히 이루어지는 때임을 알 수 있다. 특정 마케팅 자극에 대한 소비자의 주의집중도 및 주의의 강도는 동공확장의 정도와 높은 상관관계를 나타낸다. 동공확장 측정법은 안구이동분석과 마찬가지로 특수 카메라를 이용하여 실시된다.

전류 피부반응 측정법(Galvanic Skin Reflex(GSR) Analysis) 전류 피부반응 측정법은 주의에 따른 피부반응의 차이를 분석하는 방법이다. 이 방법은 피험자의 피부 두 곳에 전극을 붙이고 이것을 전류계에 연결시켜 피험자의 피부에 나타난 전류의 변화를 측정하는 방법이다. 사람의 신체 두 곳에 각각 전극을 설치하여 한 전극에 미세전류가 흐르도록 하고 다른 전극에서는 이 전류의 저항을 측정하는데, 정서적 흥분이 된 상태에서는 극소량의 땀이 분비되면서 전기저항이 감소하게 된다. 이를 피부 전기감응이라고도 하는 데, 사람이 거짓말을 할 때도 정서의 변화가 전류를 통해 나타나기 때문에 전류 피부반응은 거짓말 탐지기에도 응용된다. 소비자의 경우, 마케팅 자극에 대해 주의가 집중되면서 환기수준이 높아지면 피부의 수분이 증가하여 전기저항이 감소한다. 전류 피부반응 측정법은 마케팅자극에 대한 소비자 주의의 강도를 측정하는데 주로 사용된다.

제3장

서비스 고객의 지각 현상

제3장

서비스 고객의 지각 현상

1 지각의 의의

객관 세계에 존재하는 사실과 개인이 알고 있는 사실은 종종 일치하지 않는다. 사람들은 객관적 실체를 사진기처럼 있는 그대로 가감 없이 받아들이는 것이 아니라, 자신의 독특한 시각과 느낌을 가지고 이해한다. 인간의 오감을 통하여 유입된 외부자극 중 일부가 정보처리 시스템에 입력되면, 이 미가공 정보는 두뇌에서 지각이라는 처리과정을 통해 개인에게 의미 있는 정보로 전환된다. 사진에 빗대어 말할 것 같으면, 피사체가 개인의 렌즈를 통과하면서 특정 부분의 확대나 삭제, 형상의 왜곡, 그리고 사물의 재배치가 이루어져 개인에 따라 서로 다른 사진이 나오는 것이다.

지각(perception)이란 우리가 우리 주위의 세계를 바라보는 방법(how we see the world around us)이다. 좀 더 자세히 말하자면, 지각은 '인간이 주관적 시각을 가지고 외부자극을 선택하고 조직화함으로써 자신의 주변 세계를 의미 있고 일관성 있게 이해하고 해석하는 과정'으로 정의될 수 있다. 사회에서 발생하는 하나의 현상이나 사건에 대해서 사람들은 서로 다른 해석을 내놓는다. 서로 지각하는 바가 다르기 때문이다. 소비자 역시 동일한 마케팅 자극에 대해 종종 다르게 해석하고 반응하곤 한다. 예컨대, 똑같은 영화를 보더라도 청중의 평가는 갈라진다. 매우 감동적인 영화라고 말하는 사람이 있나하면 지루하기 짝이 없는 영화라고 혹평하는 사람도 있다. 서비스 직원에 대해서도 마찬가지이다. 여러 가지 상세하게 설명하는 서비스 직원에 대해 A라는 소비자는 매우 친절하다고 생각하는 반면, B라는 소비자는 말이 너무 많아 비효율적이라고 생각한다.

소비자는 마케팅 자극의 **객관적 실체**(objective reality)보다는 자신이 주관적으로 인식하는

지각적 실체(perceived entity)를 중심으로 행동한다. 특히 서비스 상품의 경우 서비스의 무형적 특성으로 인해 고객의 주관적 지각이 서비스 상품의 평가와 구매의사결정에 개입할 가능성이 더욱 크다고 볼 수 있다. 예컨대 어떤 호텔이 아무리 훌륭한 보안시스템을 갖추었다 하더라도 만약 고객이 안전에 대해 불안감을 느낀다면 그 호텔은 고객의 입장에서 안전도가 떨어지는 호텔인 것이다. 이러한 경우, 호텔은 고객의 지각을 중심으로 생각할 필요가 있다. 주차장 조명을 좀 더 밝게 하거나, 보안모니터를 고객의 눈에 보이는 곳곳에 설치하거나, 객실의 잠금장치를 보다 견고한 모델로 교체하는 방법 등으로 안전에 대한 고객지각을 변화시켜야 하는 것이다. 서비스 마케터는 기업이 의도하는 바와 고객이 지각하는 것 사이에 차이가 있을 수 있음을 인식하고, 항상 고객의 입장에서 그들이 지각하는 바를 점검하며, 고객의 지각에 초점을 맞추어 마케팅활동을 전개해야 할 것이다.

2 지각의 특징

지각과정은 외적 자극으로부터 정보를 받아들이는 과정과 외부에서 유입된 정보를 기존지식과 결합하여 해석하는 과정으로 구분할 수 있는데, 이러한 지각과정에는 다음과 같은 특징이 있다.

1. 지각의 주관성(Subjectivity)

Bruner & Goodman은 지각에 대한 그들의 연구에서 아이들로 하여금 동전을 그려보게 하였다. 가난한 집의 아이들은 부유한 집 아이들보다 동전을 더 크게 그렸는데, 그것은 이들이 동전의 가치를 더 높게 인식하여 크기마저 더욱 크게 지각한 까닭이다. 배가 고픈 상태에서 장을 보는 사람은 그렇지 않은 사람보다 이것저것 먹을 것을 많이 구매하게 된다. 배고픈 사람은 식료품을 더욱 먹음직스럽고 매력적으로 지각하기 때문이다.

이와 같이 사람들은 자신의 필요와 개인적 취향, 과거경험, 기존태도 등에 따라 동일한 자극을 다르게 지각한다. 똑같은 얼굴을 보며 A라는 사람은 아름답다고 느끼는 반면, B라는 사람은 그와 다르게 생각할 수 있다. 마케팅 자극에 대해서도 소비자의 지각은 개인에 따라 달라진다. 예컨대 호텔의 특별가격에 대해 대부분의 관심고객은 매력을 느낄 것이다. 그러나 저가 호텔에서 매우 불만족스러운 서비스를 경험한 고객은 저렴한 가격이 곧 나쁜 서비스를 의미한다고 지각할 가능성이 있다.

소비자는 또한 자신의 필요와 관련이 있는 정보에 선별적인 주의를 기울이며, 자신의 사고체계와 신념에 부합되는 정보를 더 잘 받아들이는 경향이 있다. Spence & Engel는 소비자들이 자신이 선호하는 브랜드를 선호하지 않는 브랜드보다 훨씬 빠르게 지각한다는 사실을 발견했다. 마케터는 지각의 주관적 특성으로 인해 똑같은 마케팅 자극이라 할지라도 소비자 개인의 시각에 따라 다르게 선별되고 차별적으로 받아들여진다는 점을 인식해야 할 것이다.

2. 지각의 선택성(Selectivity)

소비자는 외부에서 유입되는 수많은 마케팅자극 가운데 자신에게 필요하거나 유리하다고 생각되는 일부분을 구분해내고 나머지는 무시해버린다. 지각의 선택성은 감각기관의 용량과 인지적 용량의 한계에 의해서도 발생될 수 있다. 선택적 지각과정은 때로는 의식적으로, 때로는 무의식적으로 진행된다.

1) 선택적 노출

소비자는 자신이 동의하거나 필요로 하는 정보에 대해서는 스스로 노출시키지만 그렇지 않은 정보에 대해서는 회피하려는 경향을 보인다. 즉 보고 싶은 것만 보게 되는 이 현상은 선택적 노출(selective exposure)이라고 한다. 예컨대 선거철에 사람들은 자신이 지지하는 후보의 연설에 선택적으로 노출되고 지지하지 않는 후보의 정치적 메시지는 외면한다고 한다. Engel에 의하면, 소비자는 자신이 최근에 구매한 상품의 광고에 큰 관심을 가지고 지켜본다. 구매 후 인지부조화를 최소화하고 구매결정의 확신을 얻기 위하여 구매한 상품의 광고에 대해 선택적 노출을 하는 것이다.

2) 선택적 주의

소비자는 선택적 주의(selective attention) 과정을 통해 자신에게 중요성을 가지는 정보만을 선택적으로 처리할 수 있도록 정보의 우선순위를 결정한다. 유입되는 정보 중 중요성이 있는 정보에 선택적으로 주의의 강도를 높이는 것이다. Brehm은 다음과 같은 실험을 통해 소비자의 선택적 주의 행동을 확인하였다. 그는 실험참여자들에게 여러 종류의 상품들을 살펴보고 평가하도록 한 뒤, 그 중 하나를 선택해서 가져가도록 하였다. 참여자들이 시키는 대로 하고나서 실험실을 떠나려고 할 때, 그는 참여자들에게 상품에 대해 다시 한 번 평가해달라고 요청하며 이들이 어떠한 상품정보에 주의를 기울이는지를 관찰하였다. 분석 결과, 그는 참여자들이 선택상품의 긍정적인 특성과 비선택상품의 부정적 특성에 주의를 기울인다는 사실을 발견했다. 즉 자신의 선택을 뒷받침해주는 정보에 선택적으로 주의를 기울인 것이다.

3) 선택적 이해

선택적 이해(selective comprehension)는 또 다른 말로 선택적 왜곡(selective distortion)이라고도 하는데, 이는 소비자가 자신의 신념 혹은 태도와 일치하는 방향으로 정보를 자의적으로 왜곡시켜 해석하는 것을 의미한다. Kassarjian & Cohen은 비흡연자의 80%는 흡연이 폐암과 관계가 있다고 믿는 반면, 흡연자는 52%만이 흡연과 폐암 간의 관계를 수용한다고 한다. 외부정보에 대해 선택적으로 이해하고 해석을 내리는 것이다. 서비스 고객 또한 마케팅 자극에 대해 선택적 이해를 하는데, 예컨대 특정 브랜드에 대해 매우 부정적 경험을 하여 신뢰도가 떨어진 상태의 서비스 고객은 그 브랜드에 대해 누군가 긍정적인 평가를 하더라도 이를 왜곡시켜 해석할 가능성이 크다(예: "네가 경험이 없어서 그런 곳을 좋다고 여기는 모양이구나."). 이러한 경우 우호적인 정보가 소비자에 의해 수용되지 않아 브랜드 불신이 지속된다.

선택적 지각

미국 Princeton 대학교와 Dartmouth 대학교가 학교대항 미식축구 경기를 하였다. 양 팀은 둘 다 경기 중 상당수의 반칙을 하였다. 그런데 이 경기를 관람한 두 학교의 학생들은 양 팀의 반칙횟수에 대해 서로 상반된 의견을 보였다. Princeton대 학생들은 Princeton 팀과 Dartmouth 팀의 반칙수가 평균 4.2 대 9.8로 Dartmouth 팀 선수들이 더 많은 반칙을 하였다고 주장하는 반면에, Dartmouth대 학생들은 Princeton과 Dartmouth의 반칙수가 평균 4.4 대 4.3으로 Princeton 팀 선수들이 더 많은 반칙을 하였다고 반박한 것이다. 하나의 경기를 똑같이 관람한 학생들의 주장이 왜 이렇게 차이가 나는 것일까?

우리는 자신이 보고 싶은 것은 보고, 보고 싶지 않은 것은 보지 않는 경향이 있다. 이것을 '선택적 지각'이라고 한다. 'Seeing is believing'이라는 말이 있다. 보는 대로 믿는다는 의미이다. 그러나 우리가 보고 믿는 사실은, 있는 그대로의 사실(facts)이라기보다는 나의 눈을 통해 의식 속으로 들어오고 나의 관점으로 해석된 나만의 진실(truth)이다. 사람들은 선택적 지각을 통해 보고 싶은 것만 보고, 보고 싶지 않은 것은 피하므로 갈수록 주관적 시각이 강화되고 자신만의 프레임과 고정관념이 심화되는 경향이 있다.

3. 지각의 일시성(Temporality)

소비자는 마케팅 자극 중 자신에게 의미 있는 것만을 선택하여 기억에 저장하고 나머지는 망각에 의해 소멸시킨다. 여기서 의미 있는 자극이란 소비자에게 흥미로운 자극, 의외성이 있는 자극, 혹은 당면한 의사결정에 도움이 되는 마케팅 자극이나 정보를 말한다. 소비자는 하루에도 수없이 많은 광고에 노출되지만 그 중에서 기억에 보존되는 것은 극히 일부분에 불과하다. 한 조사에 의하면 소비자는 하루에 약 1,500개의 광고에 노출되고, 그 중 약 76개의 광고를 지각하며, 그중에서 약 12개의 광고만을 기억한다고 한다. 여기서 우리가 숫자에 구애될 필요는 없으나, 소비자가 지각하는 마케팅 자극이 단지 일시적으로 기억에 머물다가 대부분 짧은 시간 내에 소멸된다는 것은 인식할 필요가 있다. 지각의 일시성과 소비자의 망각 현상을 고려할 때, 마케터는 짧은 기간에 광고홍보 활동을 집중시키기 보다는 일정한 간격을 두고 광고메시지를 전달하거나 인출단서를 제시함으로써 소비자의 기억을 시시때때로 환기시키는 것이 바람직하다고 할 수 있다.

4. 지각의 총합성(Summation)

소비자는 마케팅 자극들을 따로 분리시켜 독립적으로 처리하기 보다는 하나의 통일된 형태로 통합하여 지각한다. 예컨대 우리는 처음 만나는 사람의 얼굴을 볼 때, 눈, 코, 입 등을 부분적으로 따로 떼어서 지각하지 않고 전체적인 인상을 본다. 우리가 사람들의 얼굴은 기억할지라도 만약 눈, 코, 입을 따로 떨어뜨려 놓으면 그게 누구의 것인지 아마도 분간하기 어려울 것이다.

서비스 고객의 경우, 서비스 품질을 구성하는 다양한 요인들을 개별적으로 인식하기보다는, 총체적 이미지로 수용한다. 서비스 기업의 로고, 매장의 분위기, 물리적 상품, 가격, 서비스 직원 등이 어우러져 하나의 통합된 실체를 이루고, 고객은 이를 혼합시켜 종합적 기업 이미지로 받아들이는 것이다. 이러한 지각의 총합성으로 인해, 서비스 품질에 대한 고객 평가를 개별항목들을 사용하여 측정한 것의 평균값과 전반적 품질지각을 단일항목으로 측정한 것이 서로 부합되지 않을 때가 있다. 부분의 합이 전체와 일치하지 않는 것이다. 이 경우 서비스업체에 대한 고객의 호불호는 개별적인 서비스요인에 대한 단편적 지각보다는 전반적인 서비스수준에 대한 총체적 지각에 의해 결정된다고 볼 수 있다.

3 선택적 지각의 기능

소비자의 지각과정은 마케팅 정보처리의 효율성을 가져다준다. 소비자의 뇌 속에는 수천 개에 달하는 브랜드 지식이 축적되어 있는데, 이것은 결코 고통스런 학습의 결과로 얻어진 것이 아니다. 소비자는 필요한 정보는 선택적으로 저장하고 필요 없는 정보는 선택적으로 무시하면서도 손쉽게 풍부한 브랜드 지식을 얻을 수 있다.

소비자는 정보처리에 최대한 적은 노력과 시간을 할당하려 한다. 따라서 이용가능성이 높은 정보나 예외적인 정보에만 관심을 기울이며, 자주 반복되거나 차별성이 낮은 자극에는 주의를 기울이지 않는다. 즉 필요한 자극만을 선별적으로 지각하고 불필요한 자극은 지각과정에서 제거함으로써 끝없이 유입되는 엄청난 분량의 외부 자극들을 어려움 없이 처리해버리는 것이다. 여기서는 소비자의 손쉬운 정보처리를 가능케 하는 지각적 경계와 지각적 방어에 대해서 알아보자.

1. 지각적 경계

소비자맥락에서 지각적 경계(perceptual vigilance)란 수많은 마케팅 자극 중에서 개인에게 유용하고 중요한 정보를 더 재빨리 지각하는 현상을 말한다. 지각적 경계는 소비자로 하여금 필요한 정보를 선택하고 불필요한 정보는 걸러내도록 하는 기능을 수행한다. 지각적 경계는 다음과 같은 경우에 발생한다.

첫째, 소비자는 자신의 욕구와 관심에 부합되는 정보에 주의를 기울이고 그러한 정보를 우선적으로 처리한다. 예컨대 배가 고픈 사람은 배고프지 않은 사람보다 음식과 관련된 단어가 매우 빨리 눈에 들어오며, 주머니 사정이 좋지 않아 가격민감성이 높은 사람은 여러 가지 상품정보 중 가격정보가 가장 빨리 지각된다.

둘째, 소비자는 자신이 좋아하는 브랜드를 좋아하지 않는 브랜드보다 빠르게 지각한다. 예를 들어, 선호하지 않는 브랜드가 드라마나 영화에 PPL되면 소비자는 이를 잘 인식하지 못하는 반면, 자신이 좋아하는 브랜드가 등장하면 재빨리 알아보는 경향이 있다. 이러한 측면에서 소비자의 지각반응 속도는 브랜드충성도와 관련이 있다고 말할 수 있다.

셋째, 소비자는 아름답고 가치 있다고 여겨지는 사물에 대해 지각적 경계가 발생한다. 고액지폐나 값비싼 명품브랜드, 혹은 유명 연예인 모델은 그 매력성과 가치로 인해 소비자의 시선을 끄는 힘이 있다(마케팅 하이라이트 참고).

Marketing Highlight

■ 지각적 경계

값비싼 물건에 뇌가 더 강하게 반응한다는 사실이 뇌 영상 연구결과 드러났다.

미국 UC San Diego의 존 시렌스 교수팀은 대학생 14명에게 10센트짜리 물건인 A와 10달러짜리인 B를 선물하면서 뇌 스캔을 통해 이들의 뇌 활성도를 관찰했다. 관찰 결과, 가치가 높은 물건을 볼 때 참가자들의 대뇌피질의 활동이 가치 없는 물건을 볼 때보다 월등히 활성화되는 것으로 나타났다. 시렌스 교수는 실험 참가자들이 비싼 물건을 시각적으로 더 빨리 알아보는 경향이 있었다면서 대뇌피질 활성화가 시각정보 처리 시스템에도 영향을 미치는 것으로 보인다고 설명했다. 즉 우리가 그 가치를 알고 있는 비싼 물건을 볼 때 실제로도 눈에 더 잘 띄게 된다는 것이다.

비싸고 귀한 물건을 볼 때 흔히 '눈이 번쩍 뜨인다'는 이야기를 한다. 그런데 이번 연구는 이러한 현상이 뇌의 시각정보 처리시스템에 의해 실제로 일어난다는 사실을 밝혀냈다. 연구팀에 따르면, 과거 우리가 비싼 값을 치른 물건일수록 눈에 더 잘 들어오는 경향이 있으며, 이는 뇌가 그 물건의 가치를 기억해 시각 시스템에 영향을 미치기 때문이다. 시렌스 교수는 "우리의 시각 시스템은 가치가 높은 물건에 더 잘 반응한다"면서 "이는 마치 우리의 시각 시스템이 희미한 물체보다는 반짝거리는 물체에 더 잘 반응하는 것과 같다"고 설명했다. '저 물건은 비싸고 귀한 것'이라는 것을 알게 되면 뇌는 즉각 가치 있는 것이라고 판단하고 더 빠르고 강하게 반응하도록 지각적 경계를 발생시키는 것이다.

2. 지각적 방어

사람들은 자신을 불편하게 만들거나 자신에게 위협적이라고 판단되는 정보를 회피하려는 경향이 있다. 지각적 방어(perceptual defense)란 개인의 태도와 가치체계를 일관성 있게 유지하기 위하여 기존 신념에 역행하는 정보를 차단하거나 왜곡하는 것을 의미한다. 자신의 믿음과 상반되는 사물이나 의견에 대해서는 자아를 보호하고자 하는 심리가 작용하는 것이다. 지각적 방어는 개인의 신념과 자아를 보호하려는 기제로 종종 사용되는데, 소비자의 지각적 방어 현상은 다음과 같은 경우에 두드러진다.

첫째, 특정 브랜드에 대한 소비자의 신념이 강할수록 지각적 방어는 강해진다. 특정 브랜드의 이용경험이 일관적으로 긍정적인 경우, 소비자는 그 신념에 반하는 정보를 무시하는 경향이 있다. 예를 들어, 늘 커피빈 커피를 즐겨 마시며 커피빈의 커피 맛이 단연 최고라고 생각하는 고객이 있다고 하자. 그는 다른 커피전문점에 대해서는 별로 알려고도 하지 않고 타 브랜드의 광고 또한 주의를 기울이지 않을 가능성이 크다. 타사의 광고메시지가 소비자의 의식 속으로 들어오기도 전에 이미 지각의 벽에 부딪히는 것이다.

둘째, 구매 후 부조화의 가능성이 클수록 지각적 방어가 강해진다. 특히 구매 서비스의 가격이 높고 개인에게 중요한 것일수록 소비자는 이미 선택한 서비스 상품에 대한 부정적인 정보를 회피하려는 경향이 크게 나타난다. 이미 선택한 서비스 상품에 대해 긍정적인 정보를 접하고 부정적인 정보를 무시함으로써 자신이 올바른 구매결정을 했다는 확신을 얻고자 하기 때문이다. 예컨대 어느 고급호텔에서 결혼식을 치른 커플이 그 호텔의 웨딩서비스에 대해 좋지 않게 평가하는 말을 들으면 어떤 반응을 나타낼까? 처음에는 귀를 기울일지 모르겠지만 곧 더 이상 그런 말은 들으려 하지 않고 그런 부정적인 정보는 되도록 피하려고 할 것이다. 이미 소비가 완료된 상황에서 소비자는 인지부조화를 최소화하기 위해 자신의 의식 속에 선택적 방어벽을 치게 된다.

셋째, 자극으로 인해 발생하는 염려와 불안감이 클수록 지각적 방어의 가능성이 높아진다. 소비자는 지각적 균형을 유지하기 위해 공포와 불안을 유발하는 자극은 회피하려는 경향을 나타낸다. 예컨대 애연가는 담배의 해악에 대한 정보를 애써 회피하며, 애주가는 알코올이 간암과 치매를 유발할 수 있다는 주장에 주의를 기울이지 않는다. 이러한 경우 소비자는 단순히 '나한테 그런 일이 일어나지는 않을 것' 이라며 일축하거나 '그건 다 과장된 말' 이라며 정보의 타당성을 부인한다. 자신의 신념과 행동에 일치하도록 정보를 왜곡시키는 것이다.

소비자의 지각적 경계와 지각적 방어 행동은 마케터가 면밀한 주의를 기울여야 할 부분이다. 소비자가 어떤 정보에 관심을 기울이며 어떤 정보는 무시하느냐에 따라 마케팅 전략을 수정해야 할 경우가 있기 때문이다. 마케팅자극에 대한 소비자 지각적 경계나 방어 반응은 종종 무의식적인 과정을 거쳐 나타나는데, 이를 포착하기 위해서 사용되는 방법이 뉴로마케팅이다. 뉴로마케팅은 뇌 속에서 정보를 전달하는 신경인 뉴런과 마케팅을 결합한 용어로, 브랜드명이나 포장, 디자인 등과 같은 마케팅요인에 대한 소비자의 미세한 반응을 측정하여 이를 마케팅 전략의 기초로 활용하는 방법이다. 뇌과학 기술이 마케팅 분야에 적용되어 소비자의 무의식적인 지각반응에 대한 맞춤서비스가 이루어지도록 진화시키기에 이른 것이다(마케팅 하이라이트 참고).

Marketing Highlight

■ 뉴로 마케팅

미국 하버드대의 '제럴드 잘트먼' 교수에 의하면 사람의 사고, 감정, 학습은 95%가 의식하지 못하는 상태에서 이루어진다고 한다. 소비자의 뇌 속 무의식적인 지각반응을 분석하여 이를 마케팅에 접목한 기법을 뉴로 마케팅(Neuromarketing)이라고 한다.

뉴로 마케팅은 소비자의 무의식적인 지각활동을 민감하게 포착하여 이를 바탕으로 마케팅 전략을 수립한다. 설문조사 방식보다는 뉴로 마케팅 접근방식이 소비자의 지각적 반응을 보다 정확히 측정해낼 수 있다. 대형마트의 진열방식은 매우 체계적인 조사와 연구 아래 이루어진다. 소비자의 시선이 어디서 어디로 이동하고 한 자리에 얼마간 머무르는지 등 다양한 분석과 추적을 통해 데이터를 생성하고 이를 기초로 하여 진열방식이 결정된다. 한 업체에서는 손님에게 카메라가 달린 안경을 씌우고 매장을 자유롭게 쇼핑하도록 한 뒤 소비자의 동선과 시선을 파악해 진열방식을 변경시켜서 매출을 21%나 끌어올렸다고 한다.

뉴로 마케팅은 상품의 진열은 물론 브랜드명, 제품디자인, 로고, 광고카피 등을 결정하는데 광범위하게 활용된다. 뉴로 마케팅은 '기능성 자기공명영상(fMRI)', '뇌파검사(EEG: Electro Encephalography)', '시선추적(Eye tracking)' 등 두뇌와 중추신경계의 반응을 기록하는 뇌과학 기술 측정방법을 사용한다. 여기서 자기공명영상 장치는 뇌의 특정 부위가 활동하는 것을 포착하여 알려주고, 뇌파검사는 두피에 전극을 붙여 특정 자극에 대한 신경의 흥분을 기록하며, 시선추적 장치는 사람의 눈동자와 몸의 이동경로를 측정하여 분석에 이용한다.

우리나라에서 뉴로 마케팅을 활용한 사례는 상당히 많다. 온라인 쇼핑몰 '11번가'는 한국과학기술원과 공동 연구를 통해 쇼핑몰 사이트의 메뉴와 상품 배치 등을 새롭게 구성했다고 한다. 이들은 뉴로 마케팅 조사 결과 여성은 상품의 디자인과 시각적 요소에, 남성은 가격이나 상품 속성정보에 집중한다는 결론을 얻어냈다. 아모레퍼시픽은 색조화장 시장 진출을 앞두고 자기공명영상 분석을 통한 뉴로 마케팅 조사를 실시했는데, 해외 명품 브랜드가 소비자들을 설레게 하는 반면 아모레 브랜드에 대해서는 오래된 연인과 같은 친근한 이미지로 인식한다는 것을 확인할 수 있었다. 아모레퍼시픽은 분석 결과를 바탕으로 색조화장품 사업을 확대하기로 결정하고, 백화점 매장도 제품의 색감과 어울리는 디자인으로 변화를 주어 소비자들이 무의식중에 아모레퍼시픽에 익숙해지도록 하였다.

이밖에도 뉴로 마케팅을 활용하고 있는 사례는 다양하다. 거리에 광고판이나 대형TV를 설치해 지나가는 행인들의 시선을 추적하고 광고물을 얼마나 보는지, 광고가 얼마나 시선을 끄는지, 어느 부분을 눈여겨보는지 등을 측정해 마케팅에 적용하고 있다. 앞으로 뇌과학 기술이 더욱 발달한다면 고객의 유형에 따라 맞춤식 마케팅이 적용되는 진정한 고객서비스의 시대가 올 것이다.

4 지각적 조직화

소비자는 외적 마케팅 자극을 자신의 고유한 시각에 따라 이해하고 해석한다. 외적 자극이 개인에게 의미 있는 정보로 전환되는 과정은 지각적 조직화라는 정보처리 과정을 통해 이루어진다. 지각적 조직화(perceptual organization)란 지각의 대상이 되는 사물 혹은 정보 요소들을 분류하고 통합하여 개인에게 의미 있는 형태로 전환시키는 것을 의미한다. 소비자는 지각적 조직화를 통해 단편적으로 주어지는 자극들을 수집하여 나름대로의 체계를 가지고 머릿속에 정리한 후 이를 유용한 정보로 활용하는 것이다. 지각적 조직화의 과정은 다음과 같이 지각적 범주화와 지각적 통합화의 두 가지 개념으로 구분하여 설명할 수 있다.

1. 지각적 범주화

1) 지각적 범주화의 의의

우리는 몇몇 기준과 잣대에 따라 타인을 평가하고 분류한다. 그 사람의 연령대, 성격, 지지 정당 등에 따라 가까운 친구가 될 수 있는 사람이냐 아니냐를 구분하기도 하고, 상대방을 내 편, 남의 편으로 나누어, 내 편이면 그의 말을 수용하고 만약 반대편이면 같은 주장을 하고 있을지라도 거부하고 배척하기도 한다. 대인관계에서 우리가 상대방을 어떻게 규정하느냐에 따라 그 사람의 행동에 대한 우리의 반응이 달라진다. 예컨대 우리는 가족에 대해서는 그의 친절한 행동을 당연시 하고 기대에 못 미치면 쉽게 섭섭해 한다. 그러나 그 또한 하나의 타인이라고 생각하면 그의 사소한 친절과 배려에도 고마움을 느낄 수 있다. 이것은 모두 우리가 주변 사람들을 지각적으로 범주화하고 또 범주화의 결과 해석과 반응이 달라지는 현상을 보여준다.

마케팅 정보 또한 소비자의 기존지식을 토대로 적절히 분류되기도 하고 분류에 따라 다른 의미를 지닐 수 있다. 소비자의 머릿속에는 수많은 방, 혹은 범주(category)들이 있어 새로운 상품 정보가 유입되면 개인의 분류체계에 따라 이를 적절한 범주에 포함시키게 된다. 지각적 범주화(perceptual categorization)란 외부 정보를 개인의 지식구조에 입력시키기 위해 이를 체계적으로 분류하여 해석하는 것을 의미한다. 예를 들어, 가격정보를 비싸다, 싸다, 적당하다로 분류하고, 음식을 건강에 좋은 음식과 몸에 해로운 음식으로 나누는 식이다. 지각적 범주화가 어떻게 이루어지느냐에 따라 상품에 대한 소비자 해석은 사뭇 달라질 수 있다. 예컨대 햄버거를 맛좋은 식사로 분류하는 사람은 이를 질 낮은 정크푸드로 분류하는 사람과 비교하여 '빅맥'에 대한 평가와 구매행동에서 큰 차이를 나타낼 것이다.

2) 속성중심 평가와 항목중심 평가

소비자가 서비스 상품을 평가하는 방법에는 크게 속성중심 평가와 항목중심 평가가 있다. 속성중심 평가(attribute-based judgment)는 상품의 구체적인 속성을 일일이 평가하고 실제로 서비스를 경험한 후 이를 종합하여 최종 판단에 이르는 방법이다. 소비자가 서비스 상품에 대해 속성중심 평가를 할 때는 하나하나의 속성정보들이 중요성을 띄게 된다. 소비자의 관여도가 높거나 상품관련 기존 지식이 부족하면 속성중심 평가를 하게 된다.

그러나 이와는 달리 항목중심 평가(category-based judgment)가 이루어지면 상품의 범주에 대한 소비자의 기존 태도와 고정관념에 의해 서비스 상품에 대한 평가가 달라진다. 즉 실제 서비스경험이나 속성정보에 의거하기 보다는 서비스 상품이 어떤 부류에 소속되는지를 파악하여 그 상위 범주의 특성을 해당 서비스 상품에 적용시키는 것이다. 예컨대 소비자는 명품 브랜드의 상품을 보면 디자인이 멋지다고 지각한다. 같은 디자인의 상품이 길바닥에서 판매되고 있으면 촌스럽다고 여길 사람도 많이다. 이와 마찬가지로 소비자는 A라는 호텔이 세계적인 유명 체인호텔 브랜드이면 시설물과 서비스 또한 고급스러운 것으로 평가하기 쉽다. 구체적인 서비스 속성들에 대한 평가보다 상위 항목의 브랜드 평가가 우선하는 것이다. 이와 같은 항목중심 평가는 소비자가 자신의 기존 지식을 사용하여 상품을 범주화하여 지각하기 때문에 발생한다.

3) 지각적 범주화의 마케팅 적용

상품을 범주화하여 기존지식과 과거경험에 따라 일반화하려는 소비자들의 지각현상은 서비스 기업에게 매우 중요한 문제이다. 소비자가 자사 상품을 어떻게 분류하느냐에 따라 소비자의 인식 속의 자사와 자사 상품의 위치가 달라질 수 있기 때문이다. 기업의 의도대로 소비자가 상품을 범주화하여 지각하도록 유도하는 것이 바로 포지셔닝(positioning) 전략이다. 예컨대 세븐업은 'the uncola' 캠페인으로 콜라가 아닌 청량음료의 대표상품으로 단숨에 뛰어올랐다. 코크나 펩시와 같은 콜라의 대표적 대안상품으로 소비자의 마음속에 자리매김, 곧 포지셔닝 된 것이다.

포에버 21(Forever 21)은 젊은이들이 부담 없는 가격에 최신 유행의 옷을 구매할 수 있는 중저가 패션 체인업체이다. 미국의 한인 교포에 의해 설립된 포에버 21은 '영원히 21세' 라는 브랜드명부터 유행의 첨단을 달리는 상품구색, 그리고 매장 분위기에 이르기까지 철저히 젊은 층에게 초점을 맞춘 마케팅 전략으로 전 세계적으로 약 500개의 매장을 거느릴 정도로 성장했다. 만약 이곳이 젊은이를 위한 패스트패션 전문매장으로서 성공적으로 포지셔닝되지 않고 단순히 값싼 옷을 파는 소매점, 혹은 중장년층을 포함한 모든 연령대를 위한 중저가 의류매장으로 분류되었다면 이와 같은 젊은 소비자들의 뜨거운 반응은 나타나지 않았을 것이다.

외식산업의 경우를 살펴보자. 음식점을 처음 찾은 고객은 그곳을 가볍게 끼니를 때울 수 있는 곳, 가족모임으로 적절한 곳, 혹은 애인과 데이트하기에 좋은 곳 등으로 범주화할 것이다. 이용 상황에 따른 범주에 적절히 들어가 있어야 소비자가 의사결정을 할 때 머리에 떠올리게 되는 환기상품군(evoked set)에 포함이 될 수 있다. 이것은 실제 한 음식점의 사례이다. 시내의 주요 상업지구에 위치한 T 레스토랑은 매장을 맥주 코너, 와인 코너, 사케 코너 등으로 구분하고 중앙에 안주와 식사를 뷔페식으로 제공하는 신개념 레스토랑 & 바의 개념으로 시작했다. 초기 예상과는 달리 매출이 기대에 이르지 못하자 T 레스토랑은 점심 손님을 유치하기 위해 뷔페 코너를 확대시켰다. 뷔페 고객이 어느 정도 증가하자 이번에는 주말 매출을 늘리기 위해 레스토랑을 돌잔치 공간으로 광고하였다. T 레스토랑을 찾은 고객들은 혼란을 느꼈다. 저녁에 술과 식사를 즐기기 위해 온 손님은 이곳이 와인바인지 호프집인지 아니면 뷔페 레스토랑인지 분간이 가지 않았다. 또한 주말에 돌잔치에 온 손님은 이곳이 가족과 함께 식사를 즐기는 장소인지 아니면 술집인지 알 수 없었다. 결국 T 레스토랑은 소비자의 지각구조 속에 하나의 범주로 분명히 자리매김이 되지 않아 점차 외면당하게 되었다. 레스토랑의 개념이 모호하여, 친구들과 술을 마시거나, 가족단위로 외식을 하거나, 혹은 돌이나 회갑잔치를 하는 등 그 어느 이용 상황에서도 소비자에게 회상되지 못했던 것이다.

서비스 상품이 소비자의 지식구조에 의거하여 특정 범주로 뚜렷하게 분류되지 않으면 지각과정에서 제자리를 찾지 못하고 소멸하기 쉽다. 상품의 개념이 매우 독특하거나 충분히 의미있는 것이라면 별개의 지식구조와 상품범주가 형성되기도 하지만, 그렇지 않은 경우는 대부분 소비자의 의식 속에 정해진 자리 없이 떠돌다가 기억에서 사라지고 만다. 서비스 상품에 대한 효과적 포지셔닝과 그에 따른 지각적 범주화의 개념이 중요한 이유다.

2. 지각적 통합화

1) 지각적 통합화의 의의

우리는 어떤 사물을 볼 때 하나하나의 구성 요소들에 주의를 기울이기 보다는 전체적인 인상이나 의미를 파악하기를 원한다. [그림 3-1]은 야생동물 보호 캠페인에 사용된 동물그림이다. 어떤 동물이 보이는가? 독자는 단번에 호랑이가 보인다고 대답할 것이다. 그러나 호랑이 그림을 자세히 뜯어보면 여러 종류의 동물 그림들이 있다는 것을 알 수 있다. 즉 이 그림은 작은 동물그림들로 구성되어 있지만, 가장 먼저 우리 눈에 들어오는 것은 호랑이의 형상인 것이다. 우리는 부분보다는 전체적인 형태를 우선적으로 파악하기 때문이다.

사람들은 사물을 가급적 단순하고, 완전하게, 의미 있는 형태로 지각하려는 경향이 있다. 지각적 통합화(perceptual integration)란 외부자극의 다양한 요소들을 별개의 독립적 요소로 분리시켜 개별적으로 지각하지 않고 의미 있는 하나의 형태로 통합하여 처리하는 현상을 말한다. 자극의 일부분에 대한 지각만으로는 종종 의미파악이 어려우므로 자극물을 조직화된 전체(total configuration)나 패턴으로 지각하여 이해하는 것이다.

[그림 3-1] **지각적 통합화의 예**

2) 게슈탈트 심리학

지각적 통합화의 원리는 게슈탈트 심리학(gestalt psychology)에서 유래한다. 게슈탈트 심리학은 인간의 의식을 원자적인 요소들로 분리하여 그것들이 연합되는 법칙을 밝히려고 했던 연합주의(associationism)에 반대하여, 의식과 지각의 전체성을 강조하였다. 게슈탈트는 '형태,' 혹은 '조직된 전체'라는 뜻으로, 게슈탈트 심리학은 형태심리학으로도 불린다. 게슈탈트 심리학에서는 전체적 형태는 부분들의 단순한 산술적 총합이 아니라 그 이상의 것이며 각각의 부분들은 이 전체의 틀 속에서만 의미를 갖게 된다고 설명한다. 지각은 바로 이러한 전체를 보는 현상이며, 따라서 사람들의 지각현상을 개별적인 부분적 요소로 분리시켜 살펴볼 수 없다는 것이다.

게슈탈트 심리학은 소비자들이 마케팅 자극들을 전체적인 형태로 통합해서 지각하는 현상을 설명하는데 도움을 준다. 예컨대, 광고의 모델, 문구, 일러스트레이션, 구도 등은 각각 별개의 요소로 지각되는 것이 아니라 전체적 형태로 소비자에 의해 받아들여진다. 이와 마찬가지로 서비스 상품의 가격, 거래조건, 브랜드개성 등은 마케팅 전략의 별개의 요소가 아니라 서로 조화를 이루며 전체적인 이미지를 형성한다. 게슈탈트 심리학은 다음과 같은 지각적 통합화의 원리를 제시한다.

3) 지각적 통합화의 원리

단순화의 원리 단순화(simplicity)의 원리는 사람들이 사물을 지각할 때 가급적 단순한 형태로 보려는 경향을 의미한다. [그림 3-2]에서 A를 보고 B와 같은 복잡한 형태로 이해할 사람은 거의 없다. 우리는 A를 보며 직사각형과 원이 만난 것으로 단순화시켜서 이해한다. 마케팅정보 또한 마찬가지다. 서비스 상품에 대해 복잡하고 다양한 정보가 제공된다 하더라도 소비자는 종종 서비스의 두드러지는 특성 몇 가지만 잡아내어, '편리함 - 불편함', '세련됨 - 평범함', 혹은 '맛있을 것 같음 - 별로 맛없을 것 같음'과 같은 단순한 형태로 지각한다. 따라서 광고 메시지를 전달할 때는 테마를 단순화해서 소비자의 지각을 촉진시킬 필요가 있다.

[그림 3-2] 단순화의 원리

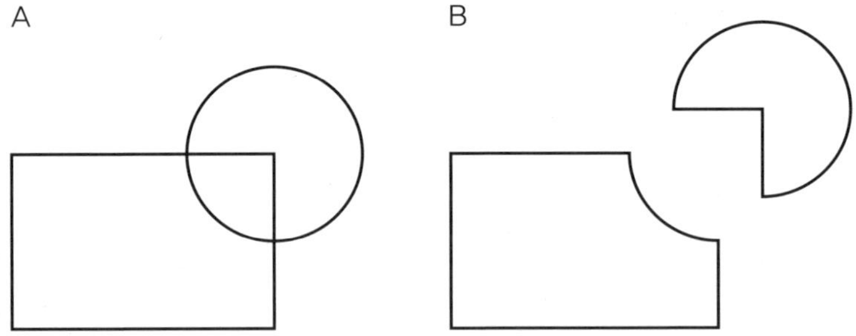

완결성의 원리 완결성(closure)의 원리는 자극의 불완전한 부분을 보충하여 완전한 전체로 지각하려는 경향을 말한다. [그림 3-2]에는 원과 사람의 얼굴이 보인다. 우리는 A의 끊어진

선들을 마음속으로 연결하여 쉽게 그것이 원이라는 것을 알아챌 수 있다. 또한 B의 그림에서는 소리의 파동과 같이 퍼져나가는 수많은 원들에서 손쉽게 베토벤의 얼굴을 떠올린다. 불완전한 빈 부분들을 메워서 이미지를 완결시켜 지각하는 것이다.

[그림 3-3] 완결성의 원리

A

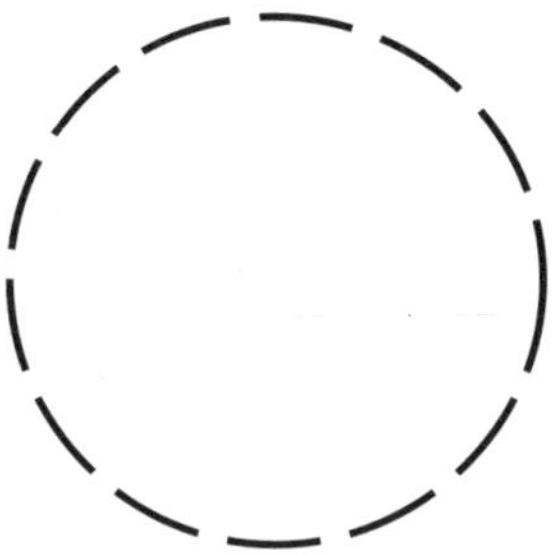

B

소비자는 이와 같이 완결된 형상을 지각하려고 하며, 또 불완전한 모습을 완성시키는데서 만족을 느낀다. 이러한 소비자의 심리를 이용하여 마케터는 때때로 고의로 불완전한 자극을 제공하는데, 이는 소비자 참여를 유도하고 메시지 주목을 향상시키기 위함이다. 소비자는 불완전한 메시지나 형상을 보면 이를 스스로 완전한 형태로 바꾸려는 욕구가 생기는데, 이러한 인지적 완결 작업을 하면 후에 자극에 대한 기억을 더욱 잘 할 수 있게 된다. 예컨대 Salem 담배는 "You can take Salem out of the country, but you can' t take the country out of Salem"이라는 문구를 광고에 반복적으로 사용하다가, 그 후 "You can take Salem out of the country, but..."까지만 광고에 써놓았다. 그러자 소비자들은 끼워넣기 문제를 풀듯 "you can' t take the country out of Salem"을 얼른 마음속으로 채워 넣었다. Heimback & Jacoby의 연구에 의하면 불완전한 광고가 완전한 광고보다 34% 높은 회상률을 나타냈다.

이처럼 불완전한 모습이 완전한 모습보다 더 주의를 끌 수 있다는 완결성의 원리는 광고에 다양하게 응용된다. Chivas Regal은 반쯤 비워진 술병의 모습을 광고에 사용하였다. 또한 J&B 위스키는 크리스마스 시즌에 "ingle ells, ingle ells"라는 광고문구를 사용하여 소비자로 하여금 J와 B를 스스로 끼워 넣도록 만들었다. Kellogg사는 옥외광고 간판에 브랜드명을 오른쪽에 위치시키면서 철자의 마지막 'g'를 빠뜨렸다. 사람들은 "어, 뭔가 틀린 것 같은데' 하며 광고를 다시 보게 되었고, 누락된 g를 지각적으로 채워 넣는 과정에서 "Kellogg"라는 브랜드명을 자연스레 머릿속에 떠올리게 되었다.

근접성의 원리 근접성(proximity)의 원리는 자극요소들이 서로 가까이 놓여있을 때 이것을 지각적으로 함께 집단화하는 성향을 말한다. 하나의 자극은 그것이 근접해있는 다른 자극물의 성질과 연결되어 지각된다. [그림 3-4] A에서 짙은 색깔의 형태는 양쪽이 모두 동일하다. 그러나 그것이 어떤 형상들과 함께 있느냐에 따라, 왼쪽 그림에서는 영양으로, 그리고 오른쪽 그림에서는 새 모양으로 보인다. B의 그림에서 우리는 다섯 개의 가로축보다는 네 개의 세로축을 인식한다. 세로축의 네모들은 서로 가까운 거리에 근접해 있는데, 근접한 자극들은 종종 하나의 그룹으로 지각되기 때문이다. 우리가 어떤 사람을 평가할 때도 종종 근접성의 원리가 적용된다. 그가 가까이 어울리는 사람들이 성실한 사람들이면 그 역시 성실한 사람일 거라고 생각하고, 같이 어울리는 사람들이 불량한 사람들이면 그 또한 불량한 인물일 것이라고 판단하는 것은 근접성의 원리에 의해서다.

많은 광고들은 마케터의 의도대로 소비자가 상품을 지각하도록 유도하기 위해 이 근접성의 원리를 이용한다. 상품과 특정 상징물을 같이 제시함으로써 그 상징물의 이미지나 의미를 상품이 덮어쓰도록 하는 것이다. 예컨대 섬유유연제 광고에는 곰인형이나 고양이를 함께 등장시켜 그 보드라운 촉감이 상품개념으로 전이되게 만든다. 또한 인터넷 의류쇼핑몰에서는 모델로 하여금 명품가방을 들거나 값비싼 구두를 신게 하여 이들의 고급 이미지가 판매의류로 연결되도록 하기도 한다. 여행상품 광고는 어느 잡지에 게재되느냐에 따라 소비자의 지각이 달라질 수 있다. 권위 있는 여행전문잡지에 게재되는 경우 소비자들이 신뢰감을 갖게 되는 반면, 저속한 기사들이 실리는 연예잡지에 게재되면 광고의 신뢰도와 여행상품 매력도가 낮아질 것이다.

[그림 3-4] **근접성의 원리**

유사성의 원리 소비자는 유사성(similarity)에 의해 자극을 집단화하기도 한다. 유사한 자극정보들끼리 연결시켜 지각하는 것이다. [그림 3-5]에는 여러 가지 형태와 크기의 모양들이 있는데, 우리는 여기에 세 개의 집단이 있다고 지각한다. 비슷한 것은 모두 한 가지로 간주해버리는 정형화(stereotyping)는 바로 유사성의 원리에 의해 발생한다. '자라보고 놀란 가슴 솥뚜껑보고 놀란다'는 말이 있다. 어떤 사람에게 호되게 당해 그를 매우 싫어하는 사람은 아마도 그와 비슷한 유형의 사람만 보아도 "너도 같은 부류겠지"하며 기피할 가능성이 있다.

[그림 3-5] **유사성의 원리**

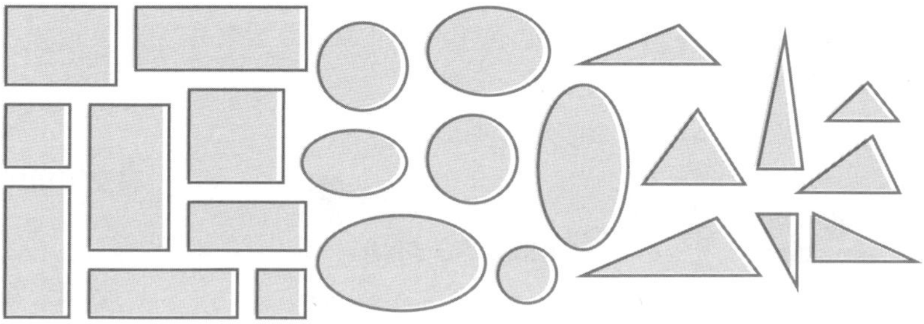

브랜드에 대해서도 유사한 현상이 나타나는데 소비자는 몇몇 주요단서에 의해 상품을 분류하여 호의적, 혹은 비호의적으로 반응한다. 어떤 브랜드에 대한 신뢰가 상실되면 소비자는 그 브랜드의 다른 상품에 대해서도 보나마나 마찬가지라는 불신반응을 나타낸다. 반면에 바람직한 이미지가 형성된 브랜드에 대해서는 그 브랜드명을 사용하는 모든 상품에 대해 호의적으로 반응하게 되는 것이다. 유사한 자극이라고 지각되는 까닭이다.

후광효과(halo effect)란 상표명이나 원산지와 같은 특정 단서가 개별상품의 세부적 속성효과를 뒤덮어버리는 일종의 지각적 오류 현상이다. 일부 공통된 요인에 따라 유사한 상품들을 하나의 집단으로 묶어 평가하게 만드는 후광효과는 유사성의 원리에 의해 발생하는 지각현상이라고 말할 수 있다. 예컨대 '아티제'는 당초 호텔신라 외식사업부에 의해 설립된 곳이다.■ 이때 '아티제'에 대한 소비자 지각은 삼성이나 호텔신라에 대한 그의 평가에 의해 영향을 받을 것이다. 삼성과 호텔신라라는 브랜드에 대해 신뢰를 갖고 있는 소비자라면 '아티제'에 대해서도 자연스럽게 긍정적인 태도를 나타낼 것이다. 그러나 그가 만약 삼성을 싫어하는 소비자라면 '아티제'에 대해서도 비호의적으로 반응할 가능성이 있다. '아티제'를 삼성, 혹은 호텔신라 브랜드와 유사한 자극으로 묶어서 지각하기 때문이다. 이와 같이 브랜드는 그 브랜드와 관련이 있는 유사자극들을 통합해서 소비자에게 하나의 고정관념으로 작용한다.

기업의 CI(corporate identity) 전략은 유사성의 원리를 이용하여 기업의 통일된 이미지를 창출하여 소비자의 긍정적인 반응을 이끌어내려는 전략이다. 여기서 기업의 일관된 이미지는 그

■ 현재는 타 회사에 매각되어 삼성 계열사에서 제외되었음.

기업에서 생산되는 모든 제품과 서비스에 대한 소비자의 지각에 공통분모로 작용한다. 한국 전통의 색동저고리를 입은 여인이 양 팔을 벌려 고객을 환영하는 모습의 기존의 아시아나 항공의 로고는 금호 아시아나그룹의 통일된 윙(wing) 로고로 바뀌었다. 금호의 'ㄱ' 자와 날개의 형상이 조합되어 금호그룹의 비상을 상징하는 이 로고는 아시아나 항공뿐 아니라 금호타이어, 금호건설 등 산하 업체들을 금호그룹의 범주 안에 묶어서 소비자에게 통일된 이미지를 제공하는 역할을 한다. 통합된 이미지는 그룹 전반에 걸쳐 시너지 효과를 발생시키게 된다.

연속성의 원리 연속성(continuity)의 원리는 연속되는 자극정보가 서로 단절되는 자극정보보다 밀접한 형태로 지각되는 것을 말한다. [그림 3-6]에서 우리는 오른쪽 위로 진행되는 곡선을 쉽게 눈으로 따라갈 수 있다. 그것이 가장 자연스럽게 연결되는 곡선이기 때문이다. 만약 이 그림에서 동그란 점들이 연속선상에 늘어서있지 않다면 지각의 연결고리는 끊어질 가능성이 있다. 예컨대 우리는 어떤 메시지를 들을 때 이야기의 흐름이 지속적으로 이어져야 문제없이 그 메시지를 따라갈 수 있다. 이야기가 뚝뚝 끊어지면 이해도와 흥미가 떨어지고 하나의 메시지로 받아들이기 어렵다.

마케팅 자극 역시 연속성을 띠고 있을 때 소비자 지각을 도울 수 있다. 위에서 언급한 금호그룹은 초기에 개발되었던 윙 로고가 브랜드 명에서 너무 떨어져있어 브랜드와 윙이 시각적으로 잘 연결이 되지 않는다는 인식에 따라 2013년에 약 50억 원을 투자하여 그룹의 모든 기업의 로고에서 브랜드 명에 윙을 가깝게 붙이는 작업을 실시하였다. 브랜드와 로고에 대한 소비자의 지각적 연속성을 높이기 위함이다.

서로 연관성이 있는 상품에 대한 소비자의 필요인식에도 연속성의 원리가 적용된다. 하나의 상품 옆에 그 상품을 사용할 때 같이 사용하면 좋은 관련상품을 함께 제시하면, 소비자는 그 상품들에 대한 필요를 연속적으로 지각하게 된다. 예를 들어, 대형 할인마트들은 생활용품

은 생활용품끼리, 과자는 과자끼리 진열하던 예전 방식에서 최근에는 정육매장 옆에 쌈장과 고기양념 소스, 주류매장 옆에 각종 안주류를 진열하는 식으로 진열방식을 바꾸고 있다. 관련 상품끼리 연결시켜 진열해서 소비자들이 한 상품을 살 때 관련 상품에 대한 필요를 자연스럽게 지각하도록 유도하는 전략이다. 호텔에서는 레스토랑 출입구를 커피숍이나 바(bar) 등으로 바로 연결되도록 설계하여, 레스토랑에서 계산을 하고 나온 고객이 이들 업장으로 쉽게 이동할 수 있도록 하고 있다. 이러한 연결 배치 방식은 실제 매출을 높이는데 도움을 준다.

[그림 3-6] 연속성의 원리

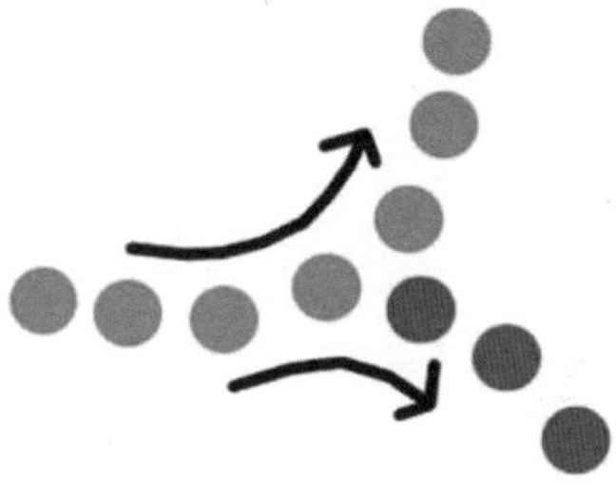

<u>형상과 배경</u> 우리는 외부 자극을 주요 요소와 부수적인 배경요소로 조직화하는 경향이 있다. 영화의 등장인물을 주인공과 주변인물로 나누듯이, 마케팅 자극요소 또한 핵심과 부수적 요소, 혹은 형상(figure)과 배경(ground)으로 나누어 지각하는 것이다. 형상과 배경은 초점을 어디에 두느냐에 따라 달라질 수 있다. [그림 3-7]의 '루빈의 잔'을 보라. 검은 부분에 초점을 두면 두 사람이 마주보고 있는 모습이 형상으로 지각된다. 반면에 흰 부분에 초점을 두면 하얀 잔 모양이 형상으로 나타나고 검은 부분은 배경으로 밀려난다. 우리가 많은 사람들이 모여 있는 가운데 친구나 가족의 얼굴을 찾아낼 때, 이들의 얼굴은 형상이, 나머지 사람들의 얼굴은 배경이 된다. 진열장에 놓인 많은 물건들 중에서 소비자에게 친숙한 상표는 눈에 쉽게 띄는 반면 나머지 상표는 잘 보이지 않는 것도 형상과 배경의 원리로 설명할 수 있다.

소비자에게 자사 브랜드가 형상으로 지각되는 것은 마케터에게 매우 중요한 문제이다. 마케팅 관리자는 자사 상품과 광고 메시지가 배경으로서가 아니라 형상으로 인식되도록 소비자들이 마케팅 자극의 어느 부분을 형상으로, 또 어느 부분을 배경으로 처리하는지를 점검해야 한다. 광고에서 매력적인 모델을 사용할 때 그만 모델이 너무 두드러져서 소비자의 주의를 유발시키는 광고모델 본연의 역할에서 벗어나 끝까지 소비자 지각의 핵심을 차지하는 경우가 종종 있다. 이 경우 상품은 기억되지 않고 광고모델만 기억되는 결과가 초래될 것이다. 이와 같이 주객이 전도되는 상황이 발생하지 않도록 마케터는 상품을 광고의 중앙에 위치시

키거나 모델과 배경을 어둡게 처리하는 등, 소비자의 지각 초점을 상품에 집중시키는 방법을 모색해야 할 것이다. 예컨대 매팅(matting)은 흑백의 배경에 상품이나 로고를 밝은 색으로 처리하여 광고의 핵심 부분을 형상으로 자리 잡게 만드는 광고기법 중 하나이다.

[그림 3-7] **형상과 배경**(루빈의 잔)

5 서비스 고객의 지각현상들

마케팅 자극을 선택적으로 받아들이고 주관적으로 조직화해서 해석하는 지각현상은 서비스 고객행동의 다양한 측면에서 발견된다. 서비스 고객은 마케팅 자극들을 개인의 경험과 기존 상품지식을 토대로 하여 주관적 시각으로 평가하고 해석하는 경향이 있다. 따라서 마케팅 관리자는 기업의 관점이 아닌 고객의 관점에서 지각현상을 관찰하고 마케팅 자극들이 어떠한 세부요인들에 의해 어떻게 소비자들에게 지각되는지 확인할 필요가 있다. 서비스 고객의 지각현상에는 다양한 주제들이 있지만, 본장에서는 서비스 품질지각, 대기 지각, 그리고 공정성 지각에 대해서만 서술하기로 한다.

1. 서비스 품질 지각

우리는 세탁 세제를 구매할 때 더러운 때를 말끔히 제거하는 세척능력과 물에 잘 녹고 잔여물이 남지 않는 헹굼성에 따라 품질을 평가한다. TV의 경우, 화질과 음질, 또 디자인이 우수하고, 기능이 다양하며, 고장이 잘 나지 않으면 품질이 좋다고 말한다. 그렇다면 서비스에 대해서는 소비자가 무엇을 근거로 품질을 평가할까?

서비스 품질이란 서비스의 상대적 우수성/열등성에 대해 고객이 지각하는 전반적 인상이라고 정의할 수 있다. 무형적 요소와 유형적 요소를 둘 다 포함하고 있는 서비스 상품의 경우, 소비자들은 보다 광범위하고 다각적인 요인들에 의해 그 품질을 평가하게 될 것이다. 서비스 상품에 대한 고객의 품질지각은 [그림 3-8]과 같이 고객의 사전 기대수준과 세 가지 차원의 서비스 품질구성 요인을 토대로 형성된다.

첫째, 사전 서비스 기대는 고객 개개인의 과거 서비스 이용 경험, 광고, 구전, 가격 수준 등에 의해 결정된다. 특히 잠재 고객들은 직접적인 서비스 경험이 아닌 대중 매체 광고나 홍보, 구전 등의 커뮤니케이션을 통해 서비스 품질에 대한 기대를 형성하는데, 이와 같은 고객의 기대 대비 실제 서비스의 성과가 우수해야 서비스의 품질이 높게 지각될 것이다.

둘째, 서비스 품질은 크게 세 가지의 품질 차원을 근거로 지각된다. Brady & Cronin은 서비스 고객이 결과품질, 상호작용품질, 그리고 물리적 환경품질이라는 세 가지 차원에 대한 평가를 종합하여 전반적인 서비스 품질을 지각하게 된다고 설명하였다. 이 세 가지 품질차원이 서비스 기업과 서비스 상품에 대한 이미지를 형성하는데, 이 이미지라는 필터를 통과하여 전반적 서비스 품질에 대한 고객의 지각이 결정된다는 것이다.

[그림 3-8] **서비스 품질지각 모형**

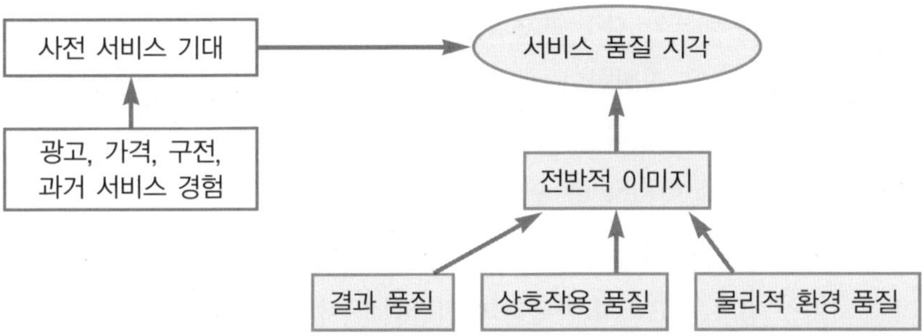

1) 결과품질

결과품질(outcome quality)이란 서비스의 유형적 결과물 혹은 성과를 뜻한다. 예컨대 의료서비스의 경우, 진단의 정확성, 치료 효과, 그리고 수술 결과 등이 결과품질에 해당된다. 호텔에서 국제회의를 개최하는 경우, 원활하고 성공적인 행사 진행과 만찬 서비스, 멀티미디어 기기의 이용 가능성, 돌발적으로 발생하는 문제의 해결능력 등이 주최측과 참가자가 지각하는 결과품질에 영향을 미칠 것이다. 이와 같이 결과품질은 서비스 전달과정에서 고객에게 제공되는 유형물, 그리고 서비스의 전달 결과 고객이 누리게 되는 궁극적 편익이나 효능이라고 정의될 수 있다.

결과품질은 소비자가 특정 서비스 브랜드를 선택하는 핵심 이유인 만큼, 서비스 기업은 자사 서비스의 전문성과 기술이 타 업체와 비교해서 경쟁력이 있는지 지속적으로 점검해야 한다. 소비자가 서비스를 구매한 목적이 자사 서비스를 이용함으로써 만족스럽게 달성되는지 확인하는 작업이 필요한 것이다. 소비자가 서비스의 핵심인 결과품질을 우수하게 지각할 때 비로소 브랜드의 신뢰가 구축되어 서비스의 재구매 의도가 생겨난다.

2) 상호작용 품질

상호작용 품질(interaction quality)은 서비스가 전달되는 과정과 방식에 의해 결정된다. 서비스직원의 친절한 태도, 서비스 접근성과 유연성, 서비스 제공의 신속성 등이 상호작용 품질을 구성한다. 상호작용 품질을 결정하는 데는 서비스를 전달하는 일선 직원의 역할이 절대적이라고 볼 수 있다. 고객과 소통하면서 고객의 다양한 요구에 응대하는 것은 서비스 직원이 담당하는 부분이기 때문이다.

인적 서비스 전달이 이루어지는 서비스점점은 공간적 친밀함이 높고 고객과 서비스 직원 간 상호의존성이 매우 높다. 서비스 접점에서 직원은 고객의 감정상태와 구매의도를 파악할 수 있으며, 고객은 직원이 제공하는 서비스의 진정성을 파악할 수 있다. 서비스 고객은 직원과의 상호작용 과정에서 그의 태도와 감정 표현을 종종 서비스 경험의 원천으로 간주하며 이를 통해 서비스를 평가하고 만족을 경험한다. 따라서 서비스직원은 친밀함과 배려, 그리고 고객의 입장에서 그들을 돕고자 하는 노력을 고객이 느낄 수 있도록 고객응대 태도와 커뮤니케이션 능력, 그리고 표현력을 몸에 익혀야 할 것이다.

이와 같이 서비스가 전달되는 과정에서 고객과 직원 간의 상호작용은 서비스경험의 수준을 결정하며 이러한 서비스 경험은 고객의 만족감과 전반적인 서비스 품질 지각에 중요한 영향을 미치게 된다. 상호작용 품질은 서비스를 경험한 사람이 비로소 평가할 수 있는 품질차원이다. 따라서 상호작용 품질은 신규고객의 경우보다 기존고객의 서비스 품질 지각에 있어 더욱 중요성을 띈다고 볼 수 있다.

3) 물리적 환경 품질

물리적 환경 품질(physical environment quality)은 고객이 서비스를 제공받는 과정에서 시각, 청각, 촉각 등 감각적으로 확인할 수 있는 서비스의 배경적 환경 측면을 말한다. 즉 이것은 어떠한 환경에서 고객이 서비스를 경험하느냐에 관한 것으로, 물리적 서비스 환경의 매력성, 쾌적함, 편안함 등을 포함한다. 예를 들어, 레스토랑의 경우, 주차 공간, 서비스를 기다리는 대기 공간, 그리고 식사장소의 인테리어 및 분위기, 실내온도, 음악, 조명, 바깥 전망 등은 고객이 서비스의 수준을 지각하는데 중요한 단서가 될 것이다. 따라서 마케터는 서비스의 물리적 환경 요인들이 표적시장의 취향에 맞게 설계되어 소비자에게 매력요인으로 지각되고 있는지를 고객의 입장에서 확인할 필요가 있다.

물리적 환경은 서비스의 배경적 요소라고 할 수 있지만 고객은 종종 이 배경적 요소를 즐기기 위해 특정 서비스업체를 이용하기도 한다. 이와 같이 물리적 환경은 서비스 결과품질을 강화시켜주는 보조 상품인 동시에, 때로는 그 자체만으로 고객에게 가치를 제공하고 고객을 유인할 수 있는 독립 상품의 역할을 한다.

물리적 환경 품질은 가시적이고 감각적이며 쉽게 눈으로 확인할 수 있는 부분이므로, 특히 신규 고객의 서비스 품질지각에 주요 요인으로 작용한다. 한 연구에 의하면, 서비스업체를 반복적으로 이용하는 기존고객보다 서비스 이용경험이 없는 신규고객의 경우, 물리적 환경 요인을 서비스의 수준을 말해주는 진단적 정보로 더욱 중요하게 지각하는 것으로 나타났다. 우리가 이성 친구를 처음 만날 때는 외모가 중요한 요인으로 종종 작용하지만, 일단 사귀기 시작하면 거기 큰 의미를 두지 않는 현상이 여기에도 적용되는 것이다.

2. 서비스 대기지각

서비스 이용고객에게 대기 상황은 불가피하게 발생한다. 놀이공원에서 기구를 타기 위해, 호텔에서 체크인을 하기 위해, 병원에서 진료를 받기 위해 사람들은 기다린다. 기다리는 것을 좋아하는 사람은 없을 것이다. 소비자는 대기상황을 가능하면 피하고자 하고, 서비스 마케터는 고객이 대기 중 다른 곳으로 이탈을 하지 않도록 붙잡아두기 위해 노력한다.

서비스 고객이 실제로 기다린 대기시간(actual waiting time)과 그가 주관적으로 지각하는 대기시간(perceived waiting time)에는 차이가 있을 수 있다. 우리가 주관적으로 지각하는 대기시간은 우리의 머릿속에 있는 인지시계(cognitive timer)로 측정되는 것으로, 실제 대기시간과는 다를 수 있다. 즉 실제로 기다린 대기시간은 동일하다 할지라도 그 시간을 어떻게 보냈느냐에 따라 때로는 짧게, 때로는 길게 느껴질 수 있는 것이다.

소비자들이 어떻게 실제 대기시간을 경험하는가에 대한 시간의 심리학적인 차원들은 서비스 마케팅 관리자에게 중요한 시사점을 제공한다. 실제 대기시간을 통제할 수 없는 상황에서는 고객이 체감하는 심리적 대기시간을 가능한 한 최소화하고 이들이 즐겁게 서비스를 기다릴 수 있도록 관리하는 것이 고객유치 및 유지를 위해 꼭 필요하다. 이를 위해서는 소비자의 시간지각(time perception)에 대한 이해가 필수적인데, 소비자의 서비스 대기지각은 다른 지각현상들과 마찬가지로 개인과 주변상황에 따라 주관적으로 형성된다. 서비스 고객의 주관적 대기지각 현상을 관찰하면 다음과 같은 원칙을 발견할 수 있다.

1) 점유되지 않은 시간은 점유된 시간보다 길게 느껴진다

점유된 시간(occupied time)이란 책을 읽거나 무엇을 구경하는 등 뭔가 할 일이 있는 시간을 말한다. 이와 같이 점유된 시간은 실제 대기시간이 같더라도 아무 볼거리나 즐길 거리가 없는 비점유 시간(unoccupied time)보다 짧게 느껴진다. 예컨대 친구와 재미있게 이야기할 때는 시간이 눈 깜짝할 사이에 지나가지만, 아무런 할 일 없이 무료하게 기다릴 때는 같은 시간이라도 무척 길게 느껴지는 경험을 우리는 모두 가지고 있다.

많은 서비스업체들은 고객이 서비스를 기다리는 동안 지루하지 않도록 다양한 오락거리를 제공한다. 예를 들어, 미국 플로리다 올랜도의 씨월드는 범고래쇼를 보기 위해 기다리는 사람들을 위해 피에로 분장을 한 직원이 즉석 판토마임 쇼를 보여준다. 또한 아웃백 스테이크와 같은 패밀리 레스토랑에서는 고객 대기실에 잡지와 TV를 설치하고 간단한 음료를 제공하기도 한다. 미국의 한 호텔에서는 체크인, 체크아웃 고객이 몰리는 시간에 로비에서 1인 마술사 공연을 보여주어 고객의 호응을 얻었다. 많은 호텔에서는 엘리베이터 안에 전신거울 혹은 TV를 설치하여 고객이 엘리베이터를 타고 가는 동안 거울로 자신의 외모를 살펴보거나 TV로 뉴스나 호텔시설에 대한 정보를 볼 수 있도록 한다.

2) 구매 전 대기가 구매 중 대기보다 더 길게 느껴진다

고객이 서비스를 받는 일련의 과정은 다음과 같은 세 단계로 나눌 수 있다. 첫 번째는 **서비스제공 전 단계**(pre-process phase)이다. 예를 들어 레스토랑에 고객이 도착하여 테이블로 안내받고 식사를 주문하기까지가 서비스 제공 전 단계라고 할 수 있다. 두 번째는 **서비스 제공단계**(in-process phase)이다. 고객이 식사를 주문하고 주문한 식사가 제공되어 식사하는 시간이 이에 해당된다. 세 번째는 **서비스제공 후 단계**(post-process phase)로서 식사를 마친 고객이 계산을 하고 레스토랑을 떠날 때까지이다.

고객은 서비스 프로세스의 각 단계를 거치는 동안 간헐적으로 짧거나 길게 대기를 경험한다. 그런데 연구결과에 의하면 소비자는 서비스 제공 중이나 후에 발생하는 대기보다 서비스 제공 전 단계의 대기를 더욱 길고 지루하게 인식한다. 예컨대 레스토랑에서 식사를 주문한 후 기다리는 것은 주방에서 자신이 주문한 음식을 준비하는 시간으로 간주하지만, 테이블에 앉지도 못한 채 밖에서 기다리거나 테이블에 앉더라도 웨이터가 주문을 받지 않아 기다리는 시간은 자신에게 제공될 서비스와는 무관한 시간적 낭비라고 여기기 때문이다. 소비자에게는 시간의 경제적 가치가 중요한데 자신에게 서비스를 제공하기 위해 소요되는 시간이 아니면 무가치한 시간낭비로 간주한다. 따라서 서비스 업체들은 고객이 오면 일단 응대하고 대기고객에게 관심과 배려를 나타냄으로써 고객에게 서비스가 시작되었다는 인상을 주는 것이 중요하다.

3) 염려와 불안감은 대기시간을 더 길게 느끼도록 만든다

서비스에 대한 확신이 없는 소비자는 서비스가 제공되기까지의 대기시간이 더욱 길게 느껴질 것이다. 제대로 서비스를 받을 수 있을까에 대해 불안과 염려가 있는 까닭이다. 예를 들어 처음으로 인터넷 쇼핑을 하는 사람은 그 업체가 과연 믿을 만한 업체인지, 자신이 제대로 주문을 한 건지, 결제가 정확히 이루어진 건지, 업체가 주문을 확인했는지, 배송이 제대로 될는지 등에 대해 불안감을 느낄 수 있다. 그리고 이러한 소비자에게는 물품이 도착할 때까지 기다리는 시간이 길고 지루하기만 할 것이다.

소비자 염려와 불안감을 최소화하기 위해서는 고객으로 하여금 서비스업체, 그리고 거래에 대해 신뢰를 갖도록 하는 것이 필요하다. 예컨대 인터넷 쇼핑의 경우, 거래내역과 옵션선택에 대한 정보를 고객에게 이메일로 보내거나 상품발송 여부와 상품의 현재 위치 등 서비스 진행 상황에 대한 정보를 확인 가능토록 하여 고객을 안심시킬 수 있을 것이다. 또한 고객과의 약속을 철저히 지킴으로써 브랜드에 대한 고객신뢰를 구축해 나가는 것이 무엇보다도 중요하다.

4) 대기의 불확실성은 지각된 대기시간을 증가시킨다

얼마나 기다려야 하는지를 모르고 무턱대고 기다리면 기다리는 시간이 더욱 길게 느껴진다. '앞으로 얼마나 더 기다려야 하나' 하며 지속적으로 기다림에 집중하게 되기 때문이다. 그러나 대기시간을 미리 알고 기다리면 그 시간에 다른 것으로 주의를 분산시킬 수 있어 지각된 대기시간이 단축될 수 있다. 따라서 서비스업체는 고객에게 총 예상 대기시간을 알려주고 시간의 경과에 따라 업데이트시켜줄 필요가 있다. 디즈니월드나 에버랜드에서는 놀이기구를 타기 위해 줄을 선 사람들을 위해 일정 지점에 남은 대기시간이 얼마인지를 알려주는 안내표지판을 설치했다. 고객은 줄을 따라 이동하며 각 지점을 통과할 때마다 대기시간이 줄어드는 재미를 느낄 수 있다. 레스토랑에서는 고객에게 앞으로 기다려야 할 시간을 다소 여유 있게 알려줌으로써 실제 테이블로 안내될 때 고객이 예상보다 빨리 서비스를 받게 되었다고 여기도록 만든다.

5) 원인을 모르는 대기는 더 길게 느껴진다

도로에서 차가 꽉 막혀 전혀 움직이지 않을 때 앞에 트럭이 가로막고 있어 아무것도 보이지 않는 운전자는 매우 답답함을 느낀다. 교통정체의 원인을 모르기 때문이다. 그러나 트럭의 높은 좌석에 앉아 앞의 교통사고 상황을 지켜보고 있는 사람은 기다림의 지루함이 훨씬 덜할 것이다. 이와 같이 기다림의 원인을 알 수 없을 때의 대기 시간은 원인을 알 때보다 더욱 길고 지루하게 느껴진다.

서비스 전달이 지체될 때는 고객에게 마냥 기다리게 할 것이 아니라 서비스 지체의 원인을 알려주는 것이 중요하다. 예를 들어, 인터넷 쇼핑에서 배송이 늦어질 때는 그것이 주문쇄도로 인한 것인지, 판매자의 개인 사정에 의한 것인지(예: 여름휴가), 아니면 배송회사의 문제 때문에 그런 것인지 대기상황의 원인을 고객에게 설명을 하고 최대한 빠른 서비스를 위해 노력하는 모습을 보여줘야 할 것이다.

6) 불공정한 대기는 더 길게 느껴진다

길게 줄을 서서 기다리는 데 앞에 새치기하는 사람이 있으면 그만 화가 나서 줄서기가 싫어지는 경험은 누구나 있을 것이다. 식사를 하기 위해 20분을 기다릴 수는 있지만 나보다 늦게 온 손님이 먼저 서비스를 받으면 기다리는 시간이 5분에 불과할지라도 그 시간이 불쾌하고 지루하게 느껴진다. 고객은 대기 열(waiting queue)이 공정하게 관리되지 않으면, 새치기한 사람뿐 아니라 새치기 행동에 아무런 제지도 가하지 않는 서비스직원, 그리고 선량한 고객을 보호하지 않는 원칙 없는 서비스업체에까지 분노하게 된다. 또한 서비스 고객은 모든 직원들이 고객을 위해 열심히 일하고 있을 때는 잘 참고 기다리지만, 많은 사람이 기다리고 있는데 고객응대를 하지 않고 혼자서 다른 일을 하고 있거나 창구를 닫고 자리를 비우는 직원이 보이면 짜증을 내는 경향이 있다.

이와 같이 서비스 고객은 실제 대기시간의 길이보다 대기의 공정성에 더욱 민감한 반응을 보일 수 있다. 기다려야 하는 상황은 이해하지만 불공정하게 서비스가 지체되는 것은 매우 불쾌하게 생각하는 것이다. 이러한 고객 반응에 대응하기 위해 서비스 기업은 공정한 대기시스템을 구축할 필요가 있다. 대기 시스템에는 [그림 3-9]와 같이 다양한 방식들이 있다. A의 여러줄 서기는 자기 줄의 프로세스가 다른 줄보다 늦어질 때 고객이 짜증이 날 가능성이 있으므로, 만약 대기 공간이 허락한다면 B와 같이 한 줄 서기 방식을 사용하는 것이 고객의 대기공정성 지각에 도움이 된다. 공항의 항공사 체크인 카운터는 이와 같은 한 줄 서기 방식을 채택하고 있으며 고객이 질서 있게 줄을 서서 자기 차례를 기다리도록 직원이 관리한다. 예약고객과 일반고객은 C와 같이 별도의 대기열로 관리하거나 이것이 여의치 않을 때에는 먼저 도착한 고객에게 양해를 구하고 예약고객을 안내하여 일반고객의 오해를 사지 않도록 해야 할 것이다. 은행과 극장 티켓카운터에서는 D와 같이 번호표를 사용하여 고객이 자기 순번을 기다렸다가 차례차례 서비스를 받을 수 있는 대기시스템을 활용한다.

[그림 3-9] **다양한 대기 시스템**

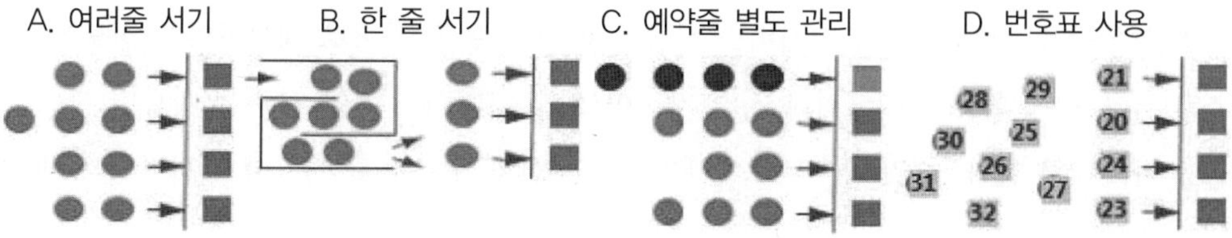

고객이 대기상황에 대해 불공정을 느끼지 않도록 하기 위해서는 접객업무를 하지 않는 서비스직원은 고객의 눈에 띄지 않도록 하는 것이 필요하다. 고객과 상호작용하지 않는 직원은 고객이 볼 수 없는 곳에서 업무를 수행하도록 함으로써 서비스업체가 고객응대에 소홀하다는 불필요한 오해를 사지 않도록 해야 할 것이다.

7) 서비스의 가치가 적을 때 대기는 더 길게 느껴진다

시간에는 경제적 가치가 있다. 시간을 효율적으로 사용하면 그에 대한 경제적 보상이 주어질 수 있기 때문이다. 서비스 고객 또한 가치가 있는 것에 비용과 시간을 투여하고자 한다. 서비스의 가치가 높다고 판단하면 줄을 서서 기다려서라도 서비스를 구매하고자 하는 욕구가 생겨난다. 그러나 가치가 적은 상품이라면 기다리는 시간이 지루하고 아깝게 느껴질 것이다.

서비스 고객은 상황에 따라 기다림에 대한 인지적 평가를 달리 한다. 고객이 서비스 상품의 가치를 높이 인식하는 경우 대기상황에 대해 관대해지고 대기의 수용성이 높아진다. 따라서 서비스 기업은 고객이 구매하고자 하는 서비스 상품이 기다릴만한 가치가 있다고 여겨질 만큼 상품의 효용과 가치를 향상시켜야 한다. 서비스의 총 가치를 향상시키기 위해서는 서비스의 품질 향상과 더불어 가격 경쟁력이 필수적이다. 가격대비 고품질 서비스를 얻을 수 있다는 확신이 있으면 소비자는 이를 위해 기다림을 감수하게 될 것이다.

8) 대기환경이 불편하면 대기시간이 더 길게 느껴진다

서비스를 받기 위해 기다릴 때 대기 장소가 따로 없어 밖에 서서 기다리거나, 춥거나 더운 곳에서 기다려야 하는 등 대기환경이 불편하면 대기시간이 더욱 길게 느껴질 것이다. 따라서 고객 대기가 종종 발생하는 서비스업체에서는 쾌적한 대기장소를 마련하여 기다리는 고객을 배려해야 고객이탈을 막을 수 있다. 쾌적한 대기환경은 고객이 한꺼번에 밀려드는 시간에 수요를 재고화하는 효과가 있다. 이와 같은 이유로 패밀리 레스토랑과 유명 음식점에서는 실내 공간의 일부를 분리시켜 고객이 편안히 앉아서 음악을 들으며 기다릴 수 있는 대기 공간을 설치하여 활용하고 있다.

서비스 대기는 짜증, 분노와 같은 부정적 감정 뿐 아니라 기대감, 설레임과 같은 긍정적 감정반응과도 관계가 있으며 고객이 서비스 품질을 평가하는 데 중요한 단서로 작용한다. 소비자는 사람들이 줄을 지어 기다리는 서비스 상품은 품질이 높을 것으로 예상하여 관심도가 증가되고 구매 욕구가 생겨난다. 그러나 정작 자신이 오래 기다려야 하는 상황에 이르면 짜증스런 반응을 나타내곤 한다. 따라서 서비스마케터는 고객에게 신속하고 원활하게 서비스가 제공되도록 효율적인 서비스 전달 프로세스를 도입할 필요가 있다. 또한 실제 대기시간을 통제할 수 없는 경우에는 다양한 서비스 대기상황에 대한 소비자의 지각과 인지적 재평가의 가능성을 인식하고, 고객이 대기시간을 가능한 한 짧게 지각하며 즐겁게 서비스를 기다릴 수 있도록 대기관리 시스템을 가동시켜야 할 것이다.

사 례

■ 디즈니월드의 대기관리

매년 5천만 명이 넘는 고객이 방문하는 디즈니월드에는 인기 놀이기구를 타려는 수많은 고객들로 인해 필연적으로 긴 대기 열이 형성된다. 이것은 이용객의 큰 불편사항이 되곤 하는데, 디즈니월드의 관리자는 고객이 대기로 인해 받는 스트레스를 감소시키고 대기시간을 최대한 짧게 지각하도록 하기 위해 다음과 같은 다양한 방법들을 사용한다.

우선 디즈니월드는 'Fastpass' 제도를 만들었는데, 이 Fastpass의 이용방법은 다음과 같다. 고객이 놀이기구를 타러 가면 놀이기구에서 줄을 서는 경우와 Fastpass를 발급받는 경우의 가상 대기시간을 보여준다. 이때 고객은 보통 대기시간이 더 짧은 쪽을 선택하게 된다. Fastpass를 이용하기 위해서는 입장권을 기계에 넣고 기구이용 시간이 명시된 티켓을 발급받는데, 고객은 대기시간을 미리 알 수 있으므로 이 시간에 다른 곳을 구경하는 등 테마파크 내에서의 시간을 융통성 있게 사용할 수 있다. Fastpass를 발급받은 고객은 지정된 시간에 맞추어 놀이기구로 돌아와서 10분 내외의 짧은 대기시간을 거쳐 놀이기구를 탄다. 이 제도를 사용하면 대기시간의 감소와 함께 자신의 대기시간을 예측할 수 있으므로 고객은 시간을 효율적으로 사용할 수 있고 디즈니월드 측은 고객을 다양한 놀이기구로 분산시킬 수 있다는 장점이 있다.

또한 디즈니월드는 줄에 서서 기다리는 고객에게 총 예상 대기시간을 알려줄 뿐 아니라 대기 열의 각 지점별로 남은 대기시간을 알려준다. 따라서 고객은 대기시간을 알고 기다리므로 대기의 불확실성과 염려를 줄일 수 있다.

줄을 서서 기다리는 고객에게 오락과 구경거리를 제공하는 것 또한 디즈니월드가 고객의 짜증을 줄여주고 대기시간을 짧게 인식하도록 만드는 방법 중 하나이다. 예를 들어, 후크선장이나 구피로 분장한 직원이 나타나 익살스런 연기를 보여주거나 아이들과 함께 사진을 찍고, 브라스 밴드가 깜짝 연주를 선사하여 고객이 긴 대기 열 속에서도 즐거움을 느낄 수 있게 해주는 것이다. 또한 대기 열이 긴 놀이기구 옆으로 미키마우스, 도널드 덕 등 다양한 디즈니 캐릭터들의 퍼레이드를 진행하여 고객이 즐거운 마음으로 퍼레이드를 구경하면서 자신이 대기 열에서 기다리고 있다는 사실을 잊도록 도와준다.

디즈니월드는 밴드공연과 퍼레이드를 통해 고객이 눈치 채지 못하는 사이 고객의 흐름을 관리하기도 한다. 사람들은 퍼레이드와 함께 이동하며 사진을 찍고 밴드의 음악소리를 따라가는데, 이러한 밴드공연과 퍼레이드는 고객의 시선을 끌어 그들의 걸음 속도와 진행 방향을 유도하여 한 군데 지나치게 많은 고객이 정체되지 않고 다른 곳으로 분산되는 효과가 있다.

(자료원: The Japan Times, 2007. 5)

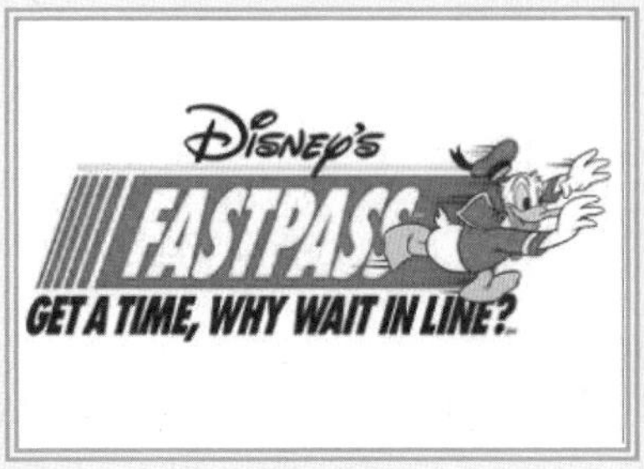

3. 공정성 지각

서비스 고객의 공정성 지각은 서비스 품질평가 및 만족도와 직결되므로 서비스마케터가 주의 깊게 관찰해야 할 부분이다. 고객이 서비스공정성을 지각하지 못한다는 것은 곧 자신이 지불한 가격 대비 합당한 대우를 받지 못했다고 인식하는 것으로서, 이러한 고객은 서비스업체에 불만을 갖고 부정적 구전을 퍼뜨릴 가능성이 높다. 고객 불량행동에 대한 한 연구에 의하면, 고객의 불공정성 지각은 극단적인 경우 물품도난이나 기물파괴와 같은 불량행동의 원인이 되기도 한다.

공정성 지각의 개념은 서비스실패가 발생한 후 이를 회복하는 과정에서 특히 중요성을 띠게 된다. 서비스 실패가 발생하여 정신적, 물질적 손해를 입게 된 고객은 서비스업체가 이에 대한 보상을 하고 서비스실패가 복구되는 과정에서 공정한 방식으로 자신을 대우해주기를 원한다. 서비스 회복공정성이란 서비스실패가 발생하여 불편함을 겪은 고객이 업체 측으로부터 공손한 사과를 받아내고 원활하게 보상처리가 되어서 마침내 공정함을 되찾았다고 느끼는 정도를 말한다. 서비스 회복(service recovery)에 대한 만족도는 고객이 바로 이 회복공정성을 얼마나 지각하느냐에 따라 좌우되므로, 서비스 기업은 고객의 입장에서 공정성지각의 정도를 파악할 필요가 있다.

서비스 회복과정에서 고객은 지각하는 공정성에는 다음과 같은 세 가지 차원이 있다.

1) 분배공정성(Distributive Justice)

서비스 회복에 있어 분배공정성은 기업이 서비스 실패에 대한 보상으로 고객에게 무엇을 제시하느냐에 대한 문제이다. 고객은 서비스 실패로 인하여 자신이 감수해야 했던 경제적 손실, 시간적 손실, 심리적 불편함 등에 대해 종종 실질적 보상을 받기 원한다. 분배공정성은 서비스 회복 상황에서 고객에게 주어지는 보상이나 환불, 할인 등의 방법으로 얻어질 수 있다. 예를 들어, 호텔에서 객실 예약을 받을 때 초과예약(over-booking)이 되어 고객이 예약한 객실이 이용가능하지 않은 경우, 호텔은 고객에게 한 단계 업그레이드된 객실을 제공하는 방법을 사용하기도 한다.

서비스 기업은 보상, 환불, 교환 등 고객에게 제공되는 혜택들에 대해 고객이 적정 수준의 분배공정성을 지각하는지를 확인할 필요가 있다. 불충분한 보상이 이루어지면 고객은 공정하지 못한 처우를 받았다고 여기겠지만, 너무 과한 수준의 보상이 이루어져도 고객이 심리적 부담을 느낄 수 있다. 예컨대 도미노피자는 당초 30분 이내 배달이 이루어지지 않으면 피자값을 받지 않겠다는 보증제도를 적용하였다가 단 몇 분 지체되었다고 피자값을 내지 않는 것에 대해 불편한 마음을 느끼는 고객들이 있다는 사실을 알아채고 이를 3불 할인으로 바꾸었다. 그 후 30분내 배달보증 제도를 이용하는 고객이 크게 증가하였다.

2) 절차공정성(Procedural Justice)

절차공정성은 서비스 회복의 과정적 측면과 관련이 있다. 불평접수 절차가 불편하다거나 고객 불평을 접수한 후 늑장 대응을 하면 고객은 서비스 기업으로부터 공정한 대우를 받았다고 느낄 수 없다. 또한 보상이나 환불이 이루어지는 과정이 복잡하고 번거롭다면 고객은 또 한 번의 불공정한 대우를 경험하는 결과가 초래될 것이다.

절차공정성이란 고객보상절차, 방침, 기준, 효율성 등 기업의 서비스 회복과정에 대해 고객이 공정하다고 지각하는 정도를 의미한다. 서비스 기업은 서비스 실패를 회복하고 문제를 처리하는 과정에서 고객이 불편을 겪지 않도록 불평처리 과정을 간소화하고, 최대한 신속하게 서비스 회복이 이루어지도록 노력해야 한다. 자기 소관이 아니라며 고객을 다른 부서로 뺑뺑이 돌리는 일은 절대 금물이다. 리츠칼튼 호텔은 이러한 문제를 예방하기 위해서 '즉각적으로 고객의 불편사항을 해결하는 것은 직원의 임무이다. 고객의 불평을 접수한 직원은 직접 책임지고 고객이 만족할 때까지 해결한 후 이를 보고한다' 는 서비스 행동원칙을 리츠칼튼인의 기본 수칙(The Ritz-Carlton Basics)에 명시해 놓고 모든 직원들에게 숙지시키고 있다.

서비스 실패를 회복할 때는 언제 어떠한 방식으로 문제해결이 될 것인지를 고객에게 인지시키고 고객과의 커뮤니케이션을 원활히 유지하는 것 또한 필요하다. 불평접수의 편리성과 문제해결의 신속성 및 유연성, 그리고 원활한 의사소통은 고객으로 하여금 절차공정성을 지각하도록 하는 핵심 요인들이다.

3) 상호작용 공정성(Interactional Justice)

상호작용 공정성은 고객 불평 접수를 하고 서비스 회복을 담당하는 직원이 고객에게 보여주는 진실하고 정직하며 예의바른 태도에 의해 얻어질 수 있다. 서비스 회복을 담당하는 직원이 냉담하게 고객응대를 하거나 문제해결 방법에 대해 친절하고 상세히 설명을 하지 않고 등 무성의한 태도를 보인다면 고객은 또 한 번 실망하게 될 것이다. 직원이 서비스 실패로 불편을 겪은 고객에게 감정이입을 하며 진심어린 사과를 하고 문제해결을 위한 적극적인 태도를 보여주는 것은 서비스 회복에 있어 매우 중요하다. 서비스 회복 과정에서 감정이입(empathy)이란 고객이 경험하는 고통을 공유하고 고객의 문제를 해결하는데 적극적이고 진정어린 관심을 기울이는 것을 말한다.

서비스 종업원은 고객의 입장에서 고객의 마음을 이해하고 고객이 당면한 문제를 해결하려는 의지를 보이며 문제해결 절차와 방법에 대해 친절히 설명할 수 있어야 한다. 많은 서비스 업체에서 고객 불평처리 직원의 태도 문제로 이미 서비스 실패를 경험한 고객의 불만이 한층 더 고조되는 사례가 빈번히 발생한다. 따라서 서비스 기업은 종사원의 불평처리 태도와 고객에게 사과하는 방법, 화가 난 고객을 진정시키는 방법, 그리고 고객과 효과적으로 커뮤니케이션하는 방법을 충분히 교육시켜야 할 것이다.

제4장

서비스 고객의 기억과 망각

제4장

서비스 고객의 기억과 망각

1 인간의 두뇌

1. 뇌의 구조

인간의 두뇌는 대뇌, 소뇌, 중뇌, 간뇌 등으로 이루어져있다. 대뇌는 왼쪽과 오른쪽에 각각 반구(hemisphere) 형태의 대뇌반구라는 부분과 뇌간으로 구성되어 있다. 대뇌는 외부의 자극을 느끼고 거기에 적절한 운동반응을 하도록 명령하며, 기억, 판단, 감정, 직관 등의 정신활동을 담당한다. 소뇌는 뇌 전체의 10% 정도를 차지하는데, 여기에서는 정신활동은 하지 않고 사람이 자세를 유지하거나 운동할 때의 조절기능을 맡는다. 중뇌, 혹은 중간뇌는 뇌의 중간 부분에 위치하는 작은 영역으로 주로 안구 운동과 홍채 조절의 역할을 한다. 간뇌는 체온조절, 혈당량 조절, 삼투압 조절 등의 기능을 담당한다.

[그림 4-1] 인간의 두뇌

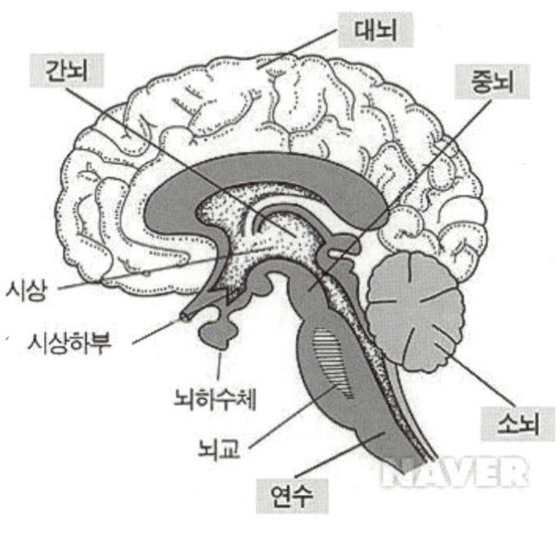

[표 4-1] **뇌의 주요기관별 기능**

영 역	기 능
대뇌	외부자극에 대한 반응과 기억, 판단, 감정 등의 정신활동 및 운동기능 담당
소뇌	근육 운동 조절, 몸의 균형 유지
중뇌	홍채조절, 안구운동, 눈꺼풀의 반사 운동 조절
간뇌	체온조절 및 체액의 성분 유지(혈당량 조절, 삼투압 조절)
연수	호흡, 심장박동, 소화운동 조절 및 재채기 등의 반사운동 조절
척수	감각신경과 운동신경이 지나는 통로. 배뇨 및 땀 분비 조절, 무릎 반사 중추

2. 대뇌의 부위별 기능

뇌에서 가장 많은 부분을 차지하는 대뇌는 감각정보 처리기능, 운동기능, 감정조절 기능, 학습과 기억 기능뿐 아니라 생명 유지에 필요한 자율신경계 조절 및 기초 대사 유지, 호르몬 생성 등의 기능을 수행한다. 인간의 고등 정신 기능을 가능하게 하는 것은 인간에게 발달된 이 대뇌라고 할 수 있다. 대뇌의 표면에는 많은 주름이 있는데 다른 부분보다 돌출된 부분을 이랑이라 하고 주름져 안으로 들어간 부분을 고랑이라 한다. 대뇌는 이러한 이랑과 고랑의 모양에 따라 전두엽, 측두엽, 두정엽, 후두엽 등으로 나누어지며 각각의 부위에 따라 수행하는 기능은 다음과 같다.

전두엽(frontal lobe) 이마엽이라고도 하는 전두엽은 대뇌에서 가장 큰 엽으로 운동기능, 언어기능, 기억력, 사고력 등을 주관하고 다른 연합영역으로부터 들어오는 정보를 조정하고 행동을 조절하는 기관이다. 전두엽은 계획을 세우거나 아이디어를 구상하고 스스로 동기부여를 하는 등 목표지향적인 행위를 주관하며, 개인의 독창성과 판단력을 결정한다. 또한 전두엽은 인간성과 도덕성을 관장하며 감정의 깊이를 조절하고 개인의 성격 형성에 관여한다.

측두엽(temporal lobe) 대뇌의 양쪽 옆면에 위치한 측두엽, 혹은 관자엽에는 청각조절 중추가 있어 청각적 정보를 처리하며 인지 기능과 기억 기능을 조절한다. 측두엽이 손상을 입으면 환각 및 기억 장애, 그리고 실어증이 나타날 수 있다.

두정엽(parietal lobe) 대뇌의 윗부분에 위치하는 두정엽에는 감각중추가 있어 시각, 청각, 미각 등의 감각신호를 조합하고 해석하는 기능을 한다. 또한 언어적 정보의 이해와 입체 · 공간적 인식, 그리고 계산 및 연상 기능 등을 수행하고, 문자를 단어로 조합하여 의미를 이끌어내는 역할을 한다.

후두엽(occipital lobe) 대뇌의 뒷면에 위치하는 후두엽에는 시각기능에 관여하는 시각 겉질이 있어 시각 정보를 분석하고 통합하는 역할을 수행한다. 즉 시각적 상을 통합하여 사물을 시각적으로 인지하도록 하는 것이다. 후두엽이 손상되면 물체를 봐도 그것이 무엇인지 인지하지 못하는 시각적 인지 불능상태가 초래된다.

인간의 대뇌는 우뇌와 좌뇌라고 부르는 두 개의 반구로 나누어져 있다(그림 4-2). 우뇌와 좌뇌는 수많은 뉴론의 복잡한 네트워크로 이루어져 있는 뇌량으로 연결되어 서로 정보를 교환하며 통합적으로 작용한다. 일반적으로 우뇌는 직관력, 창의성, 예술적 감각, 감정반응 등을 관장하고, 좌뇌는 논리적, 추상적, 개념적 사고를 수행하고 하며 사물을 분석하고 추리하는 기능을 주로 담당한다고 알려져 있다. 뇌파측정기를 이용하여 우뇌와 좌뇌의 전기적 파장을 분석한 결과, 감성적으로 풍부해진 상태에서는 우뇌에서, 인지적 과업에 몰입된 상태에서는 좌뇌에서 보다 활발한 뇌파를 발생시킨다는 보고가 있다. 그러나 최근에는, 우리의 두뇌가 분명한 영역으로 나뉘어 부위별로 특정 기능을 수행하는 것이 아니라 여러 영역에 걸쳐 정보가 전달되고 통합되어 작동하며 뇌의 한쪽이 손상을 입으면 다른 쪽이 보완기능을 담당하므로 우뇌와 좌뇌의 기능을 분리시키는 것이 무의미하다는 주장도 나오고 있다.

[그림 4-2] 좌대뇌반구와 우대뇌반구

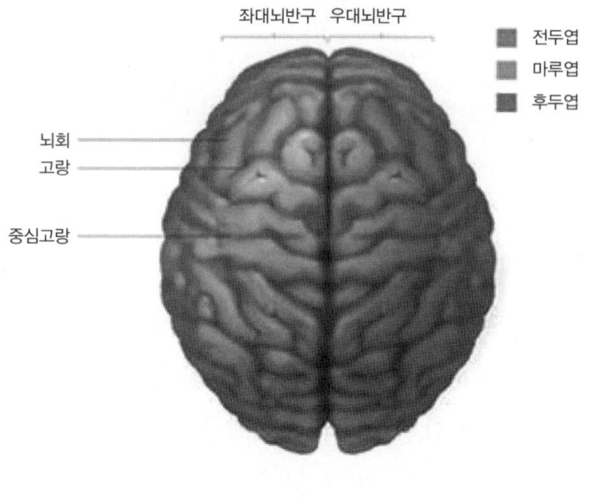

실패한 광고

광고메시지가 소비자의 뇌에서 어떻게 처리되는지를 알기 위해서 뇌파측정기(electroencephalograms: EEG)를 이용하여 뇌에서의 전기적 파장을 측정했다. EEG 분석결과, 정서유발 광고는 대부분 우뇌에서 처리되는 경향이 있으며, 정보제공 광고는 좌뇌에서 처리되는 것으로 나타났다. 이러한 분석 결과는 광고의 컨셉 및 표현기법 결정에 유용한 시사점을 제공한다.

뇌파분석을 이용해 광고효과를 측정하는 미국의 마케팅 조사 연구소 'Neuro-Communication Research Laboratories는 부녀간의 대화를 담은 한 광고를 실험 참가자들에게 보여주었다. 그 광고에서 아버지와 딸의 따뜻한 대화를 듣고 있던 시청자의 우뇌에서는 매우 활발한 처리활동이 이루어지고 있는 것으로 나타났다. 그러나 시청자가 그러한 정서 유발 장면에 빠져들려는 순간, 광고는 제품정보를 제공하는 장면으로 재빨리 넘어갔다. 그러자 뇌 활동에 문제가 발생되었다. 뇌파측정 결과 부녀 간의 따뜻한 사랑에 의해 활성화된 시청자의 우뇌는 제품정보가 제공되는 순간에도 여전히 전기파장을 내보내고 있었던 것이다. 이것은 시청자의 우뇌에서 여전히 활발한 처리활동이 이루어지고 있었으며 이것이 언어적 정보의 처리를 어렵게 만들었음을 의미한다. 왜냐하면 언어적 정보에 대한 처리는 대체로 동일한 양의 좌뇌의 활동을 수반하는데, 광고시청자의 경우 우뇌에서 좌뇌로의 전환이 재빨리 이루어지지 않아 좌뇌가 제대로 활성화되지 않았기 때문이다. 결과적으로 시청자들은 광고에서 제시하는 제품 정보들을 제대로 기억할 수 없었다. 이 광고는 제품 정보를 제공하는 시점을 잘못 선택함으로 인해 그만 실패한 광고가 되어버린 것이다.

자료원: Michael J. McCarthy, "Mind Probe," Wall Street Journal, March 22, 1991.

3. 마케팅 자극과 뇌의 활동

앞에서 설명한 바와 같이 인간의 두뇌는 인지활동과 감정반응을 모두 관장한다. 소비자는 마케팅 자극에 대해 인지적 반응과 감정적 반응을 나타내는데, 두뇌의 인지적 영역과 감정적 영역은 상황에 따라 변화하며 활성화된다.

저관여 상황에서 소비자는 시각적, 청각적 정보에 반응한다. 즉 시각적 이미지나 음악 등과 같은 비언어적 정보에 감정이 활성화되어 상품에 대한 관심과 구매욕구가 유발되는 것이다. 반면에 고관여 상황에서는 언어적 인지정보에 의존하여 상품정보를 이해하고 분석하는 인지적 과정을 거쳐 구매의사결정에 이른다.

광고전략은 그 초점을 소비자 반응의 어느 부분에 두느냐에 따라 정서유발 광고와 정보제공형 광고로 구분될 수 있다. 고급 레스토랑이나 호텔, 향수 등 상징성이 높고 무형적 효익이 주요 구매목적이 되는 상품의 경우 감각적 자극과 함께 고객의 우뇌에 호소하는 정서유발 광고가 효과적이다. 그러나 컴퓨터나 사무기기와 같은 제품에 있어서는 소비자의 이성적 판단에 호소하는 정보제공형 광고가 효과적이라고 볼 수 있다. 또한 정보제공형 광고는 구매의사결정의 초기 단계보다는 정보탐색이 활발히 진행 중이거나 상품구매에 대한 욕구가 높이 형성된 상태의 소비자에게 효과가 높다. 상품에 대한 관여도가 높아져 좌뇌를 활성화시켜 인지적으로 정보를 처리할 준비가 되어있기 때문이다.

소비자의 감성영역과 사고영역은 동시에 활성화되기 어렵다. 감정이 활성화된 상태, 즉 감정이 풍부해져있는 높은 상태에서는 인지적 정보처리가 원활히 이루어지기 어렵고, 반대로 인지가 활성화된 상태, 즉 논리적 사고를 하고 있는 상황에서는 감정반응이 쉽게 나오지 않는다. 예를 들어, 우리는 매우 흥겹고 들뜬 상태에 있을 때는 차분히 수학문제를 푸는데 어려움이 있고, 또한 그와 반대로 논리적 사고에 몰입되어 있을 때는 코미디를 보아도 그다지 우습게 느껴지지 않는다. 두뇌활동의 영역이 필요에 따라 그때그때 인지에서 감정, 혹은 감정에서 인지로 즉각적으로 전환되지 못하는 까닭이다.

이와 같은 두뇌활동의 한계를 고려할 때, 마케팅자극은 맥락을 고려하여 소비자에게 노출할 필요가 있다. 예컨대 코카콜라사는 TV 광고를 할 때 뉴스나 시사 프로그램 시간을 피한다. 콜라를 마실 때의 쾌감을 주로 표현하는 코카콜라 광고의 효과를 극대화하기 위해서는 뉴스보다는 드라마나 쇼 프로그램과 같이 소비자의 감정이 활성화되는 시간을 이용하는 것이 유리하기 때문이다.

2 기억

소비자는 상품관련 정보를 기억 속에 저장해 두었다가 나중에 이를 인출하여 상품평가 및 구매의사결정에 사용한다. 소비자가 기억 저장소에 입력시켰다가 필요에 따라 끄집어내어 사용하는 정보에는 광고, 구전, 상품의 특징, 구매장소 및 시기, 소비경험 및 상품관련 감정 등이 포함된다. 상품에 대한 소비자의 평가에는 그때그때 주어지는 광고나 상품속성정보 등 외적정보에 의존하는 자극중심평가(stimulus-based judgment)와 소비자 개인의 기억 속에 저장되어 있는 내적 정보에 의존하는 기억중심평가(memory-based judgment)가 있는데, 본장에서는 소비자의 기억현상에 초점을 맞추어 기억의 구조와 기능, 인출, 그리고 망각에 대해 살펴보기로 한다.

다중기억구조모델(multiple store model of memory)은 기억의 구조가 감각기억, 단기기억, 그리고 장기기억으로 구성되며, 이 기억구조들은 모두 각각의 기능과 역할을 담당한다고 본다. 사람들이 별도의 기억저장소를 갖고 있다는 것은 과거에 관찰된 몇몇 임상적 기억현상에 근거를 두고 있다(보기 'H. M' 참고).

외부자극은 소비자의 감각기관을 통해 유입되면서 아주 짧은 시간 동안 감각등록기에 저장된다. 이 감각기억은 주의를 기울이지 않으면 거의 즉각적으로 소멸된다. 그러나 강한 자극으로 높은 수준의 주의를 받은 감각정보는 단기기억 저장소로 이전되는데, 소비자 정보처리활동의 중심이 되는 단기기억은 지속적 주의 및 시연 등 적극적인 활성화를 통해 장기기억으로 이전되어 저장되거나 그렇지 않은 경우에는 망각되고 만다. 단기기억 저장소의 용량은 제한적이어서 일정 시점에 일정량의 정보만을 처리할 수 있지만 장기기억 저장소의 정보처리 용량은 거의 무제한적이다. 장기기억 저장소에 저장된 정보들은 필요에 따라 인출되어 새로이 유입되는 정보와 결합하여 정보처리 과정에 관여하나, 인출되지 않은 비활성화 정보들은 서서히 소멸되어 간다.

[그림 4-3] **다중기억모델**

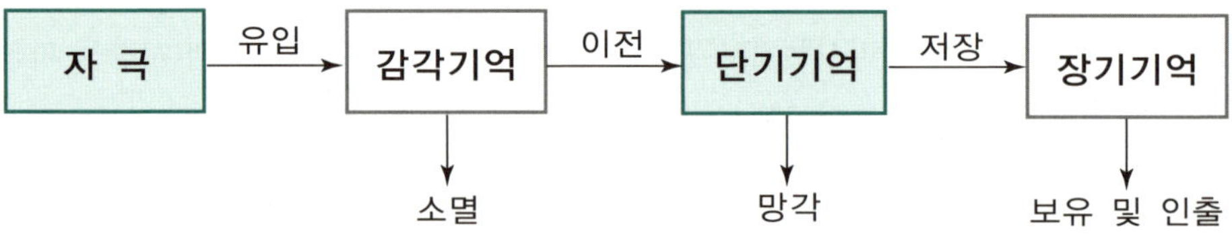

보 기

■ **H. M.**

H. M.은 뇌 과학(Brain Science)을 공부한 사람에게는 익숙한 이름이다. 본명은 Henry Gustav Molaison. 그는 2008년 82세를 일기로 작고했지만 인류에게 기억의 메커니즘을 가르쳐주고 간 신경정신학계의 '유명인사'이다.

그는 어렸을 때 자전거를 타다가 머리를 다친 후 자꾸 의식을 잃고 경련을 일으키며 간질발작이 심해지자 양쪽 내측 측두엽과 해마의 2/3, 그리고 편도를 절제하는 수술을 받았다. 수술 후 간질증세는 좋아졌는데 예기치 않은 일이 벌어졌다. 수술 전의 기억은 정상이었고 지능검사도 이상이 없게 나타났는데, 다만 새로운 기억과 학습을 할 수 없게 된 것이다. H.M.은 자신의 이름도 알고 1929년 대공황 때의 소동, 2차 세계대전 때의 대통령 이름과 같이 수술 이전의 것들은 기억하지만 새로이 유입되는 정보는 기억에 저장할 수 없었다. H.M.은 삼촌의 사망소식을 듣고 무척 슬퍼하였는데, 얼마 지나면 다시 삼촌이 왜 집에 오지 않는지를 물었다. 그래서 삼촌이 사망했다고 말해주면 그는 처음으로 그 소식을 듣는 듯 또다시 슬퍼하는 것이었다.

신경학자 Brenda Milner 박사가 H. M의 사례를 연구함으로써 인류는 기억에 대해 새로운 것을 알게 되었다. 이전에는 뇌 전체가 기억을 맡는다고 알려져 있었지만, 뇌 관자엽(측두엽)의 해마-편도체 회로가 기억을 주관한다는 사실이 밝혀진 것이다. 술자리에서 과음한 뒤 '필름이 끊기는' 이유도 H. M. 덕분에 설명되기 시작했다. 이것은 알코올의 독성 때문에 해마의 기억 입력 시스템에 방해가 온 것으로, 뇌에 어떤 사실도 입력이 안 되었기에 기억이 존재하지 않는 것이다.

또한 단기기억과 장기기억에 별도의 저장소가 있다는 가능성이 H. M의 사례를 통해 알려지게 되었다. H. M.의 단기기억과 장기기억 능력은 각각 별도로 보았을 때는 이상이 없었지만 단기기억이 장기기억으로 이전되는 연결고리가 끊긴 듯 했다. H. M은 장기기억에 이미 입력되어 있는 정보들은 그래도 유지하고 있었고, 단기적으로 숫자, 사건 등을 기억할 수 있었지만 곧 그것을 까맣게 잊어버렸다. 단기기억을 장기기억으로 변환시키지 못하는 것이 문제였다. 알츠하이머 환자들도 어릴 적의 일들은 생생히 기억하는 등 장기기억은 그대로 유지하나 단기기억을 장기기억 저장소로 이동시키지 못하는 문제를 갖고 있다.

H. M.은 어머니가 병실에 왔다가 돌아가면, 방금 전 어머니를 만난 사실은 기억하지 못했지만, "어머니에게 무슨 일이 생긴 것 같다"며 걱정했다고 한다. 어머니를 만났다는 명시적 기억은 사라졌지만 어머니에 대한 애틋한 감정이 무의식적 기억의 형태로 남아있는 것이다. 즉 우리가 머릿속에 저장하는 것은 인지적 정보만이 아니라 감정과 암묵적 기억도 포함된다. 정신분석학자들은 H. M.의 이러한 기억이 무의식의 존재를 암시하는 증거라고 주장한다.

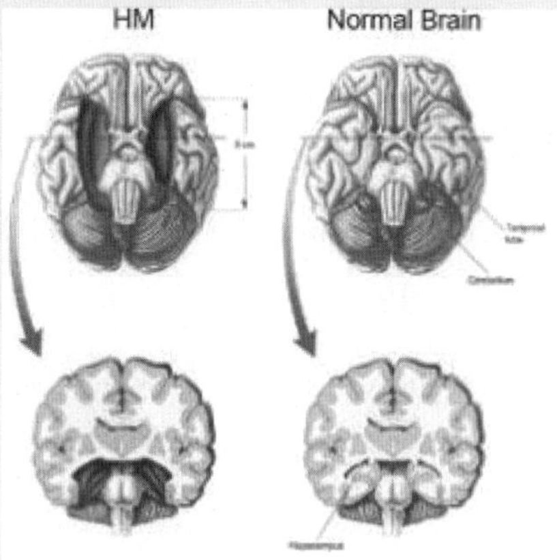

1. 감각기억

감각기억(sensory memory)이란 사람의 오감을 통해 유입된 자극(소리, 영상, 촉감 등)에 대한 극히 일시적인 기억을 의미한다. 외적인 자극은 인간의 감각기관을 통해 감지됨과 동시에 감각저장소(sensory store)로 유입되는데, 감각저장소는 인지체계가 감각정보를 처음 등록하는 곳이라는 의미에서 감각등록기(sensory register)라고도 부른다. 이러한 물리적 자극의 감각적 특징은 매우 짧은 시간 동안 지속된 후 대부분 순간적으로 사라진다. 대체로 감각기억에 정보가 머무르는 시간은 시각적 감각기억은 1초 이내, 청각적 감각기억은 그보다 약간 더 오래 지속되는 것으로 알려졌으나, 정확한 지속 시간에 대해서는 연구자들에 따라 다른 견해를 보인다.

감각기억의 대부분은 크게 영상기억과 잔향기억으로 이루어진다. 첫째, **영상기억**(iconic memory)은 시각적 자극을 일시적으로 기억하는 과정을 뜻한다. 예를 들어, 우리는 어떤 광고를 본 후 광고에 나온 시각적 이미지와 광고문구 등을 잠시 동안 머릿속에 떠올릴 수 있는데, 이것은 영상기억에 해당된다. 둘째, **잔향기억**(echoic memory)은 청각적 자극을 순간적으로 기억하는 것을 의미한다. 우리는 누군가와 대화를 할 때 그가 한 말을 몇 초간은 들은 그대로 기억할 수 있다. 이것은 잔향기억이 남아있기 때문이다.

마케팅 자극정보는 제일 먼저 소비자의 감각기억을 거치게 되는데, 소비자는 이 자극정보 중 일부에 주의를 기울여 정보처리를 하고 의미 없는 자극은 곧바로 잊어버리고 만다. 감각기억에 유입된 정보들 중 소비자의 주의를 받지 못한 정보는 감각등록기에서 거의 즉각적으로 소멸된다. 그러나 개인에게 관련성이 있거나 흥미로운 자극, 강도 높은 자극은 소비자의 정보처리 동기가 유발되어 기억 프로세스의 그 다음 단계인 단기기억으로 들어가게 된다.

2. 단기기억

단기기억(short-term memory)은 감각등록기에 유입된 정보를 인지작용을 통해 처리하고 이 중 특정정보를 장기기억으로 전송하는 역할을 담당한다. 여기서 '단기'의 의미는 상황에 따라 상이하게 나타날 수 있으므로 명확하게 규정할 수 없다. 단기기억은 유입된 정보를 적극적으로 처리하고 활용 가능하도록 운용한다는 점에서 활동기억(active memory) 혹은 운용기억(working memory)이라고도 한다. 어떤 서비스 상품에 대한 광고나 구전 정보에 대한 인지적 처리 및 지각과정은 단기기억에서 이루어지는 것으로, 단기기억의 결과 개인에게 의미 있는 정보는 장기기억으로 이전되게 된다. 단기기억은 소비자가 의식적인 사고를 수행하여 적극적으로 정보처리를 하는 단계이므로 기억 프로세스에서 매우 중요한 위치에 있다고 할 수 있다.

1) 정보의 입력

단기기억에서는 정보가 부호화(encoded)되어 저장된다. 감각기억에서는 외적 자극이 있는 그대로 복제되는 반면, 단기기억에서는 외부에서 유입된 정보가 개인의 사전지식을 바탕으로 부호화되거나 해석된다. 단기기억에서 이용되는 기억 코드에는 여러 가지 유형이 있으나 주된 입력부호는 청각부호로 알려져 있다. 청각부호(acoustic code)란 정보가 특정 단어나 소리의 형태로 저장되는 것을 의미한다. 사람들은 글자를 읽을 때 입으로 소리를 내지 않고 눈으로만 읽은 경우에도 그 글자를 시각적 정보로 두뇌에 입력시키기보다는 단어의 소리로 입력시키는 경향이 있다. 예를 들어 단어/문자 기억테스트에서 실험참여자들은 '해파리'를 '쇠파리', 'A'를 'K' 등 비슷한 발음의 다른 단어/문자로 잘못 인출하는 경우가 종종 나타나는데, 이는 사람들이 정보에 시각적으로 노출되었더라도 이를 청각정보로 부호화하여 입력했을 가능성을 보여준다. 우리가 친구의 전화번호를 외울 때도 쪽지에 쓰인 전화번호 숫자들을 머릿속에 사진 찍듯이 입력시켜 이를 다시 불러오기 보다는 '공일공 칠구공공 ~' 등 소리로 저장시키는 경우가 많다.

2) 단기기억의 용량

단기기억은 처리용량의 한계로 인해 일정 시점에서 처리될 수 있는 정보의 양이 매우 제한적이다. 단기기억의 용량이 제한적이다 보니 짧은 시간 내에 적극적으로 활성화되어 장기기억 저장소로 전송되지 않은 정보는 곧 유실되어 기억 속에서 사라져버린다.

이러한 단기기억 용량의 제한성을 감안할 때, 마케팅 관리자는 광고전략을 수립할 때에 광고의 컨셉을 되도록 단순, 명료하게 만들 필요가 있다. 한꺼번에 너무 많은 정보를 제공하면 메시지의 테마가 흐려져 결국 아무것도 장기기억으로 입력되지 못할 가능성이 있기 때문이다. 단기기억을 적극적으로 처리하여 장기기억으로 이전시키는 것은 소비자의 MAO, 즉 정보를 처리할 동기(motivation), 능력(ability), 그리고 기회(opportunity)에 달려 있는데, 소비자가 정보에 노출되더라도 주변의 주의분산 요인들(주변 소음, 경쟁상품 광고, 시간압박 등) 때문에 정보에 집중하는데 어려움이 있고, 또 정보처리에 노력을 기울일만한 동기와 관여도가 부족하여 매우 얕은 수준의 정보처리밖에 이루어지지 않는 경우가 대부분이다.

상품 관련 정보의 양이 단기기억의 정보처리 능력을 초과하면 소비자는 혼란을 느껴 기억의 질이 오히려 떨어지게 된다. 이와 같이 정보의 과다로 인해 소비자의 정보처리 과정이 방해를 받아 최선의 상품을 선택할 가능성이 낮아지는 역기능 현상을 정보과부하(information overload) 현상이라고 한다. 상품 관련 정보의 양을 점차 늘려 가면 소비자의 기억량 또한 비례적으로 증가한다. 그러나 일정 수준 이상이 되면 기억에 혼란이 발생하여 오히려 정확히 기억하는 정보의 수가 감소하게 된다. 한 연구에서는 2개에서 16개까지의 상품정보를 차례로 늘려가며 소비자들에게 제시하였는데, 제공된 정보의 양이 일정 수준 이상이 되면 소비자들이 이를 제대로 처리하지 못해 올바른 의사결정을 내리지 못하는 것을 발견하였다.

정보과부하 현상은 정보처리 과업에 대한 개인의 관여도가 낮고 동기와 능력이 부족할 때 더욱 빠른 시점에서 발생한다.

정보과부하 현상

한 수퍼마켓에서 시식대를 설치하고 지나가는 고객들로 하여금 다양한 종류의 잼을 맛보게 하였다. 이 실험은 잼 종류를 두 가지 경우로 나누어 진행되었는데, 첫 번째 경우는 6가지 맛을 제시했고 두 번째 경우에는 24가지 맛을 제시했다. 그 결과 이 두 가지 상황에서의 소비자 구매행동에 뚜렷한 차이가 발견되었다. 잼의 가짓수가 적은 경우(6가지 맛)에는 시식한 사람들 중 30%가 잼을 구입했다. 반면에 선택할 잼이 많은 경우(24가지 맛)에는 시식한 소비자 중 3%만이 잼을 구입했다.

상품의 옵션이 너무 다양하고 상품 관련 정보가 지나치게 많이 주어질 때, 소비자는 정보과부하를 경험하게 된다. 과다한 상품정보에 압도되어 이를 제대로 처리할 수 없거나, 많은 상품옵션들을 비교 평가하는 것에 대해 심리적 부담감을 느끼는 것이다. 이러한 이유에서 소비자는 정보과부하가 이루어질 때 종종 정보처리의 오류가 발생하여 선택의 질이 하락하며(예: 바람직스럽지 않은 상품대안 선택), 혹은 잘못된 선택을 할까봐 아예 구매의사결정 자체를 유보하게 된다("아~ 모르겠다, 다음에 사자").

3) 단기기억 처리방법

단기기억 과정에서는 정보를 효과적으로 입력시켜 프로세스하는 작업이 중요하다. 외부정보의 단기적 입력 및 유지를 위해 사람들이 종종 사용하는 방법에는 다음과 같은 것들이 있다.

첫째는 **청킹**(chunking)이다. 청크(chunk)란 덩어리란 뜻으로, 정보의 한 묶음, 혹은 정보의 최소단위를 의미한다. 단기기억의 정보처리능력을 증가시키기 위해서는 정보를 관리 가능한 몇몇 개의 청크로 나누어 투입시키는 것이 도움이 된다. 예컨대 20866517이라는 번호가 주어졌을 때, 우리는 이 번호들을 통으로 외우는 것보다 2086-6517이라는 청크로 나누어 입력시킬 때 좀 더 쉽게 기억할 수 있다. 서비스 기업들은 긴 전화번호를 몇 개의 청크로 나누어 의미 있는 말과 연결시킴으로써 소비자의 기억에 남고자 노력한다(예: 2424 - 이사이사, 0579 - 영어친구).

둘째는 **시연**(rehearsal)이다. 시연이란 외적정보에 대한 되풀이 연습 혹은 곱씹어 보는 작업을 의미한다. 소비자 시연과정은 유지시연과 정교화시연으로 나누어볼 수 있다.

유지시연(maintenance rehearsal)이란 정보를 단기기억 속에 투입시켜 거기 머무르도록 붙잡아놓기 위해 마음속으로 혹은 소리 내어 반복하는 것을 의미한다. 예컨대 우리는 영어단어를 외우거나 전화번호를 받아 적을 때 머릿속에서 또는 입 밖으로 소리 내어 반복하곤 한다. 어린이들이 광고내용을 회상(recall)함에 있어 시연이 미치는 영향을 조사한 한 연구에서는 상품명을 소리 내어 읽은, 즉 시연을 한 어린이들이 시연을 하지 않은 어린이들보다 더 많은 상표관련 정보를 회상할 수 있음을 발견하였다. 많은 기업들은 소비자의 유지시연을 유도하기 위해 광고에 반복적 슬로건이나 CM송을 활용하는데, 맥도널드는 “두 개의 백퍼센트 쇠고기 패티, 맥도널드의 스페셜 소스, 양상추, 치즈, 피클, 볶은 참깨를 뿌린 양파...” 등 빅맥의 재료를 리드미컬하게 나열하는 광고를 반복함으로써 소비자의 시연을 유도하였다.

정교화시연(elaborative rehearsal)은 새로이 유입되는 정보를 자신의 기존지식이나 경험과 결합시켜 의미를 이끌어내는 작업이다. 예를 들어, 대한항공의 “미국 어디까지 가봤니?” 광고를 보며 소비자들은, “어디까지 가보긴. 한 번도 못 가봤는데. 흠... 그림 좋구먼. 난 언제나 이런 델 가보나...” 혹은 “미국에 가보긴 했지만 여기는 한 번도 본 적이 없군. 그나저나 이건 여행사 광고인가? 아, 여행사 광고가 아니라 대한항공 광고로군,” 혹은 등 다양한 생각들을 마음속에 떠올릴 수 있다. 이와 같이 외부정보와 관련된 상념들을 떠올리거나 개인적 의미를 부여한 사람들은 수동적으로 정보에 노출된 사람들보다 기억을 오래 지속시킬 수 있다. 정교화시연은 정보의 단순반복인 유지시연보다 활발한 인지적 정보처리를 유발시켜 더욱 깊은 수준의 정보처리를 가능케 한다.

[그림 4-4] **대한항공 ‘어디까지 가봤니’ 광고 시리즈**

4) 단기기억 증진 마케팅 전략

이중부호화 이중부호화이론(dual coding theory)에 의하면, 어떤 한 가지의 부호로만 메시지를 제시하는 것보다 서로 간에 연관성이 높은 두 가지 부호(예: 시각부호와 청각부호, 혹은 어의부호와 시각부호 등)를 동시에 제시하는 것이 효과적이다. 메시지에 대한 이해와 회상(기억)을 높일 수 있기 때문이다. 예를 들어 씨즐러는 '지글지글' 굽거나 튀기는 소리를 뜻하는 브랜드명(청각부호)과 뜨거운 김이 올라가는 모습(시각부호)을 형상화한 로고가 이중부호화 효과를 내고 있다. 또한 씨즐러의 TV 광고에서는 뜨겁게 달구어진 그릴에 고기를 올려놓자 '차르르~' 소리를 내며 스테이크가 맛있게 구워지는 모습, 혹은 ' 지글지글 ' 소리와 함께 뜨거운 철판에 먹음직스럽게 담긴 스테이크 등을 보여준다. 이러한 청각적 자극과 시각적 자극의 동시 유발은 소비자들로 하여금 보다 생생한 감각을 느끼도록 만드는데, 이러한 이중부호화 전략은 서비스 상품과 광고메시지가 소비자의 머릿속에 강도 높게 입력되도록 만드는 효과가 있다.

[그림 4-5] 씨즐러의 이중부호화

심상의 유도 심상(mental imagery)이란 마음속에 떠오르는 시각적 이미지를 뜻한다. 다음의 단어들을 읽어보라: 삶은 달걀, 오렌지주스, 색동저고리. 독자는 머릿속에 이 단어들이 뜻하는 구체적 형상들을 쉽게 떠올릴 수 있을 것이다. 그러나 이번에는 이 단어들을 읽어보라: 행복, 만족감, 훌륭함. 아마도 이번에는 머릿속에 떠오르는 뚜렷한 시각적 이미지가 없을 것이다. 추상적 개념의 단어들이기 때문이다. 우리가 외부정보를 처리할 때 떠오르는 심상은 기억을 촉진시키는 역할을 한다. 따라서 소비자에게 어떤 상품관련 메시지를 전달할 때는 되도록 구체적 언어를 사용하여 소비자의 심상을 유도하는 것이 필요하다. 예컨대 '호주만큼 멋진 곳은 어디에도 없습니다' 라는 표현보다는 '캥거루와 코알라의 왕국, 호주' 라는 문구가 시각화(visualization)의 효과로 인해 단기기억을 증대시킬 것이다.

의외성 있는 자극의 사용 우리가 쉽게 기대할 수 없는 독특한 자극, 예컨대 기발한 표현 기법, 충격적인 사진, 뜻밖의 광고모델(예: 여자속옷 광고에 남자모델) 등은 그 의외성(unexpectedness)으로 인해 소비자들이 메시지 처리에 있어 더 깊이 몰입하도록 만든다. 때때로 광고주들은 의도적으로 시각적 요소와 언어적 메시지가 서로 일치하지 않도록 광고를 설계하기도 하는데, 이러한 전략을 사용하는 이유는 예상치 못한 사진이나 시각적 이미지의 이용이 소비자의 주의를 유발하고 메시지와의 연관성을 찾기 위해 정보처리에 더 많은 노력을 기울이게 만들 것이라는 기대 때문이다. 예를 들어 [그림 4-6]의 리츠칼튼 호텔 광고는 이러한 의외성을 가지고 있다. 'Let us stay with you' 라는 문구와는 거의 관련성이 없는 사람 얼굴, 그것도 아이가 들고 가는 풍선에 의해 눈이 가려진 여성의 얼굴을 광고사진으로 사용하고 있는 것이다.

연구결과에 의하면 언어적 메시지와 일치하지 않는 시각적 요소의 삽입은 소비자들로 하여금 두 가지의 무관한 자극에 대한 상호 관련성을 찾으려는 인지적 노력을 기울이게 하여 더욱 깊은 수준의 정보처리를 하도록 만들고 결과적으로 메시지에 대한 높은 회상을 가져오는 것으로 나타났다. 그러나 이러한 부조화는 관여도가 낮은 소비자의 경우에는 메시지 해독(decoding) 과정에 문제를 일으켜 광고의 내용을 제대로 이해하지 못하는 결과를 초래할 가능성이 있다.

[그림 4-6] **의외성 있는 자극의 예**(리츠칼튼 호텔 광고)

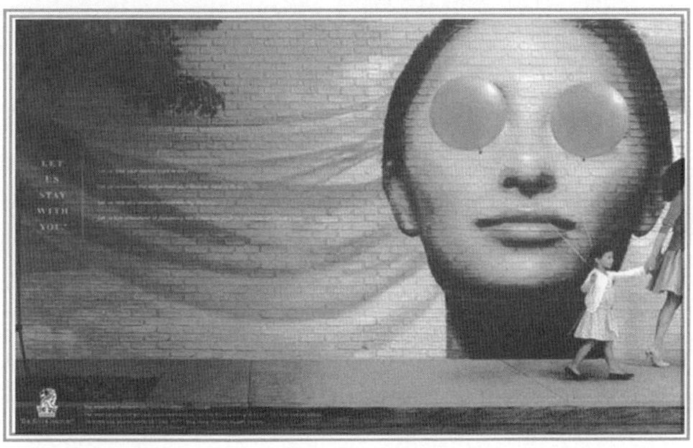

독특하고 발음하기 쉬운 브랜드명 브랜드명은 많은 유지시연이 이루어질수록 소비자의 단기기억에 강도 높게 입력되어 결국 장기기억으로 이전, 저장될 가능성이 높아진다. 소비자로 하여금 브랜드명에 주목하고 반복적으로 유지시연을 하도록 유도하려면 우선 브랜드명이

독특하고 발음하기 쉬워야 한다. 예컨대 The International Business Machines는 소비자가 보다 쉽게 브랜드명을 인식하고 용이하게 인지적 처리를 할 수 있도록 IBM이라는 약자를 사용하고 있다. 우리나라 소비자의 경우, '신라', '힐튼' 등과 같은 호텔 브랜드는 발음이 용이하다는 측면에서 '임페리얼 팰리스 호텔' 보다 유지시연의 가능성이 높다고 할 수 있다.

음악의 사용 광고에는 배경음악과 전경음악이 있다. **배경음악**(background music, BGM)은 광고의 언어적 메시지의 배경이 되는 음악이다. 음악의 분위기와 상품의 이미지가 부합될 때 배경음악은 소비자가 광고메시지를 원활하게 처리하도록 촉진제 역할을 한다. 또한 음악으로 인해 고조된 환기수준(arousal)과 긍정적 감정상태는 소비자로 하여금 광고메시지를 기억하도록 도와주는 효과를 유발시킨다. **전경음악**(foreground music)은 우리가 흔히 말하는 CM송을 의미한다. 단순히 언어적 정보만이 제공되는 것보다 언어에 멜로디가 첨부되어 제공되면 좀 더 흥미로운 청각부호의 형태가 되어 기억이 증대된다. 우리는 보통 시는 외우기 어려워하지만 시에 멜로디를 붙여 만든 노래는 쉽게 외워 부르지 않는가? 또한 광고의 전경음악은 소비자의 유지시연을 유발시키는 효과가 있다. 이러한 이유로 많은 광고들이 소비자의 유지시연을 촉진하기 위해 CM송이나 로고송(예: "때가 쏘옥! 비트")을 활용한다. 소비자들은 광고노래를 따라 부르거나 머릿속에 멜로디를 떠올리며 자신도 모르게 브랜드를 연상하게 되는 것이다.

반복 새로 나온 브랜드나 서비스의 광고를 보면 소비자들에게 생소한 이름을 기억하게 하기 위해 몇 번이고 그것을 되풀이하는 경우를 본다. 이것은 그 브랜드명이 아직 소비자의 운용기억에 남아있을 때 그들이 시연을 하도록 유도하는 것이다. 광고를 반복해서 보여줌으로써 소비자 기억의 증가를 가져올 수도 있다. 광고의 횟수가 늘어날수록 소비자들의 비자발적 학습효과가 증가하는데, 이러한 비자발적 학습효과는 상품관여도가 낮고 소비자의 정보처리 동기가 낮은 수준일 때 주로 발생한다. 그러나 광고의 반복횟수가 지나치면 소비자가 싫증과 거부감을 느끼는 광고효과의 감퇴현상(advertising wearout)이 발생할 수 있으므로 동일한 메시지를 전달하되 광고실행방법을 다양하게 변형시킬 필요가 있다.

기억증대기법들의 활용 기억증대기법(mnemonic devices)이란 단어의 리듬을 살리거나 단어의 첫머리를 따서 어떤 의미 있는 문장을 만드는 등 기억을 증진시키기 위한 다양한 도구들을 사용하는 방법을 의미한다. 예를 들어, 미국의 어린이들은 태양계의 행성들을 차례로 외우기 위해 [그림 4-7]과 같은 기억증대기법을 사용한다(원래는 'My very educated mother just served us nine pizzas' 였는데, 태양계에서 명왕성(pluto)이 퇴출되면서 'nine pizzas' 가 'nachos' 로 바뀌었음). 독자들도 학교에서 시험을 칠 때 좀 더 암기를 하기 위해서 다양한 기억증대기법들을 사용한 경험이 있을 것이다.

기업이 소비자 기억을 촉진시키기 위해 사용하는 기억증대기법들에는 참으로 다양한 것들이 있다. 단어의 리듬을 사용하거나(예: '공공칠! 공공!'), 상표명과 관련된 어구를 연결시켜 어려운 상표발음에 소비자를 적응시키는 방법(예: '바로 코 밑에 있잖아요? 바로코민!', '캐내세요, 케토톱!'), 각운을 사용하는 방법(예: '이가탄탄 이가탄', '치타-좋타-그렇타-맛있타-수타 -수타면!'), 흥미로운 슬로건을 만들어 반복적으로 사용하는 방법(예: '쇼를 해라, 쇼!') 등은 소비자의 기억에 남기 위해서 광고에 기억증대기법을 이용한 예들이다.

[그림 4-7] 기억증대기법의 예

3. 장기기억

단기기억에서 처리된 정보는 장기기억(long-term memory)으로 이전되어 저장된다. 소비자의 장기기억에 저장된 정보는 상품 및 브랜드에 대한 지식구조를 형성하여 새로이 유입되는 정보를 처리하는 데 사용된다. 서비스 고객의 경우, 각종 서비스 상품들과 브랜드에 대한 지식과 직접이용경험, 그리고 소비상황과 관련하여 개인이 경험했던 긍정적/부정적 감정들은 장기기억에 보존되었다가 차후 구매의사결정의 토대가 된다. 장기기억 속의 지식체계는 새로운 정보와 결합하여 소비자의 인지구조를 지속적으로 확장시켜 나간다.

인지심리학자들에 의하면, 인간은 장기기억에 거의 무제한의 정보를 저장할 수 있다고 한다. 그러나 실제로 우리가 생활 가운데 기억 속에서 인출해내는 정보는 우리의 장기기억에 저장된 정보 중 일부분에 불과하다. 완전히 기억에서 사라져버린 줄 알았던 정보가 약간의 단서만 주어지면 "아!"하고 기억에서 떠올려지는 경험은 누구나 있다. 잊어버렸다고 생각한 정보가 당시 인출이 안 되었을 뿐, 기억에서 완전히 없어진 것이 아니었던 것이다. 따라서 장기기억에 있어서는 얼마나 많은 정보가 저장되어 있는가보다 특정시점에 얼마나 필요한 정보를 인출할 수 있느냐가 더욱 중요한 문제가 된다.

1) 장기기억의 구조

장기기억에는 수많은 개념과 의미들이 마치 그물과 같은 복합구성체를 형성하고 있다. 네트워크 모형(network model)에 의하면, 우리가 갖고 있는 지식은 두뇌 속에 일종의 네트워크 조직을 이루고 있는데, 한 개인이 새로운 정보에 노출될 때 이 새로운 정보가 이미 기억에 저장되어 있던 기존 지식들과 결합되면 장기기억의 네트워크 조직이 한층 더 확장되게 된다.

네트워크 속의 지식들은 수많은 마디와 연결고리들로 이루어져 있다. 여기서 **마디**(node)란 개념을, **연결고리**(link)란 개념들 간의 연상관계를 의미한다. 하나의 마디가 다른 마디들과 관련성이 높고 근접하게 인식될수록 개념들 간의 연상관계가 강화된다. 장기기억 속의 지식이 인출되기 위해서는 관련개념들에 의해 해당 정보가 활성화(activated)되어야 한다. 우선 하나의 개념이 활성화되면 그 개념은 그와 연결된 다른 개념들을 연속적으로 활성화시키는데, 이러한 활성화의 확산은 강하게 연결된 개념들 사이에서는 거의 즉각적, 무의식적으로 발생하지만 그렇지 않은 경우에는 시간과 인지적 노력을 필요로 한다. 예를 들어, '서울시내 특1급 호텔' 하면 많은 사람들이 '신라호텔', '롯데호텔' 등을 쉽게 떠올리는 반면 일반적으로 '메이필드 호텔'은 나중에야 생각을 해낼 수 있을 것이다. 연결고리의 강도가 높아 상품 범주와 함께 즉각적으로 활성화되는 브랜드는 자산가치가 높은 브랜드라고 말할 수 있다.

[그림 4-8] 장기기억 내 지식구조의 예

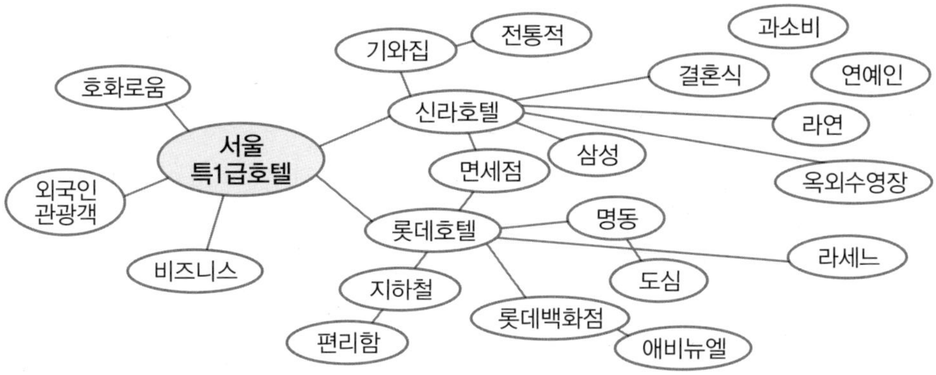

장기기억 내 지식은 스키마와 스크립트의 두 가지 형태로 저장되어 있다. 첫째, **스키마**(schema)란 특정 개념과 관련된 연상들의 네트워크, 혹은 관련지식들의 총합이다. [그림 4-8]는 서울의 특1급 호텔과 관련하여 연이어 떠오르는 연상들과 지식들을 보여준다. 어느 한 개념이 활성화되면 연결고리를 통하여 관련개념들이 계속적으로 활성화되는데, 이와 같이 수많은 개념들에 대한 스키마가 네트워크로 연결되어 보다 포괄적인 상위 스키마를 형성하게 된다. **스크립트**(script)는 어떤 행위에 대한 절차나 방법에 대한 지식을 의미한다. 예를 들어, '호텔 웹사이트를 방문해서 예약을 한 뒤 당일 3시 이후에 체크인 절차를 밟고 열쇠를 받아 객실로 올라간다' 혹은 '호텔스닷컴을 이용하면 지역 내 다양한 호텔정보와 가격정보를 손쉽게 얻을 수 있다'와 같은 절차적 지식은 장기 기억 속에 저장된 스크립트라고 말할 수 있다. 어떤 행동에 대한 스크립트를 장기기억에 보유한 사람은 미래에 유사한 행동을 할 필요가 있을 때 적은 인지적 노력으로 바로 적절한 행동을 할 수 있게 된다.

2) 장기기억의 형태

사건적 지식 사건적 지식(episodic knowledge)은 소비자가 경험한 구체적인 사건들에 대한 기억을 말한다. 즉 어떤 소비자가 자신이 경험한 것을 영사기로 재생하듯이 발생한 사건 그대로 생생하게 기억하는 것이다. 사건적 지식은 "지난번 ABC 호텔에 가서 OO 레스토랑을 찾으려고 직원에게 물어보니, 나이가 지긋한 그 호텔직원이 나와 함께 엘리베이터를 타고 레스토랑 입구까지 친절히 안내해주고 갔다"와 같이 사실적이고 구체적이다.

의미적 지식 의미적 지식(Semantic knowledge)은 소비자가 직간접 경험을 통해 알게 된 사실에 대한 주관적 평가 및 의미에 대한 기억을 의미한다. 소비자는 구체적인 사건적 지식은 남아있지 않으나 자신이 경험한 것에 대한 판단과 의미만을 기억하는 경우가 종종 있다. 우리는 보통 우리가 경험한 구체적 사건들은 기억하지 못하더라도 대체로 자신이 좋아했거나 싫어했다는 점은 잘 기억해낼 수 있다. 예를 들어, 소비자는 'A 레스토랑은 음식은 맛있으나 종업원들이 불친절하다'와 같은 전반적인 연상을 기억 속에 저장하고 있는 것이다. 이와 같은 것은 바로 의미적 지식에 해당된다. 앞 절에서 설명한 스키마는 주로 소비자의 의미적 지식들로 이루어진다고 말할 수 있는데, 의미적 지식은 소비자의 학습과정을 통해 얻어지는 브랜드연상과 지식으로서 소비자의 정보처리 과정 및 브랜드 선택행동에 매우 중요한 역할을 한다.

과정 지식(Procedural Knowledge) 과정 지식은 어떻게 정보를 활용하며 어떻게 행동하느냐에 관한 기능적 지식, 혹은 노하우(know-how)을 의미한다. 예컨대 우리는 수학문제를 풀거나 음식을 조리할 때, 그리고 새로운 길을 찾아갈 때, 우리의 과정지식을 활용한다. 소비자들은 과거경험을 바탕으로 다양한 구매 및 소비상황에서 어떻게 행동해야 하는지에 대한 과정지식을 가지고 있다. 경험이 많은 소비자일수록 과정 지식이 풍부하다. 과정 지식은 앞에서 설명한 스크립트와 유사한 개념으로, 소비자는 서비스 상품의 예약 방법, 구매 방법, 대금 지불방법, 유리한 거래조건을 이끌어내는 방법, 서비스 실패 상황에서의 대응방법 등에 대한 과정 지식을 장기기억 속에 저장해두었다가 필요에 따라 적절히 사용한다.

4. 기억과 감정

소비자의 기억현상은 정보유입과 인출 시기의 감정상태에 의해 영향을 받는다. 소비자 기억과 감정 간의 상호작용에 대한 연구결과에 의하면, 상품정보에 노출되었을 때의 감정은 그 감정과 일치된 정보의 부호화와 인출을 촉진한다. 다시 말해, 긍정적인 감정상태에서는 긍정적인 정보에 대한 처리가 활발히 이루어지고, 부정적인 감정상태에서 부정적인 정보에 대한 정보처리가 더욱 활발히 이루어진다는 것이다. 즉 긍정적인 감정상태에 있는 소비자는 상품의 장점에 주의를 기울이고 호의적인 정보를 기억에 입력시키는 반면, 부정적인 감정상태에 있는 소비자는 상품의 부정적인 속성에 주의를 기울인다. 한 연구는 광고에 노출되었을 때의 소비자 감정상태가 광고노출 후 상품평가에 어떠한 영향을 미치는지를 분석하였는데, 상품에 대한 평가는 부정적 무드(우울, 화남)에서 가장 비호의적으로 나타나고 그다음 중립적 무드, 긍정적 무드(즐거움)의 순으로 호의적인 평가를 나타냈다. 즉 소비자의 무드가 긍정적일수록 상품에 대한 긍정적 측면을 기억할 가능성이 높아지는 것이다.

또한 소비자는 정보가 유입되는 시점에 자신이 가지고 있던 무드와 동일한 감정을 유발하는 정보를 더 잘 기억하는 경향이 있다. 예를 들어, 들뜨고 흥분된 상태의 소비자는 그와 같이 흥분되고 신나는 분위기의 광고를 더욱 잘 기억하며, 차분한 마음 상태의 소비자는 차분한 톤의 광고를 더 잘 기억한다는 것이다. 자신이 현재 느끼는 감정과 일치하는 분위기의 광고에 더욱 몰입할 수 있기 때문이다. 기억에 저장되어 있는 정보를 인출하는 시점의 감정 또한 인출정보의 성격을 결정하는데, 부정적 감정상태에서는 부정적인 정보가, 긍정적 감정상태에서는 긍정적 정보가 보다 잘 인출된다. 우리가 기분이 나쁜 상태에 있을 때 옛날에 일어났던 안 좋은 일들이 꼬리를 물고 생각나는 것은 바로 이러한 이유에서다.

기억의 저장 못지않게 중요한 문제는 기억의 인출이다. 인출(retrieval)이란 컴퓨터 작업에서 '파일 불러오기' 에 비유될 수 있다. 장기기억에는 무제한의 정보가 거의 영구히 저장될 수 있지만, 문제는 필요시 적절한 정보를 얼마나 기억에서 인출해낼 수 있느냐다. 우리의 기억 저장소에는 수많은 정보들이 들어있지만 활성화된 정보만이 인출되고 나머지는 활용되지 못하므로, 서비스 마케터에게는 소비자의 기억을 일깨워 자사의 브랜드를 인출하도록 유도하는 것이 매우 중요한 과제가 된다.

3 인출

1. 인출의 유형

1) 명시적 기억

명시적 기억(explicit memory)은 개인이 의식적으로 인출해낼 수 있는 기억을 의미한다. 우리가 의식적으로 기억에서 정보를 불러올 수 있는 명시적 기억은 크게 재인과 회상으로 나누어 볼 수 있는데, 과거에 그 정보를 본 적이 있는지의 여부를 판단하는 재인은 객관식 시험문제에, 필요한 정보를 스스로 기억에서 인출해내야 하는 회상은 주관식 시험문제에 비유될 수 있다.

재인 재인(recognition)은 소비자가 과거에 보았던 어떤 자극을 다시 보고 식별할 수 있는 능력을 말한다. 예를 들어, 어떤 브랜드명을 듣고 과거에 들은 적이 있는 이름임을 기억해내거나 어떤 광고를 보고 일전에 본 적이 있다고 응답하는 것은 재인에 해당된다. 일반적으로 소비자들은 재인을 회상보다 쉽게 할 수 있는데, 재인은 수동적으로 유입된 정보에 대해서도 인출이 가능하며 기억을 되살려주는 보조자극이 함께 주어지므로 회상에 비해 경쟁정보의 방해를 적게 받기 때문이다. 백화점이나 슈퍼마켓에서 장을 볼 때는 보통 재인 과업이 요구된다. 소비자는 진열대 위에 놓인 상품들을 보면서 브랜드를 확인하고 선택행동을 하므로 과거에 광고에서 그 상품을 본 적이 있거나 브랜드명을 인식할 수 있는 것만으로도 충분하기 때문이다. 특정 상품을 발견하고, "아, 얼마 전에 TV광고에 나온 그거로구나!" 혹은 "○○○ 브랜드네" 하고 알아보는 소비자는 그러한 재인이 이루어지지 않은 소비자보다 그 상품을 구매할 가능성이 높을 것으로 예상할 수 있다.

회상 회상(recall)은 아무런 보조 없이 기억 속에서 특정 정보를 스스로 불러오는 작업을 의미한다. 예컨대 우리가 말을 할 때 사용하는 단어들은 회상에 의해 우리의 기억에서 인출된 단어들이다. 쉽고 사용빈도수가 높은 단어들은 어렵고 흔히 사용되지 않는 단어보다 회상이 잘 되어 자주 사용하게 된다. 재인은 수동적으로 유입된 정보에 대해서도 인출이 가능한 반면, 회상과업은 적극적, 조직적으로 정보가 처리되고 기억이 능동적으로 활성화되어야 비로소 가능하다. 또한 회상은 개인이 자력으로 기억저장소에서 정보를 인출할 수 있어야 하므로 정보인출을 방해하는 경쟁정보들의 영향을 쉽게 받고 오류발생률도 높은 편이다.

회상은 의사결정 초기단계에 특히 중요하다. 소비자는 구매의사결정의 초기단계에서 상기상표군(evoked set)을 머릿속에 떠올리고 이 상품대안들에 대해 추가적인 정보탐색을 하게 되는데, 상기상표군에 포함되기 위해서는 소비자에 의해 회상되는 것이 일차적 과제이기 때문이다. 또한 회상과업은 소비자가 서비스업체를 선택할 때 중요성을 띄게 된다. 학교 동창생과 점심약속 장소를 정하는 상황을 생각해 보라. 머릿속에 특정 레스토랑이 떠올라야 그곳을 약속장소로 제안할 수 있다. 만약 레스토랑의 이름이 회상되지 않는다면, 그곳은 선택대안에서 제외될 것이다. 따라서 소비자의 회상 가능성을 높이려면 특정 서비스 상품 범주에 대한 소비자 욕구 및 이용 상황과 자사 브랜드 간에 강력한 연상관계가 형성되어야 할 것이다.

[그림 4-9] 브랜드 인지의 단계

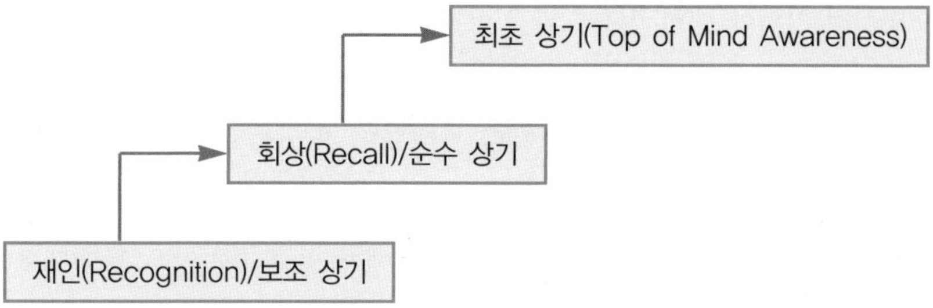

※ 브랜드 회상은 브랜드 재인보다 높은 수준의 상기율을 나타낸다. 상품범주에서 소비자들에 의해 가장 먼저 회상되는 최초 상기 브랜드는(예: 콜라 → 코카콜라) 가장 강력한 브랜드파워를 소유한 브랜드라고 할 수 있다.

2) 암묵적 기억

인간의 기억은 암시적인 지시에 의해서도 발생한다. 선행경험에 대한 의식은 남아있지 않으나 그 경험이 이루어졌음을 보여주는 간접적 결과가 나타나기도 하는데, 이와 같이 의식의 표면 위로 떠오르지 않은 '인식되지 않은' 기억을 암묵적 기억(implicit memory), 혹은 내현기억이라고 한다. 예를 들어, 어떤 사람이 인천공항으로 가는 고속도로를 차를 운전하여 달리는 중에 '버거킹' 옥외광고판을 지나치게 되었다고 하자. 그 사람은 그런 광고를 보았는지 기억을 하지 못한다. 광고에 대한 재인과 회상이 이루어지지 않는 것이다. 이렇듯 버거킹 광고에 대한 명시적 기억이 전혀 없는 그가 인천공항에 도착해서는 자기도 모르게 햄버거가 먹고 싶다는 생각이 들 가능성이 있다. 또한 그에게 패스트푸드 레스토랑 브랜드를 말해보라고 하거나 '버' 자로 시작하는 단어 중 가장 먼저 떠오르는 단어를 적어보라고 요청하면 버거킹 옥외광고판에 노출되지 않은 통제집단의 사람들보다 '버거킹' 이라는 답을 빨리 제시할지도 모른다. 만약 그렇다면 그것은 그가 고속도로를 주행하는 중에 버거킹 옥외광고를 은연중에 부호화해서 그의 기억 속에 무의식적으로 입력시켰기 때문이다.

어떻게 명시적 기억이 되지 않는 상태에서 이러한 암묵적 기억이 가능한 걸까? 그것은 자극의 강도가 우리의 의식수준에 들어오지 못할 정도로 약한 수준이었지만 그것이 우리의 무의식 속에서 활성화되었기 때문이다. 이것을 심리학에서는 점화효과(priming effect)가 발생했다고 말한다. 소비자의 암묵적 기억을 조사하기 위해서는 단어조각 완성, 문장완성, 어근완성, 어휘판단 등의 측정방법이 사용된다(문장완성의 예: '철수는 햄버거를 사먹으러 _____에 갔다').

암묵적 기억현상은 마케팅 관리자에게 중요한 마케팅 시사점을 제시한다. 소비자는 광고를 명시적으로 기억하지 못할지라도 그에 대한 암묵적 기억에 의해 무의식적으로 해당 브랜드에 매력을 느낄 가능성이 있다. 또한 암묵적 기억은 그 자체만으로는 소비자에게 영향을 미치지 못하는 경우에라도 명시적 기억에 대한 점화효과를 유발시킨다. PPL 광고(Product Placement: 간접광고)의 암묵적 기억효과에 대한 한 연구에서는 드라마에 특정브랜드가 PPL 되어 소비자의 암묵적 기억에 남아있는 경우, 드라마 종료 후에 해당 브랜드의 광고에 대한 명시적 기억이 유의미하게 증가하였다. 자극이 암묵적으로 활성화되어 추후 본격적인 정보처리가 용이해지는 점화효과가 발생한 것이다. PPL 광고의 점화효과는 소비자에게 친숙하지 않은 브랜드보다는 친숙한 브랜드에서 두드러지게 나타난다.

2. 인출 오류

우리가 장기기억에서 인출해내는 정보들은 실제 일어난 사건이나 사실과는 차이가 있을 수 있다. 이와 같이 정확하지 않은 기억이 인출되는 현상을 인출 오류(retrieval error)라고 하는데, 인출의 오류는 다음과 같이 다양한 유형으로 나타난다.

첫째는 정보원천의 혼동(source confusion)이다. 예를 들어, 어떤 소비자가 ABC 레스토랑에 대한 이야기를 '가'라는 사람으로부터 들은 것으로 기억하고 있지만, 사실 그 이야기를 말해준 사람은 '나'인 경우가 이에 해당된다. 이와 같은 정보원천의 혼동은 신뢰도가 낮은 정보원천으로부터 얻은 부정확한 정보까지도 수용하게 되는 결과를 초래한다.

둘째는 정보의 부분적 인출(partial retrieval)이다. 장기기억에 저장된 정보 중 일부만이 인출되어 편향(biased)된 평가를 하게 되는 경우이다. 예를 들어, 여행사를 통해 해외에 패키지 여행을 다녀온 소비자는 여행 경험에서 오로지 좋았던 것만을 기억하거나, 혹은 이와 반대로 나빴던 경험만을 기억에서 불러들이기도 한다. 이와 같이 소비경험의 긍정적인, 혹은 부정적인 측면만이 선택적으로 인출되면 서비스 평가가 편향되어 나중에 관련 상품을 구매할 때 적절한 선택을 내리기 어렵게 된다.

셋째는 기억의 왜곡(distortion)으로, 기억에 입력된 정보가 개인의 상상과 해석에 따라서 점차 다른 정보로 변형되는 것을 의미한다. 우리가 분명한 사실로 기억하고 있는 것들은 사실상 과장, 축소되거나 내용이 변질된 것일 가능성이 있다. 우리의 뇌가 끊임없이 새로운 해석을 하며 기억저장소 안의 정보들을 재창출해내기 때문이다. 따라서 우리가 갖고 있는 많은 사건적 지식들은 시간이 흐르면서 점차 확대 재생산되어 실제 일어난 사건과는 괴리가 있을 수 있다.

3. 기억 인출에 관여하는 요인들

인출이란 기억저장소 내의 정보에 접근하여 이를 의식수준으로 이끌어내는 과정으로, 많은 경우 사람들이 기억을 하지 못하는 현상은 인출이 적절히 이루어지지 않았기 때문이다. 오랫동안 활성화가 되지 않아 기억 내 접근성이 낮거나 경쟁정보의 방해를 받는 정보는 인출이 어려워질 가능성이 있다. 서비스 소비자의 기억인출에 관여하는 요인들을 마케팅자극의 특성, 소비자 특성, 그리고 상황적 특성으로 구분하여 살펴보자.

1) 마케팅 자극 특성

브랜드의 대표성 해당 상품범주를 대표하는 브랜드명은 소비자의 기억으로부터 쉽게 인출된다. 가장 먼저 시장에서 선도적 위치를 차지한 시장개척 브랜드는 후발브랜드보다 소비자 회상에서 우위를 선점한다. 상품범주에서 가장 대표적이고 전형적인 브랜드는 범주전형과 가깝고 두터운 연상고리를 가지고 있기 때문에 소비자에게 쉽게 회상될 수 있다.

정보들 간의 일관성 브랜드 이미지, 브랜드 개성, 포지셔닝 전략, 광고전략 등 소비관련 정보들 간에 일관된 메시지가 있으면 정보인출이 보다 용이하게 이루어진다. 예컨대 가족, 즐거움, 재미라는 한결같은 테마를 전달하는 맥도널드는 소비자의 의식 속에 맥도널드 고유의 친근한 이미지를 창출시켜 인출가능성을 높였다.

자극의 현출성 현출성(salience)이란 특정 자극을 주변 배경이나 경쟁 자극보다 두드러져 보이게 만드는 특성을 말한다. 현출성이 높은 마케팅 자극은 소비자의 주의를 끌고 다른 자극으로부터 주의를 철회하게 만든다. 또한 자극의 현출성은 소비자로 하여금 더욱 많은 정보처리 노력을 기울이도록 한다. 그 결과 독특하고 현출성이 높은 마케팅자극은 소비자의 기억 속에서 시연과 활성화가 이루어져 인출을 촉진시키는 것이다.

감성적 자극 소비자는 감정이 배제된 객관적 정보들에 비해 감정적 요소가 가미된 자극을 더 잘 기억한다. 또한 상품에 대한 객관적, 구체적 속성보다는 브랜드와 관련된 전반적인 느낌이나 감정을 더 잘 인출하는 경향이 있다. 이것은 우리가 누군가를 좋아하거나 싫어하는 것은 분명히 기억하지만 그에 대한 구체적인 이유는 잘 기억하지 못하는 것과 유사한 현상이다. 소비자는 별다른 감정이 유발되지 않는 중립적 감정 브랜드보다는 자신이 좋아하거나 싫어하는 브랜드를 더욱 잘 기억에서 떠올린다.

2) 소비자 특성

감정 상태 정보인출 시의 소비자 기분상태는 인출되는 상품정보의 성격과 밀접한 관계가 있다. 일반적으로, 긍정적 감정상태에 있는 소비자는 긍정적 정보를, 부정적 감정상태에 있는 소비자는 부정적 정보를 더 잘 회상한다. 감정이 소비자의 기억에 영향을 미친다는 사실은 서비스 마케터에게 중요한 시사점을 가져다준다. 예컨대 백화점이나 할인마트와 같은 소매점에서 기분이 좋은 상태의 쇼핑객은 긍정적인 정보를 더욱 많이 회상하게 되고 따라서 구매량이 높아질 것이다. 따라서 소매점은 쾌적한 온도, 기분 좋은 음악, 시각을 즐겁게 하는 실내장식과 디스플레이, 판매원의 유쾌한 접객태도 등으로 소비자의 긍정적인 감정을 자아내도록 환경 조성에 노력을 기울여야 한다.

소비자 상품지식 및 경험 상품에 대한 지식과 경험이 풍부한 소비자는 초보 소비자들에 비해 특정 상품범주 관련 스키마의 폭과 깊이가 크게 형성되어 있다. 전문가 소비자는 더욱 많은 정보의 범주를 가지고 있고 또 각 범주에 더욱 상세한 내역들이 포함되는 복잡한 범주구조, 혹은 연상적 네트워크를 가지고 있다. 따라서 관련정보들을 효율적으로 조직화하고 새로운 정보도 적절히 처리할 수 있는 능력이 있다. 이러한 지식구조와 활성화의 확산이 전문가 소비자가 초보 소비자보다 더 많은 상품대안, 상표속성, 그리고 상품편익을 회상해낼 수 있는 이유이다.

3) 상황적 특성

정보유입 당시의 무드 정보가 입력될 당시의 무드에 따라 추후 기억량에는 차이가 발생하게 된다. 소비자는 무미건조하거나 우울한 감정 상태에 있을 때보다 호의적인 무드에 있을 때 유입된 정보를 보다 잘 기억할 수 있다. 인지와 감정은 서로 상호작용을 하기 때문이다. 무미건조한 감정상태에서는 사고 반응이 활성화되지 못하고, 우울하고 슬픈 감정, 혹은 분노하는 감정은 개인의 인지적 용량을 상당부분 차지하여 인지적 활동을 위축시킨다. 그러나 긍정적인 감정상태에서는 소비자가 정보를 더 세부적으로 처리하기 때문에 높은 수준의 정교화가 유발되고 이에 따라 더 높은 회상이 이루어진다는 것이다. TV 프로그램의 성격이 소비자의 광고반응에 미치는 효과에 대한 한 연구에서는 슬프고 우울한 프로그램보다 즐거운 프로그램에 삽입된 광고가 더 많은 호의적인 생각들을 떠올리게 하며 회상도 더욱 많이 되는 것으로 나타났다.

입력배경의 일치성 사람들은 종종 기억대상 정보와 그 배경적 요소를 함께 묶어 보관한다. 기억현상에 대한 한 실험에서는 스쿠버다이버에게 물 바깥에서, 그리고 물속에서 각각 일련의 단어들을 주었는데, 얼마간의 시간이 흐른 후 기억테스트를 한 결과 흥미롭게도 이 스쿠버다이버들은 물 바깥에 있을 때 받은 단어들은 물 바깥에서, 그리고 물속에 있을 때 받은 단어들은 물속에서 더 잘 기억해내는 것이었다. 정보입력 당시의 배경적 요소가 다시 제시되었을 때 기억이 함께 되살아난 까닭이다. 이와 같이 어떤 정보가 입력될 당시의 배경과 비슷한 환경이 만들어질 때 그 정보에 대한 인출이 잘되는 현상을 **입력배경 한정성의 원리**(encoding specificity principle)라고 한다. 우리가 어떤 거리를 지나갈 때 과거에 그 거리를 함께 걷던 옛 친구가 문득 생각나는 것은 바로 이같이 대상과 배경을 함께 묶어 기억하는 입력배경 한정성의 원리에 의해서다.

Keller는 입력배경 한정성의 원리가 소비자 상황에 어떻게 적용되는지 확인하기 위해 다음과 같은 실험을 하였다. 그는 피험자들에게 여러 상품의 광고를 보여주고 난 후 약 5분간 실험과 무관한 작업을 하도록 시켰다. 작업이 끝나자 Keller는 피험자들에게 작업 전에 본 광고를 기억해보라고 요청하였는데, 한 집단에는 광고에 실렸던 사진을 다시 보여주고 다른 한 집단에는 아무런 추가단서를 제공하지 않았다. 그 결과 광고사진이라는 입력배경이 다시금 제시된 집단이 그렇지 않은 집단보다 광고내용에 대해 더 많은 기억을 해낼 수 있었다. 이것은 곧 광고에 배경음악이나 모델 등을 적절히 활용하면 이들이 입력배경 요소가 되어 소비자가 다른 곳에서 그 음악을 듣거나 모델을 보면 상품을 기억하게 된다는 것을 의미한다.

정보 제시 순서 일련의 마케팅정보가 차례로 제시될 때 해당정보를 어디에 위치시키느냐에 따라 인출 가능성이 달라진다. 단어암기 테스트에서 사람들에게 일련의 단어를 열거한 후 주어진 단어들을 암기하도록 하면, 보통 목록의 중간에 있었던 단어들보다는 목록 첫 부분과 마지막 부분에 있었던 단어들을 잘 기억해낼 수 있다. 이와 마찬가지로 다양한 상품정보나 광고에 노출되었을 때 소비자는 초반에 제시된 정보와 후반에 제시된 정보를 중간에 제시된 정보보다 좀 더 잘 기억하는 경향이 있다.

초기효과(primacy effect)는 맨 처음에 제시된 정보가 보다 쉽게 기억되는 현상을 말한다. 초기효과는 사전에 제시된 방해정보들 없이 새로이 정보처리를 시작할 준비가 되어있는 상태에서 정보가 유입됨으로 인해 발생한다. 이에 반해 **최근효과**(recency effect)는 다른 정보들이 차례로 제시된 후 맨 마지막에 제시된 정보가 쉽게 인출되는 현상이다. 최근효과는 가장 나중, 즉 가장 최근에 저장된 정보가 기억저장소에서 인출될 가능성이 높기 때문에 발생한다. 초기효과와 최근효과를 감안할 때, TV나 잡지에 광고를 실을 때는 초반부나 후반부에 광고를 삽입하는 것이 광고주에게 유리하다고 볼 수 있다.

[그림 4-10] **초기효과와 최근효과**

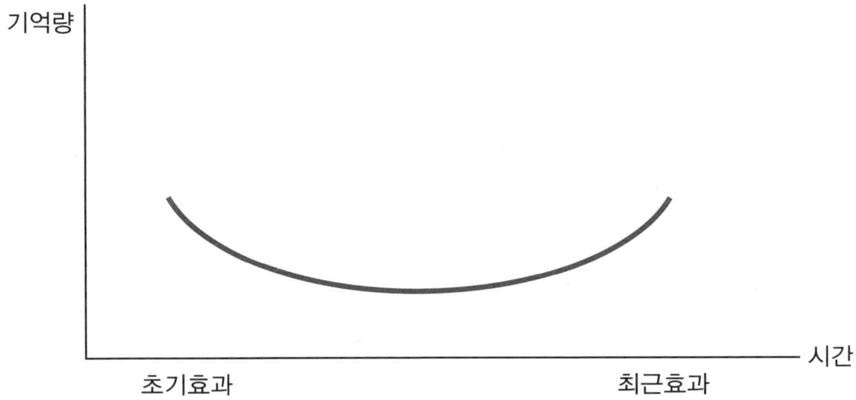

부분적 리스트 제시 Alba & Chattopadhyay는 소비자의 브랜드 기억과 관련하여 다음과 같은 실험을 하였다. 그는 우선 피험자에게 25개의 샴푸 브랜드를 주며 암기하도록 하였다. 일정 시간이 지난 다음 연구자들은 A 집단에는 아무런 힌트를 주지 않고 B 집단에는 15개의 브랜드(부분적 리스트)를 힌트로 제시한 후 연구 시작지점에 주었던 샴푸 브랜드들을 기억해서 적어보라고 부탁하였다. 그 결과 A 집단은 전체 브랜드의 62%를, B 집단은 50%를 기억함으로써 A 집단이 B 집단보다 높은 기억률을 나타냈다.

왜 이러한 현상이 발생했을까? 기억 탐색 과정에서 부분적 리스트를 제시받은 B 집단의 피험자들은 힌트로 받는 15개의 브랜드에 대한 기억 연결 강도가 높아졌을 것이다. 따라서 이 15개의 브랜드들을 반복적으로 기억에서 불러오게 되었고, 이러한 과정에서 힌트로 받지 않은 브랜드들은 상대적으로 연결강도가 약해져서 인출이 이루어지지 않은 것이다. 이와는 대조적으로, 아무런 힌트를 받지 않은 A 집단의 사람들은 25개 브랜드 전체에 대한 연결강도를 골고루 유지하여 더욱 많은 브랜드들을 기억해낼 수 있었다. Alba & Chattopadhyay는 이와 같이 몇몇의 브랜드가 제시되면 그 외의 브랜드에 대해서는 인출이 잘 이루어지지 않는 현상을 **부분적 리스트 제시 효과**(part-list cuing effect)라고 불렀다.

부분적 리스트 제시 효과는 소비자 구매의사결정과정의 초기 단계에 고려상품군을 축소시키기 위해 응용될 수 있다. 렌트카 회사인 Avis는 "We are #2. We try harder"(우리는 2등입니다. 그래서 더 열심히 합니다)라는 슬로건을 사용했는데, 대부분의 소비자들은 렌트카 업계의 1등 선두주자가 Hertz 임을 알고 있다. 자사가 2등임을 주장하는 Avis의 슬로건은 소비자의 기억 속에 렌트카 서비스의 브랜드를 Hertz와 Avis로 제한시키는 효과를 유발하였다. 이와 유사하게, 통신 서비스 회사 Verizon이 AT&T를 상대로, 그리고 버거킹이 맥도널드를 상대로 하는 비교광고(comparative advertising) 들은 제 3, 4의 다른 브랜드들이 소비자의 고려상품군에 진입할 가능성을 축소시키는 효과를 가져온다.

4. 소비자의 인출을 유도하는 마케팅 전략

1) 인출단서의 제공

건전지 브랜드 에너자이저는 다른 상품 광고와 연계를 이룬 독특한 형태의 광고로 공전의 히트를 하였다. 이런 저런 타상품 광고가 끝날 무렵에 건전지를 등에 장착한 분홍색 토끼인형이 느닷없이 북을 치며 나타나면서 이러한 내레이션이 나온다. "아직도..... 아직도... 아직도 움직입니다(It keeps going and going and going...)" 미국 소비자 중에 이 토끼인형을 모르는 사람은 거의 없을 것이다. 그런데 문제는 이 광고를 본 시청자의 40%가 이 광고를 듀라셀 광고로 혼동했다는 데 있다. 실제로 이 광고가 히트를 친 후 시장점유율이 높아진 브랜드는 듀라셀이었고, 에너자이저는 오히려 소폭 감소했다.

위의 예에서 광고기억이 상품선택으로 이어지지 않은 것은 소비자가 브랜드 혼동을 일으켰기 때문이다. 이와 같은 문제를 없애기 위해서는 구매시점에 있어 인출단서를 제공하는 것이 필요하다. 에너자이저는 소비자가 토끼인형과 브랜드명을 함께 묶어서 기억하도록 즉각 토끼인형에 'Energizer Bunny' 라는 애칭을 붙이고 매장 진열대와 제품포장에 북치는 분홍색 토끼인형의 그림을 붙여놓았다. 소비자에게 인출단서를 제공하여 그림을 보고 즉각 에너자이저 광고를 떠올리도록 말이다.

[그림 4-11] **인출단서의 예**(에너자이저 바니)

2) 현출성이 높은 자극의 사용

현출성이 높은 마케팅자극은 다음과 같은 점에서 소비자 인출에 영향을 미친다. 첫째, 현출성이 높은 독특한 자극은 주의를 유발하고 다른 자극들에 대한 주의를 분산시킨다. 둘째, 현출성이 높은 자극은 소비자로 하여금 더욱 많은 정보처리 노력을 기울이게 하고 반복해서 시연을 하도록 만들어 장기기억 내의 관련 스키마에 깊이 자리 잡게 된다. 따라서 소비자는 현출성이 높은 자극에 대해 쉽게 회상할 수 있게 되는 것이다.

보편적 사건이나 사물보다 독특하거나 특이한 사건이나 사물을 더 잘 기억하는 현상은 **격리효과**(isolation effect), 혹은 **폰 레스토프 효과**(Von Restorff effect)라고 부른다. Von Restorff는 격리효과를 연구한 정신과학자의 이름이다. 폰 레스토프 효과는 주위의 자극과 확연히 구분되는 독특한 자극, 또한 과거에 경험한 것들과는 다른 신기한 자극, 평범치 않은 자극이 동질적인 일군의 자극들에 비해 쉽게 회상되는 현상을 말한다. 광고에 사용되는 기이한 사진들이나 특이한 소리, 크기, 유머 등 현출성이 높은 자극들은 다른 경쟁정보의 방해를 최소화하여 소비자의 인출가능성을 높인다.

[그림 4-12] 현출성이 높은 자극의 예

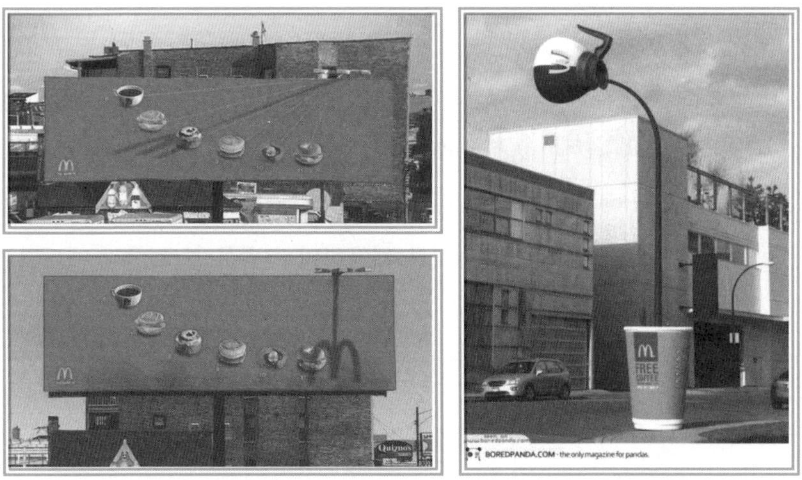

3) 회상 유도

공감을 불러일으키는 메시지나 자신과의 개인적 관련성이 높은 메시지, 또한 잘 이해가 되지 않아 다시금 의미를 생각하도록 만드는 메시지 등은 회상이 될 가능성이 높다. 회상이 된다는 것은 소비자들이 그것을 기억에서 불러들여 시연을 함과 동시에 그에 대한 인지적 노력을 기울인다는 것을 의미한다.

소비자들의 회상을 유도하는 방법 중에는 과업을 중간에 중단시키거나 매듭이 지어지지 않은 상태로 남겨두는 방법이 있다. 도중에 중지된 과업이나 완결되지 않은 과업에 대한 기억률이 높은 현상은 '**자이가닉 효과**(Zeigarnik Effect)' 때문이다. 자이가닉 효과는 광고에서 다양한 방법으로 활용된다. 광고의 끝마무리를 모호하게 처리하여 여운을 남겨놓는다거나, 광고를 급작스럽게 중단시켰다가 다음번에 후속편을 내보낸다거나, 드라마 방식을 사용하여 광고를 도입, 전개, 위기, 결말 등으로 따로 분리시켜 보여주는 등 자이가닉 효과를 겨냥한 광고방식은 소비자의 관여도를 높이고 기억을 높이는 효과를 유발한다. 동일시간대에 다른 회사 광고들을 사이에 두고 질문과 응답의 형식으로 만들어지는 '징검다리 광고'(예: 총 15초 광고의 경우, 10초 광고+타 회사 광고들+5초 광고, 혹은 5초 광고+타 회사 광고+5초 광고+타 회사 광고 + 5초 광고) 또한 이와 유사한 효과를 거둘 수 있다.

자이가닉 효과(Zeigarnik Effect)

러시아의 심리학자인 자이가닉은 사람들이 완성된 일보다 미완성된 일을 더 잘 기억하는 현상을 발견했다. 레스토랑 종사원은 접객도중에는 어느 손님이 어떤 주문을 하였는지 정확히 기억한다. 그러나 손님이 식사 값을 지불하고 떠난 후에는 더 이상 주문내역을 제대로 기억하지 못한다. 과업이 종료되었기 때문이다. 이러한 기억효과는 다음과 같은 실험에서도 여실히 드러났다.

실험참여자들을 A그룹과 B그룹으로 나누고 이들에게 간단한 과제(퀴즈나 게임 등)를 주었다. A그룹은 한 문제를 다 푼 다음에 그 다음 문제로 넘어갔고, B그룹은 과제가 미완성인 채로 중단시키고 그 다음 과제로 넘어가게 했다. 약 20개의 과제가 모두 끝난 후 연구자는 실험참여자들에게 그들이 푼 과제들이 무엇이었는지를 물어보았다. 그 결과 B그룹은 A그룹보다 과제의 내용을 많이 기억하고 있었다. 또 다른 연구에서는 사람들의 퍼즐 맞추기 실험을 통해 자이가닉 가설이 테스트되었다. 이 실험에서 피험자들은 완성된 퍼즐에 대한 기억보다 아직 다 맞추지 못한 미완성 퍼즐 그림들을 더 잘 기억하였다.

자이가닉은 완료되지 않은 과업이 사람들에게 심리적 긴장감을 초래하여 기억에 작용한다고 설명한다. 우리는 이와 같은 현상을 일상생활에서 흔히 경험한다. 학생들은 시험을 치기까지는 자신이 공부한 내용을 그런대로 잘 기억하고 있다가 시험을 치고 시험장을 나옴과 동시에 공부한 내용의 상당 부분이 기억에서 사라져버린다. 해결이 되지 않거나 마무리하지 못한 일들은 계속 우리 마음을 떠나지 않고 머무르나, 일단 완결이 되면 우리는 그 과업에 대해 잊어버리고 마음의 짐을 덜어버린다.

이와 같이 완료되지 않거나 중간에 중단된 과업들(uncompleted or interrupted tasks)에 대한 기억이 완료된 과업에 대한 기억보다 더 잘 되는 현상을 '자이가닉 효과'라고 부른다. 사람들의 심리상태에 긴장이 일어나면 이러한 긴장이 감소될 때까지 심리적인 인지과정이 발생하며 고조된 긴장은 인지과정에서 계속 에너지로 작용한다. 문제가 해결되지 않으면 심리적 긴장이 지속되는데, 그로 인해 과제에 대한 인지적 정보처리가 계속 진행되는 것이다. 결국 정보처리가 아직 진행 중인 미완성 과업에 대해서는 심리적 긴장의 끈을 놓지 않는 까닭에 기억이 살아있게 된다.

4 망각

1. 망각의 원인

망각(forgetting)이란 소비자가 과거에 알았던 어떤 것을 더 이상 기억해내지 못하는 현상을 말한다. 만약 인지심리학자들의 주장대로 장기 기억저장소의 용량이 거의 무제한적이라면 이와 같은 망각현상은 왜 생겨나는 것일까? 인간의 망각현상을 설명하는 이론에는 다음과 같은 이론들이 있다.

1) 쇠퇴이론

쇠퇴이론(decay theory)은 행동주의적 관점에서 기억의 망각현상을 설명한다. 기억이란 자극에 대한 반응으로 발생하는데, 정보에 지속적으로 노출되거나 시연이 되면 자극(정보)과 반응(기억) 간의 결속이 강해지지만, 만약 그렇지 않으면 결속력이 약해져 결국 자극과 반응을 잇는 연결고리가 끊어지면서 정보가 소멸된다는 것이다. 예를 들어, 어떤 브랜드의 광고와 로고에 자주 노출되면(자극) 그 브랜드 이름이 쉽게 기억되지만(반응), 오랜 기간 동안 노출과 시연이 이루어지지 않으면 결국 그 브랜드의 이름을 불러들이는 연결고리가 풀어져서 기억이 점차 사라진다. 즉 기억저장소 속의 정보들이 꾸준히 활성화되지 않으면 기억흔적(memory trace)이 점차 약화되면서 정보가 그 안에서 소멸되는 망각현상이 발생한다는 것이다.

2) 방해이론

쇠퇴이론과는 달리 방해이론(interference theory)은 망각이 장기기억 내에 저장되어 있는 정보가 다른 정보의 방해를 받아 인출이 되지 않는 현상이라고 발생한다고 설명한다. 우리가 잊어버렸다고 하는 것은 다른 정보들이 많이 유입되어 기존의 정보가 의식의 표면으로 떠오르지 못하게 방해하기 때문이지 기존정보가 아예 없어진 것은 아니라는 것이다. 즉 방해이론은 망각이 인출실패 현상일 뿐 정보가 기억구조 내에서 완전히 사라지는 일은 없다고 봄으로써 쇠퇴이론과는 상반된 주장을 펼치고 있다.

2. 경쟁정보의 방해

기억에 대한 한 실험에서는 피험자들에게 일련의 단어들을 외우게 한 후 A 집단은 다른 활동을 하게 하였고 B 집단은 곧바로 수면을 취하도록 하였다. 일정 시간이 지난 후 피험자들이 기억하는 단어의 수를 비교해보니, A 집단이 B 집단보다 기억량이 적은 것을 발견할 수 있었다. 그렇다면 다른 활동을 한 사람들은 수면을 취한 사람보다 왜 망각의 정도가 높았을까? 그것은 기억과업 후 다른 활동을 하는 중에 다양한 정보들에 노출되었기 때문이다. 즉 다른 경쟁 정보들의 유입이 방해요인이 되어 기존 정보의 망각을 초래한 것이다.

오늘날 소비자들이 광고를 기억하는데 어려움이 있는 이유는 하루에도 수없이 많은 광고들이 경쟁적으로 소비자에게 노출되기 때문이다. 소비자들이 접하는 광고의 홍수, 즉 광고 혼잡상태(advertising clutter)에서 경쟁광고의 방해효과는 갈수록 커지고 있다.

1) 선입정보방해

과거에 학습된 정보 때문에 새로이 주어지는 정보에 대한 기억이 방해되는 현상은 선입정보방해(proactive inhibition), 혹은 순행방해라고 한다. 이는 먼저 입력된 정보가 새로운 정보의 입력을 막거나 기억을 교란시키기 때문에 발생한다. 예를 들어, 어떤 소비자가 A라는 브랜드에 대해 이미 알고 있는 정보들이 있다고 하자. 이때 이 기존정보들은 A 브랜드에 대한 평가적 인상을 결정하여 하나의 선입관 혹은 고정관념으로 작용한다. 따라서 추후 주어지는 후입정보들은 선입정보에 의해 왜곡되거나 잘 기억되지 않을 가능성이 있다. 선입정보방해는 앞에서 설명한 초기효과와 관계가 있다.

2) 후입정보방해

후입정보방해(retroactive inhibition), 혹은 역행방해는 새로이 유입되는 정보 때문에 먼저 들어와 있던 정보가 망각되는 것을 의미한다. 새로운 정보가 들어옴에 따라 먼저 들어와 있던 정보가 밀려나가는 현상이 발생하는 것이다. 예컨대 TV 프로그램이 시작하기 전 일련의 광고가 나올 때 맨 마지막에 나온 광고만 기억이 나고 앞서 나온 광고들은 생각이 나지 않는 경우가 이에 해당된다. 후입정보방해는 단기기억용량의 제한성으로 인해 발생하는데, 가장 나중 혹은 최근에 주어진 정보만 기억하는 최근효과와 유사한 개념이라고 할 수 있다.

3) 유사정보방해

앞에서 설명한 선입정보방해나 후입정보방해 현상은 정보 간의 유사성이 높을 때 두드러진다. 유사한 자극들은 상호 혼동의 원인이 되기 때문이다. 그러나 다른 정보와 유사성이 낮은 자극에 대해서는 경쟁정보의 방해효과가 잘 나타나지 않는다. 예컨대, '사과-포도-키위-침팬지-수박-자두-딸기-참외' 와 같은 정보가 주어진다면, 여러분은 과일 이름들은 혼동할지

몰라도 침팬지는 문제없이 기억할 것이다. 다른 자극들과는 상이한 범주에 속하는, 유사성이 낮은 자극인 까닭이다.

동일 상품계열이나 유사한 분위기의 광고들이 연달아 나올 때, 혹은 같은 모델이 여러 광고에 중복 출현할 때 소비자들은 자신이 무슨 광고를 보았는지 제대로 기억하기 어렵다. 유사정보 방해 현상 때문이다. 따라서 여러 동질적인 자극들 중에서 자사 브랜드에 대한 소비자 기억을 높이기 위해서는 광고의 표현기법과 모델을 차별화하는 등 자극의 현출성을 높일 필요가 있다. 자극의 현출성이 높으면 경쟁정보의 방해가 최소화되어 선입정보와 후입정보의 방해를 크게 받지 않고 쉽게 회상되는 현상이 바로 앞 절에서 설명한 Von Restorff 효과이다.

경쟁정보의 방해효과가 약화되어 소비자에게 기억이 잘 되는 또 하나의 경우는 광고 브랜드가 소비자에게 잘 알려진 브랜드인 경우이다. 소비자에게 친숙도가 높은 유명 브랜드는 다른 여타 브랜드들과는 구별되는 브랜드명의 현출성으로 인해 경쟁광고의 기억방해 작용의 영향을 덜 받는다. 이것은 곧 시장에서 선도적인 위치에 있는 브랜드가 소비자의 광고 기억 측면에서도 유리한 고지를 점한다는 것을 보여준다.

3. 속성의 망각

소비자들은 과거에 학습한 상품정보 중 전체적인 내용은 기억하지만 세부 속성정보는 망각하는 경우가 종종 있다. 예컨대 소비자는 어떤 새로운 브랜드에 대해 이러한 점은 좋고 저러한 점은 나쁘다는 식의 세세한 정보를 들었더라도, 시간이 흐르면서 상세한 정보는 망각시켜 버리고 그 브랜드에 대해 친숙한 기분만을 느낄 때가 있다. 상품관련 세부적 평가에 대한 기억은 망각되고 단지 브랜드명만 기억 속에 남아있는 까닭이다.

수면자 효과(sleeper effect)는 속성의 망각 현상과 맥락을 같이 한다. 수면자 효과란 설득적 메시지와 반박적 주장이 함께 주어졌을 때 처음에는 이 두 가지 메시지를 다 기억하여 메시지의 설득효과가 나타나지 않았으나 시간이 흐르면서 점차 반박주장을 망각하게 되어 일정 시간이 경과한 후에 메시지의 설득효과가 증가되는 현상을 의미한다. 예를 들어, 선거철에 어떤 후보에 대한 흑색선전이 나오면 처음에 사람들은 이것이 객관적이지 못한 정보이며 반대쪽 정당이 악의적으로 선전하는 것이라고 생각하여 쉽게 수용하지 않는다. 단기적으로 설득효과가 나타나지 않는 것이다. 그러나 일정 시간이 경과하면서 사람들은 그 메시지가 객관적이지 못한 정보원에서 나온 것이라는 사실을 잊어버리고, 메시지의 주장, 혹은 해당후보에 대한 부정적인 이미지만이 머릿속에 남게 된다. 장기적으로 정보원천의 의도대로 그 메시지의 효과가 발생하게 되는 것이다. 이와 같이 시간이 경과됨에 따라 메시지와 정보원 간의 연계가 망각됨으로써 신뢰도가 낮은 정보원의 메시지도 수용하게 되어 일정 시간이 지난 후 메시지 설득효과가 발생하게 되는 현상이 수면자 효과이다.

상품정보에서도 수면자 효과가 발생한다. 만약 광고에서 소비자가 납득하기 어려운 약한 주장을 제시했더라도, 어느 정도 시간이 경과하면 소비자는 그 주장의 근거가 불충분했다는 사실을 망각하고 브랜드에 대해 친숙하고 호의적으로 느끼는 반응을 나타낼 가능성이 있다. 또한 신뢰도가 낮은 정보원천이 사용된 경우에도 정보원천에 대한 기억은 망각되고 단지 그 원천이 말한 메시지만 기억하게 되어 브랜드에 대한 태도변화가 일어나기도 한다.

4. 소비자 망각의 유도

서비스 기업에서는 소비자의 기억에서 망각되기를 원하는 부정적 사건들이 때때로 발생한다. 그랜드하얏트서울의 보일러실 화재사건이나 신라호텔의 한복사건(뷔페 레스토랑 직원이 안전상의 이유로 한복을 입은 고객의 입장을 거부하여 거센 사회적 비판이 제기된 사건), 빕스의 세제사건(직원이 세제를 음료수로 착각하여 고객에게 갖다 준 사건) 등은 시장의 역반응을 줄이기 위해 해당업체에서 하루빨리 소비자의 기억을 지워버리고 싶은 사건들일 것이다. 때로는 근거 없는 낭설이 시장에 떠도는 경우도 있다. 예컨대 KFC는 부리와 발이 없는 돌연변이 닭을 원료로 쓴다는 루머에, 맥도널드는 지렁이를 원료로 한 햄버거 패티를 사용한다는 루머에 시달리기도 했다.

브랜드에 대한 부정적 정보들이 소비자에게 유입될 경우, 서비스 기업이 효과적으로 대처하지 않으면 오랫동안 구축해온 브랜드 자산이 순식간에 붕괴될 수 있다. 부정적 연상이 심각한 수준에 이르면 소비자가 기존에 긍정적으로 평가했던 연상들마저도 모두 부정적으로 재해석될 가능성이 있기 때문이다. 부정적 정보를 긍정적으로 전환시키기 위해 서비스 기업이 시도할 수 있는 전략에는 반박전략, 저장전략, 인출전략이 있다.

1) 반박전략

반박전략(refutation strategy)은 사건에 대해 알려진 바가 사실과 다르다고 주장함으로써 부정적 정보를 없애려는 시도이다. 반박전략은 기업에 대한 부정적 정보가 근거 없는 소문일 때 시도될 가능성이 높다. 그런데 이 전략은 자칫 잘못하면 부정적 정보를 소비자의 기억에서 환기시키는 역효과를 발생시킬 수 있다.

맥도널드는 한때 햄버거 패티가 지렁이 고기가 들어가 분홍색을 띠고 있다는 허무맹랑한 루머로 곤욕을 치른바 있다. 맥도널드는 미국 농림부의 식품안전 검사결과를 제시하며 이 루머가 사실이 아니라는 확인서를 각 매장의 입구에 부착하고 광고를 통해 이를 알리는 반박전략을 사용했다. 광고에는 "쇠고기는 파운드당 1불인데 비해 지렁이 고기는 파운드당 8불입니다. 그런데 왜 우리가 이 비싼 지렁이 고기를 쓰겠습니까?"라는 메시지가 실렸다. 문제는 이러한 반박전략에도 불구하고 매출이 그 후 30%나 격감했다는 데 있다. 설문조사에 의하면 소비자의 99%가 이것이 근거 없는 소문이라고 생각은 하지만 맥도널드를 보면 지렁이가 떠올라 사먹기 꺼림직하다는 반응을 나타낸 것이다. 맥도널드의 반박전략은 이러한 루머를 모르고 있었던 고객들에게까지 루머를 알리는 결과를 가져왔으며, 맥도널드라는 브랜드에 지렁이 패티라는 부정적 연상의 강도를 높이는 역효과를 초래했다.

[그림 4-13] **반박전략**

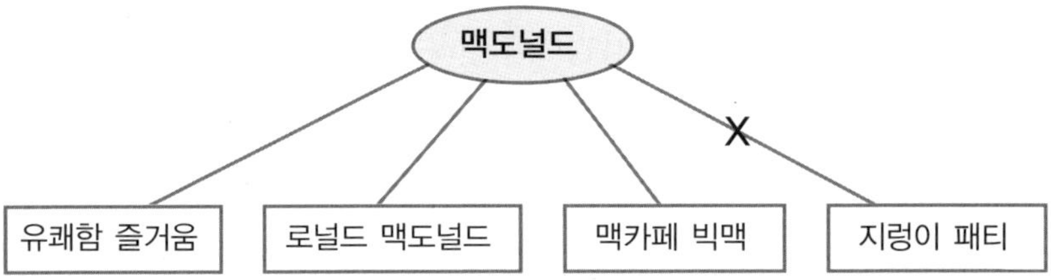

2) 인출전략

인출전략(retrieval strategy)은 부정적 정보가 나오기 이전에 소비자가 브랜드에 대해 가졌던 긍정적 연상들의 강도를 강화하는 방법이다. 즉 원래 소비자가 호감을 가졌던 브랜드 연상요인들을 적극적으로 부각시킴으로써 소비자들로 하여금 긍정적인 정보들을 다시 회상하도록 하는 것이다. 인출전략을 사용하면 설령 부정적 정보가 긍정적 정보와 당분간 같이 떠오르더라도 그 관련성이 점차 희석되는 효과가 있다. 맥도널드의 경우, 반박전략 이후에 지렁이 패티에 대해서는 일체 대응하지 않고 맥도널드의 긍정적 연상 중 몇몇 대표적 요인들, 즉 즐겁고 유쾌한 이미지, "100% 쇠고기로 만든 햄버거" 등을 다양한 광고를 통해 강조함으로써 소비자들의 기억 네트워크에 맥도널드와 연결된 긍정적 연상들을 활성화시킬 수 있었다. 그에 따라 소비자들은 지렁이 패티에 대해 점차 무관심하게 되었다.

[그림 4-14] **인출전략**

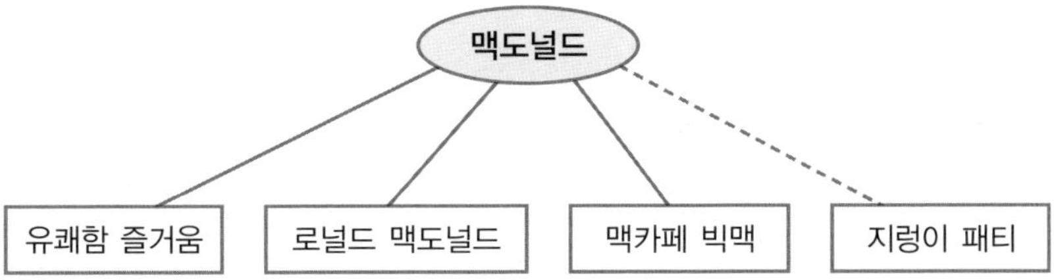

3) 저장전략

저장전략(storage strategy)이란 새로운 긍정적 정보나 흥밋거리를 첨가하여 소비자의 기억에 저장시키는 방법이다. 새로운 자극이 유입되면서 소비자의 관심은 부정적 정보에서 새로운 정보 쪽으로 전환된다. SK텔레콤은 디즈니 만화영화 '신데렐라' 에서 요정이 요술봉을 휘두르며 부르던 노래 '살라카툴라 메치카불라 비비디바비디부' 를 CM송으로 사용했는데, 어느 날이 주문이 고대 히브리어로 '아이를 불태우면 소원이 이루어진다' 는 뜻이라는 인터넷 괴담이 돌기 시작했다. 전혀 근거가 없다는 회사 측의 설명에도 괴담이 수그러들 줄 모르자 SK텔레콤은 바로 이 캠페인을 철수시키고 '생각대로 T' 라는 새로운 캠페인을 전개하기 시작했다. '비비디바비디부' 괴담은 곧 소비자기억에서 사라져갔다. 이와 같이 부적절한 정보를 소비자의 기억에서 망각시키기 위해서는 서비스 기업의 문화사업이나 이웃돕기 사업 발표, 신상품의 소개, 새로운 컨셉의 광고캠페인 런칭 등 소비자의 관심을 불러일으키고 호감을 갖도록 하는 새로운 정보를 제공하는 것이 도움이 된다.

[그림 4-15] **저장전략**

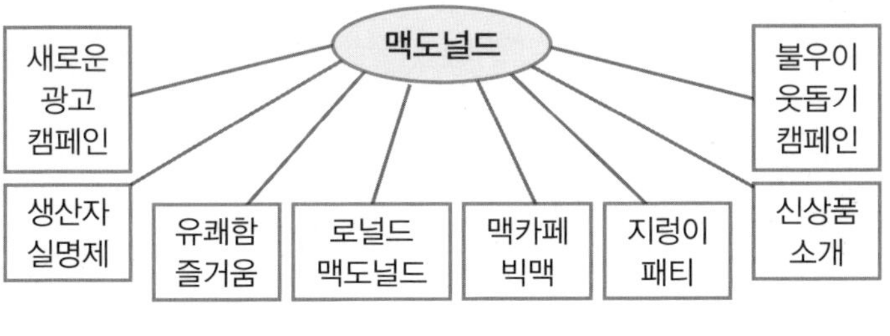

제5장

서비스 고객의 동기

[1] 동기의 의의

1. 동기의 개념
2. 동기의 분류
   1) 생리적 동기와 사회심리적 동기
   2) 1차적 동기와 2차적 동기
   3) 현출동기와 잠복동기

[2] 동기유발요인

1. 소비자의 욕구
   1) 욕구계층 이론 2) ERG 이론
   3) 욕구성취 이론 4) 심인성 욕구 유형
   5) 서비스 고객의 구매욕구
2. 개인적 관련성
   1) 개인적 관련성의 의미
   2) 서비스 상품과 개인적 관련성
3. 위험의 지각
   1) 위험지각의 의미
   2) 지각된 위험의 유형

[3] 동기의 측정

1. 개별 심층면접
2. 집단 심층면접
3. 투사법
   1) 로샤하 잉크반점 테스트
   2) 주제통각법 3) 만화 완성법
   4) 문장 완성법 5) 이야기 완성법
   6) 역할 연기법 7) 쇼핑목록법

[4] 서비스 고객의 이용 동기

1. 호텔서비스 이용 동기
   1) 기능적 동기 2) 사회적 동기
   3) 미적/정서적 동기
   4) 명성 및 존경 동기
   5) 상황적 동기
   6) 호기심 동기
2. 카지노 이용 동기
   1) 병적 도박자의 카지노 이용 동기
   2) 비중독 이용객의 카지노 이용 동기

제5장

"서비스 고객의 동기"

1 동기의 의의

1. 동기의 개념

동기(motivation)란 어떠한 행동을 일으키도록 하는 내적인 긴장 혹은 충동이라고 정의될 수 있다. 동기가 유발된 사람은 목적을 달성하기 위해 특정 행동을 수행하려는 의도와 에너지를 가지게 된다. 인간에게 내재적으로 존재하는 욕구가 증가하면 심리적 긴장상태가 만들어지고, 이러한 내적 긴장상태를 해소시킬 수 있는 대상을 발견하여 행동을 취하려는 추진력(driving force)이 발생하는데, 이러한 추진력 혹은 충동이 바로 동기이다.

소비자는 자신의 욕구와 그것을 만족시켜줄 상품 사이에 직접적인 연결고리를 발견했을 때 구매 동기가 생겨난다. 어떤 서비스 상품이 효과적으로 자신의 욕구를 충족시킬 수 있다고 여겨질수록 그것을 구매할 동기는 그만큼 더 커지게 된다. 소비자는 자신의 욕구에 대해 인식할 수도, 혹은 인식하지 못할 수도 있다. 따라서 서비스마케터는 소비자의 외현적 욕구뿐 아니라 잠재적 욕구까지도 파악하여 표적시장 소비자들의 다양한 욕구와 잘 조화되는 서비스 상품의 컨셉을 개발하여 소비자에게 어필해야 한다.

2. 동기의 분류

1) 생리적 동기와 사회심리적 동기

생리적 동기(physiological motives)는 인간이 유기체로서의 삶을 영위하기 위해 기본적으로 필요한 요인들로 이루어진다. 배고플 때 음식을 먹고자 하는 동기, 피곤할 때 휴식과 수면을 취하고자 하는 동기, 건강한 신체를 가지고자 하는 동기 등은 생리적 동기에 해당된다.

사회심리적 동기(socio-psychological motives)는 인간이 사회적 존재로서 살아가는데 필요한 사랑, 소속감, 인정, 자존심, 성취 등에 대한 욕구에 의해 유발된다. 사회심리적 동기는 인간이 사회구성원으로서 사회적 체면이나 존엄성을 유지하려는 욕망과 다른 사람들과 인간관계를 형성하며 사회생활에 적응하기 위해 필요한 활동들을 하려는 동기라고 할 수 있다.

2) 1차적 동기와 2차적 동기

1차적 동기와 2차적 동기로 구분하는 기준은 인류보편성과 선천성의 여부이다. **1차적 동기**(primary motives)는 모든 사람이 보편적이고 선천적으로 갖는 동기로 자연적 동기, 혹은 기본적 동기라고도 한다. 1차적 동기는 특별한 학습과정을 거치지 않고서도 인간이 출생시점부터 자연적으로 가지게 되는 식욕, 수면, 사랑, 위험으로부터 자신의 안전을 지키고자 하는 욕구 등과 관련된 동기이다.

2차적 동기(secondary motives)는 인간이 살아가면서 사회적 규범이나 가치, 제도 등에 대한 학습과정을 거치며 형성하게 되는 후천적 동기로 학습성 동기, 혹은 사회발생적 동기라고도 한다. 예컨대 직장동료들과의 회식은 식욕이라는 1차적 동기뿐 아니라 사회적 상호작용 및 대인관계 유지라는 2차적 동기에 의한 행위라고 볼 수 있다. 경제적 과시, 사회적 신분, 종교적 신념 등 우리가 갖는 많은 2차적 동기들은 우리가 살아온 환경 속에서 경험적으로 획득, 학습한 것이다. 2차적 동기는 개인이 소속되어있는 사회와 문화, 또한 개인의 성장환경 및 가치관 등에 따라 차이를 나타낼 수 있다.

3) 현출동기와 잠복동기

현출동기(manifest motives)란 소비자가 어떤 행동을 취할 때 그 행동의 뿌리가 되는 원인을 인지하는 의식적 동기를 말한다. 현출동기는 소비자 자신이 인식하거나 믿고 있는 동기로, 소비자 동기를 조사하는 설문응답을 통해 측정할 수 있다. 동기조사에서 사람들이 말하는 구매동기는 현출동기인데, 자신이 어떤 상품을 구매한 것은 이러이러한 원인에 의해서라고 스스로 판단한 내용들이다.

많은 경우 소비자는 자신의 진정한 구매동기를 스스로 지각하지 못하거나 때로는 그것을 인식하기는 하지만 남에게 노출되는 것을 꺼려할 수 있다. **잠복동기**(latent motives), 혹은 무의식적 동기는 행동의 원초적 모티브가 되는 원인이 잠재의식 속에 감추어진 채 영향을 미치는 동기를 의미한다. 예컨대 몇몇 정신분석가들에 의할 것 같으면, 남자들은 자동차를 통하여 그들의 성적 충동에 대한 대리만족을 느낀다고 한다. 일반적으로 소비자들은 자신의 행동 이면의 깊숙이 숨겨져 있는 동기를 잘 의식하지 못한다. 혹은 자신의 내재적 동기를 인식하더라도 남에게는 합리적이고 현명한 구매동기를 가진 것처럼 보이기를 원하므로 보통 이 잠복동기는 쉽게 드러나지 않는다.

[그림 5-1] **호텔이용고객의 가능한 현출동기와 잠복동기**

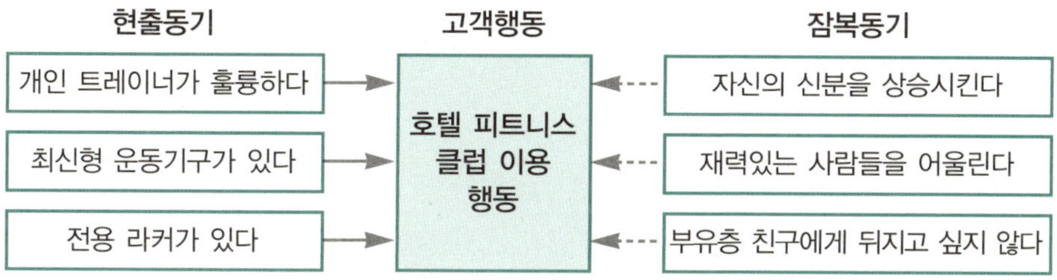

프로이드의 심리분석이론

Sigmund Freud의 심리분석이론(psychoanalytic theory)은 초창기 소비자학의 동기연구에 많은 영향을 미쳤다. Freud에 의하면 인간의 정신활동 중 많은 부분은 잠재의식 속에서 일어난다. 잠재의식이란 인간에게 감추어진 욕망과 충동의 저장소로 많은 정신활동들이 잠재의식 속에서 꿈틀대다가 때때로 표면을 뚫고나와 상징적인 행동이나 대리활동 등의 형태로 표출된다는 것이다.

프로이드는 인간의 많은 행동들이 개인적 욕구충족과 사회적 책임이행이라는 두 가지 목표 간의 갈등에서 비롯된다고 보았다. 이러한 갈등은 인간의 세 가지 정신에너지 간 상호충돌의 형태를 지니는데, 이 세 개념은 원초아(id), 자아(ego), 그리고 초자아(superego)이다.

이 세 가지 정신에너지 중 원초아(id)는 인간의 본능적 자아로 가장 원초적이고 충동적인 욕구의 원천이다. 인간의 성적욕망을 나타내는 libido는 id의 핵심구성요인으로 인간이 추구하는 쾌락적 원리의 기초가 된다. 초자아(superego)는 id와는 반대되는 개념으로, 본능의 충동적 표출을 억제하는 도덕적, 윤리적 규범이다. 초자아는 인간의 양심에 따라 선한 행동을 촉구하고 악한 행동은 처벌하는 내적 규범의 역할을 한다. 마지막으로 자아(ego)는 id와 superego의 사이에서 본능적 충동과 윤리적 제재의 충돌을 중재하는 역할을 한다. 자아는 원초아의 충동적 쾌락추구 및 파괴본능적 욕구를 사회적으로 허용되는 범위 내에서 현실적으로 충족하는 방법을 모색하도록 하는 역할을 수행한다.

Freud의 심리분석이론에 의하면 이러한 세 가지 정신에너지의 상호작용은 인간의 무의식적인 동기를 유발하며 이 무의식적인 동기는 구체적 행동의 원동력이 된다. 심리분석 이론은 소비자 연구에도 많은 시사점을 던져주는데, 소비자들 또한 무의식적이고 잠재적인 욕구들에 의해 그들의 행동이 지대한 영향을 받을 수 있기 때문이다. 사람들은 사회적으로 용인되기 힘든 그 사람만의 독특한 욕구를 충족시키기 위해 상품을 구매하기도 하는데, 이때 그 상품은 그 사람의 숨겨진 욕구에 대한 대리만족을 제공하는 상징적 표현물이 될 수 있다. Freud의 이론은 과학적 근거의 부족과 일반화의 어려움 때문에 오늘날 많은 비판의 대상이 되고 있지만, 소비자 행동 이면의 무의식적인 모티브를 이해하는데 통찰력을 제공한다.

2 동기유발요인

소비자에게 동기가 유발되면 관련 서비스에 대해 주의를 기울이거나, 정보를 탐색하거나, 구매방법 및 이용방법을 알아보는 등 자신이 추구하는 목적과 일관된 행동을 하는데 시간과 에너지를 기꺼이 투입할 것이다. 여기서는 소비자의 동기유발에 영향을 미치는 요인들 중 소비자의 욕구, 개인적 관련성, 위험지각에 대해 알아보기로 한다.

1. 소비자의 욕구

욕구란 이상적 상태(ideal state)와 실제상태(actual state)와의 차이에서 발생한다. 욕구가 충족되지 않았을 때 사람은 긴장(tension)을 경험하며, 이러한 내적 긴장상태가 욕구를 충족시키는 행동을 하도록 추동을 제공한다. 따라서 욕구는 동기의 필요조건이라고 할 수 있다. 내재적 욕구가 존재할 때 이를 활성화시켜 행동을 촉발시키는 점화역할을 하는 것이 동기이다. 욕구가 토양이라면 동기는 싹이다. 욕구가 총에 장전되어 있는 총알이라면, 동기는 방아쇠를 당기는 행위이다. 욕구는 몇 날, 몇 주, 심지어 몇 년 동안 잠복하고 있을 수 있지만, 일단 그 욕구를 해소하려는 동기가 생기면 행동으로 옮기려는 추진력이 발생된다.

서비스 소비자에게 욕구란 개인이 추구하는 즐거움, 편리함, 자기표현의 만족감과 이러한 것들의 부재 사이에 존재한다. 소비자에게 내재된 욕구는 심리적 긴장과 불만족을 초래하여 그 욕구를 충족시킬 방법을 모색하려는 동기를 유발하게 된다. 본 절에서는 인간에게 내재된 기본적 욕구에 대한 이론들과 서비스 소비자의 구매욕구 요인들을 살펴보기로 하자.

1) 욕구계층 이론

동기이론에서 가장 널리 알려지고 인간행동의 이해에 포괄적으로 적용되는 이론은 아마도 Maslow의 욕구계층이론(hierarchy of needs theory)일 것이다. Maslow는 인간의 욕구가 다음과 같은 다섯 가지 계층 구조로 이루어져 있으며 사람들은 이러한 욕구를 순차적으로 충족하려 한다고 설명하였다.

생리적 욕구(Physiological Needs) 이는 배고픔이나 갈증, 피곤함 등 생리적인 긴장상태를 해소하고자 하는 인간의 가장 기본적인 욕구이다. 생리적 욕구는 인간의 기본적 생존이 달린 욕구차원이므로 절대적이고 강력한 욕구수준을 나타낸다.

안전 또는 안정에 대한 욕구(Safety or Security Needs) 인간이 추구하는 신체적 안전과 심리적 안정에 대한 욕구이다. 외부의 위험이나 불안정한 상태로부터 자신을 보호하고 사회적 위협으로부터 자유롭고 싶은 욕구, 즉 보호, 안전, 보안, 질서에 대한 욕구가 여기 해당된다.

사회적 욕구(Social Needs) 사회적 욕구는 다른 사람들과 관계를 맺고 함께 상호작용하며 살아가려는 욕구이다. 인간은 사회적 동물로 여러 집단에 소속되기를 원하고 또 다른 사람들과 대인관계를 맺으며 살아가고자 하는 욕구를 갖는다. 애정 욕구, 우정 욕구, 소속 욕구 등이 사회적 욕구에 해당하는데, 외식, 영화관람 등 사회적 맥락에서 행해지는 많은 소비자행동은 이와 같은 사회적 욕구와 관련이 있다고 볼 수 있다.

존경 욕구(Esteem Needs) 존경욕구는 스스로 자신을 중요하다고 느낄 뿐만 아니라 다른 사람들에게 자신의 능력과 존재를 인정받고자 하는 욕구이다. 지위, 존경, 인정, 명예, 위신, 자존감, 성공 등에 대한 욕구가 이에 해당된다. 소비자는 여러 가지 상품을 통해 자신의 존재를 돋보이도록 하고 자신이 사회적으로 성공한 인물이라는 것을 표현하고 싶어 한다.

자아실현 욕구(Self-actualization Needs) 인간의 가장 상위차원 욕구인 자아실현 욕구는 자신의 능력을 계발하고 인격적으로 성장하며 자신이 추구하는 최종가치를 실현시키고자 하는 욕구이다. 자아실현 욕구는 다른 욕구와는 달리 충족되면 될수록 욕구의 정도가 더욱 증가한다.

[그림 5-2] Maslow의 욕구 5단계

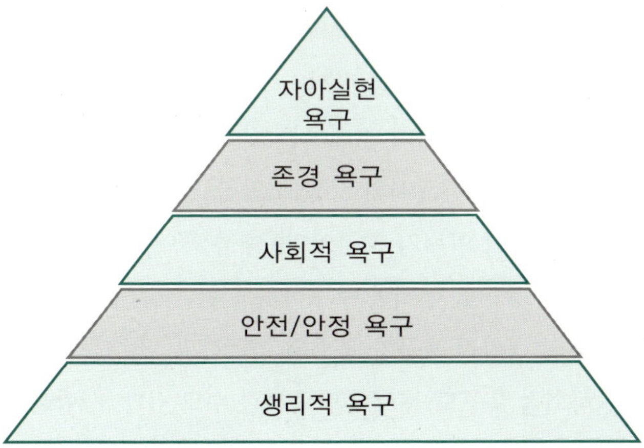

Maslow는 인간의 욕구에 우선순위가 있으며 가장 낮은 단계의 욕구에서 높은 욕구 단계로 순차적으로 발생한다고 보았다. 즉 높은 수준의 욕구가 활성화되기 위해서는 그보다 하위 차원의 욕구가 먼저 충족되어야 한다는 것이다. Maslow는 한 개인이 처해있는 상황에 따라 그의 행동에 영향을 주는 지배적 욕구가 존재한다고 주장했는데, 소비자행동 연구자들은 그의 이론을 다음과 같이 소비자행동에 적용하였다.

첫째, 생리적 욕구와 안전/안정 욕구와 같은 기초적 욕구에 의해 주로 지배되는 소비자는 주로 가처분 소득이 낮은 사람들로 상위 욕구를 추구할 심리적, 경제적 여력이 없는 사람들이다. 이들은 상품의 품질이나 가치표현 능력보다는 양과 가격에 의해 주로 영향을 받는다.

둘째, 사회적 욕구가 지배적인 소비자는 소속감과 인간관계를 중시하며, 사람들과의 상호작용관계 맥락에서 다양한 소비활동을 한다. 이러한 소비자는 의류나 화장품 등 자신을 매력적으로 만들어주는 상품에 대한 소비가 두드러지고, 외식, 영화관람 등 다른 사람들과 어울리며 보내는 시간이 상대적으로 많다. 레스토랑이나 여행상품과 같은 서비스 상품들은 사람들과의 연대감과 소속감이라는 니즈를 충족시키는 역할을 한다. 사회적 욕구가 강한 소비자는 타인 지향적이어서 준거집단에 의해 영향을 많이 받고 역할모델들에 의한 대리학습과 모방행동의 가능성이 높다.

셋째, 존경욕구와 자아실현 욕구가 강한 소비자는 자아개념에 의해 지배되는 사람이다. 자아욕구가 높은 소비자는 성취지향적이고, 사회적 인정을 받고 싶어 하며, 세계에 대한 강한 호기심을 지니고 있다. 이러한 소비자는 자신의 능력과 성공을 외부에 표현하기 원하므로, 상품선택에 있어 사회적 신분의 표출과 품위유지를 중요하게 고려한다. 이들에게 많은 상품들은 개인의 가치와 사회적 위치를 표현해주는 상징물이 된다. 자아실현욕구가 강한 사람들은 자아탐구와 내면적 가치에 관심이 많다. 이러한 소비자는 가치판단의 분명한 기준과 강한 자아통제력이 있으므로, 상품의 차별적 가치를 명확히 인식시키는 것이 매우 중요하다. 성숙한 가치를 추구하는 사람들에게는 문화, 예술, 취미와 관련된 서비스 콘셉트가 필요하다.

그러나 소비자를 이와 같이 특정 욕구에 의해 지배되는 몇 개의 집단으로 나누는 것은 큰 의미가 없을 수 있다. 소비자의 욕구는 그때그때의 상황에 따라 변화하는 것이지 한 번에 한 가지 욕구에 의해서만 지배를 받는 것이 아니기 때문이다. 예를 들어, 소비자는 특정 서비스 상품을 구매함으로써 자신의 다양한 욕구를 동시에 추구하기도 한다. 친구들과 레스토랑에 가는 경우, 음식을 먹음으로써 개인의 생리적 욕구가 충족되기도 하고, 친구들과 이야기를 나눔으로써 우정을 돈독히 하는 등 사회적 욕구도 동시에 만족시킬 수도 있다. 사람들은 때때로 고급 레스토랑에 가서 종업원의 정중한 서비스를 받음으로써 존경 욕구를 충족시키고자 하기도 한다.

Maslow의 욕구계층이론 인간의 심리 저변에 깔린 욕구의 실체와 그 유형을 이해하는데 통찰력을 제공했다는 점에서 그 의의를 찾을 수 있지만, 다음과 같은 점에 대해서는 비판을 받고 있다.

첫째, 인간의 욕구가 항상 욕구계층이론의 위계구조에서 명시된 순서대로 발생하는 것은 아니다. 예컨대 음식과 같은 생활필수품을 구입하는 것보다는 책이나 음반 등을 구입하는 데 더 높은 우선순위를 두는 소비자도 있다. 즉 생리적 욕구가 충족되지 않아도 얼마든지 상위의 욕구를 추구할 수 있다는 말이다.

둘째, 욕구계층이론은 욕구의 강도를 고려하지 않는다. 욕구의 존재뿐 아니라 욕구의 강도 또한 소비자의 동기유발에 영향을 미치는데, 욕구계층이론에서는 욕구의 유형만을 제시할 뿐 욕구의 강도는 감안하지 않고 있다. 예를 들어, 생리적 욕구와 자아실현 욕구를 동시에 가지고 있는 사람의 경우, 어떠한 욕구를 보다 강도 높게 느끼느냐에 따라 행동에 차이가 발생할 것이다.

2) ERG 이론

Alderfer는 Maslow의 욕구계층이론을 수정하여 인간의 행동에 동인을 제공하는 핵심적 욕구를 존재욕구(existence needs), 관계욕구(relatedness needs), 성장욕구(growth needs)로 분류하였다. 그의 이론은 이 세 요인의 첫 글자를 따서 ERG 이론이라고 부른다.

첫째, **존재욕구**(E)는 생존을 위한 욕구이다. 인간이 자신의 생명과 존재를 지켜내기 위해 갖게 되는 생리적 욕구, 안전욕구, 그리고 물질에 대한 욕구는 존재욕구라고 할 수 있다.

둘째, **관계욕구**(R)는 다른 사람과의 관계를 유지하고자 하는 욕구이다. 인간은 주변 사람들과의 의미 있는 인간관계를 형성하고 감정을 공유하고자 하는 욕구를 갖는다. 소속감과 애정, 그리고 존경에 대한 욕구 등 타인과의 상호작용을 통해 충족될 수 있는 욕구는 관계욕구에 해당된다.

셋째, **성장욕구**(G)는 개인의 성장을 위한 내적 욕구를 말한다. 개인이 자신의 능력을 개발하여 자율과 성공을 이루고, 인격적으로 성장하여 더 나은 인간이 되고자 하는 욕구이다. 자신의 자아개념과 가치, 그리고 존재의 의미를 찾으려는 욕구 또한 이에 포함된다.

ERG 이론은 Maslow의 욕구단계이론과 많은 공통점이 있지만, 욕구단계이론과 근본적으로 다른 점은 다음과 같다. 첫째, 욕구계층이론은 특정 시점에 한 가지의 욕구가 지배한다고 보았지만, ERG 이론은 다양한 욕구가 동시에 경험될 수 있다고 본다. 둘째, 욕구계층이론은 욕구단계들 간의 위계가 있어 욕구의 진행이 욕구충족과 함께 한 단계씩 상향으로 이동된다고 보았지만, ERG 이론은 상하 쌍방향으로 이동한다고 말하고 있다. 상위차원의 관계욕구나 성장욕구가 좌절되는 경우 하위차원의 존재욕구가 강화될 수 있는 것이다. 예컨대 대인관계에서 좌절과 실망을 경험한 사람이 돈과 물질을 소유하는데 더욱 집착하거나 혹은 이와 반대로 자신의 인격적 성장에 몰입할 수도 있다.

3) 욕구성취 이론

McClelland는 문화에 기반을 둔 욕구모델을 제시하였다. Maslow가 인간은 욕구를 가지고 태어난다고 본 것과는 달리, McClelland는 인간이 사회문화 환경과 상호작용하는 과정에서 학습을 통하여 특정 욕구를 가지도록 배우는 것이라고 주장하였다. 그의 욕구성취 이론(need achievement theory)은 사람들이 사회적 맥락에서 주로 어떠한 욕구에 초점을 두며 살아가느냐에 관한 것이다. McClelland는 인간이 사회문화적으로 습득한 욕구를 성취욕구, 친화욕구, 권력욕구로 구분하였다.

첫째, **성취욕구**(need for achievement)는 어떤 목표나 과업을 성취하려는 인간의 욕구를 말한다. 성취욕구가 높은 사람은 목표를 정하고 이를 달성하는데 힘을 쏟는다. 이들은 성공에 따른 보상보다는 성공과 성취감 자체를 즐긴다. 성취욕구가 높은 사람들은 우연이나 운에 의존하기 보다는 개인의 능력과 노력에 의한 성취에 집중한다. 이들은 현실적이어서 과업의 난이도와 상황적 위험을 평가하여 성취가능성이 희박하다고 판단되면 회피현상을 나타내지만, 자신의 능력으로 감당할만한 수준이라고 판단되면 도전적 태도를 취한다. 높은 성취욕구를 가지고 있는 사람들은 자신의 행동에 대한 강한 책임감을 갖고 있으며 미래지향적, 혁신적 사고를 가지고 있다. 성취욕구가 높은 사람들은 자신의 개성과 가치관을 표현해주는 상품을 구매하며 시장의 의견선도자 역할을 할 가능성이 높다.

둘째, **친화욕구**(need for affiliation)는 다른 사람들과 인간적인 관계와 교제를 추구하고 이를 지속하고자 하는 욕구이다. 친화욕구가 높은 사람은 다른 사람들과 친밀히 지내고 또 타인으로부터 사랑과 인정을 받기 일이 그 무엇보다도 중요하다. 따라서 다른 사람의 감정에 관심이 많고 우정을 중시하며 협력적 상황을 선호한다. 이들은 다른 사회구성원과의 사회적 관계를 형성하고 유지하는 일에 중점을 두므로 사람들과의 밀접한 상호작용을 가지는 일이 삶의 우선순위가 된다. 소비자 맥락에서 친화욕구가 높은 사람들은 대인관계를 위한 소비가 두드러지고 구매의사결정을 할 때 다른 사람의 의견에 크게 좌우되는 특성을 나타낸다. 또한 좋아하는 상품에 대해서는 다른 사람들에게 구전을 하는 등 중요한 준거집단의 역할을 할 가능성이 있다.

셋째, **권력욕구**(need for power)는 다른 사람들에게 영향력을 행사하고 환경을 통제하려는 욕구를 말한다. 권력욕구가 강한 사람들은 경쟁적이고 신분지향적 성향이 높다. 이들은 집단목표의 완수를 위해서는 권위적이고 강압적이며 때에 따라서는 자기본위적인 태도를 보이기도 한다. 권력지향적 성향을 가진 소비자들은 사회적 가시성이 높은 상징적 상품을 통해 신분을 과시하려는 경향을 나타낸다.

4) 심인성 욕구 유형

Murray는 인간의 기본적 욕구를 28가지로 구분하고 이를 심인성 욕구(psychogenic needs)라고 명명하였다. 여기서 심인성(psychogenesis)이라는 말은 어떤 증상이나 현상이 정신 혹은 심리적 요인에 의한 것임을 뜻한다. 이 28가지의 심인성 욕구들은 물질욕구, 야망에 대한 욕구, 자기방어 욕구, 권력욕구, 대인관계 욕구, 정보교환의 욕구 등으로 범주화될 수 있다(표 5-1).

Murray에 의하면 이러한 심인성 욕구들이 잠재적 형태로 모든 사람에게 존재하며 개인의 정신세계와 성격, 그리고 행동양상을 결정하게 된다. 이 심인성 욕구 요인들은 개인에 따라 중요성에 있어 차이를 나타낸다. 즉 한 개인에게 매우 중대하고 삶에 있어 핵심적으로 느껴지는 욕구가 다른 사람에게는 그렇지 않을 수 있는 것이다. 예컨대 권력지향적이고 지배욕구와 공격욕구가 높은 사람들이 있는 반면에, 이와는 대조적으로 양육이나 친교의 욕구가 높은 사람도 있다. 심인성 욕구가 충족되지 않으면 사람들은 심리적인 고통과 불만을 느끼게 되고, 이를 해소하려는 동기를 가지게 된다.

[표 5-1] 심인성 욕구 유형

구 분	욕구의 종류	
물질 욕구 (Materialism)	■ 취득(acquisition)	물질을 획득하고자 하는 욕구
	■ 정돈(order)	청결, 정리, 정돈에 대한 욕구
	■ 보유(retention)	물질을 비축하고 자기 것으로 소유하고 싶은 욕구
	■ 건설(construction)	무언가를 건설하고 창조하려는 욕구
야망에 대한 욕구 (Ambition)	■ 성취(achievement)	장애물을 극복하고 성공하고자 하는 욕구
	■ 인정(recognition)	남에게 인정과 존경을 받고자 하는 욕구
	■ 과시(exhibition)	남의 이목을 끌고, 남에게 과시하고 싶은 욕구
	■ 우월감(superiority)	남들에 비해 우월하다고 느끼고 싶은 욕구
자기 방어 욕구 (Defense of Status)	■ 과오회피(infavoidance)	실패와 수치를 피하고 약점을 감추려는 욕구
	■ 방어(defendance)	타인의 공격으로부터 자신을 보호하려는 욕구 자신의 행동을 합리화하려는 욕구
	■ 반격 (counteraction)	실패를 만회하려는 욕구 자신의 명예를 지켜내고자 하는 욕구
권력 욕구 (Human Power)	■ 지배(dominance)	남을 지배하고 통제하고 싶은 욕구
	■ 존경(deference)	영웅을 추종하고 그를 위해 봉사하고자 하는 욕구
	■ 자율(autonomy)	규율로부터 벗어나서 자기 맘대로 하고 싶은 욕구 권위에 복종하지 않고 독립적이고자 하는 욕구
	■ 저항 (contrariance)	반대, 저항, 대립에 대한 욕구 남들과 다르고자 하는 욕구
	■ 공격(aggression)	남에게 앙갚음을 하거나 상처를 입히고 싶은 욕구
	■ 비하(abasement)	남에게 항복하고 벌을 받고 싶은 욕구
	■ 비난회피 (blame avoidance)	남에게 비난받을 일은 피하고자 하는 욕구
	■ 피해회피 (harm avoidance)	고통과 상처를 피하고자 하는 욕구
대인관계 욕구 (Affection between People)	■ 친교(affiliation)	남들과 친밀한 관계를 맺고 친구가 되고 싶은 욕구
	■ 성(sex)	성에 대한 욕구
	■ 거부(rejection)	싫은 사람을 멀리하거나 그를 제외시키고 싶은 욕구
	■ 양육(nurturance)	약한 자를 보호하고 양육하고자 하는 욕구
	■ 의존(succorance)	남에게 의존하고자 하는 욕구 남에게 용서와 위로를 받고 싶은 욕구
	■ 유희(play)	긴장을 풀고 즐거움과 쾌락을 누리고 싶은 욕구
정보 교환 욕구 (Exchange of Information)	■ 감각(sentience)	감각적으로 경험하고 싶은 욕구
	■ 인식(cognizance)	궁금한 것에 대해 답을 얻고 이해하고자 하는 욕구
	■ 정보노출(exposition)	남에게 정보를 알려주고 가르쳐주고 싶은 욕구

5) 서비스 고객의 구매욕구

마케팅 연구자들은 서비스 고객의 구매 욕구를 다음과 같이 실용적 욕구, 상징적 욕구, 쾌락적 욕구의 세 가지 범주로 구분한다.

실용적 욕구(utilitarian needs) 소비자는 서비스 상품을 구매함으로써 그들의 삶에서 문제를 해결하고 생활을 편리하게 하고자 하는 실용적 욕구를 가진다. 예컨대 소비자는 여행할 때 잠자리를 해결하기 위해 호텔을 이용하며, 배고픔을 해소하기 위해 식당을 찾는다. 또한 사람들은 병을 치료하기 위해 의료서비스를 이용하며, 돈을 불리거나 자금을 융통할 목적으로 금융서비스를 이용한다.

서비스 기업은 종종 소비자의 실용적 욕구에 소구하는 광고를 사용한다. 예를 들어, [그림 5-3]에서 우리은행 광고는 환전, 송금이라는 기능적 측면을 강조한다. 또한 버거킹은 광고에 "Aren't you hungry?"라는 문구를 반복적으로 사용하여 배고픔이라는 소비자의 기본적 욕구와 버거킹이라는 브랜드명이 연결되도록 소비자들을 학습시켰다. 이는 '배고프면 버거킹'이라는 if-then 연결고리를 강화함으로써 소비자의 실용적 욕구에 소구하고자 하는 전략이라고 할 수 있다.

[그림 5-3] 실용적 욕구에 소구하는 광고의 예

상징적 욕구(symbolic needs) 소비자는 자기 자신과 또 자신이 속한 집단에 대해 표현하고자 하는 욕구가 있다. 상징적 욕구란 소비자의 개성, 가치, 사회경제적 신분 등을 남에게 상징적으로 드러내고자 하는 욕구이다. 상징적 욕구는 가시적 서비스 상품의 이용행태로 나타나는데, 소비자가 고급 호텔의 서비스를 이용하거나 클래식 음악 콘서트에 가는 중요한 이유 중 하나는 이러한 서비스가 자신의 상징적 욕구에 소구되기 때문이다.

앞에서 소개한 Murray의 심인성 욕구 유형 중 성취, 자율, 저항 등에 대한 욕구는 소비자의 자기개념 및 개인적 성향과 관련되므로 상징적 욕구로 표출될 가능성이 높다. 또한 과시, 친교, 존경에 대한 욕구는 사회적 집단 내에서의 인적 관계 및 개인의 위치, 역할 등을 반영하기 때문에 역시 소비자의 상징적 욕구와 관련이 있다.

쾌락적 욕구(hedonic needs) 쾌락적 욕구란 정신적, 감각적 즐거움을 느끼고 새로운 것을 경험하고자 하는 욕구이다. 놀이욕구, 감각적 자극에 대한 욕구, 새롭고 진기한 것을 보고 싶은 욕구들은 쾌락적 욕구에 해당된다. 많은 호스피탈리티 서비스들은 소비자의 쾌락적 욕구를 충족시키는 역할을 하는데, 여행, 영화관람, 음악콘서트, 레스토랑 등이 그 예이다. 소비자가 레스토랑 서비스를 이용하는 행위는 종종 단순히 배고픔을 해소한다는 기능적 욕구뿐 아니라 많은 경우 다른 사람들과 어울려 함께 맛있는 음식을 먹음으로써 즐거움과 행복감을 느끼고자 하는 쾌락적 욕구에 의한 것이라 할 수 있다.

2. 개인적 관련성

소비자의 동기를 유발하는 또 하나의 요인은 소비자의 개인적 관련성(personal relevance)이다. 소비자에게 제시되는 자극이 소비자에게 얼마나 개인적으로 관련성이 높으냐에 따라 구매동기유발의 가능성에는 차이가 있다.

1) 개인적 관련성의 의미

서비스 상품과 관련하여 자극이 소비자에게 개인적 관련성이 높다는 것은 무엇을 의미하는 걸까? 그것은 첫째, 상품이 소비자의 자기개념과 관련이 있다는 것을 뜻한다. 자기개념(self-concept)이란 소비자가 자기 자신이 어떤 사람인지에 대해 스스로 이해하고 표현하고자 하는 바를 의미한다. 예를 들어, 소비자들이 어떤 레스토랑이나 커피전문점을 이용하고자 하는 동기는 그 레스토랑이나 커피전문점 브랜드의 이미지가 자기개념을 표현하는데 얼마나 도움이 되느냐에 따라 영향을 받을 수 있다.

둘째, 개인적 관련성이 높다는 것은 그것이 소비자 개인의 삶에 필요성이 높고 그의 생활에 중요한 결과를 초래할 수 있다는 것을 의미한다. 예컨대, 취업을 준비하고 있는 사람들은 그렇지 않은 사람들보다 '스펙'을 높일 수 있는 교육 프로그램이나 자격증 취득 정보, 그리고 기업 채용공고 관련 정보에 주의를 기울일 동기가 높게 형성될 것이다. 따라서 광고 크리에이티브를 작성할 때는 표적 시장이 개인적 관심을 기울이고 공감을 느낄 만한 상황을 설정하여 소비자가 광고정보를 처리할 동기를 유발시킬 필요가 있다.

2) 서비스 상품과 개인적 관련성

소비자들에게 개인적 관련성이 높은 유형적 제품에는 어떠한 것들이 있는지 살펴본 한 조사에 의하면, 의류패션, 세탁기, TV 등은 개인적 관련성이 높은 것으로 나타났고, 세제, 비누, 화장지 등은 개인적 관련성이 낮은 것으로 나타났다. 이러한 조사결과를 볼 때 소비자의 자기표현 수단이 되고 생활의 중심이 되는 정도는 상품의 계열에 따라 서로 다른 것을 알 수 있다.

무형 서비스 상품에 대해서는 개인적 관련성의 정도를 비교한 조사가 저자가 아는 범위 내에서는 존재하지 않는다. 그러나 서비스 상품의 성격과 이용 상황을 감안하면 개인적 관련성의 정도가 서비스 유형에 따라 서로 다른 수준을 나타낼 것을 충분히 예상할 수 있다. 예를 들어, 지하철, 버스 등의 교통서비스나 세탁서비스를 이용할 때는 그 선택 동기가 개인적 관련성에 의한 것이라기보다는 소비자 개인의 필요와 서비스 기능에 의한 것이라고 볼 수 있다. 그러나 고급 호텔의 피트니스 센터 회원권의 경우, 소비자가 이를 구매하는 행동은 단지 체력단련이라는 목적에 의해서가 아니라 고급 호텔시설을 이용함으로써 자기개념을 강화시키고 남들에게도 보이고자 하는 동기에서 발생될 수 있을 것이다.

3. 위험의 지각

1) 위험지각의 의미

소비자가 서비스 상품과 관련하여 위험을 지각한다는 것은 서비스의 기능과 품질에 대해 그가 느끼는 불확실성의 정도와 서비스를 구매하거나 구매하지 않은 결과 나타날 수 있는 부정적 상황에 대한 불안감을 의미한다. 예컨대 청소년들은 친구들이 모두 사용하는 스마트폰을 사용하지 않으면 또래집단에서 소외되지는 않을까 두려워한다. 또한 스마트폰을 구매하는 상황에서는 자신이 구매하고자 하는 모델이 가격 대비 성능이 과연 어떨지에 대해 불확실성을 느낀다.

이와 같이 소비자가 구매결정과 관련하여 경험하는 심리적 불안감을 위험지각(risk perception)이라고 하는데, 소비자가 위험을 지각하게 되면 서비스 상품에 대해 정보를 획득하거나 상품을 구매하고자 하는, 혹은 하지 않고자 하는 동기가 발생한다. 즉 지각된 위험도가 높을수록 정보탐색 및 처리 동기가 유발되므로 소비자는 서비스관련 정보에 더 많은 주의를 기울이고 이를 깊이 있게 처리하여 신중한 구매의사결정을 내리게 된다.

2) 지각된 위험의 유형

소비자가 서비스 구매와 관련하여 지각하는 위험 요인들은 다음과 같이 다양한 형태로 나타날 수 있다.

재무적 위험(financial risk) 재무적 위험이란 소비자가 서비스 상품을 구매하기 위해 지출해야 하는 돈에 대해 느끼는 부담감과 우려를 뜻한다. 서비스의 가격이 높을수록 재무적 위험 지각은 높아진다. 특히 서비스 구매를 위해 발생하는 비용이 소득과 비교하여 높은 수준일 때 소비자는 재무적 위험을 크게 지각할 것이다. 예컨대 자녀를 외국에서 실시하는 영어캠프에 보내고자 할 때 부모는 캠프비용을 어떻게 마련할 것이며 과연 이것이 얼마나 돈가치를 할 것인지에 대해 고민하게 될 것이다.

신체적 위험(physical risk) 서비스 이용행동과 관련하여 신체적 위험이란 소비자가 서비스를 이용하는 과정에서 그의 신체적 안전이나 건강에 가해질 수 있는 위험을 말한다. 테러 위협이나 비행기의 안전문제, 그리고 전염병 등은 해외여행을 계획하는 사람에게 신체적 위험을 느끼도록 만든다. 예컨대 동남아에서 SARS가 돌고 미주를 중심으로 신종독감이 확산될 때는 많은 사람들이 해외여행을 취소하였다. 이와 같이 신체적 위험에 대한 소비자의 불안감이 고조될 때 서비스 업체들은 철저히 위생과 청결을 관리하고 안전사고에 대비하는 가시적 단서를 소비자에게 제공하여 고객의 위험지각을 최소화해야 한다.

기능적 위험(performance risk) 기능적 위험이란 서비스의 기능적 측면, 즉 서비스의 품질이나 성과에 대해 고객이 느끼는 불확실성의 정도를 말한다. 예컨대 성형수술을 하려는 사람은 수술을 해서 과연 자신이 원하는 효과를 얻을 수 있을지에 대해 불안해한다. 또한 어떤 음식점을 처음으로 이용할 때 소비자는 과연 이 음식점의 음식이 맛이 있을지 기대 반 걱정 반이다. 이와 같은 기능적 위험을 지각하기 때문에 소비자는 자신이 아는 브랜드나 체인을 반복적으로 찾게 되는 것이다. 서비스에 대한 소비자의 기능적 위험지각을 최소화하기 위해서 서비스 업체는 물리적, 가시적 증거를 제시하여 소비자가 안심하고 구매결정을 내릴 수 있도록 해야 한다.

사회적 위험(social risk) 사회적 위험은 소비자가 어떤 서비스를 구매하고 이용하는 행동이 그의 사회적 위치와 신분에 미칠 수 있는 악영향의 가능성을 의미한다. 소비자는 서비스를 이용함에 있어 타인의 이목을 의식한다. 그리고 자신의 서비스 선택과 이용 행동이 준거집단의 기준에 부합되는지를 마음속으로 점검하는 것이다. 예를 들어, 길거리에서 파는 떡볶이를 사먹고 싶어도 남들이 볼까봐 그렇게 하지 못하는 소비자는 사회적 위험을 지각하기 때문이다. 많은 경우, 소비자는 이러한 사회적 위험 때문에 품위유지용 소비를 한다고 말할 수 있다. 체면 때문에 고급호텔에서 손님을 접대하는 행위가 이에 해당되는 하나의 예이다.

심리적 위험(psychological risk) 소비자가 구매했거나 구매하고자 하는 서비스가 자신의 자아이미지에 부합되지 않거나 자신의 신념과 가치관에 위배된다고 느낄 때 심리적 위험이 지각된다. 서비스를 구매하는 목적이 소비자 개인의 윤리적 기준에 일치하지 않을 때 소비자는 심리적 갈등을 경험하게 된다. 예를 들어 가난하고 소외된 사회계층을 도우며 살기로 결심한 사람이 고급 레스토랑에 비싼 식사를 할 때는 불편한 마음이 들 가능성이 있다. 또한 환경보호자임을 자처하는 사람이 1회용 컵이나 플라스틱 식기를 사용할 때는 마음에 가책을 느끼게 된다. 이와 같은 심리적 위험 지각은 구매 후 소비자의 후회감을 가져온다.

시간 위험(time risk) 시간 위험이란 소비자가 서비스를 이용하는데 투입해야 하는 시간, 그리고 서비스 효과의 지속시간 등과 관련된 심리적 부담을 의미한다. 예컨대 성형수술을 받는 사람은 일단 수술을 받으면 그 효과가 장시간, 혹은 영구적으로 지속되므로 한 번 경험하고 끝나는 서비스에 비해 신중할 수밖에 없다. 또한 '2년 헬스클럽 회원 계약제' 와 같이 명시된 기간 동안 서비스를 이용하기로 약정해야 하는 서비스의 경우, 소비자는 시간 위험을 지각하게 된다. 서비스 이용기간 동안 개인적 상황의 변화나(예: 다른 지사로 직장 발령) 서비스를 계속적으로 이용하지 못할 예측할 수 없는 변수의 발생 가능성이 있기 때문이다.

3 동기의 측정

소비자의 동기를 파악하는데 가장 간편하게 사용될 수 있는 방법은 자기보고방식에 의한 설문조사(self-administered questionnaire) 방법이다. 여기서 소비자는 자신의 구매행동이 어떤 동기에 의해 비롯되었는지를 스스로 고찰하여 보고한다. 그러나 문제는 소비자의 행동을 결정짓는 동기요인에 소비자 자신이 의식하지 못하는 부분이 있을 수 있다는 것과 소비자가 의식하더라도 남에게 노출을 꺼리는 경우가 있다는 것이다. 소비자는 자신의 은밀한 동기에 대해 이야기하는 것에 대해 부끄러움을 느끼거나, 불이익을 당할지도 모른다고 생각하거나, 혹은 조사자에게 좋은 인상을 주고 싶어서 자신의 개인적인 동기에 대해 솔직히 털어놓기보다는 사회적 대세를 추종하는 일반적 응답을 하는 경향이 있다.

예를 들어, 명품을 구매하는 소비자에게 구매이유를 물으면 보통 "디자인이 예뻐서," "나한테 어울리니까," "품질이 좋기 때문에," "A/S가 확실해서," 등의 응답을 들을 수 있다. 그러나 이러한 표면적 이유 이면에는 그가 말하기를 꺼려하거나 의식하지 못하는 또 다른 동기, 예컨대 "명품 가방을 들고 다니면 사람들이 나를 부유층으로 봐줄 것 같아서," "남에게 나의 재력과 신분을 과시하고 싶어서," "잘난 척 하는 친구의 코를 납작하게 해주기 위해서," "나의 뿌리 깊은 열등감을 커버하고 우울감에서 벗어나기 위해서" 등의 내재적 동기들이 숨겨져 있을 수 있다.

소비자들의 자기보고를 근거로 표출된 동기는 현출동기로 소비자 자신이 그렇게 인식하거나 남에게 드러내는 동기요인들이다. 하지만 자기보고 방식만으로는 소비자가 구매를 하게 되는 진정한 동기를 다 알아낼 수 없다. 많은 소비자들이 자신의 구매 동기가 무엇인지 정확히 모르며, 설령 안다고 해도 말하려 들지 않는 경우가 많기 때문이다. 소비자들은 자신의 행동 이면의 깊숙이 숨겨져 있는 동기를 스스로 인식하지 못하는 경우가 있다. 또한 자신의 동기를 안다 하더라도 대부분의 소비자들은 사회적으로 용인되는 답변을 하기 원하며 스스로 합리적이고 고상한 동기를 가진 것처럼 보이기를 원한다. 이는 다른 사람들이 모두 현명하고 사회적으로 바람직한 동기에 의해 구매결정을 할 것이고 생각하는 까닭이다.

이와 같이 자신과는 달리 다른 사람들은 모두 소비생활에 있어 완벽하게 정상적이고 사회적 규범을 잘 따르고 있는 것으로 생각하는 것은 **다원적 무지**(pluralistic ignorance) 때문이다. 많은 사람들이 다른 사람도 자신과 다르지 않다는 생각을 하지 못하고 자신만이 부적절한 생각과 행동을 하는 소수라고 생각하는 탓에 진정한 자신은 숨기고 다른 사람인 척 위장하게 되는 것이다. 따라서 소비자가 스스로 의식하지 못하거나 남에게 노출시키기를 꺼려하는 잠복동기를 측정하기 위해서는 좀 더 우회적이고 간접적인 방법들이 시도될 필요가 있다. 소비자의 현출동기뿐 아니라 잠재의식 속에 존재하는 동기까지도 알아보기 위해 사용되는 방법들에는 다음과 같은 것들이 있다.

다원적 무지

'벌거벗은 임금님' 이라는 동화에서 사람들은 아무리 보아도 자기 눈에는 임금님의 옷이 보이지 않지만 모두 옷이 보이는 척을 한다. 자기 외의 모든 사람들의 눈에는 그 옷이 보이는 것으로 생각했기 때문에 아무도 임금님이 벌거벗었다고 말할 수 없었다. 이와 같이 자기만이 비정상적인 소수라고 생각하여 정상적이고 우월한 다수집단에 합류하여 그들의 일부가 되고자 하는 것은 '다원적 무지' 에 의한 것이다.

다원적 무지(pluralistic ignorance)란 어떤 현상이나 이슈에 대한 여론형성 과정에서 사람들이 소수의견을 다수의견이라고 잘못 인지하거나 혹은 그 반대로 다수의견을 소수의견으로 잘못 인지하는 현상을 말한다. "나는 이렇지만 다른 사람들은 이렇지 않을 것이다,", "나는 이렇게 생각하지만 대부분의 다른 사람들은 저렇게 생각할 것이다"라고 생각하여, 사실상 많은 사람들이 자신과 같은 생각을 하고 있음에도 자신의 의견을 억제하며 침묵하게 되는 것이다.

일반적으로 많은 사람들이 자신들이 가진 의견들을 서로 교환하지 않은 상태에서 몇몇의 사람들이 강한 의견을 제시하며 여론을 몰아가면 그 의견을 다수의 의견이라고 생각한다. 그리고 그 의견과는 다른 생각을 하는 자신은 주류에서 벗어난 소수 집단에 속해 있다고 느껴 침묵하거나 (다수의 침묵 현상), 심지어는 주류에 편입되고자 자신의 의견은 무시하고 다수의견이라고 생각되는 쪽을 추종하기도 하는 것이다. 특히 익명성이 보장되는 사이버 공간에서는 강성 목소리를 내는 소수의 사람들에 의해 전체 분위기를 한 곳으로 몰아가고 대다수는 침묵하는 상태에서 그 침묵은 무시된 채로 여론의 방향이 정해지는 사례가 종종 발생한다.

1. 개별 심층면접

심층면접법(in-depth interview)은 일대일로 피면접자와 충분한 시간을 가지고 면담을 하면서 자연스러운 질의응답 과정을 통해 피면접자가 구매행동에 이르기까지의 배경과 그의 심리상태를 파악함으로써 소비자 행동의 근본적 동인을 찾아내는 방법이다. 심층면접법에서는 면접자의 역할이 매우 중요한데, 상대방과 대화의 호흡을 맞추며 적절히 공감을 표현하고 한 단계, 한 단계씩 깊이를 더해가며 질문을 하는 래더링(laddering) 기법을 사용하는 등 상대방의 진솔한 답변을 이끌어내는 면담기술이 필요하다.

심층면접법은 시간과 비용이 많이 소요되고, 조사자의 주관적 관점 및 접근방법, 면담능력 등에 따라 결과가 달라질 수 있어 일반화(generalization)의 어려움이 있다는 문제점이 있다. 따라서 심층면접 결과의 주관성을 최소화하기 위해서는 면접내용을 녹취하였다가 여러 명의 전문가가 녹취자료를 듣고 의견을 종합하여 내용을 분석하는 과정이 요구된다.

2. 집단 심층면접

집단 심층면접 혹은 초점집단 면접법(focus group interview)은 몇몇 소수의 인원을 모임에 초청하여 이들로 하여금 자유롭게 대화와 토론을 하도록 유도하는 방법이다. 이때 조사자는 피험자들이 자신의 브랜드 선택 및 소비생활과 관련된 심층적 동기에 대해 말할 수 있도록 토론의 방향을 이끌고 참여자들 간의 상호작용을 관찰한다. 초점집단 면접법은 참여자들이 깊이 있는 토론을 통해 각자의 사례와 의견을 상호 교환하는 동안 각자가 이전에 미처 의식하지 못했던 부분에 대한 새로운 인식을 할 수 있고 참여자들 간 공통된 동기요인들을 발견할 수 있다는 장점이 있다. 초점집단 면접은 녹화를 해두었다가 전문가들이 녹화자료를 분석함으로써 통찰력 있는 결론을 도출해낼 수 있다.

3. 투사법

투사법(projective method)이란 직접적인 질문이 아니라 간접적인 자극물을 사용해서 응답자의 심리가 그의 반응에 투사되도록 하는 조사 방법이다. 피험자에게 모호하거나 가상적인 자극을 제시하고 그에 대한 반응을 분석함으로써 피험자의 심리상태를 파악하는 것이다. 투사법이 사용되면 피험자는 조사의 진정한 목적을 알지 못하는 상태에서 자유롭게 열린 반응을 나타내게 되는데, 이러한 과정에서 질투심, 복수심, 성적충동, 공격성 등 마음속 깊이 감추어 두고 있는 무의식적인 동기나 의식이 간접적으로 드러나는 것이다. 투사법은 소비자가 어떤 상품을 사용하거나 사용하지 않는 이유에 대한 심층적 동기를 파악하는데 사용될 수 있는데, 특히 직접적인 질문에 대한 응답결과가 피상적이거나 위장되어서 응답자의 내재적 심리를 진실하게 나타내지 않을 때 유용하다. 투사법에는 다음과 같은 다양한 방법들이 사용된다.

1) 로샤하 테스트

로샤하 테스트, 혹은 로샤하 잉크반점 테스트(Rorscharch Ink blot test)는 다양한 모양의 잉크반점이 그려진 그림들을 피험자에게 보여주며 그것을 보고 무슨 생각이 떠오르는지, 그리고 그 그림을 볼 때 어떠한 느낌이 드는지 등을 말하게 함으로써 피험자의 심리상태와 그를 지배적인 의식세계를 추론하는 방법이다.

[그림 5-4] 로샤하 잉크반점 테스트에 사용되는 그림

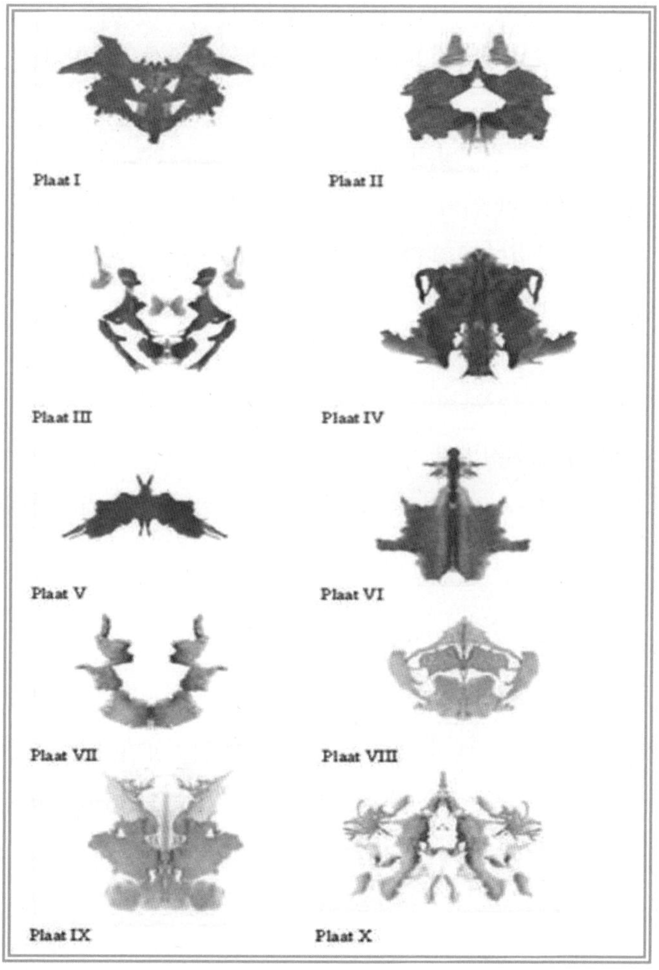

2) 주제통각법

주제통각법(thematic apperception test)이란 피험자에게 애매모호한 상황의 그림을 보여주고 그림 속에 있는 등장인물의 생각과 감정, 그리고 그의 과거, 현재, 미래의 행동을 상상하여 말하도록 하여 피험자 자신의 욕구와 심리적 갈등을 투영하도록 하는 방법이다.

3) 만화 완성법

만화 완성법(cartoon completion)은 피험자에게 만화를 보여주면서 만화 속 인물들의 대화 중 일부를 생략하고 피험자로 하여금 말풍선을 채워 넣도록 하는 방법이다. 피험자는 만화 속 등장인물에 감정이입을 하여 자신이 하고 싶은 말을 하게 된다.

4) 문장 완성법

문장 완성법(sentence completion)은 피험자에게 불완전한 문장을 제시하고 이를 완성하도록 하는 방법이다(예: "○○○씨는 결혼을 앞둔 예비 신부이다. 그녀는 웨딩 장소를 알아보다가 문득..."). 피험자는 주어진 문장의 첫머리를 읽으면서 가장 먼저 머릿속에 떠오르는 생각을 자유롭게 서술한다.

5) 이야기 완성법

이야기 완성법(story completion)은 조사자가 어떤 이야기를 전반부만 소개하고 피험자로 하여금 나머지 이야기를 완성하도록 하는 방법이다. 피험자는 이야기의 중심 인물에 자신을 대입시켜 이야기를 이어나가게 된다.

6) 역할 연기법

역할 연기법(role playing)은 조사자가 피험자에게 어떠한 상황을 제시하며 그 상황에 맞는 역할 연기를 하도록 하는 방법이다. 조사자는 피험자가 제 3의 인물이 되어 역할 연기를 하는 중 표출되는 행동성향과 사용하는 언어에 따라 그의 심리상태를 파악한다.

7) 쇼핑목록법

쇼핑목록법(shopping lists)은 다른 품목들은 모두 동일하게 유지하고 특정 품목만 서로 다르게 한 쇼핑리스트를 피험자에게 제시하고 이에 대한 그의 반응을 측정하는 방법이다. 쇼핑 리스트법을 사용한 미국의 한 소비자연구에서는 인스턴트커피를 구매하지 않는 소비자에게 어떤 숨겨진 동기가 있는지 확인하기 위해서 주부들로 구성된 조사참여자들을 두 집단으로 나누어 다음과 같은 쇼핑목록을 보여주었다.

[A]
햄버거 1.5 lbs 식빵 2개 베이킹 파우더 한 깡통 델몬트 복숭아 통조림 두 깡통 감자 5 lbs 원두커피

[B]
햄버거 1.5 lbs 식빵 2개 베이킹 파우더 한 깡통 델몬트 복숭아 통조림 두 깡통 감자 5 lbs 인스턴트 커피

쇼핑목록을 보여준 후 조사자는 이 쇼핑목록을 작성한 주부가 어떠한 주부라고 생각하는지 A집단과 B집단의 주부들에게 물었다. 원두커피와 인스턴트커피라는 차이점을 제외하고는 동일한 쇼핑목록이었지만, 조사참여자들은 쇼핑목록의 작성자에 대해 매우 상이한 평가를 하였다.

[A]
검소하고 현실적인 주부 부지런한 주부 요리를 즐겨하는 주부 절약정신이 있는 알뜰한 주부 현명하고 분별력 있는 주부 가족을 잘 돌보는 주부

[B]
게으를 것 같은 주부 늦잠을 잘 것 같은 주부 아무렇게나 살아가는 주부 생각이 없을 것 같은 주부 계획성 없는 주부 알뜰하지 못한 주부

이 투사법 조사 결과 연구자는 미국의 주부들이 자신은 가족을 잘 돌보고 부지런한 엄마와 아내라는 자부심을 가지려는 동기에 의해 인스턴트커피 대신 원두커피를 구매한다는 사실을 알게 되었다. 이전의 조사에서 인스턴트커피가 맛이 없어서 구매하지 않는다고 응답하였으나 블라인드 테스트에서는 인스턴트커피와 원두커피의 맛을 분간하지 못하여 조사자를 당혹케 하였던 소비자들의 숨은 동기를 비로소 이해하게 된 것이다.

4 서비스 고객의 이용 동기

서비스 고객의 구매동기를 파악하려는 시도는 많은 서비스마케팅 연구자들에 의해 이루어져왔다. 서비스 상품에는 수많은 종류가 있지만 본 절에서는 호텔 서비스와 카지노 이용고객의 구매동기에 대한 조사결과를 소개한다. 이 조사들은 자기보고 설문응답에 의한 것들로써 여기 나타난 동기요인들은 서비스이용객의 현출동기임을 밝혀둔다.

1. 호텔 서비스 이용 동기

1) 기능적 동기

호텔이용고객의 기능적 동기(functional motives)는 호텔이 제공하는 기능 및 서비스의 유용성에 의해 유발된다. 소비자는 호텔에서 숙박을 해결하고 회의시설을 이용하며 결혼식 등 각종 연회와 행사를 치를 수 있다. 호텔 서비스를 이용함으로써 당면한 문제를 편리하게 해결하고 소기의 목적을 달성할 수 있는 것이다. 접근편리성과 편리한 숙박시설 및 부대시설, 다양한 형태의 연회/회의시설을 갖춘 호텔은 잠재고객의 기능적 동기에 소구할 수 있다.

2) 사회적 동기

사회적 동기(social motives)란 다른 사람들과 시간을 공유하고 친분을 쌓고자 하는 대인관계적 동기를 말한다. 호텔뿐 아니라 음식점, 여행, 영화관람 등 많은 서비스 상품들이 이러한 사회적 동기에 의해 구매된다. 다른 사람들과 어울려 함께 서비스를 이용하고자 한다는 것이다. 예컨대 집에서 혼자 TV를 보는 것은 개인적인 경험이지만 극장에서 친구들과 함께 영화를 보는 것은 사회적인 경험이다. 호텔 서비스를 이용하는 것은 단순히 숙박 및 행사개최의 문제를 해결하려는 기능적 동기뿐 아니라 각종 모임에 참여하여 대인적 상호작용을 하려는 사회적 동기에 의한 것이기도 하다. 호텔 서비스 상품의 필요성은 사람들의 사회적 상호작용의 필요와 더불어 증가한다.

3) 미적/정서적 동기

소비자가 호텔을 이용하게 되는 동기 중에는 미적/정서적 동기(aesthetic/emotional motives)가 있다. 이는 고객이 호텔서비스를 이용하는 동안 경험할 수 있는 감각적 즐거움과 정서적 만족감을 의미한다. 호텔 내부 장식의 아름다움과 음악, 조명, 향기 등 오감을 만족시키는 분위기 요인들은 소비자로 하여금 호텔을 이용하도록 유도하는 미적/정서적 동기가 된다. 이러한 동기요인은 서비스 상품의 감성적 가치(sentimental value)를 증가시켜 고객의 구매욕구를 활성화시킨다.

4) 명성 및 존경 동기

명성 및 존경 동기(prestige & esteem motives)란 호텔 서비스를 이용함으로써 고객이 누리게 되는 명성이나 체면, 타인의 시선 및 인정 등을 말한다. 특히 우리나라의 고급 특1급 호텔을 이용하는 내국인의 경우, 이러한 명성 및 존경에 대한 동기는 종종 매우 중요한 동기요인이 된다.

5) 상황적 동기

호텔 서비스는 상황적 동기(situational motives)에 의해 이용되기도 한다. 예를 들어, 외국에 사는 친지가 한국을 방문하며 호텔객실을 잡아달라고 부탁하거나 중요한 손님을 접대해야 하는 경우, 상황적 필요에 의해 호텔 서비스를 구매하는 사례라고 볼 수 있다. 또한 호텔에서 '싱글모임', '할로윈 파티' 등 특별 이벤트를 개최하거나 다양한 패키지 상품을 개발하여 제공할 때 소비자는 특별 행사에 참여하고 할인가격의 혜택을 누리기 위해 호텔을 이용한다. 즉 상황적 동기에는 소비자의 개인적 상황과 호텔 측에 의해 연출된 상황이 있을 수 있다.

6) 호기심 동기

소비자 동기조사에서 많은 사람들은 호기심(curiosity motives)에 의해 특정 서비스 업체를 찾게 되었다고 말한다. 새로운 호텔이 개관했거나 음식점에 새로운 메뉴가 소개되었을 경우 사람들은 호기심과 흥미를 가지고 새로운 서비스를 시도하게 된다. 새로운 것에 대해 알고자 하는 인간의 인지적 욕구(need for cognition)는 이러한 호기심 동기를 유발시킨다. 서비스 고객의 호기심 동기는 상품수명주기(PLC)에서 도입기에 있는 업체에게 특히 중요한 동기요인이라고 할 수 있다.

2. 카지노 이용 동기

많은 연구자들이 카지노 이용객의 동기를 알아보기 위해서 다각적으로 연구를 진행해왔다. 이들의 연구는 주요 대상에 따라 크게 두 부류로 구분할 수 있는데, 첫째는 강박적, 병적 도박자들을 주요 연구대상으로 하여 그들의 갬블링 동기를 분석한 연구들이고, 둘째는 카지노 이용행동을 하나의 오락/여가행동으로 보고 이러한 비중독 이용객들의 카지노 방문동기를 조사한 연구들이다. 이들의 연구결과들을 종합해보면, 갬블러 즉 병적 도박자들과 비갬블러 즉 비중독 이용객들의 카지노 이용 동기를 각각 다음과 같이 도출해낼 수 있다.

1) 병적 도박자의 카지노 이용 동기

회피동기 병적 도박자들은 종종 자신에 대한 부정적 자아개념과 저하된 자존감을 가지고 있다. 이들은 종종 낮은 자존감과 우울감을 피하기 위해 카지노를 찾는데, 도박으로 금전적 손실을 입게 되면 더욱 패배감과 자괴감에 빠지게 된다. 그리고 이러한 부정적 정서를 회피하고자 더욱 더 도박에 집착하게 되는 것이다. 게임을 하는 동안에는 일시적으로 이러한 기분을 잊거나 변화시킬 수 있으므로 카지노 게임은 현실 도피 수단이 된다.

사회적 동기 병적 도박자들의 사회적 인간관계는 주로 카지노에 있는 다른 도박자들과의 상호작용을 중심으로 형성된다. 이러한 폐쇄적인 사회에서 지속적인 사교 관계를 유지하고 소속감을 느끼기 위해서는 계속 카지노에 머물러 있을 수밖에 없는 것이다.

자극과 쾌락 동기 자극과 쾌락 동기는 짜릿한 스릴을 경험하고 좀 더 자극적인 환경에 있고자 하는 동기이다. 병적 도박자는 카지노게임에 내재하는 스릴과 강렬한 자극, 아슬아슬한 긴장감, 그리고 돈을 땄을 때의 흥분과 쾌감을 계속 경험하고자 도박행위에 지속적으로 개입된다.

금전적 동기 갬블링의 가장 핵심적 동기는 역시 단번에 많은 돈을 따보려는 경제적 동기라고 할 수 있다. 처음에 돈따기(winning) 동기로 갬블링을 시작한 병적 도박자들은 카지노에서 잃은 돈을 만회하고자(chasing) 점차 강박적 도박 행위로 이어진다. 언젠가 한꺼번에 큰돈을 따 일시에 그동안의 손실을 만회하고 직업과 가족, 대인관계에서 잃었던 모든 것을 보상받고 자존감을 회복하고자 하는 것이다.

2) 비중독 이용객의 카지노 이용 동기

모든 카지노 이용객들이 병적 도박자의 경우처럼 우울하고 비정상적인 동기에 의해 카지노를 찾는 것은 아니다. 레저활동의 일환으로 건전하게 카지노게임을 즐기는 비중독 이용객의 카지노 방문 동기는 다음과 같은 요인들을 포함한다.

호기심 동기 많은 비중독 이용객들은 호기심 동기에 의해 카지노를 방문한 것으로 나타났다. 여태껏 경험해보지 않은 새로운 오락거리를 찾으려는 동기로 카지노를 찾는 것이다.

일상탈출/변화 추구 비중독 카지노 이용객들은 카지노를 찾는 중요한 동기 중 하나가 지루한 일상으로부터 탈출하는 것이라고 응답하였다. 이것은 반복되는 생활에 변화를 꾀하고 감각적인 경험으로부터 생활의 활력을 얻으려는 동기로 해석된다.

긴장 및 스트레스의 완화 카지노 게임을 하는 동기 중에는 긴장과 스트레스의 완화가 있는데, 이는 앞에서 언급된 일상탈출과도 일맥상통하는 바가 있다. 많은 직장인들이 일상생활의 긴장과 스트레스를 해소하고 고양된 기분상태와 즐거움을 얻기 위해 카지노 게임을 즐긴다는 것이다.

도전과 재미 비중독 이용객들은 새로운 카지노 게임을 배우고 전략적으로 카지노 게임에 도전해보는데서 재미와 성취감을 느낀다고 보고하였다. 이와 같이 새로운 것을 학습하는데서 오는 만족감은 인간이 기본적으로 지닌 인지적 욕구, 즉 새로운 것을 알고자 하는 욕구와도 연관된다.

사회적 동기 친구들과 어울려 같이 카지노 게임을 즐기고자 하는 동기이다. 비중독 이용객의 경우, 사회적 관계가 카지노 밖에서 형성되었다는 것과 사회적 교류나 친목이 도박행위보다 우선시된다는 것이 병적 도박자와의 차이점이다.

금전적 동기 비중독 이용객 또한 병적 도박자와 유사하게 금전적 동기가 카지노 이용행동의 중요한 동기가 된다. 단시간에 큰돈을 획득할 가능성에 대한 기대감이 사람들로 하여금 카지노를 찾도록 만드는 주요 동기로 작용하는 것이다.

제6장

서비스 고객의 태도

[1] 태도의 의의

1. 태도의 정의
2. 태도의 특성
   1) 태도는 특정 대상에 대해 형성된다
   2) 태도는 학습된다
   3) 태도는 지속적이다
   4) 태도에는 방향성과 강도가 있다
   5) 태도는 상황의 영향을 받는다
3. 태도의 기능
   1) 가치표현 기능
   2) 자아방어 기능
   3) 지식조직 기능
   4) 실용적 기능
4. 마케팅에 있어서의 태도의 유용성
   1) 행동예측 가능성
   2) 시장세분화의 기준 제공
   3) 마케팅 활동의 평가지표 역할

[2] 태도의 구조

1. 3각 이론
2. 단일차원 이론

[3] 관여도와 태도

1. 관여도의 개념
2. 관여도의 결정요인
   1) 서비스의 중요성
   2) 서비스이용의 즐거움
   3) 서비스의 상징성
   4) 서비스의 생활 중심성
3. 관여도의 유형
   1) 상황적 관여도와 지속적 관여도
   2) 인지적 관여도와 감정적 관여도
4. 관여도에 따른 인지-감정-행동의 상호작용
5. 정교화가능성 모형

[4] 고관여 상황의 태도형성

1. 다속성 태도모형
   1) 속성신념
   2) 속성평가
   3) 속성추가
2. 기대-가치 모형
3. 이상점 모형

[5] 저관여 상황의 태도형성

1. 광고태도
2. 단순노출 효과
3. 진실성 효과
4. 고전적 조건화
   1) Pavlov의 실험
   2) 소비자행동에의 적용
   3) 고전적 조건화의 영향요인들

[6] 태도와 행동

1. 합리적 행동이론
2. Triandis 모형

[7] 태도에 관한 기타 이론들

1. 균형이론
2. 일치이론
3. 사회판단이론
4. 자기지각이론

제6장

"서비스 고객의 태도"

1 태도의 의의

1. 태도의 정의

태도(attitudes)라는 말은 자세, 혹은 신체적 포즈를 뜻하는 라틴어 앱투스(Aptus)에서 유래된 것으로 일반적인 대화에서 몸을 가지는 모양(body posture)의 의미로 주로 쓰인다. "저 학생은 태도가 바르다" 혹은 "태도가 불량하다"라고 말하는 것이 그 예이다. 어떤 사람이 취하는 자세에 따라 우리는 그 사람이 어떤 의도와 감정을 갖고 있는지를 짐작할 수 있다. 예컨대 주먹을 불끈 쥔 손을 들어 올리는 사람을 보면 우리는 그가 무척 화가 났으며 곧 무언가를 내려칠 것으로 예상한다. 또한 어떤 사람이 양손에 턱을 괴고 미소 띈 얼굴을 하고 있으면 우리는 그가 즐거운 상념에 잠겨있다는 것을 알 수 있다.

심리학에서 태도는 사람의 정신적 자세를 의미하는 용어로 사용된다. 태도란 어떤 사람이 특정 대상에 대해 가지는 우호적 혹은 비우호적인 선유경향(learned predisposition)으로 그 사람이 취할 행동의 전반적 방향을 결정하는 내적 성향이라는 것이다. 예를 들어, 나에게 호감을 갖고 있는 사람이라면 (호의적인 태도) 나와 함께 시간을 보내기를 원하고 내가 다쳤을 때 병원에 달려와 주는 등 호의적인 행동성향을 나타낼 것이다.

서비스마케팅 맥락에서 태도는 브랜드, 서비스 상품, 서비스 점포, 광고 등에 대한 소비자의 긍정적/부정적 감정의 양, 혹은 이와 같은 마케팅 자극들에 대해 그가 일관성 있게 나타내는 호의적/비호의적 평가를 의미한다. 즉 소비자의 태도란 마케팅 자극들에 대한 그의 전반적인 느낌, 인상, 감정, 이미지, 판단 등을 모두 포함한다. 호의적 태도는 서비스 상품의 수용과 구매를 유도하지만 비호의적 태도는 해당 서비스 상품이나 브랜드에 대한 거부로 이어진다. 분명하고 우호적이며 효과적인 태도가 형성되면 소비자들은 반복적으로 서비스를 이용하고 긍정적 구전을 퍼트리게 되지만, 불분명하고 부정적이며 미흡한 태도를 가진 소비자는 서비스 브랜드에 대한 무관심이나 회피반응을 나타내게 될 것이다.

2. 태도의 특성

1) 태도는 특정 대상에 대해 형성된다

태도에는 대상이 있다. 태도란 일정한 대상이나 행동에 대해 한 쪽 방향으로 치우치는 선유경향이라는 측면에서 특정 대상이 존재하지 않는 개인의 일반적인 마음자세나 기본 정서와는 차이가 있다. 서비스 소비자는 특정 서비스 브랜드나 서비스 점포, 혹은 서비스를 이용하는 행위나 사람 등 특정 태상이나 그 대상과 관련된 행동에 대해 긍정적 혹은 부정적인 태도를 형성하게 된다.

2) 태도는 학습된다

특정한 태도를 갖고 태어나는 사람은 없다. 태도는 후천적으로 체득된 것으로서 선천적으로 타고나는 기질적 성향 혹은 개성과는 구분된다. 태도는 소비자 본인이 직접 경험하거나 광고, 구전 등을 통해 전해들은 이야기와 정보를 토대로 학습되는 것이다. 따라서 서비스 마케터는 소비자가 서비스를 경험하는 서비스 인카운터를 관리하고 만족한 고객이 긍정적 구전을 하도록 고객만족관리(CSM: Customer Satisfaction Management)를 수행하는 등 소비자 태도에 긍정적 영향을 미치기 위해 노력해야 한다.

3) 태도는 지속적이다

태도는 한 번 형성되면 쉽게 바뀌지 않고 지속되는 경향이 있다. 특정 브랜드에 대해 소비자의 태도가 형성되면 이것이 고정관념이 되어 일정 기간 일관성이 유지되고 주변 자극에 대해서도 저항적인 반응을 나타내게 된다. 이러한 측면에서 태도는 하루에도 몇 번씩 바뀔 수 있는 일시적 기분이나 감정과는 차이가 있는 것이다. 태도의 지속성을 고려할 때 서비스 브랜드에 대한 소비자의 첫인상은 그만큼 중요하다고 할 수 있다.

태도가 지속되는 특성이 있다고는 하나 영구적인 것은 물론 아니다. 때로는 서비스 브랜드에 대한 소비자 태도가 퇴색되거나 망각되기도 한다. 따라서 서비스 기업은 적절한 시기에 새로운 신상품을 소개하거나 광고 캠페인을 전개하는 등 브랜드 재활성화 전략을 통해 소비자의 태도를 활성화시킬 필요가 있다. 또한 서비스와 관련된 부정적 정보나 경험으로 인해 비호의적인 태도가 형성된 경우, 서비스의 재개편 및 개선으로 소비자 태도에 변화를 시도할 수 있다.

4) 태도에는 방향성과 강도가 있다

태도에는 극성(valance)이 있어, 양극과 음극이라는 방향성을 나타낸다. '좋다-싫다', '이끌린다-거부한다', '가까이 하고 싶다 - 회피하고 싶다' 등 선호의 방향이 나타나는 것이다. 태도의 이러한 방향성은 서비스 상품에 대한 정보를 토대로 결정되기도 하고, 서비스를 경험한 후 소비자가 얻은 보상이나 처벌을 기초로 학습한 결과에 기인하기도 한다.

태도는 또한 강도(intensity)를 갖는다. 약한 태도가 있는가 하면 강한 태도가 있다. 어떤 서비스 브랜드에 대한 강한 우호적 태도는 그 브랜드에 대한 높은 관여도를 갖고 서비스를 이용하거나 친구에게 적극적으로 추천하는 행동을 가져온다. 반면에 약한 태도는 해당 브랜드에 대해 호감을 느끼는 정도의 소극적 반응을 유발할 뿐 우호적인 행동의 예측 변수로서의 역할을 하지 못한다.

5) 태도는 상황의 영향을 받는다

태도는 상황에 따라 다르게 나타날 수 있다. 즉 같은 대상이라도 상황에 따라 다른 태도를 보일 수 있는 것이다. 예컨대, 점심식사나 간단히 요기를 하기 위해 맥도널드와 같은 패스트푸드 레스토랑을 이용하는 것에 대해서는 긍정적인 태도를 가진 사람이 가족과 함께 외식을 하는 경우에 패스트푸드 레스토랑에 가는 것에 대해서는 부정적인 태도를 나타낼 수 있다. 따라서 소비자 태도조사를 할 때는 상황과 함께 태도를 측정하는 것이 필요하다.

3. 태도의 기능

소비자가 특정 브랜드나 서비스 상품에 대해 태도를 형성하게 되는 이유는 태도를 가짐으로써 얻을 수 있는 몇 가지 효익이 있기 때문이다. 태도가 소비자의 마음속에서 하는 역할, 즉 태도의 기능(attitude function)은 다음과 같이 네 가지로 구분하여 생각해볼 수 있다.

1) 가치표현 기능

모든 소비자는 저마다의 개성과 가치를 갖고 있기 마련인데, 태도는 그 사람의 가치관과 자아이미지를 반영하는 가치표현 기능(value-expressive function)을 담당한다. 많은 서비스 상품에 대한 소비자의 태도는 가치표현적이다. 특히 외식이나 여행, 여가문화활동과 같이 사회적으로 가시적인 서비스 이용행동들은 소비자의 사회경제적 위치, 가치관, 라이프스타일을 상징한다. 예컨대 소비자는 자신이 어느 호텔 피트니스 센터에서 매일 퍼스널 트레이닝을 받는다고 말함으로써 자신의 경제력을 과시함과 동시에 건강관리와 체력단련에 힘쓰는 그의 라이프스타일을 표현할 수 있다. 태도를 통한 가치표현은 소비자의 이미지를 고양시키는 수단이 된다. 따라서 개인적인 가치를 표현하는 서비스 브랜드에 대한 긍정적인 태도를 창출하기 위해서는 서비스 상품의 상징적 가치를 이해하도록 소비자를 학습시킬 필요가 있다.

2) 자아방어 기능

태도는 소비자의 연약한 자아를 보호하고 위협, 공격, 불안감, 열등감으로부터 개인을 보호하는 자아방어 기능(ego-defensive function)을 한다. 또한 바람직하지 못하거나 자신에 비해 열등하다고 생각하는 대상으로부터 자신을 분리시키도록 도와준다. 예를 들어, 사람들은 퇴폐안마업소에 출입하는 사람을 비웃음으로써 자신은 그러한 행위와는 관련이 없는 사람임을 보여준다. 소비자들은 다른 어떤 것보다 수치스럽고 당황스러운 상황을 두려워한다. 아마 대부분의 사람들은 다른 사람들 앞에서 창피를 당하느니 차라리 육체적 고통을 당하는 쪽을 선택할 것이다. 많은 공포소구 광고들은 이러한 소비자 심리를 이용하여 소비자의 자아방어적 태도를 유발시킨다. 예컨대 Wisk 세탁세제는 “Ring around the collar” 광고캠페인을 통해 신사가 입고 있는 셔츠의 목에 때가 묻어있는 상황을, 그리고 후라보노껌 광고는 많은 사람들이 모여 있는 가운데 입 냄새가 나는 부끄러운 상황을 강조함으로써 소비자로 하여금 자사상품을 의존하고 자사브랜드에 대해 호의적인 태도를 가지도록 유도한다. 소비자에게는 수치스러운 상황으로부터 자신을 보호하려는 방어기제가 있기 때문이다.

3) 지식조직 기능

소비자의 태도는 수많은 외부정보를 손쉽게 처리하도록 하는 지식조직 기능(know-ledge function)을 담당한다. 소비자가 서비스 브랜드 관련 정보를 처리할 때는 있는 그대로의 사실만을 처리하는 것이 아니라 정보원에 대한 신뢰 및 정보의 해석, 서비스 경험에 대한 감정적 평가, 그리고 미래 자신의 행동에 대한 의도까지도 머릿속에 저장한다. 그런데 이렇게 복잡해질 수 있는 정보처리 과정에서 어떤 브랜드에 대해 호의적인 태도가 이미 형성되어 있는 경우, 소비자는 해당 브랜드에 대한 긍정적인 정보를 선택적으로 지각함으로써 브랜드 관련 지식을 손쉽게 조직할 수 있게 되는 것이다. 예를 들어, 의료 서비스를 받는 환자는 의사가 치료법과 과정에 대해 설명할 때 이를 정확히 이해하지 못하더라도 자신이 신뢰하고 좋아하는 병원 의사가 하는 말이라면 적절하고 지당한 것으로 받아들인다. 전문지식이 부족하더라도 의사가 제공하는 정보를 토대로 자신이 받는 의료서비스에 대한 호의적인 지식구조를 더욱 강화시키는 것이다. 그러나 그러한 호의적인 태도를 미리 가지고 있지 않은 사람의 경우, 정보를 해석하고 조직하는데 어려움이 있을 것이다.

4) 실용적 기능

태도의 실용적 기능(utilitarian function)이란 태도가 소비자로 하여금 자신의 욕구를 달성하는데 도움이 된다는 의미이다. 사람들은 자신에게 즐거움과 혜택을 가져다주는 대상은 가까이 하고, 불편함과 고통을 가져다주는 대상은 멀리 하고자 한다. 소비자의 경우, 특정 서비스를 이용함으로써 보상을 받는 경험을 했다면 그 서비스를 재이용하여 또다시 그 혜택을 얻으려고 할 것이다. 반면에 불편하고 불쾌한 서비스를 경험한 소비자는 다시는 그 업체를 이용하려하지 않을 것이다. 즉 서비스를 이용함으로써 소비자가 얻을 수 있는 혜택과 효과가 소비자의 태도형성의 근간이 되며, 특정 브랜드에 대해 우호적인 태도를 형성한 소비자는 이러한 태도를 토대로 추후 재구매의 필요가 발생할 때 손쉽게 의사결정을 할 수 있다. 그리고 호의적인 태도가 형성된 브랜드를 다시 선택함으로써 실패의 가능성을 줄이고 좋은 서비스의 혜택을 누리는 실리를 충족시킬 수 있는 것이다.

4. 마케팅에 있어서의 태도의 유용성

소비자행동론에서 태도를 중요한 주제로 다루는 이유는 소비자의 태도가 마케팅 전략수립에 있어 다음과 같은 유용성을 갖기 때문이다.

1) 행동예측 가능성

소비자의 태도와 행동 간에는 상관관계가 존재한다. 어떤 상품에 대한 소비자 태도가 호의적이라면 그만큼 그 소비자가 해당상품을 구입하게 될 가능성이 높다고 할 수 있다. 태도가 소비자 행동에 대한 중요한 예측 변수가 될 수 있다는 사실은 서비스 기업이 소비자 태도를 긴밀히 모니터링을 할 필요가 있다는 것을 의미한다. 소비자 태도변화에 따라 매출성과가 달라질 것이기 때문이다. 자사 브랜드에 대한 소비자 태도가 호의적이라면 서비스 기업으로서는 환영할 만한 일이다. 그러나 시장의 태도가 충분히 호의적이지 못하다거나 부정적으로 변화하고 있다면 서비스 기업은 문제의 원인을 분석하고 마케팅 프로그램을 수정해나가야 할 것이다.

2) 시장세분화의 기준 제공

소비자 집단은 자사 브랜드에 대한 태도에 따라 호의적, 중립적, 비호의적 집단으로 세분화할 수 있다. 여기서 호의적 태도 집단은 다시 현재 자사의 서비스를 이용하는 고객 집단, 현재 이용하지는 않지만 이용 의도가 있는 잠재고객 집단, 태도는 우호적이나 이용가능성이 거의 없는 비고객 집단으로 다시 나눌 수 있다. 이와 같이 태도는 시장을 고객화 가능성에 따라 세분화하고 또한 각 세분시장에 대한 특성을 서술하는데 유용하게 사용될 수 있다.

3) 마케팅 활동의 평가지표 역할

광고캠페인의 효과와 기업 아이덴티티 관리의 실효성 등을 평가하기 위해서는 종종 소비자 태도가 측정된다. 신상품을 출시하기 전에 소비자들의 반응을 알아보기 위해서 태도를 평가지표로 활용하기도 한다. 소비자 태도는 마케팅 활동들이 기업의 의도대로 호의적인 시장반응을 이끌어내고 있는지에 대한 중요한 지표 역할을 한다. 소비자 태도는 매출액 다음으로 마케팅 활동의 중요한 평가 지표라고 할 수 있다.

2 태도의 구조

사회심리학자들은 태도를 개념화하기 위해 다양한 접근방법들을 취해왔다. 태도의 구조에 대한 학자들의 견해는 태도를 구성하는 요소를 어디까지 포함시킬 것인가에 따라 삼각 이론과 단일차원 이론으로 나눌 수 있다.

1. 3각 이론

3각 이론(tripartite model)은 태도의 개념에 인지적 요소, 감정적 요소, 그리고 행동의욕적 요소가 모두 포함되어야 한다고 보는 견해이다. 즉 개인이 어떤 대상에 대해 갖는 태도를 측정하기 위해서는 그가 해당 대상에 대해 알고, 느끼고, 행하는 것을 모두 파악해야 한다는 것이다. 3각 이론은 태도연구에 있어 전통적 견해라고 할 수 있다.

1930년대에 미국의 사회심리학자 라피에르는 66개의 호텔과 184개의 음식점에 설문지를 보내 중국인에 대한 태도조사를 하였다. 당시는 동양인에 대한 편견과 인종차별이 매우 심했던 시절이었는지라 설문응답자의 92%가 중국인에 대해 매우 부정적인 태도를 나타내며 중국인 손님을 받지 않겠다고 응답했다. 라피에르는 중국인 부부와 이 호텔들과 음식점을 직접 방문하기로 하였다. 그 결과, 이 중국인 부부가 실제로 이용을 거절당한 곳은 단 한 곳에 불과했다. 이 조사를 비롯한 많은 태도조사들의 결과는 사람들의 태도와 행동 간에 상당한 괴리가 있음을 보여주었다.

이와 같이 태도와 행동 간에 괴리가 다수의 사례에서 발견되자, 학자들은 어떤 대상에 대한 개인의 진정한 태도를 알기 위해서는 단순히 감정적 요소만 볼 것이 아니라 인지적 요소와 행동의도적 요소를 모두 측정에 포함시켜야 한다고 주장하기 시작했다. 여기서 **감정적 요소**(affective component)란 태도의 대상에 대해 개인이 가지는 감정이나 느낌을 말한다. 긍정적이거나 부정적인 느낌, 좋아하거나 싫어하는 반응은 감정적 요소에 해당된다. **인지적 요소**(cognitive component)는 대상에 대해 무엇을 알고 있으며 어떻게 믿고 있는지를 의미한다. 이는 대상에 대해서 개인이 가지는 주관적 지식이나 신념이다. 소비자의 경우, 상품에 대해 아는 것이 별로 없다거나 잘못된 믿음을 가지고 있다면 그 상품에 대한 태도는 부정적일 수밖에 없다. 끝으로 **행동의도적 요소**(conative componant)는 대상에 대해 어떻게 행동하려 하는지에 관한 것이다. 관계형성이나 관계단절, 수용이나 거부, 구매나 회피 등의 행동성향은 행동의도적 요소라고 말할 수 있다.

삼각 이론은 개인의 태도가 이와 같은 세 가지 요소들로 구성된다고 주장한다. 즉 태도 측정에는 감정적 측면, 인지적 측면, 행동적 측면이 모두 포함되어야 한다는 것이다. 삼각 이론은 이 세 요소들이 상호 일관성을 나타낼 것으로 가정하는데, 어떤 대상에 대해 진정 호의적인 태도가 형성된 경우라면 감정적 요소와 인지적 요소, 행동의도적 요소가 모두 호의적으로 나타날 것이라는 것이다. 예컨대 한 개인이 A라는 대상에 대해 진정으로 호의적인 태도를 갖고 있다는 것은 A에 대해 좋은 감정을 느끼고 A의 장점들에 대해 알고 있으며 A와 가까이 하며 친절히 대하고자 하는 행동의도를 가지는 것을 의미한다.

[그림 6-1] 3각 이론

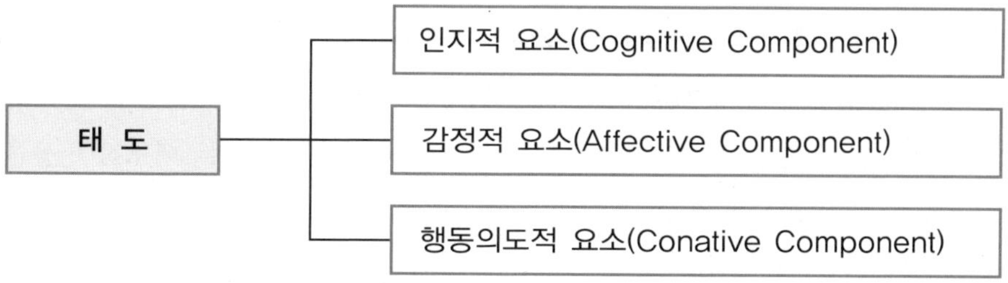

2. 단일차원 이론

단일차원 이론은 감정적 요소만을 태도로 간주하고, 인지적 요소와 행동의도적 요소는 별개의 개념으로 분리시켜야 한다는 견해이다. 단일차원 이론에 의하면 인지적 요소와 행동의도적 요소는 각각 태도의 선행요인과 결과요인으로써 태도와 상호 인과관계를 형성하기는 하나 태도 그 자체는 아니라는 것이다. 즉 서비스 상품이나 브랜드에 대해 소비자가 알고 있는 지식과 주관적 신념은 인지적 요소로, 이 인지적 요소를 토대로 소비자의 감정반응, 곧 태도가 형성되고, 소비자 태도를 바탕으로 구매의도가 형성된다고 본다.

태도를 어떤 대상에 대한 긍정적/부정적 느낌으로 제한하고 인지적 요소와 행동의도적 요소를 태도의 개념에서 분리시키는 단일차원 견해는 현재 사회심리학과 소비자행동론에서 주류를 이루고 있다. 인지적 요소와 행동적 요소를 태도의 개념에 포함시키기에는 이러한 요인들의 영역이 개별적으로 구축되어 있으며 태도 본연의 의미와는 구분이 되는 까닭이다. 따라서 이 책의 저자 또한 단일차원 견해를 채택하여 태도를 소비자의 감정적 반응과 평가로 개념화하기로 한다.

[그림 6-2] **단일차원 이론**

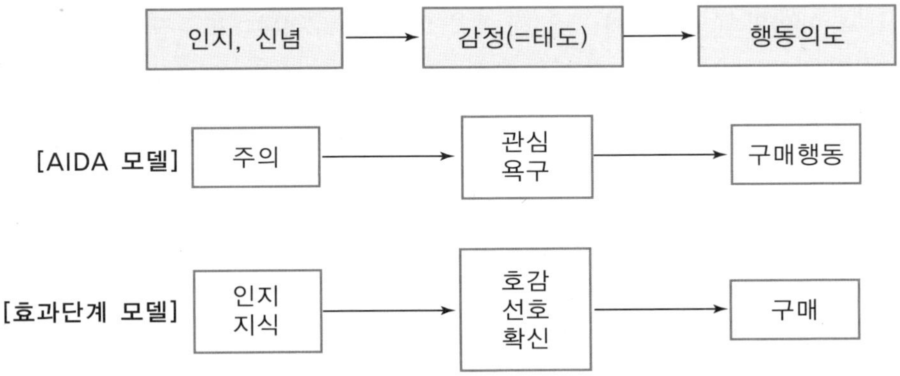

단일차원 모델은 [그림 6-2]와 같이 AIDA 모델이나 효과단계 모델과 맥락을 같이 한다. 광고의 목표를 설정할 때 종종 활용되는 **AIDA 모델**에 의하면, 광고에 대한 소비자 반응은 주의(Attention) - 관심(Interest) - 욕구(Desire) - 구매행동(Action)의 단계로 구분될 수 있다. 여기서 주의 단계는 인지적 단계에 해당되는 것으로 소비자의 관심과 욕구라는 태도적 반응을 가져오게 된다. 상품에 대한 관심과 욕구, 즉 호의적인 태도가 형성되면 구매행동의 가능성이 높아질 것이다.

효과단계 모델(hierarchy of effects model)은 이 과정을 좀 더 세분화하여, 마케팅자극의 효과발생 단계를 인식(awareness) – 지식(knowledge) – 호감(liking) – 선호(preference) – 확신(conviction) – 구매(purchase)의 여섯 단계로 구분하였다. 효과단계 모델에서 인지와 지식 단계는 인지적 요소에, 호감/선호/확신 단계는 감정적 요소에, 그리고 구매는 행동적 요소에 각각 해당된다고 할 수 있다. 효과단계 모델 역시 인지 → 태도 → 행동의 인과관계를 개념화하고 있다.

3 관여도와 태도

앞 절에서 소비자 태도는 인지를 토대로 형성되며 구매행동의 선행변수가 된다고 설명했지만, 모든 상황에서 소비자의 태도가 형성되는 과정을 이렇게 인지에서 감정, 그리고 감정에서 행동으로 이어지는 일련의 과정으로만 설명할 수는 없다. 소비자는 하루에도 수없이 많은 마케팅 자극들에 노출되지만 이 모든 자극들에 대해 일일이 인지적 반응을 나타내지는 않는다. 예컨대 소비자가 자기도 모르게 광고의 영향을 받으며 상품에 대한 태도가 형성되는 경우도 허다한 것이다. 즉 소비자의 태도 형성과정은 고객의 관여도에 따라 달라질 수 있다.

1. 관여도의 개념

소비자 관여도(involvement level)란 상품에 대해 소비자가 느끼는 개인적인 관련성이나 관심도, 그리고 중요도를 의미한다. 서비스 관여도가 높은 상황에서 소비자는 좀 더 많은 상품정보를 구하려 하고 정보를 주의 깊게 처리할 것이며 구매결정에 신중을 기하게 된다. 예를 들어 결혼을 앞둔 예비부부들은 결혼식 장소를 결정하기 위해 여러 웨딩홀이나 호텔 등을 물색하고 가격정보와 위치정보, 피로연 음식과 서비스 등에 신경을 써서 의사결정을 할 것이다. 그러나 점심식사 메뉴를 고를 때는 관여도 수준이 낮으므로 소비자들은 손쉽게 선택을 내린다.

2. 관여도의 결정요인

서비스 상품에 대한 소비자 관여도는 다음과 같은 요인들에 의해 결정된다.

1) 서비스의 중요성

서비스 상품의 가격이 높고 구매빈도수가 낮을 때 상품의 중요성을 높아진다. 또한 서비스 상품을 잘못 선택했을 때 자신에게 돌아올 수 있는 손해나 위험, 그리고 후회감이 높을 것으로 예상되는 경우 소비자 관여도는 높은 수준을 나타낸다.

2) 서비스 이용의 즐거움

소비자가 서비스 이용행동을 얼마나 즐기느냐에 따라 관여도의 정도가 달라진다. 예컨대 다양한 음식의 맛을 즐기는 식도락가의 경우 일반인들에 비해 음식과 레스토랑에 대한 관여도가 높게 나타날 것이다. 또한 여행 다니기를 매우 즐기는 사람의 경우 그렇지 않은 사람들보다 다양한 여행지와 여행상품들에 대한 관여도가 높을 수밖에 없다.

3) 서비스의 상징성

서비스의 상징성이란 소비자가 서비스 상품을 통해 얼마나 자신을 표현할 수 있는지와 관련이 있다. 즉 서비스를 이용함으로써 다른 사람들에게 자아이미지를 효과적으로 제시할 수 있고 또 소비자가 자기표현에 높은 의미를 부여할수록 해당 서비스 상품에 대한 관여도는 높아진다. 예를 들어, 중요한 손님을 접대하거나 상견례를 하기위해 고급 호텔이나 레스토랑을 이용하는 경우 서비스의 상징성이 높다고 할 수 있으며 그만큼 고객관여도가 높은 수준을 나타낼 것이다.

4) 서비스의 생활 중심성

서비스의 생활 중심성이란 서비스 이용행위가 개인의 전반적인 삶에 얼마나 큰 비중을 차지하느냐를 의미한다. 개인의 시간 중 많은 부분을 차지하고 라이프스타일에 핵심이 되는 서비스일수록 관여도는 높아진다. 예컨대 카지노 업장에서 많은 시간을 보내는 사람은 그렇지 않은 사람들보다 카지노 게임과 서비스에 높은 관여도를 나타낼 것이다.

3. 관여도의 유형

1) 상황적 관여도와 지속적 관여도

앞에서 설명한 관여도의 결정요인들은 크게 두 가지로 나누어 볼 수 있다. 첫째는 구매상황에 관련된 요인이고, 둘째는 구매자 자신과 관련된 요인들이다. 소비자의 관여도가 이 중 어느 요인에 의해 영향을 받느냐에 따라 상황적 관여도와 지속적 관여도로 구분할 수 있다.

상황적 관여도 상황적 관여도(situational involvement)란 상품의 가격, 기능적 복잡성, 대안 간 유사성, 소비자의 위험부담 등 상품속성이나 구매상황에 의해 결정된다. 또한 구매선택이 잘못 이루어지는 경우 개인이 부담해야 하는 심리적, 사회적, 신체적 위험이 크게 지각될 때 상황적 관여도가 증가하게 된다. 서비스의 가격이 높거나 개인에게 중요한 사람에게 좋은 인상을 주기위해 서비스를 구입하는 경우, 상황적 관여도가 높아진다. 상황적 관여도는 소비자의 구매결정과 함께 종료된다.

지속적 관여도 지속적 관여도(enduring involvement)는 소비자 자신의 특성에 의해 발생되는 것으로 비교적 장기적으로 지속되는 경향이 있다. 소비자는 자신에게 개인적 의미가 있고 애착을 느끼는 서비스 상품에 대해 꾸준한 관심을 나타낸다. 소비자의 지속적 관여도는 다음과 같은 서비스 상품에 대해 발생한다. 첫째는 개인에게 유익함을 가져다주고 활용도와 가치가 높은 서비스이다(예: 의료서비스). 둘째는 자기표현 가치가 높은 서비스로서 개인의 가치관과 라이프스타일의 표현, 자아관련성, 자신의 매력을 높여주는 정도, 그리고 사회적 가시성이 높은 서비스이다(예: 음악회). 셋째는 개인에게 즐거움과 행복감을 가져다주고 취미생활과의 관련성이 높은 서비스이다(예: 여행, 영화관람). 지속적 관여도는 상황적 관여도와는 달리, 구매결정이 이루어진 이후에도, 그리고 현재 구매 계획이 없는 경우에도 계속적으로 유지되는 특징이 있다.

2) 인지적 관여도와 감정적 관여도

인지적 관여도 소비자가 서비스 상품에 관심을 가지는 것은 실용적 동기 때문일 수도 있고 쾌락적/상징적 동기 때문일 수도 있다. 실용적인 동기에 의해 서비스를 구매하는 경우 소비자는 서비스 상품 관련에 대한 인지적 관여도(cognitive involve-ment)가 높게 설정된다. 예를 들어 이동통신 서비스나 의료서비스 고객은 서비스의 기능 및 품질에 대해 높은 관심을 나타낼 것이다. 인지적으로 높게 관여된 경우의 소비자 태도는 상품에 대한 인지적 정보와 속성 신념을 토대로 형성된다.

감정적 관여도 감정적 관여도(affective involvement)란 소비자가 서비스 구매를 할 때 감정에 이끌려 의사결정을 하는 정도를 말한다. 예컨대 라이브뮤직 카페를 이용하거나 뮤지컬을 보러가는 경우 소비자는 인지적인 정보를 토대로 의사결정을 하기 보다는 정서적 요인에 의해 영향을 받을 것이다. 감정적 관여도가 높고 인지적 관여도가 낮은 경우의 상표태도는 상품속성보다는 서비스 상품의 감각적 매력성 혹은 광고 호감도에 의해 영향을 받는다.

4. 관여도에 따른 인지-감정-행동의 상호작용

기존의 태도 이론들은 인지-감정-행동의 선형적 위계성을 주장한다. 그러나 이 세 요소들이 반드시 이와 같은 순서로 소비자 반응을 발생시키는 것은 아니다. [그림 6-3]에 나와 있는 바와 같이 소비자의 인지요인, 감정요인, 행동요인은 관여도의 깊이와 소비자 개인의 성향에 따라 다양한 상호작용을 나타낼 수 있다.

첫째, 고관여 상황, 인지적 소비자/서비스의 경우, 상품관련 신념에 기초하여 비로소 감정이 형성되고 이러한 감정이 구매행동으로 이어진다. 이와 같은 순서는 일반적인 학습이론과 맥락을 같이 하는 것이다(인지→감정→행동).

둘째, 고관여 상황, 감성적 소비자/서비스의 경우에는 감성적 충동이 먼저 발생한 후 상품 속성에 대한 신념이 점차 형성되고 그 결과 행동반응이 나타날 수 있다. 예컨대 가족과 함께 여행을 떠나기로 하는 소비자의 의사결정과정을 살펴보면, 관광지에 대한 감정적 반응이 우선적으로 발생한 후 다양한 정보탐색이 그 뒤를 잇고 이를 바탕으로 여행결정이 내려진다(감정→인지→행동).

셋째, 저관여 상황, 인지적 소비자/서비스의 경우, 별다른 인지적, 감정적 반응 없이 구매행동이 이루어지는 경우가 종종 있다. 그리고 소비자가 서비스를 경험한 후 인지적 평가가 내려지고 결국 약한 수준의 감정반응이 나타나는 것이다. 예를 들어, 세탁 서비스를 이용하는 경우, 소비자는 필요에 따라 가까운 세탁소를 우선 이용하게 된다. 그리고 이용경험 결과 세탁의 질, 배달 약속시간 엄수 등 서비스 품질에 대한 인지적 평가를 내리고 결국 호불호를 결정하게 될 것이다(행동→인지→감정).

넷째, 저관여 상황, 감성적 소비자/서비스의 경우에도 역시 행동이 먼저 발생한 후 감정반응과 인지반응이 그 뒤를 따른다. 테이크아웃 커피점을 이용하는 고객의 경우를 살펴보자. 가까운데 테이크아웃 커피점이 생긴 것을 발견한 소비자는 시범적으로 커피를 사먹어 본다. 맛좋은 커피의 풍미를 즐기며 기분이 좋아진 그는 테이크아웃 커피도 커피전문점 커피 못지않다는 생각을 하게 된다(행동→감정→인지).

[그림 6-3] 인지-감정-행동의 상호작용

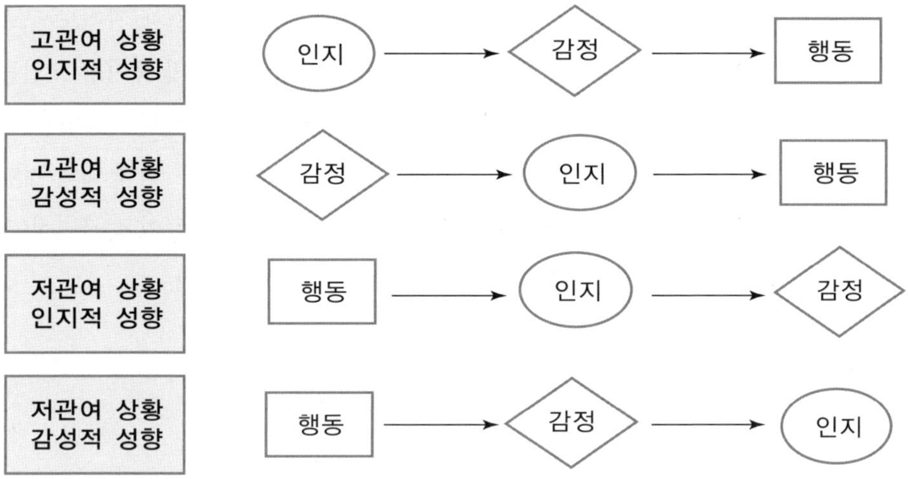

5. 정교화 가능성 모형

소비자의 태도 형성 및 변화는 관여도 수준에 따라 상이한 과정을 거쳐 발생된다. Petty & Cacioppo의 정교화 가능성 모형(elaboration likelihood model: ELM)은 소비자의 관여도와 정보처리 능력에 따라 태도형성의 경로가 다르다고 제안하였다. 여기서 정교화 가능성(elaboration likelihood)이란 소비자가 상품 관련 정보나 메시지의 핵심내용에 초점을 맞추어 정보를 깊이 있게 처리하는 정도를 의미한다. 정교화 가능성 모형에 의하면, 소비자가 마케팅정보에 노출되어 상품에 대한 태도형성 및 변화에 이르는 데는 중심경로와 주변경로라는 두 가지 경로가 존재한다.

소비자의 관여도가 높고 상품관련 정보처리를 할 동기와 능력이 있을 때는 정보를 정교하게 처리하는 **중심경로**(central route)를 거치게 된다. 즉 상품의 특성, 속성, 편익과 같은 핵심정보(중심단서)를 인지적으로 처리하는 과정을 통해 태도가 형성된다는 것이다. 소비자는 상품의 속성정보에 주의를 기울이고, 정보를 이해하려 애쓰며, 상품정보를 면밀히 검토함으로써 해당 상품에 대한 태도를 명확히 구축시켜 나간다. 이러한 과정은 인지반응을 통해 태도가 형성된다고 보는 인지반응 모형(cognitive response model)과도 맥락을 같이 한다.

소비자의 관여도가 낮은 수준이고 마케팅 정보를 처리할 동기와 능력이 없을 때도 태도형성 및 변화가 얼마든지 발생할 수 있다. 주변경로라는 또 다른 경로를 거쳐서 말이다. **주변경로**(peripheral route)란 상품과 관련된 핵심 속성정보에 주의를 기울이기 보다는 광고음악, 모델, 분위기 등 피상적인 단서(주변단서)에 의존하여 태도가 형성되는 과정을 말한다. 주변경로를 통한 태도형성은 소비자의 인지적 노력을 전혀 필요로 하지 않는다. 예컨대 소비자는 광고음악이 호소력 있게 느껴지거나 자신이 좋아하는 연예인이 광고모델로 나올 때 자기도 모르게 등 상품에 대해 호의적으로 반응하곤 하는데, 그러나 이와 같은 광고실행 및 흥미성 요인들은 상품의 본질적인 속성과는 관련이 없는 부수적 요인이므로 주변단서라고 부르는 것이다.

중심경로를 통하여 형성된 태도는 지속적이고, 반대주장에 노출되더라도 이에 대해 저항적이며, 행동 예측력이 높다. 반면에 주변경로를 통하여 형성된 태도는 일시적이고 가변적이며, 행동으로 연관될 가능성이 중심경로를 통해 형성된 태도보다 낮게 나타난다.

[그림 6-4] 정교화 가능성 모형

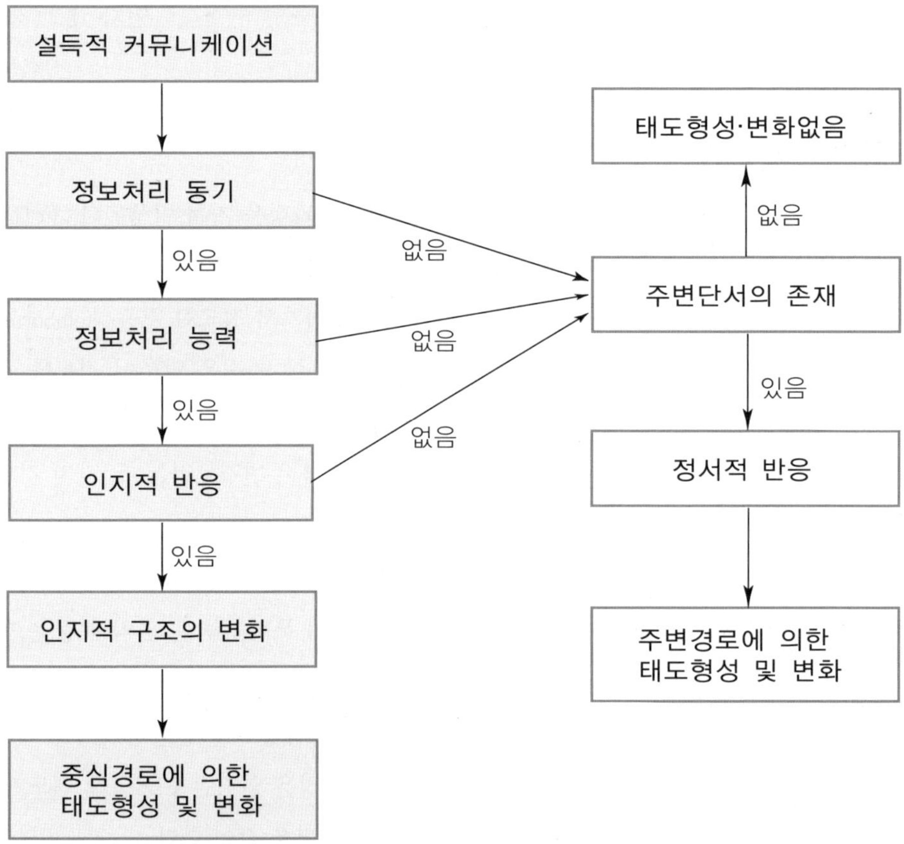

정교화 가능성 모형을 서비스에 적용하면 다음과 같다. 서비스 이용과 관련하여 소비자가 누릴 수 있는 차별적 혜택 및 서비스의 기능, 가격정보 등을 고찰한 결과 형성된 태도는 중심경로에 의한 것이라고 말할 수 있다. 고가격, 고관여 서비스의 경우, 또한 정보를 처리할만한 지식과 경험이 소비자에게 있을 때 정보처리의 정교화 가능성이 높아진다. 그러나 저관여 상황의 경우에는 중심단서보다 주변단서가 소비자 태도형성에 많은 영향을 미칠 수 있다. 소비자가 인지적 노력을 기울이지 않는 상태에서는 서비스 업장의 분위기나 배경음악, 향기 등의 주변단서들이 소비자의 반응을 유도하는데 유용하게 사용될 수 있는 것이다.

주변단서 이용 사례(향기마케팅)

소비자의 태도변화를 유도하기 위한 기존의 여러 가지 방법들이 차별화를 갖기 어려워지는 현실에서 '향기마케팅'이 서비스마케터의 관심을 끌고 있다. 향기마케팅이란 향기라는 주변적 단서를 서비스 업장에서 이용함으로써 호의적인 소비자 태도를 이끌어내고 구매행동을 유발하려는 전략이다.

다양한 서비스 업장에서 주력 고객들이 좋아할만한 향기나 서비스와 연관되는 향기를 분사하여 소비자의 반응을 이끌어내고자 하고 있다. 예컨대 여행사의 경우 열대 코코넛향 같은 이국적 향기를 뿌려놓음으로써 방문자에게 남극을 연상케 하여 여행에 대한 욕구를 증대시켜준다. 백화점에서는 남성 의류매장에는 남성의 강인함이 느껴지는 머스크나 템포향, 여성 속옷매장에서는 낭만적 본능을 자극하는 라벤더향, 유아용품 코너에서는 유아용 파우더를 뿌려 각 매장의 분위기를 최대로 살리고 있다. 또한 카페에서는 은은한 커피향, 레스토랑에서는 신선한 레몬향이나 포도향을 피워 손님들의 입맛을 돋운다. 병원에서는 신경안정 효과가 있는 재스민향과 복사꽃향 등을 피워 환자들이 편안한 마음을 가질 수 있도록 돕고 있다.

이와 같이 서비스 기업들이 향기마케팅을 도입하는 이유는 향기라는 주변적 단서가 소비자의 태도를 긍정적으로 형성시키는데 도움이 되기 때문이다. 서비스 고객은 이와 같은 주변단서로 인해 서비스 브랜드에 대해 무의식적으로 호의적인 감정반응을 나타내고, 이것이 결과적으로 행동반응으로 이어질 가능성이 있다.

4 고관여 상황의 태도형성

고관여 상황에서 소비자가 마케팅 정보 및 설득적 커뮤니케이션에 노출되면 핵심 내용에 대한 인지적 반응을 나타낸다. 서비스 고객에게 설득적 커뮤니케이션은 광고뿐 아니라 지인에 의한 구전, POP(Point of Purchase) 홍보자료, 직원의 상품추천 등을 포함한다. 소비자가 마케팅 정보에 대해 나타내는 인지적 반응에는 지지주장과 반박주장, 그리고 인지적 호기심이 있다. 첫째, 지지주장(support argument)이란 메시지 내용에 동의하고 상품관련 바람직한 속성과 편익에 대해 생각하는 것을 의미한다. 둘째, 반박주장(counterargument)은 메시지 내용을 부정하고 격하시키는 생각이다. 마지막으로 인지적 호기심(curiosity)은 상품정보에 대해 좀 더 자세히 알고자 하는 생각을 뜻한다. 지지주장과 인지적 호기심은 소비자의 관심과 호감을 불러일으키지만, 반박주장은 부정적 태도를 유발시킬 가능성이 있다. 마케팅정보에 대해 아무런 인지적 반응이 나타나지 않는 경우 소비자의 태도변화를 기대하기 어렵다.

[그림 6-5] **고관여 상황 태도형성 과정**

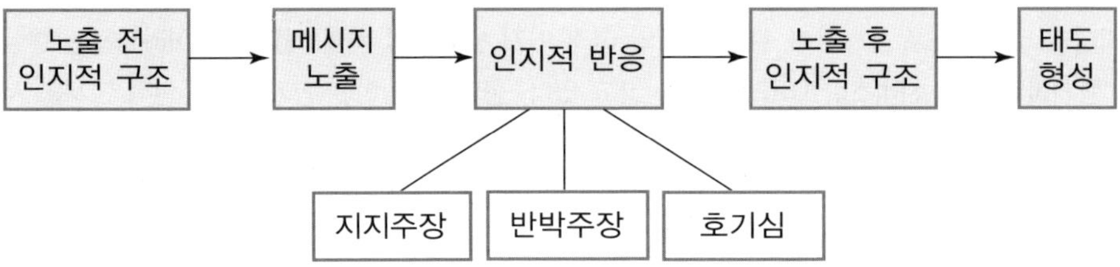

1. 다속성 태도모형

Fishbein의 다속성 태도모형(multi-attribute attitude model)에 따르면, 사람들은 특정 대상의 여러 속성에 대한 주관적 신념과 속성 자체에 대한 내재적 평가를 기초로 태도를 형성한다. Fishbein의 모형에는 크게 두 가지의 핵심요인이 있는데, 하나는 대상과 연관된 신념의 강도이고 또 하나는 이 신념에 대한 주관적 평가이다. 다속성 태도모형은 다음과 같은 등식으로 나타낼 수 있다.

$$A_o = \sum_{i=1}^{n} b_i e_i$$

A_o : 대상에 대한 태도(Attitude toward an Object)
b_i : 이 대상의 i번째 속성에 대한 신념(Belief)
e_i : 속성 i에 대한 평가(Evaluation)
n : 부각된 속성의 수

1) 속성신념

다속성 태도 모형에서 '신념' 이란 '소비자가 특정 상품 속성에 대하여 갖고 있는 주관적 믿음' 을 의미한다. 여기서 '주관적' 이란 말은 소비자가 갖고 있는 정보가 사실일수도, 아니면 개인의 왜곡된 지각일수도 있다는 것을 뜻한다. 소비자는 광고나 구전과 같은 외부정보, 과거경험, 그리고 개인의 주관적 추론에 의해 속성신념을 형성한다.

> 속성신념 (*bi*)의 예 :
>
> "ABC 호텔 피트니스 클럽에는 최신 운동기구들이 많이 있다."
>
> 1................2................3................4................5................6................7
>
> (전혀 그렇지 않다) (정말 그렇다)

만약 속성신념이 충분히 긍정적이지 않다면 마케터는 태도점수의 향상을 위해 소비자 속성신념에 변화를 가져와야 한다. 예를 들어 위의 예에서 ABC 호텔의 피트니스 센터가 경쟁호텔들에 비해 시설이 뛰어나고 첨단 운동기구들을 갖추어놓고 있음에도 불구하고 잠재고객들이 이를 인지하지 못하고 있다면 고객 태도의 변화를 위해 이 속성에 대한 정보제공 및 고객설득 작업에 노력을 기울여야 할 것이다.

2) 속성평가

속성평가란 부각된 속성이 소비자의 의사결정에 얼마나 중요성을 갖는지에 관한 것이다. 예컨대, 어떤 고객이 "ABC 호텔은 지하철 접근성이 매우 좋다"는 신념을 가지고 있더라도 만약 그가 지하철을 전혀 이용하지 않는 사람이라면 이와 같은 접근성 속성은 그의 태도형성에 있어 큰 영향을 미치지는 못할 것이다. 속성평가는 소비자의 태도형성에 있어 가중치의 역할을 한다.

소비자가 매우 호의적인 신념을 갖고 있는 속성의 경우일지라도, 만일 속성평가가 낮은 수준으로 나타난다면 태도에 미치는 효과는 미미할 것이다. 이 경우 마케터는 이 속성이 얼마나 중요한 효익을 가져올 수 있는지를 소비자들에게 일깨워줄 필요가 있다. 그러나 일반적으로 속성평가는 소비자의 내적 가치를 반영하는 경우가 많아 속성신념보다 변화시키기 어려운 경우가 많다.

속성평가 (e_i)의 예 :

"피트니스 클럽에 최신 운동기구들이 많이 있다는 것은...."

1................2................3................4................5................6................7

(매우 나쁘다 / 전혀 중요하지 않다) (매우 좋다/중요하다)

3) 속성추가

소비자의 태도에 영향을 미치기 위해서는 소비자가 상품에 대해 알고 있던 기존속성에 새로운 속성(n)을 추가하여 이를 부각시키는 방법이 있다. 전에는 소비자가 별로 고려하지 않던 속성을 새로이 소개하며 경쟁상품과 비교하여 자사의 상품이 돋보이도록 하는 방법이다. 예컨대 남양유업은 프렌치카페 카페믹스가 카제인 나트륨을 뺀 몸에 좋은 커피라는 점을 홍보 콘셉트로 내세웠다. 이것은 소비자에게 새로운 상품속성으로 작용하였는데, 이전에 카제인이라는 성분에 대해 지식이 없었던 소비자들에게 이 새로운 상품속성은 충분히 관심을 불러 일으킬만한 것이었다. "카제인 나트륨 제로"라는 새로운 속성을 부각시킨 결과 커피시장에서 남양유업의 시장점유율은 프렌치카페 출시 1년 만에 20% 상승하였다.

2. 기대-가치 모형

Rosenberg의 기대-가치 모형(Expectancy-Value Model)에 의하면, 어떤 상품에 대한 소비자의 태도는 그 상품이 자신이 추구하는 궁극적 가치에 얼마나 도움이 되느냐에 의해 결정된다. 즉 어떤 상품에 대한 태도를 형성할 때 소비자는 두 가지 차원에서 해당상품을 분석한다는 것이다. 첫째는 지각된 도구성(perceived instrumentality)로서, 해당상품의 개인이 원하는 가치를 구하는데 있어 얼마나 도움이 되는가 하는 것이다. 예컨대 소비자는 상품을 사용했을 때 얼마나 남에게 과시할 수 있는지를 고려할 수 있다. 둘째는 그 가치의 중요도(value importance)로서 그러한 가치를 추구하는 것이 개인에게 얼마나 중요하냐에 관한 것이다. 어떤 이에게는 남에게 과시하는 것이 매우 중요하고 가치 있는 일일 수 있지만 다른 이에게는 그것이 그다지 중요하지 않은 것일 수 있다. 기대-가치 모형은 다음과 같은 등식으로 표현된다.

$$A_o = \sum_{i=1}^{n} PI_i \cdot VI_i$$

A_o : 대상에 대한 태도(Attitude toward an Object)

PI_i : 대상이 특정가치 i의 달성에 얼마나 도움이 되느냐에 대한 개인의 지각 (Perceived Instrumentality)

VI_i : 특정가치 i의 중요도(Value Importance)

n : 개인이 고려하는 가치들의 수

기대-가치 모형이 다속성 태도모형과 다른 점은, 다속성 태도모형은 상품을 구성하고 있는 구체적인 속성을 근거로 소비자의 태도가 형성된다고 보는 반면, 기대-가치 모형은 상품을 구매하거나 사용함으로써 얻을 수 있는 궁극적 가치를 토대로 태도가 만들어진다고 보고 있다는 점이다. 여기서 가치란, 구체적 상품속성과는 달리, 소비자가 상품을 통해 누릴 수 있는 행복감, 품위, 신체적 매력, 즐거움, 과시성, 자기표현 등 추상적 효익을 의미한다. 기대-가치 모형은 상징적 가치가 높은 고급 서비스에 대한 소비자의 태도를 이해하는데 유용하게 사용될 수 있다.

3. 이상점 모형

이상점 모형(ideal-point model)은 상품 속성들이 소비자가 지각하는 이상점에 근접할수록 상품에 대한 태도가 호의적으로 형성된다고 본다. 즉 "많을수록 좋다(The more, the better)" 혹은 "저렴할수록 좋다(the cheaper, the better)"가 아니라 소비자가 느끼기에 가장 적절하다고 여기는 수준에 가까울수록 긍정적인 태도가 형성된다는 것이다. 호텔의 경우를 예로 들자면, 호텔의 규모, 객실의 크기, 객실제공용품(amenities)의 종류와 양, 부대시설의 다양성 등에 대해 표적 세분시장의 고객들이 가장 이상적으로 지각하는 수준이 존재한다. 소비자가 가장 최적으로 생각하는 이상점에 근접한 상품대안을 제공할 때 가장 호의적인 태도 반응을 기대할 수 있는 것이다. 예컨대 메리어트 인터내셔널에서는 'Courtyard by Marriott' 의 개념을 결정할 때 컨조인트 분석을 통해 표적시장이 추구하는 이상점을 파악하고자 시도하였다. 이상점 모형에서는 합산된 수치가 0에 가까울수록 소비자 태도가 긍정적이라고 볼 수 있다.

$$A_o = \sum_{i=1}^{n} W_i \, |I_i - X_i|$$

A_o : 대상에 대한 태도(Attitude toward an Object)

W_i : 속성 i의 중요성 혹은 가중치(Weight)

I_i : 속성 i의 이상점(Ideal Performance)

X_i : 속성 i 관련, 대상의 실제 수준(Actual Performance)

n : 부각된 속성의 수

5 저관여 상황의 태도형성

고관여 상황에서는 소비자가 상품속성에 대한 중심단서를 인지적으로 처리함으로써 태도가 형성되지만, 꼭 이와 같이 상품정보에 대한 소비자 신념을 기반으로 서비스 상품이나 브랜드에 대한 태도가 만들어지는 것은 아니다. 저관여 상황에서 소비자가 어떤 상품에 대한 태도를 갖게 되는데는 여러 가지 경로가 있을 수 있는데, 이 책에서는 광고태도, 단순노출 효과, 진실성 효과, 고전적 조건화에 대해 설명하기로 한다.

1. 광고태도

저관여 상황에서 소비자는 광고의 핵심 주장을 처리하기 보다는 광고실행에 대한 정서적 반응을 주로 나타내는데, 소비자가 광고에 대해 나타내는 정서적 반응들에는 "짜릿한", "웃기는", "마음이 따뜻해지는"과 같은 긍정적 반응과 "혐오감을 주는", "유치한", "짜증나는" 등과 같은 부정적 반응이 있다. 저관여 상황의 경우, 광고에 대한 정서적 반응이 광고태도를 형성하고, 광고에 대한 호감도가 종종 소비자의 상표태도를 결정한다. 광고에 대해 소비자가 호감을 느끼게 되면 그 광고에서 제시되는 상품이나 브랜드에 대해서도 호의적인 태도를 나타낼 수 있는 것이다. 광고에 대한 소비자 반응을 조사한 다수의 연구에서 광고태도와 상표태도 간의 상관관계를 발견하였는데, 이와 같은 상관관계는 고관여 상품보다는 저관여 상품에서 두드러지게 나타났다.

이중매개가설(dual mediation hypothesis)은 광고태도와 상표태도에 대해 두 가지 경로로 영향을 미칠 수 있다고 설명한다(그림 6-6). 첫 번째 경로는 광고태도와 상표태도 간의 직접경로이다. 이것은 곧 광고태도가 상표태도에 직접적인 영향을 미칠 수 있다는 것인데, 소비자가 광고를 좋아하면 광고에 대한 호감도가 상표로 전이되어 저절로 상품까지 좋아하게 된다는 것이다. 두 번째 경로는 광고태도와 상표태도 간의 간접경로이다. 이에 따르면 소비자가 광고에 대해 호감을 느끼면 그만큼 광고에 대한 신뢰도가 높아지고 상표신념이 생겨나며 그 결과 상표에 대해 긍정적 태도를 갖게 된다는 것이다.

[그림 6-6] **광고태도와 상표태도**

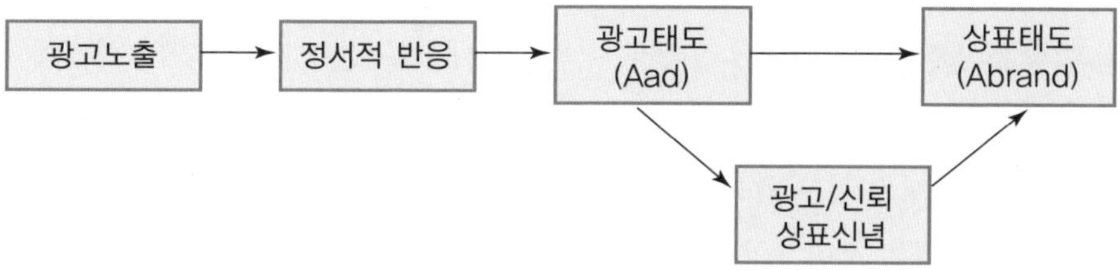

2. 단순노출 효과

저관여 상황에서는 대상에 대한 친숙성이 태도형성의 기반이 될 수 있다. 단순노출 효과(mere exposure effect)란 특정 대상에 반복적으로 노출되어 친숙해지면 그 대상에 대한 신념이 형성되지 않은 상태에서 호의적인 태도가 만들어지는 현상을 말한다.

Zajonc는 사람들이 어떤 대상에 반복 노출될 때 그 대상에 대해 친밀감이 생기고 그 결과 긍정적인 감정을 갖게 된다는 가설을 검증하기 위해 다음과 같은 실험을 하였다. 그는 우선 두 달에 걸쳐 미국의 대학생들에게 한자 몇 개를 반복적으로 보여주었다. 그것은 물론 미국 대학생들이 전혀 의미를 알 수 없는 글자였다. 그 후 그는 학생들에게 그동안 보여준 한자와 한 번도 보여주지 않은 한자를 제시하며 어떤 한자가 좋은 의미를 지녔을 것 같으냐고 질문하였다. 학생들은 한자의 의미를 전혀 알지 못했으나 대체로 자신들이 여러 번 보았던 한자가 처음 접하는 한자보다 좋은 의미를 가졌을 것으로 생각하는 것이었다. Zajonc는 이것을 단순노출 효과라고 불렀는데, 이는 반복적으로 노출된 대상에 대해 아무런 인지 없이도 호의적인 태도가 형성될 수 있음을 의미한다.

단순노출의 효과는 저관여 상황에서 주로 나타나는데, 특히 브랜드명이나 로고 등 그 정보를 따로 해석하거나 이해하려 애쓸 필요가 없는 극히 단순한 정보에 대해 그 효과가 두드러진다. 이와 같이 자주 노출되는 브랜드일수록 소비자가 친근감을 느끼고 호의적인 태도가 형성될 가능성이 있다는 사실은 가능한 한 많은 경로를 사용하여 소비자에게 브랜드를 노출시킬 필요가 있다는 것을 의미한다. 그러나 광고 집행에 있어서는 똑같은 광고에 과다하게 노출되면 소비자가 싫증을 내고 거부감을 나타내는 **광고효과 감퇴**(advertising wearout)현상이 발생할 수 있으므로 주의가 요구된다.

3. 진실성 효과

저관여 상황에 있어 지속적인 메시지 반복은 우연적 학습(incidental learning)을 통해 소비자가 적극적인 정보처리나 인지적 판단 없이 메시지 내용을 수용하게 되는 효과를 유발한다. 진실성 효과(truth effect)란 개인이 동일한 진술에 반복적으로 노출되면 그 진술을 진실로 받아들이게 되는 현상을 말한다. 예컨대 우리나라 사람들은 대부분 혈액형과 개인의 성격에 상관관계가 있다고 믿는다. 혈액형과 성격과의 상관관계가 과학적으로 증명된바 없으나 그러한 진술에 수없이 노출되다보니 이를 자연스러운 사실로 받아들였기 때문이다.

이와 같은 진실성 효과는 소비자의 관여도가 낮아 메시지를 적극적으로 처리하려는 동기가 낮은 경우, 그리고 사실여부를 개인이 검증하기가 어려운 경우에 주로 발생한다. 예를 들어, 애니콜의 "한국지형에 강하다"라는 슬로건이나 '처음처럼'의 "흔들수록 부드러워진다"는 주장은 소비자가 반복해서 메시지에 노출되며 매우 그럴싸하게 믿는 메시지가 되었다. 앞에서 설명한 단순노출 효과는 반복노출에 따라 아무런 근거 없이 호의적 감정이 생겨나는 현상인 반면, 진실성 효과는 지속적인 메시지 반복에 따라 근거 없는 인지와 신념이 형성되는 현상이라는 차이점이 있다.

4. 고전적 조건화

1) Pavlov의 실험

고전적 조건화는 20세기 초 Ivan Pavlov의 실험에 이론적 토대를 두고 있다. Pavlov는 개에게 먹이를 줄 때마다 종을 쳤다. 개는 먹이가 주어졌을 때 침샘에서 침이 분비되는데, 이것은 자율적 신경작용에 의한 선천적인 무조건 반응(unconditioned response)이다. 그런데 이와 같은 무조건 반응을 가져오는 무조건 자극(unconditioned stimulus)인 먹이와 함께 종소리라는 중립자극(neutral stimulus)을 동시에 주는 과정을 반복하였더니 나중에는 먹이가 없이 종만 치더라도 개가 침을 흘리게 되었다. 즉 종소리라는 중립자극이 먹이라는 무조건 자극과 짝을 이루어 조건자극(conditioned stimulus)이 된 것이다. Pavlov의 개가 종소리만 들어도 침을 흘리는 현상은 종소리라는 조건 자극에 의해 유발된 조건 반응(conditioned response)이라고 할 수 있다. 이와 같이 무조건 자극을 조건 자극과 연결함으로써 조건자극이 조건반응을 유도해내는 과정을 고전적 조건화(classical conditioning)라고 한다.

[그림 6-7] Pavlov의 실험

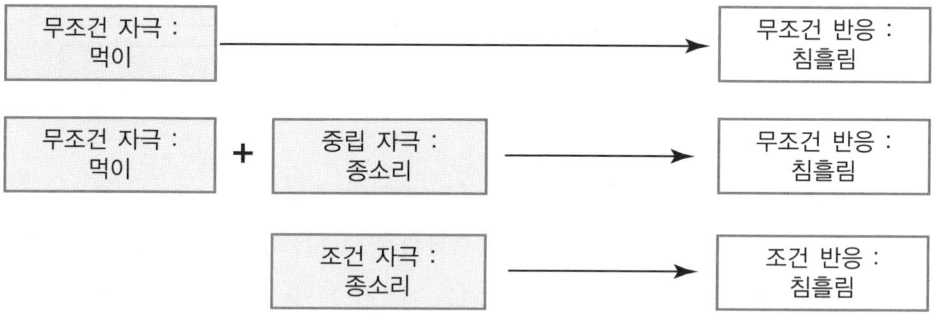

일정 자극에 대한 사람들의 무조건 반응은 자율적 신경작용에 의해 선천적으로 나타나기도 하지만 (예: 음식 → 타액분비) 때로는 경험을 통해 후천적으로 습득되기도 한다. 병원의 흰색 벽이나 소독약 냄새에 대해 별다른 거부반응이 없었던 어린 아이가 병원에서 주사를 맞거나 고통스러운 경험을 하고 난 후에 병원에 가기만 하면 극도로 공포감을 느끼는 것은 후천적으로 습득된 무조건 반응이라고 볼 수 있다.

2) 소비자행동에의 적용

Gorn의 연구는 소비자 행동에서 고전적 조건화를 실험한 첫 번째 주요 연구라고 할 수 있다. 그는 우선 선호음악(영화 'Grease'의 음악)과 비선호음악(인도 고전음악)을 선별한 후, 이러한 음악이 나오는 펜 광고를 피험자에게 보여주었다. 광고노출 피험자들은 광고된 펜 중 하나를 선택하였는데, Gorn은 좋아하는 음악이 광고의 배경음악으로 나온 펜을 소비자들이 선호하고, 싫어하는 음악과 함께 광고된 펜의 선택률이 현저히 낮음을 발견하였다. 음악의 효과는 펜의 종류를 거꾸로 바꾸어도 여전히 유효하게 나타났다. 이와 같은 연구결과는 소비자들이 음악과 같은 무조건 자극과 함께 상품이라는 중립 자극에 노출되었을 때 Pavlov의 연구결과와 유사한 조건반응이 나타날 수 있음을 보여준다.■

■ Gorn의 연구결과는 후에 Kellaris & Cox 등의 학자들에 의해 반박되었다. 이들은 1회의 노출만으로 고전적 조건화에 의한 학습이 발생할 수는 없다며, Gorn의 연구결과는 피험자들이 연구자의 의도를 짐작했기 때문에 발생된 것이라고 주장하였다.

[그림 6-8] 소비자 상황의 고전적 조건화

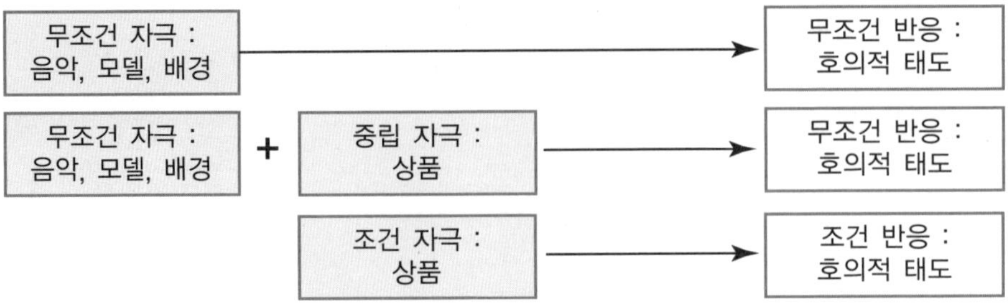

고전적 조건화는 저관여 상황에서 마케팅자극의 효과를 설명하는데 적용될 수 있다. 광고는 상품을 모델, 음악, 배경 장면과 함께 제시함으로써 소비자가 이러한 자극들에 대해 가지는 긍정적인 반응을 중립자극인 상표에도 갖게 하려는 것으로 볼 수 있다. 모델이나 음악, 아름다운 경치, 유머 등은 소비자에게 긍정적 반응을 불러일으키는 무조건 자극이라고 볼 수 있는데 이와 같은 무조건 자극을 중립자극인 상품과 연합시켜 제시함으로써 소비자의 조건반응을 이끌어내는 것이다. PPL 역시 고전적 조건화로 설명이 가능하다. 영화 속에 등장하는 호텔이나 커피전문점 등은 소비자에게 중립자극이며 영화 속 장면의 분위기와 배우는 무조건 자극이라고 할 수 있다. 좋은 음악을 배경으로 자신이 좋아하는 배우가 이러한 서비스 업체를 이용하는 장면이 나오면 해당업체에 대한 소비자의 긍정적 반응을 불러일으킬 수 있는 것이다. 즉 이것은 무조건 자극의 역할을 하는 장면이나 배우를 중립자극인 서비스 상품과 연합시킴으로써 상품에 대해서도 긍정적인 태도반응을 유발시키는 고전적 조건화의 효과라고 볼 수 있다.

3) 고전적 조건화의 영향요인들

반복횟수 고전적 조건화가 발생하기 위해서는 무조건 자극과 조건 자극에의 동시 노출이 계속적으로 반복되어야 할까? 이에 대해 학자들은 서로 엇갈린 견해를 나타내고 있다. 많은 학자들은 고전적 조건화에 의한 학습 효과는 자극의 반복횟수가 많을수록 높아진다고 주장한다. Koeber-Riel은 최대의 누진적 효과는 약 30번 정도의 무조건 자극과 중립 자극의 연합에 의해 달성된다고 하였다. 이와는 대조적으로 Domjan & Burkhard와 같은 학자들은 단 한 번의 무조건-중립 자극의 결합으로 조건 반응을 발생시킬 수 있으며, 차후 자극결합 효과의 증가분은 점점 작아져서 일정 수준에 도달하면 더 이상의 학습효과는 생기지 않는다고 주장하였다.

관여도 고전적 조건화의 효과는 저관여 상황에서 더욱 현저하게 나타난다. 고관여 상황에서 소비자는 서비스 상품의 핵심 속성에 주의를 기울이고 상품정보에 대한 인지적 처리를 하려는 경향이 있으므로 단순히 조건형성 과정을 통해 태도가 형성되지는 않는다. 반면에 저관여 상황에서는 음악과 분위기 등과 같은 배경적 요인에 감성적 반응을 나타내며 이러한 감정반응이 서비스에 대한 우호적 평가로 전이될 수 있다.

자극의 친숙도 소비자가 중립자극에 친숙한 경우 고전적 조건화에 의한 학습효과는 낮아진다. 무조건 자극과 함께 제시되는 상품에 대해 소비자의 태도가 이미 호의적 혹은 비호의적으로 형성되어 있는 경우, 기존의 상품태도가 고정관념의 역할을 하여 무조건 자극의 영향으로 변화되기란 그만큼 어려워지는 것이다.

무조건 자극 또한 소비자들이 지나치게 익숙해져 있는 경우 고전적 조건화의 학습효과가 떨어진다. 무조건 자극이 사람들에게 이미 빈번하게 노출되어 더 이상 조건형성이 잘 안 되는 현상은 **선노출 효과**(pre-exposure effect)라고 한다. 따라서 서비스마케터는 여러 회사 광고에 이미 많이 등장한 모델이나 여기저기서 흔히 들을 수 있는 음악은 무조건 자극으로서의 효과가 저하됨을 감안할 필요가 있다.

자극의 제시 순서 소비자 상황에서 고전적 조건화의 효과를 검증한 연구들은 중립 자극이 무조건 자극에 앞서 주어질 때 조건형성의 효과가 증가됨을 발견하였다. 중립자극을 먼저 준 다음에 그 후 무조건 자극을 제시하는 것은 **전방조건화**(forward conditioning)라고 하고, 무조건 자극을 제시한 후 중립자극을 제시하는 방식은 **후방조건화**(backward conditioning)라고 하는데, 연구결과에 의하면 전방조건화가 후방조건화에 비해 소비자 태도형성에 더욱 효과적인 것으로 나타났다.

Kim, Allen, & Kardes는 그들의 연구에서 피자전문점의 로고가 찍힌 피자상자와 레이스 카를 함께 피험자들에게 보여주었다. 여기서 피자로고는 중립자극이고 레이스 카는 신속한 배달을 상징하는 무조건 자극이다. 이들은 피험자를 두 집단으로 나누어, 한 집단에서는 피자로고를 먼저 보여준 후 레이스 카를 보여주었고(전방조건화), 또 한 집단에서는 레이스 카를 먼저 보여준 후 피자상자를 보여주었다(후방조건화). 피험자들을 광고에 노출시킨 후 피자전문점의 태도를 조사해본 결과, 후방조건화의 경우보다 전방조건화의 경우 피자전문점에 대한 태도점수가 더욱 호의적으로 나타났다. 후방조건화의 경우에는 무조건 자극(레이스 카)에 소비자의 주의가 집중되어 그것이 끝까지 중심 자극의 역할을 한 반면, 전방조건화 상황에서는 중립자극(피자로고)이 먼저 등장한 후에 무조건 자극(레이스 카)이 연합되면서 중립자극의 서비스특성(신속한 배달)에 대한 연상을 강화시킨 것으로 해석된다.

6 태도와 행동

소비자의 태도를 조사하는 주된 이유 중 하나는 태도가 행동을 예측케 하는 좋은 선행변수로 사용될 수 있기 때문이다. 그러나 실제로 소비자 태도와 행동 간의 관계를 조사한 많은 연구에서는 태도와 행동 간의 관계가 매우 미미하게 나타났다. 따라서 연구자들은 태도의 행동예측 가능성을 높이고자 다양한 보완 모형들을 개발했다. 여기서는 Fishbein의 합리적 행동이론과 Triandis 모형을 소개한다.

1. 합리적 행동이론

Fishbein은 태도의 행동예측성을 개선하기 위하여 그의 초기모형을 확장하여 합리적 행동이론(Theory of Reasoned Action)을 제시하였다. 합리적 행동이론에 의하면, 인간은 자신의 행동을 결정할 때 그 행동의 수행결과가 어떠한 결과를 초래할 것인가에 대해 생각하고 그 결과가 긍정적인 것으로 판단될 때 실제 그 행동을 수행하게 된다는 것이다. 즉 한 개인의 행동의지는 (1) 행동에 대한 개인의 태도와 (2) 행동에 대한 준거집단의 지지에 의해 결정된다. 이러한 합리적 행동이론을 토대로 Fishbein은 그의 다속성 태도모형을 수정하여 다음과 같은 확장된 Fishbein 모형(Extended Fishbein Model)을 개발하였다.

$$B \approx BI = W_1 A_B + W_2 SN$$

B : 구매행동(Behavior)
BI : 구매의도(Behavioral Intention)
A_B : 구매행동에 대한 태도(Attitude toward Behavior)
SN : 주관적 규범(Subjective Norm)
W : 상대적 중요도에 대한 가중치(Weight)

확장된 Fishbein 모형이 기존 모형과 다른 점은 다음과 같은 두 가지이다. 첫째, 기존의 태도모형은 특정 대상(예: 상품)에 대한 태도를 측정하는데 반해, 확장모형은 대상과 관련된 행동 혹은 행동의도(예: 구매행위)에 대한 태도를 측정한다. 사물에 대한 태도보다 행위에 대한 태도를 측정할 때 행동 예측력은 증가된다. 예컨대 소비자는 신라호텔에 대한 태도는 매우 호의적으로 형성되어 있을지라도 자신이 신라호텔에서 비싼 돈을 들이고 고급 식사를 하는 행위에 대해서는 별로 긍정적인 태도를 갖지 않을 수 있다. 구매행동에 대한 태도는 다음과 같은 식으로 표현된다.

$$A_B = \sum_{i=1}^{n} b_i e_i$$

A_B : 구매행동에 대한 태도(Attitude toward Behavior)

b_i : 구매행동이 결과 i를 가져다 줄 것이라는 소비자 신념(Belief)

e_i : 결과 i에 대한 평가(Evaluation)

n : 소비자가 고려하는 행동결과들의 숫자

둘째, 확장모형에는 주관적 규범을 포함시켰다. 주관적 규범(subjective norm)이란 개인의 행동에 영향을 미치는 사회적 영향을 의미한다. 소비자의 서비스 구매행동은 서비스 브랜드에 대한 개인의 태도뿐 아니라 주변 사람들의 이목이나 의견에 의해 크게 영향을 받는다. 예를 들어 어떤 사람이 자신이 좋아하는 고급 호텔의 피트니스 센터를 이용할 경제적 능력이 충분이 되더라도 만약 그의 배우자가 이를 탐탁지 않게 여긴다면 선뜻 회원권을 구매하기가 어려울 것이다.

주관적 규범은 규범적 신념과 순응동기에 의해 결정된다. 첫째, 규범적 신념(normative belief)은 주변인물들이 개인의 서비스 이용행위에 대해 어떠한 의견을 나타낼 것인지에 대한 개인이 예상하는 바를 의미한다. 둘째, 순응동기(motivation to comply)는 주변인들의 의견에 개인이 얼마나 순응할 의사가 있느냐에 관한 것이다. 만약 순응동기가 크다면 개인의 행동 의도는 본인의 태도보다는 준거집단에 의해 크게 좌우될 것이다. 주관적 규범은 다음과 같은 식으로 나타낼 수 있다.

$$SN = \sum_{j=1}^{m} NB_j \, MC_j$$

SN : 주관적 규범(Subjective Norm)

NB_j : 규범적 신념(Normative Belief)
(준거인 j 가 행동을 지지할 것인가 반대할 것인가에 대한 신념)

MC_j : 순응동기(Motivation to Comply)
(준거인 j 의 뜻에 순응하려는 동기 및 의사)

m : 준거인/준거집단의 수

Fishbein의 합리적 행동이론은 행동에 대한 개인의 태도와 준거집단의 영향을 모형에 포함시킴으로써 태도의 행동예측력을 높이고자 하였다. 여기서 태도와 주관적 규범은 상대적 가중치에 따라 행동의도에 영향을 주게 되는데, 이 두 요인들의 상대적 중요도는 행동유형에 따라, 그리고 각 개인에 따라 달라질 것이다.

2. Triandis 모형

Triandis는 행동을 개인의 의지적 요소와 습관적 요소로 나누어 다음과 같은 공식으로 표현하였다.

$$B = (W_i I + W_h H) \times P \times F$$

B : 구매행동(Behavior)

I : 행동의도(Behavioral Intention)

H : 개인의 습관(Habit)

P : 개인의 생리적 환기수준(Physiological arousal)

F : 용이 조건(Facilitating condition)

W : 상대적 중요도에 대한 가중치(Weight)

Triandis 모형은 소비자 행동 중 많은 부분이 의지적이라기보다는 습관적이라는 것에 착안한 것이다. 소비자가 과거 서비스를 이용해본 결과 만족스러웠다면 이것이 그에게 습관으로 자리 잡을 수 있다. 어떤 행동이 습관화되는 것은 곧 학습(learning)된 것이라고 말할 수 있는데, 학습의 정도는 서비스 이용의 만족도, 만족의 지속성, 그리고 소비자의 기억 등에 의해 좌우된다.

Triandis 모형에서 W는 행동의지와 습관의 가중치다. Triandis는 $W_i+W_h=1$을 가정한다. 즉 어떤 소비자가 처음으로 서비스를 이용하는 상황이라면 서비스 브랜드에 대한 태도를 토대로 한 그의 행동의도가 구매행동에 영향을 미치지만 습관은 아직 형성되지 않았으므로 $W_i=1$, $W_h=0$이다. 그러나 그가 습관적으로 서비스를 이용하게 되면 $W_i=0$, $W_h=1$이 된다. 태도를 기반으로 한 구매의도보다는 반복되는 습관이 행동을 결정하게 되는 것이다. 자발적이고 비정규적인 소비자 행동은 습관보다 의지에 의해 더 많이 좌우되지만, 정규적이고 반복적인 서비스 이용행위는 소비자의 의지보다는 습관에 의존하게 되는 것이다.

P는 개인의 생리적 환기수준으로써 졸음이 올 때와 같이 환기수준이 떨어질 때면 0에 가까워지고, 정신을 바짝 차리고 있을 때는 1이 된다. 구매결정이 소비자에게 중요한 경우나 개인적으로 관련이 높은 경우에는 P값이 증가하게 된다. F는 용이 조건으로써, 외부 상황이 소비자의 의도나 습관을 행동으로 옮기도록 가능하게 해주는 정도를 나타낸다. 예컨대 F=0인 상황은 소비자가 특정 서비스를 구매하고 싶어도 근처에 그 서비스를 판매하는 곳이 없다거나 예약이 마감되어 구매가 불가능한 경우이다. 이와 반면에 F=1인 상황은 쉽게 구매가 가능한 상황이다.

Triandis 모형은 행동예측력이 매우 높다는 장점을 가지고 있으나 마케팅에서의 적용 가능성에 있어서는 의문이 제기된다. 우선 습관이라는 변수가 측정에 어려움이 있을 뿐 아니라, 용이 조건이나 환기수준은 소비자의 상황에 따라 그때그때 변하기 때문이다. 따라서 Triandis 모형은 소비자 행동의 결정 요인들을 개념적으로 분석하고 습관이라는 요인을 행동결정의 주요 요인으로 고려했다는 면에서 그 의미를 찾아볼 수 있다.

7 태도에 관한 기타 이론들

1. 균형이론

인지적 균형이란 모든 인지적 요소들이 내부적으로 조화되어 있는 안정된 상태를 의미한다. Heider의 균형이론(balance theory)에 의하면, 사람들은 자신의 신념과 태도들 간에 조화와 균형을 유지하려는 경향이 있는데 만약 이 균형이 깨지면 심리적 긴장감이 유발되어 어떻게든 다시 인지적 균형을 되찾으려는 동기가 발생하게 된다.

균형이론은 개인(P: Person), 태도의 대상(O: Object), 그리고 관련인물이나 이슈(X), 이 세 요소를 가지고 인지적 균형을 설명한다. 예를 들어, 만약 내(P)가 카지노 게임(O)을 좋아하는데, 아내(X)가 카지노 게임을 싫어한다면, 이는 균형이 이루어지지 않은 불편한 상태이다. 이 경우 내가 카지노 게임을 하지 않거나 아내가 카지노 게임을 좋아하게 된다면 다시 균형을 되찾을 수 있을 것이다. 또 다른 불균형상태는 내가 A라는 연예인을 매우 싫어하는데 A가 내가 좋아하는 브랜드의 광고모델로 나오는 경우이다. 이때 내가 해당 브랜드를 싫어하게 되거나 혹은 마음을 바꿔 연예인 A에 대해 긍정적인 생각을 하게 되면 인지적 균형상태가 만들어진다. [그림 6-9]은 P-O-X라는 3요소의 균형적, 그리고 불균형적 삼각관계들을 보여준다.

[그림 6-9] **균형이론 인지요소들 간의 관계**

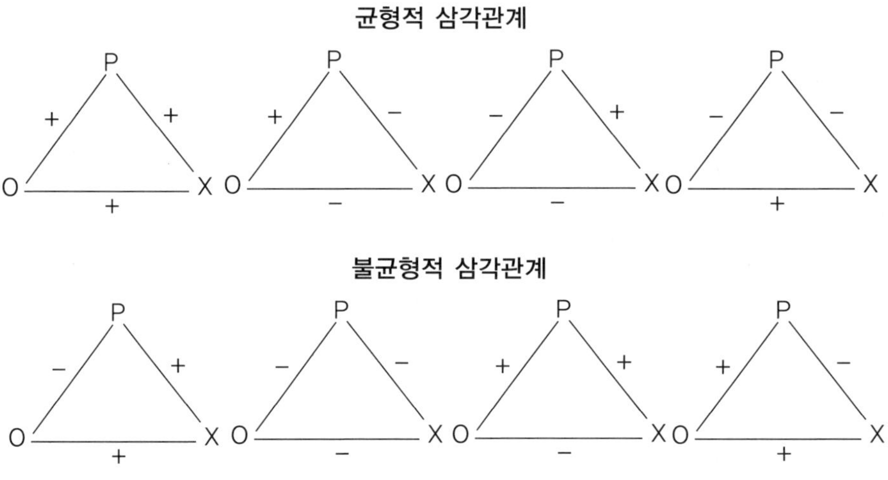

소비자 P가 상품 O에 대해 호의적인 태도(+)를 갖도록 하기 위해서는 관련요인 X의 매개효과를 활용할 필요가 있다. 여기서 X는 광고모델, 준거인, 혹은 서비스의 속성 등을 포함한다. 예를 들어, P라는 소비자가 피겨스타 김연아를 매우 좋아한다고 하자. P소비자는 평소 A라는 브랜드에 대해 별로 호감을 느끼지 못하고 있었다. 그런데 언젠가부터 김연아가 A브랜드의 광고모델로 나오기 시작했다. 이 경우 P소비자는 김연아를 광고모델로 사용하는 A브랜드에 대해 긍정적인 태도를 가짐으로써 심리적 균형을 유지할 수 있는 것이다. 소비자들은 종종 이와 같은 과정을 거쳐 자신이 좋아하는 인물이 광고하는 브랜드에 대해 점차 호의적인 태도를 가지게 된다.

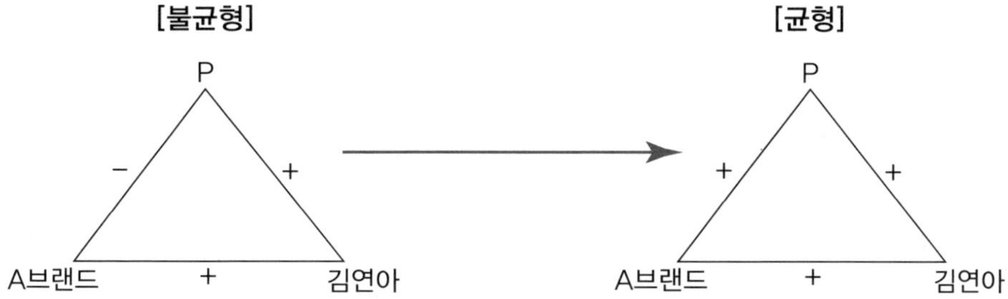

균형이론상의 X(관련개념)은 광고모델이나 준거인 뿐 아니라 속성신념도 될 수 있다. 만약 어떤 소비자가 특정 브랜드(O)가 자신이 중요하다고 여기는 속성을 가지고 있지 않거나 만족스럽지 않은 수준이라고 생각한다면 그는 그 브랜드에 대해서 부정적 태도를 가질 것이다. 이때 마케터는 속성의 변화를 시도하거나 자사 브랜드가 바람직한 속성들을 가지고 있다는 사실을 소비자들에게 인식시킴으로써 소비자의 태도를 호의적으로 전환시킬 수 있다. 예컨대 P라는 소비자가 A항공사 비행기는 모두 노후한 것이라고 생각하며 A항공사에 대해 비호감을 느낀다고 하자. A항공사가 지난 몇 년간 비행기들을 대부분 신형으로 교체한 사실을 그는 모르고 있었던 것이다. 이때 A항공사는 신형 비행기 최다 보유 사실을 시장에 홍보함으로써 소비자의 인식에 불균형을 가져올 수 있다. P소비자는 A항공사에 대한 새로운 지식을 바탕으로 A항공사에 대한 태도를 긍정적으로 변화시킴으로써 심리적 균형을 되찾는다.

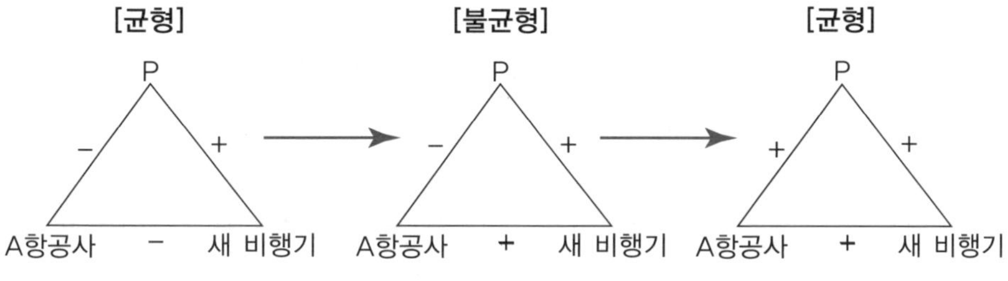

2. 일치이론

균형이론은 사람들이 심리적 균형을 유지하기 원하며 가장 안정적인 상태를 찾아가는 방향으로 태도를 변화시키게 된다고 설득력 있게 태도변화 과정을 설명했다. 그러나 균형이론은 요소들 간의 정(+), 부(−) 관계만을 파악할 뿐, 요소들 간 관계강도의 크기는 고려하지 않아 태도변화의 방향 예측에 한계성이 있다. Osgood & Tannenbaum의 일치이론(congruity theory)은 균형이론을 확장시켜 대상에 대해 개인이 느끼는 감정을 계량적으로 구체화함으로써 균형이론을 한 단계 발전시켰다. 일치이론은 균형 이론이 가지고 있었던 한계점인 태도의 강도를 포함하여 태도가 변화하는 방향성을 예측하였다. 예컨대 어떤 소비자가 모피코트를 2만큼 좋아하고 동물 살육은 −1만큼 반대할 때 인지 요소들 간 불균형이 초래된다. 이때 개인은 모피코트에 대한 호감은 조금 감소시키고, 동물 살육에 대한 부정적 태도는 다소 완화시킴으로써 인지적 일치상태를 이루고자 할 것이다.

앞의 예에서 A브랜드에 대해 탐탁지 않게 여기던 P소비자의 경우 자신이 좋아하는 김연아 선수가 A브랜드의 광고로 나왔을 때 그의 태도는 어떠한 방향으로 변화할까? 그가 김연아에 대해 호감을 느낀다고 반드시 A브랜드에 대해서도 호의적인 태도를 갖게 되는 것은 아닐 것이다. 일치이론에 의할 것 같으면, 만약 그가 김연아 선수를 좋아하는 정도(+2)보다 A브랜드를 혐오하는 정도가 더 크다면(−4), 그는 A브랜드에 대한 태도를 긍정적으로 변화시키기 보다는 A브랜드의 광고로 나온 김연아에게 실망을 느끼며 그녀에 대한 태도를 부정적으로(−2) 변화시킬 가능성이 높다. 그리고 A브랜드에 대한 부정적 태도를 다소 완화시킴으로써(−2) 인지적 일치를 이루는 것이다.

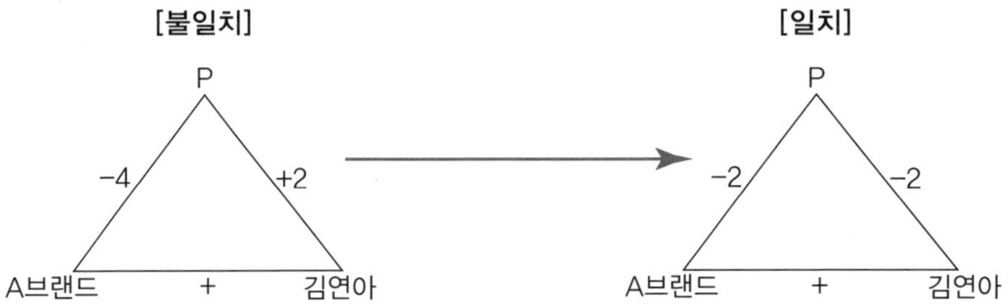

또 다른 예를 들어보자. 소비자 P는 A브랜드에 대해 다소 부정적으로 느끼는데(−1) 그가 사랑하는(+3) 애인은 A브랜드의 애호가이다. 이 경우 그는 애인이 좋아하는 A브랜드에 대해 우호적인 태도를 가져야 할 것 같은 심리적 압박을 느끼게 된다. 애인에 대한 그의 애정과 신뢰가 절대적이기 때문이다. 이처럼 인지 불일치 상태에서는 인지 균형점으로 이동하려는 심리적 압력이 주어지며 태도변화는 요소들 간의 호감의 정도와 연결고리의 강도에 따라 결정된다는 것이 일치이론의 설명이다.

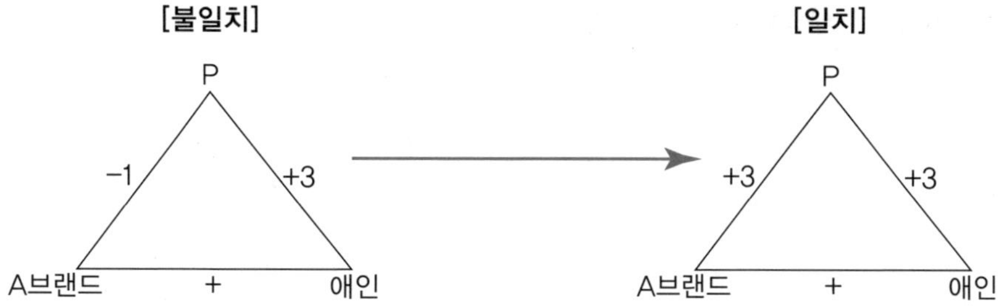

3. 사회판단이론

광고, 구전과 같은 메시지는 메시지를 받는 개인의 판단에 따라 수용영역 혹은 거부영역으로 구분되어 처리된다. 사회판단이론(social judgment theory)에 의하면, 사람들은 어떤 대상을 좋은 것부터 싫은 것, 유쾌한 것부터 불쾌한 것, 신뢰할 만한 것부터 절대로 신뢰할 수 없는 것 등으로 배열하려는 경향이 있다. 그리고 어떠한 준거점을 기준으로 수용 가능한 대상과 그렇지 않은 대상으로 구분하려 한다는 것이다. 수용 가능한 메시지는 긍정적 태도를 형성시키고 수용가능영역을 벗어난 메시지는 부정적 태도를 초래하게 된다.

사회판단이론에 의하면 개인에게 주어진 메시지는 수용과 거부, 및 무관의 세 가지 영역 중 하나에 포함되게 된다. 수용영역(latitude of acceptance)이란 자신이 받아들일 만하다고 생각하는 메시지의 범위를 뜻한다. 거부영역(latitude of rejection)은 자신이 받아들일 수 없는 메시지의 범위이다. 또한 무관영역(latitude of non-commitment)이란 개인이 중립적인 입장을 취하게 되는 영역이다. 메시지가 개인의 수용영역에 들어오면 소비자는 그 메시지를 자기 자신의 의견으로 동화시키는 경향을 나타내는데, 이를 **동화효과**(assimilation effect)라고 한다. 반면에 메시지가 거부영역에 속하면 소비자는 그 메시지를 실제보다 더욱 부정적으로 해석하며 원천적으로 거부를 해버리는데, 이는 **대조효과**(contrast effect)라고 한다. 무관영역에 포함되는 메시지에 대해서 개인은 무관심 혹은 무반응을 나타낸다.

렌트카 회사의 예를 들어보자. 렌트카 회사가 자사 서비스에 대해 주장하는 메시지의 강도는 [표 6-1]에 나와 있는 바와 같이 약한 수준으로부터 강한 수준까지 나열될 수 있다. 수용영역에 포함되는 메시지들은 소비자들로 하여금 이를 받아들여 A 렌트카 회사에 대해 호의적인 태도를 형성하도록 만든다(동화효과). 그러나 더욱 강한 주장을 하는 거부영역의 메시지들은 소비자들로 하여금 메시지의 신뢰성에 의구심을 갖도록 하여 A 렌트카 회사에 대해 불신을 초래하고 오히려 부정적 태도를 유발시킬 가능성이 있다(대조효과).

[표 6-1] **수용영역과 거부영역의 예**

수용영역	1. A 렌트카는 전국에 많은 지점이 있어 자동차 픽업과 반납이 편리하다. 2. A 렌트카는 소형차로부터 15인승 승합차까지 다양한 차량을 구비하고 있다. 3. A 렌트카는 단기대여에서 장기대여까지 다양한 고객맞춤 서비스를 제공한다. 4. A 렌트카는 서비스 만족도 조사에서 높은 점수를 받았다.
거부영역	5. A 렌트카의 자동차는 렌트카 업계에서 최고 수준임을 단언한다. 6. A 렌트카 서비스를 경험하시면 절대 다른 회사는 이용할 수 없을 것이다. 7. A 렌트카 서비스는 동일업계 중 단연 최고인데 렌트비는 가장 저렴하다. 8. A 렌트카 서비스는 렌트카 업계에서 그 유래를 찾아볼 수 없는 수준이다.

설득적 메시지의 수용영역과 거부영역의 크기는 대상에 대한 개인의 관여도에 의해 결정되는데, 관여도가 높을수록 자신의 의견을 고수하려는 경향이 있으며 따라서 자신의 기존의견에 반하는 메시지에 대한 수용영역을 좁게 설정한다. 이와 반대로 관여도가 낮은 개인은 설득적 메시지에 대한 수용영역이 넓고 거부영역은 좁아진다. 또한 특정 브랜드에 대한 소비자의 충성도가 강하면 경쟁브랜드에 대한 설득적 메시지에 노출되더라도 이를 부정하고 거부한다. 그 브랜드에 대한 애호도와 관여도가 높아 수용영역이 좁아진 까닭이다. 따라서 고관여 충성 고객에게는 수용 가능한 상표대안수가 상대적으로 적고 태도변화와 상표전환 가능성은 그만큼 떨어진다. 반면에 저관여 상태의 소비자는 수용영역이 넓기 때문에 다소 과장된 메시지나 신빙성에 떨어지는 메시지에도 설득당하는 경향이 있으며 소수의 속성에 의거하여 태도를 형성시킨다.

4. 자기지각이론

미국의 심리학자인 William James는 "We don' t laugh because we' re happy - we' re happy because we laugh"라고 말하였다. 행복하기 때문에 웃는 것이 아니라 웃기 때문에 행복해지며, 슬프기 때문에 우는 것이 아니라 울기 때문에 더욱 슬퍼진다는 것이다. 우리는 이와 같이 행동에 의해 종종 감정이 강화된다.

사람들은 자신의 행동을 스스로 관찰한 후 거기서 자신이 느끼는 감정이나 태도를 추론하곤 한다. 한 심리학자는 다음과 같은 실험을 하였다. 피험자를 두 집단으로 나누어 이들에게 동일한 메시지를 전달하면서, A 집단은 머리를 끄덕이며 듣도록 하였고 B 집단은 머리를 가로저으며 듣도록 하였다. 메시지 노출 후 사람들이 얼마나 그 내용에 동의하는지 조사해본 결과 머리를 끄덕이며 들은 A 집단의 사람들이 머리를 가로저으며 들은 B 집단의 사람들보다 메시지 동의율이 높게 나타난 것을 발견할 수 있었다. 머리를 끄덕이는 행위가 개인으로 하여금 자신이 메시지에 동의한다고 인식하도록 만든 것이다.

Bem의 자기지각 이론(self-perception theory)은 사람들은 타인의 태도를 알기 위해 그의 행동을 관찰하듯이, 자신의 태도 또한 자기 자신의 행동을 관찰함으로써 판단하는 경향이 있다고 설명한다. 예를 들어, 어떤 사람이 A라는 친구에게 친절한 행동을 하고 난 후에는 자신이 A에 대해 호의적인 사람이라고 스스로 지각하고 A 또한 자신을 친절한 사람으로 인식할 것이라는 생각을 하게 된다. 그리고 이렇게 스스로의 태도를 지각한 사람은 이후에도 그와 같은 호의적 태도를 지속시키려는 경향을 나타낸다.

소비자의 행동 단계를 보면 어떤 브랜드에 대한 태도가 먼저 결정된 후에 그 태도에 따라 구매행동이 결정되는 것이 일반적이다. 그런데 가끔 우리는 우리의 행동을 돌이켜보고 그 행동으로 미루어 자신의 태도를 역으로 판단할 때가 있다. 즉 특별한 취향이나 계획 없이 어떠한 행위를 한 후 그 행위를 바탕으로 자기의 태도적 특성을 추리해내는 것이다. 소비자는 특정 브랜드나 상품에 대한 자신의 태도를 인지적으로 지각하지 못할 때가 많다. 특정 브랜드에 대한 자신의 태도에 대해 숙고한 적이 없으므로 진정한 태도가 손쉽게 인출되지 않기 때문이다. 이때 소비자는 자신의 행동을 근거로 태도를 추론하여 도출해낼 것이다. 예컨대 별 생각 없이 직장 근처의 카페베네를 이용하는 소비자는 "내가 카페베네를 꽤나 좋아하는 모양이구나, 매일같이 카페베네 커피를 사먹는 걸 보면..." 이라고 생각할 가능성이 있다. 이와 같은 소비자를 대상으로 카페베네에 대한 태도를 조사하면 호의적인 태도를 나타내게 되는 것이다.

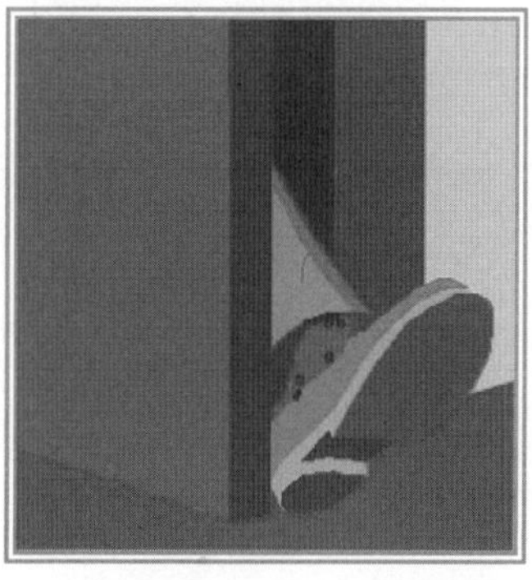

자기지각이론은 FITD(Foot-In-The-Door: 문 안에 한 발 들여놓기) 현상을 설명해준다. FITD 기법이란 처음에 작은 요구를 하여 사람들이 순응하도록 한 다음 점차 큰 요구로 넘어가 그 큰 요구에도 동의하도록 만드는 방법을 말한다. 사람들은 어떤 대상에게 작은 호의를 보인 다음에는 자기가 남을 잘 도와주는 사람이라는 지각을 하게 되어(행동으로부터 태도를 유추) 좀 더 큰 요구에도 순응하는 경향이 있는 것이다.

한 심리학 연구팀은 다음과 같은 실험을 하였다. 이들은 가정집들을 방문하여 주부들에게 음주운전 방지대책을 강화하는 법안을 요구하는 서한에 서명해달라고 부탁하였다. 대부분의 사람들은 이 작은 요구에 순응하고 서한에 서명해주었다. 얼마가 지난 후 이들은 서명한 주부들을 다시 방문하여 "Don't drink & drive"라는 표지판을 대문 옆에 붙여도 되겠냐고 물었는데, 서명한 사람들 중 55%가 이를 허용하였다. 한 편 앞서 서한에 서명을 하는 단계를 거치지 않은 일반 사람들 중에서는 단지 17%만이 이 같은 요구에 순응하였다. 이와 같은 FITD 현상이 나타난 것은, 앞에서 음주운전 방지 법안 요구서한에 서명한 사람들은 자신이 이러한 이슈에 관심이 있고 사회의식이 있는 시민이라는 자기 지각으로 인해 다소의 희생이 뒤따르더라도 계속 의식 있는 시민으로서 행동하려는 경향을 나타냈기 때문이다. 즉 이 사람들은 자신의 행동의 결과로 자기 자신의 태도가 변화되었다고 말할 수 있다.

행동을 근거로 태도를 추론하고 또 행동과 일치되는 태도를 형성하려는 현상은 그 행동을 정당화하는 다른 외적 요인이 존재하지 않을 때 두드러진다. 만약 행동을 정당화하는 외적 요인이 존재한다면, 그 행동이 자신의 태도 때문이라고 지각하기 보다는 그 외적 요인 때문이라고 인식하게 되기 때문이다. 사람들은 자기가 하는 일에 대해 보상을 받으면 그 일을 보상 없이 하는 경우나 그 일을 자발적으로 해 내는 경우보다 일 자체를 좋아하지 않는 경향이 있다. 뚜렷한 외적 압력이나 보상이 없이 일을 하는 경우 우리들은 그러한 행위를 유발시킨 근거를 내적인 것에서 찾기 때문이다. 예컨대 유기견 보호센터에서 자원봉사를 하는 사람은 자신이 진정으로 유기견들에 대해 애정을 가지고 있으며 봉사정신이 투철한 사람이라고 스스로 지각할 것이다. 하지만 그가 만약 그 일의 댓가로 보수를 받는다면, 그 사람은 자신이 돈 때문에 그 일을 하는 것이지 유기견에 대한 애정과 의식 때문이 아니라고 생각할 가능성이 있다. 이와 같은 현상은 **과다정당성 효과**(over-justification effect)라고 부른다.

앞에서 사례로 든 소비자 상황에서, 카페베네를 애용하는 고객이 만약 할인권이 있어서 계속 이 할인권으로 카페베네 서비스를 이용해왔다면, 그는 할인혜택을 받기 위해 카페베네를 이용했을 따름이지 진정 이곳을 좋아해서 이용한 것은 아니라고 생각할 가능성이 높다. 과다정당성 효과가 발생하여 소비자가 자신의 행동에서 호의적인 태도를 추론하지 않게 되는 것이다. 과다정당성 효과가 발생한 경우, 외적인 유인책이 없어지면 더 이상 소비자의 우호적인 행동과 태도가 지속되지 않는다.

제7장

사이코그래픽스

[1] 사이코그래픽스

[2] 개성

1. 개성과 기질
2. 개성이론들
   1) 정신분석이론　2) 분석심리학
   3) 사회심리이론　4) 특성이론
3. 소비자행동 관련 개성변수들
   1) 자아개념　2) 사회적 성격
   3) 독단주의　4) 인지욕구
   5) 최적자극 수준과 감각추구 성향
   6) 자기감시성　7) 통제성향

[3] 가치

1. 가치의 개념
2. 소비자행동에 있어서의 가치의 역할
3. 가치체계이론
   1) 로키치의 가치조사(RVS)
   2) LOV(List of Values)
4. 가치의 측정
5. 서비스 고객이 추구하는 가치들
   1) 물질　2) 쾌락
   3) 외모　4) 건강
   5) 기술　6) 자존/가족

[4] 라이프스타일

1. 라이프스타일의 결정요인
2. 라이프스타일의 측정
   1) AIO 분석
   2) 총체적 접근방법과 제한적 접근방법
   3) 구매상품 근거 라이프스타일 측정
3. VALS 분석
   1) VALS-I　2) VALS-II
4. 한국인의 라이프스타일
5. 라이프스타일과 마케팅 전략

제7장

"사이코그래픽스"

1 사이코그래픽스

사이코그래픽스(Psychographics)란 심리나 정신을 나타내는 Psycho와 윤곽 혹은 도식을 의미하는 Graphics의 합성어이다. 본래 사이코그래픽스는 개인의 라이프스타일을 결정하는 심리적 과정을 측정하는 도구로 활용되었으나, 최근에는 전통적인 접근법을 확장시켜 개성, 가치, 라이프스타일 등 소비자 행동의 근원이 되는 심리적 동인 및 내적 특성을 체계화하는데 광범위하게 사용되기에 이르렀다. 즉 사이코그래픽스는 소비자의 구매행동과 상품선택 행동, 그리고 욕구인식에 있어 개인의 내면에서 작용하는 심리적 활동 및 절차에 대해 체계적인 해석을 제공한다.

서비스 시장을 세분화하여 각 세분시장의 특성을 파악하는 데는 연령이나 성별, 소득수준, 직업, 가족형태 등 인구통계적 변수가 주로 사용되어 왔다. 그리고 이러한 인구통계적 정보가 여전히 유용한 것은 사실이다. 그러나 이와 같은 외생적 요인만으로 오늘날 서비스 고객행동의 다양성과 역동성을 설명하기에는 한계가 있다. 따라서 사이코그래픽스를 통해 소비자의 내재적 경향과 심리적 내면세계를 분석하고 이를 토대로 소비자 행동의 근본적 원인과 유형을 파악하고자 시도하는 것이다.

소비자행동론에 적용되는 사이코그래픽스에는 [그림 7-1]과 같이 크게 세 가지 요소가 있다. 이 세 요소는 개성, 가치, 그리고 라이프스타일인데, 이 세 가지 구성요소들은 상호 유기적인 관계를 맺으면서 소비자 행동의 내재적 결정요인으로 작용하는 것이다. 본 장에서는 소비자의 개성과 가치, 그리고 라이프스타일에 대해 차례로 고찰하기로 한다.

[그림 7-1] 사이코그래픽스의 구성

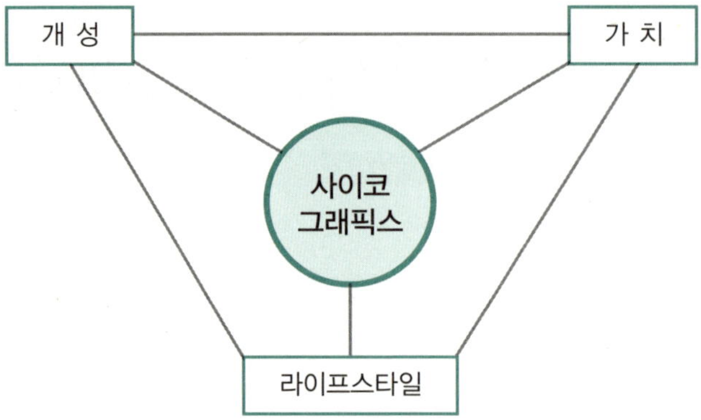

2 개성

1. 개성과 기질

사람은 모두 자기만의 독특한 내재적 특성이 있다. 어떤 사람들은 지배성향이 강한 반면에 어떤 사람들은 순종적이다. 여러 사람이 모인 가운데 관심의 초점이 되기를 좋아하는 사람도 있지만, 그러한 상황을 기피하는 사람들도 있다. 사람들은 그들의 외모가 다양한 만큼이나 개인마다 저마다의 고유한 성격 특성들을 가지고 있다.

개성(personality)을 간단하게 정의하면, 외부환경 자극에 대한 개인의 일관된 반응이라고 할 수 있다. 즉 개성이란 주어진 환경적 자극에 대해 일관성 있고 지속적인 반응을 나타내게 하는 개인의 심리적 특성 및 성향을 의미한다. 개성은 쉽게 변하지 않으나, 그렇다고 절대로 변화하지 않는 것도 아니다. 성장환경에 따라, 그리고 삶의 중요한 사건들을 경험하면서(예: 부모의 불화, 따돌림 경험) 개인의 성격 특성은 변화되기도 하는데, 이것이 개성과 기질의 차이점이다. 기질(temperament)은 개인이 타고난 선천적 성향으로 개성의 유전적, 생물학적 기반이다. 즉 개인이 타고난 기질이 환경과 상호작용하며 형성된 것이 개성인 것이다.

히포크라테스는 내분비학에 바탕을 두고 인간의 기질을 체액에 비유하여 네 가지 유형으로 구분하였다. 첫째, **다혈질**(Sanguine)은 혈액에 비유되는 유형으로 쾌활하고 사교적이며 과시적, 낙천적, 무절제함, 변화무쌍한 감성 등의 특징을 갖는다. 둘째, **점액질**(Phlegmatic)은 점액 혹은 가래와 같은 특성을 지닌 유형인데, 유순하고 느긋하며 감정의 동요가 적으나 우유부단하고 열정이 부족하다는 단점이 있다. 셋째, **담즙질**(Choleric)은 담즙과 같은 기질로 의지와 결단력이 강하고 독립적이나 이기적이고 원한을 오래 품으며 화를 잘 내는 경향이 있다. 마지막으로 **우울질**(melancholic)은 흑담즙에 비유되는 유형으로 분석적, 예민한 감수성, 완벽주의, 침울함, 내향적, 까다로운 성격 등의 특징을 나타낸다.

인간의 기질

히포크라테스는 인간의 기질을 체액(혈액, 점액, 담즙, 흑담즙)에 비유하여 다음과 같은 네 가지 유형으로 분류하였다.

1. 다혈질(Sanguine)

장점	단점
명랑하고 활기참. 사교적이고 친밀함. 동정심과 연민이 많음. 불쾌감과 권태감을 쉽게 극복함. 솔직하고 순수하며 모험심이 강함. 즐거움과 기쁨을 잘 느낌.	체계적이지 못하고 무질서함. 약속과 책임을 쉽게 망각함. 자기위주의 사고와 행동. 의지와 집중력이 약함. 육체의 여러 소욕에 약함. 감정과 사고의 변화가 심함.

2.점액질(Phlegmatic)

장점	단점
낙천적이고 편안하며 위로를 줌. 여유롭고 느긋함. 객관적이고 이성적임. 감정의 동요가 적음. 인내심이 강하고 부드러움. 신용을 잘 지킴.	결단력이 없고 우유부단함. 발전과 변화를 두려워 함. 목적의식이 부족하며, 실천력이 약함 이기적이고 주위에 무관심함. 소극적이고 수동적임. 게으르고 나태함.

3. 담즙질(Choleric)

장점	단점
자신감과 의지가 강함. 즉각적인 분석력이 있음. 지도자적 기질이 있음. 자립심과 결단력이 강함. 추진력이 있고 적극적임. 실질적인 해결능력이 있음.	자기도취가 심함. 자기중심적이고 거만함. 계산적이고 세속적임. 동정심이 없고 분을 오래 품음. 이기적이고 냉혹함. 집착이 강함.

4. 우울질/흑담즙질(Melancholic)

장점	단점
정서가 풍부함. 감수성이 예민하고 섬세함. 창작성과 예술성이 뛰어남. 진지하고 신중함. 깊은 사고력. 자기희생적이고 실수가 적음.	침울하고 극히 비판적임. 의심이 많고 상처를 잘 받음. 공상과 편견이 심함. 정서가 불안정하고 감정기복이 심함. 정신병리현상에 빠질 가능성이 높음. 극히 소심하고 내향적임.

2. 개성이론들

1) 정신분석이론

정신분석이론(psychoanalytic theory)의 창시자인 Sigmund Freud에 의하면, 인간의 개성 시스템은 원초아, 자아, 초자아로 구성된다. **원초아**(id)는 즉각적인 만족과 긴장 해소를 목적으로 하는 본능적 욕구의 원천이다. **자아**(ego)는 성격의 합리적 요소로서 현실을 고려하여 합리적인 방법으로 욕구를 충족시키도록 하는 기능을 수행한다. **초자아**(superego) 내면화된 행위규범인 양심과 도덕심, 윤리의식 등을 관장하는 정신에너지이다. 프로이드에 의하면 이 세 가지 요소가 각각의 특성을 지니고 균형을 이루면서 개인의 성격과 행동성향을 결정한다는 것이다.

프로이드의 정신분석이론은 개성의 무의식적 세계를 특히 강조한다. 인간은 어린 시절의 경험들에 의해 무의식적인 지배를 받는데, 개인의 성격은 성장과정의 심리성적 발달단계(psychosexual development)에 따라 형성된다는 것이다. 심리성적 발달단계는 성본능인 리비도의 발현 양상에 따라 구강기(oral stage: 0~1세) – 항문기(anal stage: 1~3세) – 남근기(phallic stage: 3~6세) – 잠재기(latency stage: 6세~사춘기) – 생식기(genital stage: 사춘기 이후)의 다섯 단계로 나누어진다. 프로이드에 의하면, 이러한 발달단계가 인간의 개성 형성과 밀접한 관계가 있는데, 각 단계에 등장하는 내적 갈등이 얼마나 적절히 해결되느냐에 따라 개인의 성향이 좌우된다.

예컨대, 유아시절 충분한 구강 만족을 얻지 못한 사람은 어른이 되어 구강자극 활동(예: 껌, 담배, 주전부리)이 두드러지게 나타나고 타인에 대해 불신하는 성격이 된다. 또한 항문기에 너무 강압감을 갖게 되면 과도하게 질서를 요구하게 되거나 완고하고 인색하며 저축에 대한 강박관념을 갖는 사람이 되기 쉽다. 또한 구매의사결정을 할 때 다른 사람들보다 정보탐색을 많이 하고 지나치게 심사숙고하는 경향을 나타낸다. 반면에 너무 허용적인 항문기를 보낸 사람은 무질서하고 약속에 둔감하며 부주의한 성격이 될 가능성이 있다고 한다.

Dichter와 같은 학자는 정신분석학을 기초로 하여 소비자행동의 무의식적인 동기를 이해하고자 하였다. 그는 소비자들이 정부(mistress)의 대리물로서 컨버터블 승용차를 구매한다든지, 남자들이 자신의 남성성을 과시하기 위해, 혹은 어릴 때 손가락을 빨던 향수 때문에 시가를 피운다는 등, 소비자에게 숨겨진 동기에 대한 해석을 제시하였다.

프로이드의 정신분석이론은 인간의 개성과 소비자행동의 무의식적인 동기를 이해하는데 많은 통찰을 제공하였지만, 과학적 측정 및 검증, 그리고 일반화가 어렵다는 문제를 안고 있다. 자료해석에 많은 추측이 작용하고 연구자의 직관이 개입되는 정신분석이론을 마케팅 이론에 적용하는 데는 한계가 있는 것이 사실이다. 그러나 오늘날 많은 광고들을 살펴보면 프로이드의 주장과 같이 인간의 내면 깊숙이 자리 잡고 있는 생물적 본능을 직접 혹은 암시적으로 자극하는 것을 알 수 있다.

2) 분석심리학

프로이드에 많은 영향을 받은 Carl Jung은 정신분석학에서 방향을 선회하여 그의 분석심리학(analytical psychology) 이론을 체계화시켰다. 분석심리학의 핵심은 개성화 과정이라고 할 수 있다. 개성화 과정(individuation)이란 개인이 심연에 있는 무의식의 여러 측면을 발견하고 이를 통합하여 자신의 진정한 자아를 이해하는 과정이다. 융은 사람의 마음이 의식과 무의식으로 이루어지는데, 의식 이면에 숨겨져 있는 내면세계와 소통할 때 의식의 통합이 이루어진다고 하였다.

우리는 사회생활을 하면서 사회가 원하는 모습, 혹은 우리의 사회적 역할에 따라 외부에 표현하는 페르소나(persona: 외적 인격)를 취하게 된다. 융은 페르소나가 우리 인격의 전부인양 나와 페르소나를 동일시하는 것에서 벗어나 우리의 의식에 가려져 있는 우리 내면의 어둡고 열등한 자아를 발견해야 한다고 주장했다. 그는 이 억압된 자아를 '그림자' 라고 불렀는데, 그림자란 무의식에 존재하는 자아의 어두운 면, 또는 다른 면이며, 대개 의식이 부정하거나 외면하는 특성을 말한다. 우리가 우리 내면에 있는 그림자의 존재를 깨닫기 전까지 이 그림자는 우리의 정신 구조를 왜곡시키기에, 우리는 우리의 의식 이면의 그림자를 발견해야만 진정한 자아를 이해하고 자신과 화해할 수 있다. 우리 안에 숨어있던 그림자와의 통합은 인격의 성장을 가져오는데, 그것은 자신의 내면에 사악함과 교활함, 그리고 열등함과 나약함이 숨겨져 있다는 것을 인식함으로써 타인에 대해 관용할 수 있게 되기 때문이다.

또한 융은 우리 안에 아니마와 아니무스가 존재한다고 말했다. 아니마(Anima)는 남성의 내부에 있는 여성성을, 아니무스(Animus)는 여성의 내부에 있는 남성성을 의미한다. 아니마와 아니무스는 보통 자신의 성격과 정반대의 성격을 띠고 있다. 자신의 페르소나로 인해 억압된 모든 무의식적인 성격과 인격이 하나로 이루어져 아니마와 아니무스로 나타나기 때문이다. 사람은 자신의 내면에 있는 아니마와 아니무스와의 만남을 통해 자기 자신 속에 숨어 있는 무의식적인 요소들을 인식하고 이를 의식에 통합하여 참된 자기에 이를 수 있다.

사람들은 자기 자신에 대해서 더 많이 의식하게 될수록 자신의 무의식의 압력으로부터 자유로워질 수 있다. 자신의 본래성을 찾아 참된 자기가 되기 때문이다. 즉 융이 말하는 개성화란 페르소나와 관련된 모든 거짓을 벗고 자신의 심연 속의 목소리를 들음으로서 의식과 무의식의 조화를 이루며 자신의 원형으로부터 오는 에너지를 자유롭게 활용할 수 있는 진정한 자아에 이르는 작업이다.

융의 분석심리학은 소비자 심리와 선호의 다중성을 이해하는 데 도움이 된다. 소비자의 의식 너머의 관념들을 파악함으로써 서비스 상품 개발과 광고전략에 사용할 수 있는 것이다. 예컨대 사람들은 영화나 드라마를 볼 때 등장인물의 공격성, 비합리성, 불완전함을 통해 대리만족을 느낄 수 있다. 자신의 무의식 속에 숨겨져 있는 그림자에 어필되기 때문이다. 광고의 표현기법에 있어서도 마찬가지다. 인간성의 해부를 통한 집단 무의식의 파악과 인간 심리의 원형을 살필 때 **공명**(resonance)을 일으키는 광고 크리에이티브를 만들 수 있다. 소비자 심리에 내재된 복잡성과 숨겨진 욕망, 질투심, 복수심을 적절히 자극하거나 소비자 마음속의 아니마와 아니무스를 불러일으킴으로써 소비자의 공감과 반응을 이끌어내는 것이다.

페르소나

페르소나(Persona)란 그리스 어원의 '가면'을 나타내는 말로 '외적 인격' 또는 '가면을 쓴 인격'을 의미한다. 페르소나는 개인이 세상을 살아가면서 자신의 사회적 존재로서 지니는 외적인 인격인데, 사람들은 자신이 소속한 집단과 자신의 역할에 따라 여러 개의 가면을 썼다가 벗었다가 하면서 살고 있다는 것이다. 즉 이것은 인간이 사회의 인습과 전통의 요청에 부응해서 채택한 가면이며, 사회가 개인에게 담당하기를 기대하는 배역으로서 진정한 자아와는 구별되어야 한다.

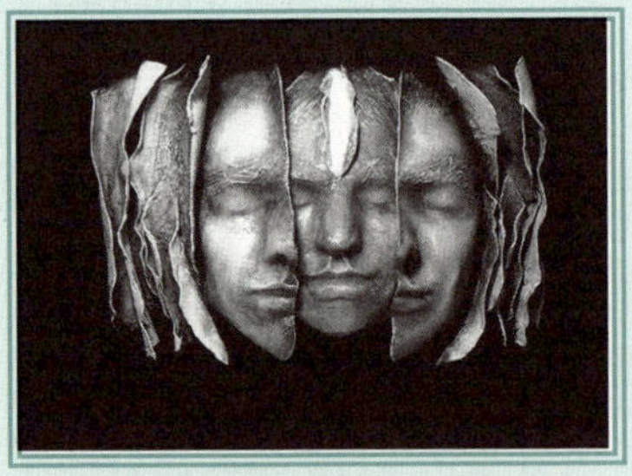

아니마/아니무스

아니마(Anima)는 본래 라틴어로 영혼, 정신을 의미하는데, 융은 이를 남성의 의식 속에 있는 여성적 요소, 즉 남성의 무의식적 여성성을 의미하는 말로 사용했다. 남성은 사회에 승인되기 위해 남자다움이라는 페르소나를 갖고 있는데, 내적으로는 그 반대인 아니마가 작용한다. 아니마는 여성적인 느낌과 기분, 예견적 육감, 감수성, 자연에 대한 감성 등과 같은, 남성의 마음에 숨어있는 모든 여성적인 심리적 경향들이 인격화된 것이다. 융에 의하면, 남성이 자신 안에 있는 여성적 경향성을 이해하지 못하거나 부정하려고 할 때 심리적인 갈등을 겪게 된다.

아니무스(Animus)는 아니마의 남성격으로, 여성의 마음속에 내재된 남성적 요소 및 남성성의 원형적 심상을 의미한다. 예를 들어 남성적인 확신을 가지고 남을 설득, 통제하거나 공격적인 태도로 다른 사람을 지배하려는 아니무스가 여성에게 내재한다는 것이다. 남성의 자아는 자신의 내면의 여성성을 억압함으로써, 여성의 자아는 자신의 내면의 남성성을 억압함으로써 사회적으로 규정된 '남성적인' 혹은 '여성적인' 자신의 성 역할 규범을 받아들이며 남성, 혹은 여성으로 성장한다. 이에 따라 융은 한 개인이 아니마/아니무스와의 인격적 통합을 통해 진정한 자아를 발견할 수 있다고 주장하였다.

3) 사회심리이론

사회심리이론은 개인이 사회적 상황에서 다른 사람들과 어떠한 상호관계를 가지며 행동하는가에 초점을 두어 인간의 개성을 설명한다. 사회심리이론의 대표적 이론은 호나이(Horney)의 개성이론인데, 호나이는 대인관계에 있어서의 개인적 성향에 따라 인간유형을 크게 공격형, 순응형, 고립형으로 구분하였다.

첫째, **공격형**(aggressiveness: against others)은 권력지향적이고 지배성향이 강하며 남을 통제하려는 경향이 강하다. 이들에게는 독단성과 자기확신성이 높은 수준으로 나타난다.

둘째, **순응형**(compliance: toward others)의 사람들은 타인에게 자신을 맞춰주고 마찰을 피하려고 하며 집단유대감이 강하다.

셋째, **고립형**(detachment: away from others)의 사람들은 내성적이고, 사람들과 어울리기 보다는 혼자 있는 것을 즐기며, 쉽사리 남을 믿지 않는다.

소비자의 개인성향은 이와 같은 CAD(Compliance-Aggressiveness-Detachment) 척도에 의해 측정될 수 있다. 많은 소비행동이 사회적 맥락에서 이루어지는 것을 고려할 때, 이와 같은 개인의 주요 지향성을 소비행동과 연관시켜보면, 공격형 소비자는 신상품의 초기수용자가 되고 과시형 소비를 할 가능성이 있으며, 순응형 소비자는 다른 유형에 비해 구매의사결정에 있어 준거집단의 영향을 많이 받을 것으로 기대할 수 있다. Cohen은 호나이의 이론을 소비자 상황에 적용하여 각 유형별 소비자행동을 비교하였는데, 공격형의 소비자들은 전기면도기보다 면도칼을 많이 사용하고 다른 집단에 비해 애프터셰이브 로션의 소비가 두드러졌다. 순응형 소비자들은 구취제거제와 비누, 그리고 아스피린을 많이 사용했는데, 이는 사회적으로 승인되기 위한 행동으로 해석될 수 있다. 고립형 소비자는 다른 집단에 비해 맥주를 적게 마시고 차는 더 많이 마시며, 브랜드에 대한 관심도가 상대적으로 낮은 것으로 나타났다.

4) 특성이론

특성이론(trait theory)은 인간의 개성이 여러 가지의 차별적 특성들로 구성된다고 본다. 개인의 행동에는 어떤 일관성이나 규칙, 성향이 존재하는데, 개인의 행동을 일관적으로 이끄는 지속적 특징 혹은 반응경향성을 특성(trait)이라고 부른다. 모든 특성은 누구에게나 공통적으로 나타나며 다만 개인에 따라 정도 차이가 있을 따름인데, 사람들의 고유한 개성은 이러한 특성들의 독특한 조합에 의해 형성된다는 것이다. 특성이론은 인간의 개성차원을 구성하는 다양한 특성들에 대해 한 개인이 얼마나 차별화된 성향을 나타내는지를 파악하는데 초점을 둔다. 즉 개성을 이해하려면 이러한 특성요인들이 각 개인별로 어떠한 양상을 나타내고 있는지 알아야 한다는 것이다.

개성을 구성하고 있는 특성차원은 무수히 많다. 인간의 성격특성 유형은 그것을 연구하는 심리학자의 수만큼이나 많다는 말이 있을 정도이다. 예컨대 Allport와 같은 학자는 그의 연구과정에서 무려 4,500 가지의 특성 목록을 만들어냈다. 이 책에서는 특성이론들 중 MBTI, 5대요인 모델, 그리고 EPPS를 소개하기로 한다.

MBTI MBTI(Myers-Briggs Type Indicator)는 칼 융의 성격유형 이론을 토대로 하여 Katherine Briggs와 Isabel Myers 모녀가 개발한 성격유형 척도이다. MBTI는 외향성-내향성, 인식-직관, 사고-감정, 판단-지각이라는 4가지 특성을 범주로 인간의 성격유형을 구분하였다.

첫째, 에너지의 방향이 어디냐에 따라 내향성과 외향성으로 구분할 수 있다. **내향형**

(introversion)은 자신의 내부 세계를 탐색하는데 에너지가 집중되는 반면, **외향형**(extraversion)은 에너지의 초점이 외부세계의 사람이나 사물을 향하고 있다.

둘째, 외부 정보에 대한 인식성향에 따라 감각과 직관으로 구분된다. **감각형**(sensing)은 있는 그대로의 사실과 상세정보에 주의를 기울이는 반면, **직관형**(intuition)은 사실과 사건 이면의 의미나 관계, 가능성을 더 잘 인식하는 경향이 있다.

셋째, 의사결정과 판단 기능에 따라 사고와 감정으로 나눌 수 있다. **사고형**(thinking)은 사고를 통한 논리적 근거를 바탕으로 판단하는 반면, **감정형**(feeling)은 개인적, 사회적 가치를 바탕으로 한 자신의 감정을 근거로 판단한다.

넷째, 개인이 세상을 살아가는 방식에 따라 판단과 지각으로 구분된다. **판단형**(judging)은 틀에 맞추어 정확하고 계획적으로 살아가는 것을 선호하는 반면에, **지각형**(perceiving)은 매사에 융통성이 있고 목적과 방향은 얼마든지 변화할 수 있다는 유연한 태도를 취한다.

[표 7-1] MBTI(Myers-Briggs Type Indicator)

외향성(Extraversion)	내향성(Introversion)
• 외부활동 / 적극성 • 경험한 다음에 이해 • 말로 표현 • 활동적, 열정적	• 내부활동 / 집중력 • 이해한 다음에 경험 • 글로 표현 • 신중함, 조용함
감각(Sensing) • 나무를 보려는 경향 • 구체적 세부사항에 관심 • 일관성과 실용성, 실제경험 중시 • 가꾸고 추수함	**직관(Intuition)** • 숲을 보려는 경향 • 전체적인 의미와 패턴 파악 • 다양성과 가능성, 아이디어 중시 • 씨를 뿌림
사고(Thinking) • "맞다 / 틀리다" • 원칙과 기준 • 객관적 사실과 규범 중시 • 논리적, 분석적	**감정(Feeling)** • "좋다 / 나쁘다" • 의미와 영향 • 나에게 주는 의미 중시 • 감성적, 상황적, 포괄적
판단(Judging) • 조직성과 계획성 • 목적을 향한 통제력과 추진력 • 문제해결 능력이 강함 • 시간/약속 준수	**지각(Perceiving)** • 융통성과 포용성 • 변화에 대한 개방성과 순응성 • 상황적응 능력이 강함 • 이해심/유연성

개인은 이 네 가지의 분리된 선호경향에 따라 16개의 성격유형으로 나누어질 수 있는데 각각의 특성은 [표 7-2]에 나와 있는 바와 같다. 한국심리검사 연구소의 조사결과에 의하면 한

국인의 성격유형 분포는 ISTJ가 25%, ESTJ가 15%, ISTP 9% 등으로 조사되었는데, 전체 인구의 60% 이상이 자신을 내향형으로, 그리고 80%가 사고형으로 지각하고 있는 것으로 나타났다.

소비자의 구매성향이 MBTI 성격유형에 따라 어떠한 차이를 나타내는지 조사한 한 연구에 의하면, 외향형(E)이 내향형(I)보다 쾌락추구를 위한 상품이나 서비스를 구매하는 성향이 높았으며, 감정형(F)은 사고형(T)에 비해 구매의사결정에 있어 타인의존성이 높은 것으로 나타났다. 다른 차원들에 있어서는 뚜렷한 차이가 발견되지 않았다.

서비스 직원의 MBTI 유형별 고객 지향성을 살펴본 어떤 연구에서는 ENFP, ESFP 유형이 다른 집단에 비해 고객지향성과 자발적 서비스 수행의 정도가 높게 나타나는 것으로 분석되었다. 또한 MBTI의 네 개의 차원에 대해 서비스종사원의 서비스 지향성의 차이가 발생하는지를 분석한 다른 연구들은 외향형(E)이 내향형(I)보다 서비스 지향성이 다소 높은 것을 확인했을 뿐, 나머지 세 개 차원에 대해서는 통일된 발견점에 이르지 못하였다.

[표 7-2] MBTI 성격유형

ISTJ (25%)* 책임수행형 / 경찰 Dutiful Practical Logical Methodical	ISFJ (8%) 참모형 / 변호사 Dutiful Practical Supportive Meticulous	INFJ (2%) 예언자형 / 작가 Devoted Innovative Idealistic Compassionate	INTJ (4%) 과학자형 / 학자 Independent Innovative Analytical Purposeful
ISTP (9%) 백과사전형 / 언론가 Expedient Practical Objective Adaptable	ISFP (7%) 성인군자형 / 카운슬러 Tolerant Realistic Harmonious Adaptable	INFP (3%) 예술가형 / 예술가 Insightful Innovative Idealistic Adaptable	INTP (3%) 아이디어뱅크형/건축가 Questioning Innovative Objective Abstract
ESTP (6%) 활동가형 / 홍보담당자 Energetic Practical Pragmatic Spontaneous	ESFP (5%) 사교형 / 연예인 Spontaneous Practical Friendly Harmonious	ENFP (4%) 스파크형 / 판매원 Optimistic Innovative Compassionate Idealistic	ENTP (2%) 사업가형 / 사업가 Risk-taking Innovative Outgoing Adaptable
ESTJ (15%) 관리자형 / 인사담당자 Organized Practical Logical Outgoing	ESFJ (5%) 친선도모형/서비스업 Friendly Practical Loyal Organized	ENFJ (1%) 언변능숙형 / 교사 Friendly Innovative Supportive Idealistic	ENTJ (2%) 지도자형 / 군인장교 Determined Innovative Strategic Outgoing

* 괄호 안의 %는 각 유형별 한국인의 분포를 의미함.

[그림 7-2] 한국인의 MBTI 성격유형 분포

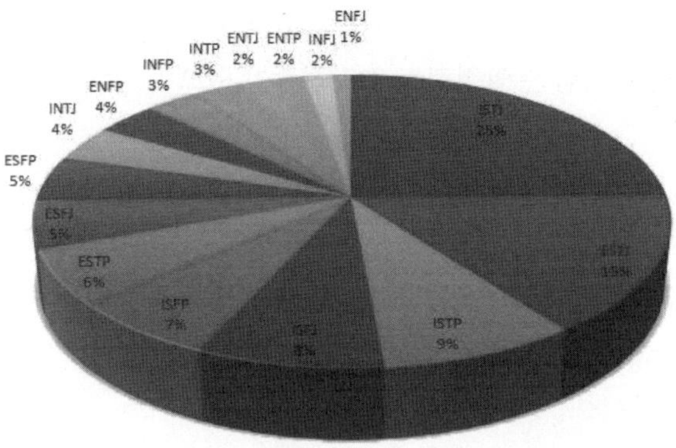

출처: MBTI 데이터뱅크, 2004, 한국심리검사연구소(102,989명)

5대 요인 모델 5대 요인 모델(Big 5 Factor Model)은 사람의 개성을 구성하는 특성들을 크게 5개의 요인으로 분류하였다. 이 다섯 개 요인은 개방성, 성실성, 외향성, 우호성, 신경성으로서 이 모델은 영문 스펠링의 첫 자를 따서 'OCEAN 모델'이라고 불리기도 한다. 이 다섯 가지 특성요인의 개념은 다음과 같다.

첫째, **개방성**(Openness to experience)은 상상력과 지적 호기심, 모험심, 예술적 감각이 풍부하고 고정관념에서 자유로운 정도를 의미한다. 개방성이 높은 사람은 사고가 유연하고 다양한 경험을 하기 원하며 심미적인 것과 새로운 것에 대한 관심도가 높으나 개방성이 낮은 사람은 규칙이나 선입관, 고정관념에 구속되는 경향이 있다.

둘째, **성실성**(Conscientiousness)이란 목표를 성취하기 위해 계획을 세우고 성실하게 노력하며 심사숙고하는 경향을 말한다. 성실성이 높은 사람은 목적지향적이고 자기주도적이며 규칙을 준수하고 조직화하는 경향이 높은 반면에, 성실성이 낮은 사람은 즉흥적으로 일을 하고 태평하며 여유 있는 태도를 나타낸다.

셋째, **외향성**(Extraversion)은 사교성과 친화력, 그리고 자극과 활력을 추구하는 성향을 의미한다. 외향적인 사람은 활동적이고 다른 사람들과의 상호작용에 적극적인 반면에, 내향적인 사람은 관계형성에 소극적이고 내성적이며 에너지의 방향이 자신을 향해 있다.

넷째, **우호성**(Agreeableness)은 타인에게 친절하고 협조적인 태도를 보이는 성향을 의미한다. 우호성이 높은 사람은 이타심, 애정, 겸손과 같은 특질을 나타내며 타인에 대해 배려하고 신뢰하는 정도가 높으나, 우호성이 낮은 사람은 친절성이 떨어지고 무뚝뚝하고 독단적인 태도를 나타낸다.

마지막으로, **신경성**(Neuroticism)이란 신경이 예민하여 우울감이나 불안감과 같은 정서를 쉽게 느끼는 성향이다. 신경성이 높은 사람은 정서적으로 불안정하고 상처를 잘 받으며 걱정과 두려움이 많으나, 신경성이 낮은 사람은 안정적이고 자신감이 있으며 감정적으로 다소 둔감한 경향이 있다.

5대 요인 모델은 매우 간결하고도 종합적인 개성 분류체계일 뿐 아니라 다양한 자료에서 측정항목의 타당성과 신뢰성이 입증되어 많은 연구자들에 의해 널리 사용되는 개성 측정도구이다. 5대요인 모델의 개성특성 차원들과 그 하위요인들은 [표 7-3]과 같다.

[표 7-3] **5대 요인 모델의 특성차원들**

특성 차원	하위 요인들
개방성	상상력, 호기심, 모험심, 지성, 탐구성, 예술적 흥미, 심미성, 자유주의
성실성	자기효능감, 질서추구, 체계성, 책임감, 성취지향성, 자제성, 조심성
외향성	사교성, 친화성, 활동성, 자기주장, 자극추구 성향, 쾌활함, 적극성
우호성	이타심, 동정심, 온화함, 박애정신, 도덕성, 협동, 겸손, 타인에 대한 신뢰
신경성	정서적 안정성, 불안, 우울, 분노, 예민함, 자기의식, 충동성, 취약성

EPPS EPPS(Edwards Personal Preference Schedule)은 Allen Edwards가 Murray의 개성이론을 바탕으로 개발한 개성측정척도이다. EPPS는 인간의 기본적 욕구와 성향을 15가지로 분류하여 총 210개 세부문항으로 개성특성을 측정한다.

EPPS는 소비자의 개성이 소비행동과 어떠한 관련이 있는지 조사하는데 사용되었는데, 흡연자는 비흡연자에 비해 성취지향성과 이성애 요인이 높게 나타났으며 컨버터블 소유자는 일반승용차 소유자에 비해 친화성과 지배성향이 높은 것으로 나타났다. Evans와 같은 연구자는 EPPS를 이용하여 개성이 브랜드 선택에 미치는 영향을 분석하고자 하였다. Ford 소유자와 Chevrolet 소유자가 서로 다른 개성을 가지고 있다는 당시의 보편적 믿음을 실증적으로 검증하고자 했던 그의 연구는 그러나 매우 실망스러운 결과를 얻었다. Ford 소유자가 Chevrolet 소유자들에 비해 지배성향에 다소 높은 것으로 나타났을 뿐 다른 특성에서는 모두 차이가 없는 것으로 나타났기 때문이다.

[표 7-4] EPPS 특성요인들

특성요인	의 미
성취지향성(Achievement)	성공지향적 성향, 승부욕, 경쟁심
공격성(Aggression)	타인에게 공격적이고 도발적인 성향
지배성향(Dominance)	집단 내에서 리더가 되고 타인을 통제하려는 성향
과시성향(Exhibition)	타인을 의식하고 타인에게 주목받고 싶어하는 성향
자주성(Autonomy)	남의 간섭을 싫어하고 자율적으로 행동하려는 성향
변화지향성(Change)	새로운 것을 추구하는 성향
질서지향성(Order)	질서있고 체계적인 것을 추구하는 성향
순응성(Compliance)	타인에게 자신을 맞추고 순응하려는 성향
친화성(Affiliation)	타인과 인간관계를 맺고 교제하기를 원하는 성향
협조성(Assistance)	타인에게 협조하고 도와주려는 이타적 성향
인내성(Endurance)	한 과업에 집중하고 끝까지 끈기 있게 해내는 성향
의존성(Dependence)	남에게 의지하고 의존적인 성향
분석성향(Analysis)	주위환경과 사건에 대해 깊이 있게 분석하려는 성향
자기비하성향(Self-deprecation)	열등감의 정도, 비난과 처벌을 감수하는 성향
이성애(Heterosexuality)	성과 이성교제에 대한 관심도

3. 소비자행동 관련 개성변수들

소비자의 개성이 그들의 행동에 미치는 영향을 분석하려는 시도는 오래전부터 있어왔다. 이러한 소비자 개성관련 연구들은 소비자들이 특정 상품이나 브랜드를 선택할 때 개성에 따라 차이를 나타낼 것이라는 가정을 기반으로 실시되었다. 그러나 초기 소비자 개성연구들의 결과는 다소 실망스러운 것이었다. 많은 연구들이 개성과 소비자 행동 간의 관계를 파악하고자 노력했지만 대다수의 연구들의 분석 결과에 의하면 소비자의 개성이 행동의 예측변수로서의 설명력을 지니지 못한 것으로 나타났기 때문이다.

이와 같이 소비자 개성과 행동 간에 유의미한 관계가 발견되지 않은 것은 첫째, 대부분의 연구들이 소비행동과 직접적인 연관성이 없는 광범위한 개성 요인들을 사용하였으며(예: 5대요인, EPPS), 둘째는 개성에 의해 영향을 받을 개연성이 높은 소비자행동 측면을 발견하지 못하고 단순히 상품이나 브랜드 선택행동만을 개성의 종속변수로 하여 분석을 시도했기 때문이다. 따라서 최근에는 다양한 소비자 행동들과 좀 더 높은 관련성을 갖는 개성변수에 초점을 두어 다각적인 연구들이 진행되었다. 본 절에서는 소비자행동과 직접적인 관련성이 있는 개성 변수들 중 자아개념, 사회적 성격, 독단주의, 인지욕구, 최적자극수준, 감각추구성향, 자기감시성, 그리고 통제성향에 대해 살펴보기로 한다.

1) 자아개념

자아개념(self-concept)이란 개인이 가지고 있는 자기 자신에 대한 견해, 즉 자신의 성향, 태도, 이미지 등에 대해 갖는 지각을 의미한다. 모든 사람들은 자기 자신이 어떠한 사람인지에 대한 생각과 느낌이 있다. 예컨대 어떤 이들은 자신이 매우 보수적이고 매사에 신중한 사람이라고 생각하고, 또 어떤 이들은 자신이 매우 감각적이고 자유분방한 사고의 소유자라고 생각한다.

자아개념의 차원 자아개념에는 크게 두 가지 차원이 있다. 실제적 자아개념과 이상적 자아개념이 그것이다. 첫째, **실제적 자아개념**(actual self-concept)은 자기 자신이 실제 어떠한 사람인지를 지각하는 것이다. 실제적 자아개념은 개인적 자아개념과 사회적 자아개념으로 구분할 수 있는데, 개인적 자아개념은 자기 자신에 대해 스스로가 지각하는 바를 의미하며("나는 어떠한 사람인가?"), 사회적 자아개념은 사회적 상황에서 남들이 자신에 대해 생각하는 것에 대한 주관적 지각을 뜻한다("남들은 내가 어떠한 사람이라고 생각하는가?"). 둘째는 **이상적 자아개념**(ideal self-concept)이다. 이는 자신이 되고 싶어 하는 이상적 이미지를 의미한다("나는 어떠한 사람이 되기를 원하는가?").

사람들은 자아이미지에 의해 행동하려는 경향이 있으며, 소비행동도 예외는 아니다. 예컨대 Malhotra는 사람들이 선호하는 주택 유형에 있어 소비자의 약 60%가 이상적 자아개념에, 22%는 실제적 자아개념에, 그리고 18%는 사회적 자아개념에 부합되는 주택을 선호한다는 것을 발견했다. Ford사는 젊은 층에 맞춰 디자인된 스포츠카 형태의 머스탱을 시판했을 때 높은 연령대의 소비자들이 이 자동차를 구입하는 것을 보고 적잖이 의아해했다. 그러나 그들은 곧 머스탱 구매자들의 상당수가 자신이 실제로 젊다고 생각하거나(실제적 자아개념) 젊고 활기찬 이미지를 갖기 원하여(이상적 자아개념) 머스탱을 구매한다는 것을 알게 되었다.

자아개념과 브랜드 동일시 브랜드 개성(brand personality)이란 브랜드에서 연상되는 성격 특성들을 뜻한다. Aaker는 유명 브랜드들의 개성 특성변수들을 분류하여 브랜드 개성의 다섯 가지 차원을 발견하였다(9장의 표 9-3 참고). Aaker가 발견한 다섯 가지 브랜드 개성 차원은 성실함(sincerity), 활기참(excitement), 유능함(competence), 세련됨(sophistication) 및 강인함/투박함(ruggedness)이다. 브랜드 개성은 개인의 자아표현적인 상징적 기능을 수행한다. 소비자는 동일 상품 카테고리 내의 다양한 브랜드 중에서 자아와 일치하는 브랜드, 즉 자신의 성격과 이미지에 맞는 상징성을 띄는 브랜드를 선택하여 효과적으로 자신을 표현하려고 한다.

소비자는 실제적 혹은 이상적 자아이미지에 부합이 되는 브랜드에 매력을 느낀다. 브랜드 개성과 소비자의 자아개념에 대한 몇몇 연구들은 브랜드 개성이 개인의 자아개념과 일치될 때 소비자가 해당상표에 더욱 호의적인 반응을 나타냄을 발견하였다. 예를 들어, 자신이 남성적이고 터프한 이미지를 갖고 있다고 생각하는 사람은 '강인함/투박함' 이라는 브랜드 개성에 이끌린다. 또한 자신에 대해 도시적이고 섬세하다는 자아개념을 갖고 있거나 그러한 이미지를 추구하는 사람은 이와 유사한 이미지, 즉 세련되고 귀족적인 이미지의 브랜드 개성에 유인될 가능성이 높다.

소비자들의 자아개념과 브랜드 개성이 부합되면 브랜드 동일시가 이루어졌다고 말한다. 브랜드 동일시(brand identification)란 브랜드의 이미지와 개성이 곧 자신의 이미지와 개성인 것으로 지각하여 브랜드에 대해 높은 수준의 친밀감과 애착을 느끼는 것을 의미한다. 브랜드 동일시는 고객충성도를 높이는 결과를 가져올 수 있다. 브랜드 개성과 자아개념이 일치될 때, 브랜드 개성이 자아개념을 풍성하게 할 때, 브랜드 개성이 자아개념을 보호하고 향상시킬 수 있을 때, 해당 브랜드에 대한 소비자 평가가 더욱 호의적으로 나타나고 구매가능성이 증가한다.

2) 사회적 성격

소비자들은 그들의 사회적 성격(social character)에 따라 **내부지향적**(inner-directed) 소비자와 **타인지향적**(other-directed) 소비자로 분류될 수 있다. 내부지향적인 소비자는 서비스 상품을 평가할 때 자기 자신의 인식이나 판단에 더 많이 의존한다. 따라서 내부지향적 소비자는 서비스 상품에 대한 기능적 정보가 충분히 주어졌을 때 신상품의 혁신수용자가 될 가능성이 높다. 반면에 타인지향적인 소비자는 기능적 정보보다는 서비스 이용 상황의 사회적 정보에 더욱 주의를 기울인다. 이들은 동료나 친구 등 주변 사람들의 태도와 행동에 민감하다. 타인지향적 소비자는 상품을 선택할 때 사회적 수용도와 의미를 중요하게 고려하므로 단독으로 신상품을 수용할 혁신성이 상대적으로 낮게 나타난다.

내부지향적 소비자는 상품속성과 기능을 강조하는 광고를 선호하는데, 이러한 광고들이 상품평가에 필요한 가치나 기준을 명확하게 제공하기 때문이다. 반면에 타인지향적 소비자는 서비스를 이용하는 사회적 맥락이나 사회적 수용 여부에 중점을 둔 광고에 더욱 호의적으로 반응한다. 타인지향적 소비자는 내부지향적 소비자보다 준거집단이나 유명인의 추천에 영향을 받을 가능성이 높게 나타난다.

[표 7-5] **소비자의 사회적 성격에 따른 소구**

상품	내부지향적 소구	타인지향적 소구
호텔	위치의 편리성, 부대시설의 다양성, 호텔의 등급, 객실 어메니티, 가격	남들에게 우아하게 보일 수 있는 장소, 당신의 라이프스타일을 표현해주는 곳
레스토랑	세계적인 수준의 주방장, 메뉴, 식재료의 품질, 옛 장원의 분위기	친구들과 즐겁게 식사하며 우애를 돈독히 함, 가족과 함께 외식하기에 적절한 장소
와인	포도 수확연도, 좋은 향기와 맛, 자아도취, 브랜드, 원산지	연인과 특별한 이벤트를 축하, 연말 모임의 분위기를 부드럽고 흥겹게 함
여행	여행목적지 특성, 매력 요인, 항공편, 숙박지, 자기발견, 자기만족	가족이나 친구와의 즐겁게 여행을 함, 추억을 만들 수 있는 여행

3) 독단주의

독단주의(dogmatism)는 소비자가 자신이 친숙하지 않거나 현재 가지고 있는 신념에 위배되는 정보에 대해서 가지는 완고함의 정도라고 볼 수 있다. 새로운 것에 개방적인 사람과는 달리 독단적인 소비자는 친숙하지 못한 브랜드에 방어적인 태도를 취하며 경계심과 회의를 갖는다. 독단성이 낮은 소비자들은 혁신적 상품 개념에 개방적인 태도를 나타내지만, 독단성이 높은 소비자는 혁신상품보다 기존 상품을 선호하고 고수하는 경향이 있다.

4) 인지욕구

인지욕구(need for cognition)은 개인이 얼마나 생각하는 것 자체를 즐기는지를 의미한다. 소비자의 인지욕구는 그들의 정보처리와 태도형성에 영향을 미친다. 인지욕구가 높은 소비자는 광고의 중심단서(예: 광고 메시지)의 영향을 많이 받는 반면, 인지욕구가 낮은 소비자의 주변단서(예: 모델)에 보다 많은 영향을 받는다. 인지욕구가 높은 소비자의 상품관련 태도는 상품정보의 인지적 처리를 바탕으로 형성되며, 태도와 행동 간의 일관성이 상대적으로 높다. 그러나 인지욕구가 낮은 소비자는 감성반응에 의해 상품태도가 형성되며 태도와 행동 간의 관계가 낮게 나타난다. 인지욕구가 높은 소비자들에게는 복잡하고 정교한 상품정보를 제시하는 것이, 그리고 인지욕구가 낮은 소비자들에게는 이해하기 쉬운 메시지와 감성적 접근의 광고 전략이 효과적이다.

5) 최적자극 수준과 감각추구 성향

최적자극 수준(Optimum Stimulation Level: OSL)이란 한 개인이 가장 최적으로 느끼는 자극의 크기를 의미한다. 어떤 사람들은 단순하고 안정적인 패턴과 환경을 선호하나, 또 어떤 사람들은 그러한 것에 쉽게 따분함을 느끼고 좀 더 복잡하고 변화무쌍한 것을 추구하기도 한다. 일반적으로 최적자극 수준이 높은 사람들은 최적자극 수준이 낮은 사람들보다 위험추구 성향이 두드러지고, 신상품을 시험적으로 구매하며, 정보탐색 행동이 활발하다. 최적자극 수준이 높은 소비자들에게는 상품의 안전성보다는 신기함, 모험성 등 심리적 긴장감을 촉진시킬 수 있는 요인을 강조하는 전략이 더 효과적이다.

최적자극 수준과 유사한 개념의 개성차원에는 **감각추구 성향**(Sensation Seeking Traits: SST)이 있다. 감각추구 성향은 모험추구(thrill and adventure seeking), 경험추구(experience seeking), 규범거부(disinhibition), 권태저항(boredom susceptibility)의 네 가지 하위차원으로 구성된다. 감각추구 성향이 높은 소비자는 감각추구성향이 낮은 소비자보다 한 브랜드에 대한 지속적 충성도가 떨어지며 상표전환(brand switching)행동이 상대적으로 빈번히 발생한다. 여행행동에 있어 감각추구 성향이 높은 소비자는 스스로 여행계획을 세우고 개인적으로 여행을 가나, 감각추구 성향이 낮은 소비자는 여행 패키지 상품과 단체여행을 선호한다. 관광목적지 선택에도 차이가 발견되었는데, 감각추구 성향이 높은 사람은 남들에게 많이 알려지지 않은 새로운 목적지를 선호하나, 감각추구 성향이 낮은 사람은 일반적으로 널리 알려지고 검증된 관광지를 선호하는 것으로 나타났다.

6) 자기감시성

자기감시성(self-monitoring)이란 개인이 자신의 사회적 행동을 늘 의식하고 관찰하는 성향을 의미한다. 자기감시성이 높은 사람(high self-monitor)은 제 3자의 눈이 되어 늘 타인의 눈에 비친 자신의 모습을 의식하는 경향이 있다. 그러나 자기감시성이 낮은 사람(low self-monitor)은 자신의 모습이 타인에게 어떻게 보이는지에 대해 크게 관여하지 않는다.

개인의 행동은 자기감시성이 높을수록 사회적 상황에 영향을 많이 받으며, 자기감시성이 낮을수록 자신의 내적 성향에 좌우된다. 자기감시성이 높은 소비자는 타인의 기대와 영향력을 민감하게 받아들이므로 구매의사결정을 할 때 준거집단 등 주관적 규범에 의해 영향을 받을 가능성이 크다. 그러나 자기감시성이 낮은 소비자는 자신의 선호와 열망에 따라 행동하는 경향이 크므로 남을 의식하지 않고 자신의 태도와 의지에 충실한 의사결정을 한다. 자기감시성이 높은 소비자들은 타인의 눈에 비추어진 자아를 의식하는 경향이 있기 때문에 서비스 상품의 편익 및 효과와 관련하여 서비스 이용자와 비이용자를 비교하는 사회적 비교 광고(social comparison advertisement)가 보다 효과적일 수 있다. 이것은 그들에게 사회적 영향에 대한 수용성향이 높기 때문이다.

7) 통제성향

통제성향은 개인이 자기 자신과 주위의 사물들에 대해 통제와 관리를 하려는 성향이다. 고 통제유형은 단정하고 정돈되어 있으며 검소한 경향이 있다. 그러나 이들은 모든 것에 법칙을 적용하려 하고 폐쇄적이며 경직된 경향이 있다. 저 통제유형은 걷잡을 수 없이 혼란스러운 정도만 아니라면 있는 그대로 만족하며 무엇이든 수용할 수 있는 태도를 가지고 있다.

고 통제유형의 소비자는 위험을 피하며 혁신에 늦게 반응한다. 이들은 다른 사람들에 의해 검증되고 수용되기 전까지는 기존의 제품과 서비스에 만족하며 지내는 후발 소비자이다. 이들은 선천적 충성도가 높아 특정 브랜드에 대한 충성도가 한번 형성되면 지속적으로 충성도가 유지되며 다른 관련 상품을 구매함에 있어서도 동일 브랜드를 선호하는 경향을 나타낸다. 예를 들면, 삼성 TV를 들여놓으면 냉장고도 같은 삼성 브랜드를 구매하여 브랜드를 일치시키는 식이다. 이와 반면에 저 통제유형의 소비자는 새로운 제품이나 서비스에 대해 위험지각이나 거부감이 적으며 브랜드의 통일을 이루려는 경향이 나타나지 않는다. 저 통제유형은 새로운 신상품이 출시될 때 가장 먼저 수용할 수 있는 선도적 소비자가 될 가능성이 높다. 그러나 이들은 선천적 충성도가 낮아 브랜드 전환행동(brand switching)이 빈번히 나타난다.

3 가치

1. 가치의 개념

가치는 개성과 함께 소비자 사이코그래픽스를 구성하는 주요 구성요소 중 하나이다. 사람들은 각자 삶의 목적과 자신의 삶에서 중요하게 추구하는 가치들을 가지고 있다. 이 가치는 사람들이 살아가면서 수많은 의사결정과 선택행동을 하는데 있어 판단의 잣대가 되며 우선순위를 결정하는 기준 역할을 한다.

가치란 어떤 현상이나 행동에 대해 개인적으로 혹은 사회적으로 의미를 부여하고 선호하는 지속적인 신념이라고 정의될 수 있다. 한 개인의 가치관은 그가 바람직하거나, 공평하거나, 옳다고 간주하는 현상에 대한 신념들로 구성된다. 가치는 개인의 행동이나 판단을 이끄는 광범위한 신념으로, 특정 대상에 초점을 두고 있는 태도와는 구별된다. 태도는 개인의 가치관이 특정 대상에 대해 구체적으로 적용된 것이라고 볼 수 있으나, 개인의 가치시스템은 특정 대상에 구속되지 않으며 모든 사물과 상황에 대해 보편적이고 일관적인 특성을 띈다.

개인의 가치체계는 다양한 삶의 측면들에 대해 그가 부여하는 수많은 가치들로 이루어지는데, 이 다양한 가치들은 때때로 서로 부조화를 이루어 개인에게 가치충돌을 일으키기도 한다. 예를 들어, 박애주의를 표방하고 불우이웃을 위한 자선행위에 관심이 있는 사람이 고가의 명품을 구매하는데 많은 돈을 지불한 경우 가치관의 상충으로 인해 내적 갈등을 경험하게 될 것이다. 이러한 가치갈등(value conflict)은 개인이 추구하는 가치들 간의 부조화나 사회적으로 수용되는 도덕적, 윤리적 가치와 개인 고유의 가치 간의 불일치로 인해 발생한다.

2. 소비자행동에 있어서의 가치의 역할

가치는 소비자행동에 지속적으로 영향을 미치는 근본적인 동기가 된다. 개인의 가치구조는 종종 그들의 소비행동에 반영되는데, 소비자는 구매행동을 통해 자신이 가치를 두는 상품을 획득함으로써 궁극적으로 그들이 추구하는 최종 가치에 근접하게 도달하려고 한다.

개인의 가치는 태도라는 매개변수를 통해 행동에 영향을 미친다. 소비자의 가치관은 제품과 서비스에 대한 태도에 영향을 미치고, 태도는 다시 소비자의 행동을 결정한다. 예컨대 건강한 생활과 날씬한 몸매에 높은 가치를 두는 소비자는 도너츠나 피자와 같은 고열량 식품에 대해 부정적인 태도를 가질 것이며 따라서 던킨도너츠나 피자헛을 이용할 가능성이 낮을 것이다. 그러나 건강이나 다이어트보다는 사람들과 함께 맛있는 음식을 먹고 즐기는데 높은 가치를 두는 사람은 패스트푸드점이나 패밀리레스토랑 등 외식업의 이용률이 전자에 비해 높은 수준을 나타날 것이다.

가치-태도-행동의 관계는 소비자들의 상품선택 행동뿐 아니라 소비자의 불평행동에서도 관찰된다. 불만족 상황에서 소비자의 가치관에 따라 불평행동에 대한 태도가 달라지며 이에 따라 소비자의 행동반응이 다르게 나타나는 것이다. 예를 들어, 인간관계의 조화, 타인과의 사회적 관계를 우선적 가치로 삼고 살아가는 사람들은 불평행동에 대해 비호의적인 태도를 가지며 따라서 환불, 보상요구 등의 불평행동이 억제된다는 것이 보고되었다.

3. 가치체계이론

1) 로키치의 가치조사(Rokeach Value Survey: RVS)

가치는 중요도에 따라 가중되고 서열화되어 수없이 많은 가치구조들을 유도해낼 수 있다. Rokeach는 삶의 목표와 원칙이 되는 인간의 가치위계(value hierarchy)를 체계화하여, 스스로 목적이 되며 존재의 이유가 되는 궁극적 가치(terminal value)와 이러한 궁극적 가치를 향한 중요한 행동원칙이 되는 수단적 가치(instrumental value)로 구분하였다.

궁극적 가치는 개인이 궁극적으로 도달하려고 하는 최종 존재상태이다. 궁극적 가치는 인간의 삶의 궁극적인 목표가 되는데, 안락한 생활, 성취감과 같은 개인 중심적 가치와 세계평화, 국가의 안전 등 사회중심적 가치로 구분될 수 있다. **수단적 가치**는 최종 존재상태로의 도달을 위해 개인이 중요하게 추구하고 선호하는 행동양식 및 원칙이다. 수단적 가치는 다시 사랑, 용서와 같은 대인관계관련 차원과 야심참, 논리적 등과 같은 능력차원으로 구분된다.

[표 7-6] **궁극적 가치와 수단적 가치**

궁극적 가치	수단적 가치
안락한 생활 (A comfortable life)*	야심 있는 (Ambitious)*
신나는 생활 (An exciting life)*	관대한 (Broad-minded)*
성취감 (A sense of accomplishment)*	유능한 (Capable) *
아름다움 (A world of beauty)*	쾌활한 (Cheerful)*
평등 (Equity)*	깨끗한 (Clean)*
가족의 안정 (Family security)*	창의적인 (Imaginative)*
자유 (Freedom)*	독립적인 (Independent) *
행복 (Happiness)*	지적인 (Intellectual)*
내적 조화 (Inner harmony)*	논리적인 (Logical) *
즐거움 (Pleasure)*	책임감 있는 (Responsible)*
자아존중감 (Self-respect) *	자기통제 (Self-controlled)*
사회적 인정 (Social recognition)*	용감한 (Courageous)
현명함 (Wisdom)*	용서하는 (Forgiving)
세계평화 (A world at peace)	남을 돕는 (Helping)
국가안보 (National security)	정직한 (Honest)
구원 (Salvation)	사랑하는 (Loving)
진실한 우정 (True friendship)	순종하는 (Obedient)
성숙한 사랑 (Mature love)	예의바른 (Polite)

* 소비자 행동과 관련성이 높은 가치항목들

2) LOV(List of Values)

로키치의 가치이론은 인간이 살아가며 추구하는 가치들을 체계적으로 분류했다는 평가를 받고 있으나 평가문항이 너무 많고 소비행동과 관련성이 적은 문항들(예: 세계평화, 구원)이 있어 소비자행동 이해에의 적용 가능성이 떨어진다는 문제가 있다. 이에 따라 카알(Kahle)은 소비자행동과 좀 더 밀접한 가치들로 구성된 가치항목(List of Values: LOV)을 작성하였다. Kahle의 LOV에는 모두 9개의 항목들이 있는데, 이 항목들은 크게 내적 가치, 외적 가치, 그리고 대인관계 가치의 세 가지 영역으로 분류될 수 있다.

첫째, 소비자가 구매행동을 통해 추구하는 내적, 개인적 가치에는 성취감, 자아실현, 흥분/자극, 자기존중 요인이 있다. 둘째, 외적 가치는 안전, 타인으로부터의 존경, 그리고 생활의 즐거움과 쾌락성이라는 요인들로 구성된다. 셋째, 사회적 대인관계 가치는 다른 사람들과의 상호작용을 통해 얻어질 수 있는 가치차원으로, 따뜻한 인간관계와 소속감으로 세분화될 수 있다. Kahle은 이러한 요인들이 소비자가 그들의 상품선택과 소비생활에 있어 궁극적으로 추구하는 가치차원들이라고 주장하였다.

[표 7-7] Kahle의 LOV(List of Values)

내적 가치 (Internal Individual Values)	• 성취감 (Sense of Accomplishment) • 자아실현 (Self-fulfillment) • 흥분/자극 (Excitement) • 자기존중 (Self-respect)
외적 가치 (External Values)	• 안전 (Security) • 타인으로부터의 존경 (Being well respected) • 생활의 즐거움 (Fun and Enjoyment of life)
대인관계 가치 (Interpersonal Values)	• 따뜻한 인간관계 (Warm Relationships with others) • 소속감 (Sense of belonging)

4. 가치의 측정

서비스 고객이 추구하는 가치들은 그들의 서비스 이용행동에 중요한 영향을 미칠 수 있다. 마케터는 고객이 서비스를 구매할 때 고려하는 주요 서비스 속성뿐 아니라 이러한 속성들을 통해 고객이 궁극적으로 추구하는 효익과 가치가 무엇인지를 이해해야 할 것이다. 고객 가치에 대한 이해는 광고, 서비스 신상품 개념 결정, 그리고 시장세분화에 유용하게 적용할 수 있다.

서비스 상품의 구체적 특성들과 고객의 지각된 편익, 그리고 궁극적 가치는 사슬처럼 서로 연결되어 있다. 예컨대 커피전문점에서 사마시는 고객은 커피의 맛과 향, 세련된 매장 인테리어, 예쁜 컵, 편안한 의자 등과 같은 속성들에 어필된다. 그런데 이러한 구체적 속성들은 그가 추구하는 상위 차원의 편익, 즉 지인과 커피를 마시며 함께하는 즐거움과, 더 나아가서는 따뜻한 인간관계라는 최종가치로 이어질 수 있다.

고객가치를 파악하기 위해서는 **수단-목적사슬 분석법**(means-end chain analysis)이 사용된다. 이 접근법은 고객이 상품선택시 고려하는 특성들이 그의 궁극적 가치에 어떻게 연결되어 있는지를 살펴보기 위하여, 구체적인 상품속성에서 시작하여 왜 그 속성이 중요한지를 역으로 거슬러 올라가며 탐색함으로써 고객의 상위 가치체계를 파악하는 방법이다. 이 수단-목적사슬 분석에 사용되는 방법은 래더링 기법이다. **래더링**(Laddering) **기법**은 일대일 심층면접법에 기초한 정성적 자료수집분석 방법으로서, 말 그대로 사다리를 한 계단, 한 계단씩 올라가듯 단계별로 "왜"라는 질문을 연속적으로 던져, 소비자가 상품선택을 할 때 고려하는 상품속성과 이를 통해 추구하는 편익, 그리고 소비자가 추구하는 최종 가치를 밝혀내는 접근방법이다.

[그림 7-3] **수단-목적 사슬의 예**

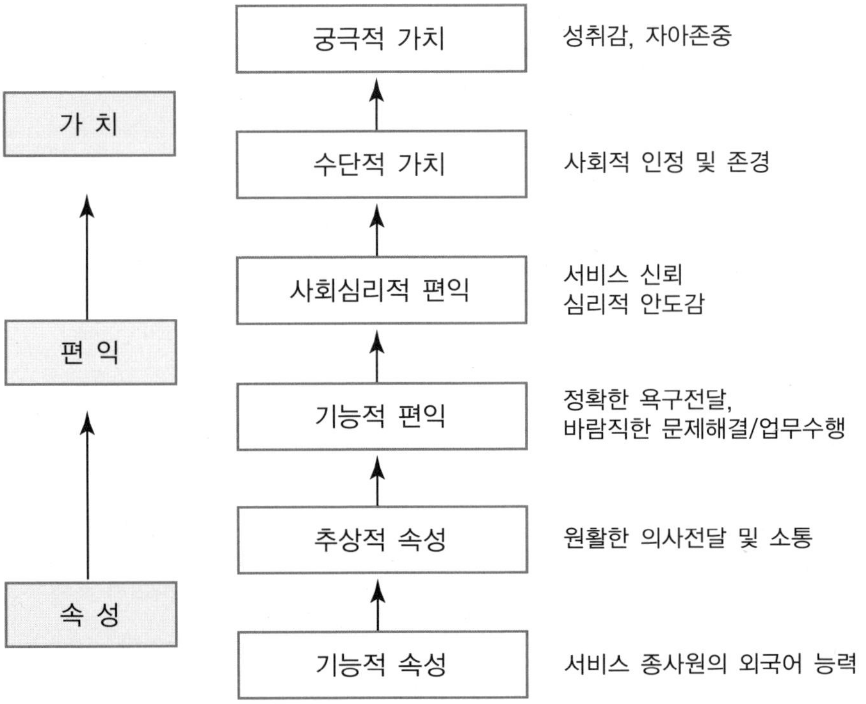

5. 서비스 고객이 추구하는 가치들

개인이 어디에 가치를 두고 살아가느냐에 따라 그의 소비생활은 크게 영향을 받게 된다. 소비자 행동을 규정하는 가치에는 참으로 다양한 것들이 있다. 본 절에서는 서비스 고객이 서비스 상품들을 구매함에 있어 추구하는 주요 가치들 중 몇몇 두드러지는 구체적 요인들을 살펴 보기로 한다.

1) 물질

물질주의(materialism)는 현재 소비자생활의 주요 기류를 형성하는 가치체계라고 말할 수 있다. 물질숭상과 배금주의 성향은 과거에 서구문화에서 강하게 나타났지만, 최근의 동서양 비교조사에 의하면 서양 국가들보다 한국이나 중국 등 동양의 신흥 경제국가의 국민들이 서구인들에 비해 물질주의 성향이 더욱 높은 경향을 나타낸다고 한다.

물질주의가 팽배한 사회에서는 소유의 정도에 따라 사람을 평가하고 행복감과 만족감의 근거를 돈과 물질의 획득에서 찾는데, 이러한 경향은 개인에 따라 정도 차이를 나타낸다. 물질에 최우선 가치를 두는 사람은 부유층을 동경하고 이들의 행동을 모방하려는 경향이 강하며 사치성 품목에 관심이 많다. 이들에게 돈은 사회적 인정이나 성취감, 자존이라는 상위가치를 달성하는 수단이 된다. 물질주의적 행동양식은 고급 호텔이나 레스토랑 이용 등 상징적 서비스에 대한 과시적 소비행동으로 나타난다.

2) 쾌락

즐거움을 찾고자 하는 쾌락주의(hedonism)는 다양한 서비스 이용행태에 반영된다. 맛있는 음식을 찾아 유명 맛집을 순례하거나 여행 다니기, 영화 관람하기 등은 즐거움과 쾌락을 위해 수행되는 행동이라고 할 수 있다. 최근 커피와 와인에 대한 기호가 점차 고급화되는 경향을 보이는데 이 또한 감각적 즐거움을 추구하는 시장의 추세로 해석될 수 있다. 서비스마케터는 즐거운 경험을 추구하는 소비자 심리를 이해하여 새로운 맛, 새로운 재미, 시각적 즐거움 등 소비자에게 감각적 만족을 주는 쾌락요인을 발견하려는 노력을 기울여야 할 것이다.

3) 외모

최근 소비자들에게 두드러지게 나타나는 현상은 과거에 비해 외모를 젊고 아름답게 가꾸는 데 더욱 많은 가치를 두게 되었다는 것이다. 이는 평균수명의 빠른 증가와 함께 소비자들이 앞으로 자신에게 남은 기대여명(life expectancy)을 길게 내다보는 것과 무관하지 않다. 젊고 매력적으로 보이기 위한 성형수술은 남녀노소를 불문하고 높은 관심을 나타내며 성형에 대한 거부감도 과거에 비해 낮은 수준이다. 현재 소비자들은 의류패션, 화장품, 주얼리 등 스타일 관련 제품들과 피부관리, 체형관리, 다이어트, 모발관리 등 외모관리를 돕는 각종 서비스에 과거 그 어느 때보다 많은 돈을 지불하고 있다.

4) 건강

평균수명의 증가와 밀접한 관계를 나타내는 또 하나의 가치 요인은 건강에 대한 가치이다. 오래 사는 것이 중요한 것이 아니라 건강하게 무병장수하는 것이 중요하다는 것이다. 건강은 생존뿐 아니라 개인의 삶의 질과 행복감을 결정하는 핵심 요소이다. 따라서 자신과 가족의 건강 유지와 각종 질병의 초기발견 및 치료에 소비자들이 많은 관심을 갖게 되었다. 건강검진 서비스에 대한 수요가 증가하고 각종 오염물질에 대한 의식이 생겨나며 건강식과 자연식품에 대한 관심이 증가한 것은 건강추구라는 가치의 자연스러운 결과로 받아들여진다.

소비자의 이와 같은 추세에 따라 호텔에서는 객실에 환경친화적이고 항균기능이 있는 벽지와 가구, 린넨 등을 갖춰놓고 이를 홍보도구로 사용하며, 음식점에는 각종 식재료의 원산지를 표시하여 식품안전성과 위생성을 강조하고 있다. 앞으로는 건강의식 소비자들을 위해 채식위주 식단, 저염식단, 저열량 식단 등 각종 건강관리 식단이 음식점에 등장할 것으로 예상된다. 또한 체력관리를 위한 각종 운동 프로그램, 여가와 스포츠를 결합한 여행상품, 개인 트레이닝 서비스 등 건강을 의식하는 소비자를 위한 서비스 수요가 증가될 전망이다.

5) 기술

현대 소비자들은 과거 그 어느 때보다 기술에 높은 가치를 둔다. 많은 이들이 생활 속에서 사용하는 컴퓨터와 스마트폰 등 각종 기기들이 이러한 추세를 반영해준다. 기술에 높은 가치를 두는 소비자의 가치시스템은 서비스업에 많은 영향을 주었으며, 서비스업체들은 이러한 소비자의 가치에 부응하여 그들의 경영방식에 다양한 기술을 도입해왔다.

호텔에서는 전산화된 비디오 체크인/체크아웃 서비스를 도입하여 고객의 편의성을 높이고 고객의 흐름을 원활히 하고 있다. 각지에 흩어져있는 사람들이 마치 같은 방에 모여 있듯이 회의를 진행할 수 있는 화상 회의실, 음성으로 작동하는 컴퓨터 종업원 등 첨단시설을 갖춘 호텔도 있다.

우리나라 대부분의 특1급 호텔들은 비즈니스 고객을 위한 사이버오피스 개념을 도입했다. 즉 고속인터넷 서비스와 최신 정보통신 시설을 제공함으로써 고객이 객실에서 일을 업무보고 하는데 불편함이 없도록 기술적 지원을 하는 것이다. 신라호텔에서는 그래픽 연회연출 시스템을 도입하여 연회기획자들의 의사결정 및 사전 행사준비를 돕고 있다. 이 시스템은 고객이 컴퓨터 화면을 통해 호텔 내 각 연회장을 둘러보고 자기 행사에 알맞은 장소를 선택한 뒤 좌석배치, 장식물 배치, 메뉴, 음악 등을 직접 선택할 수 있는 기능을 갖추고 있다. 래디슨 서울 플라자 호텔은 고객이 객실의 TV화면을 리모컨으로 조작하여 자신이 호텔 내에서 사용한 지출내역을 프런트데스크에 올 필요 없이 앉은 자리에서 확인해 신용카드로 결제할 수 있는 비디오 결제시스템을 사용한다.

테크놀로지는 현대인의 일상생활에 깊숙이 들어와 편리함과 효율성, 시간절약 혜택을 제공함으로써 필요불가결한 삶의 일부가 되어버렸다. 즉 기술은 그 자체로 의미를 갖는 궁극적 가치라기보다는 현대의 서비스 고객들에게 중요한 수단적 가치인 것이다.

6) 자존/가족

자기존중(self-respect)에 대한 가치는 개인 및 가족 단위로 나타난다. 개인주의와 가족중심주의는 개인 자신과 개인의 확장인 가족을 초점으로 형성된다. 현대인에게 자존이란 종종 최상의 가치로 여겨진다. 누구에게나 자기 자신은 세상에서 가장 중요한 인물이기 때문이다. 소비자는 자기개발을 위한 투자를 하거나 다양한 서비스업장에서 직원의 친절한 대우를 받음으로써 자아존중감을 느끼고자 한다.

또한 많은 소비자들에게 가족은 종종 가장 중요한 가치로서 작용한다. 가족중심 가치관에 따라 우리나라의 소비자들은 자녀의 교육과 행복을 위한 것이라면 과감히 지갑을 여는 경향을 나타낸다. 이와 같은 소비자 심리에 따라 우리나라의 특급호텔들은 자녀에게 남들과 다른 것을 해주고 싶어 하는 부모들을 겨냥하여 원어민 영어책 읽어주기, 쿠킹 클래스, 체험학습 등 어린이를 위한 특별 패키지 프로그램들을 개발하여 판매하였는데, 이러한 호텔패키지 상품들은 어린 자녀를 둔 상류층 소비자들에게 긍정적인 반응을 이끌어낼 수 있었다.

4 라이프스타일

라이프스타일은 소비자의 생활과 행동에 기반을 둔 사이코그래픽 개념이다. 사람들은 모두 나름대로 살아가는 방식이 있다. 이들이 어떠한 유형의 삶을 영유하고 있는지, 즉 무엇을 하기 좋아하며 어떠한 것에 시간과 돈을 사용하는지는 그들의 소비생활과 직결된다. 유사한 라이프스타일을 가진 사람들은 상품구매 및 소비, 매체이용행위 등에 있어서 상호 유사성을 나타낼 가능성이 높다. 따라서 서비스마케터는 고객의 라이프스타일을 파악하여 전체시장을 라이프스타일 유형별로 세분화하고 각 유형에 맞춘 서비스개념을 개발할 필요가 있다. 예컨대 백화점과 할인마트에서는 미술, 음악, 요리, 댄스, 요가, 및 각종 교양강좌 프로그램을 운영하는 문화센터를 통해 다양한 라이프스타일의 소비자집단을 매장으로 유인하고자 시도한다.

1. 라이프스타일의 결정요인

개인의 라이프스타일은 그 사람의 살아가는 방식(mode of living)이다. 어떤 사람은 여가에 가족들과 함께 시간을 보내기를 좋아하는가 하면, 어떤 사람은 주말만 되면 필드에 나가 하루 종일 골프를 즐긴다. 또 어떤 사람은 혼자 방 안에서 책을 읽거나 인터넷을 하면서 시간을 보내기도 한다. 라이프스타일은 개인이 살아가면서 사회적 상호작용을 통하여 형성된 개인 고유의 내재적 특성의 결과로 결정된다. 소비자의 개성과 가치가 비교적 안정적인데 비해 라이프스타일은 보다 쉽게 변화할 수 있는데, 이는 개인의 라이프스타일이 환경과 일시적 상황의 영향을 크게 받기 때문이다. 소비자 라이프스타일의 결정요인들은 [표 7-8]과 같이 문화적 요인, 사회적 요인, 경제적 요인, 인구통계적 요인, 그리고 개인적 요인으로 분류될 수 있다.

[표 7-8] **라이프스타일의 결정요인**

요 인	특성변수의 예
문화적 요인	국가문화, 지역문화, 가족문화, 음식문화, 주거문화, 의복문화, 전통문화, 문화적 가치
사회적 요인	소속집단, 준거집단, 교제대상 및 범위
경제적 요인	직업, 소득, 주거지역, 가용자산, 국가경제상황 및 인프라
인구통계적 요인	연령, 성별, 교육수준, 직업, 종교, 가구상태(결혼, 이혼, 독신), 가족구성원(다인가족, 1인가족, 다문화가정)
개인적 요인	개성, 가치관, 자아개념, 취미, 특기, 성장환경, 건강상태

2. 라이프스타일의 측정

1) AIO 분석

AIO 척도는 라이프스타일을 측정하는 도구로 종종 사용된다. 이는 소비자의 라이프스타일 유형을 일상의 행동(A: Activities), 주요 관심사(I: interests), 그리고 사회적 · 개인적 문제들에 대한 의견(O: Opinions)이라는 세 가지 차원에서 파악하는 방법이다(표 7-8). 즉 소비자가 어떻게 시간을 보내고, 어떤 일을 중시하며, 어떤 견해를 갖고 있는가를 척도로 나타내어 수치화하는 것이다.

첫째, 활동은 그 사람이 주로 무엇을 하는데 시간과 에너지를 소비하느냐에 관한 것이다. 일, 취미, 여가활동, 오락활동, 쇼핑행동, 스포츠 등이 여기 포함된다. 예컨대 등산, 스포츠 등 동적인 야외활동을 좋아하는 소비자가 있는가 하면 독서, 영화관람 등 정적인 실내 활동을 좋아하는 소비자도 있으며, 일 중심으로 살아가는 소비자도 있다. 둘째, 관심이란 개인의 주요 관심사가 어디에 집중되어 있느냐를 의미한다. 사람들은 가족, 자녀교육, 건강, 직업, 패션, 음식, 연애 등 다양한 관심사를 가지고 살아가는데, 이 중 어느 부문에 관심이 집중되느냐는 개인에 따라 다르게 나타난다. 셋째, 의견은 자기 자신에 대한 지각 및 사회, 경제, 정치, 교육 등의 이슈들에 대해 어떠한 견해와 주장을 갖고 있는지를 말한다.

[표 7-9] AIO 분석

활동(A: Activities)	관심(I: Interests)	의견(O: Opinions)	인구통계적 변수
• 일 • 취미 • 여가 • 오락활동 • 쇼핑 • 스포츠 • 클럽 활동	• 가족 • 집 • 직업 • 패션 • 오락 • 음식 • 지역사회	• 자기 자신 • 사회적 문제 • 정치적 견해 • 경제상황 • 문화 • 교육 • 상품	• 연령/성별 • 교육수준 • 소득수준 • 직업 • 가족규모/형태 • 거주지/주택형태 • 도시규모

최근에는 소비자행동에 있어서의 AIO 분석의 활용도와 예측력을 높이기 위하여 다음과 같이 추가적인 변수들을 포함시킨 확장 AIO 분석방법이 시도되고 있다. **확장 AIO 분석**(Extended AIO)은 상품에 대한 태도와 이용률, 매체이용행동 등 소비자 행동에 좀 더 초점을 맞춘 항목들을 측정에 포함시킨다.

- **활동(Activities)** 주로 어떤 일에 시간과 노력을 투입하느냐의 문제
- **관심(Interests)** 지속적인 주의를 기울이는 사건, 혹은 이슈들
- **의견(Opinions)** 특정 사안에 대한 시각이나 신념, 현상에 대한 해석 및 평가
- **태도(Attitudes)** 상품, 브랜드, 타인의 아이디어 등에 대한 평가적, 감정적 반응
- **가치(Values)** 무엇이 의미 있고 바람직한 것인가에 대한 개인적 신념
- **인구통계적 특성(Demographics)** 연령, 성별, 주거지역, 소득수준, 직업, 종교, 교육수준, 가족규모/형태 등
- **매체이용행위 (Media Patterns)** 소비자가 주로 노출되는 주요 매체, 프로그램 및 노출시간
- **사용량 및 이용빈도수(Usage Rates)** 특정 제품이나 서비스의 사용량 및 이용빈도수

2) 총체적 접근방법과 제한적 접근방법

소비자 라이프스타일 접근방법에는 크게 소비자의 소비행동 전반에 걸쳐 나타나는 라이프스타일의 영향을 분석하는 총체적 접근방법과 어느 한 제품군이나 서비스 시장에 초점을 맞추어 그 상품 관련 소비자 라이프스타일 항목들을 선택적으로 추려내어 분석하는 제한적 접근방법이 있다.

첫째, **총체적 접근방법**은 소비자들의 라이프스타일이나 가치체계가 소비행동 전반에 미치는 영향을 파악하려는 목적으로 특정상품에 국한되지 않은 보편적인 가치나 생활양식에 바탕을 두고 소비자들의 라이프스타일을 체계적으로 유형화하는 방법이다. 총체적 접근방법은 라이프스타일이 소비시장 전반에 걸쳐 미치는 광범위한 영향을 이해하는 데는 매우 유용하지만, 어떤 특정상품과 관련된 소비자행동을 반영하는 데는 한계가 있다.

둘째, **제한적 접근방법**은 어느 특정 제품군이나 서비스를 중심으로 하여 그 시장만의 독특한 성격을 반영하는 라이프스타일 항목들을 추출하여 시장을 세분화하는 방법이다. 제한적 접근방법에서는 특정 제품이나 서비스와 관련된 소비자의 라이프스타일을 해당 제품/서비스 이용과 직접적인 관계가 있는 구체적 항목들을 사용하여 보다 면밀하게 측정한다. 예를 들어, 자동차 보험회사는 자동차운전과 관련된 생활습관 조사를 하여 음주운전을 할 가능성이 높은 라이프스타일 집단을 파악한다. 한 조사는 자동차 사고유발 가능성이 높은 두 개의 대표적인 소비자집단을 파악했는데, 하나는 파티를 즐기고 남성적이며 감각추구성향이 높은 'Good timers' 이며 또 한 집단은 문제를 일으키고 말썽을 부리는 청소년층 ' Problem Kids' 로 나타났다. 여가행동에 대한 한 라이프스타일 조사에서는 여가를 어떻게 보내느냐에 따라 소비자집단을 (1) 아이들과 공원이나 야외로 놀러나가는 것을 즐기는 '소풍형', (2) 백화점이나 쇼핑몰에서 주로 시간을 보내는 '쇼핑형', (3) 골프나 등산 등 운동을 하는 '스포츠형', (4) 친구들과 음식점이나 카페에서 만나 수다를 떠는 '카페형', (5) 집에 콕 박혀서 TV를 보거나 낮잠을 자는 '방콕형' 등으로 분류하였다.

외식산업 고객의 외식행동 관련 라이프스타일의 제한적 접근방법에서는 다음과 같은 측정항목들이 사용될 수 있다. 이 문항들은 외식과 관련된 소비자의 행동, 관심, 의견을 포함한다.

[외식행동 관련 라이프스타일 측정항목들의 예]

	전혀 그렇지 않다 ... 정말 그렇다
1. 나는 다른 사람들에 비해 외식을 자주 하는 편이다.	1.....2.....3.....4.....5
2. 나는 양식이 한식보다 입에 잘 맞는다.	1.....2.....3.....4.....5
3. 나는 밥을 먹어야 제대로 식사를 한 느낌이 든다.	1.....2.....3.....4.....5
4. 나는 종종 체중 조절을 위해 다이어트를 한다.	1.....2.....3.....4.....5
5. 나는 주로 혼자서 식사를 해결한다.	1.....2.....3.....4.....5
6. 우리 가족은 모두 자주 모여 식사를 한다.	1.....2.....3.....4.....5
7. 외식을 자주 하는 사람들은 절약정신이 없는 사람들이다.	1.....2.....3.....4.....5
8. 나는 메뉴를 선택할 때 맛보다는 건강과 영양을 먼저 생각한다.	1.....2.....3.....4.....5
9. 나는 먹는 것에는 돈을 아끼지 않는다.	1.....2.....3.....4.....5
10. 나는 친구들과 만나면 주로 패밀리 레스토랑에 간다.	1.....2.....3.....4.....5
11. 나는 새로운 음식을 남보다 먼저 시도하는 편이다.	1.....2.....3.....4.....5
12. 나는 유명한 맛집이 있으면 거리가 멀어도 찾아간다.	1.....2.....3.....4.....5
13. 맛있는 음식을 즐기는 것은 생활의 중요한 한 부분이다.	1.....2.....3.....4.....5
14. 나는 맛보다는 양이 중요하다.	1.....2.....3.....4.....5
15. 음식이란 생활을 영위하기 위한 방편일 따름이다.	1.....2.....3.....4.....5
16. 나는 혼자서도 음식점에 가서 식사를 한다.	1.....2.....3.....4.....5
17. 나는 주말에 가족이나 친구들과 브런치를 즐긴다.	1.....2.....3.....4.....5
18. 나는 인도음식 태국음식 등 다양한 외국음식에 관심이 많다.	1.....2.....3.....4.....5

3) 구매상품을 근거로 한 라이프스타일 측정

사람들의 라이프스타일을 측정하는 또 하나의 접근방법은 소비자가 구매하는 상품의 품목을 분석하는 방법이다. 소비자의 지출항목을 살펴보면 다른 사람들에 비해 상대적으로 두드러지는 소비를 발견할 수 있으며 그것을 근거로 그 사람의 라이프스타일을 추론할 수 있다. 소비항목에 따라 그 사람이 어디에 가치를 두며 어떠한 생활양식에 갖고 살아가는 사람인지에 대한 아이디어를 얻는 것이다. 예를 들어 의류나 화장품, 장신구, 향수, 미용 관련 지출이 많은 사람은 감각추구 성향을 가진 소비자로 강한 자기표현 욕구를 가진 패션의식적 라이프스타일을 지닌 사람이라고 볼 수 있다. 교통 · 통신비와 패션관련 지출이 낮고 주류나 차 소비, 배달음식, 인터넷 사용률이 높은 사람은 은둔형 라이프스타일의 소유자라고 할 수 있을 것이다.

개인의 라이프스타일은 욕구와 추구효익, 그리고 구매생활에 영향을 미치는데, 구매된 상품은 다시 개인의 라이프스타일을 한층 더 강화시킨다. 예컨대 야외활동을 좋아하는 사람이 자전거나 등산화를 구입하면 그 사람은 더욱 야외활동에 시간을 보낼 가능성이 높아진다. 이와 같이 한 개인의 라이프스타일과 라이프스타일 관련 상품의 구매는 상호 강화효과를 가져온다.

3. VALS 분석

Stanford Research Institute(SRI)는 VALS(Values and Lifestyle Survey)라는 조사체계를 만들어 미국 소비자들의 라이프스타일과 가치가 어떻게 변화하고 있는지를 정기적으로 추적한다. 전체 미국인을 대상으로 가치관과 일반적 생활유형을 측정한 결과를 종합하여 그것이 소비자의 특정행위와 어떤 관계가 있는지를 알아보기 위함이다. 기업들은 SRI의 분석결과를 구입하여 제품과 서비스에 대한 시장세분화를 실시하고 표적시장에 대한 마케팅 전략을 수립한다. 초기 VALS-I 프로그램은 그 후 보다 정교하게 다듬어져 소비자 행동유형을 보다 체계적으로 이해할 수 있는 VALS-II 프로그램으로 발전되었다.

1) VALS-I

VALS-I은 전체 소비자를 크게 4 개의 범주로 구부하고, 이들을 다시 9개의 하부집단으로 세분화하였다. 첫째, 통합형은 개인적 영달과 사회적 책임, 전통적 규범과 내적 동기 사이에 균형을 이루는 유형이다. 둘째, 내부지향적 소비자집단은 기존의 문화적 규범이나 사회적 기대보다는 자신의 내적 욕구를 충족시키는데 관심이 높다. 내부지향적 소비자집단은 자기표현을 위해 상품을 구매하는 성향이 강하다. 셋째, 외부지향형은 기존의 규범과 외적 보편적 가치에 순응하려는 동기가 강한 소비자들로서 상품구매시 타인의 시각을 의식하는 경향이 있고, 구매력이 있는 소비자의 경우 과시성 소비를 한다. 마지막으로 욕구지향적 소비자집단은 소득수준이 낮고 기본적 생활수준 유지를 위한 소비생활을 한다.

- **통합형(integrated)** 내부지향형과 외부지향형의 가치관을 통합한 형태(통합자)
- **내부지향형(inner directed)** 타인의 기대보다는 개인적 욕구에 의해 동기가 부여됨 (사회의식자, 경험추구자, 개성추구자)
- **외부지향형(outer directed)** 외적 기준을 적용하여 사회적 요구에 맞춰 행동(성취자, 모방자, 귀속자)
- **욕구지향형(need driven)** 교육수준과 소득이 낮은 생계중심 집단 및 소외계층(분투가, 생존자)

[그림 7-4] VALS-I 라이프스타일 유형

[통합형]
통합자

[내부지향형]
사회의식자
경험추구자
개성몰입자

[외부지향형]
성취자
모방자
귀속자

[욕구지향형]
분투가
생존자

[표 7-10] VALS-I 라이프스타일 집단의 특성

세분집단	특 성
통합자 (Integrateds)	전체인구의 2%. 평균연령 40세. 개인적 성공과 사회적 문제에 모두 관심이 있음. 정신적 균형을 이루고 있으며, 자아성취형 생활양식을 나타냄.
성취자 (Achievers)	전체인구의 22%. 평균연령 43세. 높은 교육수준, 경제적 풍요. 자신에 대해 자부심이 있고 인생에 대해 도전적인 태도를 취함. 일에 적극적. 자신의 삶에 대해 전반적 만족.
모방자 (Emulators)	전체인구의 10%. 평균연령 27세. 도전적, 경쟁적, 일에 대해 적극적. 성취자의 삶을 갈망. 사회적 신분상승을 노림.
귀속자 (Belongers)	전체인구의 35%. 평균연령 52세. 전통적, 보수적, 가정지향적 성향. 고졸학력, 생산직에 종사. 인생에 대해 긍정적 태도, 대체로 만족한 편. 단순한 사고.
사회의식자 (Societally Conscious)	전체인구의 8%. 평균연령 39세. 사회적 문제에 관심이 많고 정신적으로 성숙함. 교육수준이 가장 높고 경제적으로 풍족함. 전문직이 많음. 물질적 측면보다 정신적 측면을 중요시하고 진보적인 사고를 가짐.
경험추구자 (Experientials)	전체인구의 7%. 평균연령 27세. 진보적이고 충동적. 인생의 새로운 경험을 원하고 찾음. 직업 이외의 활동으로부터 심리적 만족을 추구함.
개성몰입자 (I-Am-Me's)	전체인구의 5%. 평균연령 21세. 새로운 인생과 경험을 적극적으로 수용하고 원함. 개성과 감각 추구. 자아를 발견하고 가치관을 정립하는 단계.
분투가 (Sustainers)	전체인구의 7%. 평균연령 33세. 미래에 대한 희망을 갖고 현재의 낮은 생활수준을 감내함. 경제적 빈곤에서 탈피하기 위해 부단히 노력.
생존자 (Survivors)	전체인구의 4%. 평균연령 66세. 경제여건 열악, 낮은 교육수준, 사회에서 소외되어 집안에서 주로 소일. 불안정한 사회적 신분, 심리적 무기력, 타인에 대한 신뢰 부족.

VALS-I 프로그램은 전체인구의 생활특성과 가치관을 중심으로 소비자집단을 구분하는데 유의미한 기준을 제공하였으나, 세분화된 각 집단들이 너무 광범위하고 일반적이라는 문제점을 갖고 있다. 또한 전체 소비자의 67%가 외부지향적 소비자집단에 몰려 있어 실무적으로 시장세분화와 표적시장 선정을 함에 있어 활용성이 떨어진다는 지적이 있어 왔다. 따라서 좀 더 균형 있고 실용적으로 활용 가능한 세분시장을 발견하기 위해 VALS-II 프로그램이 새로이 개발되었다.

2) VALS-II

VALS-II는 VALS-I의 단점을 보완하기 위해 개발된 라이프스타일 조사 프로그램이다. VALS-II 프로그램은 베이비붐 세대의 연령이동과 베이비붐 세대의 자녀세대인 에코부머 세대의 등장, 그리고 시대변화에 따른 현대인의 생활양식과 가치관의 변화를 고려하여 새로운 라이프스타일 집단을 제시하였다.

VALS-II는 사람들의 자원보유 정도와 주요 지향성에 따라 전체 소비자를 [그림 7-5]과 같이 8개의 집단으로 분류하였다. 여기서 보유자원이란 교육수준, 소득수준, 보유자산, 자신감, 자부심 등을 포함한 개념이며, 주요지향성이란 개인이 세계를 보는 관점(view of life)에 따라 주로 무엇을 중요하게 추구하며 사는가를 의미한다.

[그림 7-5] VALS-II 라이프스타일 유형

사람들은 생활의 기본적 욕구가 충족되어 분투가 집단을 벗어나면, 그들의 세계관과 성향에 따라 원칙지향적, 지위지향적, 혹은 행동지향적 집단으로 분류된다. 원칙지향적(principle-oriented) 소비자는 타인의 이목에 의해 소신이 흔들리지 않고 자신의 믿는바 원칙과 신념에 의해 행동하는 특성을 가지고 있다. 지위지향적(status-oriented) 집단은 타인의 행동, 인정, 그리고 의견 등에 따르려는 특성이 있으며 타인을 의식하고 사회적 가치를 중요하게 여기는 소비자집단이다. 행동지향적(action-oriented) 집단은 사회활동에 적극적이고 모험적이며 다양한 여가생활과 취미생활을 추구하는 행동성향을 나타낸다. 마지막으로, 실현자는 사회적 지도층과 부유층으로 구성된다고 볼 수 있는데, 풍부한 자원으로 인해 물질적, 정신적 자아실현이 가능한 소비자집단이다.

[표 7-11] VALS-II 라이프스타일 집단의 특성

세분집단	특 성
실현자 (Actualizers)	소득수준이 높고 자아존중성향이 강하다. 자신을 표현해주는 고급상품 사용. 변화에 능동적이고, 신기술, 신상품을 적극적으로 수용. 다양한 분야에 폭넓은 관심이 있으나, 광고에 대해서는 회의적.
충족자 (Fulfilleds)	교육수준이 높고 전문직 종사자들이 많음. 책임감이 강하고, 성숙된 사고를 함. 가정을 중시하고 가족단위로 사용하는 가정용 상품의 구매율이 높음. 교육, 여행, 건강을 중시
신뢰자 (Believers)	원칙지향적이나 충족자보다 상대적으로 자원을 적게 보유. 보수적, 전통지향적, 소시민적, 애국심이 강함. 변화에 유연하지 못하고 다소 경직된 사고를 가지고 있음. 이미지나 품위관련 상품에는 관심이 적고, 가사문제 · 노후문제에 관심.
성취자 (Achievers)	일 중심적. 직업과 가족으로부터 만족을 추구. 과시성 소비를 하며, 남에게 보이기 위한 고가품 구매를 함. 많은 상품군에 있어 초기수용자 역할. 종종 주요 표적 소비자층이 됨.
노력가 (Strivers)	성취자 계층에 진입하기 위해 노력. 주로 젊은 층으로 구성되어 있으며 이미지, 스타일을 중요시 함. 가처분소득은 적으나 책임감있는 경제생활을 함.
경험자 (Experiencers)	운동과 다양한 사회활동에 참여. 쾌락과 즐거움을 추구하는 성향. 소비성향이 높으며 신상품을 구매하려는 성향이 높음. 유행에 민감. 충동구매의 성향이 높고, 광고에 관심이 많음.
자급자 (Makers)	실용성, 편리성, 내구성 중시. 가족, 일, 여가를 중요시하고, 외부 세계에 대한 관심이 별로 없음. 집안꾸미기, 자동차, 가정용 공구 등의 소비가 두드러짐.
분투가 (Strugglers)	생활의 주관심사는 안전과 생존. 가처분소득이 가장 적으며 연령이 높음. 광고를 깊이 신뢰하며 상표성도가 높음. 쿠폰사용률이 높고 바겐세일을 활용하는 편.

4. 한국인의 라이프스타일

제일기획은 전국 5대도시(서울, 부산, 대구, 광주, 대전)에 거주하는 만 13세 이상 60세 미만의 대한민국 국민 총 6,000명을 대상으로 라이프스타일을 조사하였다. 조사항목은 개인적 가치관, 사회적 가치관, 식생활양식, 의생활양식, 주생활양식, 여가 및 취미생활, 지적 활동, 그리고 가족관 및 결혼관 등에 관련된 문항으로 구성되었다. 군집분석결과 총 6개의 라이프스타일 유형이 도출되었는데 각 유형별 특징은 다음과 같다.

서구지향적 자아추구형 서구지향적 자아추구형은 지적 개발 노력, 적극적 여가활동, 개성중시 등 자아추구 성향이 두드러지고 서구적 식생활양식, 유행, 패션 등 서구적, 개방적 라이프스타일의 수용성이 현저하다. 이들은 외모나 외형적인 미의 감각을 매우 중시하며 유행 및 주변환경의 변화에 가장 민감하게 반응하고, 자기개발에 대한 욕구가 가장 강력한 집단이다. 끊임없이 새로운 지식을 추구하고 활발하게 취미생활을 하며 개성의 표현을 중시하여 규범이나 조직의 틀에 얽매이기를 거부하는 경향이 강하다. 또한 물질적 풍요의 혜택을 누리고 가정적으로도 비교적 안정된 편으로 삶에 대한 만족도가 상대적으로 높은 편이다. 이 집단은 취미활동을 즐기고 휴가나 여행 등도 빈번한 편이다. 개인주의적 성향이 강해 사회적 이슈에 대한 관심도는 타 집단에 비해 낮은 수준이다.

현실부정적 자아억제형 이 집단은 지적 개발 노력, 여가활동, 개성중시 등 자아추구 성향은 매우 억제된 반면, 부정적, 냉소적 사회관을 보이고 있으며 삶에 대한 불만족 또한 크다. 현실부정적 자아억제형은 자신의 개성을 표현하기보다는 타인과의 관계에서의 규범을 매우 중시하며 집단의 틀 안에 안주하려는 성향이 가장 높다. 가족중심적 생활양식을 지향하는 성향이 상대적으로 높은 집단으로 전통적, 보수적 가족관에 대해서는 비교적 순응하는 편이다. 이 집단의 주요 관심사는 자녀교육과 노후문제이다.

미래지향적 갈등형 미래지향적 갈등형은 생활의 안정성과 만족도는 낮지만 자아추구 노력이 상대적으로 두드러진다. 사회체제에 대해서는 비판적이면서 한편으로는 보수적, 전통적 가치관을 중시하는 등 복합적, 갈등적 가치체계를 특징으로 한다. 이들은 자기개발에 대한 욕구가 상대적으로 높은 집단으로서 지적 탐구가 왕성하고 취미활동, 또는 교양활동도 다소 높은 편이다. 사회의식이 타 집단보다 높으며, 사회 전반에 대한 불신 및 사회변화에 대한 욕구 또한 매우 높은 수준을 나타낸다. 정치적 이슈에 매우 민감한 편이고, 직장 및 취업에 대한 관심도가 높다.

전통지향적 현실순응형 이 집단은 자아추구 성향이 낮고 서구적, 개방적 생활양식에 대한 거부감이 강한 반면, 여유롭지 못한 삶 속에서도 순응적 사회관을 보여준다. 전통지향적 현실순응형은 가족 중심의 가치관을 매우 중시하고 가족지향적 삶의 양식을 추구하려는 성향이 강하다. 전통적, 보수적 가족관을 추구하는 성향이 나타내고, 체제에 대한 불신이나 사회변화에 대한 욕구는 낮은 수준을 보인다. 이 집단의 주요 관심사는 건강, 질병, 노후문제, 자녀문제이다.

감각지향적 자유분방형 감각지향적 자유분방형은 서구적, 개방적 생활양식에 대한 수용도가 높고, 보수적 가족관에 대한 거부감이 현저히 나타난다. 패션이나 유행의 변화에 상대적으로 민감한 편이고 서구적인 음식문화나 생활양식에 대한 수용성이 높다. 자신의 개성에 대한 표현욕구가 강하고, 자유분방한 생활태도로 인해 집단적 규범에 대한 거부성향이 높으며, 전통적, 보수적인 가족관이나 결혼관에 대해서도 비판적인 태도를 보인다.

보수적 현실향유형 보수적 현실향유형은 생활의 안정성과 삶의 만족도가 매우 높으면서 보수적 생활양식에 대한 선호도를 나타낸다. 이들은 취미활동 등을 활발하게 하고, 개인지향적 가치관보다는 집단의 규범과 주위와의 조화 등을 더 중요하게 생각하는 성향이 보인다. 물질적인 풍요를 바탕으로 생활의 윤택함을 가장 많이 누리는 집단으로서 삶에 대한 전반적인 만족감이 높다.

이와 같은 여섯 개 라이프스타일 집단의 인구통계적 특성 및 매체이용행동, 소비행동 특성은 [표 7-12]과 같다.

[표 7-12] 한국인의 라이프스타일 유형별 특성

	인구통계적 특성	매체이용실태	소비행동
서구지향적 자아추구형	주로 20대. 본인과 가구주의 교육 수준이 모두 높음. 생활수준 높은 편.	신문: 문학예술, 여행/레저 및 쇼핑관련 기사에 높은 관심 TV/라디오: 개그물, 추리극, 클래식 음악에 상대적으로 높은 관심	충동구매 성향과 브랜드 선호도 높음. 음료시장, 식품시장, 위생용품시장 등 다양한 소비제품군에 걸쳐 활발히 소비
현실부정적 자아억제형	3, 40대. 여성층의 비율이 높음. 학력: 주로 고졸 이하. 낮은 생활수준	신문: 교육, 육아, 요리 관련기사에 관심 TV/라디오: 드라마, 방화, 가요에 관심	알뜰구매 성향 타 집단에 비해 두드러진 소비상품 없음.
미래지향적 갈등형	주로 20대. 남성층의 비율이 높음. 본인의 교육수준은 높은 반면, 가구주의 학력은 낮음.	신문: 스포츠, 과학/기술 관련기사에 상대적으로 높은 관심 TV/라디오: 축구, 야구 등 스포츠 프로	구매력이 낮음. 주류 소비가 높고, 백화점 이용률 낮음.
전통지향적 현실순응형	30대 이상. 본인과 가구주의 교육 수준이 낮음. 생활수준 중하층	신문: 구독률이 현저히 낮음. TV/라디오: 사극, 드라마, 옛날가요, 방화	구매력 낮음 전반적으로 저조한 소비 수준을 나타냄
감각지향적 자유분방형	여성층의 비율이 높음. 10대와 20대 학생 가구주 학력과 생활수준은 보통	신문: 패션, 미용, 연예계 관련기사에 관심 TV/라디오: 전파매체의 주 이용자, 외화, 쇼프로, 최신 유행가요 등에 높은 관심	충동구매 성향과 브랜드 선호도 높음 스포츠음료, 스낵류, 의류, 개인위생용품 소비높음 편의점과 패스트푸드 레스토랑 이용률 높음.
보수적 현실향유형	남성층의 비율이 높은 편. 30대 이상. 본인과 가구주의 교육수준이 모두 높음. 높은 생활수준. 전문직, 관리직, 자영업, 사무직, 전업주부	신문: 정치, 경제, 사회, 건강, 여행/레저에 높은 관심 TV/라디오: 뉴스, 사극, 경제관련 프로그램, 교양 프로, 교통정보에 높은 관심	계획적 구매성향 백화점 이용률이 높음. 신용카드의 이용률이 타 집단에 비해 높은 수준.

5. 라이프스타일과 마케팅 전략

라이프스타일을 기업의 마케팅 전략과 연결시키기 위해서는 소비자의 라이프스타일 변수에 의한 시장세분화가 필요하다. 라이프스타일에 의한 시장세분화는 저관여 제품이나 기능적 효익을 위해 구매되는 상품보다는 소비자의 가치표현과 연관성이 높은 상징적 제품이나 감성적 가치에 의해 이용하는 서비스 상품의 시장의 경우 보다 효과적으로 적용된다. 라이프스타일 변수에 의한 시장세분화는 지리적 변수나 인구통계적 변수 등 전통적 변수들에 의한 시장 세분화로는 잘 나타나지 않는 소비생활과 패턴의 집단 간 차이를 발견하도록 도와준다.

소비자의 라이프스타일을 측정할 때는 응답자의 인구통계적 특성, 매체이용도, 소비행동도 동시에 측정한다. 수집된 자료에 대해 군집분석(cluster analysis)을 실시하여 전체 응답자들을 몇 개의 라이프스타일 집단으로 분류한 후에는 각 라이프스타일 세분시장의 인구통계적 특성과 매체이용 행동, 소비패턴을 파악하게 되는데, 이는 앞에서 제일기획의 라이프스타일 조사 사례를 통해 설명한 바와 같다. 특정 라이프스타일 집단이 표적시장으로 선정되면 그 라이프스타일 시장에게 적합한 상품개념, 촉진전략, 광고매체 및 모델 등이 결정된다. 예를 들어, 아웃백 스테이크 레스토랑의 경우, 활동적이고 사회적 친교활동이 많으며 서구식 식생활이 생활화된 젊은 연령층으로 구성된 라이프스타일 집단을 표적으로 하여 광고컨셉을 개발하였다.

[그림 7-6] 라이프스타일에 의한 마케팅 전략 수립과정

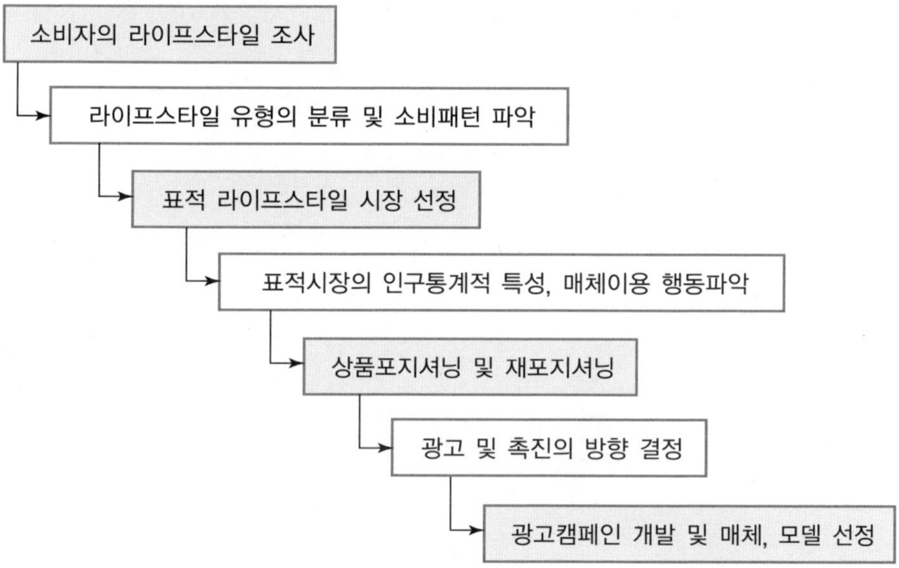

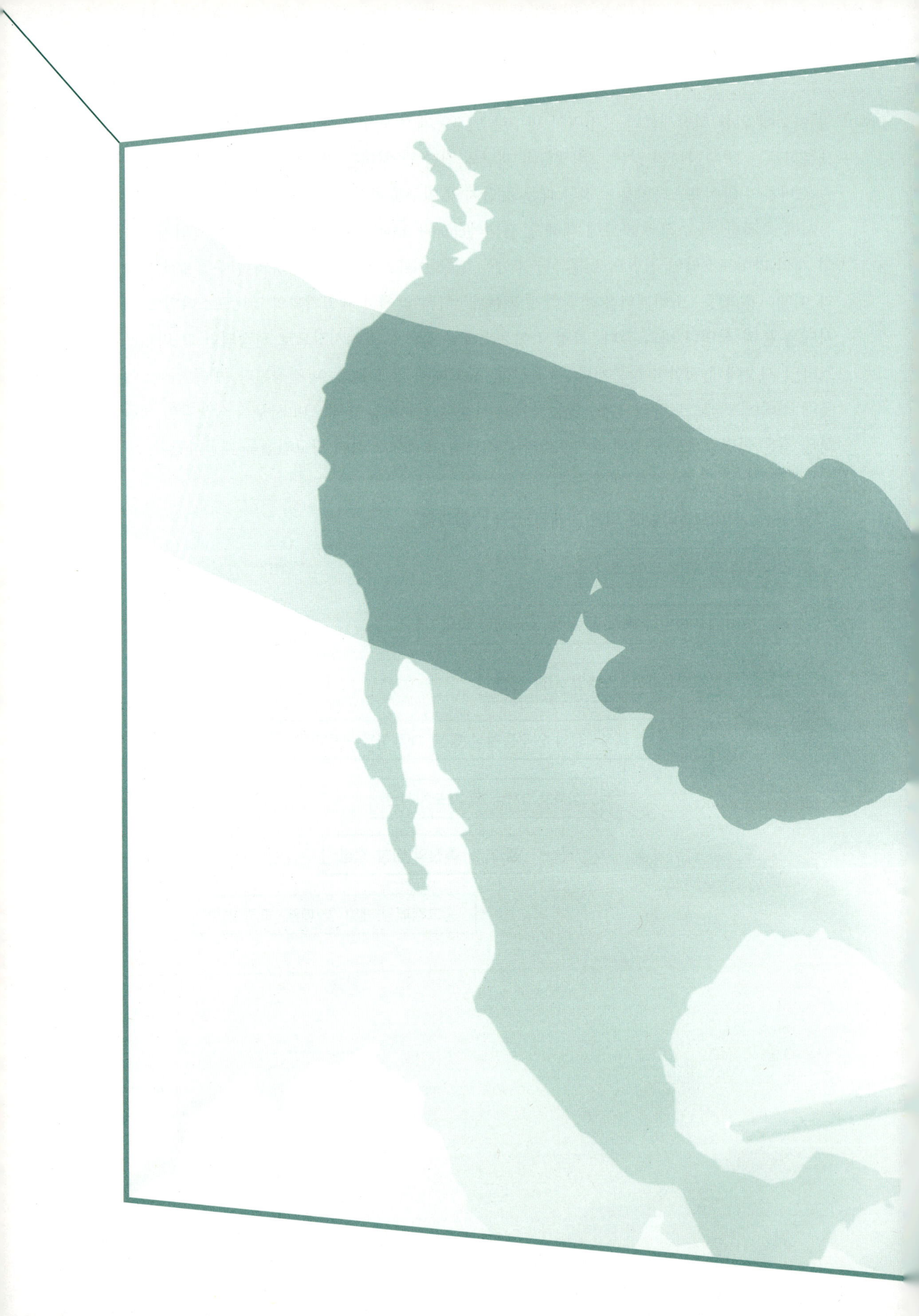

제8장

서비스 구매의사결정과정

[1] 문제의 인식

1. 문제인식 유발요인
   1) 기대 요인
   2) 상황적 요인
   3) 생리적/심리적 요인
   4) 사회문화적 요인
   5) 주변자극 요인
2. 소비자 문제인식을 위한 마케팅 방안
   1) 이상적 상태의 환기
   2) 실제적 상태의 불만족 유발

[2] 정보의 탐색

1. 정보탐색의 유형
   1) 내부탐색과 외부탐색
   2) 구매 전 탐색과 지속적 탐색
   3) 능동적 탐색과 우연적 탐색
2. 정보탐색의 결정요인
   1) 시장특성
   2) 상품특성
   3) 소비자 개인 특성
   4) 상황적 특성
3. 정보탐색의 원천
   1) 서비스 기업 제공 원천
   2) 개인적 원천
   3) 경험적 원천
   4) 중립적 원천
4. 정보탐색 방식
5. 상기상표군과 고려상표군

[3] 대안의 평가

1. 대안 평가기준의 측정
   1) 직접질문법
   2) 간접질문법
   3) 척도법
   4) 컨조인트 분석
2. 서비스 평가속성(호텔의 경우)
3. 대안평가방식
   1) 보완적 평가방식
   2) 비보완적 평가방식
   3) 휴리스틱
4. 소비자 대안평가 관여 요인들
   1) 후광효과
   2) 비교불능 대안의 평가
   3) 프레이밍 효과
   4) 정보누락
   5) 극단성 회피

[4] 구매

1. 구매행동 유형
   1) 복합구매행동
   2) 충성구매행동
   3) 다양성 추구행동
   4) 관성적 구매행동
2. 상황적 요인
   1) 물리적 환경
   2) 사회적 환경
   3) 시간적 상황
   4) 과업정의
   5) 선행상태
3. 서비스 경험
   1) 쾌락적 경험
   2) 교육적 경험
   3) 심미적 경험
   4) 일상탈피 경험

[5] 구매 후 행동

1. 구매 후 부조화
2. 귀인행동
   1) Kelly의 이론
   2) Weiner의 이론
   3) 귀인의 결과

제8장

서비스 구매의사결정과정

소비자는 구매를 할 것인가, 말 것인가? 어떤 브랜드를 구매할 것인가? 언제 구매할 것인가? 어디서 구매할 것인가? 얼마만큼 구매할 것인가? 등 구매와 관련하여 다양한 의사결정을 한다. 이와 같은 소비자 의사결정 유형 중 마케터가 가장 높은 관심을 기울이는 부분은 아마도 소비자가 어떤 상품, 혹은 브랜드를 선택할 것인가에 대한 것일 것이다. 본 장은 소비자가 수많은 경쟁상품들 중 특정 브랜드를 선택하는 과정에 초점을 두어, 의사결정과정 및 구매 후 과정의 각 단계별 소비자행동과 소비자에게 영향을 미치는 요인들을 살펴보기로 한다.

소비자의 구매과정은 [그림 8-1]과 같이 문제인식, 정보탐색, 대안의 평가, 구매, 구매후 행동의 5단계로 나누어서 생각해볼 수 있다. 그런데 여기서 유의할 것은 이와 같은 세부 프로세스는 고관여 서비스를 신규 구매하는 복합구매결정(complex buying) 상황에 국한된다는 것이다. 저관여 서비스나 습관적으로 이용하는 서비스의 경우에는 의사결정 프로세스에서 여러 단계가 동시에 발생하거나 구매의 필요성을 인식하는 동시에 바로 구매가 이루어지기도 한다.

[그림 8-1] **소비자 구매과정의 5단계**

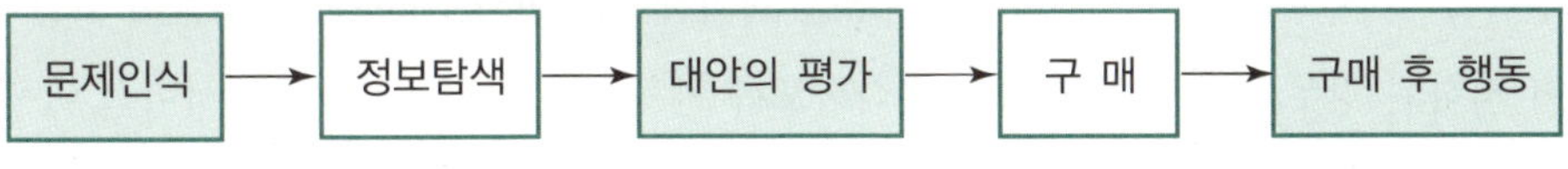

1 문제의 인식

소비자행동론에서 문제인식(problem recognition)이란 소비자가 어떤 상품에 대한 욕구를 인지하고 이것을 해결하고자 하는 동기를 갖는 것을 의미한다. 문제인식은 이상적 상태와 실제적 상태의 차이를 소비자가 지각함으로써 유발된다.

이상적 상태(ideal state)란 소비자가 특정 서비스를 이용함으로써 그가 희망하는 바람직한 상황에 도달한 상태를 말한다. 예컨대, 크리스마스 시즌에 아내와 함께 멋진 레스토랑에서 로맨틱한 저녁식사를 하는 것은 이상적 상태이다. 한편, **실제적 상태**(actual state)는 소비자의 현재 상태이다. 앞의 예와 관련하여, 아내와의 데이트는 까마득한 일이 되어버리고 날마다 반복되는 일상에서 벗어나지 못하는 현 상황은 실제적 상태이다. 마케터의 역할은 소비자의 이상적 상태를 끌어올림으로써 소비자로 하여금 실제적 상태와 이상적 상태 간의 간극을 크게 지각하도록 만드는 일이다. 자신이 처해 있는 실제적 상태와 이상적 상태의 갭을 지각해야 비로소 문제를 인식하며 이를 해결하려는 동기를 갖게 되기 때문이다.

1. 문제인식 유발요인

1) 기대 요인

소비자는 어떤 서비스를 이용함으로써 얻을 수 있는 바람직한 상태를 기대함으로써 이상적 상태를 지각하게 된다. 이러한 기대는 광고메시지와 같은 마케팅 정보나 상품/브랜드에 대한 소비자 지식을 토대로 형성된다. 예를 들어, "애인과 함께 하얏트호텔 아이스링크에서 스케이팅 데이트를 하면 얼마나 근사한 경험일까?", "가족이 다 함께 호주여행을 가면 아이들이 캥거루를 보고 얼마나 좋아할까?"와 같은 기대와 열망은 소비자로 하여금 문제해결을 위한 추진력을 갖도록 만든다.

2) 상황적 요인

소비자들은 다양한 상황변화에 의해 필요와 욕구를 지각하게 된다. 예컨대 이사를 하게 되어 포장이사 서비스를 알아보거나, 자녀의 졸업과 입학을 축하하기 위해 외식을 하기도 한다. 결혼 10주년을 맞은 부부는 제2의 허니문여행을 계획하기도 한다. 사용하던 상품이 고갈되거나 성능이 저하된 경우도 구매 필요성을 인식하도록 만드는 상황적 요인이다. 서비스 이용 맥락에서 자신이 이용한 서비스가 불만족스럽거나 서비스의 효과 및 계약기간이 만료되었을 때 고객은 문제를 인식하게 된다.

3) 생리적/심리적 요인

'배고픔', '목마름'과 같은 인간의 근본적인 생리적 욕구나 '통증'과 같은 신체적 신호는 소비자에게 문제 인식 요인이 된다. 예컨대 치아에 통증이 심할 때 소비자는 충치가 생겼음을 알고 치과에 가야겠다는 생각을 하게 될 것이다. 소비자의 심리적 요인도 문제인식을 유발시킨다. 예를 들어, 생활에 무료함을 느끼거나 스트레스가 많은 소비자는 어디론가 여행을 떠나고 싶다는 생각을 하게 될 것이다. 또한 자신의 건강상태에 대해 불안감과 염려를 느끼는 사람은 건강검진 서비스의 필요성을 의식하게 된다.

4) 사회문화적 요인

소비자는 그가 속한 사회와 문화의 가치와 행동규범에 의해 문제를 인식하기도 한다. 우리나라 소비자의 대부분이 이동통신 서비스를 이용하는 것은 휴대폰 사용이 생활화되고 신속한 커뮤니케이션이 중요한 가치로 인식되는 문화 속에 살고 있기 때문이다. 소비자는 또한 자신이 속한 사회계층의 암묵적 규범에 어울리는 행동을 하고자 한다. 다른 구성원들의 인정과 지지를 바라기 때문이다. 이와 같은 맥락에서 준거집단의 소비행동은 개인에게 기준점이 되어 욕구를 유발시킨다.

5) 주변자극 요인

주변 인물들의 자극이나 지적은 소비자로 하여금 실제 상태를 의식하여 문제를 인식하도록 하는 역할을 한다. 예컨대 친구로부터 피부에 신경 좀 쓰라는 핀잔을 들은 소비자는 슬그머니 피부관리 서비스에 관심을 갖기 시작하게 될 것이다. 자신의 실제적 상태에 대한 의식이 생겼기 때문이다.

2. 소비자 문제인식을 위한 마케팅 방안

소비자가 문제인식을 해야 비로소 구매를 위한 의사결정 프로세스가 시작된다. 마케터에게 소비자 문제인식 단계가 중요한 이유다. 소비자의 구매행동을 유발하는 것이 바로 문제인식이므로 마케팅 관리자는 표적고객들이 자사의 서비스와 관련하여 필요성을 인식하도록 소비자를 일깨울 필요가 있다.

마케팅 전략으로 소비자의 근본적 욕구를 창출하거나 소비자의 상황을 전환시킬 수는 없다. 이러한 것은 소비자의 선천적 영역, 혹은 개인의 고유생활 영역이기 때문이다. 그러나 자사 서비스를 향한 구체적 욕구(specific wants)를 가지게끔 소비자의 문제인식을 촉진하는 것은 가능하다. 소비자의 문제인식을 유발하는 방법은 소비자에게 이상적 상태를 환기시키는 방법과 실제적 상태에 대해 만족하지 못하게 하는 방법으로 구분할 수 있다.

1) 이상적 상태의 환기

소비자 A씨는 먹음직스러운 스테이크와 씨푸드 콤보메뉴 사진이 실린 아웃백 스테이크하우스 광고를 보고 군침이 돌았다. 그는 주말에 여자친구에게 이 스테이크를 사주면 그녀가 맛있게 먹으며 즐거워할 모습을 상상했다. 중년의 소비자 B씨는 근시와 노안을 동시에 해결한다는 라식수술에 대한 정보를 접하고 마음이 흔들렸다. 근시교정과 노안교정이 동시에 가능한 이 특수 라식수술을 받으면 안경 없이 편리하고 편안하게 생활할 수 있을 것 같은 희망이 생겼기 때문이다.

소비자에게 이상적 상태를 제시하는 것은 곧 문제인식을 자극하는 효과를 가져온다. 이것은 서비스 상품으로 인해 소비자가 누릴 수 있는 즐거움, 편리함, 상징적 혜택 및 감각적 만족을 강조하는 방법이다. 소비자가 바람직스럽게 여기는 이상적 상태에 대한 기대와 열망을 갖도록 하려면 평소 경험하지 못하는 차별적 효익을 소비자가 연상할 수 있도록 효과적으로 유도하는 것이 필요하다.

2) 실제적 상태의 불만족 유발

우리나라의 많은 성형외과들은 사각턱, 비대칭 얼굴 등과 같은 표현으로 소비자들로 하여금 자기 얼굴의 부족한 부분에 대해 의식하도록 자극한다. 소비자가 자신의 외모에 만족하지 못하도록 만들어 성형의료 서비스를 찾도록 하려는 전략이다. 서비스마케터는 실제적 상태에 대해 소비자가 불만족을 느끼도록 유도함으로써 문제를 인식시키기도 한다. 현대카드는 "열심히 일한 당신 떠나라"라는 광고문구로 많은 소비자들의 공감을 불러일으켰다. 열심히 일만 하며 사느라고 여행 한 번 못해보고 즐거움을 누려보지도 못한 사실이 소비자들의 마음속에 일깨워졌기 때문이다. 실제적 상태에 대한 불만족이 유발되면 이를 해결하고자 하는 동기가 발생된다. 따라서 서비스마케터들은 소비자의 현 상황에 대한 불만족스러움, 그리고 경쟁브랜드의 서비스를 사용할 때의 불편함과 불이익을 인식시켜 소비자로 하여금 자사서비스에 대한 관심을 갖도록 유도하는 것이다.

2 정보의 탐색

문제인식이 이루어지면 소비자는 현명한 구매결정을 내리고자 상품에 대해 더 많은 것을 알아내기 위한 노력을 기울인다. 이러한 정보탐색행동(Information Search)은 구매의사결정과 관련된 불확실성을 감소시키고 결과적으로 구매결정에 대한 확신을 준다. 구매 전에 정보탐색 노력을 충분히 기울인 소비자는 그렇지 않은 소비자보다 구매 후 상품만족도가 보다 높이 나타난다는 연구결과도 있다. 소비자의 정보탐색 단계는 마케터들에게 매우 큰 중요성을 가진다. 정보탐색을 하는 단계에서 소비자는 상품정보에 적극적으로 노출되므로 마케터가 소비자에게 효과적으로 영향을 미칠 수 있기 때문이다.

1. 정보탐색의 유형

1) 내부탐색과 외부탐색

소비자의 정보탐색은 크게 내부탐색과 외부탐색으로 구분된다. **내부탐색**(internal search)이란 소비자가 과거경험이나 광고 등을 통해 이미 자신이 알고 있는 정보를 기억으로부터 회상하는 것을 의미한다. 즉 과거 서비스 이용경험, 브랜드이름, 고려해야 할 주요 속성, 각 브랜드의 특성 및 속성 정보 등을 기억으로부터 인출하는 것이다(소비자 기억에 대해서는 이 책의 4장에서 좀 더 자세히 다루었다). 내부탐색에 의한 정보가 충분하다고 판단되면 소비자는 곧바로 구매결정을 하게 된다.

내부탐색에 의하여 의사결정을 할 만큼 충분한 정보를 기억 속에 보유하고 있지 않거나 보유하고 있더라도 이를 회상할 수 없다면 소비자는 외부탐색을 시작하게 된다. **외부탐색**(external search)은 구매의사결정 관련정보에 특별한 주의를 기울이거나 준거집단, 판매원, 광고 등 다양한 정보원을 통하여 적극적으로 외적 정보를 탐색하는 것을 의미한다.

2) 구매 전 탐색과 지속적 탐색

구매 전 탐색(prepurchase search)이란 소비자들이 욕구를 인식하고 구매의도가 생기면서 구매의사결정을 내리기 위해 수행하는 상품정보 탐색행동을 말한다. 반면에 **지속적 탐색**(ongoing search)은 특정한 구매욕구나 의사결정과는 상관없이 상품 그 자체에 대한 관심이나 정보탐색의 즐거움 때문에 행해지는 탐색활동이다. 예컨대 사람들은 당장 구매의도가 없더라도 자동차나 패션, 세계 유명 관광지에 대한 자료를 찾아보기도 한다.

구매 전 탐색과 지속적 탐색은 관여도의 영역에 차이가 있다. 구매 전 탐색은 구매상황적 관여도가 높을 때 행해지는 것으로서 구매의사결정의 질을 높이고 최선의 선택을 하기 위한 것이다. 그러나 지속적 탐색은 구매상황적 관여도보다는 개인이 관심을 가지는 상품영역에 대한 지속적인 상품관여도에 의해 유발된다. 지속적 탐색을 하는 소비자의 경우 상품지식의 수준이 높아진 상태에서 구매여건이 조성되면 결국 구매결정으로 이어질 가능성이 있다.

3) 능동적 탐색과 우연적 탐색

능동적 탐색(formal search)은 구매의사결정에 필요한 정보를 소비자가 능동적, 적극적으로 탐색하는 행동이다. 능동적 탐색은 고가의 서비스 상품, 내구재 등을 구매할 때 관여도가 높이 형성된 소비자들에 의해 수행된다. 관심 상품을 키워드로 해서 인터넷으로 찾아본다든지, 해당업체에 문의를 한다든지, 상품관련 지식이 있는 지인에게 물어보는 행동은 능동적 탐색이라고 할 수 있다.

우연적 탐색(casual search)은 정보탐색 자체가 주요 목적이 아니고 다른 활동을 하다가 우연히 마케팅 정보에 노출되었을 때 거기 주의를 기울이는 행동을 의미한다. 예를 들어, 인터넷을 하다가 어떤 여행지에 대한 정보가 눈에 띄어 호기심에 클릭해서 들어가 보는 행동은 우연적 탐색이다. 따라서 우연적 탐색은 수동적인 주의강화행동(heightened attention)이라고도 말할 수 있다.

2. 정보탐색의 결정요인

1) 시장특성

소비자의 외부정보탐색의 정도에 영향을 미치는 요인에는 우선 시장특성(market characteristics)이 있다. 시장 내의 가격범위가 넓게 형성되어 선택대안들이 다양한 가격대를 이루고 있거나 시장에 다양한 상품대안들이 나와 있을 때, 그리고 이용가능한 정보가 풍부하고 정보탐색의 용이성이 높을 때 소비자의 탐색행동이 촉진된다. 우리나라와 같이 자유 시장경제가 형성되어 있으며 인터넷과 쇼핑몰 등 상품정보에 쉽게 접근할 수 있는 환경이 조성된 나라에서는 일부 후진국이나 구공산권 국가보다 소비자들의 광범위한 정보탐색 행동이 이루어진다고 말할 수 있다.

2) 상품특성

상품특성(product characteristics) 또한 개인 소비자의 정보탐색행동에 영향을 미친다. 상품의 가격이 높은 수준이며 구매빈도수가 낮을 때, 그리고 대안간의 특성 및 품질 차이가 현저한 고관여 서비스의 경우, 소비자는 구매결정에 수반되는 지각위험도와 불확실성을 줄이기 위해 활발히 정보탐색행동을 수행한다. 구매결정의 중요성이 높을수록 정보탐색에 요구되는 시간 소비와 노력투입 대비, 탐색행동의 결과로 얻을 수 있는 혜택을 더욱 크게 지각하기 때문이다.

3) 소비자 개인 특성

소비자 개인 특성(individual characteristics)이 정보탐색행동에 미치는 영향은 개인특성 변수에 따라 다양하게 나타난다.

우선 서비스관련 지식 및 경험과 정보탐색행동 간의 관계는 역U자의 형태를 보인다. 일정 수준까지는 소비자 지식과 경험의 증가와 함께 정보탐색의 정도가 증가하지만, 그 이후 다시 감소하는 것이다. 즉 이것은 소비자가 상품정보처리에 필요한 지식은 있으나 현재 보유하고 있는 상품지식만으로 구매결정을 내리기에는 미흡함이 있는 중간 수준의 지식의 소비자가 정보탐색을 가장 활발히 수행함을 보여준다.

인구통계학적 특성과 관련하여 살펴보면, 연령과 소득은 외부정보 탐색의 정도와 부의 관계를 나타낸다. 이는 연령이 높을수록 기존 상품지식 및 경험에 의존하려는 경향이 많으며, 소득이 높은 소비자는 자신의 정보탐색에 대한 시간적 기회비용을 높이 지각하기 때문이다. 또한 교육수준이 높은 소비자가 교육수준이 낮은 소비자와 비교하여 보다 활발히 정보탐색을 하는 것으로 밝혀졌다. 이들은 다양한 정보를 이해하고 처리할 수 있는 인지능력이 높은 까닭에 정보처리 동기가 높게 형성된다. 서비스 상품에 대한 관여도 또한 정보탐색 행동과 높은 관련성을 나타내는데, 어떤 서비스 상품에 대한 관여도가 높이 형성된 소비자일수록 정보처리의 동기가 높아져 활발한 정보탐색행동을 수행하게 된다.

4) 상황적 특성

구매 상황, 정보탐색 환경 등 상황적 특성(situational characteristics)은 정보탐색행동의 결정변수가 된다. 소비자가 시간적, 심리적으로 여유가 있을 때 정보탐색량은 증가한다. 시간압박이 있거나 심리적 스트레스가 있는 상황에서는 소비자가 여러 정보원천을 탐색하는데 적은 시간을 투입하며 정보탐색에 소극적인 태도를 나타내거나 아예 구매의사결정을 보류하게 된다.

공간적 환경 변수 또한 소비자의 정보탐색 행동에 영향을 미친다. 서비스점포가 고객들로 몹시 붐비거나 너무 높거나 낮은 실내온도, 불쾌한 냄새, 소음 등 점포 내 물리적 환경이 쾌적하지 못할 때 소비자의 점포 내 체류시간이 짧아지며 그 결과 상품정보탐색 행동 또한 감소하게 된다. 예를 들어, 할인마트의 혼잡성(crowding)과 소비자의 상품정보탐색 행동 간의 관계를 분석한 한 연구에서는 혼잡성이 높을수록 소비자가 상품을 선택하는 데 소비하는 시간이 단축됨을 발견하였다.

소비자의 신체적, 정신적 에너지도 정보탐색활동의 수준을 결정하는 요인이 된다. 신체적, 정신적으로 건강하고 여유로운 상태에서는 정보탐색행동이 활성화되지만 몸이 피곤하거나 정신적으로 위축된 상태에서는 정보처리 동기와 능력이 저하된다.

3. 정보탐색의 원천

서비스 고객들은 여러 가지 출처를 통해 서비스 상품에 대한 정보를 탐색할 수 있다. 소비자가 정보탐색을 수행하는 정보의 원천(information sources of search)은 다음과 같은 네 가지 유형으로 분류될 수 있다.

1) 서비스 기업 제공 원천

서비스업체가 제공하는 정보원천(market-controlled sources)에는 광고, 업체의 웹사이트, 점포의 팜플렛 및 상품소개, 서비스직원 등이 있다. 구매의사결정의 초기단계에는 기업제공 정보원천에의 의존도가 높은데, 이와 같은 기업제공 원천은 서비스 업체가 직접적으로 통제할 수 있으므로 기업의 능력에 따라 정보의 영향력이 크게 좌우된다.

2) 개인적 원천

개인적 원천(personal sources)이란 가족, 친지, 이웃, 직장동료 등을 말한다. 즉 주변사람들과 대화하며 이들로부터 정보와 조언을 구하는 것이다. 많은 서비스 상품의 경우 유형 제품의 경우보다 광고와 같은 비인적 정보원천보다는 개인적 원천, 즉 구전의 영향력이 더 크다고 볼 수 있다. 또한 소비자의 지식수준이 낮을 때 개인적 원천에 의존하는 경향이 크게 나타난다. 서비스 이용과 관련하여 사회적 규범이 중요한 경우에도 개인 간 정보탐색이 증가하는데, 예컨대 상견례 장소를 물색하거나 결혼식장을 결정할 때 소비자는 종종 타인의 의견을 중요시할 것이다. 상징적 서비스의 경우, 선택한 서비스 상품의 성격에 따라 자신이 어떤 사람인지를 다른 사람이 판단하기 때문이다.

3) 경험적 원천

서비스 고객의 경우, 과거에 직접 서비스를 경험한 것이 추후 의사결정에 핵심적 정보로 작용하는데 이를 경험적 원천(experiential sources)이라고 한다. 대부분의 서비스 상품이 직접 경험해야 비로소 품질을 평가할 수 있는 경험재임을 고려할 때, 가장 확실하고 신뢰할 수 있는 정보는 고객의 직접경험을 통해 얻어진다고 볼 수 있다. 따라서 감각적 자극이 중요한 서비스의 경우, 맛보기용으로 시용을 유도하거나 다양한 시각적 자료 혹은 이용후기 등을 통해 소비자가 간접 경험을 하도록 안내하는 전략이 필요하다. 예컨대 호텔스닷컴은 멤버호텔들에 대한 상세 사진들과 이용객들의 생생한 후기를 올려놓아 소비자의 선택을 돕고 있다.

4) 중립적 원천

중립적 원천(neutral sources)이란 신문이나 방송 등 언론 매체를 통한 보도자료, 소비자보호원의 평가자료, 정부기관의 발행물, 서적 등을 의미한다. 소비자는 중립적 원천을 광고와 같은 업체제공 정보원천이나 개인적 원천보다 더 신뢰하는 경향이 있다. 하지만 이와 같은 중립적 원천은 소비자의 시간가용성이 높을 때 선택적으로 탐색되므로, 전반적으로 이용률이 매우 낮은 편이다.

4. 정보탐색 방식

소비자들이 외부정보획득을 위해 정보탐색을 하는 방식에는 상표별 처리와 속성별 처리라는 두 가지 대표적인 유형이 있다. 첫째, **상표별 처리**(processing by brand)는 소비자가 한 가지 상표를 선택하여 그 상표의 속성과 특성에 관한 정보를 획득 처리한 후 또 다른 상표를 선택하여 그 상표의 정보를 검토하는 방식이다. 둘째, **속성별 처리**(processing by attribute)는 한 가지 속성(예: 호텔등급)에 대하여 각 상표의 정보를 획득하고 처리한 다음 다른 속성에 대하여 각 상표의 정보를 처리하는 방식이다.

일반적으로 속성별 처리가 상표별 처리보다 수행하기가 용이한데, 상표소비자가 어떤 방식으로 외부정보탐색을 하는지는 상품과 관련된 소비자의 특성이나 의사결정단계에 따라 다르게 나타난다. 일반적으로 소비자는 의사결정단계의 초기에는 속성별 처리를 하다가 후기에는 상표별 처리로 전환하는데, 이는 곧 자신이 중요하게 생각하는 속성(예: 가격범위)에 의해 많은 상품대안들 중 몇몇 개의 대안을 추려낸 후, 이 소수의 대안들을 속성별로 세밀하게 비교하는 것을 의미한다. 상표별 처리는 주로 브랜드 지식과 경험이 풍부한 소비자들에 의해 많이 사용되는 것으로 나타났다.

[그림 8-2] **상표별 처리와 속성별 처리**

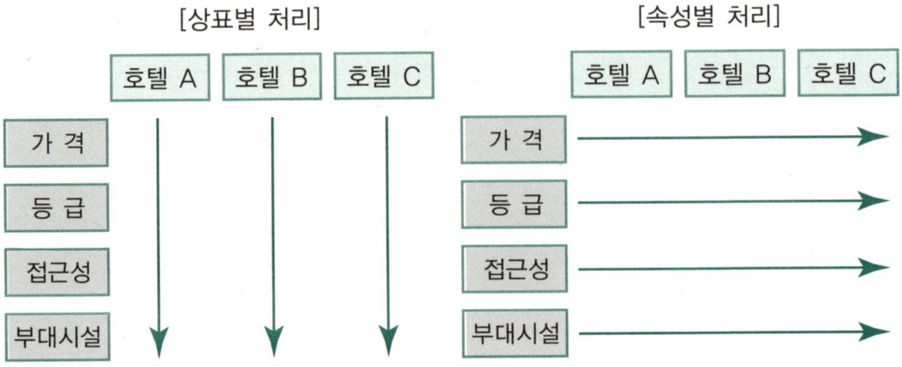

5. 상기상표군과 고려상표군

소비자가 내부탐색을 통해 회상되는 브랜드들은 **상기상표군**(evoked set)이라고 한다. 상기상표군에는 동일 서비스계열의 대표격으로 가장 먼저 상기되는 최초상기(top of mind recall) 브랜드와(예: 렌트카 서비스 하면 Hertz) 그 외 소비자가 스스로 기억으로부터 회상할 수 있는 순수상기(regular recall) 브랜드가 있다.

고려상표군(consideration set)은 상기상표군에 추가적으로 소비자가 외부탐색과정을 통해 알게 된 브랜드들을 합친 상표집단이다. 즉 소비자가 내부탐색에서 상기되지 않은 브랜드 중 일부를 외부탐색 결과 발견하여 고려상품군에 포함시키는 것이다. 일반적으로 소비자는 고려상표군 중 한 브랜드를 최종적으로 선택하게 된다(그림 8-3).

[그림 8-3] **상기상표군과 고려상표군**

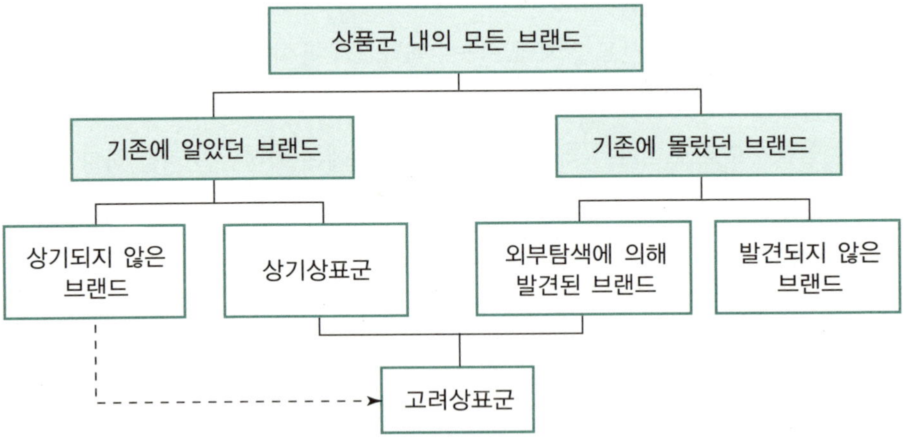

소비자가 어떤 서비스 브랜드에 대해 호의적인 평가를 하기 이전에 필요한 단계가 바로 인지, 즉 그러한 브랜드가 존재한다는 사실을 알고 또 그 브랜드를 기억에서 인출할 수 있는 능력이다. 따라서 소비자의 고려상표군에 포함되기 위해서 서비스 기업은 사람들이 쉽게 자사 브랜드를 상기할 수 있도록 브랜드의 인지도와 대표성을 높이는데 많은 노력을 기울여야 할 것이다.

일단 특정 브랜드가 소비자의 고려상품군에 포함되면, 그 고려상품군의 크기가 작을수록 최종적으로 선택될 가능성이 높아진다. 따라서 서비스 기업은 소비자의 고려상품군에는 포함되면서 동시에 소비자가 고려하는 상품대안의 숫자를 최대한 감소시키려는 노력을 하게 될 것이다. 소비자에게 선택대안의 수를 몇 개만 제한적으로 제시함으로써 고려상품군의 크기를 줄일 수 있다는 보고가 있는데, 이러한 효과는 **부분적 리스트 제시 효과**(part-list cuing effect) 라고 한다. 부분적 리스트 제시 효과를 위해 사용되는 방법에는 비교광고(comparative advertising) 가 있다. 비교광고는 자사브랜드의 비교우위를 강조하는 것뿐 아니라 자사브랜드와 경쟁브랜드를 나란히 등장시킴으로써 여타 브랜드들이 소비자의 기억에 접근하는 것을 제한하여 고려상품군의 크기를 축소시키는 효과가 있다.

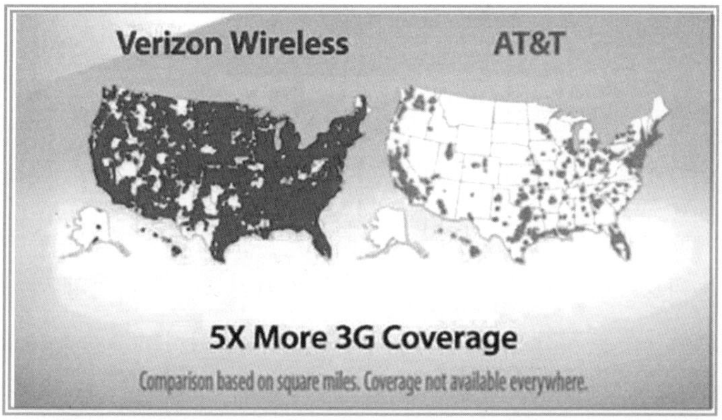

▌ 서비스 비교광고의 예

부분적 리스트 제시 효과(Part-list Cuing Effect)

Alba & Chattopadhyay는 소비자의 브랜드 기억과 관련하여 다음과 같은 실험을 하였다. 그는 우선 피험자에게 25개의 샴푸 브랜드를 주며 암기하도록 하였다. 일정 시간이 지난 다음 연구자들은 A 집단에는 아무런 힌트를 주지 않고 B 집단에는 15개의 브랜드(부분적 리스트)를 힌트로 제시한 후 연구 시작지점에 주었던 샴푸 브랜드들을 기억해서 보고하도록 하였다. 그 결과 A 집단은 전체 브랜드의 62%를, B 집단은 50%를 기억함으로써 A 집단이 B 집단보다 높은 기억률을 나타냈다.

이러한 현상이 발생한 이유는 다음과 해석할 수 있다. 기억 탐색 과정에서 부분적 리스트를 제시받은 B 집단의 피험자들은 힌트로 받는 15개의 브랜드에 대한 기억 연결 강도가 높아졌을 것이다. 따라서 이 15개의 브랜드들을 반복적으로 기억에서 불러오게 되었고, 이러한 과정에서 힌트로 받지 않은 브랜드들은 상대적으로 연결강도가 약해져서 인출이 이루어지지 않은 것이다. 이와는 대조적으로, 아무런 힌트를 받지 않은 A 집단의 사람들은 25개 브랜드 전체에 대한 연결강도를 골고루 유지하여 더욱 많은 브랜드들을 기억해낼 수 있었다. Alba & Chattopadhyay는 이와 같이 몇몇의 브랜드가 제시되면 그 외의 브랜드에 대해서는 인출이 잘 이루어지지 않는 현상을 부분적 리스트 제시 효과라고 불렀다.

3 대안의 평가

소비자들은 기억으로부터 회상하거나 외부로부터 수집한 정보에 의하여 선택대안을 평가한다(evaluation of alternatives). 소비자가 상품대안들을 비교하는데 사용되는 평가기준에는 서비스의 기능, 효과 등의 기능적 속성뿐 아니라 서비스의 자기표현적 가치와 과시성과 같은 상징적 속성이 있다. 소비자들은 시간과 노력 측면의 비용을 최소화하며 효율적으로 상품대안을 평가하려 한다. 이하에서는 소비자가 서비스대안을 평가할 때 사용하는 평가기준의 측정방법, 서비스대안의 평가 방식 및 과정, 소비자 대안평가에 관여하는 요인 등에 대해 살펴보기로 하자.

1. 대안 평가기준의 측정

소비자가 상품대안을 평가할 때 무슨 속성을 고려하며 어떤 요인들을 중요시하는지를 파악하는 것은 마케터가 상품개념을 개발하거나 광고홍보 전략을 수립할 때 활용할 수 있는 매우 유용한 정보이다. 이를 위해서는 우선 소비자가 상품대안을 평가할 때 어떠한 기준에 따라 평가하는지 알아내는 것이 필요한데, 이러한 대안 평가기준을 측정하는 방법에는 다음과 같은 방법들이 있다.

1) 직접질문법

이 방법은 소비자들이 서비스 대안들을 평가할 때 어떠한 속성들을 고려하여 평가하는지를 직접 질문하는 방식이다. 직접질문법은 가장 측정이 용이하다는 장점이 있으나, 응답자가 자신의 평가기준을 잘 모르는 경우나, 아니면 알고 있더라도 노출시키기를 꺼려하는 경우 응답의 신뢰성이 떨어지는 문제가 있다. 사람들은 종종 사회적으로 바람직한 '정답' 을 제시하려는 경향이 있기 때문이다.

2) 간접질문법

간접질문법은 직접질문법의 단점을 보완하여 응답자가 자신이 아닌 제삼자가 어떤 평가기준을 가졌다고 생각하는지 묻는 방법이다. 간접질문법은 응답자 본인의 의견이 다른 사람을 통하여 투사된다고 가정한다. 예를 들면, "당신은 사람들이 송년모임을 위해 음식점을 선택할 때 무엇을 주로 본다고 생각하십니까?" 하고 질문하는 것은 간접질문법에 해당된다.

3) 척도법

척도법(scale methods)은 소비자들이 고려하는 상품속성이나 평가기준의 상대적 중요성을 알아내기 위해 주로 사용된다. 척도법에는 이분법, 중요성 척도, Likert 척도, 순위제시법, 고정총합법 등이 있는데, 각각의 예는 다음과 같다.

■이분법

귀하는 호텔객실을 예약하실 때 호텔의 피트니스 시설의 유무를 확인하십니까? [예 아니오]

■중요성 척도

호텔객실 사용에 있어 피트니스 시설의 중요도는 어느 정도라고 보십니까? 전혀 중요하지 않다 ... 매우 중요하다 1..............2..............3..............4..............5..............6..............7

■Likert 척도

호텔객실을 이용할 때 피트니스 시설은 반드시 있어야 한다.

전혀 동의하지 않는다 절대적으로 동의한다
1...............2...............3...............4...............5...............6...............7

■순위제시법

귀하가 숙박장소로서 호텔을 선택할 때 고려하는 요인들을 중요도 순으로 숫자를 적어 주십시오 (1: 가장 중요)

1. 가격 ( )
2. 도심에의 접근성 ( )
3. 호텔의 등급 ( )
4. 부대시설 ( )
5. 레스토랑의 다양성 ( )
6. 대중교통의 이용가능성 ( )

■고정총합법(Constant Sum Method)

다음과 같은 호텔 평가기준에서, 귀하가 중요시 여기는 정도에 따라 합계가 100이 되도록 중요도 점수를 할당해주십시오.

1. 가격	( )
2. 도심에의 접근성	( )
3. 호텔의 등급	( )
4. 부대시설	( )
5. 레스토랑의 다양성	( )
6. 대중교통의 이용가능성	( )
	100

4) 컨조인트 분석

컨조인트 분석(Conjoint Analysis)은 조사자가 모든 가능한 속성들에 대해 차등적 차이를 나타내는 수많은 상품대안을 만들어내어 응답자로 하여금 각 대안의 매력도를 평가하도록 하여 속성의 중요도와 가장 바람직한 속성 조합을 발견하는 방법이다. 메리어트 호텔 본부는 Courtyard by Marriott를 새로 설계할 때 대대적인 컨조인트 분석을 실시하여 호텔상품의 컨셉을 결정한 것으로 유명하다. 메리어트는 이 분석에서 600여 개의 호텔관련 속성을 사용하였다.

2. 서비스 평가속성(호텔의 경우)

호텔 선택에 있어 고객이 고려하는 평가 속성에는 여러 가지가 있다. 미국 메리어트 호텔에서 실시한 조사에 따르면, 호텔 이용고객이 가장 중요하게 생각하는 5개 주요요인은 신속 · 정확한 입숙수속, 종사원의 친절성, 청결성, 레스토랑 시설, 그리고 지불가격에 합당한 대가(value)인 것으로 나타났다.

호텔 선택 속성 및 평가기준에 대한 또 다른 조사에 의하면, 소비자가 호텔을 선택할 때는 [표 8-1]과 같은 요인들을 고려하는 것으로 나타났다. 호텔 선택 속성을 중요도에 따라 나열하면, 위치, 브랜드이미지, 가격/가치, 종사원의 능력, 고객에 대한 배려, 물리적 환경요인, 신뢰성, 부대시설의 종류와 품질, 안전도, 식음료 서비스와 같다.

[표 8-1] 호텔 선택 속성들

평가요인	내 용
위치/접근성	접근편리성, 쾌적한 주변환경, 교통 여건
브랜드 이미지	브랜드 인지도 및 명성, 브랜드 개성 및 아이덴티티
가격/가치	가격경쟁력, 특별할인 적용, 지불한 가격에 대한 대가
종사원의 능력	민첩성, 접객태도, 종사원의 자질/친절성, 의사소통 능력, 문제해결 능력
고객에 대한 배려	신속한 입퇴숙 절차, 고객 불만사항 해소, 특별배려, 개별화된 서비스, 추가봉사
물리적 환경요인	건물외관 및 인테리어, 분위기, 객실크기 및 매력성, 주차시설, 청결성, 종사원의 외모
신뢰성	정시 서비스, 관리자와의 접촉 용이성, 고객과의 약속 이행, 문제발생 시 신속한 해결
부대시설의 종류 및 품질	부대시설의 다양성, 최신 장비 및 시설, 무료이용 가능성
안전도	안전성, 보안, 편안하고 아늑한 느낌
식음료 서비스의 품질	식음료 서비스의 다양성 및 품질, 메뉴, 이용시간의 편리성

3. 대안평가방식

소비자의 대안평가방식은 크게 보완적 평가방식과 비보완적 평가방식, 그리고 휴리스틱으로 구분될 수 있다. 소비자들은 서비스 대안을 선택함에 있어 어떤 한 가지 평가방식을 사용하는 경우는 거의 없으며, 여러 가지의 선택전략을 혼합하여 사용한다. 대안의 수와 고려속성의 수가 많은 경우 소비자들은 정보처리 능력의 한계 때문에 처리과정이 비교적 간단한 비보완적 전략을 통해 대안을 추려낸다. 그 후 소수의 대안이 남게 되면 좀 더 많은 인지적 노력이 요구되는 보완적 평가방식을 사용하여 최종 선택을 하게 된다.

1) 보완적 평가방식

보완적 평가방식(compensatory rule)은 소비자가 상품대안을 평가함에 있어 몇 개의 기준을 사용하여 이에 딸 각 대안을 비교 평가, 최종적으로 가장 높은 평가를 받은 제품을 선택하는 것이다. 소비자가 중요하게 고려하는 평가속성들에 의해 평가를 할 때 각 상품대안들은 서로 다른 강점과 약점들을 갖고 있다. 이때 각 상품대안에 있어서 어떤 속성의 약점을 다른 속성의 강점에 의해 보완하여 전반적인 평가를 하는데 이를 보완적 방식에 의한 평가라고 한다.

Fishbein의 다속성 태도모델(multi-attribute attitude model)은 대표적인 보완적 평가방식을 나타내고 있다. Fishbein 모델을 기초로 개발된 **속성만족도-중요도 모델**(attribute satisfaction-importance model)은 다음과 같은 등식을 나타낸다.

$$A_o = \sum_{i=1}^{n} B_i \cdot I_i$$

A_o : 특정대안에 대한 태도(Attitude toward an object)

B_i : 고객이 특정대안의 속성 i에 부여하는 점수 내지 신념(Belief)

I_i : 고객에게 속성 i가 가지는 중요도(Importance)

n : 본 상품 구입에 있어 고객이 고려하는 총 상품속성의 수

이 모형에 의하면 고객이 어떤 상품대안에 대해 가지는 전반적 태도는 두 가지 요인에 의해 결정된다. 첫째는 고객이 지각하는 각 특정대안의 속성별 가치이고, 둘째는 고객이 각 속성들에 대해 가지는 평가기준으로서의 중요성이다.

예를 들어, 현재 4개의 호텔을 고려하고 있는 고객이 있다고 하자. 그는 위치, 가격, 식음료

서비스의 질이라는 세 가지 속성을 평가기준으로 하여 이 4개의 호텔을 평가하고 있다. 그는 이러한 네 가지 속성에 대한 각 호텔의 수준을 나름대로 머릿속으로 평가해본다(범위: 1(가장 부정적)~10(가장 긍정적)). 이 세 개 속성에 대해 그가 가지는 중요도는 차례대로 50%, 30%, 20%이다. 이 경우 현재 고려대상인 4개의 호텔에 대해 그가 가지는 태도점수는 [표 8-2]의 과정을 통해, B호텔, A호텔, D호텔, C호텔의 순으로 나타날 것으로 예측할 수 있다. 이와 같은 고객 태도는 그의 선호도와 선택행동에 결정적 요인이 될 것이다.

[표 8-2] 속성만족도-중요도 모델에 의한 고객 평가

		평가기준 속성		
		위치/접근성	가격	식음료서비스 질
각 속성의 중요도		(50%)	(30%)	(20%)
평가대상 호텔	A	9	6	6
	B	9	8	6
	C	7	7	7
	D	8	7	5

A 호텔의 평가: (9×0.5) + (6×0.3) + (6×0.2) = 7.5
B 호텔의 평가: (9×0.5) + (8×0.3) + (6×0.2) = 8.1
C 호텔의 평가: (7×0.5) + (7×0.3) + (7×0.2) = 7.0
D 호텔의 평가: (8×0.5) + (7×0.3) + (5×0.2) = 7.1

2) 비보완적 평가방식

비보완적 평가방식(non-compensatory rule)은 한 평가기준에서의 상대적 약점이 다른 평가기준에서의 강점에 의하여 보완이 되지 않는 방식이다. 즉 어떤 핵심적인 속성에서 일정 기준에 미치지 못한 브랜드는 곧바로 고려대상에서 제거되어 버리는 것이다. 비보완적 평가방식은 의사결정의 초기 단계에 소비자의 기준을 충족시키지 못하는 대안들을 빠르게 제외시키기 위해 주로 사용된다. 비보완적 평가방식에는 다음과 같은 네 가지 대표적인 방식이 있다.

결합식 결합식(conjunctive rule)은 소비자가 각 상품속성별로 자신이 용납할 수 있는 하한선(cutoff level)을 정해 놓고 이 수준에 미달하는 대안을 제외시키는 방식이다. 예컨대 하루 객실요금이 200불 이상인 호텔 제외, 3성급 이하 호텔 제외, 실내수영장이 없는 호텔 제외, 고객평가가 평균 4점 이하인 호텔 제외 등등 개인이 정한 일정 기준에 부합되지 않는 대안을 고려대상에서 제외시켜 나가는 것이다. 이 방식은 소비자의 기준에 미치지 못하는 부적합한 대안을 가급적 신속하게 제거하려는 목적으로 사용된다.

분리식 분리식(Disjunctive Rule)은 주요 상품 속성별로 하한선을 정해 놓는 것은 결합식과 마찬가지이나, 이 중 한 가지라도 충족시키는 대안은 최종 선택집단에 포함시키는 방법이다. 예컨대, '가'라는 호텔은 가격이 저렴하기 때문에, 또 '나'라는 호텔은 위치가 너무 편리하므로 최종 선택을 위한 상품집단에 포함시키는 것이다. 또 다른 예로, 두 군데 이상의 대학에서 입학허가를 받은 학생의 경우, 대학 A는 학교의 명성 때문에, 그리고 대학 B는 학교명성은 A만 못하나 전액장학금 오퍼를 하기 때문에 두 학교 사이에서 갈등하기도 할 것이다. 이와 같이 이 방법은 각기 다른 개별적 기준에 의해 소비자의 선택이 이루어지므로 분리식이라고 불린다. 분리식은 결합식과 비교할 때 긍정적인 정보에 더 많은 비중을 두고 있다고 볼 수 있다.

사전편집식 사전편집식(Lexicographic Rule)을 적용하는 경우, 소비자는 먼저 속성의 중요도에 따라 순위를 정한 후, 가장 중요한 속성부터 한 개씩 대안들을 비교한다. 만약 가장 중요한 속성에서 어느 한 대안의 수준이 절대적으로 우수하면 소비자는 그 대안을 선택한다. 그러나 최우선 속성에 대한 평가 결과 최상의 상품대안이 두 개 이상이면, 두 번째로 중요한 속성을 적용하여 평가를 하고, 이러한 과정을 하나의 최적대안이 남을 때가지 계속하는 것이다. 이것은 마치 사전에서 단어들을 정렬할 때 첫 번째 철자를 알파벳순으로 나열하고, 그 다음 두 번째 철자를 또다시 알파벳 순서대로 나열하는 등 차례로 기준을 적용하는 것과 유사하다고 하여 사전편집식이라고 부른다.

[표 8-3]의 예를 살펴보자. 어떤 소비자가 '호텔의 등급'이라는 속성을 최우선적인 기준으로 여기는 경우, 그가 고려하고 있는 네 개 호텔 중 A, B, C가 모두 5성급 호텔로 호텔의 등급 속성에서 동점을 나타내고 있다. 그 다음 단계에서 그가 적용하는 속성은 '위치'이다. 위치평가에서 호텔 A와 B는 같은 수준(5)을 나타내지만, 호텔 C는 이 단계에서 제외된다(3). 호텔 D는 위치에서 높은 평가를 받지만(5) 호텔의 등급이라는 첫 번째 기준에서 탈락되었으므로 더 이상 고려대상이 되지 않는다. 세 번째 고려속성은 객실요금이다. 여기서 호텔 B가 최고의 점수를 나타내므로 소비자는 이 단계에서 호텔 B를 선택하게 된다.

[표 8-3] 사전편집식 대안평가의 예

속성	중요도	대안에 대한 소비자 평가			
		호텔 A	호텔 B	호텔 C	호텔 D
1. 호텔의 등급	7	5	5	5	4
2. 위치	5	5	5	3	5
3. 객실요금	3	3	5	2	4
4. 아침식사 포함	2	3	3	0	4

순차적 제거식 순차적 제거식(Elimination by aspect rule)은 자신이 중요하게 고려하는 특정 속성의 수용기준을 고객이 설정하고 그 속성에서 수용기준을 만족시키지 못하는 상품대안을 순차적으로 제거해 나가는 방식이다. 고객은 가장 중요도가 높은 속성부터 그 다음 중요성을 가지는 속성으로 차례대로 옮겨가면서, 각 속성별로 기준에 미치지 못하는 대안들을 순차적으로 탈락시키고 최종적으로 남은 상품대안을 선택한다. 사전편집식에서 각 속성별로 최상의 대안을 가려내는 것과는 달리, 순차적 제거식에서는 속성별 하한선을 정해 이를 만족시키지 못하는 대안은 차례로 탈락시킨다는 차이가 있다.

[표 8-4]의 예를 살펴보자. 어떤 소비자가 호텔의 등급이 4점 이상이어야 한다는 기준을 가지고 있는 경우, 호텔 A, B, C, D는 모두 4점 이상으로서 이 기준을 통과한다. 일단 기준을 통과하면 더 이상 그 속성에 대한 점수는 고려대상이 되지 않는다(즉 4점이든지 5점이든지 무관). 두 번째 적용되는 속성은 위치로서 역시 하한선은 4점이다. 호텔 C는 위치 점수가 3점으로서 이 단계에서 고려대상으로부터 제외된다. 세 번째 속성 객실요금에 대해서도 하한선 4점이 적용되는 경우, 호텔 A가 제거되고 호텔 B와 D가 남게 된다. 결국 네 번째 속성인 아침식사에서 4점을 얻은 호텔 D가 소비자에 의해 선택이 될 것이다.

[표 8-4] **순차적 제거식 대안평가의 예**

속성	중요도	대안에 대한 소비자 평가			
		호텔 A	호텔 B	호텔 C	호텔 D
1. 호텔의 등급	7	5	5	5	4
2. 위치	5	5	5	3	5
3. 객실요금	3	3	5	2	4
4. 아침식사 포함	2	3	3	0	4

3) 휴리스틱

주먹구구식(rule of thumb), 혹은 의사결정의 첩경(shortcuts in decision making)이라고도 하는 휴리스틱(heuristic)은 대안평가에 있어 여러 가지 상품속성이나 구매요인들을 종합적으로 고려하기 보다는 소비자의 고정관념이나 직관, 자신이 세운 한두 가지 단순한 원칙에 따라 빠르고 손쉽게 상품을 평가하거나 판단하는 방식이다.

사람들은 어떤 대상이나 사건을 판단함에 있어 마음속에 쉽게 떠오르는 예를 기준으로 종종 판단한다. 예컨대 사람들은 자동차 여행을 할 때보다 비행기 여행을 할 때 사고위험성을 크게 지각한다. 그러나 사실 비행기 사고의 발생 확률은 자동차 사고 발생 확률에 비해 훨씬 낮은 수준이다. 그럼에도 불구하고 많은 사람들이 자동차 여행보다 비행기 여행을 더 위험한 것으로 지각하는 것은 신문에 대서특필된 대형 비행기 사고에 대한 기억이 생생하게 남아있는 까닭이다. 소비자들 또한 이와 유사한 경향을 나타낸다. 소비자들은 종종 서비스에 대한 속성 정보를 토대로 합리적인 서비스 평가를 내리기 보다는 쉽게 기억나는 사건이나 어떤 단순한 요인을 토대로 쉽게 상품을 판단하는 경향이 있다.

예를 들어, 신라호텔에서 매우 훌륭한 서비스를 경험한 소비자는 신라호텔의 확장 브랜드인 '신라스테이'에 대해 상세 정보를 알기도 전에 무조건 좋은 태도를 나타낼 가능성이 있다. 그에게 좋은 기억으로 남아있는 신라호텔의 범주에 신라스테이를 통합시키는 까닭이다. 또 다른 예를 들어보자. 어떤 소비자가 버거킹에서 식사를 하다가 음식에서 이물질이 나왔다. 기분이 나빠진 그는 버거킹 브랜드에 대해 불쾌한 감정과 불신을 느끼게 되었고 그날 이후로 다시는 버거킹을 찾지 않았다. 사실 이러한 서비스 실패가 발생한 것은 수많은 버거킹 중 그가 찾은 한 매장이었고, 음식에 이물질이 들어간 것은 어떤 부주의한 직원 한 사람의 잘못이었는데도 그는 그가 경험한 불쾌함을 전체 버거킹에 대한 평가로 일반화시킨 것이다. 이와 같이 자신이 경험한 것과 유사한 자극에 대해 동일한 판단을 내려버리거나 쉽게 기억에 떠오르는 것을 토대로 상품을 평가하는 것을 휴리스틱이라고 한다.

4. 소비자 대안평가에 관여하는 요인들

1) 후광효과

후광효과(halo effect)란 어떤 대상에 대한 일반적인 견해가 그 대상의 구체적인 특성을 평가하는 데 영향을 미치는 현상을 말한다. 즉 어떤 대상에 대해 판단할 때, 그 대상이 가진 전반적 느낌, 혹은 일부 긍정적/부정적 특성을 가지고 이와는 아무런 논리적 관계가 없는 다른 부분들까지 긍정적/부정적으로 일반화시키는 경향이다. 소비자 역시 상품의 브랜드나 원산지 등에 의해 형성된 전반적 선입견을 바탕으로 특정 상품에 대한 구체적 속성을 평가하는 지각적 오류현상을 나타낸다.

후광효과는 소비자의 서비스 상품 평가과정에서 종종 관찰된다. 서비스 기업이 쌓아올린 강한 이미지는 개별 서비스 상품에 대한 후광효과를 가져온다. 예컨대 삼성브랜드를 신뢰하는 사람은 신라호텔 서비스에 대한 구체적 속성정보가 없는 상태에서도 호의적인 평가를 내리기 쉽다. 삼성 브랜드 계열이라는 사실 하나만으로 말이다. 원산지 또한 이와 같은 후광효과를 유발한다. 단순히 국가 이미지에 따라 상품에 대해 무작정 신뢰하거나 불신하는 소비자 경향이 나타나는 것이다. 예컨대 어떤 소비자가 프랑스산 식료품에 대해 호의적인 태도를 가지고 있다고 하자. 만약 새로운 와인이 프랑스에서 생산되었을 때 이 소비자는 브랜드에 대한 지식이나 품질에 대한 정보 없이도 그 와인이 프랑스산이라는 이유로 호감을 느낄 것이다.

후광효과는 소비자들이 서비스 상품에 대한 속성 정보를 토대로 합리적인 평가를 하는 것이 아니라 몇몇 단순한 단서에 의해 서비스 상품을 판단하는 휴리스틱의 한 형태라고 할 수 있다. 이와 같이 소비자들이 평가에 사용될 수 있는 모든 정보를 사용하지 않고 이를 간과하는 것을 **축소처리오류**(underprocessing biases), 그리고 부적절한 정보를 지나치게 확대 해석하는 것을 정보의 **확대처리오류**(overprocessing biases)라고 한다. 축소처리오류와 확대처리오류는 동전의 양면이라고 할 수 있다.

2) 비교불능 대안의 평가

소비자들은 직접 비교가 불가능한 상품대안들(non-comparable alternatives) 중 하나를 선택을 해야 하는 구매상황에 처하기도 한다. 예산은 고정적이고 구매할 수 있는 상품은 제한적이기 때문이다. 예를 들어, 어버이날에 부모님과 고급 레스토랑에서 함께 외식을 할 것인지, 아니면 건강보조식품이나 안마기를 선물로 사드릴 것인지를 결정하려는 사람에게 이와 같은 대안들은 서로 다른 속성들을 갖고 있기 때문에 속성별로 대안을 비교하는 것이 불가능하다. 가정에서 가족여행을 다녀올 것인가 아니면 그 돈으로 냉장고를 최신형으로 바꿀 것인지를 고민할 때도 이와 같은 경우에 해당된다.

비교불능 대안들 중 하나를 선택해야 하는 경우에 소비자는 구체적 상품속성을 가지고 비교할 수 없으므로 상위차원의 추상적 편익으로 비교평가의 초점을 이동시킨다. 즉 각 상품의 구체적 속성보다는 그 속성들을 통해 얻을 수 있는 효과나 혜택을 두고 대안을 비교하는 것이다. 예를 들어, 앞의 예에서 어버이날에 외식과 선물 중 하나를 선택하는 경우, 소비자는 '부모님이 기뻐하실 정도', '가족의 즐거움과 행복감', '기억에 남을 가능성' 등의 추상적 효익에 의해 구매결정을 하게 될 것이다. 여행이냐 냉장고냐를 결정할 때도 소비자는 필요성과 활용성, 과시 가능성, 긴급성 등에 따라 대안을 비교하여 최종 결정에 이를 것이다. 이와 같이 직접비교가 불가능한 대안에 대해 상위차원의 혜택과 가치를 비교하는 것을 **추상화 과정**(abstraction process)이라고 부른다.

3) 프레이밍 효과

주부들이 쇠고기를 살 때 20% 지방(20% fat)이라고 나와 있는 포장과 80% 순살코기(80% lean)라고 쓰인 포장 중에 어떤 것을 선택할까? 아마도 80% 순살코기라고 나와 있는 쇠고기를 선택할 가능성이 높을 것이다. 같은 쇠고기라고 할지라도 지방보다는 살코기에 초점을 둔 상품에 소비자가 어필될 것이기 때문이다. 소비자들이 상품대안을 평가할 때 어디에 초점을 두며 무엇을 준거점으로 사용하느냐에 따라 평가가 달라지는 것을 프레이밍 효과(framing effects)라고 한다. 동일한 상품이지만 부정적으로 프레이밍 되었느냐 아니면 긍정적으로 프레이밍 및 되었느냐에 따라 대안에 대한 평가가 변화하는 것이다.

프레임(frame)이란 틀, 윤곽, 액자 등을 뜻한다. 즉 프레이밍 효과란 메시지가 전달되는 틀에 따라 판단과 선택이 달라지는 현상을 의미하는 것이다. 다음의 예를 살펴보자. 말기암 환자를 위한 신약이 개발되었는데, 이 신약을 쓰면 생존률이 60%, 사망률이 40%이다. 이 경우, 환자에게 “A: 이 치료제를 쓰면 60% 살 가능성이 있습니다”라고 말했을 때와 “B: 이 치료제를 쓰면 죽을 가능성이 40%입니다”라고 말했을 때의 반응은 아마도 다르게 나타날 것이다. 40%의 사망률을 고지했을 때보다 60%의 생존가능성을 고지했을 때 환자들이 더욱 긍정적인 반응을 나타낼 가능성이 높다. 동일한 내용일지라도 A는 생존가능성(이득)으로 말했고 B는 사망가능성(손실)으로 말했는데, 사람들은 위험과 손실을 기피하고 안전한 대안을 선호하는 경향이 있으므로 긍정적 측면에 초점을 두는 A를 선호하게 되는 것이다.

프레이밍 효과는 다양한 마케팅 상황에 적용될 수 있다. 예를 들어, 삼성이 애플과의 특허 소송에서 패소했을 때 미국 시장에 다음과 같은 광고를 냈다. “Do you love iPhone? Buy Samsung. Apple says Samsung products are “substantially the same” as their ... with bigger screen, better performance, more feature, more free apps, lower price. Galaxy S3: the most amazing iPhone yet.”(아이폰을 좋아하시나요? 애플에서 똑같다고 하니까 삼성을 사세요. 더 큰 화면과 더 좋은 성능에 더 많은 공짜앱...) 이는 삼성의 패소를 애플의 승소라는 새로운 틀, 즉 프레임으로 바꾸어 애플에 반격을 가한 광고이다. 삼성이 애플과 다르지 않다는 법원판결을 삼성과 애플이 동급이라는 메시지로 전환시켜 애플 애호자들에게 전달하고 있는 것이다. 즉 프레이밍 효과는 의사결정자의 지각의 틀, 즉 준거점이 어디에 있느냐에 따라 대안에 대한 평가가 변화하는 현상이다.

4) 정보누락

소비자가 서비스대안들을 평가할 때 누락된 정보(missing information)가 있는 대안에 대해서는 어떠한 반응을 나타낼까? 손쉽게 누락된 속성정보를 알아낼 수 있다면 정보를 채워 넣은 다음 완결된 정보를 바탕으로 대안들을 비교하겠지만, 누락된 정보를 얻기 위해 추가적인 정보탐색을 하는데 필요한 시간/노력 비용이 높은 수준일 때(예: 점포 재방문) 소비자는 정보가 불충분한 상태로 종종 구매결정을 내리곤 한다. 정보누락의 경우 소비자들이 사용하는 전략에는 다음과 같은 것들이 있다.

가치하락방법 가치하락방법(devaluation)은 필요한 정보가 누락되어 있는 상품대안에 대해 전반적으로 낮은 평가를 내리거나 아예 선택대상에서 제외시키는 것을 의미한다. 정보가 누락된 속성의 중요도가 높을 때 소비자들은 일반적으로 가치하락방법을 사용한다. 주요 속성정보를 모르는 상태에서 의사결정을 하기에는 위험도가 너무 크게 지각되기 때문이다.

속성무시방법 정보가 누락된 상품속성을 무시하고, 정보가 제시된 속성들만을 기준으로 상품대안들을 서로 비교 평가하는 방법을 속성무시방법(dimension disregardment)이라고 한다. 정보가 불충분한 속성의 중요도가 떨어질 때 속성무시방법이 사용된다.

추론형성방법 추론형성방법(inference formation)은 주어진 정보를 바탕으로 정보가 누락된 속성에 대해 소비자가 추론을 하는 방법이다. 추론이란 정보가 누락된 속성에 대해서 소비자가 짐작한 수치를 대입시키는 것을 의미한다. 관여도가 높고 상품관련 지식이 충분한 소비자들은 주어진 정보를 토대로 누락된 정보를 추측할 수 있는 인지적 능력과 동기가 있으므로 추론형성방법을 사용한다.

소비자가 추론을 형성하는 방법에는 크게 (1) 동일 속성 내, 타 브랜드 처리(within-attribute, other-brand processing)과 (2) 동일 대안 내, 동브랜드 처리(within-alternative, same-brand processing)이 있다. 첫째, 동일속성 내, 타 브랜드 처리는 누락된 속성에 대해 다른 브랜드들의 분산이 낮은 경우 주로 사용된다. [표 8-5]을 보면 A호텔의 경우 속성 3에 대한 정보가 누락되어 있다. 이 경우 속성 3에 대한 타 호텔의 수치가 모두 비슷한 수준을 나타내므로 (낮은 분산) 고객은 A 호텔 역시 유사한 수준일 것이라고 추론할 것이다.

[표 8-5] **동일속성 내, 타 브랜드 처리**

속성	대 안				
	A 호텔	B 호텔	C 호텔	D 호텔	E 호텔
속성 1	9	6	8	4	9
속성 2	7	4	5	6	8
속성 3	(?)	7	7	6	7
속성 4	6	5	6	4	8
속성 5	6	6	8	5	7

둘째, 동일 대안 내, 동 브랜드 처리는 누락된 속성에 대한 타 브랜드 수치의 분산이 높은 경우 사용된다. [표 8-6]의 경우, A 호텔에서 누락된 속성 3에 대해 타 브랜드들이 높은 편차를 나타내고 있다. 이 경우 소비자는 누락된 정보를 추론하기 위해 A 호텔의 전반적 평가에 주의를 기울이게 될 것이다. [표 8-6]의 사례에서 A 호텔은 다른 속성들에 대해 전반적으로 높은 평가를 받고 있다. 따라서 소비자는 정보가 누락된 속성 3에 대해서도 역시 높은 점수를 추론할 가능성이 높다. 또는 상품 관련 지식이 풍부한 소비자의 경우, 누락된 속성과 상관관계가 높은 속성을 발견하여 그 속성의 가치를 기준으로 하여 정보가 누락된 속성의 가치를 추론할 것이다.

[표 8-6] **동일 대안 내, 동 브랜드 처리**

속성	대 안				
	A 호텔	B 호텔	C 호텔	D 호텔	E 호텔
속성 1	9	7	8	4	8
속성 2	7	4	5	6	7
속성 3	(?)	7	8	4	8
속성 4	9	5	6	6	7
속성 5	8	6	5	5	9

5) 극단성 회피

소비자는 어떤 속성에서 극단적인 수준을 가진 상품대안을 회피하는 경향이 있다. 이를 극단성 회피(extremeness aversion) 심리라고 부른다. 가격이라는 속성을 예로 들면, 소비자는 가격이 너무 비싸거나 너무 싼 상품대안은 선택에서 제외시키고 가격이 보통 수준인 대안을 선호하는 경향을 나타낸다. 예컨대 상품 A(6만 원), 상품 B(8만 원), 상품 C(10만 원)가 있다고 하자. 이 세 가지 상품대안 중 가장 비싼 상품 C의 판매율이 저조한 경우, 이보다 더 비싼 상품 D(12만 원)를 도입하면 C의 매출이 증가되는 결과를 가져올 수 있다. 상품 D의 등장으로 더 이상 상품 C가 가장 비싼 옵션이 아니기 때문이다.

소비자의 이와 같은 극단성 회피 심리를 이용하여, 서비스 기업은 종종 가격은 더욱 비싸나 품질에는 별 차이가 없는 미끼상품(decoy)을 상품 대안에 추가하기도 한다. 미끼상품은 기존의 고가격/고품질 상품의 매력도를 한층 높이는 역할을 하여 그 자체는 판매되지 않으나 기존의 고가격 상품의 판매를 증가시키는 역할을 한다. 이와 같은 현상은 소비자의 선택을 고가격 상품으로 유인한다고 하여 **유인효과**(attraction effect)라고 부른다.

4 구매

상품대안에 대한 평가가 이루어진 다음 단계는 구매행동 단계이다. 구매행동은 상품에 대한 고객관여도와 사전 구매경험의 유무에 따라 복합구매행동, 충성구매행동, 제한적 문제해결 / 다양성 추구행동, 관성적 구매행동으로 구분할 수 있다.

[표 8-7] 구매행동의 유형

	고 관 여	저 관 여
최초 구매	복합구매행동	제한적 문제해결, 다양성 추구행동
반복 구매	충성구매행동	관성적 구매행동

1. 구매행동 유형

1) 복합구매행동

복합구매행동(complex buying behavior)이란 소비자의 관여도가 높고 처음 상품을 구매할 때 나타나는 구매행동이다. 복합구매행동의 경우 소비자는 활발한 정보탐색과 대안평가 과정을 거쳐 구매의사결정을 내린다. 즉 소비자는 상품속성들을 평가하고 다양한 상품대안들을 자세히 비교한 후 자신이 가장 선호하는 브랜드를 선택하여 이를 구매한다.

2) 충성구매행동

고관여 소비자가 구매된 상표에 만족하면 그 상표에 대해 충성도가 생겨 반복적인 구매행동을 하게 된다. 즉 과거의 서비스 이용경험을 바탕으로 정보탐색 과정 없이 바로 자신이 호의적인 태도를 갖고 있는 동일 브랜드를 재이용하게 되는 것이다. 충성구매행동에서는 구매의사결정에 있어 대안평가와 신념형성이라는 인지적 과정이 생략된다.

3) 제한적 문제해결/다양성 추구행동

저관여 소비자가 어떤 서비스 상품을 처음으로 구매할 때는 최소한의 정보탐색으로 구매의사결정을 하는 제한적 문제해결(limited problem solving)을 한다. 각 대안에 대한 상세한 평가를 거치지 않고 익숙한 브랜드 중 하나를 선택하거나 위치를 확인하고 바로 이용하는 식이다. 또한 저관여 상황에서 소비자가 기존 상표에 대해 싫증을 느끼거나 혹은 단순히 새로움을 추구하기 위해 상표전환 행동을 한다. 이를 다양성 추구행동(variety seeking)이라고 하는데, 다양성 추구행동은 다양한 서비스 경험으로 일상생활에서 적정 수준의 자극을 유지하기 위해 행해진다.

4) 관성적 구매행동

서비스 이용경험이 있는 저관여 소비자가 습관적으로 동일상표를 반복 구매하는 것을 관성적 구매(inertia)라고 부른다. 관성적 구매행동은 외형상으로는 상표애호도와 유사하지만 구매상표에 대한 강한 호의적 태도가 결여되어 있다는 측면에서 충성구매행동과는 구별된다. 즉 관성적 구매행동은 소비자가 단지 구매의사결정에 수반되는 노력을 덜기 위해 이전에 구매한 브랜드를 반복적으로 구매하는 것으로서 거짓 충성도(spurious loyalty)에 의한 것이다.

2. 상황적 요인

상황적 요인이란 소비자 개인의 내면적 특성이나 상품관련 특성과는 구분되는 것으로, 소비자 구매행동에 즉각적인 영향을 미치는 구매시점의 제반 요인들을 말한다. 상황적 요인은 소비자가 서비스를 구매하는 과정에서 그들의 행동에 영향을 미치는 서비스 점포 내 환경, 시간적 제약, 소비자의 기분상태, 예기치 못한 상황(예: 가격인상, 품절) 등을 포함한다. 소비자들은 서비스의 구매 단계에서 다양한 상황적 변수들에 의해 영향을 받는데, Belk는 소비자행동에 영향을 미치는 상황적 요인을 [그림 8-4]와 같은 5개 요인으로 분류하였다.

[그림 8-4] 상황적 요인

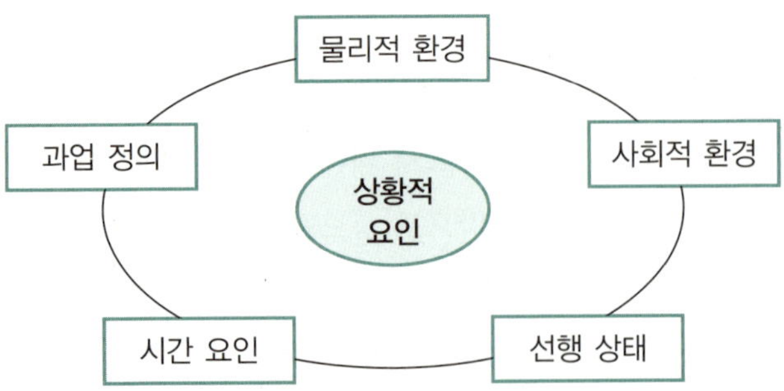

1) 물리적 환경

물리적 환경(physical surrounding)은 고객행동에 영향을 미치는 모든 비인적 요소를 말한다. 서비스 점포의 위치, 내부배치, 인테리어, 색상, 향기/악취, 음악, 조명 등이 포함된다. 소비자의 서비스 품질지각과 만족도는 물리적 환경의 쾌적성에 의해 크게 영향을 받으며, 이것은 다시 고객의 체류시간과 재방문 및 구전의도에 유의한 영향을 미친다.

Bitner는 서비스의 물리적 환경을 **서비스케이프**(Servicescapes)라는 조합어로 표현하면서 기업이 통제할 수 있는 객관적이고 물리적인 요인으로 정의하고, (1) 주변요소, (2) 표지판 · 상징물과 조형물, 그리고 (3) 공간적 배치와 기능성의 세 가지 범주로 분류하였다.

첫째, 주변요소(ambient condition)는 온도, 조명, 소음, 음악, 바깥 전망 등과 같은 배경적 환경특성들을 의미한다.

둘째, 표지판, 상징물과 조형물(signs, symbols, & artifacts)은 환경 내의 명시적 커뮤니케이터의 역할을 한다. 예를 들어 '금연'과 같은 표지판은 고객의 행동규범을 제시해주며, 안내표지판은 구내에서의 고객의 이동을 돕는다. 상징물과 조형물은 고객의 첫인상을 형성하는데 결정적인 영향을 미치고 서비스의 개념과 수준을 소비자에게 커뮤니케이션하는데 중요한 수단이 된다. 예컨대 레스토랑에서 흰색의 테이블보와 부드러운 조명은 높은 가격대와 풀서비스 제공이라는 의미를 고객에게 전달한다.

셋째, 공간적 배치와 기능성(spatial layout & functionality)은 레스토랑 테이블의 레이아웃, 고객의 동선, 호텔 프런트데스크의 위치 등과 같이 공간의 구성물들이 얼마나 효율적으로 배치되었느냐에 관한 것이다. 서비스매장의 공간배치는 고객의 체류시간 및 구매량에 유의한 영향을 미친다. 할인마트에서는 야채, 과일, 유제품, 육류, 빵 등과 같이 많은 사람들이 구입하는 제품은 양쪽 맨 끝과 맨 뒤쪽에 위치시키는데, 이것은 소비자들로 하여금 매장 전체를 한 바퀴 돌며 다양한 상품들을 구매하도록 하기 위함이다. 환경의 공간적 배치와 기능성은 소비자의 서비스 품질지각 뿐 아니라 서비스종사원의 업무 효율성에도 중요한 영향을 미친다.

[그림 8-5] 물리적 환경의 영향

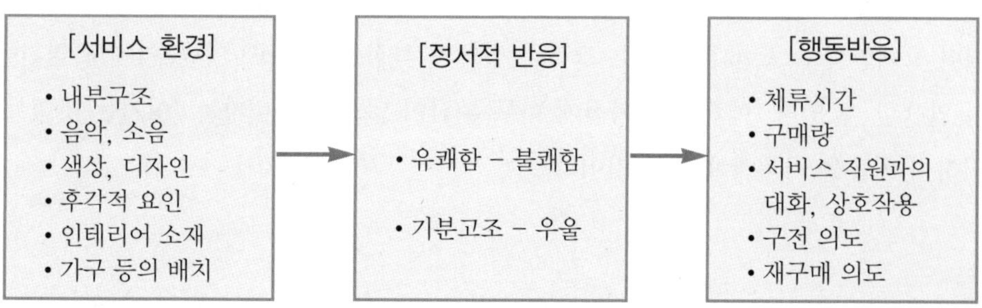

2) 사회적 환경

사회적 환경(social surrounding)은 구매행동에 영향을 미치는 모든 인적 요소를 의미한다. 서비스의 사회적 환경을 구성하는 사람들에는 동행인, 서비스종사원, 그리고 다른 이용고객들이 있는데, 이들의 특성과 역할, 그리고 상호작용이 사회적 환경의 질을 결정한다. 소비자들은 종종 사회적 맥락 속에서 서비스를 이용하므로 사회적 환경의 영향은 절대적이라고 볼 수 있다.

다른 고객들의 행동(예: 상품선택), 쇼핑동행인의 유무 등의 요인은 고객의 구매행동에 영향을 미친다. 예컨대 백화점 쇼핑객의 경우, 혼자서 쇼핑하는 사람들에 비해 동행인과 함께 쇼핑하는 소비자는 일반적으로 더 많은 상품을 탐색하며 구매액수 또한 높은 것으로 나타났다. 동행인이 있으면 혼자 쇼핑할 때와 비교하여 보다 긍정적인 정서가 형성되며 환기수준(arousal level)이 높아지기 때문이다. 호텔이나 레스토랑 이용 상황에서 서비스 이용의 사회적 맥락은 고객의 선택행동에 중요한 영향을 미친다. 소비자는 집단기대에 순응하는 경향이 있기 때문에, 동행인의 특성에 따라 서비스 상품 선택과 서비스 요구수준의 수위를 조절하게 되는 것이다.

사회적 환경을 구성하는 또 다른 인적 요인은 다른 고객들이다. 서비스 이용고객에게 다른 고객들의 가시적 모습과 행동은 서비스 품질 지각의 중요한 결정요인이 된다. 예를 들어, 다른 이용객들이 큰 소리로 떠들거나 차례를 지키지 않는 등 다른 사람들에게 피해를 주는 행동을 한다면 소비자는 업체의 서비스 품질 자체를 부정적으로 평가할 것이며 서비스 만족도가 하락할 것이다. 또한 서비스 고객은 타고객의 시민행동, 혹은 불량행동을 보고 학습하며, 자신도 그 행동을 모방할 가능성이 있다.

서비스 매장의 혼잡성(crowding)은 소비자의 구매행동에 직접적인 영향을 미치는 사회적 환경 요인 중 하나이다. 혼잡성은 밀도(density)와는 구별되는데, 밀도는 단순히 주어진 공간에 얼마나 많은 사람들이 있느냐에 관한 것이지만, 혼잡성은 밀도가 너무 높아 사람들이 불쾌감을 느끼는 수준을 의미한다. 상황에 따라 최적 수준의 밀도가 존재하는데, 예컨대 야구경기장이나 락 콘서트(rock concert)에서는 밀도가 높을수록 즐거움과 열기가 함께 증가하나 버스나 지하철과 같은 대중교통 이용 상황에서는 낮은 밀도가 선호된다. 백화점이나 할인마트에서 고객밀도가 적정수준을 넘어서 매우 혼잡한 상황에서는 소비자들의 정보탐색 행동과 구매행동이 억제되며 고객만족도 또한 감소된다. 그러나 밀도가 적정수준에서 너무 낮아져도 역기능적인 효과가 발생할 수 있다. 예컨대 음식점에 너무 손님이 없으면 소비자는 "여기는 맛없는 곳인가보다"하며 이용을 기피하게 되는 것이다.

[그림 8-4] 상황적 요인

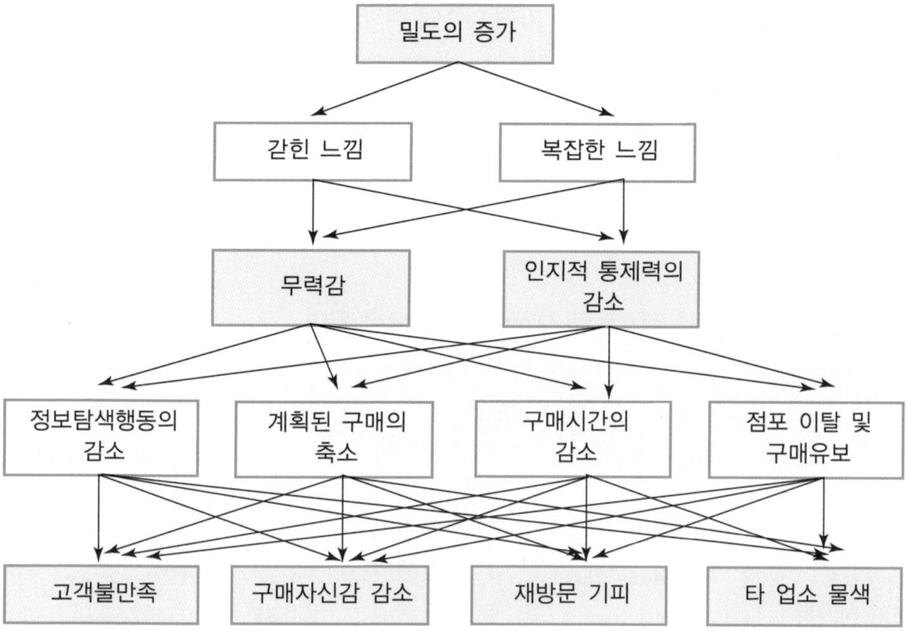

3) 시간적 상황

소비자 구매행동은 시간적 상황(temporal perspective)과 밀접한 관계가 있다. 서비스 상품별로 성수기, 비수기가 있으며, 요일에 따라, 그리고 하루 중 시간대에 따라 수요가 변화한다. 구매상황에서의 시간적 압박은 소비자 행동에 제약조건으로 작용할 수 있다. 소비자들은 시간적 압박을 받을 때 정보탐색 과정을 생략하고 기억에 주로 의존하며 평가대안의 수를 줄일 가능성이 높다. 또한 시간에 쫓기는 상태에서 구매결정을 할 때 소비자는 브랜드명과 같은 단순 단서에 의해 구매결정을 내리므로 상표충성적 행동이 두드러진다.

Miller & Ginter는 시간적 상황에 따른 소비행동의 차이를 분석하였다. 이들은 레스토랑 속성들에 대해 고객이 중요하게 고려하는 정도가 시간적 상황에 따라 어떻게 다른지를 분석하기 위해, 레스토랑 고객들을 대상으로 서비스의 신속성, 다양성, 청결성, 편의성 등의 속성들을 다음과 같은 4가지 시간적 상황에서 평가하도록 하였다.

① 평일의 점심식사
② 쇼핑 중 간식
③ 시간에 쫓길 때의 저녁식사
④ 시간적 여유가 있을 때의 가족동행 저녁식사

연구결과, 레스토랑에 대한 평가기준의 상대적 중요성은 시간 상황에 따라 차이가 발생하는 것으로 나타났다(표 8-8). 음식의 맛과 가격수준에 대한 중요도는 모든 상황에 걸쳐 유사한 수준을 보였다. 편의성과 서비스 속도는 평일의 점심식사나 시간적 압박이 있는 상황의 저녁식사에는 매우 중요한 속성이 되지만 시간적으로 여유로운 저녁식사 상황에는 그 중요성이 낮게 나타났다. 메뉴의 다양성이나 자녀의 선호도 요인은 시간적 여유가 있는 저녁식사 상황에 중요하게 고려되는 선택요인이나 다른 시간적 상황에서는 중요도가 낮은 것으로 나타났다.

[표 8-8] **시간적 상황에 따른 레스토랑 평가속성의 중요성 차이**

평가속성	시간적 상황			
	평일 점심	쇼핑 중 간식	시간에 쫓길 때의 저녁식사	시간적 여유가 있는 저녁식사
음식의 맛	4.64	4.48	4.60	4.72
청결성	4.32	4.35	4.31	4.41
편의성	4.32	4.23	4.32	3.40
가격수준	3.92	3.89	3.84	3.83
서비스 신속성	4.45	3.98	4.45	3.05
메뉴의 다양성	2.70	2.79	2.62	3.43
자녀의 선호도	1.95	2.58	2.69	3.21

4) 과업정의

과업정의(task definition)란 소비자가 부여하는 구매 과업의 내용 및 특성을 의미한다. 소비자행동은 구매과업의 특성과 구매목적에 따라 차이가 발생한다. 예컨대 자신이 사용하기 위해 상품을 구매할 때와 남에게 선물을 할 목적으로 상품을 구매할 때 대안의 평가기준이 달라질 것이다. 선물용으로 상품을 구입할 때는 보통 브랜드민감도가 높고 가격민감성이 떨어진다. 상품의 구매가 자가 이용을 위한 것이냐 아니면 손님접대용이냐에 따라서도 구매상품 및 브랜드에 차이를 가져온다. 자신과 직접 이용할 목적이라면 개인적 선호에 따라 상품을 선택하지만, 손님을 접대할 목적으로 상품을 구매할 때는 사회적 수용도가 높은 브랜드를 우선적으로 고려하게 된다.

서비스 이용행동에 있어서도 과업의 특성이 중요한 역할을 한다. 예를 들어, 외식업체 이용행동에 있어 단순히 배고픔을 해결하기 위한 것이냐, 친구들과 함께 어울리기 위한 것이냐, 혹은 중요한 손님을 접대하기 위한 것이냐에 따라 레스토랑 선택이 달라질 것이다. 또한 호텔 선택에 있어서도 여행의 목적과 성격에 따라 차이가 발생한다. 예컨대 가족끼리 위락여행을 하는 경우와 비즈니스를 목적으로 출장여행을 하는 경우의 호텔 선택기준과 이용행태가 서로 다르게 나타날 것이다.

5) 선행상태

선행상태(antecedent status)란 구매 과정에 있어서의 소비자의 감정적, 생리적, 인지적 상태를 의미한다. 이는 개인의 지속적 특성이 아니라 일시적으로 나타나는 요인으로 일시적인 기분이나 신체적 상태를 뜻한다. 예를 들어, 유쾌 혹은 불쾌한 기분, 배고픔, 목마름, 피곤함 등은 소비자의 구매행동에 영향을 미칠 수 있는 선행상태이다. 긍정적인 무드에 있을 때 소비자는 상품의 긍정적 속성에 주의를 기울이며 긍정적인 브랜드 정보를 회상하는 경향이 있다. 소비자들은 일반적으로 기분이 좋고 신체적으로 편안할 때 구매행동이 활발해진다. 그러나 우울하거나 기분이 좋지 않을 때 그러한 감정에서 벗어나기 위해 충동구매나 중독구매행동(예: 카지노)을 하는 경우도 있다.

소비자의 일시적 기분은 구매행동 그 자체에 대한 태도에도 영향을 미친다. 사람들은 유쾌한 기분일 때 쇼핑자체를 아주 흥미롭고 즐거운 일로 여기기도 한다. 이러한 선행상태에서는 소비자가 쇼핑을 해야 할 일로 여기기보다는 쇼핑센터 방문 및 상품 둘러보기, 그리고 흥정행위 그 자체를 즐기게 된다. 백화점이나 할인마트에서는 소비자들이 유쾌한 기분으로 오랜 시간 매장에 머무르며 한 품목이라도 더 구매를 할 수 있도록 매장을 최대한 쾌적하게 관리하고 이용고객을 위한 식수대, 휴식 공간, 수유실 등을 마련해놓고 있다.

3. 서비스 경험

서비스 구매는 소유가 목적이 아니라 서비스를 경험하는 것 그 자체가 목적이라고 할 수 있다. 결과물의 소비가 아닌 과정적 소비를 하는 것이다. 즉 서비스 접점(service encounter)에서의 소비자 경험의 질이 소비자의 만족도를 결정하는 지배적인 효용이 된다. 예컨대 영화, 테마파크, 여행, 호텔 등의 서비스 상품들은 소비자가 일정 시간 동안 경험을 소비하는 경험재이며 경험자체의 즐거움과 효용성이 소비의 핵심이다. 경험재는 종종 경험 그 자체를 즐기기 위해 선택되고 구매되는 것으로써, 소비자는 경험의 질과 특성에 따라 서비스의 가치를 평가하게 된다.

Pine & Gilmore는 소비자 경험을 쾌락적 경험, 교육적 경험, 심미적 경험, 일상탈피 경험으로 구분하였다. 서비스 마케팅 관리자는 고객이 추구하는 서비스 경험에 이와 같은 다양한 영역들이 있음을 감안하여 자사 서비스가 소비자에게 제공할 수 있는 경험적 차원을 다각적으로 강화하기 위해 노력해야 할 것이다.

1) 쾌락적 경험

쾌락적 경험(entertainment experience)은 연극, 영화, 음악회, 식음료서비스 등과 같이 소비자가 서비스를 경험하는 과정에서 얻을 수 있는 감각적 즐거움과 재미를 의미한다. 이 경험영역은 소비자의 감각기관을 통해 이루어지는 감성적, 감각적 체험으로서 소비자는 개인적으로, 혹은 여러 사람들과 함께 공유하며 이 경험영역을 즐긴다. 쾌락적 경험은 서비스 경험 중 가장 보편적이고 대표적인 형태라고 할 수 있다.

2) 교육적 경험

소비자가 서비스를 통해 얻을 수 있는 경험은 쾌락적 효용뿐 아니라 정신적 효용 또한 제공한다. 서비스경험의 교육적 영역(educational experience)이란 소비자가 서비스 구매를 통해 얻을 수 있는 새로운 지식의 습득과 능력 향상을 뜻한다. 소비자는 서비스를 경험하는 동안 새로운 것을 배우고 알게 되는 유익을 얻기도 한다. 예컨대 각종 학원의 교육서비스, 리조트의 스키 클래스나 스쿠버다이빙 레슨, 여행 중 박물관이나 유적지 답사 등은 소비자에게 유익한 학습효과를 제공한다. 서비스의 교육적 영역은 소비자의 적극적 참여와 인지적/신체적 노력의 투입을 필요로 한다.

3) 심미적 경험

심미적 경험(esthetic experience)이란 소비자가 서비스 경험을 통해 감상하게 되는 미적 감각요소, 즉 시각적 아름다움과 매력성을 의미한다. 예를 들어, 여행을 하며 즐기는 아름다운 자연경관과 미술관의 전시품들, 고급 호텔의 멋진 인테리어 등은 소비자에게 심미적 경험을 제공한다. 심미적 경험 차원은 교육적 경험과는 달리 소비자가 서비스에 수동적으로 참여하더라도 경험할 수 있다.

4) 일상탈피 경험

영국의 문필가인 조지 버나드 쇼는 "호텔의 큰 혜택은 가정생활의 피신처가 된다는 것"이라고 했다. 일상탈피 경험(escapist experience)은 소비자가 날마다 반복되는 일상에서 벗어나 또 다른 세계를 경험하는 것을 말한다. 예컨대 카지노 이용 행동은 많은 사람들에게 현실도피적 선택이라고 할 수 있다. 호텔 서비스에는 일상을 잊게 해주는 편안함과 친절함이 있다. 또한 디즈니월드와 같은 테마파크나 컴퓨터 게임 등과 같은 서비스개념은 현실에서 탈피하여 가상의 세계를 경험하고자 하는 소비자에게 어필된다. 일상탈피 경험은 서비스 경험에 소비자의 능동적 참여와 몰입이 요구된다는 특징이 있다.

5 구매 후 행동

서비스 고객의 구매 후 행동(post-purchase behavior)은 크게 세 가지 단계로 나누어 볼 수 있다. 첫째는 서비스를 경험한 후에 서비스 성과에 대한 소비자의 만족/불만족 반응 단계이다. 둘째는 서비스가 충분히 만족스럽지 못한 경우 그 원인에 대해 회고 및 인과추론을 하는 귀인과정과 자신의 의사결정에 대해 심리적 갈등을 느끼는 구매후 부조화 단계이다. 마지막으로 셋째 단계는 소비자의 심리적 과정의 결과로 나타나는 소비자 불평행동, 재구매 의도, 구전 의도와 같은 후속행동 단계이다. 고객의 만족 · 불만족 반응과 그 후속행동에 대해서는 이 책의 13장에서 자세히 다루기로 하고, 본 절에서는 구매 후 부조화와 귀인행동에 대해서만 살펴보기로 한다.

[그림 8-7] **서비스 구매 후 행동과정**

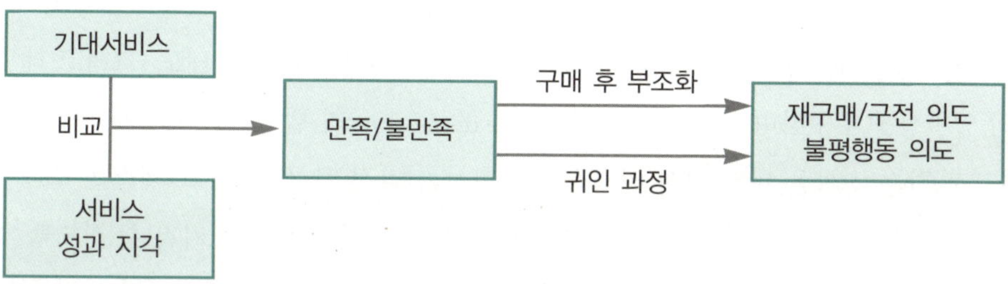

1. 구매 후 부조화

한 소비자가 미국 서부로 가족여행을 다녀왔다. 그의 가족은 ○○여행사 8일 미서부 패키지로 여행을 다녀왔는데 가족과 여행을 다녀온 그는 친구를 만나 여행 이야기를 나누었다. 친구는 자기 식구 또한 미서부 여행을 다녀왔는데 자기네는 ××여행사로 다녀왔다고 하였다. 여행비는 ○○여행사보다 조금 더 비쌌지만 ○○여행사 패키지에는 빠져있던 다양한 목적지들이

××여행패키지 상품에 포함되어 있었다. 친구의 말을 들은 그는 자기도 ××여행사를 이용할 걸 그랬나 하는 후회감이 들기 시작하였다.

소비자들은 대부분의 경우 다수의 선택대안들 중 한 가지를 선택한다. 그리고 위의 상황과 같이 서비스 상품의 구매가 이루어진 후 그것이 최선의 선택이 아니었을지도 모른다는 느낌이 드는 경우가 있다. 이와 같이 소비자가 구매 후 느끼는 심리적 불편함과 의구심을 구매 후 부조화(postpurchase dissonance)라고 한다. 구매 후 부조화는 소비자가 선택한 서비스 대안이 선택하지 않은 대안에 비해 갖는 상대적 단점, 혹은 선택하지 않은 서비스 대안이 선택한 대안에 비해 갖는 상대적 장점으로 인해 발생한다. 즉 각 선택대안의 상대적 장단점들이 동시에 존재하기 때문에 발생하는 것이다.

구매 후 부조화는 다음과 같은 경우에 발생가능성이 높다.

구매결정을 돌이킬 수 없는 경우(예: 교환이나 환불 불가)
구매결정을 할 때 많은 서비스 대안이 있었던 경우
개인에게 중요성이 높은 고관여 서비스의 경우
선택하지 않은 서비스 대안이 선택된 대안에게 없는 고유한 장점을 보유한 경우
다른 대안들과의 비교평가가 용이하지 않아 정보가 충분치 않은 채로 구매결정이 이루어진 경우
준거집단의 조언을 무시하고 소비자 개인이 독단적으로 구매결정을 내린 경우

인지일관성 이론(cognitive consistency theory)에 의하면, 인간은 태도와 태도, 그리고 태도와 행동 간의 일관성을 추구하며, 인지부조화(cognitive dissonance)가 발생하면 어떻게든 부조화를 최소화하고자 하는 경향을 나타낸다. 인지적 부조화는 심리적 불균형과 스트레스를 초래하기 때문이다. 따라서 구매 후 부조화를 느끼는 소비자는 인지요소들을 변화시키거나, 정보를 왜곡시키거나, 혹은 중요도의 위치를 바꿈으로써 최대한 부조화를 최소화하여 심리적 평정을 되찾으려 노력한다. 고객이 구매 후 부조화를 최소화시키는 방법에는 다음과 같은 것들이 있다.

① 자신의 상품선택을 지지하는 정보(예: 구매상품 광고)에 선택적으로 노출된다.
② 자신의 상품선택에 반박하는 정보는 의도적으로 회피한다.
③ 자신이 선택한 상품의 장점을 의식적으로 강화시킨다.
(선택 상품의 만족스러운 속성에 대해서는 중요도 강화)

④ 자신이 선택한 상품의 단점은 최소화시킨다.
(선택 상품의 불만족스러운 속성에 대해서는 중요도 약화)

⑤ 상품에 대한 관여도 및 의사결정의 중요도를 의도적으로 낮춘다.
("그까짓 것, 아무려면 어때?")

⑥ 서비스 대안들의 차이점을 무시하고 모두 유사한 것으로 간주한다.
("다 그게 그거지, 뭐")

⑦ 대안의 단점은 부각시키고 장점은 약화시킨다.

2. 귀인행동

서비스의 실제 성과가 사전기대에 긍정적 혹은 부정적으로 불일치할 때 소비자는 의식적, 혹은 무의식적으로 만족/불만족의 원인과 책임에 대해 인과추론을 한다. 이러한 인과추론 및 사건의 재해석을 귀인(attribution)이라고 하는데, 이와 같은 소비자 귀인행동은 구매 후 소비자들의 인지적 반응과 후속행동에 영향을 미치게 된다. 예를 들어, 서비스 불만족을 경험한 소비자가 자신의 경험에 대해 어떻게 귀인을 하느냐에 따라 불만족의 정도가 증폭되거나, 혹은 감소되어 그들의 재구매 의도와 불평의도, 부정적 구전의도가 결정되는 것이다.

귀인이론(Attribution theory)은 소비자가 서비스 결과에 대해 원인을 파악하고 서비스경험을 해석하는 과정에 대한 설명을 제공한다. 귀인행동에 대해서는 사회심리학 분야에서 방대한 연구들이 이루어졌는데, 이 책에서는 그 중 Kelley의 이론과 Weiner의 이론을 간략히 소개하기로 한다.

1) Kelley의 이론

Kelley의 공변이론(covariance theory)에 의하면, 사람들은 어떤 사건의 원인을 추정하는 귀인과정에서 다음과 같은 세 가지 요인을 고려하게 된다. 여기서 공변원리(covariance principle)란 단 한 번의 관찰이 아니라 여러 번에 걸친 관찰을 통해 수집한 정보를 토대로 인과추론을 하는 것을 말한다. 특정 원인의 구별성과 의견일치성, 그리고 일관성이 높을 때, 즉 이 세 가지 차원의 공변성이 높을 때, 사람들은 원인과 결과 간의 관계에 대해 보다 자신있게 추론할 수 있다. 이를 서비스 맥락에 적용시키면, 소비자는 자신이 경험한 서비스 에 대한 구별성과 의견일치성, 일관성이 높을수록 해당 서비스에 대한 자신의 판단 및 만족/불만족 반응에 확신을 갖게 된다.

구별성(Distinctiveness) 어떤 호텔을 이용한 소비자가 서비스에 대해 매우 만족한 경우, 만약 그 정도의 서비스를 어디에서나 받을 수 있다면 그 호텔 서비스가 유독 훌륭하다고 볼 수는 없을 것이다. 그러나 다른 호텔에서는 기대할 수 없는 서비스였다면 해당 호텔에 대해 더욱 호의적인 평가를 내리게 된다. 이와는 반대로, 어떤 호텔에서 불만족스러운 서비스를 경험한 경우, 소비자는 이 호텔에서만 서비스가 이런가, 아니면 다른 호텔에서도 마찬가지인가를 생각할 것이다. 만약 해당 호텔에서만 그와 같은 서비스를 한다면(높은 구별성), 소비자의 불만족이 증가하게 된다.

의견일치성(Consensus) 자신이 경험한 서비스에 대해 동행인이나 다른 관찰자들이 자신의 평가와 유사한 평가를 내린다면 소비자는 자신의 판단에 확신을 얻게 된다. 서비스에 대한 소비자의 호-불호, 그리고 만족-불만족 반응이 확고해지는 것이다. 그러나 의견일치성이 떨어지는 경우 감정적 반응의 강도가 약해지게 된다. 예컨대 자신은 서비스가 불만족스럽게 느껴지는데 다른 사람들은 전혀 불쾌한 반응을 나타내지 않는다면 자신이 너무 예민할 뿐 서비스에는 별 문제가 없는 것으로 여기게 되는 것이다.

일관성(Consistency over Time and Modality) 서비스의 수준이 언제이건 동일하다면(예: 항상 친절하거나 항상 불친절) 소비자는 그것을 해당 서비스업체의 내재적 원인으로 귀속시킨다. 예컨대 어떤 소비자가 호텔 예약을 할 때 분명히 킹사이즈 베드를 원한다고 명시했는데도 불구하고 트윈베드룸이 배정되어 방을 바꿔야했다고 하자. 이 소비자가 해당 호텔의 고객이용후기를 살펴본 결과 유사한 문제를 경험한 사람들이 다수 있었다면(높은 일관성) 그는 이 호텔이 고객에게 세심한 주의를 기울이지 않는 호텔이라고 결론짓게 된다. 그러나 이와 같은 사례가 한 번도 없었다면 소비자는 호텔직원이 어쩌다 한 번 실수한 것으로 대수롭지 않게 생각할 가능성이 있다.

2) Weiner의 이론

Weiner는 귀인 행동을 책임소재, 원인의 통제가능성, 시간적 지속성이라는 세 가지 차원으로 분류하여 설명하였다.

책임소재(Locus of Causality) 책임소재란 사건의 원인이 누구에게 있느냐에 관한 것이다. 귀인의 위치는 크게 내적 귀인과 외적 귀인으로 구분할 수 있는데, 내적 귀인(internal attribution)은 개인이 사건의 원인을 자기 자신에게 귀속시키는 것을, 외적 귀인(external attribution)은 상대방이나 외부 상황적 요인에 귀속시키는 것을 각각 의미한다. 예컨대, 호텔 스위트룸을 예약한 고객이 객실에 체크인을 하고 보니 주방시설이 너무 협소하여 실망했다고 하자. 그가 이 호텔의 인터넷 예약사이트를 찾아 객실사진들을 다시 확인해보니 실제와는 달리 넓은 주방 사진이 게재되어 있는 경우, 소비자는 호텔 측의 부정직함에 분노를 느낄 것이다. 그러나 사이트를 다시 확인한 결과, 실제와 같이 협소한 주방시설 사진을 발견한 소비자는 사진을 자세히 살펴보지도 않고 예약을 한 자신에게 잘못이 있다고 생각하게 된다. 서비스실패를 자신의 부주의나 실수에 귀인하는 경우 소비자의 불만족 반응은 감소할 것이다.

통제가능성(Controllability) 통제가능성이란 서비스 실패/성공이 업체의 의지에 따라 통제가 가능한 부분이었는지 아니면 불가피하게 발생한 일인지에 관한 것이다. 예를 들어 한여름에 호텔에 입숙한 고객이 객실이 시원하지 않아 불편을 겪었다. 만약 호텔에서 냉방시설 관리를 게을리 하여 에어컨이 제대로 작동하지 않은 경우라면 당연히 비난의 화살은 호텔을 향할 것이다. 그러나 정부 시책에 의해 모든 공공건물의 실내온도를 26도 이하로는 낮출 수 없는 상황이었다면 이는 호텔의 통제력을 넘어서는 부분이고 고객은 이를 수용할 수밖에 없다.

시간적 지속성(temporal stability) 시간적 지속성이란 사건의 원인이 일시적인가 아니면 지속적인가에 관한 문제이다. 이는 Kelley의 이론에 나온 일관성과도 유사한 개념으로, 서비스의 탁월성 혹은 문제성이 계속적으로 유지되는지 아니면 이번에 한 번 발생한 일인지를 의미하는 것이다. 시간적 지속성이 높을수록 소비자는 서비스 수준에 대한 자신의 판단에 확신을 가지지만, 일시적으로 발생한 사건에 대해서는 판단을 유보할 가능성이 있다.

3) 귀인의 결과

귀인행동의 결과 소비자의 향후 행동은 어떻게 달라질까? 서비스 실패에 대해 소비자가 통제 불가능한 불가항력적인 요인에 귀인하거나 자신에게 책임을 돌리는 경우 서비스 기업에 미치는 부정적 영향은 그리 크지 않다. 이때 소비자는 서비스업체를 비난하기보다는 향후 재구매 시 보다 나은 서비스를 제공받을 수 있을 것으로 기대하거나 구매의사결정에 좀 더 주의를 기울이는 정도로 서비스경험을 마무리한다.

그러나 소비자가 서비스 실패의 원인을 서비스 업체와 직원에게 돌리는 경우 그들의 후속 행동은 매우 부정적일 수 있다. 서비스 실패의 구별성과 일관성, 의견일치성이 높은 경우, 그리고 업체에서 통제력이 있었는데도 불구하고 서비스 실패가 발생하도록 방치했거나 책임소재가 전적으로 서비스 업체 측에 있는 경우, 고객은 서비스 업체에 대한 부정적 태도를 더욱 확고히 할 것이다. 그리고 이와 같은 귀인은 소비자의 불평 행동, 부정적 구전, 브랜드 전환을 유발하며, 심지어 고발 및 불매운동과 같은 적대적 보복행동마저도 초래할 수 있다.

제9장

서비스 고객과 브랜드

[1] 서비스 브랜드의 의의

1. 확증편향
2. 브랜드 고정관념

[2] 서비스 브랜드 자산

1. 연상적 네트워크 기억모델과 브랜드 지식구조
2. 브랜드 인지도
   1) 브랜드 회상 2) 브랜드 재인
3. 브랜드 이미지
   1) 브랜드 편익의 연상
   2) 브랜드 연상의 우호성
   3) 브랜드 연상의 강도
   4) 브랜드 연상의 독특성
4. 브랜드 신뢰

[3] 브랜드 동일시

1. 브랜드 개성
2. 소비자의 자아개념
3. 상징적 상호작용
4. 개인적 브랜드동일시와 사회적 브랜드동일시

[4] 서비스 고객 – 브랜드 관계

1. 소비자 – 브랜드 관계 유형
2. 소비자 – 브랜드 관계의 질
3. 소비자 – 브랜드 관계의 변화과정
4. 브랜드 카리스마

[5] 소비자의 반응을 이끌어내는 브랜드 전략들

1. 브랜드 확장
   1) 모브랜드의 경쟁력
   2) 상품의 유사성
   3) 기술전이성
   4) 상호보완성
2. 브랜드 재활성화
   1) 브랜드 인지도 확대
   2) 브랜드 리뉴얼
   3) 브랜드 재포지셔닝
   4) 상품 수정

제9장

서비스 고객과 브랜드

1 서비스 브랜드의 의의

브랜드는 특정 기업의 상품을 경쟁사 상품과 구별하고 소비자에게 신뢰성과 일관성, 품질 및 서비스의 가치에 대한 확신을 제공해주는 역할을 한다. 무형의 속성을 지니고 있는 서비스의 경우, 브랜드의 역할을 더욱 더 두드러진다. 무형 서비스는 전시와 포장이 불가능하고 소비자가 직접 경험해보기 전에는 평가하기가 어려우므로 고객은 서비스 상품을 선택할 때 브랜드 이름에 의거하여 종종 의사결정을 하게 된다. 브랜드가 곧 서비스 상품의 성격과 품질을 대변해주며, 브랜드 이름만으로 서비스를 상상하거나 그 수준을 신뢰할 수 있기 때문이다. 예컨대 '리츠칼튼' 이라는 호텔 브랜드는 세계 어느 곳에서든 질 높은 인적 서비스와 일정 수준 이상의 숙박편의시설을 보장받는다는 것을 의미한다. 해외 패키지여행을 할 때 소비자는 '하나투어' 라는 브랜드를 신뢰하고 여행상품을 구매한다. 브랜드는 서비스 고객에게 일관된 품질과 기능을 보장하는 신용 기능을 담당한다고 볼 수 있으며, 서비스의 콘셉트와 품질, 그리고 가치를 잠재고객에게 효과적으로 커뮤니케이션하는 수단이 된다.

또한 브랜드는 서비스 고객의 주의를 유발시키고 구매 욕구를 불러일으키는 역할을 한다. 브랜드는 고객을 특정 이미지로 연결시켜주는 연상매체로서의 기능을 담당한다. 파워풀한 브랜드는 브랜드 자체만으로 소비자의 애착과 구매동기를 유발시키는 능력이 있는데, 이는 브랜드가 개인의 실제적 자아와 이상적 자아의 효과적인 표현 방식이 될 수 있기 때문이다. 서비스 고객은 종종 브랜드를 자신의 개성과 사회적 위치를 표현하는 도구로 사용한다. 또한 브랜드가 가진 독특하고 바람직한 이미지가 자신의 취약한 면을 보완해주기를 희망하며 특정 브랜드를 선택하기도 한다. 카리스마가 있는 선도적 브랜드는 종종 고객에게 지위나 권위, 그리고 매력성을 고객에게 제공한다. 따라서 고객이 특정 브랜드를 선택할 때는 단순히 상품이 아닌 해당 브랜드의 이미지와 명성을 구매하는 행위라고 볼 수 있다.

그렇다면 서비스 상품의 품질에 대한 확신을 제공하고 소비자의 구매동기를 유발하는 브랜드 파워는 어떻게 만들어지는 것일까? 브랜드의 의미는 모두 고객의 생각과 마음속에서 만들어진다고 할 수 있다. 서비스 브랜드는 서비스 기업이 소비자의 머릿속에 심어놓은 긍정적인 고정관념들로 이루어진다. 우리가 알고 있는 수많은 브랜드들은 우리의 관념 속에 형성되어 우리가 매력을 느끼고 애착을 갖도록 마케터들에 의해 전략적으로 프로그램된 개념들이다. 이 장에서는 서비스 브랜드자산이 고객의 마음속에 구축되는 메커니즘과 브랜드 동일시의 개념, 고객-브랜드 간의 관계, 그리고 고객의 호의적 반응을 이끌어내는 브랜드 전략들에 대해 살펴보자.

[다양한 호텔 브랜드들]

1. 확증편향

스코틀랜드의 인버네스에 위치한 네스호수에는 전설적인 괴물 네시(Nessie)가 산다는 소문이 있다. 영국의 해양 탐사팀이 음파탐지와 GPS 위성추적 시스템을 동원한 정밀탐사를 한 결과 괴물 네시는 존재하지 않는다는 결론을 내렸지만, 그 후에도 네시를 보았다는 목격담은 끊이지 않고 있다. 이에 BBC 방송제작팀은 흥미로운 실험을 하기로 했다. 관광객들이 지켜보는 가운데 네스호수 중앙에서 기둥을 세워 위아래로 움직이게 한 후 사람들에게 무엇이 보였느냐고 물은 것이다. 네시의 존재를 믿었던 많은 사람들은 괴물을 보았다고 대답했으며, 본 것을 그려보라고 했을 때 괴물의 머리모양을 그렸다.

이러한 현상은 확증편향이라는 개념으로 설명할 수 있다. 확증편향(confirmation bias)은 어떠한 정보가 주어졌을 때 자신이 기존에 가지고 있던 믿음과 일치하는 방향으로 정보를 선택하고 해석하는 경향을 의미한다. 즉 특정 대상에 대한 고정관념이 형성되어 있으면 그 대상에 대해 새로이 주어지는 정보를 왜곡시켜 해석할 가능성이 높아진다는 것이다. 이것은 개인이 가지고 있던 지각의 일관성을 유지하기 위한 무의식적인 심리적 기제라고 할 수 있다.

서비스 브랜드는 서비스 상품 그 자체가 아니라 그것에 대해 소비자가 알고 있는 지식의 집합을 의미한다. 소비자들이 서비스 상품을 직간접적으로 경험한 결과 그 브랜드에 대한 지식구조가 머릿속에 구축되면, 이러한 지식들의 집합은 체계적인 구조물의 형태를 지니게 되며 이것은 소비자의 관념 속에 하나의 고정관념으로 자리 잡는다. 그리고 추가적으로 유입되는 정보도 브랜드에 대한 기존의 고정관념에 부합하는 방향으로 편향된 해석을 하게 되는 것이다.

한 번 브랜드 명성이 만들어지면 그 브랜드는 소비자의 확증편향이라는 혜택을 누리게 된다. 소비자는 자신의 마음속에 그려진 브랜드의 이미지에 따라 서비스 상품을 해석하기 때문이다. 예를 들어, 유명브랜드 커피전문점의 커피는 과연 커피 맛도 좋다고 느낀다. 브랜드를 감추면 맛의 차이를 잘 인식하지 못할 소비자일지라도 말이다. 이것이 브랜드의 파워이다. 긍정적인 브랜드 고정관념이 형성되면 고객은 확증편향을 통해 브랜드 신념을 강화하고 지속적으로 유지하려는 경향을 나타낸다. 따라서 서비스 기업은 브랜드에 대한 긍정적 고정관념이 고착되도록 모든 서비스 접점들을 통해 고객의 긍정적 경험들을 축적시켜 나가야 할 것이다.

2. 브랜드 고정관념

통합적 마케팅 커뮤니케이션(IMC: Integrated Marketing Communication)은 광고, 판촉, 상품 개념, 점포, 가격 등 다양한 커뮤니케이션 도구들을 통합하여 소비자들에게 일관된 브랜드 이미지를 전달하고 고객과 브랜드 간의 관계를 구축하려는 마케팅 전략이다. IMC의 목표는 강력한 브랜드 자산을 구축하는 것인데, 이를 위해서는 일관된 메시지를 소비자들에게 지속적으로 전달하는 것이 중요하다. 여기서 핵심 개념은 '일관성'이다. 브랜드에 대한 고정관념이 형성되려면 브랜드의 개념을 표현하는 커뮤니케이션의 일관성이 반드시 필요하다.

스타벅스가 등장하기 전, 미국에서 커피를 마시는 방법은 참으로 제각각으로 다양했다. 어디서나 커피를 팔았기 때문이다. 커피는 마켓에서도, 식당에서도, 길거리 자판기에서도 손쉽게 사먹을 수 있었다. 그때까지만 해도 커피란 원두를 갈아 뜨거운 물에 내린 것이 전부였다. 스타벅스는 여기에 문화를 추가했다.

강렬한 이미지의 로고를 앞세웠고, 격조있는 분위기의 인테리어를 선보였다. 이름없는 종이컵에 담긴 커피를 마시던 사람들에게 스타벅스 로고가 그려진 컵을 들고 거리를 걸어가는 사람들의 모습은 충분히 매력적이었다. 스타벅스 커피는 능력있는 직장인, 까다로운 기호를 가진 사람의 상징이 되었으며, 사람들은 스타벅스의 커피 맛에 길들여졌다. 스타벅스는 단순히 커피를 파는 곳이 아니라, 경제적으로 여유있는 사람들이 우아하게 고급 커피를 즐기는 상징적 공간이 되었다. 그리고 고객들은 값비싼 커피를 마시는 호사를 즐기며 스타벅스의 그러한 이미지를 함께 누리게 되었다.

이러한 스타벅스도 한때 브랜드의 일관성을 벗어나 매출하락을 경험한 적이 있다. 효율성 증대와 비용 절감을 위해 에스프레소 전자동 기기를 도입한 것이 그 일례이다. 경영진은 전자동 기계를 이용할 경우 버튼 하나로 커피를 간단히 만들 수 있으므로 바리스타가 반자동 기계를 이용하여 커피를 만드는 것보다 커피추출 시간을 단축시켜 판매회전율이 증가할 것으로 기대하였다. 그러나 이것은 스타벅스가 이제 커피를 즐기는 고급스러운 경험을 제공하는 것을 포기하고 오직 커피를 대량으로 팔겠다는 메시지를 전달하는 것과 다름없었다. 어렵게 구축한 프리미엄 브랜드 이미지를 대중적 이미지로 스스로 무너뜨린 셈이었다. 이제 소비자들은 전에 스타벅스에서 커피가 만들어지는 과정을 보면서 경험할 수 있었던 시각적, 청각적 즐거움을 느낄 수 없게 되었고, 스타벅스에 대한 고객의 우호적 고정관념에 금이 가기 시작했다. 스타벅스 커피만의 고급스러운 이미지와 위상이 흔들리게 된 것이다. 결국 이러한 문제를 바로잡기 위해 스타벅스는 하워드 슐츠를 다시 경영진으로 영입하고 고급 커피전문점 본연의 브랜드 정체성을 되찾기 위해 매장에서 판매되는 모든 음료와 스낵을 커피와 어울리는 메뉴들로 조정하는 등 브랜드이미지 재창출을 위한 많은 노력을 기울이고 있다. 다시 반자동 커피추출 방법을 채택한 것은 물론이다. 이와 같은 사례에서 볼 수 있는 바와 같이, 서비스 브랜드의 일관된 이미지를 전달하여 브랜드에 대한 확고한 고정관념을 고객의 마음속에 자리매김하는 것은 매우 중요하다.

2 서비스 브랜드 자산

브랜드 자산(brand equity)은 기업이 특정 브랜드를 소유함으로써 발생되는 바람직한 마케팅 효과이다. 브랜드 자산이 확대될 때 고객은 해당 브랜드의 상품 가치를 다른 상품보다 높게 지각하고 충성도가 증가한다. 그 결과 서비스 기업은 보다 확고한 고객기반을 갖게 되며 시장 점유율이 증가하게 된다. 브랜드 자산은 [그림 9-1]과 같이 수요곡선을 이동시킨다.

[그림 9-1] **브랜드의 수요 창출 효과**

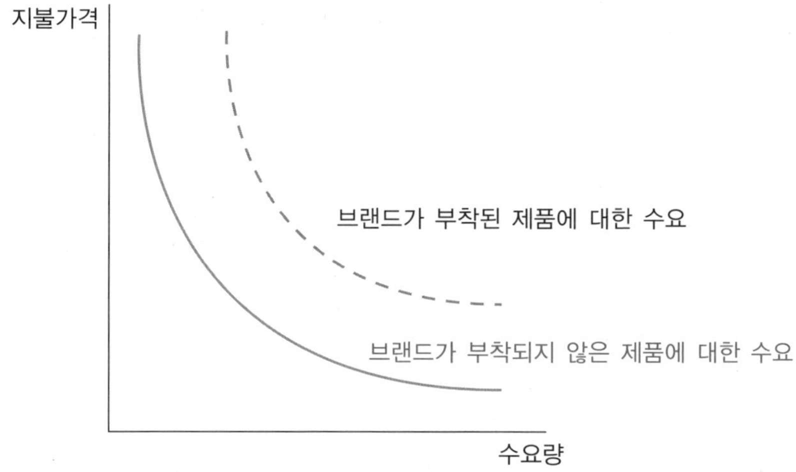

브랜드 자산에는 크게 재무적 접근방식과 고객관점 접근방식이 있다. 첫째, **재무적 접근방식**(financial approach)은 기업이 특정 브랜드를 가지고 있을 경우와 가지고 있지 않은 경우의 현금흐름을 예측하여, 이 두 가지 경우의 현금 흐름 차이를 브랜드의 자산가치로 추정하는 방식이다. 이러한 접근방식은 기업 간 인수합병을 할 때 기업의 총 가치를 구성하는 요소 중 하나인 무형 브랜드 자산의 가치를 산정하는데 유용하다. 둘째, **고객관점 접근방식**(customer-based approach)은 브랜드 자산의 원천을 소비자가 브랜드에 대해 가진 지식구조와 심리적 애착으로 본다. 즉 소비자들의 기억 속에 구축된 브랜드 지식을 토대로 해당 브랜드의 마케팅활동에 대해 얼마나 우호적인 반응을 나타내느냐에 초점을 두는 것이다.

재무적 접근방식은 브랜드 자산의 화폐가치를 산출하여 브랜드 자산을 구축하는 것이 얼마나 기업의 가치를 높여주는 일인지를 명백히 보여준다. 그러나 이러한 접근방식은 브랜드 자산의 원천이 무엇이며 어떻게 관리해야하는지에 대한 구체적인 정보를 제공해주지는 못한다. 이에 반해 고객관점 접근방식은 브랜드 자산이 소비자의 마음속에 형성되어 있는 브랜드 지식에 의해 결정되는 것으로 보는 관점으로, 브랜드 자산의 원천이 되는 고객 지식구조를 효과적으로 관리할 전략적 방안을 제시할 수가 있다. 따라서 본서는 서비스 브랜드 자산을 재무적 관점이 아닌 고객관점에서 설명하고자 한다. 고객의 머릿속에 확고한 브랜드 지식구조가 구축될 때 시장에서 긍정적 시너지효과를 가져오는 브랜드 파워가 발생하기 때문이다.

1. 연상적 네트워크 기억모델과 브랜드 지식구조

소비자의 브랜드 지식 구조를 이해하는데 유용한 모델에는 연상적 네트워크 기억모델이 있다. 연상적 네트워크 기억모델(associative network memory model)에 의하면, 인간의 기억은 노드(node)와 링크(link)로 이루어진 수많은 그물망들로 형성되어 있다. 노드란 사람의 머릿속에 있는 특정 개념 혹은 지식이며, 링크란 연결고리를 뜻한다. 어떤 사람이 특정 정보에 노출될 때, 그 정보는 이미 기억에 저장되어 있던 다른 개념들과 연상관계를 형성한다. '하늘'이란 단어를 생각하면 '파랗다'는 말이 바로 머리에 떠오르는 것처럼 말이다. 하나의 개념 혹은 지식이 활성화되면 연결고리를 통해 그와 관련이 있는 다른 개념 혹은 지식들이 연속적으로 활성화되는데, 하나의 노드가 또 다른 노드와 관련성이 높을수록 개념들 간의 연결 관계는 강하게 된다.

[그림 9-2] **연상적 네트워크 기억모델 – 맥도날드의 예**

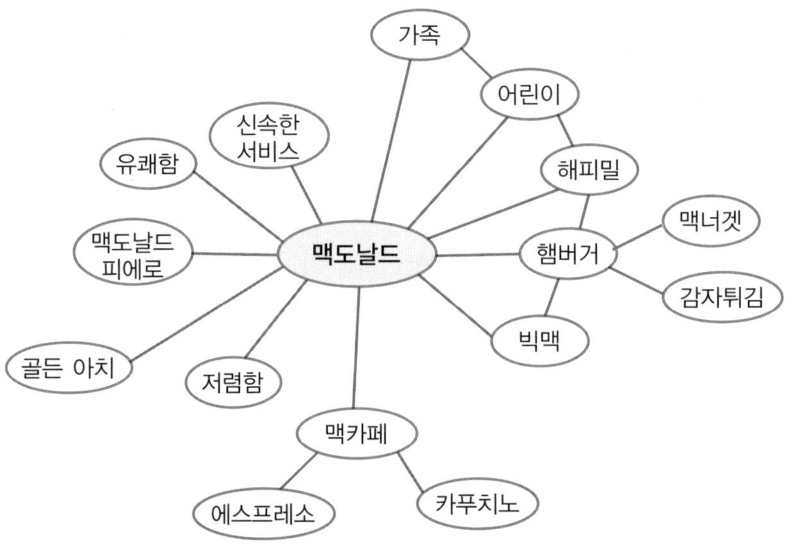

소비자의 브랜드 지식 또한 브랜드와 관련된 다양한 연상들이 네트워크 형태로 서로 긴밀히 연결되어 있는 형태를 가진다. 브랜드명은 소비자의 머릿속에 형성된 하나의 노드이며 그 브랜드를 떠올릴 때 함께 떠오르는 여러 가지 관련 개념들은 링크로 연결된 브랜드 연상 노드들이라고 할 수 있다. 예를 들어, 우리나라 항공여행객들은 '대한항공'이란 브랜드와 함께 'Excellence in flight', '태극문양', '스카이패스', '하늘색 유니폼', '친절한 승무원', '맛있는 기내식' 등을 쉽게 떠올릴 수 있을 것이다. 이처럼 브랜드 노드에 연결된 브랜드 연상들이 강하고 호의적일수록 소비자의 브랜드 지식구조는 탄탄해진다고 할 수 있다. 마케터는 브랜드 관리를 위해 소비자의 머릿속에 브랜드 노드가 잘 등록되어 있는지, 그리고 브랜드 노드에 어떠한 브랜드 연상들이 연결되어 있는지를 파악해야 한다.

[그림 9-3] **서비스 고객관점 브랜드자산 형성과정**

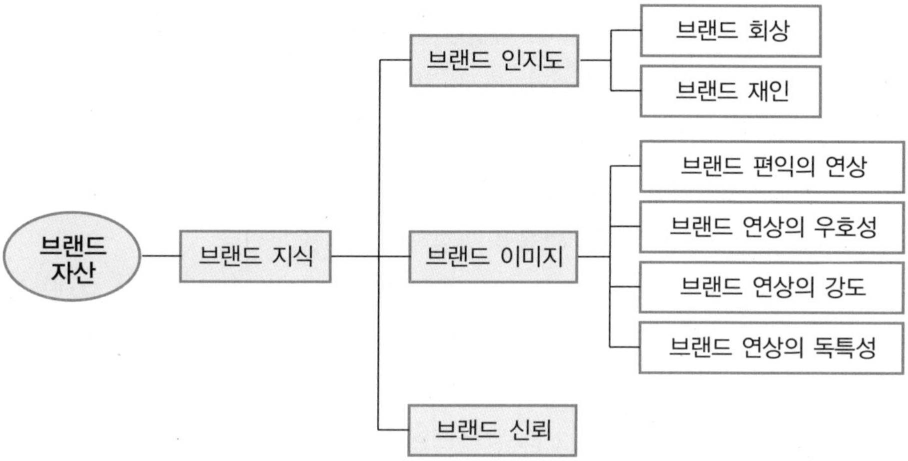

고객관점에서 본 서비스 브랜드 자산은 소비자의 기억 속에 저장된 바람직한 브랜드 지식 구조를 토대로 만들어진다. 브랜드 지식은 브랜드 인지도, 브랜드 이미지, 그리고 브랜드 신뢰으로 구성된다. 여기서 브랜드 인지도(brand awareness)란 소비자가 서비스 브랜드에 대해 친숙하게 느끼고 쉽게 기억할 수 있는 정도를 의미한다. 또한 브랜드 이미지(brand image)는 특정 브랜드에 대해 개인이 가지는 전반적 인상을 뜻하는데, 긍정적인 브랜드 이미지는 소비자의 기억에 저장되어 있는 호의적이고 독특하며 강력한 브랜드 연상들로 형성된다. 마지막으로 브랜드 신뢰(brand trust)는 브랜드가 고품질 서비스를 생산할 능력이 있으며 고객을 우선적으로 배려하고 고객의 안녕을 책임질 것이라는 소비자의 주관적 믿음에 근거한다.

2. 브랜드 인지도

서비스 고객은 서비스 상품을 구매할 때 자주 들어본 적이 있거나 자신이 익히 알고 있는 브랜드를 우선적으로 고려한다. 서비스 브랜드의 친숙도 만으로 고객의 호의적인 반응을 발생시킬 수 있는 것이다. 서비스 브랜드 인지도란 고객이 특정 서비스 브랜드를 알아보거나 그 브랜드 명을 쉽게 떠올릴 수 있는 능력을 말한다. 서비스 고객은 특정 브랜드를 자주 보거나, 듣거나, 그 브랜드에 대해 생각하는 등 브랜드 관련 경험들이 축적됨에 따라 브랜드를 기억 속에 저장하고 쉽게 인출할 수 있게 된다.

브랜드 인지도는 브랜드 회상과 브랜드 재인으로 구성된다.

1) 브랜드 회상

브랜드 회상(brand recall)이란 특정 구매상황에 처한 소비자가 특정 브랜드를 기억으로부터 인출할 수 있는 능력을 말한다. 예를 들어, 특별한 날을 기념하기 위해서 호텔 레스토랑에서 축하연을 하기로 했다고 하자. 당신은 신라, 조선, 하얏트, 힐튼, 리츠칼튼 등 몇몇 유명 호텔의 이름들을 머릿속에 떠올릴 수 있을 것이다. 효과적이고 일관성 있는 브랜드 관리 노력을 기울여 온 유명 브랜드에 대해서 소비자는 손쉽게 브랜드 회상을 하게 된다. 이렇듯 브랜드 자산가치가 높은 서비스 브랜드들은 고객의 마음을 선점하는 혜택을 누린다.

서비스 브랜드 회상은 서비스 범주에 대한 욕구가 발생할 경우 이를 해결해줄 브랜드를 떠올리는 기억 인출 과정을 통해 이루어진다. 서비스 범주에 대한 욕구가 발생했을 때 인지도가 높은 서비스 브랜드는 회상의 가능성이 높아진다. 그리고 구매결정과정의 초기 단계에서 환기상표군(evoked set)으로 회상된 브랜드는 타 브랜드보다 선택확률이 현저히 높다. 예를 들어, 어린이날을 맞아 가족나들이를 떠나고자 하는 부모는(문제인식) 자녀가 가고 싶다고 말한(브랜드 회상) 놀이공원을 선택할 가능성이 높을 것이다. 브랜드 회상은 계획적 구매에 있어 핵심적 요인이라고 볼 수 있다.

고객의 문제/욕구 인식 → 브랜드 회상

2) 브랜드 재인

브랜드 재인(brand recognition) 어떠한 단서가 제시되었을 때 소비자가 해당 브랜드를 알아보고 확인할 수 있는 능력을 의미한다. 소비자들은 스타벅스의 초록색 로고를 마주치면 쉽게 스타벅스임을 알아차리고, hotels.com에 나열되어 있는 수많은 호텔들에서 친숙한 브랜드를 발견해낸다. 브랜드 재인이 이루어진 것이다. 서비스 브랜드는 고객이 쉽게 브랜드를 알아챌 수 있도록 시각적, 혹은 청각적 코드로 소비자의 마음속에 브랜드를 분명히 입력시켜 놓는 일이 매우 중요하다.

서비스 고객은 종종 충동적으로 구매결정을 내린다. 예를 들어, 배스킨라빈스 앞을 지나다가 갑자기 아이스크림이 먹고 싶어지기도 한다. 이러한 경우, 소비자는 간판에 적힌 브랜드의 재인이 이루어지면서 충동적인 구매욕구가 생겨났다고 말할 수 있다.

브랜드 재인 → 문제 인식/욕구 발생

브랜드 재인은 서비스 상품에 대한 정보가 주어질 때 고객이 어떠한 상품 정보에 주의를 기울이느냐에도 중요하게 관여한다. 서비스 고객은 인지도가 높은 브랜드에 선택적으로 주의를 기울이고 관심을 가지기 때문이다. 브랜드 자산가치가 높은 유명 브랜드는 소비자의 시각 시스템을 좀 더 효과 있게 자극할 수 있다는 측면에서 시장에서 유리한 고지를 점한다고 할 수 있다. 가령 영화나 드라마에 PPL(Product Placement)된 상품의 경우, 소비자에게 친숙한 유명 브랜드는 그렇지 않은 브랜드에 비해 시청자의 눈에 쉽게 띄고 재인의 가능성이 높다.

3. 브랜드 이미지

브랜드 이미지는 브랜드에 대한 지각과 전반적 인상으로 정의될 수 있다. 이는 고객의 기억 속에 저장되어 있는 다양한 브랜드 관련 연상들과 그에 대한 감정반응의 결합으로 형성된다. 브랜드 연상(brand associations)이란 브랜드와 관련하여 소비자의 머릿속에 떠오르는 여러 가지 생각들을 말한다. 소비자의 기억 속에는 브랜드를 통해 그가 어떠한 편익을 얻을 수 있느냐에 대한 연상들이 저장되어 있다. 긍정적인 브랜드 이미지가 구축되기 위해서는 우호적이고, 강도 높으며, 다른 브랜드와는 차별되는 독특한 연상들이 브랜드 노드에 연결되어 있어야 한다.

1) 브랜드 편익의 연상

고객이 서비스브랜드에서 얻을 수 있는 편익에는 기능적 편익, 상징적 편익, 경험적 편익이 있다. 이러한 편익들에 대한 고객의 연상은 브랜드의 이미지가 형성되는데 기초가 된다.

[표 9-1] **서비스 브랜드 편익에 따른 이미지 강화전략**

기능적 편익	소비자가 서비스를 이용함으로써 해결하고자 하는 기능적 욕구 충족	기능적 차별화 기능적 혜택/품질 강화 새로운 기능 추가
상징적 편익	자아이미지, 사회적 지위, 집단 소속감을 표현하고자 하는 욕구 충족	표적시장 보호 전략 희소가치 유지/한정판 출시 고품질, 고가격 전략
경험적 편익	고객이 서비스를 이용할 때 느끼는 감각적 만족, 흥미로움, 지적 자극에 대한 욕구 충족	서비스의 다양성과 신기성 제공 브랜드 액세서리/옵션 제공 각종 이벤트 및 교육적 체험 제공

첫째, **기능적 편익**(functional benefits)은 고객이 서비스 구매를 통해 자신이 당면한 문제를 해결할 수 있는 정도를 의미한다. 기능적 편익을 연상시키는 브랜드들은 해당 브랜드의 차별

적 속성을 내세우면서 고객의 문제를 효과적으로 해결할 수 있는 기능을 가지고 있음을 강조한다. 예컨대 미국의 대표적인 택배 서비스회사 FedEx는 "익일배송이 반드시 필요하다면(When it absolutely, positively has to be there overnight)"라는 슬로건을 내세우며 소비자의 머릿속에 'FedEx = 빠른 배송'이라는 공식을 심어주었다. 그 결과 소비자들은 FedEx라는 브랜드와 함께 신속한 서비스라는 편익을 손쉽게 연상할 수 있게 되었다. 또한 세계 최초의 저비용 항공사로 불리는 Southwest Airlines는 비행기 기종을 B737로 통일하여 점검 및 정비시간을 단축시키고 불필요한 기내서비스를 제거함으로써 낮은 가격과 15분 이내의 대기시간이라는 차별화된 혜택을 제공하며 고객의 기억에 독특한 연상을 구축하였다.

둘째, **상징적 편익**(symbolic benefits)은 서비스 브랜드가 고객의 자아이미지와 사회경제적 위치 등을 표현하도록 도와주는 정도를 뜻한다. 서비스 고객은 특정 브랜드를 구매함으로써 자아를 표현하고 사회적으로 인정을 받으며 자긍심을 느끼고 싶어 한다. 서비스 브랜드의 상징적 편익은 고객을 사로잡는 힘이 매우 강하다. 브랜드는 내가 누구인지 세상에 알릴 수 있는 매체이기 때문이다. 예를 들어, 예술의 전당이나 세종문화회관의 고객들은 그들이 고전음악을 즐길 줄 알고 문화예술을 향유하는 계층임을 각종 음악회에 참여하는 행동으로 표현한다. W호텔은 젊은 부유층이 개성을 표현할 수 있는 상징적 컨셉을 가지고 있다. 서비스의 상징적 편익은 이용집단의 상호동질감과 연대감을 느끼도록 만든다.

상징적 콘셉트를 가진 브랜드는 그 브랜드가 고객에게 제공하는 상징적 혜택을 강화하기 위해 표적집단을 보호할 필요가 있다. 상품의 희소가치를 지키고 일반인에게 구매장벽을 높게 유지하는 것이 그 한 방법이다. 브랜드 이미지를 고려하지 않고 유통채널을 무리하게 확대하거나 가격할인을 하면 표적시장에게 차별적 이미지를 줄 수 없게 되고 결국 표적고객들이 이탈하게 된다. 더 이상 해당 브랜드를 통해 특권의식을 느낄 수 없기 때문이다. 명품브랜드 에르메스는 브랜드의 상징적 이미지를 지켜내기 위해 판매되지 않고 남은 재고는 할인판매를 하지 않고 전량 폐기처분한다.

셋째, **경험적 편익**(experiential benefits)은 서비스 이용 과정에서 고객에게 감각적 즐거움과 재미, 다양성 추구, 지적 자극에 대한 욕구를 충족시키는 정도를 의미한다. 예를 들어, 피부관리 서비스 고객이 추구하는 편익은 단순히 피부개선이라는 기능적 측면만이 아니다. 피부관리를 받는 동안 감각적인 만족을 경험하는 것이 이들이 피부관리숍을 찾는 중요한 요인 중 하나이다. 피부마사지의 기분좋은 촉감, 오일의 따뜻함과 향긋함, 마음을 안정시켜주는 음악, 실내 인테리어의 아름다움 등이 모두 이용자의 감각을 통해 경험적 편익을 제공하는 요인이 된다.

배스킨라빈스는 싱글컵 여섯 개를 결합한 버라이어티팩을 출시하여 고객에게 여러 가지 맛을 골라먹는 재미를 더해주었다. Virgin Atlantic이라는 항공사는 영국 국내선에서 운항 중인 Airbus A320 기종 비행기로 고객에게 짜릿하고 색다른 여행 경험을 제공한다. 이 비행기는 바닥이 유리로 되어 있어 승객이 비행도중 공중에서 아래를 내려다볼 수 있다. 서비스 고객은 다양한 서비스체험을 하면서 해당 브랜드에 즐거움과 흥미로움이라는 연상을 결합하여 보다 강화된 브랜드이미지를 기억 속에 등록시킨다.

[그림 9-4] 승객에게 새로운 경험을 제공하는 Virgin Atlantic 항공사의 유리바닥 비행기

2) 브랜드 연상의 우호성

Krishnan의 연구는 브랜드 노드에 연결된 브랜드 연상의 우호성에 따라 브랜드 성과가 달라짐을 보여준다. 그는 서비스 브랜드에 대해 고객이 떠올릴 수 있는 우호적인 연상의 수가 많을수록 시장점유율이 높다는 사실을 발견했다.

[표 9-2] 서비스 브랜드 연상의 우호성과 시장점유율

서비스 범주	브랜드	브랜드 연상의 우호성		시장점유율
		연상수	방향 (+)	
패스트푸드 레스토랑	맥도날드	9.94	0.52	31.0%
	웬디스	6.96	0.49	8.1%
피자 레스토랑	피자헛	7.17	0.57	26.1%
	리틀시저스	5.69	0.70	11.2%

서비스 고객이 특정 브랜드에 대해 우호적인 브랜드 연상을 많이 할수록 브랜드 이미지는 긍정적으로 형성되고 브랜드 자산가치는 증가하게 된다. 예컨대 롯데호텔과 메이필드 호텔에 대한 브랜드 연상이 [그림 9-5]과 같다고 하자. 롯데호텔에는 총 8개의 브랜드 연상들이 연결되어 있는데 이 중 6개는 긍정적인 연상들이고 2개는 주변교통이 혼잡하고 단체관광객이 많다는 부정적인 연상들이다. 메이필드 호텔의 경우 부정적인 연상은 없지만 긍정적인 연상의 수가 3개에 불과하다. 브랜드 연상들의 부호값을 계산해보면, 롯데호텔은 +11인 반면에 메이필드 호텔은 6개로 나타났다. 이 경우 두 호텔 모두 서울시내 특 1급 호텔이지만, 고객에게 연상되는 우호적 이미지가 보다 풍부한 롯데호텔의 브랜드 자산가치가 메이필드 호텔의 브랜드 자산가치보다 높다고 할 수 있다.

[그림 9-5] **브랜드 연상의 우호성**

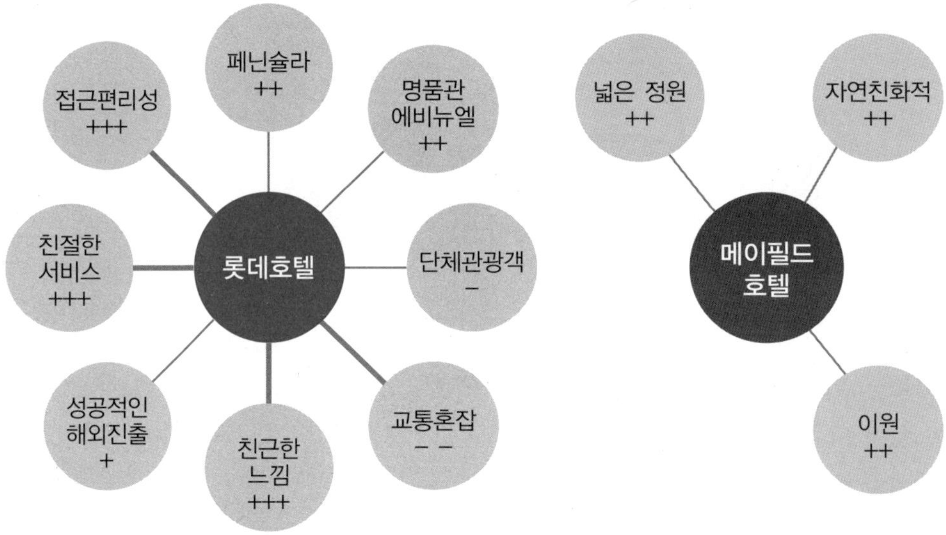

3) 브랜드 연상의 강도

브랜드 연상의 강도는 브랜드 노드와 브랜드 연상들 간의 연결고리가 얼마나 강하고 긴밀한지를 의미한다. 브랜드 연상의 강도가 높으면 브랜드 노드와 브랜드 연상이 서로에 대한 기억인출 단서로 작용하여 강하고 즉각적인 연결 관계를 형성한다. 브랜드 연상의 강도는 링크(link)의 굵기로 표현된다. [그림 9-5]에서 롯데호텔은 즉각적으로 고객의 마음속에 접근편리성, '친절한 서비스', 친근한 느낌, 그리고 레스토랑 페닌슐라를 떠올리게 한다. 성공적인 해외진출과 단체관광객과 같은 개념들은 연결고리가 상대적으로 가늘고, 따라서 연상의 강도가 약하다고 볼 수 있다.

그렇다면 언제 브랜드 연상이 브랜드 노드에 강하게 연결되는 것일까? 첫째, 직접 경험을 토대로 형성된 신념은 광고나 구전 등의 간접 경험을 통해 형성된 것보다 훨씬 강하게 브랜드 노드와 연결될 가능성이 높다. 예를 들어, 롯데호텔에서 자신에게 어떤 문제가 발생했는데 서비스 직원이 문제해결을 위해 애써준 일을 경험한 고객은 '롯데호텔'과 더불어 '감동적인 서비스'를 즉각 연상하게 될 것이다. 따라서 서비스 기업은 고객의 긍정적 서비스 경험이 축적될 수 있도록 직원의 서비스 지향성을 높이고 지속적으로 서비스의 품질을 관리해나가야 한다. 둘째, 개념들 간 반복 연결은 노드 간 연결고리를 강하게 만든다. 반복광고와 반복노출은 브랜드 연상을 강화하는 효과적인 방법이다. 광고와 브랜드 로고의 반복 노출을 통한 지속적인 학습의 결과, 소비자들은 맥도날드라는 이름과 함께 '빅맥', '황금색 아치', 그리고 '로날드 맥도날드 피에로'를 쉽게 연상할 수 있다. 브랜드의 대표성을 띄는 요인이나 속성을 반복적으로 강조하는 것은 소비자의 기억 속에 브랜드 노드와 연상 간의 링크를 강화하여 브랜드 자산을 확대시키는 효과가 있다.

4) 브랜드 연상의 독특성

독특한 브랜드 연상이란 동일 서비스 범주에 속한 경쟁 브랜드들이 소유하고 있지 않은 차별화된 연상을 의미한다. 예를 들어, W 호텔은 'whatever whenever'라는 슬로건으로 대변되는 형식에 구애받지 않는 서비스, 자유로운 복장의 종사원, 독특한 색감과 디자인의 실내 인테리어 등 독특한 브랜드 연상들을 가지고 있다. 구글은 다른 포털 사이트들이 뉴스, 증권, 광고 등 경쟁적으로 많은 내용을 첫 화면에 올리는 것과는 달리 첫 페이지에 간결하게 검색창만을 남겨놓았다. 그리고 첨단 검색엔진을 가동시켜 다른 사이트보다 훨씬 풍부한 정보를 신속하게 찾아주는 검색 전문사이트 본연의 서비스를 강화하였고 이것은 곧 구글의 독특한 브랜드 아이덴티티가 되었다.

소비자의 기억 속에 독특한 연상들을 많이 줄 수 있는 브랜드일수록 소비자의 기억에서 인출될 가능성이 높으며 그에 따라 브랜드 자산가치는 높아진다고 할 수 있다. 그런데 여기서 한 가지 유념할 것이 있다. 그것은 상품 범주의 전형적인 연상의 중요성이다. 서비스 상품 범주의 전형적 연상을 보유함과 동시에 자사 브랜드만의 독특함을 확보해야지 연상 자체가 아무리 독특하다 할지라도 서비스 본연의 개념과 무관하다면 고객에게 브랜드의 가치를 납득시킬 수 없다. 따라서 서비스 기업은 경쟁브랜드와는 차별적인 가치와 이미지를 보여주는 독특한 연상들을 고안해내야 한다.

4. 브랜드 신뢰

강력한 서비스 브랜드를 만들고 지속하는데 빠져서는 안 되는 요인은 바로 고객의 마음에 심겨진 브랜드 신뢰(brand trust)이다. 무형적 서비스를 구매함에 있어 고객은 종종 불확실성이라는 문제에 당면하는데, 신뢰성이 있는 브랜드는 이러한 불확실성을 줄여주는 역할을 한다.

브랜드 신뢰에는 크게 능력 차원과 선의 차원, 그리고 성실 차원이 있다.

첫째, **능력**(ability) **신뢰**는 서비스 기업의 전문성과 혁신성을 기반으로 하는 품질신뢰다. 고객의 신뢰를 받는 서비스 기업은 전문적인 서비스 품질관리 시스템을 통해 질 높고 효율적이며 선도적인 서비스를 제공하는 기업이다. 이러한 기업은 고객이 서비스를 구매할 때 일정 수준을 기대할 수 있도록 서비스 품질의 일관성을 보장한다.

능력차원 신뢰도를 높이기 위해서는 고객과의 커뮤니케이션 또한 매우 중요하다. 고객에게는 인지적 욕구가 있기 때문이다. 서비스 기업은 고객에게 정보를 충분히 제공하고 서비스 전달과정을 효과적으로 알림으로써 브랜드의 신뢰도를 증가시킬 수 있다. 예를 들어, 의료서비스는 인터넷이나 안내책자를 통해 의료진과 수술과정, 그리고 치료방법과 원리에 대한 상세한 정보를 제공함으로써 고객의 위험지각을 감소시키고 서비스에 대한 확신과 신뢰를 높일 수 있을 것이다.

둘째, **선의**(benevolence) **신뢰**는 고객에 대한 관심과 배려에 관한 것이다. 서비스 고객에게 선의 신뢰를 얻기 위해서는 기업과 종사원이 전사적으로 고객지향적인 태도를 보여주는 것이 필요하다. 미국 시카고에서는 7명의 사람들이 청산가리가 주입된 타이레놀을 먹고 숨지는 사건이 발생한 적이 있다. 이것은 한 정신이상자의 소행으로 밝혀졌는데, 이 사건으로 인해 소비자의 불안감이 높아져 타이레놀의 판매율이 곤두박질하였다. 타이레놀은 이 사건을 은폐하지 않고 추가 피해를 방지하기 위해 미국시장에 나와 있는 타이레놀을 전량 회수하고 수사 조치 경과를 언론에 알렸다. 고객을 보호하려는 타이레놀의 신속한 대응으로 소비자들은 타이레놀 브랜드에 대한 신뢰를 되찾았으며 시장점유율은 서서히 회복세로 돌아설 수 있었다. 서비스 기업은 고객을 우선적으로 배려하고 고객의 감정에 공감대를 형성하며, 고객의 편에 서서 문제를 해결하려는 태도로 선의신뢰를 구축시켜 나가야 한다.

셋째, **성실**(sincerity) **신뢰**는 서비스 기업의 정직성과 투명성, 그리고 고객과의 약속을 지키기 위해 노력하는 성실한 자세를 의미한다. A씨는 ○○호텔 웨딩홀에서 결혼식을 하기로 하며 호텔 측으로부터 샴페인을 하객이 앉는 테이블 당 1병씩 무료 제공 받기로 약속하였다. 그러나 어디서 착오가 발생했는지, 그 약속은 지켜지지 않았다. 결혼식이 끝난 후 그 사실을 알게 된 A씨는 ○○호텔에 무척 실망을 하였다. 직장인 B씨는 한 레스토랑 화장실에서 서비스종사원이 화장실 사용 후 손을 씻지 않고 나가는 것을 보고 그 레스토랑의 청결성을 믿지 못하게 되었다. 아무리 사소한 일이라 할지라도 기업이 고객서비스에 대해 불성실한 태도를 보이거나 고객과의 약속을 제대로 이행하지 않으면 소비자는 해당 업체에 대해 신뢰를 잃게 된다.

진정성 있는 서비스의 힘

Mrs. Janet Fish는 한국에서 입양한 아이들에게 고국을 보여주기 위해서 한국을 찾았다. 그랜드 하얏트 호텔 Suite 객실에 투숙한 그녀는 17세 아들, 14세 딸과 함께 한국에 머무는 동안 컨시어지 데스크의 박소정씨와 친분을 쌓게 되었다. 박소정씨는 Mrs. Fish와 그의 입양자녀들에게 한국에 대한 좋은 이미지를 안겨주기로 결심하고 근무시간을 연장까지 하며 이들을 위해 정성껏 서비스를 하였다. 입양아들의 친가족 찾기 프로그램을 위해 동방사회 복지회를 방문하는 일부터 국내여행을 하는 일까지 그녀의 세심한 손길에 닿지 않는 것이 없었다. Mrs. Fish 가족이 한국체류를 마치고 미국으로 떠난 이후에도 박소정씨는 이메일로 그들과 안부를 주고받았다.

2년 후 Mrs. Fish는 딸 Sara와 함께 한국을 다시 찾았다. 이번에는 Sara의 생모를 만나기 위함이었다. 다시 그랜드 하얏트 호텔을 찾은 Mrs. Fish 가족은 박소정씨의 안내를 받아 객실에 들어간 후 놀라움을 금치 못했다. 객실에는 박소정씨가 Mrs. Fish와 Sara를 위해서 구입한 한복 두벌이 곱게 놓여 있었다. "Oh my God!"을 연발하며 기뻐하는 Mrs. Fish와 Sara의 눈에는 눈물이 맺혔다.

생모와의 만남을 마치고 다시 미국으로 돌아가는 이들은 평생 잊을 수 없는 소중한 추억을 마음에 안고 한국을 떠났다. Mrs. Fish 가족은 진심으로 고객을 대하는 하얏트 호텔과 이 호텔의 헌신적인 직원에 대해 무한한 감사와 감동을 느꼈다. 한 직원의 진정성 있는 서비스로 인해 Mrs. Fish 가족의 기억 속에는 하얏트 호텔이 진정 고객을 위해 노력하고 봉사하는 탁월한 브랜드의 의미로 깊이 각인되었다.

3 브랜드 동일시

1. 브랜드 개성

브랜드 개성(brand personality)이란 브랜드가 가지고 있는 일련의 인간적인 특성들을 의미한다. 어떤 브랜드는 고향의 친구같은 정겨운 느낌을 주고, 또 어떤 브랜드는 날카롭고 지적인 느낌을 주기도 한다. 인간이 저마다의 특성과 성격을 가지고 있듯이 브랜드에도 인간의 성격에 비유할만한 개성이 있는데, 이는 브랜드 자산가치가 높고 정체성(brand identity)이 분명한 브랜드일수록 두드러진다. 호텔 브랜드의 예를 들자면, 리츠칼튼 호텔은 우아하고 섬세한 귀족의 이미지를, 그리고 인터컨티넨탈 호텔은 유능하고 패기있는 비즈니스맨의 이미지를 가지고 있다. 전략적으로 잘 관리된 서비스 브랜드 개성은 고객의 선호도를 높이고, 사용을 증가시키며, 감정적 유대감을 높일 뿐아니라 결과적으로 고객충성도를 높일 수 있다. 매력적인 성격의 소유자가 주위 사람들을 자신에게도 끌어당기듯이 브랜드 또한 각자의 매력있는 개성을 토대로 시장에서의 브랜드 카리스마를 형성해나가는 것이다.

또한 브랜드 개성은 브랜드 포지션을 수립함에 있어 중요한 의미를 지닌다. 왜냐하면 브랜드 개성은 지속적인 브랜드 차별화의 중심점이 될 수 있기 때문이다. 예컨대 맥도널드는 로널드 맥도널드라는 연상요소를 사용하여 즐겁고 유쾌한 어린이들의 친구라는 브랜드 개성을 창출했다. 이와 같은 브랜드 개성은 소비자들에게 맥도널드의 브랜드 이미지를 강화하는 포지셔닝 전략의 레버리지 역할을 하게 되는 것이다. 이와 같이 브랜드 개성은 브랜드 포지셔닝을 위한 커뮤니케이션 활동들에 주요 테마가 되며, 소비자-브랜드 관계 형성의 기초가 된다.

그렇다면 브랜드 개성에는 어떠한 차원들이 있을까? Aaker는 특성이론(trait theory)을 토대로 브랜드 개성의 측정도구를 개발하였다. 그녀는 심리학에서 사용된 인간의 개성척도와 마케터들이 사용하는 개성척도, 그리고 정성적 조사결과를 바탕으로 114개의 개성특성 변수를 도출하였다. 그리고 세 가지 기준(1. 잘 알려진 브랜드, 2. 개성이 뚜렷한 브랜드, 3. 상징성과 실용성을 가진 브랜드)에 의해 37개의 브랜드를 선택한 후 1,200명의 미국인을 대상으로 브랜드 개성척도(BPS: Brand Personality Scale)를 개발하였다. Aaker는 BPS를 통해 다섯 개의 브랜드 개성 차원과 42개의 특성항목을 발견했다. 이 5개 브랜드 개성 차원은 [표 9-2]에 나와있는 바와 같이 성실함, 활기참, 유능함, 세련됨, 강함/투박함이다.

[표 9-3] **브랜드 개성 차원들**(Aaker의 분류)

성실함 (Sincerity)	활기참 (Excitement)	유능함 (Competence)	세련됨 (Sophistication)	강함/투박함 (Ruggedness)
꾸밈없는	대담한	신뢰할 수 있는	상류층의	야외의
가정적인	최신유행의	열심히 일하는	우아한	남성적인
소도시의	짜릿한	안정적인	멋있는	서부의
정직한	톡톡 튀는	지적인	매력적인	거친
성실한	쿨~한	기술적인	여성적인	투박한
사실적인	젊은	대기업의	부드러운	
건강한	창의적인	성공적인		
독창적인	독특한	선도적인		
즐거운	최첨단의	자신감 있는		
감상적인	독립적인			
친근한	현대적인			

위에 제시된 브랜드 개성 차원들은 미국 소비자들이 미국 브랜드에 대해 보고한 내용을 토대로 분류된 것이므로, 우리나라 서비스 브랜드에 대한 한국인의 정서를 반영하는 브랜드 개성에 대한 고찰이 추가적으로 이루어질 필요가 있다. 예컨대 '정감어린', '열정적인', '귀여운', '장난꾸러기 같은', '느긋한', '깐깐한', '따스하고 푸근한', '듬직한' 등 다양한 매력의 브랜드 개성들이 가능할 것이다.

그렇다면 브랜드 개성은 어떻게 만들어지는 것일까? 소비자의 브랜드 개성 지각에 영향을 주는 요인에는 크게 사람 관련 요인과 상품 관련 요인, 그리고 기업 관련 요인이 있다.

첫째, **사람 관련 요인**에는 광고모델, 서비스종사원, 최고경영자의 이미지, 주요 이용고객들의 특성 등이 있다. 브랜드와 연관된 여러 사람들의 이미지와 특성을 바탕으로 브랜드 개성을 경험하고 인지하는 것이다. 예를 들어, 가수 싸이가 광고모델로 출현한 놀부보쌈은 유머러스하고 허물없는 친구 같은 개성을 가지고 있다. 또한 티파니와 같은 고급 보석상은 고가의 보석을 구입하는 부유한 상위 계층 고객들로 인해 세련된 상류층 귀족의 이미지를 연상시킨다.

둘째, **상품 관련 요인**은 브랜드명, 로고, 가격 수준, 캐릭터, 상품의 성격, 디자인 등을 포함한다. 예컨대 금융투자회사인 메릴린치는 황소 로고를 앞세워 뚝심과 투지를 지닌 회사라는 이미지를 준다. 대신증권은 '큰 믿음'을 의미하는 브랜드명에 금융기관이라는 범주가 전형적으로 갖는 이미지가 결합되어 '신뢰가 가는', '진지한' 이라는 개성을 갖고 있다.

셋째, **기업 관련 요인**은 기업의 연륜, 기업이 소속한 국적, 기업문화와 이미지 등과 관련이 있다. 예를 들어, 코닥과 같이 오래된 브랜드는 전통지향적이고 연령층이 높은 소비자에게 적절한 중후하고 보수적인 이미지를 준다. 아우디와 같은 독일 브랜드는 매사에 정확하고 근면 성실한 독일인의 개성을 반영한다. 삼성의료원은 삼성이라는 기업이 가진 '철두철미하고 유능한' 이라는 개성을 함께 공유하고 있다.

초기에 형성된 브랜드 개성은 서비스 기업의 지속적인 마케팅 활동을 통해 생명력이 유지되고 강화된다. 브랜드 이미지에 대한 일관된 메시지를 전달한 결과 소비자는 브랜드의 개성을 형상화해서 머릿속에 기억하는 것이다. 사람의 개성이 개인의 일관적이고 지속적인 특성이듯이, 브랜드의 개성도 일관성 있게 시장에 커뮤니케이션될 때 정체성이 분명해진다.

2. 소비자의 자아개념

자아개념(self-concept)이란 개인이 자기 자신에 대해 지각하고 희망하는 바, 즉 '나는 이러이러한 사람이다' 혹은 '나는 이러이러한 사람이고 싶다'는 생각을 의미한다. 어떤 사람은 자신이 매우 신중하고 보수적인 사람이라고 지각한다. 또 다른 사람은 자신이 시대를 앞서가는 매우 진취적이고 자유분방한 사람이라고 생각한다. 늘 남의 뜻에 따르기만 하는 순응형 인간이 자신의 수동적인 성격을 바꿔 좀 더 독립적인 주체적 인간이 되기를 원하기도 한다. 이와 같이 개인의 자아개념은 실제적 자아개념과 이상적 자아개념으로 나누어서 생각해볼 수 있다.

첫째, **실제적 자아개념**(actual self-concept)은 현재 자기 모습과 성격에 대한 자기해석이다. 우리는 모두 우리가 어떤 사람인지에 대해 스스로 지각하는 바가 있다. 자신의 성격과 성향에 대해 말이다. 자아개념이론(self-concept theory)에 의하면 소비자는 여러 가지 상표대안들 중 자신의 자아개념과 일치하는 이미지를 갖는 브랜드를 선호한다. 예컨대 자신이 매우 유행선도적이고 개성이 강한 사람이라고 생각하는 사람은 옷을 구입할 때 유행을 앞서가는 독특한 패션을 선택할 가능성이 높다. 자신이 반항적이고 반사회적이라는 자아개념을 갖고 있는 사람은 그러한 자아 이미지의 자신을 표현하기 위해 비대중적이고 저돌적인 개성의 브랜드를 선호할 것이다.

둘째, **이상적 자아개념**(ideal self-concept)는 개인이 그렇게 되기를 희망하거나 타인이 자신을 그렇게 봐주었으면 하고 희망하는 자아개념이다. 소비자들은 종종 브랜드가 가지고 있는 바람직한 개성이 자신의 자아개념을 격상시켜주기를 희망하며 구매결정을 한다. 가령 여성을 처음 소개받은 남자가 상대방에게 세련되고 돋보이는 인상을 주기 위해 우아한 분위기의 고급 양식 레스토랑을 이용하는 식이다. 많은 명품 브랜드들은 그 브랜드들이 가진 상류층 이미지를 덧입기 원하는 소비자들에 의해 구매된다.

3. 상징적 상호작용

서비스 브랜드 개성은 고객에게 상징적 기능과 자기표현적 기능을 수행한다. 서비스 고객은 자신의 실제적 자아개념을 표현하기 위해 브랜드를 선택하기도 하지만 자신의 이상적 자아개념에 도달하기 위해 특정 브랜드를 선택하기도 한다. 브랜드를 통해 자아를 확인하고 확장하려 하는 것이다. 서비스 브랜드가 가진 매력적인 개성은 개인의 약점을 보완해주며 자아개념을 강화하는데 도움을 준다. 소비자의 자아개념이 브랜드 선택에 영향을 미치기도 하지만 역으로 브랜드의 개성이 고객의 자기정체성 확립에 영향을 미치기도 하는 것은 상징적 상호작용(symbolic interaction)이라고 한다. 이렇듯 서비스 브랜드는 자아개념의 표현도구가 되는 동시에 개인이 이상적으로 추구하는 이미지의 주관적 상징물(subjective symbol)이 된다.

[그림 9-6] 상징적 상호작용

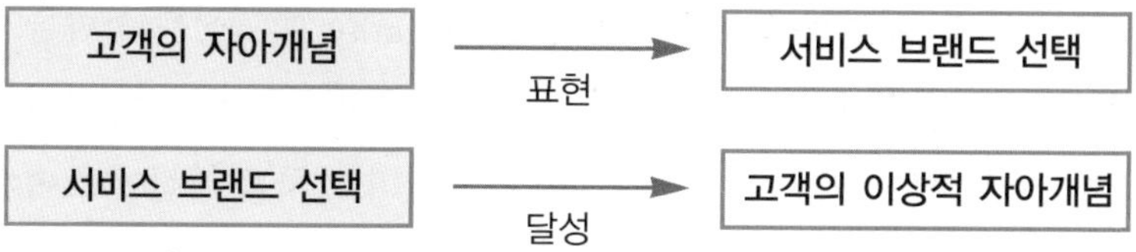

4. 개인적 브랜드 동일시와 사회적 브랜드 동일시

서비스 고객은 자신의 자아개념을 잘 반영하고 표현할 수 있는 브랜드에 매력을 느끼고 그 브랜드를 선호하게 된다. 브랜드 이미지가 자아개념과 일치할 때, 혹은 자아개념을 향상시키고 돋보이게 해줄 때 고객은 해당 브랜드에 대해 감정적 밀착과 유대감을 느끼게 된다. 이와 같이 서비스 고객이 특정 브랜드에 대해 자아연관(self-connection)을 갖는 것을 브랜드 동일시(brand identification)라고 한다. 브랜드 동일시에는 다음과 같은 두 가지 차원이 있다.

개인적 브랜드 동일시는 서비스 고객이 특정 브랜드에 대해 개인적인 유사성을 느끼는 것을 의미한다. 개인적 브랜드 동일시는 브랜드의 개성과 고객의 실제적 자아개념이 일치할 때 발생한다. 예컨대 자신이 남성적이고 터프한 사람이라는 자아개념을 가진 소비자는 그러한 개성의 브랜드에 대해 브랜드 동일시가 이루어질 것이다. 반면에 여성적이고 부드러운 성격의 소유자는 역시 그런 이미지를 가진 브랜드에 친밀감을 느낄 가능성이 크다.

사회적 브랜드 동일시는 자신이 남들에게 비춰지기를 희망하는 이상적 자아개념에 근접한 개성을 지닌 브랜드에 일치감을 느끼는 것이다. 사회적 브랜드 동일시는 브랜드가 개인의 선망 집단이나 현재 소속 집단의 멤버임을 표현할 수 있는 도구로 작용할 때 높아진다. 예를 들어, 성취지향적이고 남들에게 능력 있는 모습을 보여주고자 하는 소비자, 혹은 성공한 비즈니스맨의 집단에 소속되기를 희망하는 사람들은 유능하고 진취적인 이미지를 가진 브랜드에 심리적으로 이끌릴 것이다.

브랜드 동일시는 소비자의 자아개념과 브랜드 개성 간의 일치성에 근거를 두며, 자신을 타인과 구별하는 동시에 특정 사회집단에 병합되려는 소비자의 심리를 반영한다. 이와 같이 특정 개성을 지닌 브랜드를 통해 자신의 성격과 이미지를 표현하고자 하는 소비자의 심리는 몇몇 심리학 이론에 의해 설명될 수 있다.

첫째, **최적구별성 이론**(Optimal Distinctiveness Theory)에 의하면, 사람들은 특정 타인들과의 유사성이나 부합성의 필요를 느낌과 동시에 자기 자신의 고유성과 개별성을 확보하고자 하는 욕구를 갖는다. 즉 자신만의 고유한 개성을 표현하고 싶어 하는 마음과 특정 집단과의 유대감을 느끼고 싶어 하는 마음이 공존하므로, 거기서 적절한 수준의 구별성을 지닌 자기표현 방법을 찾아가게 되는 것이다. 둘째, **사회적 정체성 이론**(Social Identity Theory)은 사람들이 어떤 집단에 소속되고 싶어 하고 특정 집단과의 사회적 동일시를 필요로 하는 이유는 자신의 자아개념 향상과 자존감유지 동기 때문이라고 본다. 즉 개인은 자신의 가치를 자신이 소속된 집단에서 확인할 수 있으므로 어떻게든 자신이 이상적으로 생각하는 집단에 소속되고자 한다. 따라서 소비자는 자신의 아이덴티티를 표현함과 동시에 매력적인 타인과 연대감을 느끼려는 동기에 의해 브랜드 개성에 의한 상징적 소비행동을 하게 되는 것이다.

4 서비스 고객 - 브랜드 관계

1. 소비자 - 브랜드 관계 유형

사람들이 살아가면서 여러 타인들과 만나 다양한 관계를 형성하듯이, 소비자들은 일생을 통해 수많은 브랜드들을 경험하고 그들의 삶 속에서 여러 모양으로 브랜드와 관계를 맺으며 살아간다. 우리의 인생은 우리가 구매하고 소비하는 상품들과 분리시켜 생각할 수 없다. 이들은 우리 생활의 중요한 일부분이기 때문이다. 우리는 항상 무언가를 소비하거나 특정 상품을 이용하며(예: 갤럭시 휴대폰으로 전화하기, 스타벅스에서 커피마시기) 우리의 시간을 보내고 삶을 살아가고 있지 않은가?

소비자 - 브랜드 관계는 소비자와 브랜드가 상호작용을 하며 생성된 연대감을 의미한다. 소비자 - 브랜드 간의 인적 관계에 대한 연구는 Blackston의 연구에서 처음 출발하였는데, 그는 소비자와 브랜드 간의 관계를 인간관계와 같이 상호 동등한 것으로 가정하며 사람과 브랜드 간 개인적 관계를 맺는 것으로 개념화하였다. 대인관계 영역에서의 관계의 개념이 소비자와 브랜드 사이에 적용된 것이다. Blackston에 의하면, 브랜드는 개성과 인격을 지닌 객체이므로 소비자와 브랜드 간의 관계가 단지 소유주와 소유물의 관계에 그치지 않고 서로에게 의미 있는 인생의 동반자로서의 관계로 심화될 수 있다.

Fournier는 Blackston의 관점을 더욱 발전시켜 소비자와 브랜드 간의 관계를 다양한 유형으로 세분화하였다. 그녀는 소비자들과의 심층 인터뷰를 통해 이들이 인생을 살아가며 개인적으로 경험하는 다양한 브랜드 이야기들을 문서화하였는데, 그 결과 소비자들이 마치 다른 사람과 대인관계를 형성하듯이 브랜드에 대해 다양한 감정을 느끼며 브랜드와의 관계를 형성하고, 유지하고, 또 단절시키기도 한다는 것을 발견했다. Fournier는 소비자 - 브랜드 관계를

15가지 유형으로 분류하였다. 소비자 - 브랜드 관계는 [표 9-4]에 나와 있는 대로 신뢰를 바탕으로 한 충실하고 지속적인 동반자 관계, 친밀하거나 혹은 습관적으로 만나는 친구관계, 가벼운 1회성 관계, 적대적 관계 등 다양한 형태를 나타낸다.

[표 9-4] **서비스 고객 - 브랜드 관계 유형**

유 형	정 의	예 시
헌신적 파트너십 (committed partnership)	장기적, 자발적 관계 깊은 애정, 높은 수준의 친밀감, 신뢰감	커피빈 커피가 가장 맛이 뛰어나다고 생각하여 매일 이용함. 커피빈의 예찬가와 옹호자 다른 대안 브랜드를 전혀 생각하지 않음
편의적 결혼 (marriage of convenience)	상황과 환경적 영향에 따라 편의적으로 맺어진 관계	직장근처 편리한 위치에 커피빈이 있어 점심식사 후 항상 이용함
중매결혼 (arranged marriage)	제3자에 의해 맺어진 비자발적인 관계	친구가 좋다고 강력 추천하여 헬스센터를 다니게 됨
가벼운 친구 (casual friend)	친밀감/상호작용이 낮은 비정기적 관계 상호 기대하는 바가 적음	다양한 분식센터와 식당을 돌아가면서 점심식사를 함
단짝 친구 (best friend)	자신과 비슷한 성격과 개성을 지닌 가까운 친구	스타벅스의 이미지가 자신과 잘 어울린다고 생각하며 즐겨 이용함
상황에 따른 친구 (compartmentalized friendship)	생활의 영역별로 존재하는 친구와의 관계(학교, 회사, 교회 등)	상황과 만나는 사람에 따라 달라지는 음식점이나 술집
어릴 적 친구 (childhood friendship)	이따금씩 만나는 어린 시절의 친구	어렸을 때 즐겨먹던 과자를 어른이 되어서도 이따금씩 사먹음
혈족관계 (kinships)	자발적 선택이 아닌, 가족 구성원으로부터의 선호를 비자발적으로 반영	엄마가 이용하는 백화점을 자신도 습관적으로 이용
구애관계 (courtship)	좋은 관계를 맺기 위한 타진 관계	두 개의 브랜드 중 어느 것을 쓸지 시험적으로 사용해 봄
시도관계 (fling)	단순히 한 번 시도해보는 일회용 관계	스타벅스의 충성 고객이 카페베네 커피를 한 번 사먹어 봄
의존관계 (dependency)	옆에 없으면 불안하여 어쩔 줄 모르는 강박적, 의존적 관계	그 브랜드가 아니면 절대 안 됨 자신이 평상시에 쓰던 브랜드가 없으면 안절부절 못 함
비밀관계 (secret affair)	남에게 노출되기를 꺼리는 사적이고 비밀스러운 관계	남들 몰래 혼자 마시는 위스키 아무도 모르게 혼자서 찾는 카지노업장
노예관계 (enslavement)	비자발적 강제적 예속 관계	다른 경쟁업체가 없어 할 수 없이 이용하는 시골의 컴퓨터 수리업체
적대관계 (enmities)	싫어하고 혐오하는 적대적 관계	과거에 자신에게 손해를 입힌 브랜드, 혹은 헤어진 남편이 사용하던 브랜드는 다시 쳐다보지도 않음
반발적 대용관계 (avoidance-driven)	좋아서 유지되는 관계가 아니라 다른 상대를 피하려다 보니 비자발적으로 가까워진 관계	A 브랜드를 싫어하여 경쟁 브랜드 B를 이용함 B가 진짜 좋아서 이용하는 것은 아님

2. 소비자 – 브랜드 관계의 질

소비자의 브랜드 충성도를 이해하기 위해서는 소비자와 브랜드 간의 관계를 분석하는 것이 필수적이다. 소비자 – 브랜드 관계의 지속성과 안정성의 정도는 소비자들이 브랜드와 맺고 있는 관계의 질(Brand Relationship Quality: BRQ), 즉 관계의 깊이와 강도에 의해 결정된다.

소비자와 브랜드 간의 관계가 형성되고 유지됨에 있어 높은 수준의 관계의 질과 지속적인 연대를 가능케 하는 구성개념에는 다음과 같은 여섯 가지 차원이 있다.

첫째는 **사랑과 열정**(love & passion)이다. 이는 브랜드에 대해 마치 대인관계에서 경험하는 사랑과 애정, 열정과 같은 감정을 느끼는 것이다. 이렇게 특정 브랜드에 대해 사랑과 열정의 감정이 형성되면 소비자는 다른 경쟁 브랜드와의 비교를 거부하고 해당 브랜드에 대해 부정적 경험을 하더라도 이를 묵인하려는 관대한 태도를 나타낸다.

둘째는 **자아연관성**(self-connection)이다. 이는 소비자가 특정 브랜드를 사용하면서 그 브랜드가 자신의 정체성과 개성을 표현해준다고 느끼는 정도를 말한다. 자아연관성이 강하면 브랜드에 대한 정서적 의존성과 심리적 유대감이 높아지게 된다.

셋째는 **상호의존성**(interdependence)으로, 소비자가 특정 브랜드를 구매하고 사용하는데 얼마나 익숙하며 동일한 상품계열 내에서 다른 브랜드를 선택해야 할 때 얼마나 심리적 불편함을 느끼느냐에 관한 것이다. 상호의존성은 BRQ에서 주로 브랜드 구매와 사용에 대한 행동적 차원을 측정하는 지표로 사용한다.

넷째는 **몰입**(Commitment)이다. 이는 소비자가 특정 브랜드에 대해 정서적으로 몰입하는 동시에 행동적으로 특정 브랜드를 반복적으로 구입하는 일관된 구매행동을 나타내는 정도를 의미한다.

다섯째는 **친밀감**(Intimacy)이다. 친밀감이란 상대방과 개인적 감정과 정보를 함께 공유하며 자신의 사적인 이야기를 나눌 수 있는 가까운 관계를 의미한다. 브랜드와의 친밀감은 브랜드 캐릭터, 자신과의 일체감을 느낄 수 있는 브랜드 개성, 친숙한 광고와 광고모델, 사적으로 만족스러운 소비경험 등에 의해 발전할 수 있다.

여섯째는 **브랜드 파트너 품질**(brand partner quality)이다. 이는 소비자가 브랜드와 자신을 하나의 동반자로 지각하고 서로가 파트너로서 얼마나 어울리며 서로에게 얼마나 충실한 역할을 하고 있느냐에 대해 평가하는 바를 의미한다. 브랜드 파트너 품질은 소비자가 브랜드에 대해 가지는 신뢰, 관심, 상품의 품질과 기능에 대한 예측가능성, 그리고 자신이 브랜드와 기업에 의해 존중받는다는 느낌 등에 의해 강화될 수 있다.

[표 9-5] 소비자 - 브랜드 관계의 구성 개념

구성 개념	세부 요소
정서적, 사회감정적 애착 (Affective & Socioemotional Attachment)	사랑/열정(Love / Passion)
	자아연관성(Self-Connection)
행동적 연관성 (Behavioral ties)	상호의존성(Interdependence)
	몰입(Commitment)
지원적/인지적 신념 (Supportive/Cognitive Beliefs)	친밀감(Intinacy)
	브랜드 파트너 품질(Brand Partner Quality)

3. 소비자 - 브랜드 관계의 변화 과정

소비자와 브랜드 간에 형성되는 관계는 대인관계와 같이 역동적 과정을 거쳐 발전하고 때로는 상황에 따라 유동적으로 변화한다. Fournier는 대인관계의 진화과정을 채용하여, 소비자 - 브랜드 관계를 성장(growth), 유지(maintenance), 악화(deterioration), 해체(dissolution)의 네 단계를 거쳐 발전하고 또 결별하게 된다고 설명하였다(그림 9-7). 여기서 성장단계는 접촉(contact), 관여(involvement), 친밀(intimacy)의 세 단계로 세분화될 수 있는데, 소비자는 광고나 직접경험 등을 통해 브랜드와 처음 접한 후에 점차 관심도가 높아지고 정서적 친밀도가 증가하면서 브랜드와의 관계에 진입하게 된다.

서비스 마케팅관리자는 주요고객과 브랜드 간의 관계를 지속적으로, 그리고 긴밀하게 관찰해야 한다. 또한 고객과 브랜드 간의 관계가 악화의 길을 가지 않도록 서비스 접점에서의 고객 만족도를 관리하고 고객 불평처리를 원활하게 해야 할 것이다. 충성고객들과의 관계가 소원해지고 있다고 판단되는 경우에는 서비스 개선, 고객과의 커뮤니케이션 등 교정과정을 거쳐 관계가 호전되도록 최선의 노력을 기울여야 한다.

[그림 9-7] 소비자 - 브랜드 관계의 변화과정

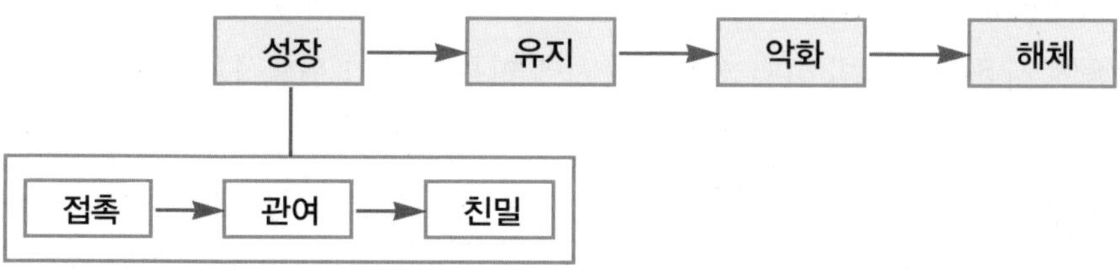

4. 브랜드 카리스마

이학식, 임지훈은 소비자와 브랜드 간의 관계를 리더(브랜드)와 추종자(소비자)의 관계로 개념화하였다. 카리스마적 브랜드(charismatic brand)란 시장에서 독보적인 지도자의 역할을 하는 선도 브랜드로 매우 높은 수준의 로열티를 갖는 충성스러운 고객집단을 보유하고 있는 브랜드이다. 이들의 연구는 브랜드가 충성스러운 추종자를 거느린 카리스마적 리더가 되기 위해서는 어떠한 특성을 가져야 하는지를 분석하였는데, 이들의 발견점은 다음과 같다.

브랜드 카리스마는 브랜드의 개성요인과 역량요인을 토대로 형성된다. 첫째, 브랜드 **개성요인**은 소비자가 브랜드의 개성특성과 이미지에 대해 얼마나 매력을 느끼느냐에 관한 것이다. 즉 '유능함' 이나 '우아함' 과 같은 브랜드 개성의 강도와 소비자가 이러한 브랜드 개성에 대해 느끼는 매력과 호감도는 브랜드 카리스마를 형성하는 요인이 된다. 둘째는 브랜드의 **역량요인**이다. 브랜드가 시장에서 갖는 대표성과 상품의 품질이 이 역량요인에 해당된다. 선도적이고 혁신적인 브랜드는 시장에서 해당 상품군을 대표하는데, 소비자들이 이러한 브랜드의 대표성을 인식하고 해당 브랜드 상품의 품질이 뛰어나다고 지각할수록 브랜드 카리스마가 증가한다는 것이다.

소비자가 브랜드의 개성요인과 역량요인의 우수성을 지각할 때 해당 브랜드에 대한 소비자의 상징적, 기능적 관여도가 증가한다. 브랜드에 대해 관심이 높아지고, 자신과의 관련성을 높게 지각하며, 절대적으로 신뢰하게 된다는 말이다. 그리고 이것이 곧 브랜드 카리스마를 형성시켜 소비자로 하여금 충성스러운 추종자가 되도록 만드는 결과를 가져온다. 브랜드 카리스마는 소비자의 브랜드에 대한 애착과 존경심, 그리고 구매동기를 증가시키는 효과를 발생시킨다.

5 소비자의 반응을 이끌어내는 브랜드 전략들

1. 브랜드 확장

브랜드 확장(brand extension)이란 시장에서 성공을 거두어 널리 알려진 기존 브랜드명을 새로운 신상품에 사용하는 방법이다. 신상품 출시에 따른 실패의 위험성을 줄이고 시장에 신속히 침투하기 위해 이미 획득된 브랜드 인지도와 연상을 신상품에 전이시키려는 것이다. 우리에게 익숙한 많은 브랜드는 기존에 유명한 브랜드를 기초로 다른 상품으로 확장한 것일 때가 많다. 예를 들어 롯데호텔은 기존 브랜드의 명성을 바탕으로 롯데시티호텔이라는 새로운 호텔 개념으로 브랜드를 확장시켰으며, 신라호텔은 '신라스테이' 라는 비즈니스 호텔로의 확장을 추진하고 있다.

이렇게 기존의 브랜드명을 새로운 서비스 상품에 이용하는 브랜드 확장전략에는 다음과 같은 장점이 있다. 첫째, 새로운 상품개념으로 시장에 진입하는데 필요한 비용을 절감시킬 수 있고, 로열티를 받는 방법으로 수입원의 역할을 할 수 있다. 둘째, 소비자들이 기존 브랜드에 대해서 친숙하고 좋은 태도를 가지고 있기 때문에 확장된 신상품을 쉽게 인지하고 모브랜드에 대해 가졌던 좋은 태도를 전이시킬 수 있다. 셋째, 브랜드 확장이 성공하면 모브랜드의 이미지가 더욱 강화되고 추가적인 브랜드 확장의 기초가 마련된다.

그러나 브랜드 확장이 적절히 이루어지지 않으면 모브랜드의 이미지가 희석되거나 모브랜드의 시장이 자브랜드의 시장에 의해 잠식되는 등 부정적인 결과가 초래될 수 있다. 브랜드 확장의 성공가능성을 높이기 위해서는 다음과 같은 요건들을 고려해야 한다.

1) 모브랜드의 경쟁력

모브랜드의 경쟁력이란 소비자가 모브랜드에 대해 우호적이고 강력한 연상을 갖는다는 것을 의미한다. 시장인지도가 높고 소비자들로부터 좋은 평가를 받는 모브랜드를 기반으로 브랜드 확장이 이루어질 때 모브랜드의 브랜드 파워가 자브랜드로 전이될 수 있다. 따라서 자브랜드가 모브랜드의 후광효과로 경쟁 카테고리 내에서 빠르게 성장할 수 있으려면 시장에서의 모브랜드에 대한 우호적 반응을 우선적으로 확인해야 한다.

2) 상품의 유사성

모브랜드와 확장상품 간의 유사성(similarity)이 높을 때 확장 브랜드에 대한 태도가 긍정적으로 나타날 가능성이 높다. 상품의 유사성이 높으면 적합도가 높아지기 때문이다. 그렇다면 상품의 유사성이란 구체적으로 무엇을 의미할까?

첫째는 속성의 유사성(attribute similarity)이다. 속성의 유사성이란 상품의 기능, 물리적 특성, 사용 상황 등에서의 유사성을 의미한다. 모브랜드의 상품과 자브랜드의 상품에 공통속성이 많을수록 소비자의 의식 속에 브랜드의 범주화가 손쉽게 이루어져 브랜드 확장의 성공가능성이 높아진다. 예를 들어, 비즈니스 호텔과 리조트 호텔은 숙박시설 제공이라는 기본 기능을 수행함에 있어 매우 유사하다고 말할 수 있다. 패스트푸드 산업에서는 맥도널드가 멕시칸 그릴 치폴레(Chipotle)를 인수하여 빠르게 매장을 늘려나가고 있는데, 맥도널드와 치폴레는 메뉴는 서로 다르지만 빠른 서비스와 저렴한 가격의 패스트푸드 레스토랑이라는 공통된 속성을 가지고 있다.

둘째는 상품 콘셉트의 유사성(concept similarity)이다. 상품 콘셉트의 유사성이란 모브랜드의 콘셉트와 확장 브랜드의 상품에서 중요하다고 인식되는 개념의 일치성 및 관련성을 뜻한다. 여기서 상품의 콘셉트는 상품의 기능적 측면뿐 아니라 무형적, 추상적 효익(예: 상징성, 오락성 등)까지도 포함한다. 예컨대 버버리는 의류에서 향수, 시계, 가방, 지갑 등으로 패션과 자기표현이라는 상품 콘셉트를 이어나갔다. 또한 롯데는 고급스럽고도 친근한 브랜드 이미지를 활용하여 백화점, 면세점, 호텔, 여행사, 놀이시설 등으로 브랜드를 확장시켰다.

3) 기술전이성

기술전이성(transferability)이란, 모브랜드의 핵심 기술이 확장된 영역에 전이될 수 있는지에 관한 것이다. 이것은 해당 상품을 만들 수 있는 능력이 새로운 상품의 영역으로 전이될 수 있느냐의 문제, 능력의 전이성이라고 말할 수 있다. 모브랜드와 확장 브랜드 간 기술전이성이 높으면 소비자들은 모브랜드의 기술력이 확장 브랜드로 적용될 것을 기대하므로 브랜드 확장이 성공할 가능성이 높아진다. 호텔기업은 축적된 고객서비스 능력과 질 높은 식음료 서비스 제공경험을 활용하여 외식산업이나 제과점, 리조트산업, 컨벤션센터 등으로 브랜드 확장을 꾀할 수 있을 것이다.

4) 상호보완성

상품의 상호보완성(complementarity)이란 해당 상품들이 얼마나 상호 보완적인 관계에 있느냐를 의미한다. 예를 들어 컴퓨터와 프린터, 커피와 케익은 상품 이용상황에 있어 상호보완성이 높다. 이러한 보완관계에 있는 상품들은 물리적 속성이 유사하지 않더라도 브랜드 확장의 효과가 긍정적으로 나타나는 경우가 많다. 예를 들어 질레트 면도기와 질레트 면도 크림은 이와 같은 상호보완성으로 브랜드 확장에 성공하였다. 서비스산업에 있어서는 호텔업과 여행업, 항공업과 호텔업 등이 상호보완성이 높은 예라고 하겠다.

2. 브랜드 재활성화 전략

한 시대를 풍미했다가 지금은 이름조차 찾아볼 수 없는 브랜드가 무수히 많다. 시장 환경의 변화에 적응하지 못하고 도태되어 사라진 브랜드들이다. 한 상품이 시장에 탄생하여 성장과 성숙과정을 겪다가 소멸하는 상품수명주기(Product Life Cycle: PLC)와 마찬가지로 브랜드에도 브랜드 수명주기(Brand Life Cycle: BLC)가 있다. 적절한 시기에 반격의 기회를 찾지 못하면 쇠퇴기를 맞아 소멸되고 마는 것이다.

그런데 수많은 브랜드의 부침 속에서도 꾸준히 브랜드 파워를 지속시켜 나가며 계속해서 소비자들의 사랑을 받는 브랜드들이 존재한다. 이들의 생존비결은 무엇일까? 그것은 아마도 이들이 외부 환경의 변화를 반영하여 적절한 시기에 적절한 브랜드 재활성화를 통해 브랜드의 활력을 이어나간 까닭일 것이다. 브랜드 활력(brand vitality)이란 브랜드가 소비자의 관심과 애착을 불러일으킬 에너지를 소유하고 있다는 말이다. 브랜드 활력이 떨어져 생기를 잃게 되면 기업은 재활성화 작업으로 브랜드에 새로운 생명을 불어넣어야 한다. 이것이 브랜드 재활성화 전략이다.

브랜드 재활성화(brand revitalization)는 취약해진 브랜드 자산에 활력을 불어넣는 전략적 행위로 정의될 수 있다. 일반적으로 브랜드 재활성화는 시장의 주요 표적 층의 수요가 포화상태에 이르는 성숙기 시점에 시행된다. 사람이 건강을 잃었을 때 걸린 병에 따라 처방이 달라지듯이, 브랜드 재활성화 전략 또한 원인과 정도에 따라 다양한 접근이 가능하다. 브랜드의 재활성화 전략에는 다음과 같은 실행방안들이 있다.

1) 브랜드 인지도 확대

브랜드 인지도(brand awareness) 확대 전략은 시장에서 브랜드에 대한 고객의 인지적 측면에 문제가 있다고 판단될 때 수행된다. 브랜드의 인지적 문제란 해당 브랜드에 대한 소비자 인지도가 낮아졌거나 (인지도 깊이 혹은 강도의 문제) 너무 제한된 브랜드 연상만이 이루어지는 (인지도 넓이의 문제) 상태를 의미한다. 인지도의 깊이와 넓이가 충분치 않아 브랜드의 활력성이 약화되었을 때 기업은 상품에 대한 새로운 용도를 고객에게 소개하거나 광고홍보 캠페인 등 커뮤니케이션 전략을 활발히 전개함으로써 브랜드에 대한 소비자의 기억과 관심을 되살릴 수 있다.

2) 브랜드 리뉴얼

브랜드 리뉴얼(brand renewal) 전략은 브랜드의 이미지가 노후화되어 현재의 시장 트렌드에 맞지 않은 경우, 혹은 브랜드 이미지가 충분히 호의적이지 못한 경우, 브랜드 아이덴티티의 구성요소를 교체함으로써 브랜드 이미지를 쇄신시키는 전략이다. 브랜드 리뉴얼 전략은 신규 시장 진입을 위해 새로운 이미지 창출이 필요한 경우나 기존 브랜드의 아이덴티티 범위를 확대할 때도 사용된다. 일반적으로 브랜드 리뉴얼은 브랜드명, 로고, 슬로건 등의 교체를 수반하는 디자인 리뉴얼(design renewal)이 주를 이룬다.

제일제당은 식품회사로 출발하여 엔터테인먼트, 유통, 외식, 베이커리 사업 등 광범위한 계열사로 발전하였는데, 전체적인 CI(Corporate Identity) 작업을 통해 'CJ' 라는 세련되고 깨끗한 이미지를 구축한 결과, 다소 이질적으로 보이는 신규 사업부문으로 순조롭게 진출할 수 있었다. 또한 한국통신은 'Let's KT', '네트워크로 하나 되는 세상' 등의 슬로건과 유머러스한 '올레' 광고로 공기업의 딱딱하고 보수적인 이미지에서 탈피하여 친근한 '국민기업' 으로서의 이미지를 형성하였다. 켄터키 프라이드 치킨은 '튀겼다' 는 의미의 '프라이드(fried)' 가 주는 부정적 연상을 최소화하기 위해 브랜드명을 KFC로 교체하여 좀 더 단순하고 세련된 이미지를 창출할 수 있었다.

3) 브랜드 재포지셔닝

브랜드 재포지셔닝(brand repositioning) 전략은 경쟁사의 포지셔닝 또는 시장 트렌드의 변화로 인해 자사의 포지셔닝 경쟁력을 상실했거나 내부 브랜드 간 자기잠식 현상(cannibalization)이 나타나는 경우, 혹은 세분시장의 크기가 작거나 수익성이 낮아 새로운 세분시장으로 이동할 경우 사용될 수 있다. 예컨대 제록스는 기존의 '단순 복사기 제조기업' 이미지에서 탈피하여 문서 관련 솔루션 업체의 이미지로 재포지셔닝하기 위해 "The Document Company"라는 슬로건을 광고에 광범위하게 사용하여 회사가 추구하는 방향으로 기업브랜드를 구축하는데 성공하였다. 또한 클럽메드는 리조트 안에서 숙박, 식사와 음료, 각종 레포츠 등을 추가비용 없이 즐길 수 있는 올-인클루시브(all-inclusive) 종합 휴양 서비스를 운영하다가, PIC(Pacific Islands Club)와 같은 후발주자들이 서비스 개념을 모방하면서 자사 시장이 잠식당하자 표적시장을 상류층 고객으로 조정하여 브랜드의 개념을 '고가격 최고급 프리미엄 올-인클루시브' 개념으로 재포지셔닝하였다.

Club Med

4) 상품 수정

상품 수정(product modification)이란 상품의 품질개선, 고급화, 다양화, 서비스 추가, 스타일 전환 등으로 브랜드의 새로운 수요를 창출하는 방법이다. 현재 시장상황에서 기존상품의 수요가 한계에 다다랐다면 기존상품의 성격을 바꾸거나 새로운 상품을 추가함으로써 새로운 수요를 개발하는 작업이 필요하다. 맥도날드는 사업초기에 햄버거, 치즈버거, 감자튀김 세 가지를 주 메뉴로 하여 시작했지만, 그 동안 빅맥, McBLT, 아침식사 세트메뉴, 어린이메뉴, 셀프서비스 토핑, 샐러드, 디저트, 현지인의 입맛을 고려한 로컬메뉴(예: 불고기버거), 맥카페 등 끊임없이 새로운 메뉴를 개발하여 다양한 고객욕구에 부응한 결과 오늘날까지 패스트푸드 레스토랑 브랜드의 선도적 위치를 지킬 수 있었다. 호텔업계에서는 리모델링, 레노베이션 등 시설에 재투자를 하여 물리적 환경을 업그레이드시키고 서비스를 고급함으로써 분위기를 환기시키고 활력을 더한다.

사 례

■맥도날드의 브랜드 재활성화 전략

'맥도날드' 하면 사람들은 자연스럽게 패스트푸드의 대명사인 햄버거를 연상한다. 전 세계적으로 많은 점포를 가지고 있는 이 패스트푸드 레스토랑은 원래 맥도날드 형제가 1940년에 캘리포니아 샌버나디노에서 설립한 것으로, 손님이 주문 후 직접 음식을 받아가는 셀프 서비스와 조리작업 단위를 나눈 생산 시스템을 도입하여 고객에게 신속한 서비스를 제공하면서 그 지역에서 큰 인기를 끌었다. 1961년 Ray Kroc에게 인수된 맥도날드는 빠르고 친절한 서비스와 저렴한 가격, 맛좋은 음식, 쾌적한 매장환경, 그리고 서비스의 일관성 전략을 통해 시장의 호의적인 반응을 이끌어냈으며, 세계적으로 패스트푸드 업체의 브랜드파워 1위를 차지하게 되었다.

하지만 고도성장을 구가하던 맥도날드는 2000년대 초에 불어온 웰빙 바람과 함께 위기에 직면하게 되었다. 각종 매체를 통해 패스트푸드의 유해성 보고가 잇따르면서 햄버거는 곧 정크 푸드이며 비만의 원인이고 건강에 좋지 않다는 소비자들의 인식이 높아지게 된 것이다. 'Super Size Me' 와 같은 영화는 패스트푸드와 맥도날드에 대한 소비자의 거부감을 불러일으키는데 일조하였다. 매출은 급감하였고 주가도 1/4 수준으로 폭락하여 맥도날드는 경영의 심각한 위기를 맞게 되었다.

맥도날드는 이러한 위기상황을 타개하고 실추된 브랜드 이미지를 되돌려 놓기 위해 다양한 마케팅 전략을 수립하기 시작했다. 2003년에 발표된 '브랜드 재활성화 계획' 을 통해 맥도날드는 소비자의 중요한 관심사인 웰빙 트렌드에 맞추어 메뉴의 다양화 및 영양성분 공개, 그리고 운동 프로그램 지원과 교육에 주력했다. 특히 어린이와 가족들이 주요고객인 해피밀 메뉴의 영양 요소에 대해 고객에게 세부적인 설명을 제공하기 시작했다.

또한 맥도날드는 브랜드 재활성화의 일환으로 맥카페(McCafe)를 런칭시켜 본격적인 커피 사업에 뛰어들었다. 건강 중시 분위기가 확산되면서 햄버거의 판매실적이 과거 같지 않자 프리미엄 커피라는 새로운 아이템에 눈을 돌린 것이다. 이러한 전략은 시장의 원두커피 열풍과 맞아떨어져 대성공을 거두었다. 우선 맥도날드는 맥카페 사업을 위해 대대적인 리모델링을 하여 패스트푸드 레스토랑의 이미지가 강한 매장 분위기를 커피전문점 이미지로 바꾸었다. 또한 맥카페 전 매장에 '카시오페아', '샤카탁' 등 유명 퓨전 밴드들의 연주곡들을 틀어주고, 빨갛고 노랗던 직원 유니폼도 좀 더 차분하면서도 커피를 연상시키는 갈색을 주제로 교체했다. 맥도날드는 매장 내 매장(Store within a store) 맥카페에서 피콜로(Piccolo), 플랫 화이트(Flat White) 등 다양한 고급 커피, 음료, 디저트 메뉴를 개발하여 판매함으로써 소비자에게 맥도날드 브랜드의 개념을 확장하는 동시에 브랜드의 고급화를 꾀했다. 우리나라의 경우 택배, 퀵서비스 등 배달이 매우 활성화되어 있다는 사실을 알아내고, 한국 맥도날드는 맥딜리버리(McDelivery) 서비스로 24시간 배달 서비스를 시작했다. 맥도날드의 배달 서비스는 2007년 강남 지역 매장에서 시범적으로 운영하다가 그 후 많은 지역으로 확산되었다.

맥카페는 현재 글로벌 시장에서 맥도날드의 성장을 이끌고 있다. 이러한 브랜드 재활성화 전략의 성공으로 맥도날드는 현재 전 세계 120개국, 3만여 개의 매장에서 매일 5천4백만 명 이상의 고객에게 서비스를 제공하는 외식업 체인사업 세계 최대 규모 업체의 위치를 지켜낼 수 있었다.

제10장

서비스 가격에 대한 고객 반응

[1] 서비스 가격의 기능과 특성

1. 서비스 가격의 기능
2. 서비스 가격의 특성

[2] 서비스 가격 지각

1. 가격 기대
2. 외적 준거가격의 정박효과
3. 가격공정성 지각
   1) 가격공정성 지각의 특징
   2) 가격공정성 지각의 원칙

[3] 가격의 수용과 거부

1. 동화효과와 대조효과
2. 프로스펙트 이론
3. 프레이밍 효과

[4] 가격-품질 연상심리

1. 정보의 비대칭성　　2. 역선택
3. 가격-품질 연상의 영향요인들

[5] 가격수준에 대한 소비자 반응

1. 가격탄력성　　2. 가격의존도
3. 고가격 서비스에 대한 소비자심리

[6] 매출향상을 위한 가격전술들

1. 가격차별화 전략을 활용하라
   1) 시간에 따른 가격차별화
   2) 구매자에 따른 가격차별화
   3) 구매량에 따른 가격차별화
2. 가격층화 전략을 사용하라
3. 유인가격 전략을 사용하라
4. 미끼효과를 활용하라
5. 높은 가격부터 제시하라
6. 묶음가격 전략을 사용하라
   1) 순수 묶음가격　2) 혼합 묶음가격
7. 단수가격을 사용하라
8. 명성가격을 사용하라
9. 점화가격을 고려하라
10. 회원제를 활용하라

제10장

서비스 가격에 대한 고객 반응

1 서비스 가격의 기능과 특성

1. 서비스 가격의 기능

가격은 서비스 기업이 매우 효과적으로 사용할 수 있는 마케팅 수단이다. 서비스마케팅 믹스 7P's(상품관리, 촉진관리, 유통관리, 가격관리, 서비스 프로세스 관리, 물리적 증거관리, 사람관리) 중 다른 요인들보다 신속하게 손쉽게 변화시킬 수 있고 빠르게 고객 반응을 유도할 수 있기 때문이다. 또한 다른 전략적 요소들은 비용이 수반되는 데 반해, 가격은 비용을 들이지 않고 전략을 수립할 수 있다는 특징이 있다.

서비스 기업에서 가격은 다음과 같은 기능을 수행한다. 첫째, 가격은 서비스 기업의 매출과 수익을 결정한다. 대부분의 경우 소비자는 가격요인에 매우 민감한 반응을 나타내므로, 서비스 상품의 총 판매량과 단위당 수익률은 가격수준에 의해 결정된다고 해도 과언이 아니다. 특히 도입기에 있는 서비스 신상품의 경우 시장에 빠르게 침투하기 위해서는 가격 인센티브를 제공하는 것이 매우 효과적이다.

둘째, 가격은 서비스 기업의 이미지를 결정한다. 가격은 서비스의 품질과 수준을 대변하며 시장에서의 서비스 기업의 위치와 이미지를 결정해준다. 따라서 고급 서비스의 이미지를 유지하기 위해서는 거기 걸맞은 수준에 가격이 결정되어야 한다. 단기간의 이익을 위해 가격인하나 할인이 빈번히 이루어지면 기업이미지가 손상되어 장기적인 관점에서 볼 때 브랜드 자산의 형성에 불이익이 발생할 수 있다.

셋째, 가격은 서비스 기업의 고객믹스를 결정한다. 서비스 기업은 표적시장을 선정하고 주요 표적고객들에게 선택적으로 접근하기 위한 유용한 수단으로 가격을 사용할 수 있다. 가격

수준에 따라 세분시장의 성격이 달라질 수 있기 때문이다. 가격은 특정 소득수준 및 사회계층 집단을 한데 모으고 고객집단의 동질성을 유지시키는 역할을 한다.

넷째, 가격은 서비스의 수요를 조절한다. 서비스는 소멸성을 가지고 있고 시간에 따라 수요의 변동이 심한 경우가 많다. 예컨대 극장은 주말에는 많은 관객들이 줄지어 표를 사지만 주중이나 이른 아침에는 좌석 점유율이 저조하다. 따라서 서비스 기업에게는 수요의 변화를 통제하고 조절하는 것이 그 무엇보다도 중요한 문제인데, 수요관리에 효과적으로 사용할 수 있는 요소가 바로 가격이다. 서비스 업체는 시간에 따라 가격을 조절함으로써 비수기와 성수기의 수요 파동을 감소시킬 수 있다. 예를 들어, 관광지 호텔의 경우 성수기의 높은 숙박요금은 수요를 비수기 쪽으로 이동시키는 역할을 한다.

2. 서비스 가격의 특성

일반 유형 제품과 비교하여 서비스 가격에는 다음과 같은 특성이 있다. 첫째, 소비자가 서비스의 효용에 대해 부여하는 가치는 개인에 따라 큰 차이를 나타낸다. 서비스란 고객이 누리게 되는 편리성, 쾌락성, 혹은 정보와 지식과 같은 무형적 효용인데 이러한 효용에 대한 교환가치가 곧 서비스 가격이다. 그런데 이와 같은 서비스의 무형적 효용은 소비자에게 서로 다른 의미를 가지므로 서비스의 가치 지각은 개인에 따라 차이가 발생할 수밖에 없다. 예를 들어, 일반석 항공료의 서너 배에 이르는 비행기 일등석 좌석에 대해 터무니없는 가격이라고 여기는 사람이 있는 반면, 충분히 돈 가치가 있다고 생각하는 사람도 있다. 따라서 서비스 기업은 주요 표적시장을 선정하여 자사의 표적고객군의 가치 지각에 초점을 맞추어 가격수준을 결정해야 한다.

둘째, 서비스 구매경험이 부족한 소비자는 품질평가의 근거로 삼을 유형적 실체가 없는 서비스에 대해서 종종 잘못된 가격 준거점을 갖는다. 위에서 설명한대로 소비자 개개인에 따라 서비스의 가치 지각에는 차이가 있으므로 서비스 상품의 가격에 대한 기대 역시 차이가 발생하게 된다. 특히 인적 접촉에 의해 아는 사람들끼리 서비스의 정보가 교류되는 경우 소비자들은 제한적 정보만을 갖고 있으므로 서비스에 대한 준거가격을 부정확하게 알고 있는 경우가 빈번하다.

셋째, 서비스는 종종 구매 전에 품질을 평가하기 어려우므로 소비자는 종종 가격 정보에 의거하여 품질을 판단하려는 경향이 있다. 가격 - 품질 연상 심리는 품질을 눈으로 확인하지 않은 상태에서 구매의사결정을 내려야 하는 서비스의 경우 특히 두드러진다. 예컨대 호텔스닷컴과 같은 인터넷 예약사이트를 이용하여 호텔객실을 예약하는 고객은 가격수준에 따라 호텔의 시설과 서비스 품질을 예측하고 적정 가격수준 이하의 호텔은 아예 고려대상에서 제외시킬 가능성이 있다. 영국의 Gosforth Park Hotel은 객실료를 인상한 이후 오히려 투숙률이 증가하였는데, 이는 여행객이 객실요금에 의거해서 호텔을 더욱 매력적인 곳으로 인식했기 때문이다.

서비스 가격에 대한 소비자의 행동반응을 예측하기 위해서는 그에 대한 심리적 반응을 먼저 이해할 필요가 있다. '싸다', '비싸다', '적절하다' 등의 소비자의 가격지각은 단순히 기업이 제시하는 가격의 높낮이에 의해서만 형성되는 것이 아니다. 서비스 고객의 가격지각은 개인의 서비스 가격 기대, 외적내적 준거가격, 기업의 가격제시 방법 등에 의해 영향을 받는 심리적 인지과정이다.

2 서비스 가격 지각

1. 가격기대

유럽여행을 계획하고 있는 두 사람이 있다. A는 여행비용으로 400만 원 정도를, B는 250만 원 정도를 예상하고 있다고 하자. 이와 같이 개인이 적절한 수준으로 인식하고 지불하고자 하는 가격을 **준거가격**(reference price)이라고 한다. 준거가격은 소비자들이 상표대안들의 가격을 평가하는 데 기준점의 역할을 한다.

준거가격은 내적 준거가격과 외적 준거가격으로 나누어볼 수 있다. **내적 준거가격**(internal reference price)은 과거 동일상품의 구매경험이나 남에게 전해들은 구전, 그리고 개인의 소비생활 등을 바탕으로 소비자가 적절한 수준으로 생각하는 가격으로, 위의 예에서 A와 B가 각각 적정가격으로 인식하는 가격을 말한다. 한편 **외적 준거가격**(external reference price)은 구매시점에서 제시되는 다양한 경쟁상품들의 가격수준이나 상품의 권장 소비자 가격 등에 의해 형성된다. 예컨대, 원래 10만 원이었으나 할인하여 7만 원에 판매한다고 하는 경우, 정가 10만 원은 소비자에게 외적 준거점이 되어 할인가 7만 원을 상대적으로 저렴하게 느끼도록 만든다. 주변에 있는 외적 준거가격들은 결국 소비자의 내적 준거가격 형성에 영향을 미치게 된다.

소비자는 자신이 수용할 용의가 있는 가격의 범위를 종종 머릿속에 설정한다. 이를 **수용가격범위**(acceptable price range)라고 한다. 위의 예에서 소비자 A는 최저 350만 원에서 최고 500만 원까지, 그리고 B는 200만 원에서 300만 원까지 여행비로 지불할 용의가 있다. 여기서 수용가격 범위의 하한선에 해당되는 가격을 **최저수용가격**(lower end of the acceptable price range)이라고 하는데, 소비자는 최저수용가격 이하의 상품은 품질을 의심하여 구매를 꺼리게 된다. 한 연구에 의하면 상품지식이 적은 소비자들이 최저수용가격을 더욱 낮게 설정하는 경향을 나타낸다고 한다. 상품의 가치를 판단할 근거나 가격정보를 충분히 갖고 있지 않아 상품의 가격수준을 낮게 예상하는 것이다. 수용가격 범위의 상한선은 **유보가격**(reservation price)이라고도 불리는 것으로, 소비자가 지불할 용의가 있는 최고 가격이다.

[그림 10-1] 수용가격범위

다시 위의 예로 돌아가 보자. A와 B 두 사람은 가격을 확인한 결과, 여행사 직원으로부터 유럽여행이 350만 원부터라는 대답을 들었다. 이때 소비자 A는 350만 원이 자신의 수용가격범위의 하한가격에 해당되므로 부담 없는 가격이라고 생각할 것이다. 반면에 소비자 B는 실제 가격이 자신의 유보가격을 초과하므로 여행비용이 너무 높다는 생각에 결국 구매를 포기하거나 좀 더 싼 여행상품을 알아보고자 할 가능성이 있다. 이와 같이 소비자의 가격지각은 개인의 초기 기대가격과 수용가격범위에 의해 좌우된다.

2. 외적 준거가격의 정박효과

사람들은 어떤 값에 대한 추정치를 생각해낼 때 종종 초기 값에 정박(anchoring)한 후 조정해서 답을 내는 경향이 있다. 예를 들어, 한 실험에서는 실험참가자들에게 UN 회원국 중 아프리카의 나라가 얼마나 되는지를 맞춰보도록 요구하였는데, A 집단에는 숫자 10을, 그리고 B 집단에는 숫자 65를 초기 값으로 주었다. 그 결과 A 집단의 사람들은 평균 25개국을, 그리고 B 집단의 사람들은 평균 45개국을 추정치로 내어놓았다. 이와 같이 어떤 숫자나 양을 판단함에 있어 초기 값을 근거로 하여 추정치가 달라지는 경우, 초기 값의 **정박효과**(anchoring effect)가 발생했다고 말한다.

서비스 고객의 가격지각에도 다양한 외적 준거가격들의 정박효과가 발생한다. 여러 가지 서비스 상품 대안들을 소비자에게 제시하는 경우, 가격제시 순서에 따라 소비자의 최종 선택 상품이 달라질 수 있다. 고가의 상품부터 보여주느냐, 아니면 저가의 상품부터 보여주느냐에 따라 소비자의 가격지각이 영향을 받기 때문이다. 예컨대 최저 5만 원부터 최고 12만 원까지 다양한 가격대의 상품이 있을 때, 5만 원짜리 상품을 먼저 보여주고 차츰 높은 가격으로 상향 이동하는 것보다 12만 원짜리 상품부터 보여주고 한 단계씩 하향 이동하는 경우 소비자는 좀 더 고가격의 상품을 선택할 가능성이 높다. 최초 제시된 상품의 가격이 초기 값으로써 정박효과를 발생시킨 까닭이다.

상품의 권장 소비자 가격 또한 외적 준거가격으로서의 역할을 한다. 예컨대, 호텔객실의 정가가 30만 원인데 여기서 할인된 가격 22만 원에 객실을 판매하는 경우, 고객은 정상가와 비교하여 할인가격 22만 원이 상대적으로 싸게 느껴진다. 따라서 그냥 처음부터 22만 원이라는 가격을 제시하는 것보다 정상가격 대비 할인가격을 제시하는 것이 소비자의 가격지각에 호의적인 영향을 미칠 수 있다. 그러나 정상가격이 소비자의 통념에 비해 터무니없이 높고 여기서 대폭 할인된 가격에 상품이 판매되는 경우, 소비자는 정상가 자체에 대해 불신을 하게 되므로 정상가격이 더 이상 준거점으로서의 역할을 할 수 없게 된다. 따라서 소비자에게 외적 준거가격으로서의 정박효과를 발생시키고 서비스 기업에 대한 고객의 신뢰를 지켜내기 위해서는 고객이 납득할만한 가격 수준에서 정상가를 제시해야 할 것이다.

경쟁사 상품의 가격은 또 하나의 외적 준거가격이 된다. 서비스 상품의 가격은 독립적으로 지각되는 것이 아니라 경쟁브랜드의 가격대비 상대적인 개념으로 지각된다. 동일한 수준의 가격일지라도 소비자는 그것을 경쟁상품의 가격과 비교하여 싸거나 비싼 것으로 인식하는 것이다. 즉 경쟁사 상품의 가격들은 시장의 맥락을 형성하며, 소비자는 이러한 맥락 가운데서 가격을 지각하게 된다. 때로는 동일한 계열의 경쟁상품들뿐 아니라 비관련 상품들의 가격에 의해서도 정박효과가 발생할 수 있다. 소비자 주변에 있는 다양한 상품들의 가격 표시들은 하나의 초기 값이 되어 개인의 가격 지각에 영향을 주게 된다. 예를 들어, 고급 백화점에서 수많은 고가의 상품들을 계속 접한 소비자는, 자신도 모르는 사이 높은 가격대에 적응하여 비관련 상품을 구매함에 있어서도 가격에 덜 민감한 반응을 나타낼 가능성이 있다.

3. 가격공정성 지각

가격공정성 지각이란 어떤 상품의 가격수준이나 가격변화(인상, 인하)에 대해 소비자가 타당하다고 인식하는 정도를 의미한다. 가격공정성 지각은 기업과 브랜드에 대한 소비자의 태도적, 행동적 반응에 중요한 영향을 미치는 만큼, 서비스 기업은 가격을 결정할 때 소비자가 서비스 상품의 가격을 얼마나 공정하게 지각하는지를 고려해야 한다. 만약 서비스 고객이 가격

수준이나 가격변화에 대해 불공정성을 지각하게 되면 가격 지불의향과 기업에 대한 신뢰도가 하락하고, 거래중단이나 부정적 구전의 문제가 발생하기 때문이다.

1) 가격공정성 지각의 특징

소비자의 가격공정성 지각에는 다음과 같은 특징이 있다. 첫째, 가격공정성 지각은 상대적인 개념이다. 소비자는 개인의 외적, 내적 준거가격들과의 비교를 통해 가격공정성을 평가한다. 따라서 절대적인 가격수준이 동일해도 준거점이 상이하다면 공정성 지각은 다른 수준을 나타낼 것이다. 둘째, 가격공정성 지각은 경제적 요소와 심리적 요소를 모두 포함한다. 소비자는 제시된 가격의 적절성에 대한 인지적 판단뿐 아니라 감정적 반응(예: 내적 준거가격보다 높을 때 부정적 감정반응) 또한 나타낸다. 셋째, 가격공정성 지각은 소비자의 주관적 관점에 의해 이루어진다. 소비자는 자신의 이익을 최대화하려는 자기중심적 관점에서 가격의 공정성을 평가하므로 판매자의 관점이나 판단과는 차이가 있을 수 있다.

위에서 설명한 가격공정성 지각의 특징을 총합해보면, **서비스의 가격공정성 지각**(price fairness perceptions)이란 (1) 고객의 주관적 관점에 의해 (2) 일정 준거점을 기준으로 형성되는 (3) 서비스가격에 대한 고객의 인지적 판단 및 감정적 반응이라고 정의할 수 있을 것이다.

2) 가격공정성 지각의 원칙

서비스 가격에 대한 소비자의 공정성 지각은 첫째, 준거점과의 가격비교에 의해 이루어진다. 서비스 상품의 실제 가격이 개인의 내적 준거가격에 얼마나 근접했느냐는 것이다. 소비자들은 준거가격과 실제가격이 동일한 수준일 때 공정한 가격이라고 생각한다. 그런데 준거가격과 실제가격이 상이할 때는 준거점과의 차이가 동일하더라도 긍정적 불일치(실제가격이 준거가격보다 낮음)보다 부정적인 불일치(실제가격이 준거가격보다 높음)에 대해 더욱 민감한 반응을 나타낸다.

둘째, 가격공정성 지각은 서비스 성과와의 대비에 의해 형성된다. 거래관계에서 분배적 정의는 거래관계자들이 자신이 투입한 양에 대해 적절한 산출을 얻을 수 있을 때 비로소 실현된다. 이를 서비스 구매상황에 대입시키면 투입(input)은 고객이 지불하는 가격이며 산출(output)은 서비스의 성과 및 고객이 획득하는 가치라고 말할 수 있다. 즉 자신이 지불한 대가에 대해 합당한 서비스 성과를 얻을 수 있어야 고객은 가격에 대해 공정성을 지각할 수 있을 것이다.

셋째, 가격공정성은 고객과 기업 양측의 이익에 대한 소비자의 심리적 계산을 토대로 지각된다. 연구자들은 가격에 대한 소비자의 공정성 판단 기제를 쌍방권한의 원칙에 의해 설명하였다. **쌍방권한원칙**(dual entitlement theory)에 의하면 기업과 소비자는 각각의 권한 영역이 있다는 것이다. 기업은 준거이익(reference profit)에 대한 권한을, 그리고 소비자는 준거가격에 대한 권한을 갖는다. 서비스 상품의 실제 가격이 소비자 권한에 속하는 준거가격을 초과하면 고객은 권한침범에 따른 불공정한 가격으로 지각한다. 그러나 가격인상이 이루어지더라도, 원가상승, 환율변화 등으로 기업의 이익에 변화가 없다고 판단되면 소비자는 인상된 가격을 수용한다. 기업에게 적정 수준의 준거이익을 추구할 권리가 있다는 것을 소비자도 인정하기 때문이다. 예를 들어, 유가가 상승하여 항공사에서 항공료에 유류할증료를 추가하여 받는 경우, 소비자는 이를 불가피한 가격인상으로 받아들인다. 정리하자면, 소비자는 가격인상의 원인과 기업의 가격상승 동기를 추론해보고 납득할 만한 이유가 있으면 가격공정성에 문제가 없다고 판단하지만, 가격인상으로 인해 소비자는 부당하게 높은 가격을 지불하고 기업은 이익이 증가하는 것으로 인식하면 불공정성을 지각한다는 것이다.

가격에 대한 소비자의 원인 추론은 준거가격 이하의 낮은 가격이나 가격인하의 경우에도 유사하게 적용될 수 있다. 서비스의 가격이 기대이하로 낮을 때 소비자는 여러 가지 원인을 추론할 수 있을 것이다. 예를 들어, 고객은 서비스 업체가 신규고객을 유인하기 위해 저가격전략을 사용하는 것인지, 아니면 서비스 품질이 낮기 때문에 가격이 낮은 것인지를 추론한다. 또한 가격인하나 한시적 할인행사에 대해서도 역시 다양한 동기들이 추론될 수 있다. 예컨대 서비스 업체가 단순히 비수기에 구매를 촉진하기 위해 가격을 인하하는 것인지, 아니면 기업이 가격을 인하하면서 동시에 서비스 품질을 저하시키는 것은 아닌지를 평가하는 것이다. 유형 제품의 경우, 유통기한이 얼마 남지 않았거나 제품에 하자가 있어 할인행사를 하는 것으로 기업의 가격할인 동기가 추론되면 소비자는 저항감을 나타낼 것이다. 쌍방권한원칙에 따르면, 가격인하로 인해 판매자는 이익이 감소하고 자신은 이득을 보는 상황이라고 판단될 때 소비자는 긍정적 반응을 나타내지만, 가격인하가 이루어지더라도 기업은 여전히 이득을 보고 구매자는 불이익을 당할 것으로 예상되면 이를 불공정한 처사로 판단하게 된다.

3 가격의 수용과 거부

1. 동화효과와 대조효과

구매상황에서 실제가격이 예상보다 높은 경우, 소비자는 "말도 안 돼. 터무니없는 가격이구나,"하며 돌아서거나, 혹은 "요즘 시세가 이랬나? 내가 너무 몰랐나보군"과 같은 반응을 나타낼 수 있다. 실제가격이 소비자의 기대가격과 다른 경우, 이를 수용할 것인가 아니면 거부할 것인가에 대한 소비자 반응은 동화-대조이론에 의해 설명될 수 있다. 예를 들어, 소비자가 상품대안들을 비교하는 과정에서 자신의 준거가격이 현실적이지 못했음을 인식하면 자신이 시세에 어두웠다는 생각에 준거가격을 실제가격 근처로 이동시킬 가능성이 있다. 이와 같이 준거가격이 실제가격에 근접한 방향으로 이동할 때 **동화효과**(assimilation effect)가 발생했다고 한다. 그러나 실제가격이 자신의 준거가격과 너무 큰 차이를 나타내면 소비자는 가격이 터무니없다고 생각하며 해당상품을 고려대상에서 제외시키거나 아예 구매를 포기하게 된다. 이와 같이 소비자가 상품의 가격을 거부하고 자신의 내적 준거가격을 고수할 때 **대조효과**(contrast effect)가 발생했다고 한다.

소비자의 가격반응에 대한 실증적 연구결과들에 의하면, 동화-대조효과는 첫째, 실제가격이 개인의 수용가격 범위에 속하느냐의 여부에 달려있다. 일반적으로 실제가격이 개인의 수용가격범위에 포함되었을 때는 동화효과가 발생한다. 반면에 실제가격이 개인의 수용가격 범위를 벗어나는 수준이면 소비자가 이를 거부하게 되는 대조효과가 발생한다. 둘째, 동화-대조효과는 상품대안 가격수준의 동질성에 의존한다. 경쟁상품들의 가격이 모두 동질적인 수준을 나타내면 (예: 모두 기대가격보다 높은 수준) 동화효과가 발생할 가능성이 높아진다. 다른 대안이 없는 까닭이다. 그러나 다양한 가격대의 상품들이 가능한 경우, 개인의 기대가격과 큰 차이를 나타내는 대안에 대해서는 대조효과가 나타날 것이다.

2. 프로스펙트 이론

가격에 대한 소비자의 수용-거부 반응은 종종 비대칭성을 나타낸다. 소비자의 내적 준거가격과 실제 가격에 차이가 있을 때, 금액 차이는 동일하다 할지라도 그것이 정(+)의 차이냐 부(-)의 차이냐에 따라 소비자의 반응이 달라진다. 즉 실제가격이 소비자의 내적 준거가격보다 낮을 때는 손쉽게 자신의 준거가격을 실제가격 수준으로 낮추고 이를 수용하지만, 실제가격이 준거가격보다 높을 때는 소비자가 이를 거부할 가능성이 높다는 것이다. 예를 들어 소비자의 준거가격이 4만 원이었다고 가정할 때, 실제 가격이 그보다 만원 낮은 3만 원인 경우에 소비자는 자신이 가격을 너무 높게 예측했음을 인식하고 자신의 준거가격을 3만 원으로 하향 이동하여 동화되기 쉽지만, 실제가격이 준거가격보다 만원 높은 5만 원일 때는 자신의 기존 준거가격을 고수하고 그 상품을 고려대상에서 제외시킬 가능성이 높다.

이와 같은 현상은 **프로스펙트 이론**(prospect theory)에 의해서 설명될 수 있다. 프로스펙트 이론에 따르면 사람들은 절대값은 같을지라도 득(gain)보다는 실(loss)을 더욱 크게 지각한다. 동일한 크기의 손실과 이익에 대해, 소비자는 이익(실제가격이 준거가격보다 낮은 경우)보다는 손실(실제가격이 준거가격보다 높은 경우) 상황에 더욱 민감하고 저항적인 반응을 나타내게 되는 것이다. 소비자가 비슷한 수준의 이득과 손실이 발생했을 때 손실에서 느끼는 가치하락의 폭이 이득상황에서 느끼는 가치상승의 폭이 더 크다는 사실은 곧 이득은 나누고 손실은 합하여 소비자에게 인지시켜야 한다는 것을 의미한다. 예를 들어 통신서비스에서 우량고객에게 통신비 할인을 제공하는 경우, 한 번에 할인금을 제공하지 않고 분할금을 다달이 제공하는 편이 더 효과적이다. 이득을 나누어서 제공함으로써 소비자가 느끼는 심리적 가치를 극대화시킬 수 있기 때문이다. 한편 통신사는 매월 고지서에 전화비와 인터넷 사용료를 통합하여 소비자에게 부과한다. 전화비와 인터넷 사용료를 따로 나누어서 통보하면 소비자가 느끼는 손실의 폭이 더욱 커지는 까닭이다. 이와 같은 이유에서 클럽메드나 PIC(Pacific Islands Club) 리조트는 한 번의 비용지불로 리조트 안에서 숙박, 식사와 음료, 각종 레포츠 등을 추가비용 없이 즐길 수 있는 올-인클루시브(all-inclusive) 가격전략을 채택했다.

프로스펙트 이론(Prospect Theory)

전통적 기대효용이론에서는 개인의 효용이 그가 획득한 절대적 부의 수준에 의존한다고 본다. 부의 증가에 따른 효용의 증가는 (그림 a)와 같은 곡선을 나타낸다. 기대효용이론은 사람들이 자신의 효용을 극대화하기 위해 일관성 있는 의사결정을 할 것으로 가정한다.

그러나 Kahneman & Tversky가 제안한 프로스펙트 이론에서는 효용함수 대신 가치함수를 보고 있다. 사람들이 확률이나 효용을 지각함에 있어 일관성 있는 효용함수를 따르지 않고 그때그때 마다의 준거점에 따라 평가대상의 가치를 달리 지각한다는데 초점을 둔 것이다. 프로스펙트 이론에 따르면 이 가치함수는 개인이 준거점(reference point)을 어디에 두느냐에 따라 플러스(+) 혹은 마이너스(−) 로 나타난다 (그림 b). 예컨대 100만 원을 가진 사람이 10만 원을 잃어버리면, 남은 90만원에 대한 효용을 느끼는 것이 아니라 잃어버린 10만 원에 대한 마이너스 효용을 경험하는데, 이 것은 그의 준거점이 0원이 아니라 100만 원이기 때문이다.

[A] 기대효용이론의 효용함수

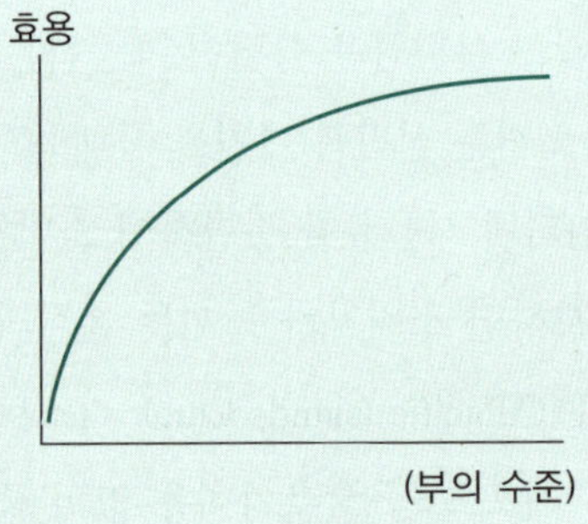

[B] 프로스펙트 이론의 가치함수

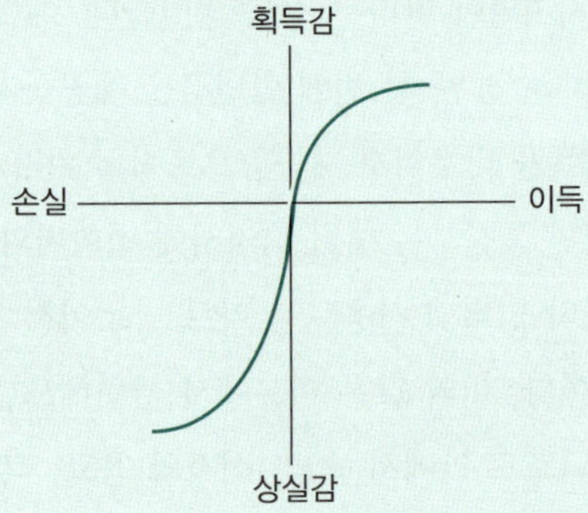

프로스펙트 이론의 가치함수 곡선은 준거점을 중심으로 이득(gain) 영역에서는 오목함수를, 손실(loss) 영역에서는 볼록함수를 나타낸다. 이득에 대한 효용과 손실에 대한 비효용의 증가율이 득실의 크기가 증가할수록 점차 감소하는 것이다. 그런데 이 곡선을 보면 이득영역보다는 손실영역에서 가치함수가 더욱 가파른 모양을 띠고 있는 것을 발견할 수 있다. 그것은 일반적으로 사람들이 이득상황의 획득감보다는 손실상황의 상실감/박탈감을 더욱 크게 느끼기 때문이다.

3. 프레이밍 효과

프레임(frame)이란 틀이나 윤곽을 뜻하는 것으로써, 가격 정보가 제공되는 상황에서의 프레임이란 소비자에게 주어지는 초기 준거점(initial reference point), 혹은 정보 제공방식이나 표현방식을 의미한다. 예컨대 물이 반 쯤 있는 컵을 보고 "컵에 물이 반이나 있네,"라고 말하는 것과 "컵에 물이 반 밖에 안 남았네"라고 말하는 것은 듣는 사람에게 다른 느낌을 준다. 메시지가 제시되는 틀이 다르기 때문이다. 물이 반이나 있다고 말하는 것은 빈 컵을 초기 준거점으로 하여 긍정적인 프레임으로 표현하는 것이며, 물이 반 밖에 안 남았다고 말하는 것은 가득 찬 컵을 초기 준거점으로 하여 손실에 초점을 둔 부정적 표현이다.

Tversky & Kahneman은 프레이밍 효과에 대한 그들의 연구에서 피험자들에게 다음과 같은 상황을 제시했다. "어떤 마을에 전염병이 돌아 600명이 사망 위험에 처하였다. 이 전염병에 대처하기 위한 치료법이 다음과 같이 개발되었다. 어떠한 치료법을 선택해야 할까?" 첫 번째 집단에게는 다음과 같은 대안이 제시되었다.

■**치료법 A** 200명을 구할 수 있다.
■**치료법 B** 3분의 1의 확률로 모두를 구할 수 있다.
그리고 3분의 2의 확률로 아무도 구할 수 없을 것이다.

위와 같은 두 가지 치료법 대안이 제시되었을 때 72퍼센트의 응답자가 치료법 A를 선택하였고, 28퍼센트만이 치료법 B를 선택하였다.

Tversky & Kahneman은 두 번째 집단을 대상으로는 다음과 같은 대안을 제시하였다.

■**치료법 C** 400명이 사망할 것이다.
■**치료법 D** 3분의 1의 확률로 모두가 생존할 것이다.
그리고 3분의 2의 확률로 아무도 구할 수 없을 것이다.

이번에 치료법 C를 선택한 사람은 22퍼센트였으며 78퍼센트의 응답자는 치료법 D를 선택하였다. 사실 치료법 A와 C는 동일한 치료확률을 가지고 있으며, B와 D 또한 같다. 그런데 이 두 집단에 제시된 프레임이 변화되어 선호의 역전을 가져온 것이다. 그렇다면 A와 C의 차이점은 무엇일까? A와 C는 동일한 내용의 메시지이나, 단지 A는 긍정적 프레이밍을, 그리고 C는 부정적 프레이밍을 하고 있다는 데 차이점이 있다. 사람들은 부정적 프레이밍보다는 긍정적 프레이밍에 호의적으로 반응하고 있는 것이다. 즉 프레이밍 효과란 이와 같이 어떤 메시지나 정보가 제공되는 프레임의 변화에 따라 판단과 선택이 달라지는 현상을 말한다.

프레이밍 효과는 다양한 가격정보 제시 맥락에서 확인될 수 있다. 예컨대 "A: 현금가 3만 4천 원, 카드로 결제하면 할증료 2천 원이 추가되어 3만 6천 원"이라고 말하는 경우와 "B: 카드결제 3만 6천 원, 현금으로 결제하면 2천 원 할인"이라고 말하는 경우 소비자의 반응이 달라질 수 있다. B보다는 A의 경우 현금으로 결제할 가능성이 높아지는 것이다. 2천 원의 손실을 회피하려는 경향이 2천 원의 이득을 취하려는 경향보다 높게 나타나는 것은 이득보다는 손실을 더 크게 체감한다는 프로스펙트 이론과 일맥상통하는 바가 있다. 프로스펙트 이론에 의하면 이득과 손실에 대해 사람들이 주관적으로 느끼는 심리적 가치가 다르다. 즉 이득 영역에 비하여 손실 영역의 함수 곡선이 더 가파른 형태를 지니고 있으므로 사람들은 이득에 비해 손실에 더욱 민감하게 반응하는 것이다.

서비스 가격 정보를 제공하는 상황에서의 프레이밍 효과를 살펴보자. 호텔 가격 정보가 다음과 같이 주어졌을 때 소비자는 어떠한 대안에 대해 더욱 호의적으로 반응할까?

(옵션 A)	(옵션 B)
디럭스룸(₩150,000) 이용고객에게는 뷔페식 아침식사(₩20,000) 무료 제공	디럭스룸을 이용하고 아침뷔페를 하는 고객께는 ₩20,000 할인 → 총 ₩150,000

위의 사례에서 (옵션 A)와 (옵션 B)는 표현방식만 다를 뿐 제공되는 서비스와 가격수준은 동일하다. 그러나 (옵션 A)는 15만 원 상당의 디럭스룸을 예약하는 고객에게 아침식사를 무료로 제공한다고 프레이밍한 반면, (옵션 B)는 15만 원 상당의 디럭스룸 예약에 추가적으로 2만 원의 손실(뷔페 가격 지불)이 이루어졌을 때 비로소 이득(2만 원 할인)을 제공하는 식으로 프레이밍되어있다. 즉 소비자는 옵션 B를 선택하는 경우, 할인을 받기 위해서는 추가적인 구매가 이루어져야 하는 것으로 인식하게 되는 것이다.

이 경우 소비자들은 (옵션 B)보다는 (옵션 A)를 수용할 가능성이 높다. (옵션 B)에서 소비자들은 2만 원의 이득증가(할인)보다 2만 원의 손실(뷔페 가격 지불)을 더욱 크게 지각하기 때문이다. 즉 소비자들은 가능한 한 추가적인 손실을 회피하려는 경향을 나타내므로 손실이 적은 것으로 지각되는 (옵션 A)를 선택할 가능성이 높아진다. 이와 같이 소비자에게 서비스 가격을 제시할 때는 가격정보가 제시되는 틀에 따라 소비자의 수용-거부 행동이 달라지는 프레이밍 효과를 감안하여 적절한 가격정보 제시방법을 사용해야 할 것이다.

4 가격-품질 연상 심리

가격이 소비자의 상품평가와 향유도에 미치는 영향을 살펴보기 위해 21명의 소비자를 대상으로 다섯 종류의 카베르네 소비뇽을 시음하는 실험이 실시되었다. 연구팀은 피험자들에게 동일한 와인에 각각 다른 가격표를 붙여 내놓은 뒤 실험참여자들로 하여금 무작위로 제공되는 와인을 시음하도록 한 뒤 각 와인의 맛을 평가하도록 하였다. 그 결과 피험자들은 같은 와인이라도 비싼 가격표가 붙은 쪽에 더 높은 점수를 매겼으며, 맛있는 음식이나 음악 등을 즐길 때 반응하는 대뇌 신경계의 '쾌락중추(pleasure center)' 역시 비싼 와인을 마실 때 더욱 활발한 활동을 보였다. 이 연구를 진행한 캘리포니아공대 연구진은 소비자의 주관적 인지(가격)가 경험의 질에 대한 뇌의 인식(맛좋음, 즐거움)에도 영향을 미친다는 결론을 내렸다.

위 실험은 소비자들이 같은 상품이라도 가격이 비싸면 더욱 매력적으로 느끼는 경향이 있음을 보여준다. 이러한 현상은 구매의사결정을 하는 상황에서 더욱 두드러지는데, 소비자는 가격이 높을수록 품질이 더 좋은 것으로 지각하고 가격이 낮으면 품질에 문제가 있을 것으로 생각한다. 이와 같이 가격을 품질의 척도로 삼는 것을 소비자의 **가격-품질 연상 심리**(price-quality association)라고 한다.

그렇다면 과연 가격이 높다고 반드시 품질이 더 좋은 것일까? 사실 가격과 품질 간 상관관계가 존재하지 않거나, 심지어 고가격의 상품보다 저가격의 상품이 오히려 더 높은 품질과 기능을 보유한 경우도 있다. 예를 들어 화장품에 대한 한 블라인드 테스트에서는 많은 소비자들이 브랜드명과 가격을 가리고 여러 종류의 화장품을 이용한 후 고가의 외국 브랜드보다 저렴한 국산 브랜드 화장품에 더욱 높은 점수를 주었다. 그럼에도 불구하고 실제 구매상황에 이르면 소비자들은 주로 가격에 의존하여 구매의사결정을 내린다. 이것은 왜일까? 그것은 첫째, 대부분의 경우 품질이 가격에 비례한다는 소비자의 보편적 경험 때문이다. 일반적으로 가격이 높은 상품은 역시 품질이 좋고 '싼 게 비지떡' 이더라는 과거의 경험을 우리 모두는 가지고 있다. 둘째는 소비자가 구매의사결정을 내릴 때 종종 상품의 품질을 정확히 파악하기 어렵기 때문이다. 특히나 직접 경험할 때까지는 그 품질을 가늠하기 어려운 무형 서비스의 경우, 소비자는 가격을 품질의 단서로 사용할 수밖에 없는 것이다.

1. 정보의 비대칭성

소비자가 가격을 토대로 품질을 지각하는 것은 거래상황에 존재하는 정보의 비대칭성과도 관련이 있다. 시장에서의 각 거래 주체가 보유한 정보에 불균형이 있을 때, 그 불균등한 정보 구조를 정보의 비대칭성(information asymmetry)이라고 한다. 정보의 비대칭성은 거래에 참여하는 사람들이 보유하는 정보의 분포에 편향이 있는 상황을 말하는데, 즉 한 편은 정보를 가지고 있고 상대편은 그 정보를 가지고 있지 않을 때 정보의 비대칭성이 발생한다. 예컨대, 중고자동차를 사고파는 상황에서 판매자는 구매자보다 자동차의 성능이나 약점에 대해서 훨씬 더 잘 알고 있다. 판매자는 자동차가 언제 물에 잠겼고 언제 사고를 당해서 고쳤는지, 혹은 내재되어 있는 치명적인 결함은 무엇인지를 잘 알고 있는 것이다. 반면에 구매자는 판매자가 이러한 정보를 솔직히 알려주지 않는 한 자동차의 결함에 대해 충분히 알 수 없으므로 단순히 외관만 보고 판단할 수밖에 없을 것이다. 그러나 보통 중고차 판매자는 자동차를 팔아치우려는 생각에 자동차의 결함을 감추기 때문에 정보의 비대칭성이 발생하게 된다.

서비스 상품의 경우, 위와 같이 판매자가 의도적으로 정보를 감추려는 동기에 의해서보다는 서비스의 무형적 특성 때문에 정보의 비대칭성이 발생한다. 서비스의 무형적 효용과 가치는 직접 경험하기 전까지는 소비자에게 제대로 그 의미가 전달되기 어렵다. 따라서 소비자는 서비스 품질을 가름할 충분한 정보를 갖고 있지 않은 상태에서 구매의사결정을 내리게 되는 것이다.

2. 역선택

비대칭 정보 환경에서는 정보를 갖지 못한 측이 기피하고자 하는 상대방과 거래할 가능성이 높아진다. 이와 같이 거래 당사자가 잘못된 선택을 하는 것을 **역선택**(adverse selection)이라고 한다. 위에서 언급한 중고차 시장의 예에서, 자동차의 품질에 대한 정보는 파는 사람이 독점하기 때문에 사려는 사람은 정보가 부족한 상태에서 구매결정을 내리게 된다. 가격이 저렴하다는 이유로 겉모양만 멀쩡하고 숨은 결함이 있는 '레몬'을 구매하는 역선택을 하게 되는 것이다.

정보가 불균형한 상태에서 이 같은 소비자의 역선택이 반복되면 시장의 이상현상이 초래된다. 가격이 떨어지면 수요가 증가되는 일반 시장과는 달리 가격이 떨어지면 품질이 나쁜 것으로 인식되어 수요가 줄어드는 현상이 발생하는 것이다. 소비자가 역선택을 피하기 위해서 사용하는 방법 중 하나가 가격정보에 의존하는 방법인데, 고품질 서비스를 원하는 고객의 경우 높은 가격의 서비스 상품을 선호하게 된다. 고가격의 상품을 구매하면 실패의 가능성이 낮기 때문이다. 따라서 역선택을 여러 번 경험한 소비자는 가격-품질 연상 심리가 더욱 강화되게 되고, 서비스의 품질을 보장받기 위해 점차 고가격의 서비스 상품을 선택하게 되는 것이다.

보험회사의 역선택

보험회사는 가급적 건강한 사람들이 건강보험에 많이 가입하는 것이 유리하다. 반면에 보험 가입자의 경우, 건강보험 가입에 적극적인 사람들은 주로 건강 상태가 나쁜 사람들이다. 그런데 건강보험을 판매하는 보험회사는 보험에 가입하려는 사람의 건강상태에 대해 당사자만큼 정보를 가지고 있지 않다. 정보의 비대칭성이 존재하는 것이다. 건강상태가 좋지 않은 사람들을 가입시킨 보험회사는 보험가입자의 다수가 질병에 걸리면 손실을 보전하기 위하여 보험료를 인상하게 될 것이다. 보험료가 인상되면 건강한 사람들은 더욱 보험가입을 기피하게 되는 결과가 초래된다. 결국 보험회사는 높은 보험료에도 불구하고 건강보험에 가입하고자 하는 병약한 사람들 위주로 보험계약을 체결하게 되는 역선택의 악순환이 발생하는 것이다.

3. 가격-품질 연상의 영향요인들

소비자들은 가격과 품질 간의 상관관계를 토대로 하여, 구매의사결정을 내릴 때 종종 상품의 가격을 품질의 지표로 사용한다. 그런데 이와 같은 가격-품질 연상 심리는 소비자의 상품 관련 지식과 상품의 성격, 대안의 가격차, 정보원천의 신뢰도에 따라 정도의 차이를 나타낸다.

첫째, 가격-품질 연상은 소비자가 상품의 품질을 가름할 충분한 상품속성정보를 갖고 있지 못할 때 두드러진다. 상품특성에 대한 충분한 정보를 갖고 있는 소비자는 단순히 가격으로부터 품질을 추론하는 성향이 낮으며, 상품의 기능이나 브랜드 명성 등 다양한 속성들을 가격과 함께 고려하여 종합적으로 품질을 평가하게 된다. 특히 서비스 이용경험과 관련 지식이 풍부한 소비자는 자신의 과거 서비스 경험을 토대로 서비스 품질의 수준을 지각하므로 서비스 경험이 적은 소비자의 경우보다 가격의 중요도가 낮게 나타난다.

둘째, 소비자는 서비스 상품 대안들의 가격범위가 클수록, 그리고 상품의 품질차가 크다고 지각할수록 가격-품질 연상 심리를 갖게 된다. 즉 표준화된 상품이나 가격차가 미미한 상품에 대해서는 가격이 높을수록 품질이 좋을 것이라는 추론을 하지 않는다. 표준화된 서비스 상품(예: 세탁서비스)이나 상품 간 가격차가 근소한 경우, 소비자들은 가격이 서비스의 품질보다는 원가(임대료, 인건비 등)를 반영하는 지표로 간주하는 것이다. 반면에 다양한 가격대의 상품이 시장에 나와 있고, 제공되는 서비스의 성격이 업체에 따라 차이를 나타내는 경우, 소비자는 가격을 품질의 척도로 사용한다.

셋째, 상품정보를 제공하는 정보원천의 신뢰도는 소비자의 가격-품질 연상에 영향을 준다. 상품에 대한 정보를 제공하는 기관이나 사람이 정직하고 신뢰할 만 하다고 평가될 때, 소비자는 그 정보원천이 제공하는 가격정보를 토대로 품질을 예측한다. 즉 가격이 높은 상품을 품질

좋은 상품으로 추론하는 경향을 나타내는 것이다. 그러나 정보원천에 대한 신뢰도가 낮을 때는 그 정보원천이 제시하는 가격정보 자체를 신뢰하지 않으므로 이와 같은 가격-품질 연상이 나타나지 않는다.

5 가격수준에 대한 소비자 반응

1. 가격탄력성

일반적으로 가격수준과 소비자 수요는 가격이 낮아질수록 수요량과 판매량이 늘어나는 반비례 관계에 있다. 가격이 낮아질수록 그 상품을 살 능력이 있는 소비자의 수가 증가하며 또 싼 가격에 그 상품을 사고자 하는 구매욕구가 생겨나는 것이다. 따라서 수요 곡선(demand curve)은 왼쪽에서 오른쪽으로 갈수록 아래로 향하는 우하향의 곡선으로 그려진다(그림 10-2).

수요의 가격탄력성(Price elasticity of demand, PED)이란 가격(P)이 변화함에 따라 수요량(Q)의 변화가 얼마나 민감한지를 측정하는 지표이다. [그림 10-2]에서 B는 A보다 가격탄력성이 높다. 동일한 가격 변화에 대해 수요의 변화폭이 크기 때문이다. 가격탄력성은 가격의 변화율에 따라 소비자 수요의 변화율이 어떻게 변하는지를 보여주는데, 수요의 변화율이 가격변화율보다 낮으면 비탄력적(inelastic), 수요변화율이 가격변화율보다 높으면 탄력적(elastic), 그리고 수요변화율과 가격변화율이 같은 수준이면 단위탄력적(unitary elastic)이라고 말한다. 가격탄력성을 결정하는 요인들은 다음과 같다.

대체상품의 유무 소비자에게 더 많은 선택권이 있다면 상품에 대한 수요의 가격탄력성은 증가할 것이다. 예컨대 A식당의 가격이 20% 오르면 소비자는 B식당을 이용하면 된다. A식당을 이용하지 않고 더 싼 대안을 찾는 소비자의 능력이 A식당의 가격탄력성을 크게 만드는 것이다. 이와 같이 더 많은 대체재가 존재할수록 수요는 더 탄력적으로 나타난다.

필수성 서비스 상품이 필수재이냐, 사치재이냐, 혹은 편의재이냐에 따라 탄력성이 변화한다. 필수재(예: 교통서비스)의 경우 소비자생활에 절대적으로 필요한 것이기 때문에 가격이 상승하더라도 소비자들은 수요를 줄이지 않는다. 그러므로 필수재는 비탄력적인 경향이 있다. 그러나 그에 비해서 사치재(예: 고급 피부관리 서비스)나 편의재(예: 가사도우미 서비스)의 경우에는 가격탄력성이 높다. 소비자는 적정가격에서는 구매할 의사가 있지만 반드시 있어야할 것은 아니기 때문에 가격이 상승하면 구매하려 하지 않기 때문이다.

소득에서 차지하는 비중 대부분의 소비자는 비싼 상품을 구매할 때는 신중하게 선택한다. 만약 물건의 값이 전체 소득에서 차지하는 비중이 크다면 소비자는 여러 상품대안들을 탐색하여 신중하게 비교한 후 구매결정을 내릴 것이다. 고가격 서비스를 구매할 때는 많은 상품대안들을 고려하고 소비자에게 경제적 부담이 크기에 가격탄력성이 더욱 높게 나타난다.

시간 여유 소비자에게 시간적 여유가 있을수록 서비스 대안을 찾을 시간이 많아지므로 가격탄력성이 커지게 된다. 그러나 급히 서비스가 필요한 경우에는 (예: 펑크난 타이어 교체) 가격탄력성이 감소할 것이다. 서비스 상품에 대한 필요가 발생하고 가격이 변화할 때 소비자가 즉각적인 구매를 연기하고 대체상품을 찾을 시간적 여유가 있다면 가격탄력성은 증가하게 된다.

상품정보 소비자가 상품 대안들과 가격에 대한 정보를 쉽게 찾을 수 있을수록, 그리고 소비자에게 상품 대안을 찾을 의사와 능력이 클수록 수요의 가격탄력성은 높은 수준을 나타낸다. 이와 관련하여 인터넷의 보급은 많은 서비스 상품의 가격탄력성을 높이는 효과가 있었고 말할 수 있다. 소비자가 손쉽게 다양한 서비스 대안들을 찾을 수 있기 때문이다.

가격범위 시장에 나와 있는 해당 서비스 상품의 가격범위는 가격탄력성에 영향을 미친다. 저렴한 상품에서 고가의 상품까지 가격 차이가 큰 경우, 소비자의 정보탐색 행동이 증가하고 저가의 대체상품을 발견할 수 있음에 따라 결과적으로 가격탄력성이 증가하게 된다.

[그림 10-2] 가격에 대한 수요 탄력성

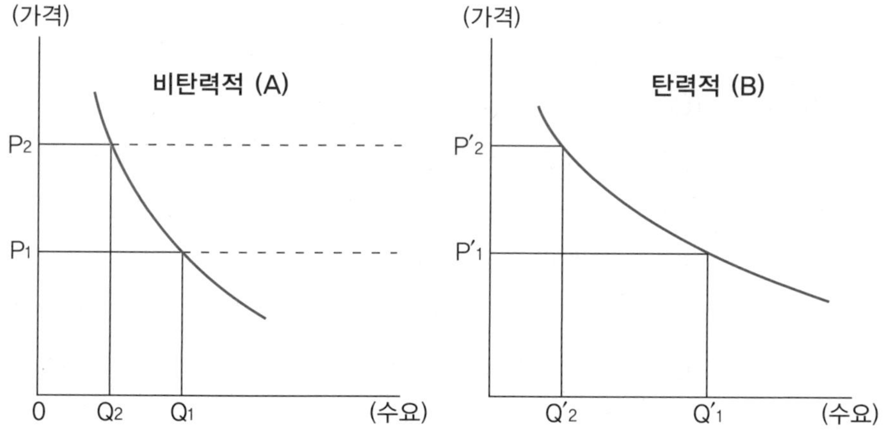

2. 가격의존도

소비자들은 종종 가격정보에 의존하여 서비스에 대한 평가를 내린다. 가격이 높으면 서비스 품질도 좋고 가격이 낮으면 서비스 품질도 떨어진다는 믿음이 있기 때문이다. 그런데 이와 같은 가격의존도는 소비자의 서비스 상품에 대한 지식에 따라 달라진다. 소비자의 가격의존도에 대한 한 연구 결과에 따르면, 상품지식이 낮은 소비자와 높은 소비자는 상품지식 수준이 중간 정도인 소비자들에 비해 가격 정보에 더 많이 의존하는 것으로 밝혀졌다. 즉 가격정보에 대한 의존도가 소비자의 상품지식 수준과 U자형의 관계를 갖는다는 것이다.

상품에 대한 지식과 경험이 없는 소비자(초보자)는 상품 속성정보에 익숙하지 않고 상품속성을 평가할 능력이 부족하기 때문에 가격정보에 의존할 수밖에 없다. 반면에 상품에 대한 지식과 구매경험이 풍부한 소비자(전문가)는 자신의 경험상 높은 가격의 상품이 결국 품질도 좋다는 사실을 간파하고 있으므로 효율적인 구매의사결정을 위해 가격정보에 의존하는 것이다. 그러나 중간 정도의 상품지식을 가지고 있는 사람의 경우는 어떠할까? 초보자에 비해 상품속성을 이해하고 평가할 수는 있는 능력은 있지만 전문가처럼 가격과 품질 간의 관계에 대해 확신할 만큼의 경험은 부족하다. 따라서 중간 수준의 상품지식을 갖고 있는 소비자의 경우, 가격에 대한 의존도가 가격 이외의 다른 속성정보에 대한 의존도에 비해 상대적으로 낮게 나타나는 것이다.

3. 고가격 서비스에 대한 소비자 심리

일반적으로 가격과 수요는 [그림 10-2]와 같이 역의 관계를 갖는다. 즉 가격이 상승할수록 수요는 점차 감소되는 것이다. 그런데 몇몇 서비스 상품의 경우, 가격-수요 간의 관계가 이와는 다른 형태를 나타낼 수 있다.

개인의 명성이나 체면과 관련성이 높고 사회적 신분을 상징하는 서비스 상품의 경우에는 [그림 10-3]와 같은 수요탄력성을 나타낸다. 가격이 높은 수준으로부터 점차 낮아지면서 수요가 증가하는 것은 일반 상품과 마찬가지지만, 만약 일정수준 이하로 가격이 떨어지게 되면 수요가 오히려 감소하는 현상이 나타나는 것이다. 이것은 가격이 적정수준 이하이면 그 상품은 더 이상 자신의 품위를 나타내는 상징성이 결여된다고 여기는 까닭이다. 따라서 상징성이 높고 개인의 자기표현 기능을 하는 서비스 상품의 경우, 표적 고객군이 가장 적절하다고 인식하는 수준에 가격을 결정하는 것이 필요하다.

[그림 10-3] 상징적 상품의 수요 탄력성

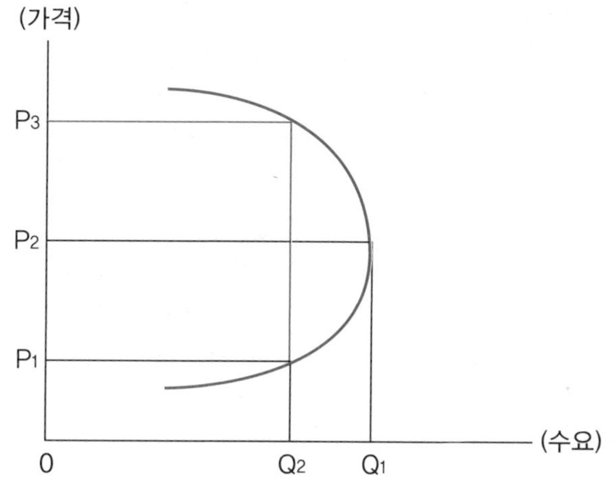

때로는 비쌀수록 잘 팔리는 상품이 시장에 존재하기도 한다. 물론 가격의 상한선이 존재하겠지만 말이다. 이러한 현상은 어떻게 설명해야 할까? 세계적으로 손꼽히는 최고급 호텔의 서비스와 같은 고가격 서비스 상품을 선호하는 부유층 소비자의 심리는 베블렌 효과로 설명될 수 있다. **베블렌 효과**(Veblen effect)란 소비자의 과시욕구 때문에 상품의 가격이 높을수록 수요가 늘어나는 수요증대 효과를 말한다. 이는 일종의 비합리적인 소비행동이라고도 말할 수 있는데, 가격이 높아질수록 수요가 감소하는 일반적 시장현상과는 달리 가격이 높을수록 고객유인 효과가 발생하는 경우이다. 일반인은 지불능력이 없는 고가의 사치재의 경우, 가격이 높을수록 남들에게 과시할 수 있는 정도가 커지므로 이를 감당할 수 있는 구매력을 지닌 소비계층의 구매욕구가 증가하는 이상현상이 나타난다.

베블렌 효과(Veblen Effect)

미국의 사회학자인 베블렌(Veblen)은 그의 저서 '유한계급론(Leisure class)'에서 유한계급, 즉 부유층 계급에게는 값비싼 물건을 과시적으로 소비하는 것이 자신의 사회적 지위를 유지하는 수단이라고 말하였다. 대중사회에서는 개인의 사회계층이 쉽게 표출될 수 없기에 부유층은 자신의 신분을 타인에게 알리려고 **과시적 소비**(conspicuous consumption)를 한다는 것이다. 따라서 가격이 비싼 상품일수록 자신의 사회적 위치를 과시할 수 있는 효과적인 수단이 될 수 있다.

소비자는 어떤 물건을 구입할 때 두 가지 가격을 동시에 고려한다. 즉, 실제 지불하는 시장가격뿐 아니라 "남들이 얼마를 줬을 것이라 기대하는 가격"까지 감안한다는 것이다. 예를 들어 100만 원 상당의 손목시계를 구입하면서 남들이 그 시계에 대해 기대할 가격을 고려한다. 즉 남들이 그 시계를 100만 원 짜리인 줄을 알아보거나 혹은 그보다 더 비싼 시계로 여길 것이라고 생각하며 구매하는 것이다. 이렇게 내가 산 물건에 대해 남들이 기대하고, 남들에게 과시할 수 있는 가격을 **과시가격**(conspicuous price)이라 한다.

때로는 과시가격에 따른 수요증대 효과가 가격인상에 따른 감소효과를 상쇄할 수 있다. 즉 과시가격이 올라가면서 그 제품에 대한 수요도 함께 증가되는 것이다. 이처럼 과시가격 상승에 따라 나타나는 수요증대 효과를 **베블렌 효과**(Veblen Effect)라고 한다. 또한 가격상승에 따른 수요증가가 발생하는 재화를 베블렌 재화라고 부르는데, 베블렌 재화는 주로 타인에게 자신의 신분을 과시하는 용도로 사용될 수 있는 고급 사치품들이다. 베블린 효과는 자신이 비싼 것을 살 능력이 있다는 것을 남에게 보여줌으로써 타인의 인정을 받으려하는 부유층 소비자들에 의해 발생한다.

과시적 소비는 처음에는 일부 부유층을 중심으로 시작되는 것이 보통이지만 주위사람들이 이를 모방하면서 사회전체로 확산될 수 있다. 이를 **편승효과**(Bandwagon Effect)라고 한다. 편승효과는 특정 상품에 대한 개인의 구매욕구가 다른 사람들의 수요에 의해 영향을 받는 현상으로, 특정 상품이나 브랜드가 인기가 있다는 이유만으로 사람들이 그 상품을 덩달아 구매하는 경우에 발생한다. 한편 **낙수효과**(Trickle-down Effect)는 한 때 부유층만 구매할 수 있었던 브랜드가 점차 가격이 하락하면서 대중화되는 것을 말한다. 예컨대 나이키 운동화는 도입 초기에는 고소득층만이 구매할 수 있는 고가의 운동화였지만 이제는 다양한 계층의 소비자들이 즐겨 찾는 브랜드가 되었다.

편승효과와 낙수효과가 확산되어 과시적 소비가 자신의 신분이나 계급의 차별화를 위한 수단으로서의 효용을 상실하게 되면 일부 부유층들은 누구나 소비할 수 있는 상품의 구매를 중단하고 남들이 쉽게 살 수 없는 고가의 브랜드를 선호하게 된다. 이를 **스놉효과**(Snob Effect)라고 한다. 스놉(snob)이란 남들에게 으스대며 잘난 척하기를 좋아하는 사람을 의미한다. 어떤 명품 브랜드가 대중화되면 부유층은 그 브랜드에 등을 돌리고 좀 더 희소가치가 있는 브랜드와 희귀상품을 선호하게 되는 스놉효과가 발생하는 것이다. 즉 고소득 부유층에게는 고가일수록 매력적인 상품대안이 될 수 있다.

명품 구매 고객의 심리

샤넬은 왜 세일을 하지 않을까? 전 제품이 다 팔려서 세일이 필요 없는 것일까? 정말 재고는 없는가?

에르메스, 루이비통, 샤넬 등의 명품 브랜드가 세일을 하지 않는 이유는 이월상품이 생기면 전량 폐기처분하는 '무재고 전략'을 펼치고 있기 때문이다. 이 전략은 조금이라도 저렴하게 명품을 사고자 세일기간을 노리는 소비자의 경우 헛수고임을 인식시킨다. 그래서 샤넬백을 갖고 싶다면 무조건 제 값을 지불하고 사야 된다.

'내 돈을 지키는 경제학'의 저자는 '에르메스는 왜 남몰래 재고를 불태울까'라고 묻는다. 이러한 무재고 전략을 그는 게임이론의 '신빙성 있는 위협 (credible threat)'과 같다고 말한다. 명품 브랜드들이 재고를 폐기처분하는 것은 소비자와의 게임에서 승리하기 위해 위협적인 전략으로 소비자보다 우세한 입장에 올라서게 만든다. 결국 살 사람만 사라는 명품 브랜드의 콧대 높은 태도는 높은 가격 책정으로 이어질 수밖에 없다. 이들은 처음부터 소수만을 위한 전략을 펼쳤으며 이 소수의 소비자는 상위계층이다.

한국-유럽 FTA(자유무역협정)을 맺었지만, 관세인하 효과는커녕 유럽의 명품 브랜드들은 오히려 가격을 올렸다. 그런데 문제는 이런 상황을 명품 이용자들이 즐긴다는 것이다. 무재고, 고가격 전략은 명품 브랜드의 마케팅 전략이지만 이러한 전략은 명품 이용자들에게 즐거움을 준다. 가질 수 있는 사람보다 가지고 싶어 하는 사람들이 훨씬 많은 상황이 유지되어 명품의 희소성이 더욱 빛나기 때문이다. 그리고 명품 이용자들은 그 희소성과 고급 이미지가 자신에게도 투영된다고 믿는다.

6 매출향상을 위한 가격전술들

서비스 마케팅관리자는 가격전략을 수립할 때 가격에 대한 고객의 지각과 그에 따른 구매행동 반응을 중요하게 고려해야 할 것이다. 매출향상에 도움이 되는 가격전략에는 다양한 접근방법들이 있지만 이 책에서는 다음과 같은 열 가지 가격전술들을 소개하고자 한다.

1. 가격차별화 전략을 활용하라

서비스 기업은 동일상품에 대하여 시장상황과 세분시장에 따라 가격 수준을 차등적으로 적용할 수 있다. 구매시간, 세분시장, 구매량 등에 따라 차별적 가격을 적용하는 것을 가격차별화 전략(price discrimination)이라고 한다. 가격차별화 전략을 실행함에 있어서는 다음과 같은 요인들을 고려해야 한다.

정당성 고객이 수긍할 수 있는 정당한 기준과 적절한 수준의 할인폭을 적용하여 고객이 차별화된 가격의 정당성을 지각할 수 있어야 한다. 예를 들어, '20명 이상의 단체는 15% 할인'은 누구나 납득할 수 있다. 그러나 '항공사 여승무원은 음료 60% 할인'과 같은 가격제도는 기타 세분시장의 거부감을 유발하고 정규가격을 지불하기 억울하다는 반응을 불러일으킬 수 있다.

보완성 차등가격에 따라 각 세분시장의 고객수요가 조절되어 서로 미충족된 부분에 대한 상호보완이 이루어져야 한다. 호텔 객실 판매의 경우, FIT 고객, 단체여행객, 호텔패키지 이용객, 여행사 블록 판매, 항공사 직원 등 각 세분시장에 차별화된 가격을 적용하여 전체 객실 판매율과 수익률을 최대화시키는 수준에서 가격차별화가 이루어져야 할 것이다.

세분시장 규모 가격수준에 따라 세분화된 시장들은 일정 수준 이상의 규모가 되어야 한다. 너무 적은 수의 고객에게만 적용되는 가격은 가격정책의 혼란만을 야기할 뿐이다.

일관성 가격정책의 일관성을 유지하여 고객이 차별된 가격들에 대해 혼란을 일으키지 않도록 해야 한다. 또한 차등 가격이 적용되었더라도 서비스의 수준은 일관성을 유지하도록 관리해야 할 것이다.

수익성 가격차별화를 위한 시장세분화와 가격차별화 전략에 필요한 비용이 그것으로부터 얻어지는 추가적 이윤보다 작아야 한다. 세분시장 별로 차등적 가격 수준으로 접근하고 구매를 유도하는 데 발생되는 비용이 가격차별화로 인해 증가되는 수익을 초과한다면 가격차별화 전략을 사용하는 의미가 없어진다.

1) 시간에 따른 가격차별화

시장의 수요를 최대한 평평하게 유지하기 위해서, 그리고 남은 상품을 처리하기 위해서, 시간에 따라 가격을 탄력적으로 운영하는 예는 호텔 서비스에서 종종 발견할 수 있다. 가격차별화는 이용시간에 따라, 그리고 구매시간에 따라 이루어진다.

첫째, 구매시간에 따른 가격차별화는 미리 예약하는 고객에게 할인된 가격을 제공하는 방법으로, 서비스 수요의 재고화를 위해 사용된다. 호텔 객실의 경우 예약 없이 들어오는 Walk-in Guest 에게는 객실의 정규요금(rack rate)을 부과한다. 그러나 2개월 이상 미리 예약하는 고객에게는 특별 할인율을 적용시키기도 한다.

둘째, 이용시간에 따른 가격차별화는 성수기와 비수기에 따라 객실료를 차별적으로 부과하거나, 시간에 따라 레스토랑/바의 메뉴가격을 달리 책정하는 방법이다. 대부분의 호텔들은 특정 요일과 시간대에 해피아워 등의 행사를 진행한다. 예를 들면, 서울 플라자호텔 델리 플라자에서는 저녁 8시 이후에 빵과 패스트리를 30~50% 저렴하게 판매한다. 또한 서울 롯데호텔 와인 바 & 레스토랑 바인은 매주 월요일과 토요일을 고객이 자기 와인을 가져와 자유롭게 마실 수 있는 날로 정하고, 고객이 요리를 주문하면 와인 잔과 디캔터 등을 무료로 준비해준다. 밀레니엄 서울 힐튼호텔 바 오크룸은 평일 저녁 6시~8시30분 해피아워 행사를 열어 야외에서 구워주는 바비큐와 생맥주를 저렴한 가격에 무제한 즐길 수 있도록 하였다. 그랜드 힐튼은 주중 웨딩 패키지를 마련해, 하객 250명 이상의 주중 결혼식에는 피로연 음식 15% 할인 등 각종 혜택을 제공한다.

2) 구매자에 따른 가격차별화

서비스 상품에 대한 가격민감도와 구매력은 소득수준, 연령, 구매목적, 구매량 등에 따라 다르게 나타난다. 구매자에 따른 가격차별화는 시장을 세분화하여 각 세분시장별로 가격을 다르게 부과하는 방법이다.

우리나라 특1급 호텔들은 고객의 유형에 따라 세분시장별 가격차별화를 실시하고 있다. 예를 들면 고객이 호텔과 계약을 맺은 항공사 승무원이냐 일반 FIT냐에 따라 객실요금은 두 배 이상 차이가 날 수 있다. 코엑스 인터컨티넨탈 호텔 로비바는 직업군별로 할인 요일을 정해 명함만 제시하면 주류를 25% 할인해주고, 스낵 뷔페도 무료로 즐길 수 있도록 하였다. 스파게티아는 시장잠재력이 있으나 가격민감도가 높은 28세 이하 젊은 층을 위한 회원 제도를 만들어 특별 디스카운트를 제공하고, 워터파크 씨랄라는 로컬주민들에게 할인된 요금을 적용하였다.

3) 구매량에 따른 가격차별화

구매량에 따른 가격차별화란 구매량이 증가함에 따라 할인된 가격을 적용하는 것이다. 구매량이 많은 단골고객이나 한꺼번에 많은 양을 구매하는 고객에게는 종종 할인요금이 적용된다. 구매량에 따라 가격을 차별화하는 것은 고객으로 하여금 대량 구매를 하도록 유도하고 일반 고객으로 하여금 재구매를 하도록 만들어 단골고객으로 전환시키는 효과가 있다. 이 방법은 다른 가격차별화 방법보다 가격 불평등에 대한 소비자 불만의 소지가 최소화된다는 장점이 있다.

2. 가격층화 전략을 사용하라

가격층화(price lining)란 다양한 가격대의 상품을 개발하여 여러 개의 세분시장에 접근하는 전략이다. 가격차별화 전략은 동일한 상품에 각기 다른 가격을 적용하는 방법인 반면, 가격층화 전략은 다양한 가격대의 상품을 개발하여 서로 다른 세분시장에 판매한다는 측면에서 가격차별화 전략과는 다르다. 즉 가격층화 전략은 서비스 상품 전략과 더불어 수행되며, 상품의 품질이나 크기, 개념 등을 다양화하여 여러 층의 가격대로 분화된 상품으로 다양한 구매력과 가격민감도를 가진 세분시장에 침투되는 전략이다.

호텔산업에서는 시장에 존재하는 다양한 고객층을 흡수하기 위하여 호텔상품을 다층화(tiering)한다. Marrott International은 총 18개의 호텔 컨셉을 개발하여 서로 다른 니즈와 구매력을 가진 시장을 공략하고 있다. 가격층화 전략은 고객에게 선택의 폭을 넓혀주어 구매율을 높이는 동시에, 소비자들로 하여금 저렴한 가격대의 서비스 상품을 부담 없이 선택하도록 유도하여 고객충성도를 높인 후 점차 높은 가격대의 상품으로 이동시키는 효과 또한 기대할 수 있다.

[Marriott Corporation의 다양한 호텔개념들]

Marriott Hotels & Resorts	JW Marriott Hotels & Resorts	Renaissance Hotels	EDITION Hotels	Autograph Collection	Courtyard by Marriott
AC Hotels by Marriott	Residence Inn by Marriott	Fairfield Inn & Suites by Marriott	Marriott Conference Centers	TownePlace Suites by Marriott	SpringHill Suites by Marriott
Marriott Vacation Club	The Ritz-Carlton Hotel Company LLC	The Ritz-Carlton Destination Club	ExecuStay by Marriott	Marriott Executive Apartments	Grand Residences by Marriott

3. 유인가격 전략을 사용하라

유인가격 전략(leader pricing)이란 전략적으로 몇몇 상품에 대해 파격적 가격인하를 하여 소비자의 반응을 유도하는 전략이다. 때로는 유인가격 전략의 일환으로 손실유도품(loss leader)이 사용되기도 한다. 손실유도품이란 원가 이하로 가격이 설정되어 그 자체로는 판매 손실이 발생하지만 고객을 유인하는 주도적 역할을 하는 상품을 말한다. 유인가격 전략은 주로 할인점이나 백화점에서 고객 방문을 유도할 목적으로 사용되는데, 환대서비스 산업에서 이 전략이 사용되는 경우도 있다. 예를 들어, 커피전문점에서는 '오늘의 커피' 등 저렴한 메뉴로 고객의 발길을 유도한 후 카푸치노나 케이크 등 다른 메뉴를 판매하여 수익을 올린다.

유인가격 전략은 FITD 기법(Foot-In-The-Door Technique)의 일종이라고 할 수 있다. FITD 기법이란 문틈에 발을 끼워 넣으면 결국 문을 열고 방에 들어갈 수 있는 것처럼 작은 것에 마음을 열면 점차 큰 것에도 마음이 열린다는 원리를 사용하는 설득전술이다. 저렴한 가격에 유도된 소비자들이 일단 점포에 발을 들여 놓으면 경계가 점차 해제되어 더욱 비싼 상품까지도 구매하게 될 가능성이 높아지게 되는 것이다.

4. 미끼효과를 활용하라

레스토랑에 A(4만 원), B(5만 5천 원), C(7만 원)라는 디너 메뉴들이 있다고 하자. 현재 이 디너 상품의 판매율은 30%, 50%, 20%이다. 이 레스토랑에서 좀 더 수익률이 높은 B와 C의 판매율을 높이려면 어떠한 방법을 사용할 수 있을까? 기존 메뉴의 가격을 올리지 않고 새로운 디너상품을 메뉴에 추가함으로써 기존의 판매 분포에 변화를 가져올 수 있다. 〈표 13-1〉에서 D라는 새로운 메뉴가 추가되자 디너 A, B, C의 판매율은 기존의 30%, 50%, 20%에서 20%, 40%, 40%로 바뀌었다. 고가의 D상품에 비해 B상품과 C상품이 상대적으로 저렴하게 느껴지도록 만들어 소비자 수요를 상향조정한 것이다. 비록 D상품은 전혀 판매되지 않았지만 말이다. 이렇게 자신은 판매되지 않으나 기존 상품의 구매율에 영향을 미치는 신상품을 '미끼상품'(Decoy)이라고 하고, 미끼상품이 고객의 선택행동에 미치는 효과를 '미끼효과'(decoy effect)라고 한다. 이는 큰 요구는 거절하나 그와 비교하여 작은 요구에 대해서는 'yes'를 하도록 이끌어내는 DITF 기법(Door-In-The-Face Technique)을 활용한 것이라고 할 수 있다.

[표 10-1] **미끼효과의 예**

기존상품 믹스		디너 A	디너 B	디너 C	
	가 격:	40,000원	55,000원	70,000원	
	구매율:	30%	50%	20%	
미끼상품 추가		디너 A	디너 B	디너 C	디너 D(미끼)
	가 격:	40,000원	55,000원	70,000원	95,000원
	구매율:	20%	40%	40%	0%

FITD와 DITF

상대방의 동의를 이끌어 내기위해 사용할 수 있는 설득전략 중에는 FITD (Foot-In-The-Door) 방법과 DITF (Door-In-The-Face) 방법이 있다.

FITD 기법(Foot-In-The-Door Technique)은 닫히려하는 문에 발을 끼워 넣으면 결국 문을 열고 안으로 들어갈 수 있는 것처럼, 누구나 쉽게 들어줄 수 있는 작은 요구에 우선 동의를 받아내면 점차 큰 요구로 옮겨갈 때 동의를 받아낼 확률이 높아진다는 원리이다. 미국의 한 심리학교수는 다음과 같은 실험을 하였다. 그는 사람들에게 장기기증과 관련된 짧은 의식조사에 응해달라고 사람들에게 부탁하였다. 사람들은 의식조사가 금방 끝낼 수 있는 작은 요구이므로 이에 쉽게 응하였다. 그 다음 단계로 그는 설문조사를 마친 사람들에게 장기기증 서약을 부탁하였다. 이렇게 두 단계에 걸쳐 작은 요구에서 큰 요구로 옮겨간 경우, 처음부터 다짜고짜 장기기증 서약을 부탁하는 것보다 많은 사람들의 동의를 이끌어낼 수 있었다.

DITF 기법(Door-In-The-Face Technique)은 FITD 기법과는 반대로 큰 요구에서 작은 요구로 옮겨가는 설득기법이다. 이는 사람의 면전에 문을 쾅! 닫은 후에는 미안한 생각에 문을 살짝 열게 되는 심리를 이용한다. 한 실험에서 연구자는 피험자들을 두 집단으로 나누어, A집단에게 미성년 범죄자들과 2년 간, 일주일에 두 시간씩 만나 함께 시간을 보내달라고 부탁하였다(큰 요구). 대부분의 사람들은 어려움을 표하자 이번에는 요구의 강도를 낮추어 미성년 범죄자들에게 동물원 구경을 시켜주는데 하루만 도우미가 되어달라고 부탁했다(작은 요구). B집단에게는 큰 요구의 과정을 생략하고 작은 요구만 하였다. 실험결과, A집단에서는 50%의 사람들이 동물원 도우미를 자원한 반면, B집단에서는 17%만이 연구자의 요구에 응하였다. A집단에서 자원자가 많이 나온 까닭은, 2년 동안 자원봉사를 하겠다고 약속하는 것에 비해 하루의 봉사활동은 상대적으로 가볍고 쉬운 것으로 지각되었기 때문이다.

5. 높은 가격부터 제시하라

앞 절에서 설명한 바와 같이, 먼저 제시되는 가격은 초기값으로서 외부 준거가격의 역할을 한다. 외부 준거가격은 정박효과(anchoring effect)를 발생시켜 그 이외의 가격에 대해서는 상대적으로 저렴하거나, 혹은 비싸다는 소비자 지각을 불러일으킨다. 따라서 소비자에게 다양한 가격대의 상품을 제시할 때는 가격이 높은 상품부터 제시하는 것이 매출향상에 도움이 된다.

다음과 같은 양식당의 런치 메뉴가 있다고 하자. [가]는 낮은 가격의 메뉴를 먼저 제시하고 아래로 내려갈수록 점차 높은 가격의 메뉴가 소개되는 반면, [나]는 높은 가격의 메뉴를 먼저 제시하고 점차 낮은 가격의 메뉴를 보여준다. 메뉴를 읽는 소비자의 시선은 보통 위에서 아래로 이동하므로 맨 위의 메뉴가 초기값의 역할을 하게 될 것이다. 이러한 맥락에서 [가] 메뉴의 고객보다는 [나] 메뉴의 고객이 좀 더 높은 가격의 메뉴를 선택할 가능성이 크다고 할 수 있다. 이와 같이 높은 가격의 상품부터 먼저 제시하는 전략은 음식점의 경우와 같이 가격정보에 노출된 소비자의 이탈이 쉽지 않은 경우에 활용도가 높다.

[가]	[나]
Lunch A (₩35,000) 시금치와 폰티나 치즈를 올려 구운 치아바타 브루스케타 오징어 먹물 페투치네 파스타 티라미수와 커피/티	Lunch A (₩58,000) 세가지의 이탈리안 모듬 애피타이저 오늘의 특선 스프 해물 크림소스 오징어 먹물 페투치네 파스타 최상급 와규 등심 스테이크 치즈케익과 커피/티
Lunch B (₩40,000) 시금치와 폰티나 치즈를 올려 구운 치아바타 브루스케타 토마토 소스 바다가재 스파게티 티라미수와 커피/티	Lunch B (₩49,000) 폴렌타 케익 위에 올린 새우와 버섯 매콤한 토마토 소스 스파게티 화이트와인과 허브 버터소스 놓어 그릴 치즈케익과 커피/티
Lunch C (₩49,000) 폴렌타 케익 위에 올린 새우와 버섯 매콤한 토마토 소스 스파게티 화이트와인과 허브 버터소스 놓어 그릴 치즈케익과 커피/티	Lunch C (₩40,000) 시금치와 폰티나 치즈를 올려 구운 치아바타 브루스케타 토마토 소스 바다가재 스파게티 티라미수와 커피/티
Lunch D (₩58,000) 세가지의 이탈리안 모듬 애피타이저 오늘의 특선 스프 해물 크림소스 오징어 먹물 페투치네 파스타 최상급 와규 등심 스테이크 치즈케익과 커피/티	Lunch D (₩35,000) 시금치와 폰티나 치즈를 올려 구운 치아바타 브루스케타 오징어 먹물 페투치네 파스타 티라미수와 커피/티

6. 묶음가격 전략을 사용하라

묶음가격(price bundling) 전략이란 둘 이상의 제품 · 서비스를 특가 패키지의 형태로 하나로 묶어 소비자에게 제공하는 전략이다. 호텔의 휴가철 패키지(객실 + 식당이용권 + 부대시설 이용 + 외부 오락 · 문화시설 이용)는 이러한 묶음가격 전략의 한 예이다.

묶음가격은 때때로 인기 있는 상품과 수요가 떨어지는 상품을 하나로 묶어 제공한다. 그러나 이러한 패키지 상품의 가격은 그 안에 포함된 상품을 별도로 구매했을 때의 총액보다 훨씬 저렴하므로, 고객은 종종 이 특별 묶음가격에 유인된다. 묶음가격은 고객의 대량구매를 촉진하기 위하여, 그리고 고객의 이용률이 떨어지는 서비스 상품의 수요창출을 하려는 목적으로 사용된다. 묶음가격 전략은 서비스업체와 고객 모두에게 이득이 돌아가는 win-win 전략이라고 할 수 있다.

1) 순수 묶음가격

묶음가격에는 순수 묶음가격과 혼합 묶음가격이 있다. 순수 묶음가격(pure price bundling)은 서비스 상품을 패키지로만 구매할 수 있도록 하고, 개별적으로는 구매할 수 없도록 가격을 책정하는 방법이다. 패키지여행, 레스토랑의 코스메뉴 등이 여기에 해당된다.

2) 혼합 묶음가격

혼합 묶음가격(mixed price bundling)은 고객이 패키지로도 구매할 수 있고, 개별적으로도 구매할 수 있도록 가격책정을 하는 방법이다. 호텔 여름 패키지상품의 객실, 레스토랑, 부대시설은 패키지로도 구매가능하고 각각 개별적인 구매도 가능하다. 혼합묶음가격에는 혼합 리더전략과 혼합 결합전략이 있다.

① 혼합 리더전략

혼합 리더전략(mixed leader bundling)은 A상품을 구매하는 고객에게 B상품을 할인하여 제공하는 것이다. 이러한 혼합 리더전략은 상호 보완적인 상품들로 이루어지는 것이 보통이다. 이 경우 리더 상품은 인기가 높은 상품으로, 추가상품은 인기도가 낮은 상품으로 주로 선정된다.

② 혼합 결합전략

혼합 결합전략(mixed joint bundling)은 두 개 이상의 상품들을 고정가격으로 묶어 고객에게 함께 제공하는 것이다. 패스트푸드 레스토랑의 콤보 메뉴나 호텔의 휴가철 패키지 상품이 여기 해당된다.

7. 단수가격을 사용하라

단수가격결정(odd pricing)이란 10,000원, 100,000원 등 딱 떨어지는 숫자대신 9,700원이나 97,000원 등 거기에 약간 못 미치는 수준에 가격을 책정하여 가격에 대한 고객의 수용도를 높이고자 하는 심리적 가격결정 전략(psychological pricing)이다. 단수가격을 사용하면 가격상의 큰 차이가 없음에도 불구하고 소비자는 가격을 한결 저렴하게 지각한다. 예컨대 10,000원의 매가 대신에 9,989원의 가격을 적용하면 그 차이는 단 11원이지만 절대가격보다 저렴하다는 느낌을 소비자에게 주고 상품가격이 최하의 가능한 선에 결정되었다는 인상을 줄 수 있다.

8. 명성가격을 사용하라

명성가격정책(prestige pricing)은 고품질의 이미지를 유지하기 위하여 비교적 높은 가격을 구사하는 정책이다. 고급 호텔이나 명품 디자이너 의류 등과 같이 고객이 자신의 지위나 명성과 관련성이 높은 상품의 경우, 가격이 상승하면 수요가 줄어든다는 합리적 가격-수요 공식이 적용되지 않는 경우가 많다. 잠재고객이 가격을 품질의 지표로 인식하고 상품을 자신의 사회적 위치를 표현하는 수단으로 생각한다면 높은 가격에서 수요가 증가하는 뒤로 굽는 수요곡선(backward bending demand curve)을 보이게 될 것이다(그림 10-3 참고).

명성가격전략은 가격이 높은 경우에 고품질을 기대하며 오히려 구매욕구가 증가하는 소비자 심리를 이용하는 가격전략으로서, 고소득층을 겨냥한 고급 서비스 상품이나 사치품에 주로 사용된다. 서비스 상품의 명성과 개인의 권위에 상응하는 수준에 가격을 책정해야 하기 때문에, 비표적고객이 접근하기 어려운 수준에 가격이 결정되는 것이 보통이다. 따라서 명성가격은 특정 소비자 계층을 선택적으로 유인함으로써 결과적으로 서비스의 고객믹스를 조절하는 역할을 한다.

9. 점화가격을 고려하라

점화가격(threshold price)이란 가격을 인상하거나 인하할 때 고객이 인지하는 문턱(threshold)이 되는 가격수준 또는 변화폭을 의미한다. 가격을 인상하거나 인하할 때 고객이 차이를 분명히 감지하는 가격수준이 곧 점화가격이다. 이 책의 2장에서 다루어진 차이식역(differential threshold)과 최소가지차이(最小可知差異), 즉 J.N.D.(just noticeable difference)의 개념을 가격전략에도 적용할 필요가 있는 것이다.

가격을 인상할 때는 소비자 수요에 미칠 수 있는 충격을 가능한 한 최소화하는 것이 필요하다. 따라서 가격변화가 소비자의 차이식역을 겨우 넘어서는 J.N.D 수준에 머물도록 인상폭을 조절할 필요가 있다. 또한 서비스 가격의 첫 자리 숫자가 변화되거나 (예: 17,000원에서 20,000원으로) 소비자의 심리적 저지선을 초과하게 될 때는 (예: 10만 원, 100만 원) 소비자가 민감한 반응을 나타낼 수 있다. 이러한 경우, 인상된 가격이 수요를 위축시킬 가능성을 감안하여 소비자가 새로운 가격을 수용할 수 있을만한 적절한 시기를 선택하여 가격인상을 해야 할 것이다.

가격을 인하시키거나 할인행사를 실시하는 경우에는 점화가격을 초과하는 수준에서 가격변화가 이루어져야 소비자가 가격이 낮아졌다는 사실을 체감하고 구매행동반응을 나타낼 수 있을 것이다. **팽창가격 전략**(tensile pricing strategy)이란 개별상품에 대한 가격을 제시하지 않고 전체적인 상품계열에 대한 가격의 범위나 할인율을 제시하는 전략을 말한다(예: 30,000원~50,000원, 10~30%). 이러한 경우, 10~30%보다는 30~10%라고 표현하거나 최대 30% 할인이라고 소구하는 것이 소비자의 주의와 관심을 끄는데 도움이 된다. 10%보다는 30%가 소비자의 인식에 점화효과를 가져오기 쉽기 때문이다.

10. 회원제를 활용하라

서비스 상품은 많은 경우 일반 유형 제품보다 재구매의 필요성이 높다. TV나 가구와 같은 유형 제품은 한 번 구매하면 일정기간 재구매할 필요가 없지만, 레스토랑이나 호텔 등의 서비스업체의 경우, 고객은 반복해서 서비스를 이용하게 된다. 또한 헬스클럽이나 피부관리 서비스, 그리고 학원 등의 교육서비스에 있어서는 이용자가 반복적으로 서비스를 제공받아야 비로소 효과를 거둘 수 있다. 이러한 점을 고려할 때 서비스업체는 회원제를 도입하여 서비스 고객과의 장기적 관계를 구축하는 것이 업체와 소비자 양측에 도움이 된다. 서비스 회원제는 가입회원들에게 특별 가격을 적용하여 고객들로 하여금 1회성 구매에 그치지 않고 일정 기간 구매를 반복하도록 유도하는 것이다. 호텔서비스의 경우, 고객에게 멤버십카드를 일정금액에 판매하여 회원들에게 특별 할인을 제공함으로써 주요고객들로 하여금 호텔 재방문과 반복구매를 하도록 촉진한다.

[표 10-2]는 한 스포츠마사지 업체의 가격체계인데, 이 업체는 회원가를 일반가와 함께 제시함으로써 일반가가 잠재고객에게 외적 준거가격이 되도록 하였다. 즉 1회 이용객에게 적용되는 일반가 대비 회원가가 상대적으로 저렴하게 느껴지도록 만들어 소비자들의 회원가입을 유도하는 것이다. 소비자들은 특별 할인을 받기 위해 회원으로 가입하게 되고, 회원고객들은 일정 기간이나 횟수의 서비스를 받으며 그 서비스업체의 고정고객이 된다.

[표 10-2] **특별회원가격의 예**

[A 코스] 스포츠 등 관리	관리코스	목 + 어깨 + 등 + 허리
	시간	40분
	일반가 30,000원	회원가 22,000원
[B 코스] 스포츠 후면 전신	관리코스	목 + 어깨 + 등 + 허리 + 하체관리
	시간	60분
	일반가 45,000원	회원가 33,000원
[C 코스] 스포츠 전신	관리코스	목 + 어깨 + 등 + 허리 + 하체관리 + 복부관리
	시간	80분
	일반가 70,000원	회원가 55,000원

※ 회원 선불정액권: 22만 원, 33만 원, 55만 원권

제11장

문화와 사회계층

[1] 문화

1. 문화의 정의와 기능
   1) 문화의 정의
   2) 문화의 기능
2. 문화의 특성
   1) 규범성
   2) 학습성
   3) 공유성
   4) 지속성과 동태성
3. 문화의 구성요소
   1) 물질적 요소
   2) 언어
   3) 사회시설
   4) 가치와 신념
   5) 예술과 대중문화
   6) 관습과 의례
   7) 심미적 요소와 상징성
4. 비교문화분석
   1) 홉스테드의 문화차원이론
   2) 홀의 고맥락 문화 - 저맥락 문화
5. 문화차이에 따른 마케팅 전략
6. 하위문화
   1) 하위문화의 개념
   2) 하위문화 별 서비스 마케팅 전략

[2] 사회계층

1. 사회계층의 영향
2. 사회계층의 특성
   1) 사회계층에는 서열이 있다
   2) 사회계층은 다차원적이다
   3) 사회계층은 동태적이다
   4) 사회계층 간 교류는 제한적이다
   5) 사회계층은 개인에게 준거틀이 된다
3. 사회계층의 결정요인
   1) 소득수준과 재산
   2) 교육수준
   3) 직업
   4) 개인적 성취도와 인지도
   5) 주거지 및 주거형태
   6) 가문
   7) 사회활동 및 타인에 대한 영향력
   8) 사교활동
   9) 가치관과 교양
   10) 생활양식과 소비수준
4. 사회계층의 측정
   1) 주관적 측정방법
   2) 평판이용법
   3) 객관적 측정방법
5. 사회계층과 소비자 행동
   1) 과시적 소비
   2) 사회계층의 이동
   3) 보상적 소비
6. 소비자행동의 계층별 차이
   1) 구매 상품과 서비스
   2) 유통
   3) 마케팅 커뮤니케이션
   4) 매체이용 습관
   5) 구매행동 및 재무관리
   6) 정보탐색 행동
   7) 브랜드 지각
   8) 식생활
7. 사회계층과 서비스 마케팅 전략

제11장

문화와 사회계층

1 문화

문화는 사람들이 여러 시대를 거쳐 남겨놓은 사회적인 유산이며 현 시대를 살아가는 사람들의 의식주와 여가활동 등의 생활양식 및 가치관을 결정하는 거대한 사회요인이다. 문화는 사회적으로 학습되고 구성원들에 의해 공유되므로 소비자 욕구충족의 기준이 되고 행동의 규범을 제공한다. 소비자 관점에서 문화적 가치와 행동양식은 한 문화 내의 구성원들 간 사회적 상호작용을 통하여 학습되어 어떤 상품이나 서비스에 대한 구성원의 욕구 반응을 표준화시킨다. 예를 들어, 한국인의 입맛과 외식문화의 변화는 다양한 형태의 외식업체와 커피/전통차 전문점들을 탄생시켰다. 또한 교육을 우선시하는 한국인의 가치는 다른 나라에서는 찾아볼 수 없는 각종 학원과 진학 컨설팅 및 유학알선 서비스 등 교육관련 사업을 발전시키는 결과를 가져왔다.

시장의 문화와 그 문화의 상징적 의미를 정확히 이해한다면 마케팅 활동을 전개하는 기업의 경쟁적 위치를 강화할 수 있다. 그러나 많은 서비스 기업들이 문화적 특성을 제대로 간파하지 못하여 해외시장에 효과적으로 침투하지 못하는 사례가 빈번히 발생한다. 서비스 기업이 해외시장에서 성공을 거두기 위해서는 해당 국가나 지역의 고유한 문화 환경을 조사하고 이해하여 이에 적응해야 할 것이다. 문화적 가치와 조화를 이룬 마케팅 전략이 소비자의 반응을 이끌어낼 수 있음을 감안할 때, 서비스 마케터에게 표적시장의 문화적 코드 및 트렌드를 읽어내는 혜안은 필수적이라고 할 수 있다.

1. 문화의 정의와 기능

1) 문화의 정의

문화(culture)란 말은 본래 경작이나 재배 등을 뜻하는 라틴어 'cultura'에서 유래했다. 사람들이 한 곳에 정착해 살며 자연 상태의 사물과 환경에 인간의 작용을 가하여 그것을 변화시키거나 새롭게 만들어낸 생활양식과 그에 따른 산물들이 곧 문화인 것이다. Taylor는 문화를 '개인이 사회구성원으로서 획득하는 지식, 신념, 기술, 도덕, 법, 관습 및 습관 등이 포함된 복합적인 전체'로 정의하였다. 즉 문화란 사람들이 동일 문화권의 다른 구성원들로부터 배우고 전달받은 모든 것들, 곧 의식주, 언어, 풍습, 종교, 학문, 예술, 교육, 사회제도 등 인간 집단이 공유하는 생활양식 및 가치체계라고 말할 수 있다.

문화는 소비자행동에 광범위하게 영향을 미친다. 소비자의 구매행동은 심리적, 신체적 안락감을 제공받거나 문화생활을 영위하기 위한 활동수행으로 이해할 수 있다. 즉 소비자가 소속된 문화적 가치가 그의 구매패턴과 재화/서비스 및 브랜드의 선택에 무언의 압박을 가하고 있는 것이다. 문화가 개인의 행동에 미치는 영향이 광범위하고 보편적이어서 소비자는 문화가 자신의 행동에 미치는 영향을 잘 인식하지 못한다. 그러나 외국에 나가 다른 문화적 환경에서 생활하다 보면 제도의 차이, 사람들의 가치관 및 살아가는 방식의 차이 등에서 문화적 이질감을 느끼게 된다. 집단 간 문화적인 차이는 위계의 문제가 아니라 단지 '다름'의 문제이다. 이와 같은 문화적 차이를 고려할 때 마케터가 표적시장 소비자의 행동을 예측하고 이해하기 위해서는 해당 세분시장의 문화적 특성을 먼저 파악할 필요가 있다.

2) 문화의 기능

문화가 담당하는 기능은 다음과 같이 분류될 수 있다.

사회화 기능 문화는 사회구성원들로 하여금 세상을 인식하는 방법과 살아가는 방식을 내면화시킴으로써 개인이 사회에 적응하여 소속집단의 일원으로 살아가도록 하는 사회화 기능을 담당한다.

욕구충족 기능 문화는 개인이 살면서 충족시키고자 하는 욕구의 기준을 제시한다. 개인의 의식주유(衣食住遊) 생활의 기준점과 이상점, 그리고 이에 대한 방편을 제공하는 것이다. 소비자의 행동을 이해하고 예측하기 위해서는 그의 문화적 배경을 살펴보아야 하는 이유다.

사회통제 기능 한 사회의 문화는 그 문화권의 규범이나 관습 등으로 집단구성원들의 행동을 통제하고 다른 사회구성원에게 해악이 되는 행동을 규제하는 힘을 갖는다. 즉 문화가 집단사회를 보호하고 통제하는 기능을 갖는 것이다.

사회존속 기능 한 사회가 쉽게 와해되지 않고 계속해서 존속할 수 있는 것은 사회구성원들이 문화를 학습하고 다음 세대로 전승함으로써 집단의 고유한 가치와 생활양식을 지켜나가기 때문이다. 같은 문화를 공유하는 집단구성원들은 집단에 존재하는 공통분모를 바탕으로 상호 친밀감과 일치감을 느끼게 되며 이를 존속시키려는 경향을 나타낸다.

2. 문화의 특성

1) 규범성

문화는 행동의 규범(norms)을 제공하며 욕구충족의 기준이 된다. 즉 문화는 사회구성원이 욕구를 충족시키는 방법의 지침이 되며 사회적 규범이 허용하는 적절한 행동의 표준을 제시한다. 따라서 사회구성원들은 주어진 상황에서 문화적 규범에 따라 적절히 행동하는 법을 익히게 된다. 예를 들어 우리가 먹는 음식과 식사방법, 생일이나 결혼식의 축하의례 등은 모두 우리가 속한 문화적 맥락 안에서 행해진다. 이와 같은 문화적 규범의 테두리 안에서 소비자들이 원하고 또 필요로 하는 재화와 서비스가 생겨나는 것이다.

2) 학습성

문화는 개인이 타고나는 것이라 후천적으로 습득된다. 동물들의 행동유형은 선천적, 본능적인 것임에 반해 인간의 행동양식이나 신념, 언어 등은 후천적으로 학습된다. 문화가 인간에게만 존재하는 고유성을 지니는 이유다. 문화의 학습은 공식적 학습과 비공식적 학습으로 나눌 수 있다. 학교 선생님이나 집안의 연장자가 어떻게 행동해야 하며 무엇이 중요한지를 가르치고 사회에서 살아가는 데 필요한 지식과 사회 시스템을 습득시키는 것은 **공식적 학습**(formal learning)이다. 이와는 대조적으로 **비공식적 학습**(informal learning)은 가족구성원이나 친구, TV, 인터넷 등을 통해 타인들이 행동하는 방식을 관찰하고 모방함으로서 이루어진다.

인류학자들은 문화학습을 자기문화의 학습과 타문화의 학습으로 구분하기도 하는데, 자기문화에 대한 학습은 **문화화**(enculturation), 그리고 외국문화에 대한 학습은 **문화이식**(acculturation)이라고 한다. 문화화는 자기문화의 가치와 행동양식이 시간의 경과에 따라 사회구성원 자신의 개인적 가치와 생활양식으로 내재화되는 과정이다. 반면에 문화이식은 외국에 나가서 생활하는 등 타문화를 접한 개인이 그 나라 문화를 이해하거나 그에 적응하는 학습과정이다.

3) 공유성

문화는 사회구성원들에 의해 널리 공유된다. 어떠한 신념이나 가치, 혹은 관습이 특정 사회의 문화적 특성으로 간주되기 위해서는 그 사회의 대다수 구성원들에 의해 공통적으로 나타나는 보편성이 있어야 한다. 어떤 소규모 집단에서만 향유되는 독특한 생활양식이나 가치관은 그 사회 전체의 문화적 특성이라고 할 수 없다.

문화를 사회 전체에 널리 공유시키는 역할을 담당하는 것들에는 가족, 학교, 종교기관, 그리고 TV, 신문 등의 대중매체가 있다. 소비자들은 다양한 매체를 통해 광고에 노출되며 새로운 가치와 소비패턴을 학습한다. 따라서 광고는 제품과 서비스의 수요를 진작시킬 뿐 아니라 사회구성원들의 생활방식과 문화적 트렌드를 선도하고 전파하는 역할을 담당한다고 말할 수 있다.

4) 지속성과 동태성

문화는 지속성과 동태성을 동시에 지닌다. 사회구성원들에 의해 수용되고 공유되는 문화적 가치와 관습은 세대를 따라 이어지며 축적된다. 사람들은 자기문화의 고유한 가치와 관습을 유지시켜 나가려는 경향이 있기 때문이다. 예컨대 설날에 가족이 한자리에 모여 떡국을 먹고 세배를 하는 우리의 풍습은 과거로부터 계속 이어져왔으며 앞으로도 지속되어 다음 세대로 전승될 것으로 생각된다.

그러나 먼 관점에서 보면 문화는 한 가지 형태에 고착화된 것이 아니라 점진적으로 변화하고 있는 것을 발견할 수 있다. 우리의 식생활을 생각해보자. 다양한 패밀리레스토랑 및 패스트푸드 레스토랑의 보급과 해외여행 경험자의 숫자가 증가하면서 우리는 한국 전통음식뿐 아니라 세계 각국의 다채로운 음식을 즐기게 되었다. 또한 예전에 인스턴트 믹스커피 일색이었던 한국인의 커피 입맛도 스타벅스 진출 이후 서서히 바뀌어 최근에는 고급 원두커피를 즐기는 인구가 크게 증가하였다.

[표 11-1] 우리나라 사회문화 연표

1956	한국 최초의 패션쇼(노라노)
1958	해방이후 최초의 광고대행사 설립(한국광고사)
1959	한국 최초의 라디오 생산(금성사), MBC 라디오 방송 시작
1960	KBS TV 광고 시작, 김포공항 건축
1961	한국 최초의 컬러 영화 등장, 최초의 아파트 건립(마포 아파트)
1962	한구 최초 오토바이 생산(기아), 을지로 6가 평화시장 개장
1963	디즈니 만화영화(백설공주,신데렐라 등) 수입 상영
1966	한국 최초 흑백 TV 생산(금성사), 코로나 자동차 조립 생산
1968	코카콜라 첫 시판, 어린이 만화영화 '황금박쥐' 방영
1969	롯데제과 '롯데껌' 출시, 펩시콜라 시판, 최초의 신용카드 제도(신세계백화점)
1971	미니스커트 단속, 장발 단속, 핫팬츠, 롱부츠 유행
1972	텔레비전 보급 100만대 돌파, OB 맥주
1974	서울 지하철 1호선 개통
1975	마징가제트 방영(MBC)
1976	현대자동차 '포니' 승용차 생산, 해태 써니텐 광고 "흔들어 주세요"
1977	농심 라면 광고 "형님 먼저, 아우 먼저", 일본만화영화 '캔디' 방영(MBC)
1978	세종문화회관 개관
1979	국내 첫 패스트푸드점 롯데리아 개점, 롯데백화점 개점, 코엑스 개관
1980	TV 컬러 방송 시작
1981	나이키 운동화 시판, 교보문고 개관, 한국 최초 PC 개발(삼보 엔지니어링)
1983	중고교생 두발/교복 자율화
1984	영화 '고래사냥' 흥행 성공, 만화 '아기공룡 둘리' 인기
1985	중저가 브랜드 탄생 본격화(이랜드), 피자헛 한국 진출
1988	서울 올림픽 개최, 미국영화 직배, 맥도날드 한국 진출, 이상구 채식 열풍
1989	일본만화 '드래곤볼' 방영
1991	SBS 개국, 국민차 '티코' 탄생, 갤러리아 명품관 개관, 명품 열풍 시작
1992	서태지와 아이들 열풍, 한국 가요계에 미국 무드 확산
1993	예술의 전당 개관
1994	우리나라에 인터넷 상용화
1997	'HOT' 열풍, 애니콜 PCS 출시, '아웃백 스테이크 하우스' 한국 진출
1998	국내 최초 멀티플렉스 극장 CGV 개관
1999	'개그콘서트' 방영 시작, 이대 앞에 스타벅스 1호점 개점
2000	남북정상회담, 김대중 대통령 노벨평화상 수상
2002	월드컵 4강 진출
2003	로또 열풍, 드라마 '대장금' 방영
2004	한류 열풍, 주 5일 근무제 전면 시행, 총 혼인건수 중 국제결혼 10% 돌파
2005	청계천 복원, 용산 국립중앙박물관 개관, 내국인 해외 여행객수 연 천만 명 돌파
2006	WBC 4강 진출, 초중고 해외 유학생 급증
2007	미국발 금융위기, 태안반도 기름유출 사건
2008	광우병 촛불 시위, 박태환 올림픽 수영 금메달
2009	'소녀시대' 열풍, 신종플루 공포 확산, 아이폰, 갤럭시 등 스마트폰 출시
2010	김연아 동계올림픽 피겨스케이팅 금메달
2012	외국인 관광객 연 천만 명 돌파, 싸이 '강남스타일', 말춤 열풍
2013	우리나라 첫 여성대통령 취임, 주택공급부족, 전세대란

3. 문화의 구성요소

한 사회의 문화가 어떠한 형태를 띠는가를 알아보기 위해서는 다음과 같은 요소들을 고려할 수 있다.

1) 물질적 요소

물질적 요소란 한 문화권의 구성원들이 사용하는 유형적 실체들을 뜻한다. 한 사회의 물질적 요소를 살펴보면 그 사회의 기술적 수준과 생활수준을 짐작할 수 있다. 자동차, TV, 세탁기, 청소기, 컴퓨터, 휴대폰, 전자렌지 등은 우리의 생활과 문화를 구성하는 중요한 물질적 품목들이다. 또한 문화를 구성하는 물질적 요소는 우리가 먹는 음식이나 입는 옷, 사는 집 등 의식주 생활의 구성물들이다. 예컨대 인도음식에서 커리가 빠질 수 없듯이 한국인의 식생활은 밥, 김치, 된장, 고추장을 빼놓고 생각할 수 없다.

2) 언어

한 집단에서 사용하는 언어는 그 집단 사회구성원의 정서와 사고, 그들의 삶에서 지니고 사는 의미를 짐작케 한다. 예컨대 한국사회에서는 상대방의 지위, 연령에 따라 사용하는 언어가 다른데, 이러한 언어 규범은 한국 사회의 가부장적 위계질서의 전통을 반영하는 것이다. 우리가 그러한 언어 규범에 따라 말을 할 때 한국어의 언어 체계가 담고 있는 가부장적 위계질서에 따르게 됨을 의미한다. 이러한 의미에서 볼 때, 사회의 질서, 혹은 상징체계 속에서 이루어지는 의사소통 그 자체가 곧 문화를 구성하는 요소임을 알 수 있다.

또한 집단 특유의 언어적 표현들과 독특한 의미가 내포되어 있는 단어들을 통해 사람들은 상호 친밀감과 공감대를 형성할 수 있다. 언어는 시대에 따라 변화하는데, 최근 인터넷과 문자메시지를 사용하는 젊은이들을 중심으로 “넘사벽”, “사기캐”, “만렙” 등 수많은 신조어들이 탄생되었다. 기존언어의 첫 글자만 따오거나 변형시킨 이러한 신조어들은 인터넷 세대의 독특한 문화를 형성하는데 많은 영향을 미쳤다고 볼 수 있다.

3) 사회시설

학교, 미술관/음악관, 박물관, 체육관, 백화점, 서점, 극장, 교회/성당/절 등은 모두 개인의 사회생활과 직간접적인 관계가 있는 사회시설들이다. 이러한 사회시설들에서 사람들은 새로운 것을 배우기도 하고 각종 활동을 하며 자신의 삶을 풍요롭게 만들기도 한다. 방송국, 신문사 등도 사람들에게 생활정보를 제공하고 새로운 문화를 보급하는 역할을 한다.

4) 가치와 신념

가치와 신념은 인간 행동의 동기를 제공하며 행동의 방향을 결정한다. 가치와 신념체계는 문화권마다 차이를 나타낸다. 한 문화권에서 중요하게 추구되는 가치가 다른 문화권에서는 중요성이 떨어질 수 있다. 예컨대 우리나라의 경우 교육을 최우선 가치로 여기고 자녀교육을 위해서라면 많은 부모들이 모든 희생을 감수하나, 다른 나라에서는 이와 같은 현상을 잘 납득하지 못한다. 개인과 부부중심의 행복추구와 생활향유가 더욱 중요한 가치인 것이다. 또한 많은 회교도 국가들은 종교적 신념에 반하는 사상이나 시류에 배타적인 태도를 취하고 여성의 의존성을 미덕으로 여기나, 개방적 사고와 물질적 풍요를 중시하는 나라에서는 종교적 신념체계보다는 자유롭고 풍요로운 생활, 그리고 인간의 평등권에 상위 가치를 둔다.

5) 예술과 대중문화

한 나라의 문화는 그 나라의 예술 및 대중문화와 분리시켜 생각할 수 없다. 사회구성원들이 즐기는 음악, 미술, 무용, 문학, 연극 등의 예술분야와 대중가요, 드라마, 영화, 뮤지컬 등의 대중문화 분야는 그 나라의 문화적 코드를 결정한다. 예술영역은 문화적 교양, 즉 훌륭한 예술작품을 판별하고 감상할 수 있는 능력과도 관련이 있다. 또한 일반 대중은 상품으로서의 유행가나 댄스, TV 드라마 등을 '소비' 한다. 이와 같은 대중문화 상품들과 인기 연예인들의 행동과 패션은 그 사회구성원들의 문화생활뿐 아니라 그들의 가치관과 소비생활에도 매우 큰 영향을 미친다고 볼 수 있다.

6) 관습과 의례

집단사회에 따라 관습과 의례(custom and ritual)에는 많은 차이가 있다. 사람은 태어나면서 죽을 때가지 많은 의례를 치르며 살아간다. 예컨대 우리나라의 경우 삼칠일과 백일, 돌잔치, 생일, 환갑, 진갑, 칠순, 팔순, 미수 등 나이와 관련된 수많은 의례들이 있다. 돌잔치를 할 때 상에 연필과 실, 돈 등을 올려놓고 아기가 집도록 하거나 결혼식에 국수를 먹는 것은 우리나라 고유의 관습일 것이다. 또한 우리나라 사람들이 결혼 전 가족 상견례를 치르고 혼수를 주고받으며 결혼식에 전통의상을 입고 폐백을 하는 관습, 설날에 떡국을 먹고 어른들께 세배를 하는 풍습, 그리고 추석에 송편을 먹고 조상에게 차례를 지내는 모습 등은 우리만의 독특한 문화적 풍경이라고 할 수 있다.

7) 심미적 요소와 상징성

아름다움에 대한 기준은 문화에 따라 다르다. 똑같은 디자인과 스타일, 색상의 상품에 대해서 문화권 별로 상이한 선호도를 나타낼 수 있다. 대체로 미국인은 원색 계통을, 중국인은 붉은색을, 한국인은 검정, 회색과 같은 무채색을 좋아하는데, 이러한 국가별 색상선호도는 의류와 자동차 색깔에서도 확인될 수 있다. 색상에 특정 의미가 부여되기도 하는데, 우리나라에서 흰색은 슬픔을 상징하므로 가족이 사망하면 하얀 국화꽃으로 빈소를 장식하지만, 서양국가에서는 장례식에 다채로운 색깔의 꽃들을 사용한다.

특정 숫자나 행위의 상징적 의미 또한 다르게 나타난다. 우리나라 사람들은 숫자 3을 선호하고 4는 기피하지만 미국과 같은 나라는 7을 행운의 숫자로 여기고 13, 666을 불길한 숫자로 생각한다. 중국인은 숫자 8을 좋아하며, 일본인은 9를 운 좋은 숫자로 여긴다. 따라서 카지노 업장과 같이 운이 중요시되는 곳에서 중국인은 게임 테이블 8번 자리를 선호하며, 일본인은 룸번호가 9로 끝나거나 합이 9가 되는 (예: 18번, 1+8=9) 방을 요구하기도 한다. 회교문화권에서는 왼손을 부정하게 여기므로 식사를 할 때 왼손을 사용하는 것은 상대방에 대한 모욕으로 간주된다.

4. 비교문화분석

비교문화분석(cross-cultural analysis)이란 다양한 사회집단에 존재하는 사회적 행위의 의미와 패턴을 찾아내어 인간행위의 본질적 유사성과 차이점을 발견하고자 하는 시도이다. 마케팅 맥락에서 비교문화분석은 자문화 중심적인 사고에서 벗어나 타 문화에 대한 이해를 바탕으로 해외시장에 진출할 때 현지 소비자에게 어필될 수 있는 마케팅 전략을 개발하고 거래당사자들과 불필요한 오해 없이 원활한 비즈니스 관계를 형성하는 것을 그 목적으로 한다.

이 책에서는 비교문화분석의 두 가지 대표적 모델인 홉스테드의 문화차원이론과 홀의 모델을 소개한다.

1) 홉스테드(Hofstede)의 문화차원이론

홉스테드의 문화차원이론(cultural dimensions theory)은 어느 사회의 문화가 그 사회 구성원의 가치관과 행동에 미치는 영향을 다음과 같은 차원으로 분류하여 설명한다.

개인주의-집단주의(Individualism vs. Collectivism) 개인주의 문화이냐 집단주의 문화이냐는 사회구성원들이 단체에 통합되는 정도에 따라 나누어진다. **개인주의** 사회에서는 개인적 성취와 개인의 권리를 강조한다. 사람들이 자기 자신과 자기 직계 가족을 스스로 책임질 것을 요구받고 자신의 소속을 스스로 결정한다. 이에 비해 **집단주의** 사회에서는 개인들이 대부분 평생 동안 소속되는 집단이나 조직의 구성원으로서 행동한다. 절대적 충성을 대가로 보호받을 수 있는 집단이 존재하므로 개인의 이익보다는 집단의 응집과 효용을 우선시한다.

홉스테드의 연구에서 개인주의 지수를 살펴보면 서방 선진국과 아시아/개발도상국 사이에 명확한 간극이 존재함을 알 수 있다. 북아메리카와 유럽은 상대적으로 높은 점수를 얻어 개인주의적 사회라고 생각할 수 있다. 이에 비해 대부분의 아시아 국가들, 그리고 아프리카와 남미 국가에서는 집단주의적 성향을 가지고 있는 것으로 나타났다.

권력의 거리(Power distance) 권력의 거리란 어떤 조직이나 집단에서 권력이 작은 구성원(예: 하급자, 연령이 낮은 사람)이 권력의 불평등한 분배를 수용하는 정도를 말한다. 권력의 거리가 작은 문화에서는 권력관계가 보다 민주적이며 사람과 사람 사이의 관계가 위치에 관계없이 평등하며, 하급자들이 보다 자유롭게 권력자의 의사결정에 참여하거나 비판을 제기할 수 있다. 반면, 권력 거리가 큰 나라에서는 하급자가 전제적이고 가부장적인 권력 관계를 그대로 인정하고 권력의 격차와 불평등관계를 수용한다. 신분, 연령, 성별에 따른 사회적 계층관계가 엄격하고 계층 간 이동성이 낮을수록 권력의 거리는 크게 나타난다.

권력 거리 지수는 라틴, 아시아, 아프리카, 아랍 지역에서 높은 점수를 나타내는 반면, 유럽국가에서는 낮은 점수가 나왔다. 미국은 권력 거리가 가장 큰 과테말라와 가장 작게 나타난 이스라엘과 비교했을 때 중간 위치에 있다고 할 수 있다. 유럽의 경우 스웨덴이나 영국 등의 북유럽 국가들이 폴란드, 스페인과 같은 동유럽, 혹은 남유럽 국가들과 비교하여 권력 거리가 상대적으로 작은 것으로 나타난다.

불확실성의 회피(Uncertainty avoidance) 불확실성의 회피란 불확실성과 애매성에 대한 사회적 저항력으로서, 사회구성원들이 과거의 관습이나 규칙에 의거하여 미래의 불확실성을 최소화하고 안전과 안정성을 보장받으려 하는 정도를 의미한다. 불확실성의 회피가 높은 문화에서는 이례적이고 이질적인 환경에 대해 저항적이고 사회변화에 있어 신중하고 점진적인 태도를 취한다. 반면에 불확실성의 회피가 낮은 문화에서는 비체계적인 상황이나 가변적인 환경에 대해 관용적이고 보다 실용적인 경향이 있으며 변화에 유연한 태도를 나타낸다. 대체로 과거지향적인 사회일수록 불확실성의 회피 정도가 높게 나타나며, 미래지향적인 사회는 불확실성 회피지수가 낮은 성향을 보인다. 불확실성 회피 지수는 일본과 우리나라, 그리고 라틴아메리카 국가에서 높게 나타났다. 한편 스웨덴과 덴마크 등의 노르딕 국가들과 미국, 싱가폴과 같은 나라에서는 불확실성의 회피 정도가 낮은 수준을 나타내는 것으로 확인되었다.

남성성-여성성(Masculinity vs. Feminity) 남성성-여성성 지표는 성별 역할의 분화 정도를 나타낸다. 남성적 문화에서는 남성의 일, 여성의 일 등 성역할이 명확히 구분되고 경쟁력, 자기주장, 유물론, 야망, 권력과 같은 남성적 가치가 강조된다. 반면에 여성적 문화에서는 성역할의 차이가 크지 않고 대인관계나 삶의 질, 예술, 섬세함, 배려 등과 같은 여성적 가치가 보다 높게 평가한다.

남성성 지수는 노르딕 문화권에서 매우 낮은 수치를 나타냈다. 노르웨이, 스웨덴, 프랑스와 같은 국가들은 남녀가 평등하고 여성적 가치가 숭상되는 나라로 평가될 수 있다. 이에 비해 일본과 헝가리, 오스트리아 등 독일 문화권 유럽 국가들에서는 남성성 지수가 상대적으로 높게 나타났다.

2) 홀(Hall)의 고맥락 문화 - 저맥락 문화

미국의 인류학자 에드워드 홀은 각 나라의 커뮤니케이션 방식에 따라 고맥락 문화와 저맥락 문화로 구분하였다.

고맥락 문화(high context culture)는 사회구성원들이 높은 응집력을 보이는 일원적 사회의 문화로서, 사람들은 대화 시에 말 그 자체보다는 말을 하는 맥락이나 상황을 중요시 여긴다. 즉 말이나 글을 통하지 않고 주변 상황을 통하여 상대방의 진의를 유추하는 단계가 매우 중요한 것이다. 동양의 '눈치' 문화가 이에 해당되는데, 고맥락 문화에서는 상대방의 의중을 눈치로 읽어 내고 그 사람의 뜻을 미루어 판단하는 것이 의사소통에 있어 매우 중요한 작업이다. "아는 사람은 말하지 않지만 말하는 사람은 알지 못한다"는 일본의 격언은 고맥락 문화권의 특성을 잘 말해 준다. 대표적인 고맥락 문화는 한국, 중국, 일본이며, 유럽에서는 프랑스와 이태리, 스페인이 영국이나 독일에 비해 맥락의 정도가 높다.

저맥락 문화(low context culture)는 서양의 계약 문화로서 대부분의 정보가 말이나 글을 통해서만 제대로 전달되는 사회를 말한다. 저맥락 문화에서는 의사소통이 주로 표현된 말과 글에 의해 이루어지고 이러한 표현은 종종 매우 직설적이다. 저맥락 문화의 의사소통은 개인주의 문화의 전형적인 의사소통 방법이다. 집합주의 문화에서 자명하다고 여겨지는 많은 것들이 개인주의 문화에서는 명시적으로 이야기해야 의미가 전달된다. 미국의 사업계약서가 일본의 사업

계약서보다 훨씬 더 긴 이유가 여기에 있다. 독일, 미국, 영국, 호주는 대표적인 저맥락 문화로 분류된다. 저맥락 문화는 고맥락 문화와 비교하여 언어에 대한 의존도가 높게 나타난다. TV 드라마나 만화의 경우 미국이 일본에 비해 대사의 양이 훨씬 많다. 또한 광고에 사용되는 단어의 숫자를 비교해보면 고맥락 문화인 한국광고보다 저맥락 문화인 미국의 광고에 더욱 많은 단어들이 사용되는 것을 발견할 수 있다.

5. 문화차이에 따른 서비스 마케팅 전략

해외시장에 진출하는 경우, 서비스 상품의 개념은 현지 소비자들의 문화와 취향에 맞춰 수정될 필요가 있다. 문화차이를 고려하여 새로 진입하는 시장의 문화적 특성을 세세한 데까지 점검하면 성공 가능성을 높일 수 있으나, 자국에서 성공한 상품이더라도 새로 진입하는 해외시장의 문화 환경과 사회적 분위기를 제대로 파악하지 못하면 시장의 철저한 외면을 당할 수 있다. 예컨대 인도에서는 여대생 성폭행 사건으로 여성의 안전 및 지위에 대한 여론이 들끓고 있는 가운데 포드사가 여성 3명을 납치해 트렁크에 싣고도 공간이 넉넉하다는 내용의 Figo 자동차 광고를 내 소비자들의 질타를 받은 바 있다.

러시아 모스크바에 진출한 롯데호텔은 '콘데 나스트 트래블러(Conde Nast Traveler)' 지의 러시아 호텔 평가에서 최고 호텔로 선정되었다. 러시아에서 성공적인 서비스 비즈니스의 모델을 선보인 롯데호텔 모스크바의 성공비결은 철저한 현지 문화의 공략과 한국식의 서비스인 것으로 분석할 수 있다. 롯데호텔은 비밀스러운 만남을 선호하는 러시아의 비즈니스 문화를 고려해 VIP 멤버십 회원들만 이용할 수 있는 사적인 공간을 마련하였다. 일반인의 출입이 제한되고 은밀한 비즈니스가 가능하도록 설계된 클럽라운지는 러시아의 폐쇄적 상류사회 문화와 잘 맞아떨어져 당초 예상보다 15배나 많은 신흥재벌과 기업 CEO 2만여 명을 가입시켰다. 또한 롯데호텔은 우리나라의 정통 인사법을 도입하여 머리 숙여 인사하는 한국식 예절과 고객에게 따스한 눈빛으로 접대하는 '정 서비스' 로, 무뚝뚝한 고객응대에 익숙해져 있었던 러시아인과 현지 관광객들의 좋은 반응을 이끌어낼 수 있었다.

다국적 서비스 기업이 해외 시장에서 성공하려면 서비스의 핵심컨셉은 유지하되 자사의 비즈니스 모델을 신흥시장의 문화에 적합하게 수정하는 것이 필요하다. KFC는 홍콩 시장에 처음 진입하였을 때 시장의 반응이 기대에 미치지 못했는데, 이는 KFC가 홍콩 사람들의 입맛을 제대로 파악하지 못한 까닭이었다. 홍콩 사람들이 튀긴 닭고기보다 삶거나 구운 닭고기를 좋아한다는 점을 알아낸 KFC는 즉시 홍콩시장에서 닭고기 조리법을 수정하였다. 일본시장에 진출한 KFC는 일본 사람들의 입맛에 양배추샐러드(coleslaw)가 너무 달다는 것을 알아내고 일본 KFC에서 판매되는 양배추샐러드의 당도를 낮추었다. 또한 일본 시장에서 성공하려면 지역 주민들의 수용이 필요하다는 일본 문화의 독특한 측면을 깨닫고 새로운 매장이 오픈할 때마다 매니저들이 지역을 돌아다니며 주민들과 일일이 인사를 하도록 하는 현지식 시장접근법을 취하였다.

맥도날드는 1988년 우리나라 시장에 진출한 이후 지속적인 현지화 노력을 기울였다. 우선 맥도날드는 우리나라 소비자의 입맛에 맞춰 메뉴의 현지화를 꾀하였는데, 불고기버거, 새우버거, 맥스파이시 등의 메뉴로 한국인의 입맛을 공략하였다. 또한 맥도날드 행운버거, 행복의 나라 등 한국인 정서에 호소하는 상품으로 마케팅 전략을 구사하였으며, 한국의 배달음식 문화에 맞게 맥딜리버리(McDelivery) 배달서비스를 제공하였다. 맥카페(McCafe) 개념은 우리나라 소비자의 고급커피 선호의 확산 시기와 맞아떨어져 햄버거와 같은 고열량 음식에 대해 비우호적인 시장 환경에서도 생존할 수 있는 힘을 제공했다. 이와 같이 해외시장에 진출하는 서비스 기업의 성공은 글로벌 효율성뿐 아니라 현지 문화에 대한 유연성과 적응력을 얼마나 갖추었느냐에 달려있다고 말할 수 있다.

사 례

■한국 시장에서 실패한 월마트

미국 월마트는 WTO 협정의 서비스업 자유화 물결 속에서 1998년 한국 시장에 야심차게 진출하였다. IMF 이후 당시 국내시장은 '가격파괴', '유통경로 파괴'의 조류 속에서 저렴한 소비자를 구매하려는 소비자들에게 할인마트의 개념이 큰 호응을 받고 있던 때였다. 월마트는 한 때 전국에 걸쳐 16개 매장을 운영하였으나 결국 10년도 못채우고 국내시장에서 철수해야만 했다. 월마트가 한국시장에서 실패한 원인은 무엇일까? 김주태, 김장원(2013)은 월마트의 한국시장 실패원인을 다음과 같이 분석한다.

첫째는 입지 문제이다. 미국의 경우, 가정에서 멀리 떨어진 쇼핑센터를 이용하여 한 번에 많은 양을 구입하는 반면, 우리나라 소비자들은 가까운 곳에서 소량을 빈번하게 구입하는 경향이 있다. 소비자의 접근성이 높은 부지를 확보하지 못한 월마트는 매장 입지 측면에서 불리한 위치에 있었다.

둘째는 매장환경의 문제이다. 미국의 할인점은 면적이 넓고 천정이 높은 창고형 매장에 높은 진열대까지 상품을 쌓아 놓고 있으나 우리나라 소비자는 편안하고 쾌적한 매장환경과 아기자기한 분위기, 그리고 눈높이에 맞는 상품 진열을 선호한다.

셋째는 상품 구색의 문제이다. 미국 월마트는 저가격 상품 일색이지만 국내 할인마트 고객들은 고급 상품에 대한 욕구가 강하다. 즉 합리적인 가격에 상품을 구매하려는 욕구뿐 아니라 고급 소비재에 대한 니즈가 존재하는 것이다. 월마트는 이러한 국내 소비자의 기대와 요구에 부응하지 못하였다.

넷째는 소비자들의 서비스 니즈 충족 문제이다. 미국에서는 인건비 및 운영비용을 절감하여 많은 물건을 싼 가격에 공급하는 방식을 채택하고 있지만, 국내 소비자들은 할인점에서 직원의 친절한 서비스와 안내를 원한다.

마지막으로는 월마트가 한국 소비자들의 쇼핑 습관을 제대로 이해하지 못하였다는 문제가 있다. 우리나라 소비자들은 가족과 함께 할인점에서 쇼핑을 할 뿐 아니라 식사와 오락 등도 동시에 해결하는 원스톱 서비스를 원하는데 월마트는 이를 간과하였다.

저가격, 저 서비스를 표방하는 월마트 특유의 경영방식은 한국 소비자의 세밀한 서비스 니즈와 고급취향에 부응하지 못하였다. 자국 중심의 관리 및 운영방식에 익숙해져 있었던 월마트는 우리나라의 쇼핑문화를 제대로 이해하지 못하고 한국소비자의 눈높이에 맞추지 못한 결과 고전을 면치 못하다가 2006년 모든 영업권을 이마트에 넘기고 한국시장에서 철수했다.

사 례

■ 육류를 기피하는 인도에서 최대 체인으로 자리잡은 맥도날드

KOTRA(대한무역투자진흥공사)는 인도 최대 패스트푸드 체인의 자리를 차지한 맥도날드의 마케팅 전략을 분석했다. 종교적인 이유로 육류섭취를 기피하는 인도에서 맥도날드가 최대 체인이 될 수 있었던 것은 현지 문화와 정서를 고려한 적극적인 현지화 노력 때문이라고 할 수 있다.

우선 맥도날드는 인도인의 입맛을 고려하여 채식자를 위한 다양한 메뉴를 개발하였다. 1996년 인도 진출 당시에 현지인을 위한 메뉴가 없었던 맥도날드는 맥베지, 맥스파이시 빠니르, 빅스파이시 빠니르 랩 등과 같은 채식 메뉴를 개발하여 큰 수익을 올렸다. 또한 인도인의 식단에 자주 오르는 감자, 커티지 치즈(cottage cheese) 및 인도 양념을 사용한 메뉴를 개발해 고객의 폭넓은 입맛을 사로잡았다. 맥도날드는 인도인 대다수의 종교적 신념과 문화를 존중하여 육류 메뉴는 닭고기, 양고기, 그리고 생선살로 재료를 바꾸었다.

맥도날드는 인도인의 문화를 고려한 혁신적인 마케팅을 전개했다. 우선 인도 애니메이션과 영화 캐릭터를 활용한 마케팅 전략이 유효했는데, 인도 어린이들에게 선풍적인 인기를 끄는 인도 토종 애니메이션 '초따 빔'과 제휴해 학용품 등으로 구성된 '초따 빔' 패키지 상품을 판매하여 시장의 호응을 얻었다. 또한 인도의 인기 배우 샤룩칸이 주연한 영화 '라원'의 미니어쳐 로봇 장난감이 동봉된 해피밀을 출시하기도 하였다.

인도 문화 양식에 친화적인 이미지를 구축한 점도 시장의 반응을 이끌어냈다. 인도인은 일상에서 '인도에서 유래한'이라는 포괄적인 의미를 가진 단어 '데시(desi)'를 즐겨 사용한다. 생활 속의 인도 문화를 차용하는 '데시 스타일' 마케팅은 문화적 자부심이 강한 인도인에게 동질감 및 친근함을 주며 심리적으로 아주 가깝게 다가가는 효과를 볼 수 있다. 힌두어 단어를 광고에 사용하는 방법도 직접적으로 의미를 전달하고 소비자에게 제품의 이미지를 쉽게 각인시키는 효과를 얻었다. 맥도날드의 '맥알루 띠끼'(감자 커틀릿 버거)는 그 한 예이다.

맥도날드의 광고가 현지인의 정서를 자극하지 않는다는 점도 현지화에 성공한 전략으로 분석된다. 현지의 생활습관, 특히 식문화에 대한 접근은 조심스러워야 한다. 한 예로 켈로그는 인도 진출 초창기에 인도인의 아침식사가 건강식이 아님을 지적하는 내용의 광고로 주부들을 불쾌하게 만들었고 결과적으로 매출이 급격히 저하된 사례가 있다. 맥도날드는 인도인의 정서를 고려하여 노골적인 기업이미지 광고는 지양하는 동시에 사회적 책임감을 가지고 지역 사회의 발전에 힘쓰는 브랜드 이미지를 전달하기 위해 노력했다.

KOTRA는 분석보고서에서 "다국적기업은 현지 문화와 동화될 필요가 있으며 현지인의 생활 습관 및 성향 등 전반적인 문화코드에 대한 이해가 필수적"이라고도 결론내렸다.

애니메이션 '초따 빔'

맥도날드 맥베지 버거

빅스파이시 빠니르 랩 세트

6. 하위문화

1) 하위문화의 개념

한 사회 안에서 일반적으로 통용되는 가치관과 행동양식을 전체 문화(total culture)라 할 때, 그 문화의 내부에 존재하면서 독자적 특질과 정체성을 보여주는 소집단의 문화를 하위문화(subculture)라고 한다. '부분문화'라고도 부르는 하위문화는 어떤 사회의 지배적 문화에 대해 그 사회의 일부 집단에 공통하는 특유의 가치 기준에 의해 형성된 세분화된 문화이다. 하위문화 집단은 특정 계층, 세대, 직업이나 종교, 인종, 지역 등을 기초로 구축되는데, 청소년문화, 부유층문화, 기독교문화, 경상도문화 등이 그 예이다. 미국의 경우, 흑인문화, 유태인 문화, 히스패닉 문화, 한국교민 문화 등 다양한 인종 별 문화가 존재한다. 또한 미국 펜실베이니아 주에는 아미쉬(Amish) 마을이라는 독특한 공동체가 있는데 이곳은 미국에 있지만 가장 미국적이지 않은 곳으로 이곳 주민들은 엄격한 종교적 규율에 따라 전기, 자동차 등 문명의 이기를 거부하고 마치 18세기 말처럼 생활한다.

2) 하위문화 별 서비스 마케팅 전략

다양한 문화영역별 세분시장에 침투하기 위해서는 각 하위문화 구성원들의 특성과 취향에 맞춘 마케팅 전략을 개발해야 한다. 예를 들어 미국의 백화점 JC Penney는 가족행사, 축제를 강조하는 광고로, 또 맥도날드는 15세가 되는 소녀의 생일축하행사(quinceanera)를 내용으로 하는 광고컨셉으로 히스패닉 계 소비자의 정서에 호소할 수 있었다. 샌프란시스코에 위치한 'The United Savings Bank'는 은행 지점의 내부 장식에 붉은 색과 금색을 사용하여 중국문화권 고객에게 어필하고자 하였다.

서비스 기업은 주요 표적시장이 되는 사회계층의 생활과 취향에 영향을 미치는 문화 코드를 이해하고 이를 마케팅 전략의 기초로 활용할 필요가 있다. 예컨대 하얏트 호텔 코퍼레이션은 장기간 휴가를 즐기거나 비즈니스 여행을 하는 상류층 고객을 겨냥한 장기 투숙형 올스위트 호텔 '하얏트 하우스'의 개념을 개발했다. 하얏트 하우스는 주요 타깃 고객층의 생활양식을 반영하여 주문형 아침식사 서비스(made-to-order breakfast service)를 제공하고, 피트니스룸 운영시간을 밤늦게까지 연장하며, 커피숍 같은 분위기에서 어울리기를 즐기는 고객의 욕구를 감안하여 호텔 내에 업그레이드된 사교공간을 마련하였다. 또한 상류층 고객의 주거취향에 맞게 객실에 다기능 아일랜드 식탁을 설치하고 테라스에 화덕을 설치하여 다른 장기투숙호텔들과 차별화를 꾀하였다.

서울의 특급호텔들은 매해 빠르게 증가하는 중국인 관광객을 겨냥하여 중국어를 구사하는 직원을 고용하는 것은 물론, 객실안내문과 레스토랑 메뉴를 중국어로 제작하고 별도의 중국어 웰컴레터를 마련한다. 또한 중국인 고객이 객실에서 중국 가정식을 즐길 수 있도록 룸서비스 메뉴에 중국 가정식 메뉴를 추가하고 중국인들이 선호하는 컵라면을 미니바에 추가하며, 차를 많이 마시는 중국인의 특성을 고려하여 객실에 별도의 차 주전자를 비치해 놓기도 한다.

또한 호텔에서는 이용고객층의 다양한 문화 코드와 변화추세를 파악하여 이를 서비스 상품 개발에 활용한다. 예컨대 주말 브런치 문화의 확산은 호텔 레스토랑의 다채로운 브런치 메뉴 개발로 이어졌다. 또한 여성고객이 호텔의 중요한 세분시장으로 인식되면서 골드미스를 위한 파자마 파티 패키지, 모녀를 위한 특별 패키지, 출산을 앞둔 예비엄마의 베이비 샤워 파티 서비스 등이 소개되고 있다. 부유층의 문화를 반영하여 와인 페스티벌과 세계의 맥주 페스티벌, 결혼 프로포즈 이벤트, 약혼식 서비스 등이 호텔에서 제공되고 있으며, 뮤지컬이나 음악회 등의 문화상품과 연계한 다양한 패키지 상품들이 판매된다. 또한 최근에는 재혼의 증가와 함께 가까운 친지만을 초대하여 소규모 결혼식을 올리기 원하는 웨딩문화 추세에 따라 서울의 주요 호텔들은 고급스러우나 규모가 작은 공간들을 마련하여 웨딩 서비스를 제공한다.

2 사회계층

모든 사회에는 여러 계층의 지위와 역할을 담당하는 구성원들이 있다. 사회계층(social stratum)이란 한 사회 내에서 같은 수준의 지위를 차지하는 사람들의 집단을 말한다. 동일한 사회계층에 소속된 사람들은 다른 계층의 사람들과 비교하여 서로 유사한 가치관과 행동패턴을 나타내는 경향이 있다. 마케팅에서 소비자들을 사회계층에 따라 세분화하는 이유는 동일한 사회계층에 소속된 사람들은 일정 측면에서 유사한 소비성향을 보일 것이라는 기본 가정에 의한 것이다. 따라서 많은 서비스 상품들의 마케팅 활동은 특정 사회계층을 초점으로 하여 전개된다.

1. 사회계층의 영향

사회계층은 소비자 행동에 많은 영향을 미친다. 소비자는 다른 사회계층에 속하는 사람들보다 같은 사회계층에 속하는 사람들과 영향을 주고받을 가능성이 더 큰데, 그것은 사람들이 같은 사회계층에 소속된 사람들과 주로 상호작용을 하기 때문이다. 특별히 다른 사회계층의 사람들과 어울리려는 노력을 기울이지 않는다면 사람들은 자연스럽게 자신과 비슷한 소득수준과 교육수준의 사람들과 친구와 이웃, 직장동료가 되어 이들과 관계를 맺으며 살아가게 된다.

높은 사회계층에 소속된 사람들이 그 보다 낮은 사회계층 소비자의 사고와 행동에 영향을 미치기도 한다. **낙수효과**(trickle-down effect)란 상류층에서 출발한 소비행태가 그보다 아래 위치한 사회계층에 의해 모방되어 가는 현상을 말한다. 소비행태에서 상향확산보다는 하향확산이 주로 이루어지는 것은 낮은 사회계층이 더 높은 사회계층의 행동과 문화를 모방함으로써 자신의 사회적 위치를 높이려는 열망을 갖기 때문이다. 소비자들은 자신보다 높은 사회계층이 이용하는 상품이나 서비스를 보고 이를 장래 자신의 상품선택의 지침으로 삼는다. 예컨대, 예전에는 최상류층만이 호텔에서 결혼식을 올리고 해외여행을 즐겼으나 현재는 이러한 서비스 소비행동이 이하 계층에까지 일반화되었다.

간혹 하류계층에서 시작된 문화나 소비행태가 상류계층으로 확산되는 현상이 발생하기도 하는데, 이를 **지위표류현상**(status float)이라고 부른다. 예컨대 청바지와 힙합바지, 문신, 햄버거 등은 본래 하위계층 혹은 노동자 계급에서 출발하였다가 전체 시장으로 확산된 것이라고 할 수 있다.

2. 사회계층의 특성

1) 사회계층에는 서열이 있다

개성, 문화, 라이프스타일 등 소비자특성 변수들은 서로 다른 유형들로 구성되어 있을 뿐 상하 구분은 없다. 그러나 사회계층에는 서열과 계급이 존재하며 상위 계층의 사람들이 있는가 하면 하위 계층의 사람들이 있다. 현대의 사회시스템에서는 더 이상 왕족-귀족-평민-천민 등의 신분이 과거와 같은 의미를 갖지는 않지만, 또 다른 형태의 사회적 위치와 서열이 존재하는 것이 사실이다. 사회계층의 분류는 나라마다 다른데, 어떤 나라에서는 군인이, 어떤 나라에서는 성직자가, 또 어떤 나라에서는 관료나 부자가 높은 서열을 차지한다.

2) 사회계층은 다차원적이다

과거의 계급사회가 주로 혈통에 의해 신분이 나누어졌다면, 현대의 사회계층은 이와 같은 단일차원에 의해 범주화되지 않는다. 사회계층은 많은 구성요소들로 형성되는 다차원적인 성격을 지닌다. 일반적으로 사회계층의 개념을 부의 수준과 결부시키는 경향이 있으나, 사회계층은 그 어느 하나의 기준으로 결정될 수 없다. 사람들이 열망하는 상위계층의 자리는 단순히 개인의 소득수준이나 재산으로 얻어지지 않기 때문이다.

3) 사회계층은 동태적이다

개인의 사회적 신분은 과거 폐쇄적인 계급존속의 시대와는 달리 계층 간 이동이 가능하다. 최근 부와 가난의 대물림 현상과 더불어 개인의 사회계층간 이동의 범위가 축소되고 이동시간이 길어지는 경향이 발생하고는 있지만, 한국 사회는 여전히 개인의 노력여하에 따라 계층 이동이 자유로운 개방사회라고 할 수 있다. 출생과 동시에 신분이 결정되는 카스트 제도가 남아있는 인도와 같은 나라와 비교하면 말이다. 인도의 카스트제도에는 ① 브라만(성직자, 귀족), ② 크사트리아(무사), ③ 바이샤(농민, 상인, 장인), ④ 수드라(노동자, 하인)라는 네 개의 주요계급이 있고 최하위에 불가촉천민(untouchables)이 있는데, 근대화와 교육의 영향으로 카스트제도의 영향력이 약화되었지만 아직도 많은 인도인들의 일상생활에 제약이 되고 있는 것이 사실이다.

4) 사회계층 간 교류는 제한적이다

사람들은 자신과 유사한 사회계층에 소속된 사람들과 함께 있을 때 가장 편안함을 느낀다. 소속감과 동질감을 느끼며 종종 공통적인 관심사가 있기 때문이다. 따라서 동일한 사회계층에 속한 사람들과는 상호 유대관계를 긴밀히 유지하지만, 다른 계층의 구성원들과는 원활한 관계를 형성하거나 지속시켜나가지 못하는 경향이 있다. 이와 같은 현상은 다른 계층의 사람들과의 교류 기회를 제한하는 결과를 가져온다. 서비스 상품과 관련한 소비자의 커뮤니케이션 또한 동일한 사회계층 내에서 주로 이루어진다고 볼 수 있다.

5) 사회계층은 개인의 행동에 준거틀이 된다

특정 사회계층에 소속된 사람은 해당 계층에서 통용되는 행동규범을 자신의 가치관 및 행위의 준거점으로 삼는다. 소비자는 자신을 스스로 특정 사회계층에 소속시키고 그 집단에 어울리는 행동을 하려는 경향이 있다. 사회계층은 소속 구성원의 행동에 대한 구속력을 지니므로, 특정 사회계층에 소속된 사람들은 그들의 행동패턴에 있어 유사성을 띠게 된다. 이들이 구매하는 상품은 자신이 속한 사회계층을 표현하는 상징물들이다. 이러한 측면에서 소비자는 각종 상품들을 소도구로 하여 사회라는 무대에서 자신의 사회적 역할을 충실히 연기하고 있는 배우라고 할 수 있다.

3. 사회계층의 결정요인

앞에서 명시된 바와 같이 사회계층은 단일변수에 의해 결정되는 것이 아니라 여러 가지 요소들의 복합적 작용에 의해 결정된다. 즉 단순히 개인이 얼마나 돈이 많고 높은 지위에 있느냐에 의한 것이 아니라 얼마나 타인의 열망과 존경을 받는 사람이냐에 따른 것으로서, 개인의 자원, 활동, 생활수준, 지식과 교양 등을 기초로 서열이 결정되는 것이다. 사회계층을 결정하는 요인은 사회의 특성과 가치관에 따라 달라질 수 있는데, 우리나라 사회에서는 대체로 다음과 같은 요인들을 포함한다.

1) 소득수준과 재산

소득수준과 재산은 개인의 구매력과 소비수준, 그리고 라이프스타일을 결정한다. 현재와 같이 배금주의가 팽배한 사회에서 개인이 보유한 재산과 소득수준, 그리고 그로 인한 경제적 풍요는 그 사람의 사회적 위치를 결정하는 핵심적 요소가 된다.

2) 교육수준

개인의 교육수준은 그 사람의 교양과 사고능력, 전문성을 요하는 과업의 수행능력, 사회적 네트워크 등을 결정한다. 정규 전문교육의 정도와 출신학교, 전문지식, 자격증 등은 개인의 사회계층을 구분하는 중요한 지표이다.

3) 직업

직업의 전문성, 사회적 공헌도 및 영향력, 그리고 개인의 직급이 높을수록 높은 사회적 지위를 부여받을 수 있다. 한국사회에서는 공무원과 교사, 그리고 연예인 등의 직업이 과거와 비교하여 매우 위상이 높아졌으며, 중국이나 일본과 같은 나라와 비교할 때 종교지도자의 위치가 높게 평가된다고 할 수 있다.

4) 개인적 성취도와 인지도

동일한 직업 및 직위를 가졌다 할지라도 그 영역에서 개인적으로 탁월한 성과를 거둔다거나 사회적 인지도와 위상이 높은 사람에게는 보다 높은 사회적 지위가 부여된다.

5) 주거지 및 주거형태

개인이 거주하는 주거지 및 주거형태도 사회계층 범주화의 중요한 기준이 된다. 주로 부유층이 모여 사는 지역에 거주하며 부동산 가치가 높은 주택을 소유하고 있는 경우, 상위 사회계층으로 간주된다.

6) 가문

다른 조건이 동일한 경우, 대대로 내려오는 명문가 출신은 자수성가형 인물보다 높은 사회계층 점수가 부여된다.

7) 사회활동 및 타인에 대한 영향력

각종 사회활동에 활발히 참여하고 소속집단에서 지도력을 발휘하는 사람은 소극적이고 교제의 범위가 좁은 사람보다 상위 사회계층으로 평가된다. 활동의 범위와 타인에 대한 권위 및 영향력의 크기가 크기 때문이다. 이타적 태도를 가지고 봉사활동, 기부활동을 하거나 자신의 삶을 희생하는 사람들 또한 타인의 존경을 받게 된다.

8) 사교활동

개인적 사교활동의 질과 수준도 그 사람의 사회계층을 결정하는데 영향을 미친다. 사회계층이 높은 사람들과 대인관계를 갖는 사람은 그 사람의 사회계층 또한 높게 평가된다.

9) 가치관과 교양

사회적으로 바람직하고 보편적인 가치관과 윤리관을 가지고 이를 행동으로 실천하여 다른 이들에게 모범이 되는 사람들은 사회에서 존경을 받는다. 돈이 많고 높은 지위에 있는 사람일지라도 교양과 인격, 그리고 도덕성을 갖추지 않으면 진정한 사회지도층으로 인정받을 수 없다.

10) 생활양식과 소비수준

활발한 소비를 하고 여행, 레포츠 등 다양한 서비스를 경험하며 풍요롭고 다채로운 삶을 살아가는 사람들은 그렇지 않은 사람보다 높은 사회계층으로 간주된다. 재산은 많아도 극도로 돈을 아끼며 궁색하게 살아가는 자린고비형 부자는 높은 질의 삶을 향유하는 부유층 소비자들과 비교하여 사회계층에서 하위를 점하게 된다.

4. 사회계층의 측정

1) 주관적 측정방법

주관적 측정방법(subjective measures)은 개인이 자신의 사회계층을 스스로 판단하여 보고하도록 하는 방법이다. 이 방법은 개인의 사회적 계층의식에 의존하는 방법으로, 사회계층의 가장 간단한 측정방법이라고 할 수 있다.

우리나라 통계청은 한국의 사회계층 조사를 위해 주관적 측정방법을 사용하였다. 이 조사는 가족을 단위로 하여 가구주를 대상으로 "당신은 소득, 직업, 재산, 교육수준 등을 감안했을 때 우리 사회에서 어느 계층에 속한다고 생각하십니까?"라고 질문하였다. 그리고 응답자로 하여금 ① 상상, ② 상하, ③ 중상, ④ 중하, ⑤ 하상, ⑥ 하하의 6개 사회계층 중 하나에 표시하도록 하였다.

주관적 측정방법은 개인이 사회의 계층구조 내에서 자신이 속한 위치를 정확히 알고 있을 것이라는 것을 가정한다. 그러나 사람들은 자신의 사회계층을 객관적으로 판단하지 못하는 경우가 많으며, 설사 그렇다 하더라도 정직하게 답변하지 않을 수가 있다. 주관적 방법을 사용하여 사회계층을 측정하면 중류층이 지나치게 비대하게 나오거나 하향 편향의 경향을 나타낸다는 문제가 있다. 예컨대 2013년 12월 약 18,000명의 가구주를 대상으로 한 통계청 조사에서는 조사대상의 47%가 "나는 하층민"이라고 응답하여 중산층의 51%에 육박하고 있는 것으로 나타났다.

[그림 11-1] 사회계층 구조의 유형

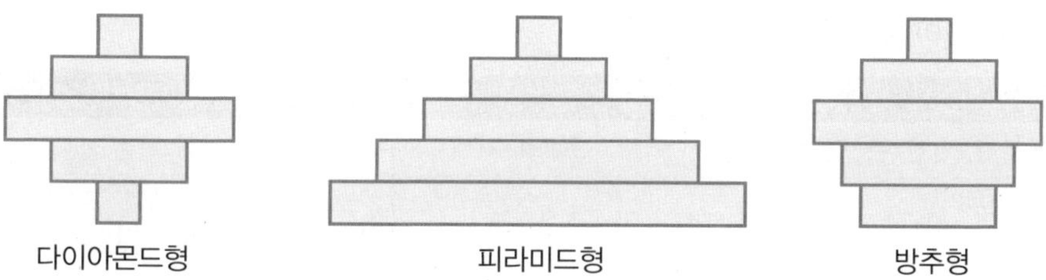

2) 평판이용법

평판이용법(reputational measures)은 사회공동체의 한 일원이 다른 구성원의 사회계층을 평가하도록 하는 방법이다. 특정 사회집단의 사회계층 구조를 파악하기 위해 평판이용법을 사용하는 경우, 조사자는 평가집단을 선택하고 그 집단 소속원들을 가장 잘 파악하고 있다고 판단되는 사람들로 하여금 타인의 사회계층을 평가하도록 한다. 이 방법은 지역사회에서 인지도와 영향력이 있는 사람들을 파악하려고 할 때 효과적이다. 그러나 평판이용법은 조사응답자가 해당 인물의 집단 내 파워와 계층적 지위에 대해 정확히 알고 있어야 하므로 비교적 좁은 지역에서만 실효를 거둘 수 있다는 한계점이 있다.

3) 객관적 측정방법

객관적 측정방법(objective measures)은 객관적 지표들을 사용하여 사회계층을 조사하는 방법이다. 한 사회집단의 구성원들을 다양한 계층으로 분류하는 과정을 사회적 계층화(social stratification)이라고 하는데, 현재까지 사회적 계층화 작업을 위해서 다양한 사회계층지수가 개발되어왔다. 이 책에서는 지난 수년간 가장 널리 사용되어 온 워너의 지위특성지표(ISC)와 콜먼-레인워터의 사회지위계층(SSH)을 소개하기로 한다.

Warner의 지위특성지표(ISC) Warner의 지위특성지표(ISC: Index of Status Characteristics)는 직업, 소득의 원천, 주거형태, 주거지역이라는 4개 변수에 따라 사회계층을 측정한다. 이 네 개 요인은 7단계로 나누어지며, 각 요인들은 상이한 가중치를 가진다. 조사응답자들은 각 요인에 대해 1점부터 7점 사이에 자신의 등급을 매기는데, 각 변수의 점수에 가중치를 더한 것의 합계가 개인의 ISC 지수가 된다(표 11-2).

Warner는 개인의 ISC 지수에 따라 사회계층을 ① 최상류층(upper-upper class), ② 상류층(upper class), ③ 중상층(upper-middle class), ④ 중하층(lower-middle class), ⑤ 하류층(upper-lower class), ⑥ 최하류층(lower-lower class)의 6개 사회계층으로 분류하였다. 미국사회를 대상으로 한 Warner의 사회계층분류 결과는 [표 11-3]과 같다.

[표 11-2] Warner의 지위특성지표

점수	직 업(가중치: 4)	소득원(가중치: 3)	주택유형(가중치: 3)	주거지역(가중치: 2)
1점	전문직, 기업주	상속재산	초호화 저택	매우 양호: 훌륭한 부촌
2점	준전문직, 기업임원	본인이 번 재산 소득	호화주택	양호: 교외 고급주택지, 고급 아파트, 넓은 정원이 있는 단독주택
3점	사무직, 회계	급여(Salary)	고급주택	평균이상: 집주위의 공간이 확보된 주거지, 좋은 아파트
4점	숙련된 노동자	임금(Wage)	평균주택 (Average)	평균: 보통의 주거환경, 낙후되지 않은 지역
5점	소규모 자영업자	이윤, 수수료	적당한 주택 (Fair)	평균이하: 상업지구화되어 주거환경이 악화되기 시작한 지역
6점	반숙련 노동자	사적인 생계비보조	열악한 주택	열악한 지역: 상당히 낙후되고 쇠퇴한 준빈민가
7점	미숙련 노동자	정부의 생계비보조	불량한 주택	매우 열악한 지역: 빈민가

※ ISC 점수 = (직업 × 4) + (소득원 × 3) + (주택유형 × 3) + (주거지역 × 2)

[표 11-3] Warner의 사회계층분류

사회계층	ISC 점수범위	인구구성비
최상류층(Upper-Upper Class)	12~17	1.4%
상류층(Upeer Class)	16~24	1.6%
중상층(Upper-Middle Class)	25~37	10.2%
중하층(Lower-Middle Class)	38~50	28.8%
하류층(Upper-Lower Class)	51~62	33.0%
최하류층(Lower-Lower Class)	63~84	25.0%

Coleman-Rainwater의 사회지위계층(SSH) Coleman & Rainwater는 Warner의 지위특성 지표를 보다 현대사회에 맞게 수정하여 사회지위계층(SSH: Social Standing Hierarchy) 분류체계를 개발했다. Coleman-Rainwater의 분류지표가 Warner의 지표와 다른 점은 조사항목에 교육수준 변수를 포함시키고 직업 변수에 더욱 높은 가중치를 부여하여 사회적 계층분류의 중요한 기준으로 삼았다는 점이다. 이것은 현대사회에서 개인의 교육수준과 직업 유형이 계층 간 파워와 권위의 차이를 더욱 크게 발생시킨다는 판단에 의한 것이다.

Coleman-Rainwater의 분류는 규모가 작은 상위계층을 최상류층(0.3%)와 상류층(1.2%)로 세분화시켰다는 특징이 있다. 이 상위 두 집단은 사회의 특권 계층이라고 볼 수 있는데, 특히 최상류층은 최고가 사치품의 주요 구매자이며 최고급 서비스시장의 '큰손' 역할을 하는 소비자군으로서 'VVIP 마케팅'의 대상이 된다. 최상류층은 상류층과 비교하여도 소득수준과 구매력이 현저히 높고 소비행태에서도 또 한 층 차이를 나타내므로 마케터가 별도의 집단으로 관리할 필요가 있다. 또한 Coleman-Rainwater의 사회지위계층 분류는 중류층을 화이트컬러 중산층과 블루컬러 근로층으로 세분하여 두 계층 간에 직업과 가치의 차이가 존재함을 나타내었다.

Coleman은 후에 CSI(Computerized Status Index)를 개발하였는데 그 코딩체계는 [표 11-5]와 같다. CSI는 교육수준, 직업, 거주지역 및 소득이라는 네 가지 요인에 따라 소비자의 사회계층을 분류하는 방법으로서, 조사 실시가 좀 더 용이하다는 장점이 있다. Coleman은 소비자를 사회계층 별로 분류한 후 각 사회계층 집단 내 소비자들을 소득에 따라 다시 세분화할 것을 제안하였다. 같은 사회계층 내에서 집단의 평균소득보다 높은 소비자들은 고특권집단(the oveprivileged)으로, 그리고 평균소득보다 낮은 소비자집단은 저특권집단(the underprivileged)으로 분류하여 접근함으로써 그들의 소비행태에 좀 더 근접한 마케팅 전략을 적용할 수 있다는 주장이다.

[표 11-4] Coleman-Rainwater의 사회지위계층(SSH)

대분류	소분류	인구분포	프로파일
상류층	최상류층(Upper-Upper)	0.3%	세습부유층. 자본가 층으로 많은 유산과 귀족적 호칭을 갖고 있음.
	상류층(Lower-Middle)	1.2%	신흥 사회엘리트층. 성공한 전문직 종사자, 최고경영자
	중상층(Upper-Middle)	12.5%	대졸출신의 관리자 및 전문직 종사자. 사적 모임을 즐기며 특정 신념이 있고 예술에 관심과 조예.
중류층	중산층(Middle Class)	32.0%	평균임금의 화이트컬러 종사자. 동일 수준의 블루컬러층. 비교적 양호한 주거환경.
	근로층(Working Class)	38.0%	평균임금의 블루컬러 종사자. 블루컬러층의 라이프스타일 주도.
하류층	빈민층(Lower Group of People but the Lowest)	9.0%	상대적 빈민층. 사회보장에 의존. 생활수준은 한계수준을 약간 상회. 행동중심적 성향.
	최하류층(Real Lower Lower)	7.0%	절대적 극빈층. 절대적으로 사회보장 정책에 의존. 실업상태 혹은 3D업종에 종사. 범법자가 많음.

[표 11-5] CSI 사회계층지수*

구분	항목	점수
학력(Education): 본인과 배우자	■ 중졸 (8년 이하)	1
	■ 고교중퇴(9~11년)	2
	■ 고졸(12년)	3
	■ 1년 초급대학/전문대학	4
	■ 대학중퇴	5
	■ 4년제 대학 졸업	7
	■ 석사학위	8
	■ 박사학위	9
가장의 직업 수준 (Occupation Prestige Level of Household Head)	■ 장기간 실직, 일용직, 비숙련공, 복지혜택 의존	0
	■ 고용상태이나 반숙련직, 수위, 최저임금 공장직공, 주유소 서비스직	1
	■ 중간숙련 조립계열직, 버스/트럭 운전사, 경찰, 소방관, 택배직원 등	2
	■ 숙련공(전기기사), 공장 감독, 저임금 판매원, 사무보조, 우편집배원	3
	■ 소규모 자영업(종업원 2~4명), 기술직, 판매원, 평균임금 공무원	4
	■ 중간 관리자, 교사, 사회복지사, 준 전문직	5
	■ 기업임원, 중간규모 사업체 사장(종업원 10~20), 일반 전문직	7
	■ 대기업 CEO, 성공한 전문직 종사자(유명 의사, 변호사), 부유한 기업인	9
거주지역, 이웃 (Area of Residence, Immediate Neighborhood)	■ 빈민가, 구제 대상자나 일용직 노동자들의 주거지	1
	■ 빈민가는 아니지만 매우 열악한 주거환경: 노동자들이 이웃	2
	■ 일부 사무직 근로자와 블루컬러들의 주거지	3
	■ 화이트컬러와 고임금 블루컬러들의 주거지	4
	■ 고임금 화이트컬러 주거지: 고위 관리층 일부 거주, 블루컬러는 없음.	5
	■ 고급주거지: 전문직 종사자와 고소득 관리자들의 주요 이웃	7
	■ 최고급 부촌	9
총가계 연소득** (Total Family Income per year)	■ $5,000 미만	1
	■ $5,000~$15,000 미만	2
	■ $15,000~$25,000 미만	3
	■ $25,000~$40,000 미만	4
	■ $40,000~$60,000 미만	5
	■ $60,000~$90,000 미만	6
	■ $90,000~$120,000 미만	7
	■ $120,000 이상	8

* 자료원: Coleman, Richard P.(1984), "The Continuing Significance of Social Class to Marketing," Journal of Consumer Research, 10(December), pp. 265-280.

** 2013년 현재 미국 연 가계소득 중앙값이 $52,000임을 감안하여 저자가 조정

5. 사회계층과 소비자 행동

사회계층은 소비자 행동의 동기로 작용한다. 소비자는 종종 자신이 특정 사회계층 소속이므로, 혹은 특정 사회계층에 진입한 느낌을 갖기 위하여 제품과 서비스를 구매한다. 본 절에서는 사회계층과 관련된 소비자 행동의 몇몇 측면들을 살펴보기로 한다.

1) 과시적 소비

Veblen은 '유한계급론(Leisure class)' 에서 부유층이 자신의 부와 지위를 남들에게 드러내기 위해 과시적 소비를 한다고 냉소적으로 말하였다. 과시적 소비(conspicuous con-sumption)란 상류층 소비자가 값비싼 제품과 서비스를 구매함으로써 남에게 자신의 신분을 표현하는 것을 말하는데, 이 때 구매된 제품과 서비스는 그의 사회계층을 나타내는 상징이 된다.

오늘날 과시적 소비는 특정 사회계층에 한정되지 않는다. 자신이 소속된 사회계층에 관계없이 남에게 지지 않으려고 허세를 부리는 행동이 다양한 소비자 계층에서 관찰되는 것이다. 소비자는 자신의 사회계층에 속하는 사람들이 전형적으로 구입하지 못하는 제품이나 서비스를 과감하게 구입함으로써 자신보다 상위의 계층에 소속된 느낌을 가지려는 경향을 나타내기도 한다. 예컨대 해외여행을 다녀오거나 골프를 치는 행위 이면에는 이러한 동기가 크게 작용하고 있는지도 모른다. 또한 부유함이 곧 지위를 나타내는 우리나라 사회에서 호텔에서 호화 결혼식을 올리는 것은 친척과 주변 사람들에게 체면을 살리고 과시를 하려는 목적이 있을 수 있다.

소비자는 지위상징물이 되는 제품이나 서비스를 이용함으로써 자신이 사회적 계층 구조에서 어떠한 위치에 있는지를 가시적으로 표현하려는 욕구가 있다. 특정 제품의 소유와 고급 서비스 이용행태는 종종 개인의 사회계층 지표로 작용하므로, 많은 사람들이 비싼 제품과 서비스라는 수단을 사용하여 더 높은 사회적 지위에 달성하고자 시도하는 것이다.

2) 사회계층의 이동

많은 사람들은 일생을 살아가면서 사회계층의 이동을 경험한다. 즉 상위계층이었던 사람이 하위계층으로, 혹은 하위계층이었던 사람이 상위계층으로 사회적 위치가 이동되는 것이다.

사회계층의 **상향이동**(upward mobility)은 원래보다 더 높은 계층의 신분으로 격상되는 것을 말하는데, 이는 보통 교육과 직업적 성취를 통해 달성된다. 중하류층 자녀들이 고등교육을 받으면서 고임금 전문직을 갖게 되거나 사업에서 성공하면서 자신의 사회적 지위를 상승시키는 것이다. 그러나 소위 '개천에서 용난다' 는 고사는 갈수록 실효성이 희박해지고 있다. 하류층은 교육기회와 경제적, 정보적 자원이 상류층보다 현저히 낮으므로 상류층 자녀와의 경쟁에서 불리한 위치에 있기 때문이다.

하위계층에서 중상위로 상향이동이 이루어진 경우 소비자의 행동은 두 부류로 나타난다. 첫째는 상위계층의 소비행태로 재빨리 적응하는 경우이며, 둘째는 과거 자신이 속했던 사회계층의 행동이 남아있는 경우이다. 자신의 성장기에 속했던 사회계층의 행동이 강하게 학습되어 과거의 소비습관을 버리지 못하는 것을 **'베벌리 힐빌리즈 현상'**(Beverly Hillbillies phonomenon)이라고 부른다. 'Beverly Hillbillies'란 뒷마당에서 석유가 터져 졸지에 부자가 된 가족이 미국의 대표적 부촌인 Beverly Hill에 이사를 와서 겪는 좌충우돌 이야기를 엮은 시트콤 제목으로서, 베벌리 힐빌리즈 현상이란 사회적 신분이 바뀌어도 과거의 소비행태에서 벗어나지 못하는 소비자 행동을 일컫는다.

한편 사회계층의 **하향이동**(downward mobility)란 소비자가 원래 소속했던 계층에서 더 낮은 계층으로 내려가는 것을 말한다. 실직이나 사업실패, 혹은 자신과 가족의 질병으로 말미암아 하위층으로 내려앉는 경우가 다수 발생한다. 고임금 직장이나 정부 고위직에서 퇴직한 사람이 자영업을 시작했다가 실패를 거듭하면서 순식간에 하위계층으로 전락하는 사례도 종종 신문기사 사회면에 등장한다. 사회계층의 하향이동은 상향이동과 비교하여 발생률이 높을 뿐 아니라 계층 간 이동속도도 빠르다고 할 수 있다.

우리나라 경제성장률의 감소와 노동인구 적체 현상으로 취업의 기회가 현저히 줄어든 지금, 자녀가 부모와 동등한 사회적 지위에 도달하기 어려운 상황이 전개되고 있는데, 이러한 상황은 종종 **지위공황**(status panic)을 초래한다. 지위공황이란 자신의 사회적 지위를 지켜내기 어렵다는 사실을 인식하는데서 오는 공포와 위기감을 뜻한다. 특히 사회적으로 성공하여 상위층 자리에 있는 부모의 자녀는 부모와 같은 지위에 오르지 못하고 중류층에 해당되는 경력에 그치는 경우가 많은데, 이러한 경우 자녀들은 부모와 자신을 비교하며 좌절과 상대적 박탈감을 맛볼 수 있다.

소비자의 사회계층이 하향 이동된 경우의 문제점은 소비수준을 올리기는 쉬워도 이를 낮추기란 매우 어렵다는데 있다. 소비자는 여태껏 누려온 삶의 질을 유지하고 자신의 명예를 지키고자 하는 욕구가 큰데, 이를 한꺼번에 포기해야 할 때 많은 고통을 느끼게 된다. 따라서 사회적 계층이 하위로 이동되어도 쉽게 생활수준을 바꾸지 못하다가 점차 경제적 압박에 따라 소비의 수준을 낮추게 된다. 이러한 경우 소비자는 자신의 사회적 신분 변화에서 오는 무력감과 우울감에서 벗어나기 위해 기분전환용 소비나 무계획적 구매를 하기도 한다.

3) 보상적 소비

삶에서 좌절과 역경을 경험한 소비자는 어떤 지위상징물(status symbols)을 획득함으로써 이에 대한 보상을 얻으려는 경향이 있다. 보상적 소비(compensatory consumption)란 소비자가 자존감의 결핍을 상쇄하려고 관심의 초점을 소비로 돌려 상품과 서비스의 구매를 통해 보상받고자 하는 구매행동을 말한다. 예컨대 자신의 경제력을 넘어서는 명품구매나 고급 커피전문점 이용행동은 위축된 심리의 보상행위일 가능성이 있다.

한 소비자 보고서에 따르면, 소비자는 자신에게 파워가 있다고 느낄 때와 없다고 느낄 때 소비행동의 차이를 나타낸다. 파워가 없다고 느끼는 소비자는 자신의 빈약한 위치를 타개할 상품을 찾는데 열중한다. 즉 나보다는 남이 어떻게 생각할 것인가를 염두에 두거나 남이 나를 얕보지 않을까 하여 특정 상품이나 서비스를 구매하는 것이다. 반면 사회적 파워를 가졌다고 느끼는 소비자는 남을 의식하는 정도가 낮고 자신의 개인적 선호에 따라 제품과 서비스를 선택하는 경우가 많다. 광고 슬로건의 선호도에 대해서도 파워 지각에 따른 차이가 발견되었는데, 자동차 광고 문구에 있어 심리적 파워감이 약한 소비자들은 "Prestige, it' s yours"(명성, 그것은 당신의 것이다)와 같은 문구에 호감을 나타낸 반면, 사회적 파워를 가진 소비자들은 "Experience a smooth ride"(매끄러운 주행감을 경험하라)를 선호했다. 자신의 사회적 신분에 대해 취약함을 느끼는 소비자는 파워추구 성향이 강하므로 '탁월함' 이나 '명망' 등 사회적 위치와 관련된 표현에 민감한 반응을 나타낸 것이다.

최근 우리나라 경제성장률의 둔화와 젊은 노동인구의 사회적 신분정체는 많은 젊은 소비자들에게 좌절과 무력감을 안겨주었다. 자신의 부모와 대등한 사회적 성공을 거두지 못하거나 직장 내 승진에서 실패를 맛본 소비자들은 이러한 실망감을 상쇄하고자 자신의 욕구를 충족시키는 소비행위를 지향한다. 또한 집을 구입할만한 여유가 없는 소비자들이 주택구입을 아예 포기하고 그 대신 고가의 자동차를 사거나 여행을 다니는 등 지위상징물을 구매하기도 한다. 이와 같은 보상적 소비는 사회계층에 대한 개인의 인식, 그리고 이에서 오는 심리적 스트레스 및 자존심 회복 욕구와 밀접한 관계가 있다고 볼 수 있다.

6. 소비자행동의 계층별 차이

본 절에서는 소비자행동의 다양한 측면들이 사회계층에 따라 어떠한 차이를 나타내는지를 살펴본다. 비교의 단순화를 위해 사회계층을 상위계층과 하위계층으로 양분하여 이 두 집단의 소비관련행동에서 나타나는 특징들을 설명하기로 한다.

1) 구매 상품과 서비스

상위계층은 상품선택에 있어 디자인과 스타일, 브랜드를 중시하는 반면, 하위계층은 편리함과 실용성을 더욱 중시하는 경향을 보인다. 또한 상위계층은 상품의 기능과 상징성을 둘 다 추구하며 과시적 소비성향을 나타내나, 하위계층은 내구성을 가장 중요하게 고려하며 실용적 동기에 의해 구매한다. 상위계층은 이미 필요한 상품들을 두루 갖추고 있으므로 유형 제품보다는 서비스의 구매 비중이 하위계층에 비해 크게 나타난다. 예를 들어, 오디오나 피아노은 이미 보유하고 있으므로 유명 오케스트라의 음악회를 찾아 연주를 듣는 행위가 중하위 계층보다 높게 나타나는 것이다.

상위계층은 지적, 문화 활동 및 여가활동 관련 서비스의 주요 고객이 되지만, 하위계층은 주로 일상생활 관련 상품 구매에 소비가 집중된다. 상위계층은 즐거움이나 편안함 등의 무형적 가치와 경험을 위해 기꺼이 값을 지불한다. 예컨대 1박에 천불이 넘는 고급호텔에서 숙박하고 비용이 많이 드는 레포츠와 취미생활을 즐기는 것이다. 그러나 하위계층 소비자는 무형적 가치보다 유형적 실체가 존재하는 물리적 상품을 구매하기 원한다. 유형적 실체가 남지 않는 무형적 가치나 경험을 구매하는 것은 낭비로 인식하는 까닭이다.

소비양극화 현상

소비양극화 현상이란 소득계층간의 소비 격차를 일컫는 말로서 소비자 집단 간 소비 수준이 양극단으로 치닫는 현상을 말한다. 소득수준이 높은 상위계층일수록 고급 사치재나 외제품의 소비가 크며 저가 생필품 소비를 주로 하는 저소득 계층에 비해 높은 소비수준을 유지하게 되는 소비의 '부익부 빈익빈' 현상이다.

현재 우리나라 사회는 경기 침체의 장기화로 중산층 이하 서민들은 생필품에도 지갑 열기를 주저하는 반면, 고급소비 능력을 갖춘 상위계층의 씀씀이는 증가하여 골프장, 항공비, 귀금속 등 고가품목 소비의 규모는 증가하는 소비 양극화 현상이 심화되고 있다. 2013년 말 한국은행이 집계한 '소비유형별 개인 신용카드 사용현황' 자료에 따르면, 개인 소유 카드로 결제된 그린피(골프장 사용료) 사용액은 1조6024억 원에 달했으며 국내 · 국제선 비행기티켓 구매 등 항공료로 사용된 개인카드 결제액은 2조3085억 원이었다. 우리나라 국민의 해외 여행지급 총액은 60억 달러를 돌파하였으며 해외 카드 사용액도 사상 최고치인 27억1000만 달러를 기록했다.

고소득층이 여유로운 삶에 많은 돈을 쓰고 있는 한편, 저소득층은 부족한 소득으로 기본생활 영위에도 급급한 실정이다. 통계청에 따르면 월소득 100만원 이하 가구(전국 2인 이상 기준)의 지출 중 식료품 · 비주류 음료, 주거 · 수도 · 광열, 보건 등 의식주와 질병 치료 등에 들어간 소비 비중은 51%에 달하였는데, 월소득 600만 원 이상 가구의 지출 중 이들 세 품목에 들어간 비중은 23%에 불과했다.

소비양극화 현상으로 인해 시장에서 판매되는 상품 또한 양극화되고 있다. 너무 비싼 상품이나 너무 싼 상품만 있을 뿐 중간수준 상품이 사라지고 있는 것이다. 사치품이나 싸구려 상품만 판치는 시대에서 소비자들은 적당한 물건이 없다고 푸념한다. 한 끼 식사비보다도 싼 시계, 저가의 패스트패션 의류가 쏟아지는 사이 중고가 제품의 시장을 담당했던 국내 중견업체는 줄도산하고 있다. 그러는 사이 품질이 보증되지 않은 값싼 수입산 상품들만 넘치고 있다. 대신 명품의 지위는 초고가 해외 제품들로 완전히 넘어간 모습이다. 품질 좋은 상품을 원하는 수요가 모두 사치품 시장으로 흡수되면서, 경기 불황에도 불구하고 해외 사치품들은 명품이란 인식으로 한국 시장에서 승승장구하고 있다.

소비자가 비싼 사치품이나 싼값에 열광하는 사이, 다양성과 품질 같은 가치가 시장에서 과소평가되고 있다. 소득 양극화로 인해 심각한 소비양극화와 상품양극화가 초래되고 있는 것이다.

2) 유통

상위계층과 하위계층은 점포선택 행동에서도 차이를 나타낸다. 상위계층은 쇼핑 장소를 선택할 때 점포분위기와 쾌적함, 그리고 상품의 진열상태를 중요하게 평가한다. 한 조사에 의하면 상류층 여성들은 쇼핑 그 자체를 즐기며 서민층보다 쇼핑횟수가 높다. 또한 자신의 이미지에 부적합하다고 여겨지는 점포에서는 구매하려 하지 않는다. 그러나 하위계층은 상품 자체에 초점을 맞출 뿐 점포의 분위기나 위상은 중요한 요인이 되지 않는다. 상류층은 쇼핑능력에 자신감을 갖기 때문에 기꺼이 새로운 쇼핑장소를 탐색하고자 하고 자신이 구매를 원하는 상품을 발견하기 위해 다양한 점포를 방문한다. 그러나 하위계층은 고급점포나 새로운 점포를 회피하고 인근 지역의 익숙한 점포를 계속적으로 이용하는 경향을 나타낸다.

3) 마케팅 커뮤니케이션

상위계층은 추상적 언어 및 표현의 이해력이 높으며 상징적 표현을 이용한 신분, 자아성취, 상류사회 라이프스타일을 암시하는 광고에 어필된다. 그런데 대체로 광고메시지와 모델에 대한 신뢰도는 상위계층에서 낮게 나타나는 편이다. 하위계층은 직설적, 단정적 단어를 선호하며 애매모호한 표현을 싫어한다. 또한 활동성과 활력을 강조하며 문제에 대한 해결을 제시하는 광고를 선호하고 시각적 효과에 쉽게 어필되는 경향을 보인다. 하위계층은 상위계층과 비교하여 광고메시지를 쉽게 신뢰하고 인기 연예인 모델에 더욱 호의적 반응을 나타내는 것이 발견되었다.

4) 매체이용 습관

상위계층은 하위계층과 비교하여 인쇄매체에 더욱 빈번히 노출된다. 상위계층은 TV 시청률이 상대적으로 낮으며 자녀의 TV 시청 습관을 관리하고, 뉴스와 대담 프로그램을 주로 시청한다. 하위계층은 쇼, 드라마, 코미디 등의 TV 프로그램을 주로 시청하는데, 연예 관련 프로그램이나 잡지에도 관심이 많다.

5) 구매행동 및 재무관리

상위계층은 계획적 구매 및 소비행동을 나타낸다. 이들은 식료품이나 일상용품 쇼핑을 할 때 구매목록을 작성하였다가 일괄 구매하는 경향이 있다. 그러나 하위계층은 즉흥적으로 구매하는 경향이 있고 소량을 자주 구매하며 편의점의 주요 고객이 된다. 상위계층은 수입의 일정 부분을 저축하고 자금의 유동성과 수익률을 관리하는 반면, 하위계층은 평소에 저축을 거의 하지 못하다가 사고 싶은 물건이 있으면 그것을 사기 위해 돈을 모으는 행동을 한다. 상위계층은 편리성 때문에 신용카드를 이용하며 사용하는 신용카드의 종류가 신분을 표현하는 또 하나의 도구가 되지만, 하위계층은 주로 할부구매를 하기 위해 신용카드를 사용한다.

6) 정보탐색 행동

상위계층은 상품이나 서비스 구매를 위해 정보탐색행동을 할 때 인터넷이나 보도자료, 인적자원 등 다양한 정보원천을 활용한 폭넓은 정보탐색을 한다. 이들은 상업적 정보 외에도 정보를 제공하는 많은 인적 풀이 형성되어 있어, 풍부한 정보원을 토대로 질 높은 정보를 확보할 수 있다. 반면에 하위계층은 정보의 원천이 제한적이며, 주로 가까운 친지나 동료의 주관적 조언에 의존하는 편이다. 이들은 제한된 정보를 바탕으로 상품을 평가하며 정보의 진위성 판단 능력이 부족하므로 잘못된 의사결정을 내리는 경우도 있는데, 바로 이와 같은 이유로 농촌지역에 거주하는 고령의 소비자들이 사기성 판매업자들에게 피해를 당하는 사례가 종종 있다. 하위계층은 상위계층과 비교하여 구매시점광고(POP 광고)나 전시(display) 홍보에 더욱 많은 영향을 받는다.

7) 브랜드 지각

상위계층은 브랜드에 대한 폭넓은 지식이 있다. 또한 이들은 새로이 소개되는 브랜드에 대해 개방적인 태도를 가지는 편이다. 그러나 하위계층은 자신이 아는 소수의 브랜드에 대해 절대적 신뢰를 하며 브랜드 충성도가 더욱 높게 나타난다는 특징이 있다.

8) 식생활

상위계층은 건강과 몸매를 관리하기 위해 샐러드나 과일, 채소 등 저칼로리 식품과 자연식품을 선호한다. 또한 이들은 여러 나라의 다양한 음식을 즐기고 새로운 메뉴도 즐겨 선택한다. 상위계층에게는 음식의 맛 뿐 아니라 아름다운 모양, 음식들 간의 조화, 테이블 장식 등도 식생활의 중요한 일부가 된다. 이와는 대조적으로 하위계층은 음식의 영양학적 가치나 식재료의 품질보다는 맛과 양을 중요시한다. 하위계층은 생소한 음식은 회피하고 자신이 익숙한 맛의 음식을 선호하며, 패스트푸드 레스토랑의 주요 소비층을 이룬다.

7. 사회계층과 서비스 마케팅 전략

소비자집단을 구성하는 다양한 사회계층은 서비스 마케팅 전략수립에 중요한 시사점을 제공한다. 사회계층은 서비스 기업의 시장세분화 및 표적시장화의 기준이 되며 각 세분시장의 행동을 이해하고 예측하는 데 유용한 요인이 된다. 특정 사회계층이 표적시장으로 선정되면 마케팅 관리자는 해당 사회계층의 특성에 맞는 서비스 개념을 개발하고 가격수준을 결정하며 이들에게 어필될 수 있는 촉진전략을 수립해야 한다.

사회계층별 마케팅 전략은 그들이 소속된 사회계층, 혹은 그보다 한 층 위의 계층에 초점이 맞추어질 때 효과가 최대화된다. 특히 차상위층의 경우, 상위계층을 추종하고 모방하려는 상승 지향성이 있으므로 상위계층에 마케팅의 초점을 두면 최상위층의 반응 뿐 아니라 차상위층의 열망소비를 유발할 수 있다. 그러나 중위계층이나 하위계층의 경우 자신과 너무 동떨어진 사회계층에 마케팅 메시지가 소구되면 심리적 거리감이 발생하게 된다.

상위 1% 집중하던 VIP마케팅에 새 바람
중간급 고객들에도 최우수고객 혜택 '맛뵈기'

상위 1% 고객(구입 금액 기준)만을 대상으로 한 'VVIP(Very Very Important Person) 마케팅'에 주력하던 백화점들이 '숨은 VIP'를 잡기 위해 차상위 계층 고객으로 눈을 돌리고 있다.

백화점들은 보통 연간 3000만~3500만 원 이상 구입 고객을 대상으로 '초우량 고객 마케팅'을 해 왔다. 주차 대행과 전용 라운지 이용 서비스는 기본이고 패션쇼와 공연 초대권, 해외여행권도 준다. 상시 할인 서비스는 물론 요즘엔 재테크 컨설팅이나 이브닝 파티에까지 초대한다. 백화점들이 '소수 마케팅'에 집중한 이유는 상위 1% 고객이 전체 매출의 20%를 차지하기 때문이다.

하지만 최상위 고객의 바로 아래 단계인 차상위 고객도 소홀히 하면 당장 매출에 차질을 빚을 정도로 무시하지 못하는 존재다. 이들은 여러 백화점을 나눠 이용하거나 특정 상품을 구입할 때만 백화점을 찾는다는 게 업계의 분석이다. 실제 구매력에 비해 돈을 덜 쓰는 고객이기 때문에 이들에게 공을 들이면 'VVIP'가 될 수 있는 계층이다. 현대백화점이 무료 주차권 등 기존 VIP급 이상 고객에게 제공하던 혜택의 일부를 이런 '중간 VIP'들에게 제공하는 것도 '숨은 VIP'를 단골고객으로 만들기 위해서다. 롯데백화점도 최상위 계층인 MVG 프레스티지 고객 바로 아래단계 고객을 대상으로 무료 주차권과 VIP라운지 이용권, 기념일 선물 등을 제공하고 있다. 갤러리아 백화점은 레스토랑 이용권과 할인 혜택으로 이들을 붙잡으려 하고 있다.

백화점들은 잠재적 VIP를 관리하기 위해 VIP 고객의 등급을 세분화하고 범위도 넓혔다. 신세계백화점은 구입 금액에 따라 트리니티-퍼스트-아너스-로열로 VIP고객을 세분화해 놓고 있다. 롯데백화점도 프레스티지-크라운-에이스로 VIP고객을 나눴다. 현대백화점은 자스민-플래티넘으로, 갤러리아 백화점은 스타-프레스티지-SVIP-VIP로 우량고객을 관리한다.

백화점의 고객 세분화 전략은 고객의 '업그레이드 욕구'를 자극하는 측면도 있다. 갤러리아 백화점의 'VIP'는 연간 800만~1500만 원어치를 구매하는 고객층으로 '숨은 VIP'로 분류되는 계층이다. 갤러리아 백화점 박용범 고객관리팀장은 "VIP층에 대해 집중 마케팅을 한 결과 VIP 가운데 13%가 지난해 한 단계 위의 등급인 SVIP로 올라섰다"고 말했다.

자료원: http://news.donga.com/3/all/20080218/8545196/1

호텔, 백화점, 해외여행, 휴양시설, 은행 PB(Private Banking) 등 많은 서비스에 있어 매출의 상당부분이 상위계층 고객에 의해 이루어짐을 감안할 때, 서비스 마케터는 이들 부유층 고객의 중요성을 인식하고 이들을 특별 고객군으로 관리할 필요가 있다. 예컨대 고객층이 겹치는 경우가 많은 백화점과 호텔은 부유층 고객을 대상으로 하여 공동 VIP 마케팅을 벌인다. 부유층 고객들은 경기의 영향을 덜 받고, 거래 1회당 많은 수익을 가져다주며, 서비스 기업의 품격을 높이는데 도움을 주므로 서비스 기업에게 매우 중요한 세분시장이 된다.

서비스 마케터는 이들 부유층 고객의 행동특성을 파악하여 이를 마케팅 전략 수립에 활용할 필요가 있다. 'VIP 마케팅' 의 저자 김영한은 우리나라 부자들의 특성을 다음과 같이 분석하였다.

- 특권 의식이 강해 소수의 이너서클 선호, 정보 네트워크 확보 및 활용
- 일반적으로 보수적인 색채가 강함
- 부자라고 인식되기 꺼려하며, 폐쇄성이 강하고 프라이버시를 중시
- 여유와 세련미 추구, 혼잡하거나 번거로운 것을 기피함
- 명품 선호, 무조건 비싼 것보다 가치 있는 상품을 선호
- 자신만을 위한 맞춤 서비스를 원함, 특별하다는 느낌을 갖고 싶어 함
- 건강과 안전에 대한 관심이 높음
- 자녀에 대한 많은 관심과 고민. 교육에 많은 비용을 지불함
- 부를 유지하고 증식하는데 많은 신경을 씀
- 계획적 생활, 계획적 구매, 계획적 투자
- 글로벌 라이프스타일. 해외 문화 수용도가 높음

'부자학' 을 개설한 서울여대 한동철 교수와 '부자 마케팅으로 승부하라' 의 저자 곽근호가 제안한 상위계층 공략 마케팅 접근방법들을 종합해보면, 다음과 같은 전략적 요인들을 도출해 낼 수 있다.

귀족마케팅

로얄 마케팅(royal marketing)이라고도 불리는 귀족마케팅(Noblesse Marketing)은 고소득층과 사회상류층을 대상으로 한 마케팅으로서 소수의 상류층에게 차별화된 명품 제품과 서비스를 마케팅하는 것을 의미한다. '20%의 소비자가 수익의 80%를 담당한다'는 파레토 법칙(Pareto's law)에서 비롯된 마케팅 전략이다.

사회 상위계층은 하나의 독립된 틈새시장으로 여러 장점을 갖고 있다. 이들은 높은 가처분 소득으로 인해 각종 고급 제품과 서비스의 주된 소비자이다. 고소득층이 빈번히 구매하는 상품에는 금융서비스, 고급승용차, 디자이너 의류, 고급 문화상품, 해외여행과 고급 휴양시설 등이 있다. 고소득층은 브랜드 명성과 품질, 독특한 부대 서비스를 중요시하는 소비패턴을 보여 상품의 가격성능비율이 중시되는 다른 소득계층의 소비행태와는 차이를 나타낸다. 또한 고소득층의 소비규모는 경기 변화에 크게 영향을 받지 않으므로 경기가 나빠져도 꾸준한 소비패턴을 보이는 등 경기에 덜 민감한 것도 특징이다.

많은 경우, 귀족마케팅이 실질적으로 겨냥하는 것은 아직 상류층은 아니지만 이들에게 편입하고자 하는 중상위계층이다. 소수의 상류층에게만 매출을 의존하는 것은 한계가 있기 때문에, 귀족이 되고자 하는 사람들에게 판매를 확대하여 심리적 만족감을 제공하는 동시에 시장 확대와 매출신장을 노리는 것이다. 즉 상류층의 소비행태는 중상류층에 의해 모방되며, 중상류층은 다시 중류층에 의해 모방된다.

차별화된 가치를 제공하라 부자들은 돈을 무계획적으로 쓰는 것이 아니라 자신이 가치를 지각할 수 있는 부분에 대해서만 지출한다. 이들은 차별화된 가치를 지각하면 그것을 위해 높은 가격을 지불하나 가치가 없다고 판단되는 것에 대해서는 중하위 계층보다도 인색한 태도를 나타내며 절대로 허투루 돈을 쓰지 않는다. 따라서 이들이 가치를 인식할 수 있는 차별화된 서비스를 개발해야 반응을 이끌어낼 수 있다. 예컨대 '프리미엄패스'는 '대한민국 1%'의 숨은 욕구를 찾아내 이를 서비스 상품으로 전환하였다. 이 업체는 국내외 주요 공항에서 프리미엄 의전 서비스를 제공하는데, 대기업 임원일지라도 공항에서 골프가방 등 무거운 짐을 직접 들고 출입국 수속장을 헤매야 한다는 사실에 착안하여 전문 의전요원을 고용하여 VIP 고객의 입출국 수속, 수하물 처리, 주차 등을 처리하도록 함으로써 부유층 소비자들의 호응을 얻었다.

특별하다는 느낌을 주라 부자들은 자신들이 돈을 쓴 만큼 대접받기 원한다. 또한 자존과 위신에 대한 니즈가 높다. 그러므로 서비스 업체에서는 우량고객들을 따로 분류하여 1:1 맞춤서비스를 제공하거나 일반 고객들이 받지 못하는 특별 서비스를 제공할 필요가 있다. 예컨대 신세계백화점에서는 분기별로 VIP 고객을 초청하여 '갈라 쇼핑행사'를 하는데, 영업시간이 끝난 후 백화점에서 실시되는 이 행사에서는 각 층에서 마술쇼, 재즈공연, 카지노 등의 이벤트가 진행되고 VIP 고객들은 최고급 샴페인을 즐기며 파티 분위기 속에서 쇼핑을 즐긴다. 이와 같은 행사를 통해 VIP 고객들은 자신이 특별대우를 받는다는 느낌을 갖게 되고 백화점 측은 높은 매출실적을 올릴 수 있었다.

[표 11-6] 우리나라 백화점의 VIP 고객 분류

백화점	고객분류	비고
롯데	• MVG 프레스티지 • MVG 크라운 • MVG 에이스	MVG 프레스티지 - 연간 구입액 5천만 원 이상 MVG 크라운 - 연간 구입액 3천만 원 이상 MVG 에이스 - 점별 상이(명동본점 연 1,800만 원, 부산본점 1,500만 원 이상)
현대	• 자스민 • 플래티넘	자스민 - 연간 구입액 3,500만 원 이상 플래티넘 - 연간 구입액 1,500만 원 이상
신세계	• 트리니티 • 퍼스트 • 아너스 • 로열	연간 구입액, 사회적 지위 등을 감안하여 999명만 트리니티로 구분하여 관리 트리니티 고객에게는 모든 구매상품에 대해 3~5% 할인 5억 원 이상 구입고객에게 고급 외제 자동차 증정
갤러리아	• 스타 • 프레스티지 • SVIP • VIP	스타 - 연간 구입액 1억 원 이상 프레스티지 - 연간 구입액 3천만 원 이상 SVIP - 연간 구입액 1,500만 원 이상 VIP - 연간 구입액 800만 원 이상

그들만의 공간을 제공하라 부유층은 자신과 비슷한 사회계층의 사람들끼리 어울리기를 좋아한다. 따라서 자신의 문화와 라이프스타일을 공유하는 사람들과의 사교와 정보교환을 하고 다른 사람들과는 분리되는 그들만의 공간을 필요로 한다. 이와 같은 상위계층 고객 욕구에 따라 고급호텔에는 철저한 회원제 클럽을 운영하고 있으며 은행에는 프라이빗 뱅킹(PB) 서비스 고객을 위한 특별 공간을 마련해놓고 있다. 부유층 고객의 특별 공간은 이들에게 고급 네트워크를 구축할 수 있는 혜택을 제공하므로 최상위 고객의 호응을 이끌어낼 수 있다. 따라서 서비스 마케터는 최상위 고객의 라이프스타일을 면밀히 관찰하여 상류사회의 문화적 코드에 맞는 모임과 공간적 개념을 창출하고 이들을 위한 네트워크 호스트로서의 역할을 담당해야 한다.

프라이버시를 보호하라 부유층에게 프라이버시와 보안은 무엇보다도 중요하다. 이들은 일반 사람들에게 신분이 노출되는 것을 꺼린다. 따라서 서비스업체는 고객의 프라이버시를 보호하고 고객관련 정보가 누출되지 않도록 철저히 관리할 필요가 있다. 예컨대 특급호텔이나 고급 피부관리 서비스에서는 상류층 고객의 요구에 따라 일반 고객들과 마주치지 않도록 전용 통로를 마련하는 등 배려를 한다. 또한 은행이나 병원은 고객에 관한 정보가 새어나가지 않도록 직원들 교육을 시킨다.

사 례

■VVIP 마케팅 - 현대카드 'The Black'

현대카드 'The Black'은 총 9,999명의 회원까지만 한정 발급하는 프리미엄 신용카드이다. 현대카드는 대상자에게 초청장을 보내 회원을 모집하는데, 대상자는 3년간 매출액 1,000억 원 이상의 회사대표나 대기업 중역 등 사회경제의 최상류층 명사들이다. 사회적 물의를 일으킨 유명인은 제외시키는 등 엄격한 회원관리를 한다. 블랙카드는 회원수 급신장보다 최고급 브랜드 이미지를 관리하는데 초점을 둔다.

블객카드는 리퀴드 메탈로 제작하여 카드자체를 명품화 시켰는데, 제작단가가 일반카드의 130배가 넘는 장당 6만원이다. 연회비가 200만원에 달하지만 연 700만 원 가량의 혜택을 받을 수 있다. 블랙카드는 회원에게 차별화된 블랙카드 만의 서비스를 제공한다. 예컨대 블랙카드 회원들의 만남 행사 'Time for the Black'을 개최하고 회원을 슈퍼콘서트에 초청하는데, 이러한 명품모임 주최를 통해 상류층 전용 공간과 교류를 원하는 고객욕구를 충족시키는 것이다.

희소성을 유지하라 부유층이 고가격 상품과 서비스에 매력을 느끼는 이유는 자기들만이 독점적으로 그것을 소유하거나 즐길 수 있기 때문이다. 자신의 전용 영역이 다른 계층에 의해 침범되었다고 느끼면 최상위 계층은 거기서 이탈해버리는 경향이 있다. 따라서 서비스 마케터는 상위계층 고객을 계속 유지하기 위해서는 이들에게 판매하는 서비스 상품을 일정 규모 이하로 제한하고 고품질 고가격 전략으로 상품의 대중화를 최소화해야 한다.

자녀들을 배려하라 우리나라 부유층에게 자녀 교육과 안녕은 종종 최상의 가치가 된다. 이들은 자녀들에 대해서도 특권의식이 있으며 구매의사결정에 있어서도 자녀의 의견을 존중

하는 경향이 있고 자녀에게 경험과 지식을 남겨주기 원한다. 따라서 부유층 고객의 자녀를 배려하는 서비스 개념은 호응도가 높다. 예컨대 은행은 'PB 고객 2세' 공략에 공을 들이고 있는데, 신한은행은 고객 자녀 모임인 'SPS 클럽'을 결성해 요트체험 행사와 재테크 교육, 성공학 등 각종 교양 문화 강좌를 개최한다. 또한 PB 고객의 자녀들을 서로 소개해 주는 커플매칭 행사도 열기도 한다. SC 제일은행은 PB 고객의 자녀들을 선발해 '글로벌 인턴십 프로그램'을 실시하여 좋은 반응을 얻었다. 부유층 고객의 자녀를 배려하는 서비스는 미래의 고객을 예비하는 효과를 기대할 수 있다.

제12장

준거집단과 구전 커뮤니케이션

제12장

준거집단과 구전 커뮤니케이션

소비자들은 자신의 상품선택이 사회적 영향력에 의해 크게 좌우된다는 사실을 잘 인식하지 못한다. 사람들은 보통 자신이 독립적이고 독자적으로 구매의사결정을 내린다고 생각하기 때문이다. 그런데 사실 소비자의 구매의사결정에 있어 사회적 영향을 받지 않는 경우는 거의 없다. 본 장에서는 소비자행동에 영향을 미치는 준거집단과 구전 커뮤니케이션에 대해 알아본다.

1 소비자 사회화

1. 소비자 사회화의 개념

소비자 사회화(consumer socialization)란 개인이 소비자로서의 기능, 즉 상품과 브랜드의 선택, 가격 지불, 제품소비 및 서비스 이용 등을 수행하는데 관련되는 기술, 지식, 태도를 습득하는 과정을 의미한다. 소비자들은 TV와 같은 대중매체를 통하여, 혹은 부모나 친구들이 사용하는 상품을 관찰하거나 함께 쇼핑을 하며 상품을 구매하는 방법, 돈의 가치, 각종 상품관련 지식, 브랜드 태도 등을 학습한다. 구매나 소비 관련 학습은 일생에 걸쳐 일어나지만, 특히 미성년 시절에 일어나는 소비자 사회화 과정은 그 사람 평생의 구매행동과 소비습관에 영향을 미친다는 측면에서 매우 중요하다. 성인이 된 이후에도 소비자 학습과정은 계속되는데, 소비자는 사회적 맥락과 환경에 맞는 구매행동과 소비행동을 지속적으로 습득해나간다.

2. 소비자 사회화 관련 요인

소비자 사회화 모형 [그림 12-1]에 의하면, 소비자 사회화는 배경요인, 사회화 인도자, 그리고 학습 메커니즘이라는 세 가지 요소를 토대로 이루어진다.

첫째, 사회화 과정의 **배경요인**은 소비자의 성별, 연령, 교육수준과 같은 인구통계적 특성과 가계소득, 거주지와 같은 사회경제적 특성을 포함한다. 둘째, **사회화 인도자**(socialization agents)란 대중매체, 가족, 친구, 직장동료 등 소비자 사회화에 영향을 미치는 주체를 의미한다. 셋째, **학습 메커니즘**은 개인이 소비자로서의 기능을 학습하는 방법으로서 크게 인지적 학습, 행동주의적 학습, 대리학습으로 분류될 수 있다.

인지적 학습(cognitive learning)은 소비자가 상품과 브랜드에 대한 외적 정보를 인지적으로 처리함으로써 지식을 습득하는 학습방법이다. **행동주의적 학습**(behavioral learning)은 직접 경험을 통해 자극과 반응 과정을 거치면서 터득하게 되는 학습이다. **대리학습**(vicarious learning)이란 자신이 직접 실행하지 않고 남의 행동을 관찰하는 간접경험으로 학습하는 것이다. 대리학습은 모방과 유사하지만, 모방은 실패도 따라하는 반면 대리 학습은 무조건 따라하지 않고 바람직하지 않은 점은 제외시킨다는 점에서 차이가 있다.

[그림 12-1] **소비자 사회화 모형**

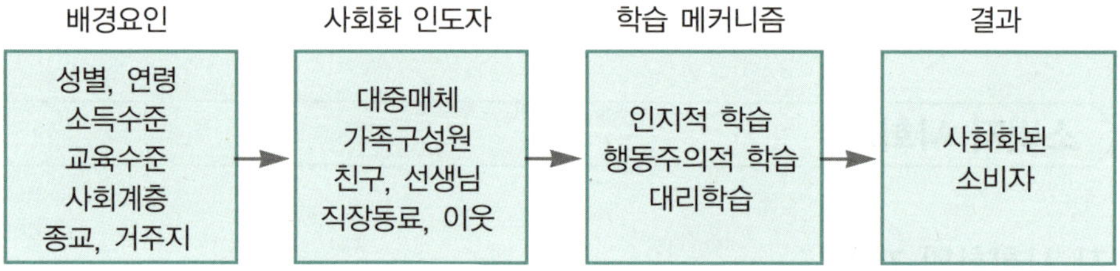

3. 사회적 힘의 원천

소비자는 사회화 과정을 거치면서 사회적 환경에서 적절한 행동을 취하며 살아가는 방법을 습득한다. 사회적 동물인 인간은 자신이 소속한 사회의 공식적 혹은 암묵적 규범에 순응하는 법을 익히는데, 그것은 사회집단이 소속 구성원의 행위를 통제할 수 있는 힘을 지니기 때문이다. 사회적 힘(social power)의 원천은 다음과 같은 다섯 가지로 분류된다.

1) 보상적 힘

보상적 힘(reward power)이란 칭찬과 수용 등 개인에게 가치 있는 보상을 제공할 수 있는 능력을 말한다. 개인이 사회집단의 규범을 따랐을 때 집단에 수용되고 다른 구성원들에게 인정을 받는 등 명시적, 암묵적 보상을 받을 수 있다. 즉 사람들이 집단 규범에 따르게 되는 것은 그렇게 함으로써 긍정적인 결과를 얻을 수 있기 때문이다.

2) 강제적 힘

강제적 힘(coercive power)이란 사회집단의 규범을 따르지 않았을 때 개인에게 가해질 수 있는 물리적 위협이나 심리적 제재를 뜻한다. 개인은 집단의 행동법칙을 따르지 않았을 때 그가 받을 수 있는 무시와 따돌림, 혹은 집단으로부터의 격리가 두려워 규범에 순응한다.

3) 합법적 힘

합법적 힘(legitimate power)은 집단이 개인에게 영향력을 행사할 수 있는 합법적 권한을 지니고 있다는 사실을 개인이 지각할 때 발생한다. 집단 내 영향력 있는 지위나 역할을 담당하는 사람은 공식적인 권한을 얻어 합법적 힘을 행사하게 된다. 예를 들어, 대학교의 학생회는 합법적 힘으로 MT, 학교축제 등의 행사를 주관하며, 적십자사와 같은 공공공익단체는 합법적 힘을 가지고 기부금 모금활동을 전개한다.

4) 전문적 힘

집단 구성원 중 전문지식이나 기술, 경험에 있는 사람은 전문적 힘(expert power)을 가지고 타인에게 영향력을 행사한다. 사람들은 전문적 힘이 있는 사람을 신뢰하고 그의 제안이나 주장, 그리고 그가 제공하는 정보에 영향을 받게 된다.

5) 준거적 힘

준거적 힘(referent power)이란 개인으로 하여금 모방하고 싶고 따르고 싶은 열망을 불러일으키는 힘을 말한다. 매력적인 모델이나 좋아하고 닮고 싶은 상대는 준거적 힘을 가지고 개인의 태도와 행동에 영향을 미치게 된다.

4. 사회적 영향력의 형성과정

개인은 소속집단의 가치 및 행동양식을 습득하고 규범에 순응하며 사회화 과정을 거쳐 점차 그 집단에 동화된다. 개인을 집단의 일원으로 동화시키는 사회적 영향력은 다음과 같은 세 단계를 거쳐 형성된다.

1) 동조

동조(conformity)란 개인이 사회집단의 기대에 수동적으로 순응하는 현상을 말한다. 동조단계에서 개인은 사회적 보상을 얻기 위해, 혹은 거절과 배타를 당하지 않기 위해 비자발적으로 집단의 기준과 규범을 따르게 된다.

2) 동일시

동일시(identification)는 동조와 비교하여 사회화가 한층 더 깊이 이루어진 형태이다. 동일시란 개인이 집단과의 관계를 중심으로 자신을 파악하며, 집단 특유의 특성과 가치를 자발적으로 공유하는 것을 의미한다. 즉 동일시가 이루어지면 개인은 집단에의 소속감과 애착이 강해져 "내가 곧 집단"이라는 의식이 생겨나며, 집단 내 보상이나 징계가 존재하지 않더라도 자발적으로 집단의 규범에 따르게 된다.

3) 내재화

내재화(internalization) 단계에서 개인은 집단의 규범을 자신의 핵심가치로 받아들인다. 집단의 규범이 내재화되면 개인은 더 이상 그 집단의 소속원이 아닌 경우에라도 해당 집단에서 추구하는 가치와 행동양식을 지속적으로 유지하게 된다. 집단의 가치와 규범이 이미 그의 것으로 자리 잡았기 때문이다.

2 준거집단

1. 준거집단의 개념

소비자는 자신이 좋아하는 브랜드나 서비스 점포를 결정하는 과정에서 많은 주변인들의 영향을 받는다. 준거집단(reference group)이란 소비자가 상품관련 지식이나 신념, 태도를 형성하고 행동방향을 결정하는데 준거기준이 되는 사회집단을 의미한다.

집단압력(group pressure)의 영향에 대한 한 연구에서 다음과 같은 실험을 하였다. 그는 실험참가자에게 길이가 서로 다른 네 개의 선과 또 다른 선을 보여주면서 길이가 같은 것을 선택하라고 요청하였다. 실험참가자 한 명을 제외한 다른 사람들은 모두 실험보조원으로서 이들은 모두 틀린 답을 선택하였는데, 이를 모르는 실험참가자는 다른 사람들의 그릇된 선택에 그대로 따라가는 경향을 나타내었다. 또 다른 실험에서는 실험참가자에게 세 개의 셔츠를 보여준 후 가장 품질이 좋다고 생각되는 것을 고르도록 하였는데, 미리 지시를 받은 사람들이 모두 두 번째 셔츠를 선택하자 실험참가자 역시 동일한 셔츠를 선택하는 것이 관찰되었다. 이와 같은 현상은 사람들이 집단의 의견을 그대로 따라하는 경향이 있음을 나타내는 것으로서 소비자 또한 준거집단의 영향을 크게 받는다는 사실을 보여준다.

2. 준거집단의 유형

1) 1차 집단과 2차 집단

소비자의 준거집단은 접촉빈도에 따라 1차 집단과 2차 집단으로 나눌 수 있다. 1차 집단(primary group)은 접촉빈도수가 높고 상호작용의 친밀성과 응집성이 높은 집단이다. 가족, 친한 친구, 직장동료와 같이 대면적 상호작용이 빈번히 일어나는 사람들이 1차 집단에 해당된다.

2차 집단(secondary group)은 구성원들 간의 접촉이 간헐적으로 일어나는 집단으로서 동창회, 동우회 등 시간을 두고 이따금씩 만나는 모임의 회원들이 이에 포함된다. 2차 집단은 1차 집단에 비해 소비자의 태도나 행동에 미치는 영향력이 적은 편이다. 그러나 상품에 따라, 또 준거인의 전문성과 영향력에 따라 2차 집단도 개인의 선택 행동에 중요한 영향을 줄 수 있다.

2) 회원집단과 비회원집단

소비자가 집단 구성원에 소속될 수 있는지 여부에 따라 회원집단과 비회원집단으로 구분될 수 있다. 회원집단(membership group)은 소비자가 구성원으로서 집단에 속해있고 집단 내 다른 구성원과 접촉하면서 상호 영향을 주고받는 집단이다. 가족, 친구, 동창 등은 회원집단이다.

비회원집단(nonmembership group)은 개인이 현재 구성원으로서 소속되어 있지 않으나 그의 소비행동에 영향력을 행사하는 동경집단 혹은 상징집단을 말한다. 인기연예인, 성공한 비즈니스맨, 운동선수 등은 소비자들에게 영향을 미치는 비회원 준거집단이다. 예컨대 피겨스타 김연아가 착용한 액세서리나 트레이닝복은 소비자들에게 인기가 있는데, 이 때 김연아는 일반 소비자들에게 비회원집단 준거인이라고 말할 수 있다.

3) 공식집단과 비공식집단

준거집단의 공식적 역할과 조직구조에 따라 공식집단과 비공식집단으로 분류된다. 공식집단(formal group)은 조직의 구조가 체계적으로 형성되어 있고 문서화된 조직 규범이 있으며 정기적인 공식 모임을 갖는 집단으로서, 학교, 직장, 교회 등이 이에 해당된다. 공식집단이 소비자에게 미치는 영향은 소비자가 그 집단에 얼마나 소속감을 느끼고 또 얼마나 집단의 가치를 수용할 의사가 있느냐에 따라 다르게 나타난다.

비공식집단(informal group)은 조직구조가 명확하지 않고 공식적 구속력이 없으며 혈연, 우정, 친목을 근거로 형성된 집단이다. 가족, 친척, 친구들은 모두 비공식 집단이라고 볼 수 있다. 상호작용의 정도가 높은 비공식집단은 소비자행동에 강한 규범 역할을 할 수 있으나 가끔씩만 접촉하며 상호작용이 별로 없는 비공식집단은 준거집단으로서의 영향력이 떨어진다.

4) 열망집단과 회피집단

소비자가 준거의 기준으로 삼고 싶어 하느냐 아니면 반대의 행동을 하고 싶어 하느냐에 따라 열망집단과 회피집단으로 구분할 수 있다. 열망집단(aspirational group)은 소비자가 따르고 싶어 하고 모방하기를 원하는 선망적 대상을 의미한다. 연예인, 유명 운동선수, 학교에서 인기 있는 친구, 그리고 상류층 소비자들은 개인의 그 행동을 따르고자 하는 열망집단이 될 수 있다.

회피집단(dissociative group)은 소비자들이 적대감과 거부감을 느끼며 그와 반대되는 가치나 태도, 행동을 나타내고자 하는 부정적 준거집단이다. 회피집단은 소비자에게 영향을 미치지 않는 것이 아니라 부의 영향을 미친다는 측면에서 중요성을 띨 수 있다. 개인이 싫어하는 연예인이나 혐오하는 사람들은 회피집단이 되어 그의 행동에 악영향을 초래한다. 예컨대 A라는 연예인을 싫어하는 사람은 그가 광고하는 브랜드에 부정적 태도를 나타내고 그가 입는 옷의 스타일에 대해서도 보기 싫다는 반응을 나타낼 것이다. 회피집단은 서비스 기업의 마케팅 커뮤니케이션에서 피해야 할 대상이 된다. 맥도널드는 중동에서 Ronald McDonald 캐릭터를 사용하지 않기로 했는데, 이는 중동사람들이 이 밝은 색깔의 익살스러운 어릿광대 캐릭터를 싫어했기 때문이다. 광고에서는 자사 상품을 사용하지 않고 그 가치를 모르는 사람을 얼뜨고 어리석은 인물로 묘사하여 소비자들에게 회피집단으로 작용하도록 하기도 한다.

3. 준거집단의 영향

소비자들은 상품선택을 할 때 의식적, 혹은 무의식적으로 타인을 행동의 준거점으로 삼으며 타인의 의견에 좌우된다. 소비자 행동의 기준이 되며 서비스 선택에 영향을 주는 준거집단의 기능은 다음과 같다.

1) 정보적 영향

광고와 같은 상업적 정보원천은 소비자의 신뢰도가 제한적으로 나타난다. 판매를 목적으로 하여 상품의 장점만을 부각시키기 때문이다. 그러나 전문가의 조언이나 친구의 추천은 소비자에게 신뢰도 높은 정보 역할을 한다. 준거집단의 정보적 영향(informational influence)은 전문성이 있고 풍부한 상품경험이 있을 때 높아진다. 판매원 역시 소비자에게 중요한 준거집단이 되는데, 판매원이 상품에 대해 폭넓은 지식이 있다고 판단될 때 그렇지 않은 경우보다 소비자의 구매의도가 현저히 높아진다. 지각된 전문성에 따라 준거집단의 정보적 영향이 달라지는 것이다.

서비스구매와 관련하여 위험지각이 높을 때 소비자는 준거집단의 정보제공 기능에 더욱 의존하게 된다. 서비스의 가격이 높거나, 사회적 가시성이 높아 다른 사람에게 쉽게 노출되는 경우, 그리고 구매가 일단 이루어진 다음에는 환불이나 보상이 어려운 경우, 준거집단의 정보적 영향은 더욱 높아진다. 예컨대 결혼을 앞두고 예식장을 알아보는 예비부부는 최근에 결혼식을 한 친구에게 자세한 사항을 알아보거나 인터넷에 뜬 웨딩관련 후기를 꼼꼼하게 살펴볼 것이다.

2) 규범적 영향

소비자들은 어떤 상품을 구매할 때 그 상품의 구매행동이 타인들에 의해 수용될 것인지, 아니면 질시와 비난을 받을 것인지를 의식한다. 준거집단의 규범적 영향(normative influence)이란 소비자의 의사결정에 준거집단이 규범의 역할을 하는 것을 의미한다. 소비자는 구매의사결정을 내릴 때 여러 준거집단의 규범들을 머릿속에서 점검하고 그 중 어느 준거집단의 규범을 더욱 중시할 것인지를 결정할 것이다. 다시 앞의 예로 돌아가서, 결혼식장을 결정하려고 하는 예비부부는 호텔에서 호화결혼식을 올릴 것인지의 여부를 결정함에 있어 하객의 만족과 칭찬, 친구와 직장동료의 시각, 경제사정이 어려운 친척이 느낄 위화감 등을 고려하고 그 중 어느 집단의 의견에 비중을 둘 것인지를 선택할 것이다.

준거집단의 규범적 영향은 다음과 같은 경우에 두드러진다. 첫째, 준거집단이 보상(예: 칭찬과 승인)과 처벌(비난이나 배타)의 힘이 있을 때 순응압력이 커진다. 둘째, 상품의 사회성이 높은 경우, 즉 서비스의 이용행위가 다른 사람에게 쉽게 관찰되는 경우 준거집단의 규범적 영향력은 크게 나타난다. 셋째, 소비자 개인의 특성상 주변 사람들에 대한 순응성향이 높을 때 준거집단의 규범에 따르려는 행동이 두드러진다.

3) 가치표현적 영향

소비자가 자신의 태도와 행동에 있어 어떤 집단과 동일시하려는 경향을 나타낼 때 그 집단은 소비자에게 가치표현적 영향(value-expressive influence)을 갖는다. 준거집단은 소비자가 어떤 제품이나 서비스를 통해 자신을 표현함에 있어 기준점을 제시하는 기능을 한다. 사람들은 종종 특정집단과 일체화된 느낌을 갖고자 그 집단의 가치표현 방식을 모방하는데, 그렇게 함으로써 자신이 닮고 싶어 하는 사람들과 동일시되고 자아이미지가 강화되는 효과가 발생하는 것이다.

준거집단의 가치표현적 영향은 준거인의 매력도, 그리고 준거인과 개인 간의 유사성이 높을 때 증가된다. 예컨대 소비자는 자신이 좋아하는 연예인이나 친한 친구의 행동을 관찰하고 이들의 패션스타일이나 라이프스타일을 본뜸으로써 자신도 그들과 동일한 그룹이라는 느낌을 갖게 되는 것이다. 많은 광고에서 유명인을 모델로 사용하는 이유는 이들이 소비자의 열망집단으로서 추종행동을 일으키기 때문이다.

[표 12-1] 준거집단의 기능

기 능	준거집단의 핵심 속성	사회적 힘의 형태	기대되는 행동
정보제공 기능	신뢰성(전문성과 진실성), 지식, 경험	전문적 힘	정보의 수용 정보의 활용과 적용.
규범제공 기능	준거집단의 지위 및 소비자와의 관계 소비자에게 보상이나 처벌을 가할 수 있는 파워	보상적 힘 강제적 힘 합법적 힘	순응 긍정적/부정적 행동강화
가치표현적 기능	매력도, 유사성	준거적 힘	동일시 및 모방행동 개인의 가치와 지위 표현

4. 준거집단의 영향력 결정요인들

준거집단은 여러 가지 형태로 소비자 행동에 영향을 미치지만, 모든 구매상황에서 똑같은 영향을 미치는 것은 아니다. 준거집단이 소비자행동에 미치는 영향력의 크기는 상품의 범주, 준거집단의 특성, 소비자의 개인적 특성에 따라 다르게 나타난다.

1) 상품유형

정보적 영향 준거집단의 정보적 영향의 강도에 영향을 미치는 서비스의 특성은 다음과 같다.

첫째는 서비스 상품의 중요성이다. 예컨대 커피전문점 서비스를 이용하는 경우보다 호텔에서 약혼식을 하는 경우 서비스의 중요도가 훨씬 높다고 할 수 있다. 이와 같은 경우 소비자는 서비스 관련 정보를 필요로 하며 서비스 경험과 지식이 많은 준거집단의 영향력이 증가하게 된다.

둘째는 서비스와 관련하여 소비자가 지각하는 위험이다. 서비스 이용에 높은 위험이 수반되는 경우 준거집단의 정보적 영향력이 강해진다. 예를 들어, 디스크환자가 병원에서 수술을 받으려 할 때 개인에게 높은 재정적 위험과 신체적 안전의 위험이 따를 수 있으므로 주변 사람들이 제공하는 정보가 더욱 큰 영향력을 지니게 될 것이다.

셋째는 브랜드 간 차이이다. 서비스브랜드 간 가격과 품질의 차이가 크다고 지각되는 경우 준거집단의 정보제공적 영향력이 증가한다. 서비스브랜드들 사이에 격차가 크면 소비자는 어떤 선택이 과연 자신에게 최선의 선택이 될지 결정하기 어렵기 때문에 서비스 지식이 풍부한 주변인들에게 정보를 구하게 된다.

규범적 영향 서비스 구매상황에 있어 준거집단의 규범적 영향력은 서비스의 사회적 가시성과 필수불가결성에 따라 달라진다. 사회적 가시성이란 서비스가 개인적으로 소비되느냐 아니면 공개적으로 소비되느냐를, 그리고 필수불가결성이란 소비자에게 꼭 필요한 서비스냐 아니면 개인의 자유재량에 의해 선택되는 서비스냐를 의미한다. 이 두 요인을 결합하면 모두 네 가지 범주의 서비스로 분류할 수 있다(표 12-2). 필수적 서비스에 비해 사치성 서비스의 경우 준거집단은 서비스 상품 범주의 구매여부에 영향을 미치며, 개인적으로 소비되는 서비스에 비해 공개적으로 소비되는 서비스의 경우 준거집단은 브랜드 선택에 더욱 많은 영향을 미치게 된다.

첫째, 필수적 서비스는 소비자가 필요에 의해 반드시 구매해야 하는 서비스이므로 준거집단이 많은 영향을 미치지 않는다. 소비자는 필수적 서비스의 구매 여부를 결정할 때 준거집단의 영향을 받기 보다는 서비스의 필요성과 개인적 취향에 따라 상품선택을 할 것이다. 그러나 사치성 서비스의 경우에는 준거집단의 영향력이 증가한다. 소비자가 서비스 구매여부를 결정함에 있어 다른 사람들의 시선을 의식하게 되는 것이다. 예컨대 여행 중에 필요에 의해 호텔객실을 이용하는 경우보다 호텔에서 결혼식을 올리려는 경우 소비자는 주변 사람들의 의견과 시각을 더욱 많이 고려할 것이다.

둘째, 공개적으로 드러나는 서비스는 개인적으로 이용되는 서비스에 비해 소비자가 어떤 브랜드를 사용하는지를 다른 사람들이 쉽게 관찰할 수 있다. 따라서 공개적으로 소비되는 서비스일수록 상품의 과시가능성(conspicuousness)이 증가하여 준거집단이 소비자의 브랜드 선택에 영향을 미칠 가능성이 크다. 예를 들어, 세탁 서비스는 남에게 노출되지 않으므로 브랜드 선택에 준거집단이 영향을 미칠 여지가 별로 없지만, 비즈니스맨이 어떤 호텔을 이용하느냐는 다른 사람에게 공개될 가능성이 크기 때문에 브랜드 선택에 있어 타인의 시선을 의식하게 된다.

[표 12-2] **상품유형과 소비상황에 따른 준거집단의 영향**

	필수적 서비스 (서비스 상품 선택에 약한 영향)	사치성 서비스 (서비스 상품 선택에 강한 영향)
공개적 소비 (브랜드선택에 강한 영향)	호텔/모텔 객실 의료 서비스	호텔 웨딩 해외여행
개인적 소비 (브랜드선택에 약한 영향)	음식 배달 서비스 세탁 서비스	피부 관리 서비스 네일 케어 서비스

2) 소비자 특성

정보적 영향 준거집단의 정보적 영향의 정도는 다음과 같은 소비자 특성에 따라 다르게 나타난다.

첫째는 소비자의 서비스관련 지식과 경험이다. 소비자가 서비스 관련 지식이나 경험이 부족한 경우 준거집단의 의존 가능성이 높아진다. 예를 들어, 처음으로 해외여행을 가는 소비자는 지식과 경험이 부족하므로 해외여행 경험이 풍부한 사람이나 여행사 직원이 제공하는 정보를 유용하게 사용할 것이다.

둘째는 소비자의 서비스관련 태도이다. 소비자에게 브랜드 관련 선입정보가 유입되어 있어 이미 어떤 선입관이 형성되어 있는 경우, 준거집단의 영향력은 제한적으로 나타난다. 예컨대 소비자가 어떤 서비스에 대해 이미 강한 의견을 가지고 있다든지 부정적인 태도를 가지고 있는 경우에는 준거집단이 제공하는 정보가 큰 힘을 발휘하지 못한다.

셋째는 소비자와 준거인 간의 유대감이다. 개인 간 유대의 강도가 높을수록 빈번히 상호작용을 하므로 준거인이 제공하는 정보를 학습할 가능성이 높아진다. 소비자와 준거인 간의 유대감과 준거인의 정보적 영향력은 상호영향적 관계(interactional relation)일 수 있다. 즉 유대의 강도가 높을수록 준거인의 정보적 영향력이 강해지지만, 반대로 준거인의 정보적 영향력이 강할수록 유대의 강도가 높아지기도 하는 것이다.

넷째는 소비자의 인구통계적 요인이다. 소비자의 연령이 높을수록 스스로 속성정보를 처리하려 하지 않고 타인의 판단이나 추천에 의존하려는 경향이 있다. 또한 소비자의 교육수준과 인지능력도 준거집단의 정보적 영향력과 관계가 있는데, 교육수준과 인지능력이 낮은 소비자일수록 준거집단이 제공하는 정보에의 의존도가 높게 나타난다.

규범적 영향 준거집단이 행사하는 규범적 영향력의 강도에 영향을 미치는 소비자 특성은 다음과 같다.

첫째는 소비자의 **집단 동일시**(identification with a group)이다. 소비자가 소속집단에 대해 일체감을 느끼고 몰입될수록 집단동일시가 이루어지는데, 집단동일시가 이루어지면 개인은 집단의 가치와 행동규범에 순응하려는 동기가 유발된다. 예컨대 가족에 밀착된 개인일수록 가족구성원의 기대에 충실한 행동을 하려고 할 것이다.

둘째는 소비자의 **연령**이다. 청소년기에는 보통 또래집단의 행동양식을 따르려는 경향이 높게 나타난다. 이들에게 중요한 준거집단은 가족보다는 친구인 경우가 많다. 청소년들에게 준거집단의 영향력이 큰 이유는 이들이 학교라는 밀집되고 구속력 있는 집단에 소속되어 있으므로 또래집단의 압력(peer pressure)을 크게 느끼기 때문이다. 또한 준거집단의 규범적 영향력은 높은 연령층에서 다시 높아진다. 연령이 높을수록 사회적 규범에 맞추려는 경향이 두드러지게 나타나는데, 이는 청년층보다 중장년층이 사회적 이목을 의식하는 정도가 높기 때문이다. 따라서 이들은 종종 사회적 체면을 위해 특정 브랜드의 상품이나 서비스를 선택한다.

셋째는 소비자의 **개인적 특성**이다. 외향적인 소비자는 관심의 초점이 외부를 향해 있으므로 준거집단의 영향을 받기 쉬우나 내향적인 소비자는 자신의 내면에 관심이 집중되므로 준거집단에 의해 좌우되기보다는 자기 자신의 태도와 판단에 따라 행동한다. 자아의식이 낮은 소비자 또한 준거집단의 영향을 받을 가능성이 높은데, 이는 자기 확신성이 낮을수록 타인에 의존하려는 경향이 높게 나타나기 때문이다. 개인의 관계지향성과 자기감시성이 높을수록 준거집단에의 순응동기와 추종행동이 증가하게 된다. 여기서 관계지향성(relation orientation)이란 타인과의 관계를 형성하고 유지하며 인간관계를 중시하는 정도를, 그리고 자기감시성(self-monitoring)이란 주변의 시선을 의식하며 자신의 행동을 수정하려는 정도를 의미한다.

주변 사람을 의식하거나 다른 사람의 의견에 순응하는 경향은 개인에 따라 다르게 나타나는데, 소비자 연구자들은 이러한 개성 특질을 측정하기 위한 척도를 개발하였다. 준거집단 영향에 대한 소비자의 수용성향 척도들에는 여러 가지가 있는데 이 책은 그 중 Bearden & Rose가 개발한 ATSCI(사회적 비교정보에 대한 주의: Attention to Social Comparison Information) 척도를 소개한다(표 12-3). 이 책을 읽는 독자도 ATSCI 척도에 따라 본인의 사회적 순응 성향을 점검해보기 바란다. ATSCI 척도에서 높은 점수가 나오는 사람은 주변 사람들에게 많은 주의를 기울이고 자신의 행동 기준을 다른 사람에게서 찾으려는 경향이 강하므로 구매행동에 있어서도 준거집단의 영향을 받을 가능성이 높다.

[표 12-3] ATSCI 측정항목

[ATSCI 측정 항목]

0 = 절대 아니다 (always false) ~ 5 = 항상 그렇다 (always true)

1. 집단 내 모든 사람들이 어떤 방식으로 행동한다면 그것은 분명 올바른 행동방식일 것이다.
   (It is my feeling that if everyone else in a group is behaving in a certain manner, this must be the proper way to behave.)

2. 나는 유행에 뒤떨어진 옷은 절대 입지 않는다.
   (I actively avoid wearing clothes that are not in style.)

3. 나는 파티에 가면 사람들하고 잘 섞이려고 애쓴다.
   (At parties I usually try to behave in a manner that makes me fit in.)

4. 사회적 상황에서 어떻게 행동해야 좋을지 확실치 않을 때 나는 다른 사람들이 행동하는 모습을 관찰하고 단서를 찾는다.
   (When I am uncertain how to act in a social situation, I look to the behavior of others for cues.)

5. 나는 사람들하고 같이 있을 때 내가 행여나 부적절한 행동을 한 것은 아닐까 하여 내 언행에 대한 다른 사람들의 반응을 살핀다.
   (I try to pay attention to the reactions of others to my behavior in order to avoid being out of place.)

6. 나는 사람들이 사용하는 속어나 은어를 재빨리 익혀서 내가 말을 할 때 그 표현을 사용한다.
   (I find that I tend to pick up slang expressions from others and use them as part of my own vocabulary.)

7. 나는 다른 사람들이 무엇을 입는지 유심히 관찰하는 편이다.
   (I tend to pay attention to what others are wearing.)

8. 상대방이 조금이라도 언짢은 반응을 나타낸다면 나는 즉시 나의 행동방식을 수정한다.
   (The slightest look of disapproval in the eyes of a person with whom I am interacting is enough to make me change my approach.)

9. 내가 소속한 집단 사람들과 잘 어울려 지내는 것은 내게 매우 중요한 일이다.
   (It's important to me to fit into the group I'm with.)

10. 나는 다른 사람들이 원하는 방식대로 행동하는 편이다.
    (My behavior often depends on how I feel others wish me to behave.)

11. 다른 사람들이 옷을 입는 방식에 따라 나의 옷 입는 스타일도 바뀐다.
    (I usually keep up with clothing style changes by watching what others wear.)

12. 사회적 상황에서 나는 주변의 분위기를 따르기보다 내 자신의 기분에 따라 행동한다.
    (When in a social situation, I tend not to follow the crowd, but instead behave in a manner that suits my particular mood at the time.) – 역코딩 (Reverse scoring)

3) 준거집단 특성

정보적 영향 준거집단의 정보적 영향력의 강도는 **신뢰성**(credibility)에 따라 결정된다. 신뢰성은 전문성과 진실성을 토대로 형성된다.

첫째는 준거집단의 **전문성**이다. 전문성은 준거인이 상품의 특성이나 성능에 대해 타당성 있는 평가를 내릴 수 있는 능력을 말한다. 서비스에 대해 전문지식이 있다고 판단되는 경우 준거집단의 정보적 영향력이 증가된다. 예컨대 의료 서비스를 받고자 하는 사람은 일반인보다 의사나 약사 등 전문지식이 있는 주변인물의 조언이나 그가 제공하는 정보에 더욱 주의를 기울일 것이다.

둘째는 준거집단의 **진실성**이다. 소비자는 판매를 목적으로 하는 사람의 말은 정보원천의 전문성에도 불구하고 메시지가 전적으로 진실된 것이라고 판단하지 않는다. 소비자는 자신에 대해 진정한 관심과 선의를 가지고 있으며 상업적 목적과는 무관한 객관적 위치에 있다고 판단되는 사람의 말을 신뢰한다. 따라서 소비자는 동일한 메시지라면 판매원이 제공하는 정보보다 상품을 직접 사용해본 소비자의 증언에 더욱 높은 정보적 가치를 두게 된다.

규범적 영향 규범적 영향력의 강도에 영향을 미치는 준거집단의 특성은 다음과 같다.

첫째는 **집단응집력**(group cohesiveness)이다. 사회적 접촉 빈도수와 상호작용의 밀도가 높은 준거집단은 그렇지 않은 집단보다 소비자에게 더욱 큰 규범적 영향력을 갖는다. 2차 집단보다는 1차 집단, 비회원집단보다는 회원집단이 소비자에게 영향을 미칠 가능성이 높다. 구성원 간의 근접성이 높으므로 커뮤니케이션과 상호작용이 활발하게 이루어져 행위에 대한 보상이나 처벌을 가할 기회가 많아지기 때문이다.

둘째는 준거집단의 **보상력과 강제력**(reward power & coercive power)이다. 보상력과 강제력이란 개인의 행동에 대해 어떤 보상이나 처벌을 제공하는 사회적 힘을 말한다. 보상력과 강제력을 보유한 준거집단일수록 구성원의 행동에 영향력을 행사할 가능성이 높아진다. 예컨대 직장 상사는 보상력과 강제력을 지닌 준거인이 될 수 있는데, 이들은 개인의 행동양식에 대해 칭찬(보상)을 하거나 핀잔(처벌)을 줄 수 있다.

셋째는 개인에 대한 준거집단의 **관여도**다. 사람들은 자신에 대해 관심과 애착이 많은 준거집단의 규범을 따를 가능성이 높다. 바람직한 관계를 유지하고 갈등상황을 피하기 위해서 말이다. 예를 들어, 아내가 싫어하기 때문에 담배와 술을 끊으려 하는 사람은 배우자가 자신에 대해 관심을 가져주는 중요한 준거인이므로 그를 기쁘게 해주려는 동기가 발생했기 때문이다.

가치표현적 영향 준거집단의 가치표현적 영향은 소비자가 준거집단에 대해 느끼는 호감도에 의해 결정된다. 사람들은 매력성이 높고 자기 자신과 비슷하게 느껴지는 상대에 대해 호감을 느낀다.

첫째, 소비자는 준거집단의 **매력도**가 높을수록 그를 모방하려는 경향을 나타낸다. 인기 연예인, 스포츠스타, 성공한 학교 선배 등은 개인에 대한 가치표현적 영향력이 크게 나타날 수 있다. 자신이 표현하고자 하는 바람직한 이미지의 모델이 되어주기 때문이다.

둘째, 소비자는 자신과 **유사성**이 있는 준거인을 가치표현의 기준으로 삼을 가능성이 있다. 연령, 직업, 학교, 라이프스타일 등에서 자신과 유사성이 있다고 지각되는 대상에 대해 사람들은 심리적 연대감을 느끼며 동일시하기 쉽다.

5. 준거집단을 활용한 서비스 마케팅 전략

서비스 기업은 준거집단을 사용하여 소비자가 자사의 서비스를 선택하도록 유도하기 위해 노력한다. 준거집단의 매력성과 라이프스타일, 그리고 서비스 이용행위를 잠재고객에게 보여줌으로써 자사 브랜드에 대한 긍정적 태도를 형성하고 집단규범의 순응압력을 유발하고자 하는 것이다. 준거집단을 활용한 서비스 마케팅 전략은 다음과 같은 방법들을 포함한다.

첫째, 유명인을 마케팅 커뮤니케이션 활동에 활용한다. 소비자의 열망집단에 포함되는 유명인은 가치표현적 영향력으로 인해 많은 소비자들의 추종행동을 발생시킬 수 있다. 예컨대, 특급호텔들은 과거 자사호텔에 투숙했던 국내외 유명인사의 사진을 게시하거나 스포츠스타, 외국의 대통령 등 VIP 고객이 묵었던 방에 그의 이름을 붙이는 등의 방법으로 잠재고객의 구매욕구를 유발한다.

둘째, 전문가를 활용한다. 앞에서 명시했듯이 해당 상품 범주에 대해 전문지식이 있는 집단은 소비자에게 정보적 영향력과 권위를 갖는다. 따라서 전문가를 광고모델로 활용하거나 서비스관련 지식이 풍부한 직원을 소비자와 직접 상호작용하는 자리에 배치하는 것이 필요하다. 예를 들어, 은행 PB 서비스 담당 직원은 다양한 금융상품과 세무, 자산관리, 주식투자 등에 폭넓은 전문지식과 경험이 있어야 효과적으로 고객을 관리할 수 있다.

셋째, 표적고객과 유사성이 있는 준거집단을 활용한다. 유사성이 높은 준거집단은 소비자의 친근감과 규범순응 의도를 불러일으킬 수 있다. 일반인 모델을 사용하여 증언식 광고(testimonial advertising)를 하는 경우, 소비자는 자신과 비슷하다고 느끼며 동질감과 호감을 느끼게 된다. 인적판매의 경우, 소비자들은 판매원이 자신과 비슷하다고 느낄 때 판매원과의 교감이 이루어지고 판매원의 메시지를 수용할 가능성이 높아진다. 예컨대 백화점 유아용품 코너에서는 어린 자녀를 둔 연령대의 여성판매원이, 그리고 남성전문매장에서는 남성 판매원이 각각 고객을 상대하는 것이 판매원-고객의 원활한 상호작용을 일으켜 소비자의 구매행동을 이끌어내는데 도움이 된다.

넷째, 표적 고객층이 상호작용할 기회를 제공한다. 소비자들은 상품관련 정보를 교환하고 서비스 이용 사례를 공유하며 서로에게 준거집단의 역할을 한다. 이러한 소비자 서클을 만들어주기 위해 호텔에서는 주요고객 및 주요기업 비서들을 초청하는 이벤트를 개최하여 구전 활성화를 꾀하고, 백화점은 VIP 고객들을 초청하여 '갈라 쇼핑' 행사를 열기도 한다. 터퍼웨어나 휘슬러 주방기구과 같이 직접판매 방식을 이용하는 기업은 소비자가 자기 집에 친구와 이웃을 초대하도록 하여 이들에게 상품의 용도를 설명하고 시연을 보이는 비점포 판매행사를 벌이는데, 이때 세일즈 파티에 참가한 소비자들은 서로 의견을 교환하고 상품을 추천하는 등 각자의 의사결정에 영향을 미친다.

다섯째, 소비자의 서비스 이용후기를 활용한다. 서비스를 경험한 일반 소비자는 판매를 목적으로 하지 않는 비상업적 정보원천이므로 진실성과 신뢰도가 높게 지각된다. 따라서 소비자들이 자신의 소비경험을 바탕으로 직접 정보제공에 참여하도록 유도하여 잠재고객의 구매의사결정에 영향을 미칠 수 있다. 소비자의 구매후기는 특히 인터넷 쇼핑몰이나 종합 호텔예약 사이트에서 유용하게 사용될 수 있다. 예컨대 호텔스닷컴과 옥션은 고객 리뷰 페이지를 운영하여 소비자의 선택을 돕는다. 또한 김포 롯데시티호텔은 호텔개관과 함께 고객체험단을 모집하여 호텔 서비스를 경험하고 블로그를 운영하도록 함으로써 긍정적인 구전 정보가 빠르게 시장에 확산되도록 꾀하였다.

3 구전 커뮤니케이션

1. 구전 커뮤니케이션의 개념과 중요성

소비자 A는 시중은행 정기예금 금리보다 훨씬 높은 수익률을 거둘 수 있다는 동창의 말을 듣고 여유자금을 00증권 수익형 펀드상품에 투자했다. 소비자 B는 친구의 소개를 받아 00 성형외과에 가서 쌍꺼풀 수술을 했다. 소비자 C는 최근 개봉한 영화를 보기 전에 인터넷에서 평점을 확인했는데 관람객 평이 매우 좋지 않아서 영화를 안보기로 결정했다. 이와 같이 다른 사람들에게 정보를 전해 듣고 구매결정이 영향을 받는 사례는 우리의 일상생활에서 무수하게 많다.

구전 커뮤니케이션(WOM: Word-Of-Mouth communication)이란 어떤 주제나 사안에 대한 개인들 간의 의사소통을 말한다. 마케팅 상황에서 입에서 입으로 전해지는 구전 커뮤니케이션은 종종 다른 어떠한 형태의 커뮤니케이션보다 소비자의 구매의사결정에 더 큰 효력을 발휘한다. 소비자들은 자신이 믿는 주변 인물들이나 다른 소비자들로부터 전해들은 이야기를 상업적 정보원천(예: 광고나 판매원)의 메시지보다 더 잘 신뢰하는 경향이 있다. 특히 구매결정 전에 품질을 파악하기 어려운 서비스의 경우, 구매결정의 위험과 실패 가능성을 줄이기 위해 소비자들은 종종 구전 커뮤니케이션에 의존한다.

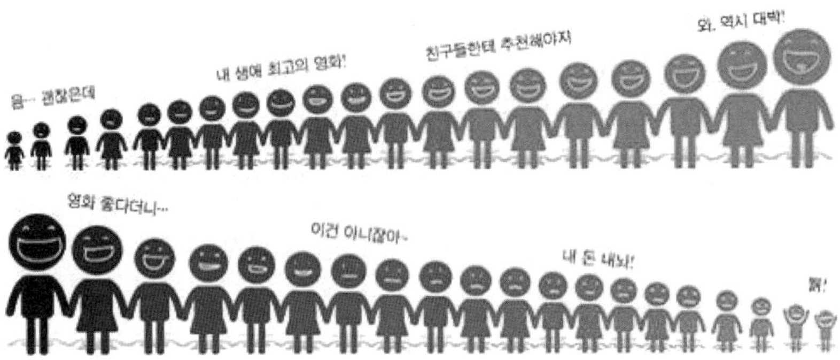

구전의 중요성은 더 말 할 나위가 없다. 한 조사에 의하면, 소비자의 13%만이 광고를 통해 상품에 대한 정보를 얻는다고 한다. 이 수치는 웹사이트에서 정보를 얻는다고 대답한 사람들(20%)보다 적을 뿐만 아니라, 입소문으로 정보를 얻는다고 대답한 사람의 비율 34%에 비하면 현저히 적은 수치이다. 또한 소비자들은 구전 커뮤니케이션을 통해 전달된 정보를 다른 상업적 원천의 정보보다 더욱 생생하게 기억한다. 구전에 의한 정보는 주로 전달자의 직접 경험에 의한 것으로서 그 구체성과 생생함으로 인해 소비자가 구매의사결정을 할 때 기억에서 인출될 가능성이 높다. 따라서 구전 커뮤니케이션은 다른 형태의 정보보다 소비자에 대한 영향이 상대적으로 크게 나타나는 것이다.

구전 커뮤니케이션은 다음과 같은 상황에서 더욱 큰 영향력을 나타낸다. 첫째, 어떤 서비스를 처음 구매하는 초보자의 경우, 상품대안 정보와 평가속성을 알기 위해 구전정보를 구하게 된다. 둘째, 서비스의 사회적 가시성이 높고 서비스 상품에 대한 친숙도가 낮은 경우 소비자는 구전 정보에 의존할 가능성이 높다. 셋째, 구매 전 품질평가가 어려운 서비스의 구매상황에서 소비자는 불확실성과 지각위험도를 낮추기 위해 인적 정보에 의존하게 된다. 넷째, 최고급 호텔과 같이 제한적인 사회계층이 시장을 구성하고 있는 경우, 광고의존도가 낮아지고 소속 사회계층 내 입소문의 중요성이 부각된다.

버즈 마케팅과 바이럴 마케팅

'버즈 마케팅'(buzz marketing)이란 '구전 마케팅', '입소문 마케팅'의 또 다른 표현으로서, 소비자들이 자발적으로 제품 및 서비스에 대한 긍정적인 소문을 내도록 하는 마케팅 기법이다. 상품을 이용해 본 소비자가 자발적으로 주위 사람에게 그 상품에 대한 긍정적인 메시지를 전달함으로써 좋은 평판이 확산되도록 하는 것이다. 'Buzz'란 원래 벌이 붕붕대는 소리를 뜻하는데, 버즈 마케팅에서는 소비자가 특정 제품이나 서비스에 열광하는 반응, 혹은 이리저리 다니며 상품에 대해 이야기하는 소리를 일컫는다.

인터넷과 스마트폰이 대중화되면서 버즈 마케팅은 또 다른 이름을 갖게 되었는데, 그것은 '바이럴 마케팅'(viral marketing)이다. Viral이란 바이러스의 형용사형으로서, 바이럴 마케팅이란 블로그, 카페, SNS, 유튜브 등 온라인으로 상품관련 정보들이 마치 바이러스가 퍼지듯 기하급수적으로 확산되는 것을 의미한다. 소비자들이 휴대폰과 인터넷을 사용하여 자신의 서비스 경험과 정보를 주위 사람들한테 재빨리 실어 나르고 불특정 다수에게 노출시키는 시대가 된 것이다. 버즈 마케팅, 혹은 바이럴 마케팅은 대규모의 매스마케팅 기법을 사용하지 않고 소비자의 개인적인 인적 네트워크(social network)나 인터넷을 통해 상품 정보를 소비자들에게 전달함으로써 광고비를 따로 들이지 않고 소비자들한테 도달할 수 있다는 장점이 있다.

그렇다면 어떻게 '버즈'를 만들어 낼 것인가? 버즈를 유발시키기 위해서는 소비자가 말할 '꺼리'를 만들어주는 것이 필요하다. 상품에 독특한 측면을 더하거나 특별 이벤트를 개최하는 등 상품을 이슈화시켜 소비자들이 흥미를 느끼고 자신의 체험을 남들과 공유하도록 유도하는 것이다. 또한 긍정적 구전을 파급시키려면 기본에 충실해야 한다. 즉 제품과 서비스의 품질에 승부를 걸어 어떻게든 고객의 만족을 이루어내야 하는 것이다. 다양한 인터넷 채널을 통해 제품 및 서비스의 사용후기가 무차별적으로 확산되는 것을 고려할 때 소비자의 긍정적 평판을 얻어내는 것이 최우선 과제이다.

또한 버즈마케팅에서는 적극적으로 구전에 참여하고 여론 형성에 주도적인 역할을 하는 사람을 찾아낼 필요가 있다. 영향을 유발하는 사람들, 즉 영향유발인(influencer)들과 접촉하고, 다양한 인터넷 커뮤니티를 활용하는 것이다. 파워 블로거, 혹은 서비스 체험수기 공모 등을 통해 긍정적 구전이 확산되도록 하는 것도 하나의 방법이다.

인터넷상의 상품 평가와 소비자의 체험적 메시지가 잠재고객의 구매의사결정에 결정적 요소가 되고 있는 요즘, 버즈/바이럴 마케팅은 서비스 기업의 필수적인 마케팅 전략으로 떠오르고 있다.

2. 구전 커뮤니케이션의 특성

1) 정보원천의 신뢰성

소비자는 보통 구전정보의 원천에 대해 높은 신뢰감을 갖는다. 우리는 가족이나 친구들이 자신의 서비스경험에 대해 이야기하는 말을 신뢰할 뿐 아니라 친지와 대화하는 과정에서 나오게 되는 상품 권유나 만류를 자연스럽게 받아들인다. 구전정보는 기업에서 제공하는 홍보 메시지와는 달리 상업적 목적이 아니라 중립적, 객관적인 것으로 지각되므로 소비자의 높은 신뢰를 얻을 수 있다.

2) 쌍방 커뮤니케이션

구전 정보는 일방적인 매스커뮤니케이션과는 달리 쌍방적이다. 구전 커뮤니케이션은 비인적 정보원천과는 달리 대화 도중에 의문사항이 발생하면 질문을 해서 답을 얻어내는 등 후속조치가 가능하기 때문에 성공적인 학습이 가능하다.

3) 구전정보의 생생함

구전에 의한 정보는 서비스에 대한 개인의 경험을 담고 있으므로 비인적 정보원천보다 더욱 생생하게 느껴진다. 따라서 구전정보는 기억으로부터 보다 쉽게 인출되며 소비자 행동에 대한 영향력이 비인적 정보원천과 비교하여 상대적으로 더 크게 나타난다.

4) 구전의 양극화 현상

구전은 소비자가 서비스에 대한 자신의 주관적 평가와 경험을 다른 사람들과 공유하는 것으로서 소비자의 서비스 평가는 긍정적인 것으로부터 부정적인 것까지 골고루 나열되어야 한다. 그런데 구전정보의 내용을 살펴보면 양극화 현상(polarization)을 발견할 수 있다. 즉 중립적인 내용보다는 부정적 혹은 긍정적인 내용으로 치우친다는 말이다. 이것은 곧 서비스 경험이 매우 만족스럽거나 매우 불만족스러울 때 소비자가 구전에 참여할 가능성이 높아진다는 것을 의미한다.

5) 구전 방향성의 편향

구전에는 두 가지 부정적 편향(negative bias)이 있다. 첫째는 소비자들이 좋은 경험보다 나쁜 경험에 대해 더 많이 이야기하는 경향이다. 서비스에 만족했을 경우보다 불만족하였을 때 구전에 참여하는 비율이 높다. 한 조사에 의하면 불만족한 소비자가 불평을 토로할 가능성은 만족한 소비자가 자신의 즐거운 경험을 이야기할 가능성의 세 배에 이른다고 한다. 또 다른 조사는 불만족한 소비자의 절반 이상이 부정적인 구전에 참여한다고 보고하였다. 긍정적 경험보다 부정적 경험이 더 많은 구전을 발생시키는 이유는, 긍정적 서비스 경험은 소비자가 당연시하므로 망각하기 쉬운 반면 부정적 경험은 그 현출성과 구별성으로 인해 소비자 기억에 오래 남기 때문이다.

둘째, 부정적인 정보가 긍정적인 정보보다 더 전파가 잘 되고 영향력도 크게 나타난다. 사람들은 좋은 이야기보다 나쁜 이야기에 대해 더 솔깃해하는 경향이 있다. 즉 어떤 서비스에 대해 좋은 이야기를 열 번 들었더라도 나쁜 이야기를 한번이라도 들으면 그것이 서비스의 평가에 결정적인 부정적 영향을 미친다. 소비자가 긍정적인 정보보다 부정적인 정보에 더 많은 주의를 기울이고 이에 더 많은 비중을 두는 이유는 다음과 같다. 첫째, 부정적인 정보는 종종 그 자체가 흥미롭고 특이하기 때문에 소비자의 주의를 더 많이 받게 된다. 둘째, 부정적인 정보는 긍정적인 정보보다 진단성(diagnosticity)이 높다고 판단되기 때문이다. 여기서 정보의 진단성이란 어떤 상품의 특성을 알리고 그 상품이 다른 상품과 어떻게 다른지를 보여주는 정도를 뜻한다. 즉 의사결정을 하는데 이용가치가 높은 정보가 진단성이 높은 정보이다. 인터넷 쇼핑몰의 경우, 부정적 상품평이 긍정적 상품평보다 클릭수가 월등히 많은 것은 소비자들이 부정적 상품평의 진단성을 높게 여기는 까닭이라고 볼 수 있다.

3. 구전의 원천

1) 개인적 원천

개인적 원천은 소비자가 개인적으로 접촉하는 주변 인물들을 중심으로 구성된다. 가족, 친구, 친척, 이웃, 동료는 개인적 원천이다. 서비스 소비자가 개인적 원천으로부터 전달받는 구정 정보는 서비스에 대한 해당원천의 직접경험, 혹은 간접경험에 대한 이야기가 대부분이다. 예를 들어 "00동네에 00라는 이태리식당이 오픈해서 한 번 가봤더니 라자냐 맛이 끝내주더군"은 직접경험에, "00동네에 00라는 이태리식당이 있는데 친구 말이 분위기도 좋고 음식도 맛있다고 하더군"은 간접경험에 해당된다.

2) 전문가 원천

전문가 원천은 해당 서비스와 관련하여 전문적 지식을 가진 사람들이다. 전문가 원천에는 선생님, 의사, 변호사 등이 있다. 전문적인 구전을 탐색하는 경우는 주로 고관여 상황으로서,

개인적 원천보다 더 전문적이고 신뢰할 수 있는 정보를 구할 수 있을 것이라는 신념에서 비롯된다. 예를 들어 대학진학을 앞둔 학생은 학교나 학원의 진학상담교사가 제공하는 정보와 추천에 많은 영향을 받을 것이다.

3) 온라인 원천

온라인 원천이란 소비자와 개인적인 상호작용은 없으나 서비스 경험을 많은 사람들과 공유하는 인터넷 상품평, 서비스 이용후기, 블로그 등을 말한다. 인터넷 이용이 보편화된 우리나라에서는 여행, 영화, 병원, 음식점 등 서비스와 관련하여 무수한 온라인 구전정보를 검색할 수 있다. 제 3의 원천이라고도 불리는 온라인 원천은 소비자들이 언제라도 손쉽게 광범위한 정보를 접할 수 있다는 장점으로 인해 오늘날과 같은 디지털 시대의 소비자에게 매우 중요한 구전정보 원천으로 자리 잡고 있다.

4. 구전 커뮤니케이션 모델

1) 낙수이론

가장 전통적 이론이라고 할 수 있는 낙수이론(trickle-down theory)에 의하면, 상품의 확산이 상위층에서 하위층으로 이동하는 방향성이 있는 것과 마찬가지로 구전정보 또한 상위층에서 하위층으로 흘러내리는(trickle-down) 경향이 있다. 낮은 사회계층은 상위 계층의 소비행태를 모방하는 경향이 있으므로, 상품정보도 상위층에서 회자되던 것이 점차 하위층으로 이동한다는 것이다. 사람들은 상위로 신분이동을 하려는 욕구 때문에 자기보다 한 단계 상위계층에 있는 사람들의 소비행태를 따르려고 상위층의 소비상품 정보를 적극적으로 탐색한다. 낙수이론에 의하면 신상품의 초기 표적은 실제 공략하려고 하는 표적시장보다 다소 상위층에 두어야 하는데, 그래야 해당 상품의 정보가 점차 하향이동을 하여 결국 표적 소비자 계층으로 침투하기 때문이다.

2) 2단계 플로우 이론

2단계 플로우 이론(Two-Step Flow of Information Theory)은 기업이 대중매체를 통해 제공하는 상품정보가 의견선도자(opinion leader)에게 먼저 영향을 미치게 되고, 이들이 의견추종자의 정보수용에 다시 영향을 미치게 된다고 설명한다. 2단계 플로우 이론의 핵심은 의견선도자의 구전활동이 정보의 영향력을 조절한다는 것이다. 이 모델에서 의견선도자의 영향력은 절대적이다.

이 이론은 대통령 선거유세에 대한 Katz & Lazarsfeld의 연구에 기초하고 있는데, 이들은 유권자의 투표결정이 대중매체나 인쇄물을 이용한 선거캠페인보다 다른 사람들의 의견에 의해 크게 영향을 받음을 발견하였다. 즉 일반인들은 인쇄물을 통해 나온 후보의 공약사항들을 의견선도자의 말에 따라 해석했는데, 의견선도자들은 매체에의 노출이 빈번하고 적극적인 정보탐색을 하며 선거와 후보에 대한 관여도와 지식이 높은 사람들이었다.

2단계 플로우 이론을 마케팅 상황에 적용하면, 서비스업체가 시장에 제공하는 정보의 영향력은 의견선도자들에 따라 크게 좌우된다. 즉 의견선도자가 서비스를 어떻게 평가하느냐에 따라 서비스 관련 정보가 긍정적, 혹은 부정적으로 시장에 확산된다는 것이다. 2단계 플로우 이론은 상품정보가 전적으로 의견선도자의 구전에 달려있고 일반 소비자들은 의견선도자가 제공하는 정보를 무비판적으로 수용하며 능동적인 정보탐색은 하지 않는 것으로 간주한다는 점에서 현재의 상품정보 확산형태를 설명하는데 한계가 있다.

[그림 12-2] 2단계 플로우 이론

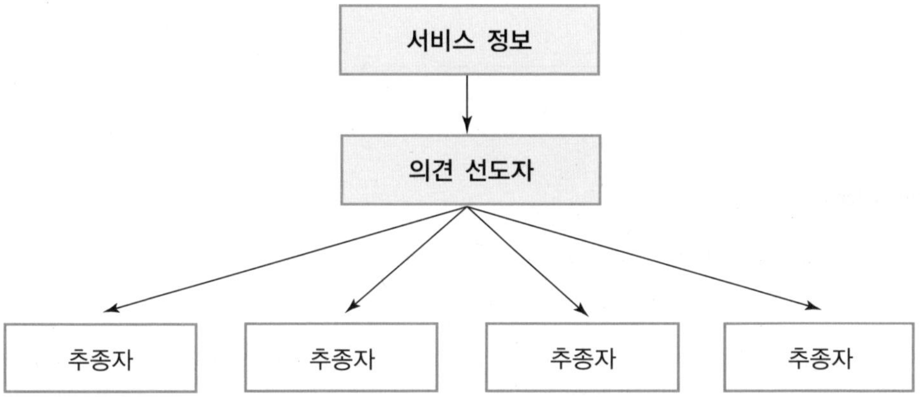

3) 다단계 플로우 이론

다단계 플로우 이론(multistep flow of information theory)은 2단계 플로우 이론의 한계점을 개선하기 위해 제시된 이론이다. 다단계 플로우 이론이 2단계 플로우 이론과 다른 점은 다음과 같다.

첫째, 다단계 플로우 이론은 추종자가 의견선도자 뿐 아니라 기업 혹은 대중매체로부터도 적극적으로 정보를 수집한다고 본다. 즉 수동적으로 의견선도자의 평가에만 의존하는 것이 아니라 보다 다양한 원천으로부터 정보를 탐색한다는 것이다. 서비스정보는 의견선도자를 통해 시장에 확산되기도 하지만 서비스 기업으로부터 직접 소비자에게 전달되기도 한다.

둘째, 다단계 플로우 이론에서는 의견선도자와 추종자 간의 커뮤니케이션이 일방적인 것이 아니라 쌍방향으로 이루어진다고 설명하였다. 즉 의견선도자의 평가가 추종자로 전달될 뿐 아니라 추종자 또한 서비스사용 경험이나 관련정보를 의견선도자에게 제공함으로써 의견선도자에게 영향을 미치기도 한다는 것이다. 다단계 플로우 이론은 서비스 이용경험이 풍부한 소비자들이 많은 오늘날의 시장상황에서의 구전정보의 흐름을 보다 잘 설명한다는 평가를 받는다.

[그림 12-3] **다단계 플로우 이론**

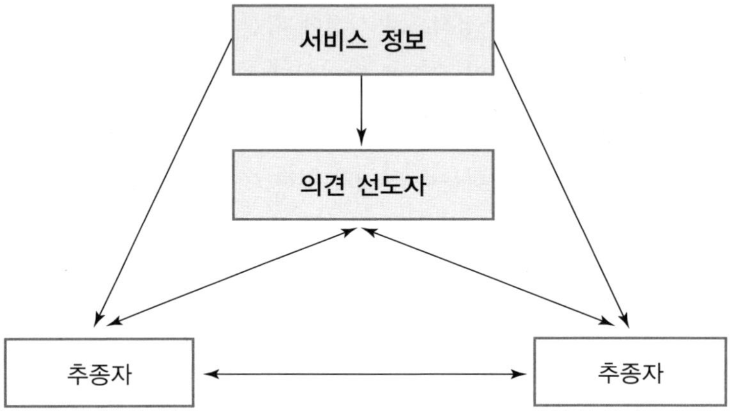

5. 의견선도자

의견선도자(opinion leader)란 서비스 상품에 대한 풍부한 경험과 지식으로 무장하여 서비스 브랜드의 홍보 및 확산 과정에 능동적으로 참여하는 적극적 소비자들을 말한다. 시장에서 활발한 구전 커뮤니케이션의 역할을 담당하는 의견선도자 집단을 기업의 아군으로 영입하여 효과적으로 관리할 수만 있다면 이는 더 할 나위 없이 이상적인 일일 것이다. 의견선도자는 누구이며 어디에 있는가? 이들은 왜 구전 커뮤니케이션을 하는 것일까? 본 절에서는 구전의 핵심적 역할을 하는 의견선도자에 대해 살펴보기로 하자.

1) 의견선도자의 특성

의견선도자는 시장정보 확산의 주도적인 역할을 담당하고 정보제공 준거집단으로서 구전 커뮤니케이션의 핵심적 위치를 갖고 있다. 구전은 사회적 네트워크를 타고 이동하는데 그 과정에 있어 의견 선도자는 네트워크 허브(hub)로서의 역할을 수행한다. 서비스정보 확산 과정에서의 의견선도자의 영향력을 감안할 때, 시장에서 일반 사람들이 정보와 조언을 얻는 의견선도자들을 파악하고 적극적으로 발굴해내는 일은 서비스 마케터에게 매우 중요하다고 볼 수 있다.

의견선도자들을 규정지을만한 인구통계적 특성은 잘 나타나 있지 않다. 남성에 비해 여성 소비자가 구전 커뮤니케이션을 좀 더 활발히 한다는 보고가 있지만 일반화시키기에는 무리가 있다. 의도선도성은 상품에 따라 다르게 나타나기 때문이다. 예컨대 호텔서비스에 대한 구전 정보를 전파시키는 의견선도자 집단은 컴퓨터 관련정보 의견선도자 집단과 완전히 다를 것이다. 대체로 서비스 상품 관련정보를 적극적으로 주변 사람들에게 전달하는 의견선도자들은 다음과 같은 개인적 특성과 성향을 나타낸다.

- 상품에 대한 관여도가 높다.
- 풍부한 구매경험을 바탕으로 상품관련 지식이 많다.
- 의견선도자는 추종자와 같은 사회계층에 속하는 경우가 많다.
- 상품관련 정보제공 매체에의 노출 빈도수가 높다.
- 혁신적 성향이 강해 새로운 서비스 상품 수용이 빠른 편이다.
- 적극적, 외향적, 자기확신적 성격을 가지고 있다.
- 사교적이며 활동적이며 사회적 교제의 영역이 넓다.
- 자신이 소속된 사회집단의 가치와 규범에 익숙하다.

2) 정보전달의 동기

마케터는 의견선도자가 주변 사람들에게 자신이 경험한 서비스에 대해 이야기하고 자기가 알고 있는 정보를 전달하고자 하는 동기를 이해할 필요가 있다. 의견선도자는 다음과 같은 경우 구전 의도가 발생한다.

- 상품에 대한 관여도가 높을 때
- 상품에 대한 과시욕구가 있을 때
- 경험자와 전문가로서 우월성을 과시하고 싶을 때
- 구매 후 부조화를 감소시키기 위해서
- 다른 사람들에게 도움을 주고 싶어서
- 판매자에게 호의를 베풀고 싶어서(혹은 적대적 구전의 경우, 업체에 피해를 주기 위해서)
- 구전활동에 대한 업체 측의 인센티브가 있을 때

3) 의견선도성의 측정

자가측정법 자가측정법(self-designating method)은 소비자 스스로가 자신의 의견선도성을 평가, 보고하게 하는 방법이다. 의견선도성 척도는 남들에 의하여 영향을 받기보다는 스스로 의견을 형성하고 타인에게 정보를 제공하고자 하는 성향 및 능력을 측정한다. 자가측정법은 응답자가 객관적으로 자신을 평가할 수 있다는 것을 전제로 하는데, 소비자들은 자신의 지위나 역할을 실제보다 과대평가하는 경향이 있으며 사람마다 주관적 평가기준을 가지고 있으므로 조사 자료의 오류발생률이 높다는 문제점이 있다.

핵심 정보원법 핵심 정보원법(key-informant method)은 특정 상품의 고객집단 내에서 구전 커뮤니케이션 상황을 가장 잘 파악하고 있다고 여겨지는 사람에게 의견선도자를 구분하도록 요청하는 방법이다. 이 방법은 측정이 용이하다는 장점을 지니고 있으나 해당 정보원이 커뮤니케이션 환경과 집단구성원의 역할을 파악하기가 어려우므로 종종 자신의 주관적 시각에 의존한다는 문제점이 있다. 또한 의견선도자를 명확하게 구분해내는 것만큼이나 적절한 핵심 정보원을 선정하는 일에도 어려움이 따른다.

사회계량적 척도법 사회계량적 척도법(sociometric method)은 사람들이 주로 누구로부터 정보를 얻고 누구의 의견에 영향을 받는지를 알아내는 방법이다. 직접관찰, 면접, 설문을 통하여 특정집단 내에서 누구와 가장 시간을 보내고 싶은지, 누구를 가장 신뢰하는지 등등을 알아내어 집단에서 가장 영향력이 있는 사람을 가려내는 방법이다. 일종의 인기투표와도 흡사한 이 사회계량적 척도법에 의해 얻어진 자료는 해당 집단내의 사회적 관계, 영향력, 권력구조 등을 파악하는데 사용된다. 사회계량적 척도법은 소규모 집단에만 적용될 수 있다는 한계점이 있다.

4) 의견선도자의 추적과 관리

서비스 상품의 홍보와 확산에 핵심적 역할을 하는 의견선도자 집단을 잘 찾아내어 이들을 집중 공략한다면 많은 마케팅 효과를 기대할 수 있을 것이다. 의견선도자는 서비스가 마음에 들면 누가 시키지 않아도 그것을 주변사람에게 권유하고 다닌다. 서비스 기업이 따로 촉진활동을 하지 않아도 상당한 마케팅 효과를 거둘 수 있게 되는 것이다. 그러나 사람마다 복잡하게 얽혀있는 사회적 네트워크의 형태를 파악하는 일은 매우 어렵다. 구전 커뮤니케이션은 소비자들이 주변사람들과 상호작용하는 과정에서 이루어지므로 마케팅 관리자가 개입되기가 매우 어렵다. 또한 의견선도자는 서비스 범주마다 다르게 나타나므로, 의견선도자를 파악하는 작업은 서비스 카테고리별, 그리고 소비자 집단별로 세분화된 접근을 요구한다.

신상품이 시장에 출시되었을 때 그것을 처음 시용해보는 소비자는 의견선도자가 될 가능성이 매우 높다. 서비스 경험에 대한 의견과 브랜드 관련정보를 다른 사람들에게 전달해주는 역할을 할 개연성이 높기 때문이다. 따라서 혁신성이 높은 조기수용자(early adopters)에 최대의 서비스 역량을 발휘하는 것이 필요하다.

그것이 긍정적인 내용이든 부정적인 내용이든 자사 서비스와 관련된 구전의 진원지를 파악하는 일은 서비스 기업에게 매우 중요하다. 구전의 흐름을 추적하는 방법 중 하나는 **네트워크 분석**(network analysis)이다. 네트워크 분석에서는 서비스 고객들 간 관계의 형태와 관계의 내용에 관한 정보를 수집한다. 소비자가 서비스 정보를 누구로부터 어떻게 들었는지를 알아내고, 그와 정보제공자와의 관계 그리고 그 정보제공자의 영향권 내에 있는 사람들을 파악하는 방법이다.

서비스 기업에서 네트워크 분석은 종종 서비스 현장에서 고객의 사회적 네트워크를 관찰하고 집단 내 영향력의 크기를 파악하는 식의 간접적인 접근방식으로 이루어진다. 고객 간 영향관계를 캐묻는 직설적인 시도는 소비자의 경계심을 초래할 수 있기 때문이다. 호텔이나 고급 레스토랑과 같이 고객 간 인간관계를 통한 입소문이 시장 확장에 필수적인 요건이 되는 서비스 업체에서는 의견선도자의 파악 및 관리가 기업의 경영단 차원이 아닌 소규모 지역중심으로, 그리고 일선 서비스직원과 고객 간의 인적 상호작용을 통해 이루어질 필요가 있다. 예컨대 호텔의 경우, 각 업장마다 주요 고객의 특성, 즉 다른 고객을 이끌고 오는 정도, 남에게 적극적으로 추천하는 성향, 그리고 고객의 사회적 위치 및 영향력 등을 파악하는 관리자의 통찰력이 필요하다.

구전의 원천 역할을 하는 의견선도자가 파악되면 서비스 기업은 적절한 행동을 취할 필요가 있다. 적극적으로 자사 브랜드를 소개하고 자사 서비스에 대한 긍정적인 구전을 하는 고객에 대해서는 감사의 뜻을 전하거나 할인혜택, 추가 서비스와 같은 명시적 보상을 제공할 수 있다. 또한 자사 서비스를 소개한 사람과 소개를 받은 사람 모두에게 소정의 보상을 주는 소개 인센티브 프로그램을 활용하는 것도 한 방법이다. 예컨대 국제전화 선불카드 서비스 '리치콜'은 추천인 제도를 채택하여 추천인에게 인센티브를 제공하는 동시에 피추천인이 구매시마다 일정 비율의 적립금을 받을 수 있는 프로그램을 운영한다.

프로슈머

미래학자 앨빈 토플러는 그의 저서 《제3의 물결》에서, 21세기에는 생산자와 소비자의 경계가 허물어질 것이라 예견하며 '프로슈머'라는 말을 처음 사용하였다. 프로슈머란 'producer'와 'consumer'의 합성어로서, 상품의 소비뿐 아니라 상품개념의 개발 및 생산에도 참여하는 적극적인 소비자를 의미한다. 프로슈머에게 종종 상품과 관련된 전문적지식과 경험이 있음을 고려할 때 프로슈머를 'professional + consumer'로 이해해야 한다는 의견도 있다. 프로슈머는 '알파소비자'와도 일맥상통한다. 알파소비자(α-consumer)란 소비자 중의 소비자라는 의미로서 시장의 흐름을 이끌고 유행을 선도하는 소비자 집단을 말한다.

프로슈머 소비자는 시장에 나온 물건을 선택하여 소비하는 수동적인 소비자가 아니라 자신의 취향에 맞는 상품개념의 창출에도 참여하는 능동적 소비자다. 이들은 상품의 생산 단계부터 홍보와 유통 단계에 이르기까지 소비자의 권리를 행사한다. 최근 기업에서는 프로슈머를 마케팅에 활용하여 상품 생산과 촉진활동에 소비자의 의견을 적극 반영하고 있다. 예컨대 SK 텔레콤은 소비자의 아이디어를 반영한 광고 캠페인 '되고송'을 전개하여 호응을 얻었다.

디지털시대의 프로슈머는 아날로그 시대의 프로슈머보다 훨씬 적극적이다. 아날로그시대 프로슈머는 상품평가를 통해 생산과정에 의견이 반영되는 등 소극적인 영향력을 행사하는 데 그쳤다. 반면에 디지털시대의 프로슈머는 보다 직접적이고 적극적인 방법으로 자신의 의견을 표현한다. 인터넷을 통해 활발하게 의견을 개진하고 블로그를 운영하며 상품평가와 아이디어를 기업 및 많은 다른 소비자들과 공유한다. 불만족 서비스에 분노하면 불매운동이나 사이버 시위도 감행한다.

프로슈머 마케팅은 서비스 기업이 새로운 서비스 상품을 개발할 때 단순히 소비자 욕구를 파악하는 수준을 넘어서서, 프로슈머를 서비스 개념 개발에 적극 참여시켜 이들의 제안과 아이디어를 활용함으로써 고객만족도를 최대화하는 전략이다. 기업은 소비자 포커스그룹 활용, 아이디어 공모, 상품동호회 등의 방법으로 프로슈머 마케팅을 진행한다. 예를 들어 백화점에서는 연령별, 성별 세분시장을 대표하는 고객 모니터링 요원들을 뽑아 표적 고객층의 관심과 선호변화 추세를 파악한다.

인터넷의 발달로 소비자의 요구가 생산자에게 쉽게 전달될 수 있게 됨에 따라 프로슈머 마케팅 활동이 점차 확산되고 있다.

6. 온라인 구전

인터넷의 등장으로 구전의 범위는 종전의 가족, 친지 등의 좁은 영역을 벗어나 광범위한 온라인 영역으로 확산되었다. 온라인 구전(eWOM)의 유형은 매우 다양하다. 인터넷 쇼핑몰의 상품평, 기업 웹사이트의 고객게시판, 온라인 포탈의 토론 포럼, 블로그, 인터넷 카페, 이메일, 그리고 메신저를 활용한 실시간 메시징 등이 모두 온라인 구전에 해당된다.

온라인 구전의 속도와 파급효과는 실로 엄청나다고 할 수 있다. 인터넷 망과 SNS을 통하여 소비자들은 불특정 다수와 신속하게 제품 및 서비스와 관련된 정보를 교환한다. 단 한명의 구전 발신자가 수많은 소비자에게 동시에 구전 메시지를 전달할 수 있다고 하여 온라인 정보전달자는 종종 '스니저(sneezer)'라고 불린다. 재채기를 하면 입 안의 바이러스가 주위의 많은 사람들에게 빠르게 퍼지듯이, 하나의 온라인 구전 메시지가 신속하게 수많은 소비자들에게 영향을 미치는 것이다. 익명으로 이루어지는 리뷰게시판으로부터 사람들 사이의 관계망을 구축해주는 페이스북, 트위터 등의 SNS에 이르기까지 다양한 형태를 띠고 있는 온라인 구전정보는 그 파급력이 실로 강하고 광범위하다고 할 수 있다.

1) 온라인 구전의 특성

온라인 구전은 오프라인 구전과 비교할 때 다음과 같은 특성이 있다.

첫째, 온라인 구전은 시간적, 공간적 제약이 없다. PC나 스마트폰만 있으면 다수의 수신자가 언제 어디서나 동시에 온라인 구전을 접하는 것이 가능하다.

둘째, 온라인 구전은 구전의 주체인 발신자와 수신자 간의 비대면 접촉을 통해 정보교환이 이루어지므로 사회적 유대감이 상대적으로 약하다.

셋째, 온라인 구전은 수신자가 발신자 간의 개인적 관계가 존재하지 않는다. 따라서 수신자가 발신자를 개인적으로 모르는 익명성으로 인해 소비자들이 구전에 대해 지각하는 신뢰성이 오프라인 구전에 비해 상대적으로 낮게 형성될 수 있다.

넷째, 오프라인 구전은 일상적인 대화 속에서 음성언어를 사용하나 온라인 구전은 글로 기록된다. 따라서 오프라인 구전은 그 내용이 기록으로 남지 않으나 온라인 구전은 저장이 가능하여 장시간 효력을 발생시킬 수 있다.

전통적 오프라인 구전과 온라인 구전의 차이점은 [표 12-3]과 같다.

[표 12-3] 오프라인 구전과 온라인 구전의 차이

특성 요인	오프라인 구전	온라인 구전
구전 환경	면대면(face to face), 전화통화	가상공간(web based)
메시지의 흐름	쌍방적	일방적, 혹은 쌍방적
정보 전달자	지인	익명의 인물
정보교류자 간 관계	친숙한 관계, 강한 유대감	낯선 관계, 약한 유대감
메시지 전달 형태	말 중심, 음성언어를 통한 대화	문자 중심
정보의 양	제한적	방대
구전의 범위	시간과 공간의 제약	시간과 공간의 제약 거의 없음
전달자 특성의 영향	배경, 지위, 직업 등 전달자의 개인적 특성의 영향이 큼	전달자의 개인적 특성의 영향이 크지 않음
정보채택 영향요인	전달자의 신뢰성과 전문성	정보 컨텐츠의 충실성, 생생함
정보의 지속성	저장 불가능, 일회성/소멸성	저장 가능. 소멸성이 약함.
피드백	즉각적 피드백	지연된 피드백, 정보참여자에 따라 다름.

2) 온라인 구전의 효과성

온라인 구전의 효과를 분석하기 위해서는 많은 연구들이 이루어졌다. 연구결과를 종합해보면, 온라인 구전의 효과성은 다음과 같은 요인들에 의해 결정되는 것으로 나타났다.

첫째, 온라인 구전의 효과는 수신자의 상품지식수준이 낮은 경우 더욱 크게 나타난다. 서비스관련 지식과 경험이 적은 소비자일수록 온라인 구전에 더욱 의존한다. 따라서 신규구매의 경우, 온라인 구전의 효과가 증가된다.

둘째, 온라인 구전의 효과는 인터넷 경험 수준에 따라 다르게 나타난다. 조사결과에 의하면 인터넷 이용률이 낮은 소비자보다 인터넷 이용률이 높은 소비자가 인터넷 정보에 대해 더 큰 확신을 갖는다. 따라서 인터넷 활용도가 높고 사용경험이 많은 소비자에게서 온라인 구전의 영향력이 더욱 크게 나타난다.

셋째, 인터넷 사이트의 명성 또한 온라인 구전효과에 영향을 준다. 명성과 신뢰도가 높고 유용한 컨텐츠가 있다고 지각되는 사이트의 경우, 소비자는 구전내용을 좀 더 신뢰하는 경향을 나타낸다.

넷째, 발신자의 의견선도력은 온라인 구전효과를 결정한다. 즉 발신자가 온라인 커뮤니티에서 전문성과 의견선도성을 인정받은 사람인 경우, 많은 추종자들이 그의 메시지에 주의를 기울이고 그의 의견을 수용한다.

다섯째, 온라인 구전내용의 방향성은 구전 수용과 관계가 있다. 일반적으로 소비자들은 긍정적인 구전보다 부정적인 구전에 더욱 많은 관심을 기울이고 이를 신뢰하는 경향이 있다. 따라서 소비자의 구매의사결정에 긍정적인 구전보다 부정적인 구전이 더욱 많은 영향을 미치게 된다.

여섯째, 온라인 구전의 생생함(vividness)은 구전효과에 영향을 준다. 구전 내용이 구체적이고 묘사적이며 사진, 동영상 등의 멀티미디어적 도구를 사용할수록 구전효과는 더욱 커진다.

일곱째, 온라인 구전에 대한 동의성(consensus) 역시 구전효과를 결정한다. 구전내용이 반복되고 동의의 댓글이 많이 달린 경우 구전에 대한 신뢰도가 높아진다.

마지막으로 상품의 성격이 탐색재인 경우보다 경험재인 경우 온라인 구전의 효과가 더 크게 나타난다. 탐색적 유형 제품의 경우 구매 전에 품질을 평가하기가 용이하지만 무형 서비스와 같은 경험재는 구매와 소비가 이루어질 때까지 품질평가가 어려운 까닭에 온라인 구전을 더욱 의존하게 된다.

3) 일면구전과 양면구전

온라인 구전은 구전 내용의 방향성에 따라 긍정적 구전과 부정적 구전으로 구분된다. 구전 메시지가 긍정적이거나 부정적이면 이를 일면구전(one-sided WOM)이라고 하고, 긍정적 내용과 부정적 내용을 모두 포함하고 있으면 양면구전(two-sided WOM)이라고 한다. 예컨대 일면구전은 상품에 대해 좋은 점만 부각시키며 칭찬하거나 나쁜 점만을 지적하지만, 양면구전은 "객실은 깨끗하고 좋은데, 호텔이 대로변에 위치해서 밤에 차 다니는 소리가 시끄럽다"와 같이 긍정적, 부정적 내용을 둘 다 담고 있다.

온라인 구전은 익명성이라는 특성과 발신자와 수신자 간의 사회적 유대감이 약하다는 점 때문에 오프라인 구전과 비교할 때 신뢰도가 상대적으로 낮게 형성된다는 문제점이 있다. 구전에 대한 신뢰도가 떨어지는 경우 구전내용이 저평가되며 수신자에 대한 설득성이 저하된다.

일면구전의 경우, 긍정적 구전에 비해 부정적 구전이 더 높은 신뢰도를 갖는다는 것은 앞에서 언급하였다. 그런데 일면구전과 양면구전을 비교해보면, 소비자들이 일면구전에 비해 양면구전에 대해 더욱 신뢰하는 것이 발견되었다. 일면구전의 경우, 구전 발신자가 편향된 의견을 갖고 있다고 판단하나, 양면구전은 구전 발신자가 객관성을 가지고 상품을 평가한 것으로 지각하기 때문이다.

정녕 훌륭한 의사는 누구? 의사 정보 공유 캠페인

건강정보 사이트 코메디닷컴이 동료 전문의들의 추천에 따라 각 분야 명의를 선정하는 '베스트 닥터' 시리즈에 이어 환자들의 의사 경험 정보를 공유하는 캠페인을 벌이고 있다.

베스트 닥터 시리즈는 코메디닷컴이 전국 10~20개 대학병원의 해당 진료과 교수들에게 "내 가족이 아프면 누구에게 보낼 것인가"라는 질문을 던져 동료 의사를 추천하도록 했다. 이어 이 추천점수를 기본으로 해 코메디닷컴에서 2007~2013년 전문가들을 대상으로 같은 방법으로 평가한 점수와 환자들이 매긴 평점을 합친 결과를 일부 반영해서 각 분야 최고의 의사를 선정하고 있다. 이 시리즈는 네이버, 다음 등 포털사이트에 별도 코너가 마련돼 고객들에게 정보가 제공되고 있다. 또 각종 환자 커뮤니티와 개인 블로그, SNS 등에서 퍼 나르기를 통해 정보가 확산되고 있다.

코메디닷컴은 올 들어 의사 평가에 환자의 생생한 경험을 더해서 '건강한 의료문화'를 퍼뜨린다는 목표로 환자의 의사 평가 캠페인을 벌이고 있다. 환자의 의사 평가는 △치료결과 만족도 △의사의 경청, 설명 정도 △의사의 친절도 △의사 추천 여부 등에 대해서 이뤄진다.

코메디닷컴 이성주 대표는 "미디어와 포털 사이트 등에서는 막대한 마케팅비로 홍보를 하는 의사들이 명의로 둔갑돼 소개되며 환자의 건강권을 해치고 있다"면서 "훌륭한 의사, 좋은 병원에 대한 정보를 공유하면 우리 의료문화가 건강해질 것"이라고 캠페인 취지를 설명했다. 이 대표는 "많은 고객이 행사 취지에 공감해서 자신들의 생생한 정보를 올려주고 있으며 직설적인 댓글을 우려했지만 다행히 그런 일은 벌어지지 않고 있다"며 "높아진 우리 환자 문화를 반영하는 것"이라고 말했다.

자료원: 코메디닷컴(www.kormedi.com) 뉴스, 2014. 1. 8.

7. 구전 커뮤니케이션을 이용한 마케팅 전략

1) 부정적 구전의 최소화

부정적 구전이 긍정적 구전보다 파급효과가 크다는 것을 감안할 때 서비스 기업은 자사 브랜드에 관한 부정적인 구전을 예방하고 부정적 구전의 확산을 막기 위해 노력해야 한다. 자사 서비스에 대한 부정적 구전을 예방하는 최선의 길은 서비스 실패가 발생하지 않도록 사전에 품질관리를 하는 일이다. 고객이 불만을 품지 않도록 서비스 품질을 관리하는 것이 최선의 안전책인 것이다. 또한 고객 불만족이 발생했을 때 이를 최대한 빨리, 그리고 효과적으로 수습하는 것이 필요하다. 고객이 서비스에 대해 불만족하는 경우 서비스 기업이 적극적인 자세로 이를 해결하고 고객이 불이익을 받은 부분에 대해서는 보상을 함으로써 억울함을 느끼는 소비자가 생기지 않도록 해야 하는 것이다.

부정적인 구전이 발생한 경우, 서비스 기업은 다음과 같은 대처행동으로 부정적 구전의 확산을 최소화할 수 있다. 첫째, 고객이 경험한 문제에 대해 공감하고 이에 대해 고객과 의미 있는 상호작용을 하여 해결책을 제시한다. 온라인 구전의 경우, 소비자의 불만 섞인 글에 공손하고 성의 있는 답변을 하고 문제를 어떻게 해결할 것인지를 알린다. 업체의 답변은 해당 소비자뿐 아니라 다른 사람들도 읽게 되므로 소비자만족을 이루려는 기업의 의지가 표현되도록 작성할 필요가 있다. 둘째, 부정적 구전을 하는 소비자와 별도로 접촉하여 대화하고 회유한다. 특히 악의 있는 온라인 구전의 경우, 기업에 더 이상 치명적인 피해를 끼치지 않도록 발신자에게 인센티브를 제공하거나 정중히 요청함으로써 구전을 철회하도록 유도한다. 셋째, 부정적 구전이 소비자에게 망각되도록 서비스에 대한 새로운 정보를 추가한다. 서비스의 변화와 혁신을 이루고 이를 시장에 이슈화시켜 부정적 구전을 잠재우는 전략이다. 서비스에 혜택을 추가하거나, 신상품을 소개하거나, 새로운 홍보 캠페인을 전개하는 등 소비자가 구전정보 대신 기업제공 정보에 주의를 기울이도록 유도하는 것이다.

2) 긍정적 구전의 형성

많은 서비스 기업에 있어 긍정적 구전은 다른 어떤 촉진전략보다도 더욱 효과적으로 신규고객을 창출시키는 핵심적 요인이다. 서비스 기업은 자사 브랜드에 대한 호의적인 구전이 조성되도록 노력을 기울여야 한다. 구전효과의 극대화를 위해서는 다음과 같은 접근방법들이 고려될 필요가 있다.

첫째, 호의적인 구전은 우선 소비자가 서비스에 대해 대만족했을 때 발생한다. 따라서 양질의 서비스로 고객감동을 이루어내는 것이 긍정적 구전을 이끌어내는 첫 번째 과제이다. 서비스에 만족한 고객은 친구에게 해당업체를 소개할 뿐 아니라 서비스 상품의 사진을 찍어 주변사람들과 공유하기도 한다.

둘째는 서비스 체험행사나 특별 이벤트, 혹은 경쟁사와는 구분되는 색다른 서비스 경험을 제공하여 이를 소비자들에게 이슈화시키는 것이다. 소비자들은 자신의 특별한 경험을 SNS를 통해 주변사람들과 공유하게 된다. 예컨대 KT는 올레스퀘어에서 다양한 이벤트와 전시회를 개최하는데, 소비자들은 자신만 행사에 참여할 뿐만 아니라 흥미로운 경험을 친구들에게 알리는 등 자발적 홍보대사 역할을 자처한다.

셋째는 소비자에게 소정의 인센티브를 제공함으로써 적극적인 구전 참여를 유도하는 방법이다. 우수상품평을 선정하여 포상한다든지, 소비자 평가단 체험수기 공모전을 한다든지, 첫 번째 리뷰 고객에게 일반고객의 두 배에 해당하는 포인트를 지급한다든지 등의 방법들이 이에 해당된다. 이 경우 소비자는 인센티브를 받기 위해 보통 호의적인 내용의 평가를 하게 된다.

넷째는 의견선도자를 공략하는 방법이다. 시장에서 의견선도자 역할을 하는 소비자를 찾아내어 감사표시를 하거나 무료 서비스를 제공하는 등 각종 인센티브와 서비스정보를 제공함으로써 더욱 활발히 구전활동을 하도록 동기부여를 하는 것이다. 최근에는 기업이 소극적으로 고객 가운데서 의견선도자를 찾아내는데서 그치는 것이 아니라, 의견선도자로서의 특성과 자질을 가진 고객을 기업이 적극적으로 발굴하여 마케팅 커뮤니케이션에 참여시키는 방안이 모색되고 있다. 서비스 기업은 빠르게 변화하는 소비 트렌드에 한 발 앞서 대응하기 위해 "트렌드 헌터(trend hunter)" 제도를 도입하기도 한다. 트렌드에 민감한 시장의 의견선도자를 선발하여 신상품 아이디어 창출에 참여시키고 자사의 홍보대사로 활용하는 것이다. 호텔에서는 서비스이용 관여도가 높고 선도적인 위치에 있는 주요고객들로 구성된 "포커스(focus) 그룹"을 만들어 이들의 아이디어와 제언을 새로운 서비스 상품의 개념을 개발하는데 반영하고 있다.

제13장

서비스 고객의 만족/불만족

[1] 고객 만족/불만족의 의의

[2] 서비스 만족도의 차원

[3] 고객 만족도의 결정

1. 기대불일치 모델
   1) 개념 2) SERVQUAL 모형
   3) 예외의 경우
2. 공정성 이론
   1) 개념 2) 마케팅 적용
3. 귀인 이론

[4] 인지부조화

1. 인지부조화의 발생 요인
2. 인지부조화 최소화 방안
   1) 인지의 변화
   2) 속성 중요도의 변화
   3) 서비스 관여도의 변화
3. 극화현상

[5] 서비스 충성도

1. 서비스 충성도의 차원
   1) 행동적 충성도 2) 태도적 충성도
2. 서비스 충성도의 결정요인
   1) 서비스 특성
   2) 기업 및 브랜드 특성
   3) 소비자 개인 특성
   4) 전환비용
3. 서비스 충성고객의 관계편익
   1) 사회적 편익 2) 심리적 편익
   3) 경제적 편익 4) 고객화 편익

[6] 서비스 불만족

1. 서비스 실패
   1) 불만족 상황의 소비자 유형
   2) 서비스 불만족시 소비자 행동반응
   3) 소비자 불평행동의 결정요인
   4) 소비자 불평행동의 중요성
   5) 소비자 불평의 처리
2. 서비스 회복
   1) 서비스 회복 과정
   2) 회복공정성
   3) 서비스 회복 패러독스

제13장

서비스 고객의 만족/불만족

1 고객 만족/불만족의 의의

서비스에 대한 고객만족도는 실용적 효용(서비스의 기능적 품질)과 경험적 효용(서비스 이용과정에서 소비자가 느끼는 감정)이라는 두 가지 차원을 토대로 결정된다. 외식을 예로 들어보면, 소비자들은 외식을 통해 배고픔을 해결할 뿐 아니라 즐겁고 행복한 시간을 갖고자 한다. 그리고 이 두 가지가 모두 만족스럽게 충족되어야 소비자의 애호도와 재구매의도가 형성되는 것이다. 서비스에 대한 소비자의 욕구가 갈수록 다양화, 고급화됨에 따라 소비자의 기대수준에 상응하는 가치를 제공하여 고객만족을 실현하는 일이 많은 서비스업체에게 도전적 과제가 되고 있다.

서비스 만족은 소비자의 감정적 반응과 밀접한 관계가 있다. 만족한 소비자는 즐거움, 행복감, 위로감, 짜릿함, 충만감, 감동 등과 같은 긍정적 감정을, 불만족한 소비자는 분노, 짜증, 후회, 실망감 등과 같은 부정적 감정을 경험한다. 이러한 감정은 서비스 이용과정에서, 혹은 서비스의 결과 소비자가 느끼는 것인데, 각각의 서비스 경험에서 나타나는 감정적 반응들이 누적되어 서비스브랜드에 대한 전반적 만족도가 결정된다.

소비자 만족은 다음과 같은 측면에서 매우 중요하다. 첫째, 만족한 고객은 서비스 기업에게 비즈니스 성공의 토대가 된다. 한 기업성과 조사는 소비자만족을 통해 충성고객의 수를 5%만 늘린다면 이익을 25%에서 85%까지 증가시킬 수 있다는 분석결과를 발표했다. 만족한 충성고객은 가격민감도가 낮고 반복적으로 구매하며 호의적인 구전을 발생시킨다. 또한 이들에 대한 마케팅 비용은 신규고객 유치비용에 비해 훨씬 낮은 수준이다. 둘째, 소비자 만족은 반복적 거래에 의존하는 서비스 기업의 경우에 특히 중요하다. 매출의 상당부분이 단골고객의 반복 거래에 의존하는 음식점, 할인마트와 같은 서비스업의 경우, 소비자 만족을 토대로 한 튼튼한 고객 기반을 형성할 필요가 있다. 즉 소비자의 반복구매행동이 서비스 기업의 성공을 결정하는 핵심요인이 되는 것이다.

반면에 소비자 불만족은 소비자의 구매중단, 불평행동, 기업 측에 보상요구 등에 따른 비용발생 및 매출감소를 초래한다. 또한 불만족한 소비자는 주변 사람들에게 부정적 구전을 확산시킴으로써 브랜드이미지를 손상시키고 잠재고객의 구매의도를 좌절시키는 등 서비스 기업에게 많은 타격을 입히나 어디에 위치하고 있는지는 확인하기 어려운 테러리스트와도 같은 존재가 될 수 있다. 더군다나 소비자는 좋은 경험보다 나쁜 경험에 대해 더 많이 이야기 하는 경향이 있다. 한 조사에 의하면 만족한 소비자는 평균, 7명에게, 불만족한 소비자는 평균 16명에게 그 사실을 이야기한다고 한다.

이와 같이 소비자 만족, 불만족은 서비스 마케터가 많은 관심을 기울여야 할 부분이며 소비자 행동연구에서 중요한 영역을 차지한다. 서비스 고객의 만족/불만족은 마케팅활동의 목표이며 마케팅성공의 지표라고 할 수 있다. 본 장은 서비스에 대한 소비자의 만족, 불만족 심리, 그리고 소비자 만족/불만족 반응과 관련이 있는 요인들에 대해 살펴보기로 한다.

[그림 13-1] 소비자 만족/불만족의 결과

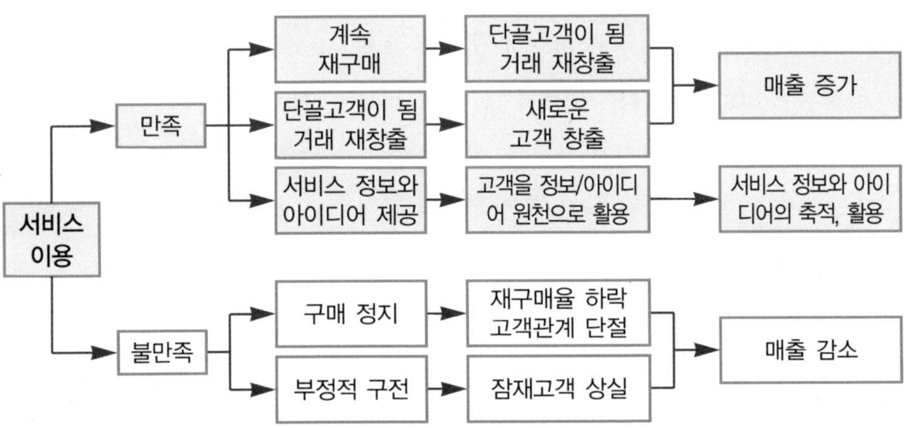

2 서비스 만족도의 차원

호텔이나 레스토랑과 같이 서비스의 인적 요소와 물리적 요소의 중요성이 높게 지각되는 경우, 고객 만족도는 서비스의 세 가지 차원에 대해 형성된다. 첫째는 서비스의 물리적 환경에 대한 만족도다. 내부 인테리어, 분위기, 서비스점포의 위치, 주차시설 등에 대한 고객 만족도가 여기 해당된다. 둘째는 서비스종사원에 대한 만족도다. 이것은 고객에 대해 종사원이 나타내는 관심과 고객응대의 친절성 및 효율성, 서비스직원의 커뮤니케이션 능력 및 업무수행 능력 등에 관한 것으로, 인적 서비스 품질에 대한 소비자의 만족도를 의미한다. 셋째는 서비스의 결과에 대한 만족도다. 이것은 서비스 이용의 가장 근본적인 목적이 얼마나 성공적으로 달성되었느냐에 관한 것이다. 예컨대 레스토랑 서비스의 경우, 음식의 맛과 질은 서비스의 결과 측면으로서 종종 레스토랑 서비스의 핵심이 된다. 이 세 가지 측면에 대한 고객만족도는 서비스업체에 대한 전반적 만족도를 결정하므로, 서비스 마케터는 이 중 한 가지라도 고객의 기대에 미치지 못하는 것이 없도록 관리해야 한다.

[그림 13-2] **서비스 만족도의 차원**

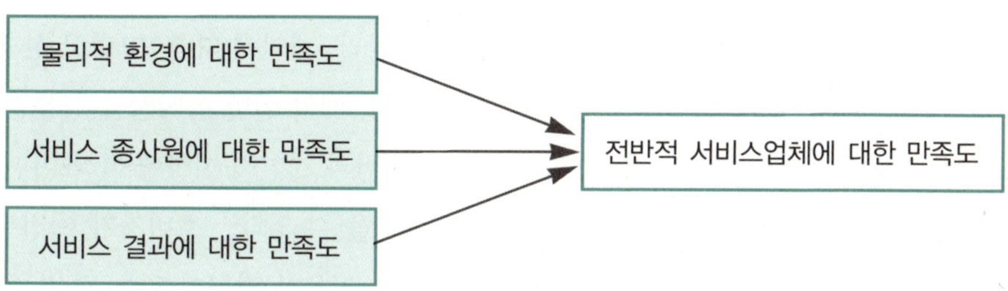

3 고객 만족도의 결정

1. 기대불일치 이론

1) 개념

기대불일치 이론(expectancy disconfirmation theory)은 소비자의 만족, 불만족이 사전기대와 지각된 성과와의 차이에 의해 결정된다고 설명한다. 즉 서비스에 대해 소비자가 만족하느냐

만족하지 못하느냐는 객관적인 서비스 품질에 의해 결정되는 것이라기보다는 서비스의 성과가 고객 개개인의 기대에 얼마나 부합했느냐에 관한 주관적 평가에 달려 있다는 것이다.

서비스에 대한 소비자만족도는 기대와 성과 간 불일치의 정도에 따라 다르게 나타난다. 지각된 서비스성과가 소비자의 기대를 능가하는 경우는 긍정적 불일치(positive disconfirmation), 그리고 지각된 서비스성과가 소비자의 기대에 미달하는 경우는 부정적 불일치(negative disconfirmation)라고 부른다. 서비스 성과가 소비자의 기대에 상응하는 수준이면 단순일치(simple confirmation)라고 한다. 고객만족은 긍정적 불일치의 경우 최대화되며, 그 다음 단순일치, 그리고 부정적 불일치의 순으로 나타난다.

[그림 13-3] **기대불일치 모델**

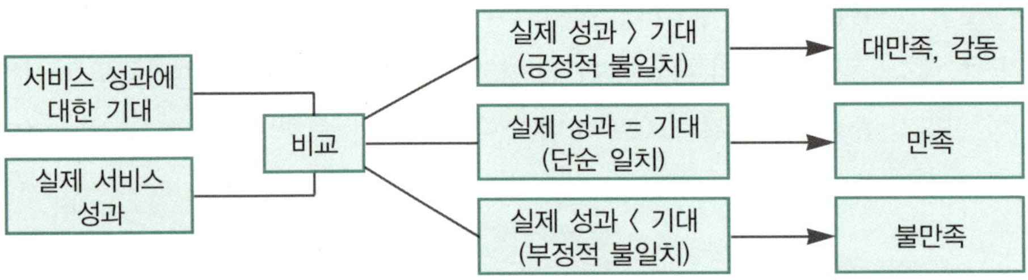

서비스 상품에 대한 고객의 사전 기대는 서비스의 종류에 따라, 개인에 따라, 그리고 상황에 따라 다르게 나타난다. 예를 들어, 고급호텔 레스토랑을 이용할 때와 일반 음식점을 이용할 때의 고객 기대에는 차이가 있을 것이다. 또한 개인의 서비스 경험과 개인적 성향에 따라 어떤 소비자는 높은 기대를 가지고, 또 어떤 소비자는 기대수준이 낮을 수 있다. 소비자가 예전부터 어떤 서비스를 이용해왔거나 다른 곳에서 동일 계열 서비스를 이용한 경험이 있는 경우, 자신의 서비스경험과 지식을 토대로 전반적인 서비스성과와 품질에 대한 기대수준을 형성하게 된다. 서비스 기대에 영향을 미치는 요인들은 [표 13-1]과 같다.

[표 13-1] **서비스 기대에 영향을 미치는 요인들**

서비스 기대의 영향요인			
내적 요인	외적 요인	상황적 요인	기업요인
• 개인적 니즈 • 관여도 • 과거 경험 • 개인성향/개성	• 경쟁적 대안들 • 사회 · 문화적 환경 • 구전	• 일시적 기분 • 날씨 • 시간적 제약 • 구매목적 • 구매량 • 동행인/동석인	• 촉진(광고/홍보) • 가격 • 유통경로 • 서비스 요원 • 유형적 단서 • 기업 이미지

산업의 공급능력이 시장의 수요를 초과하게 되면 시장에 서비스 대안의 수가 많아져 소비자의 선택의 폭이 넓어지는데, 이는 곧 경쟁의 강도가 그만큼 높아짐을 의미한다. 서비스업체가 자사의 점유율을 증가시키기 위해 고객만족 경쟁에 돌입할수록 소비자의 서비스 욕구는 더욱 다양화, 고급화되므로, 서비스업체는 표적시장의 기대수준을 파악하여 이에 부응하거나 혹은 한 발 더 나아가 긍정적 불일치를 발생시키는 서비스 개념을 개발하기 위해 노력해야 한다. 또한 부정적 불일치를 예방하기 위해서는 과장된 약속으로 소비자의 기대수준을 비현실적으로 올려놓지 않도록 주의해야 하며, 고객에게 약속된 부분은 철저히 지켜야 할 것이다.

2) SERVQUAL 모형

SERVQUAL(Service Quality) 모형은 Parasuraman, Zeithaml, & Berry가 개발한 서비스 품질 측정모델이다. SERVQUAL 모형에 의하면, 서비스의 품질은 유형성, 신뢰성, 응답성, 확신성, 공감성이라는 다섯 가지 차원을 근거로 고객에 의해 평가된다. 이 다섯 가지 차원의 개념과 세부항목들은 [표 13-2]와 같다. SERVQUAL 모형의 핵심은 서비스 고객이 이와 같은 차원들에 대한 사전기대와 실제 서비스성과를 비교하여 그 차이에 따라 서비스의 품질을 지각하고 만족도가 결정된다는 것이다. 즉 실제 서비스 성과가 기대에 미치지 못하면 서비스 품질 지각과 만족도가 부정적으로 나타나고, 실제 서비스 성과가 기대치와 상응하거나 초과하면 소비자는 서비스 품질을 우수한 것으로 지각하고 만족도가 높아지게 된다. 이와 같이 SERVQUAL 모형은 기대와 성과 간의 차이가 소비자만족도의 토대가 된다고 보았다는 점에서 기대불일치 이론과 일맥상통하는 바가 있다.

[그림 13-4] SERVQUAL 모형

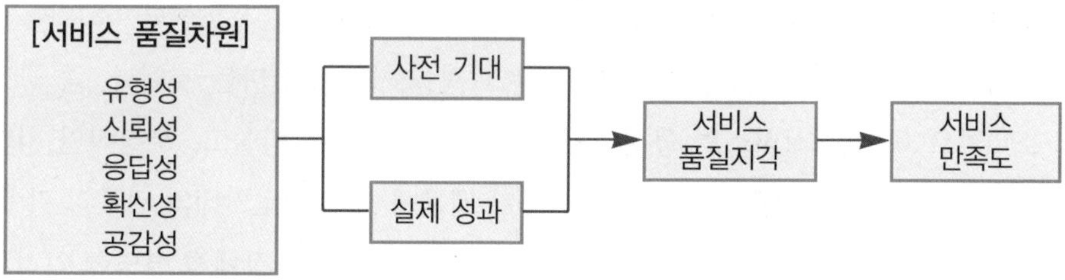

[표 13-2] 서비스 품질평가 차원

차 원	개 념	세부항목
유형성(Tangibles)	서비스의 물리적, 외형적 단서 서비스의 결과	시설, 장비, 인테리어, 가구, 건물외관 및 레이아웃, 서비스직원의 용모, 유니폼
신뢰성(Reliability)	믿을 수 있는 서비스, 정확한 서비스, 실수나 오류 없는 서비스	서비스의 일관성 및 표준화. 청구서의 정확성, 예약 엄수. 고객과의 약속 이행
응답성 (Responsiveness)	고객의 필요에 즉각적 반응 및 문제 해결	고객문의나 요구에 즉시 응답, 신속한 해결책 제시. 착오발생 시 즉각적인 통고
확신성 (Assurance)	서비스직원의 능력, 정직성, 기업의 평판과 이미지. 서비스의 안전성 및 편리성	서비스직원의 업무지식 및 능력, 편리한 입지/영업시간, 브랜드 명성. 신체적 안전, 비밀의 보장
공감성(Empathy)	고객이 당면한 문제에 공감표현, 고객을 이해하고 배려하며 도우려는 서비스직원의 태도	서비스직원의 친절도 및 고객이해, 고객을 위해 추가 서비스 제공. 의사소통, 서비스직원의 친절성

3) 예외의 경우

앞에서 설명한 바와 같이 기대불일치 이론과 SERVQUAL 모형은 소비자의 만족도가 사전 기대수준에 좌우된다는 공통적인 견해를 보이고 있다. 그러나 서비스 고객 만족도가 기대수준과는 관계없이 서비스성과에 의해서만 영향을 받는 사례도 종종 관찰된다. 예를 들어, 높은 기대감을 가지고 해외여행을 다녀온 사람의 경우 여행에 특별히 문제가 없었다면 대부분 여행에 대해 높은 만족도를 나타낸다. 또한 비싼 값에 명품을 구매한 경우, 상품에 별다른 하자가 없는 한 소비자는 구매전 기대가 높은 만큼 구매상품에 대해서도 높은 만족감과 애착심을 나타내곤 한다.

이러한 현상에 대해서는 다음과 같은 해석이 가능하다. 첫째는 선택적 지각 현상이다. 서비스 성과에 대한 기대치는 소비자로 하여금 선택적 정보처리를 하도록 유도한다. 소비자가 보고자 하는 정보만을 선택적으로 지각하고 처리하는 과정을 거치게 한다는 것이다. 즉 긍정적인 기대는 소비자로 하여금 서비스의 긍정적인 측면을 지각하도록 만들고, 부정적인 기대는 소비자로 하여금 부정적인 측면을 지각하도록 만들기 때문에 소비자의 기대와 만족감 간에 종종 상관관계가 나타나는 것이다. 둘째는 인지일관성 유지 경향이다. 8장에서 설명한 인지일관성 이론에 의하면, 소비자들은 구매 전과 구매 후, 상품에 대한 태도와 인지를 일관적으로 유지하려는 경향이 있다. 구매후 부조화를 최소화하기 위해서다. 즉 소비자는 높은 기대를 가지고 구매한 서비스에 대해서는 성과 또한 긍정적으로 평가함으로써 계속 호의적 태도를 유지하려는 경향을 나타낸다.

만족도가 소비자의 사전 기대보다 실제 서비스 성과에 의존하는 것은 만족이라는 개념 자체가 인지보다는 감정에 가까운 것인 까닭이기도 하다. 즉 서비스를 경험하면서 느끼는 감정이 곧 서비스에 대한 만족도로 연결된다. 소비자가 서비스를 이용하며 좋은 감정을 느꼈다면 서비스 성과에 대한 기대나 인지적 평가와 무관하게 서비스만족도가 높아질 가능성이 있다. 반면에 서비스 이용과정에서 소비자가 불쾌한 느낌이 들었다면 서비스만족도가 낮게 나타난다. 구매전 기대치가 아무리 낮았다 해도 말이다. 다시 말해, 구매 후 서비스에 대한 소비자의 인지적 평가도 중요하지만, 서비스 이용과정에서 경험되는 주관적 감정에 의거하여 고객만족도가 결정되기도 한다는 것이다.

2. 공정성 이론

1) 개념

공정성 이론(equity theory)은 소비자의 만족이 판매자와 소비자 간의 교환관계에 의해 결정된다고 본다. 공정성 이론은 원래 심리학에서 개발된 것으로서 조직행동론에 주로 적용된다. 공정성 이론에 의하면, 조직의 구성원이 얼마나 공정성을 지각하느냐에 따라 그의 직무동기와 강도가 달라지는데, 조직원은 자신의 직무에 투입하는 노력 대비 조직으로부터 받는 보상, 그리고 자신이 받는 보상과 동료가 받는 보상을 비교하여 공정성을 판단한다는 것이다. 비교의 결과, 불공정성이 지각되면 조직원의 불만족이 발생하며 이 때 그는 심리적 불균형을 감소시키기 위해 직무를 소홀히 하게 된다. 예를 들어, 같은 금액의 급여를 받는 두 사람이 있는 경우, 업무량이 적은 사람이 업무량이 많은 사람보다 만족하게 되며, 별로 노력을 기울이지 않고 직장을 얻은 사람이 오랜 기간 교육과 준비과정을 거쳐 취업한 사람보다 만족도가 높을 가능성이 있다. 산출(급여)는 같지만 투입량(업무의 양, 교육)에서 차이가 있기 때문이다. 공정성 이론은 개인의 행동에 있어서 동기를 자극하는 욕구가 단순히 어떤 절대적인 가치에 의해서 결정되는 것이 아니라 투입과 산출의 상대적 비율, 그리고 다른 사람들과의 상대적인 관계에 의해 결정된다고 설명한다.

공정성 이론은 뇌과학으로도 입증되었다. 웨이츠 교수는 기업이 보상의 투명성과 공정성을 높이면 직원의 뇌가 큰 보상을 받은 것처럼 반응한다는 사실을 밝혀냈다. 공정한 임금 체계는 직원에게 보너스를 지급하는 것 보다 효과가 있는 것으로 나타났다. 즉 급여의 공정성을 확보한 보상체계를 도입하는 것이 직원에게 돈을 얼마나 지급하느냐에 초점을 맞춘 보상체계보다 저렴한 비용으로 직원에게 직무동기 부여를 할 수 있다는 것이다.

소비자행동 연구자들은 공정성 이론을 소비자상황에 적용하여 소비자의 만족, 불만족 반응이 공정성 지각에 따라 달라진다고 주장하였다. 즉 소비자는 자신이 투입한 부분(input)과 자신이 획득한 산출(output)을 비교하여 공정성을 판단하는데, 자신의 투입 대비 산출의 비율이 업체의 투입 대비 산출의 비율과 어느 정도 일치한다고 생각되면 만족하지만, 이 비율에 불균형이 존재하면 불만족하게 된다. 교환거래의 공정성 지각에 의해 만족도가 결정되는 것이다.

소비자의 투입은 서비스의 가격, 정보탐색 노력, 및 서비스를 이용하기 위해 이동한 거리와 시간 등을 의미하며, 산출은 서비스 구매의 결과 그가 누릴 수 있는 서비스의 기능, 효용, 그리고 서비스경험의 즐거움을 뜻한다. 또한 서비스 기업의 투입이란 서비스의 생산을 위해 업체 측에서 지불한 비용, 즉 원가, 인테리어 투자, 서비스직원의 노력을, 그리고 산출이란 업체가 소비자에게서 받는 돈, 매출, 영업이익을 의미한다. 지불한 가격에 비해 자신이 받은 서비스의 가치는 낮은 반면에, 기업은 비용은 적게 들이고도 과도한 이윤을 내고 있다고 생각되는 경우, 소비자는 불만을 가지게 된다.

투입과 산출 간의 비율에 의해 고객만족도가 영향을 받는 사례는 주위에서 종종 발견할 수 있다. 예를 들면, '오픈워터' 라는 영화는 우리나라의 한 극장에서 관람객들의 환불요구 사태로 곤혹을 치른 적이 있다. '오픈워터' 는 스쿠버다이빙을 떠났다가 실수로 바다에 남겨진 부부가 구조를 기다리다 상어 떼의 공격으로 결국 목숨을 잃는 내용의 영화로서, 제작사에서 단 13만 불을 들여 만든 저예산 영화이다. 러닝타임이 79분에 불과한 이 저예산 영화를 보는데 다른 영화와 똑같은 입장료를 지불한 소비자들이 불만을 느끼고 환불을 요구하고 나섰던 것이다.

또한 소비자는 자신의 산출/투입 비율을 다른 소비자의 산출/투입 비율을 비교함으로써 공정성을 지각하기도 한다. 만약 자신의 산출/투입 비율이 다른 소비자들과 비교하여 낮다고 지각되면 불만족이 발생한다. 한 소비자 연구는 항공사 서비스 이용 상황에서 자신이 지불한 항공료가 다른 소비자들이 지불한 평균 항공료보다 높다고 생각했을 때 소비자의 불만이 발생한다는 것을 발견하였다. 같은 액수의 항공료를 지불하였더라도 자신의 지불 금액이 다른 소비자들의 지불 금액보다 높다고 생각되지 않는 경우에는 불만족이 발생하지 않았다. 즉 단순히 가격 대비 품질에 의해 고객만족도가 결정되는 것이 아니라 상대적 불균형에 의해 소비자의 공정성 지각이 영향을 받으며, 자신이 남들에 비해 손해를 보았다고 인식되는 경우 불공정성을 인식함과 함께 불만이 생겨난다.

$$\frac{\text{고객의 산출(예 : 서비스 품질)}}{\text{고객의 투입(예 : 지불가격)}} \quad \text{VS} \quad \frac{\text{기업의 산출(예 : 매출이익)}}{\text{기업의 투입(예 : 생산원가)}}$$

$$\frac{\text{자신의 산출}}{\text{자신의 투입}} \quad \text{VS} \quad \frac{\text{다른 소비자의 산출}}{\text{다른 소비자의 투입}}$$

2) 마케팅 적용

소비자의 공정성 지각은 주관적이며 자기중심적인 경향이 있다. 서비스 기업은 소비자가 공정한 교환이 이루어졌다고 느끼도록 투입요소와 산출요소를 관리해야 할 것이다.

첫째는 기업의 투입요소이다. 서비스 기업은 고객서비스의 생산을 위해 충분한 투입이 이루어졌음을 소비자가 인식할 수 있도록 가시적으로 표현할 필요가 있다. 예를 들어, 항공사의 경우, 자사가 최신 항공기를 보유하고 있으며 정시출발과 도착을 위해 총력을 기울이고 있음을 고객에게 인식시켜야 한다. 서비스 기업이 소비자가 지각하는 공정성에 영향을 미칠 수 있는 또 하나의 중요한 영역은 서비스직원과 고객 간의 상호작용이다. 서비스직원은 고객에게 최고의 서비스를 제공하기 위해 노력하는 모습을 보임으로써 서비스 기업의 투입요소가 높게 지각되도록 해야 할 것이다.

둘째는 소비자의 산출요소이다. 소비자에게 제공되는 서비스의 가치와 효용을 증가시킴으로써 소비자가 산출을 크게 지각하도록 해야 한다. 서비스를 통해 자신이 가치 있는 것을 얻었다고 인식할 때 소비자는 돈이 아깝지 않다고 느낀다. 또한 서비스 기업은 고객이 다른 사람들과 비교하여 자신이 상대적으로 부당한 대우를 받았다는 느낌이 들지 않도록 가격차별화 전략이나 고객맞춤 서비스 등을 실시할 때 주의를 기울여야 할 것이다. 모든 고객이 공평함을 지각하도록 하면서 동시에 특별함을 느끼도록 하는 것이 서비스마케팅의 묘미라고 할 수 있다.

3. 귀인이론

귀인(attribution)이란 어떤 사건에 대해 인과관계를 밝혀내고 그 원인을 추론하는 행동을 말한다. 소비자 귀인행동은 만족스러운 상황보다 불만족스러운 상황에서 주로 나타난다. 소비자들은 불만족스러운 서비스를 받았을 때 "왜?"라는 질문을 던지며 그 이유를 추적하고 또 해석하고자 한다. 그리고 어떻게 귀인이 이루어졌는지에 따라 불만족의 정도가 감소, 혹은 증폭된다.

귀인이론에 대해서는 8장에서 이미 소개했으므로 여기서는 내적 귀인과 외적 귀인에 대해서만 부가적인 설명을 하기로 한다. Heider는 귀인의 방향에 따라 내적 귀인과 외적 귀인으로 구분하였다. 첫째, **내적 귀인**(internal attribution)은 성향 귀인(dispositional attribution)이라고도 부르는 것으로서, 어떤 개인의 행동 원인을 그의 내적 특성에서 찾는 것을 의미한다. 예를 들어, 어떤 서비스종사원이 테이블에 물을 쏟은 경우, 그 사람의 조심성 없는 성격을 탓하는 것은 내적 귀인이다. 둘째, 상황 귀인(situational attribution)이라고도 하는 **외적 귀인**(external attribution)은 행동발생의 원인을 외적 환경에서 찾는 것이다. 다시 위의 예로 돌아와서, 서비스종사원이 테이블에 물을 쏟은 것은 레스토랑에 손님이 많은 탓에 누군가 뒤에서 밀쳐서 그렇게 되었을 것이라고 생각하는 것은 외적 귀인이다. 이 경우, 내적 귀인보다 외적 귀인이 이루어졌을 때 고객 불만족이 감소할 것을 예상할 수 있다.

이와 같이 귀인이 어떻게 이루어지느냐에 따라 소비자만족도가 영향을 받지만, 역으로 서비스 만족도가 소비자의 귀인행동에 영향을 미치기도 한다. 불만족스러운 상황이 발생했을 때, 사람들은 일반적으로 자신에 대해서는 외적 귀인을, 타인에 대해서는 내적 귀인을 하는 경향이 있다. 자신의 행위에 대해서는 적절한 외적 원인을 적용하여 그것을 핑계로 삼으려 하지만, 타인의 행위는 그의 내재된 성향의 탓으로 돌리는 것이다. 예컨대 자신이 예약한 호텔방이 마음에 들지 않으면, 호텔 웹사이트가 정확한 정보를 제공하지 않은 탓을 하지만(외적 귀인), 남이 호텔방을 잘 못 잡아서 불편을 겪었다고 이야기하면 그의 지식과 예약 노하우가 부족한 탓으로 여긴다(내적 귀인). 만족스러운 구매 결과를 얻은 경우에는 내적 귀인을 하지만(예: "내가 안목이 있어서"), 불만족스러운 결과가 초래되었을 때는 판매자나 구매상황의 탓을 하는 외적 귀인을 한다(예: "직원교육을 제대로 안 시켜서"). '잘 되면 내 탓, 안 되면 조상 탓' 이라는 속담이 소비자행동에도 적용되는 것이다.

4 인지부조화

구매 후 인지부조화(post-purchase cognitive dissonance)란 소비자가 어떠한 상품을 구매한 후에 과연 자신이 최선의 선택을 했는지에 대해 느끼는 불확실성, 혹은 심리적 불편함을 의미한다. 인지부조화는 심리적 긴장감을 초래하며 소비자의 구매 후 만족/불만족 반응과도 밀접한 관계가 있다.

인지일관성 이론(cognitive consistency theory)에 의하면 사람들은 인지요소 간의 일관성을 유지하려는 경향이 매우 강하다. 인지적 균형이 깨지면 심리적 긴장상태가 유발되는데, 사람들은 내적 갈등을 초래하는 인지적 긴장상태를 싫어하며 조화롭고 평정한 상태를 유지하고 싶어 한다. 따라서 구매후 인지부조화가 발생하면 소비자들은 자신의 상품선택을 정당화하고 합리화함으로써 이를 최소화하고자 하는 경향을 나타낸다. 자기합리화를 통해 자신이 구매한 서비스 상품에 대한 인지일관성을 유지하고 되도록이면 만족감을 느끼고자 하는 것이다.

1. 인지부조화의 발생 요인

소비자들은 구매 후에 종종 인지부조화를 경험한다. 선택한 상품대안과 선택하지 않은 대안은 각각의 장단점이 있기 마련인데, 선택한 대안의 단점과 선택하지 않은 대안의 장점이 소비자로 하여금 심리적 불편함과 아쉬움을 느끼도록 만드는 것이다. 인지부조화는 다음과 같은 경우에 더욱 두드러지게 나타난다.

첫째, 인지부조화는 서비스 상품이 소비자에게 매우 중요한 것일 때 유발 가능성이 높다. 서비스 상품의 중요도와 고객관여도가 높은 경우 최선의 선택을 내리는 것이 그만큼 소비자에게 의미 있는 일이기 때문이다.

둘째, 선택대안의 수가 많았을 때 인지부조화가 발생할 가능성이 높다. 상품대안이 별로 없었을 때는 선택의 여지가 많지 않았지만 여러 가지 상품대안이 많았던 경우, 소비자가 선택되지 않은 대안들에 대한 아쉬움을 느끼기 쉽다.

셋째, 구매결정을 돌이킬 수 없는 경우 인지부조화가 증가한다. 유형 제품의 경우, 소비자가 제품에 대해 불만족하면 교환이나 환불을 받을 수 있다. 그러나 서비스의 경우에는 생산과 소비의 동시성으로 인해 일단 서비스가 제공된 이후에는 이를 되돌리기 어렵다(예: 미용사가 머리를 너무 짧게 자름). 따라서 인지부조화의 발생 가능성이 증가하게 된다.

넷째, 불충분한 정보를 가지고 구매의사결정을 내린 경우 인지부조화가 발생하기 쉽다. 풍부한 상품정보를 바탕으로 의사결정을 내린 경우에는 소비자가 자신의 선택에 대해 확신을 가질 수 있지만 충분히 정보탐색이 이루어지지 않은 상태에서 제한된 정보에 의존하여 구매결정이 이루어진 경우 소비자는 최선의 선택이 아니었을지도 모른다는 불안감을 느낄 가능성이 높아진다. 특히 서비스가 충분히 만족스럽지 않았거나 구매 후 다른 브랜드에 대한 호의적 정보에 노출될 때 말이다.

다섯째, 서비스 상품과 관련하여 소비자가 지각하는 위험도(perceived risk)가 높은 수준일 때 인지부조화가 유발될 가능성이 높다. 서비스의 사회적 가시성이 높아 자신의 서비스 이용행태가 남에게 쉽게 노출될 수 있거나 의료서비스와 같이 신체적 위험과 고통이 초래될 수 있는 경우 소비자는 인지부조화를 경험할 가능성이 많아진다.

2. 인지부조화 최소화 방안

인지부조화는 소비자들의 심리적 긴장과 스트레스를 수반한다. 따라서 소비자는 어떻게든 인지부조화를 최소화하여 마음의 평정을 되찾고 심리적 안정상태로 되돌아가고자 하게 된다. 소비자들이 사용하는 인지부조화 해소방안은 다음과 같다.

1) 인지의 변화

최고급 레스토랑에서 와인을 곁들인 비싼 식사를 한 부부가 있다고 하자. 값비싼 식사비를 지불하고 집에 돌아온 이 부부는 "모처럼 근사한 음식점에서 좋은 시간을 가졌다"는 긍정적 인지와 "지금 허리띠를 졸라매고 악착같이 돈을 모아도 시원찮을 마당에 우리가 정신이 나갔나?" 하는 부정적 인지 사이에 부조화를 경험한다. 이러한 경우 사람들은 인지부조화를 줄이기 위해서 "절약을 해야 하긴 하지만 이따금 작은 사치를 하는 것은 괜찮아," 혹은 "그동안 수고했으니까 이런 호사를 누릴 자격이 있어" 등등의 생각으로 부정적 인지를 없애고 긍정적 인지를 강화시키려 할 것이다. 이미 구매가 이루어진 후에는 후회감을 없애야 마음이 편해지기 때문이다.

소비자는 서비스구매와 관련된 여러 가지 인지요소들 간의 조화를 이루기 위해 자신의 태도와 행동을 정당화하고 아전인수 격으로 해석한다. 자신의 선택을 지지하는 정보에 선택적으로 노출되고 반박하는 정보는 의도적으로 회피하는 것이다. 소비자들은 자신의 인지체계에 새로운 인지요소를 추가하기도 하는데, 새로운 정보를 추가로 탐색하여 자신이 선택한 서비스에 대해서는 장점과 효용에, 그리고 대체안에 대해서는 단점에 선택적 주의를 기울임으로써 인지를 긍정적인 쪽으로 집중시킨다.

2) 속성 중요도의 변화

소비자는 인지부조화를 최소화하기 위해 자신이 선택한 서비스가 보유하고 있는 긍정적 속성에 대해서는 중요도를 높게 생각하고 부정적 속성에 대해서는 중요도와 비중을 낮춘다. 한편 자신이 선택하지 않은 대체안의 긍정적 속성은 중요하지 않다고 여기는 한편, 취약한 속성의 중요도는 더욱 크게 부풀려서 생각한다. 패키지여행을 다녀온 소비자의 예를 들어보자. 그는 자신이 다녀온 패키지여행에 비해 친구가 다녀온 배낭여행이 더 알찬 게 아니었을까 하는 생각이 들었다. 이제 와서 후회한들 소용없음을 아는 그는 인지부조화를 없애기 위해 "패키지여행이니까 이동할 때 편히 쉬기도 하고 일정에 신경 쓸 필요도 없고 얼마나 좋았어? 여행은 편안한 게 최고야. 친구녀석은 모르는 데를 렌터카로 운전하고 다니느라고 고생깨나 했을 거다" 하며 마음 편하게 생각하고자 할 것이다. 이동의 편안함이라는 패키지관광 속성의 중요도를 더욱 부각시켜 평가하는 것이다.

3) 서비스 관여도의 변화

소비자는 인지부조화를 해소하는 방편으로, 구매한 서비스나 구매행동 자체에 대한 관여도를 의도적으로 떨어뜨린다. "다음에 또 사면되지, 그까짓 것 아무려면 어때?" 하며 구매상품에 대해 애써 무시하는 경향을 나타내는 것이다. 또한 소비자들은 종종 서비스 대안들을 모두 유사한 것으로 간주해버린다. "다 그게 그거더라," 하며 대안들의 차이를 무시해버림으로써 인지부조화를 최소화하려는 전략이다.

3. 극화현상

한 소비자행동 연구자는 선택행동 전후에 소비자 태도가 어떻게 변화하는지 알아보기 위해 다음과 같은 실험을 하였다. 그는 실험참여자들에게 여러 개의 상품을 보여준 후 이 상품들에 대한 실험참여자의 태도를 측정하였다. 태도측정이 이루어진 이후 그는 실험참여자들로 하여금 하나의 상품을 선택하도록 하였다. 실험참여자들의 선택행동이 이루어지고 얼마의 시간이 지난 후 그는 다시 실험참여자들의 태도를 측정하였는데, 선택행동 전후의 태도를 비교해본 결과, 선택한 상품에 대해서는 선택 후 태도가 더욱 호의적으로 변화하고, 선택하지 않은 상품에 대한 태도는 더욱 비호의적으로 변화한 것이 발견되었다. 즉 자기가 선택한 상품은 처음보다 더욱 좋게 평가하고 선택하지 않은 물건은 더욱 안 좋게 평가한 것이다. 이와 같이 긍정적인 태도는 더 긍정적으로, 부정적인 태도는 더 부정적으로 변화하는 것을 극화현상(polarization)이라고 한다.

[그림 13-5] 극화현상

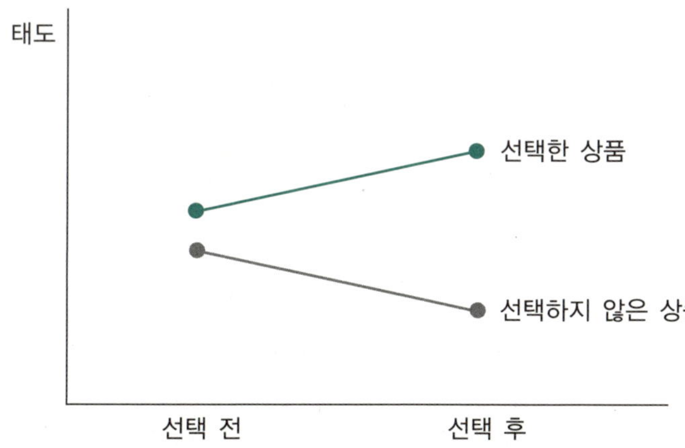

소비자의 선택행동 후 극화현상이 발생하는 것은 인지부조화 현상과 관련이 있다. 선택이 이루어진 후에는 종종 인지부조화가 발생하는데, 사람들은 조화의 상태로 돌아가기 위해 자신의 선택을 지지하는 방향으로 태도를 변화시킨다. 즉 선택한 상품대안은 더욱 호의적으로 평가하고, 선택하지 않은 대안에 대해서는 이솝이야기의 '신 포도'와 같이 하찮게 평가하며 미련을 버리는 경향이 나타나는 것이다. 자신이 옳은 판단을 내렸다고 생각하는 것이 가장 마음편한 일이기 때문이다. 이러한 극화현상은 다음과 같은 예에서도 확인할 수 있다. 경마장에서 사람들에게 어느 말이 우승할 것인지를 물으면 처음엔 아무도 확신에 찬 대답을 하지 못한다. 그런데 사람들이 일단 어떤 말에 돈을 걸고 난 후에는 태도가 달라진다. 자기가 돈을 건 말에 대해서 더욱 호의적으로 평가하고 그 말이 우승할 것이라는 희망에 찬 확신이 생겨나는 것이다.

극화현상은 경제학에서 말하는 **보유효과**(endowment effect)와도 일맥상통한다. 사람들은 자신이 보유한 물건에 대해 가치를 더욱 높이 평가하는 경향이 있는데, 이를 보유효과라고 한다. 소비자가 자신이 선택한 상품에 대해 더욱 좋게 생각하는 극화현상은 보유효과에 의해서도 설명이 가능하다.

그런데 이러한 극화현상은 항상 발생하는 것은 아니다. 소비자들이 실제 상품을 사용해보고 상품의 품질이 구매 전에 기대했던 수준과 큰 차이가 없을 때에만 극화현상이 발생한다. 구매 전과 구매 후에 지각하는 상품품질의 차이가 적은 경우 소비자는 상품의 결점을 무시하고 상품에 대해 더욱 호의적인 태도를 가지는 **동화현상**이 발생한다. 인지부조화를 없애려는 심리적 메커니즘에 의해서 말이다. 그러나 실제 품질이 구매 전의 기대에 크게 못 미치는 경우에는 **대조현상**이 발생한다. 소비자가 상품의 불만족스러운 품질에 실망하여 부정적, 적대적 태도를 갖게 되는 것이다.

보유효과

보유효과(endowment effect)란 어떤 대상을 소유하거나 소유할 수 있다고 생각하는 순간 그 대상에 대한 애착이 생겨 객관적인 가치 이상을 부여하는 심리현상을 말한다. 사람들은 어떤 물건(또는 지위, 권력 등)을 소유하고 있을 때 그것을 갖고 있지 않을 때보다 그 가치를 높게 평가하는 경향이 있다. 따라서 자신이 소유하고 있는 물건을 내놓거나 포기할 때 실제 이상으로 커다란 손실로 여긴다.

예컨대 희귀우표를 가지고 있는 어떤 사람이 있다. 그에게 얼마면 그 희귀우표를 팔겠느냐고 물었더니 그는 100만원을 받지 못한다면 그 희귀우표를 팔지 않겠다고 대답하였다. 그래서 이번에는 그가 만약 그 우표를 가지고 있지 않다면 100만원을 주고 그 우표를 사겠느냐고 물었다. 그랬더니 그는 잠시 생각 후에 고개를 가로저었다. 100만원이나 주고 그 우표를 살 것 같지는 않다는 것이다. 이와 같이 자신이 가지고 있지 않다면 그만큼의 가치를 두지 않을 것에 대해 일단 자신이 보유하게 되면 과대평가하는 경향을 보유효과라고 한다.

미국 코넬대학교 경제학부 학생들을 대상으로 실시한 한 실험에서는 이러한 보유효과가 극적으로 드러났다. 학생들을 무작위로 2개의 그룹으로 나누고, 한 그룹에만 대학의 로고가 그려진 머그잔을 선물했다. 그리고 머그잔을 가진 그룹과 머그잔을 가지지 않은 그룹 사이에 머그잔을 대상으로 경매가 이루어지도록 했다. 머그잔을 가진 그룹이 팔려고 하는 금액은 머그잔을 가지지 않은 그룹이 사려고 하는 금액의 약 2배에 달하였다.

보유효과는 일정기간 써보고 구매를 결정하라는 체험 마케팅에 활용되고 있다. 일단 체험을 해보면 그 제품에 대한 가치평가가 높아지게 되어 계속 보유하고자 하는 경향이 생긴다는 심리를 이용한 것이다.

5 서비스 충성도

고객만족은 서비스 충성도의 근원이 되고, 한 번 형성된 충성도는 긍정적인 서비스 경험의 반복에 의해 더욱 강화된다. **서비스 충성도**(service loyalty)란 고객이 과거의 만족스러운 경험과 미래에 대한 기대에 기초하여 특정 서비스업체에 대해 신뢰와 애착을 가지고 지속적으로 이용하고자 하는 호의적 태도 및 반복 구매행위를 의미한다. 충성고객은 반복적인 구매행동을 할 뿐 아니라 다른 사람들에게 호의적인 구전을 하는 등 홍보 및 매출성과의 핵심적 기능을 담당하므로 서비스 기업에 있어 매우 중요한 존재라고 할 수 있다.

1. 서비스 충성도의 차원

1) 행동적 충성도

행동적 충성도(behavioral loyalty)란 한 브랜드를 반복적으로 구매하고 그 브랜드만을 고려집합에 포함시키는 행동을 말한다. 우리가 흔히 말하는 '단골고객'은 주로 행동적 충성도에 의해 판단된다. 행동적 충성도는 서비스업체에 대한 이용 빈도수, 구매량, 서비스이용의 총 기간, 전체 상품군 중 특정 브랜드의 선택비율 등으로 측정할 수 있다.

행동적 충성도는 해당 서비스업체와 서비스 상품에 대한 고객의 진정한 애착에 의해 발생하기도 하지만, 단순히 습관에 의해서 혹은 다른 대안이 없어서 나타날 수도 있다. 서비스브랜드에 대한 애착과 몰입의 결과 발생하는 행동적 충성도는 진정한 충성도(true loyalty)이다. 그러나 별다른 애착 없이 관성(inertia)에 의해 습관적으로 반복구매를 하거나 다른 대안이 없어 비자발적인 반복구매를 하는 것은 표면적 충성도 혹은 의사 충성도(spurious loyalty)라고 한다.

2) 태도적 충성도

태도적 충성도(attitudinal loyalty)는 서비스 브랜드에 대한 깊은 심리적 몰입 혹은 애착을 의미한다. 충성도는 행동적 몰입과 태도적 몰입의 두 가지 측면을 포함하기 때문에 행동측면에서 충성도를 정의하는 것만으로는 진정한 충성도를 이해할 수 없다. 태도론적 접근법은 충성도가 인지적, 감정적, 의도적 요소를 모두 포함하는 것으로 본다.

첫째, **인지적 요소**(cognitive component)는 서비스 상품의 품질, 기능 및 효용에 대한 지식과 신뢰를 뜻한다. 둘째, **감정적 요소**(affective component)는 서비스브랜드에 대해 고객이 느끼는 애착과 호감을 의미한다. 셋째, **행동의도적 요소**(conative component)란 미래에도 해당 서비스업체를 계속 이용하고자 하는 소비자의 의지와 경향을 말한다. 태도적 충성고객은 상표전환을 야기할 수 있는 상황이나 경쟁사의 마케팅 시도에도 불구하고 동일한 브랜드를 고수하는 특징을 갖는다. 태도적 충성도는 서비스브랜드에 대해서 고객이 느끼는 애착과 관심의 정도, 고객의 구전의도, 경쟁대안에 대한 저항, 재구매 의도, 프리미엄 가격 지불의사 등으로 측정될 수 있다.

[표 13-3] **충성도 유형에 따른 서비스 고객 분류**

		태도적 충성도	
		높음	낮음
행동적 충성도	높음	진정한 충성고객	표면적 충성고객
	낮음	잠재 고객	비 고객

2. 서비스 충성도의 결정요인

서비스 충성도는 고객의 재구매 행동과 시장점유율, 그리고 브랜드 자산에 대한 최종적인 영향변수로서 서비스 마케팅에서 가장 중요한 개념이라고 할 수 있다. 서비스 충성도는 무엇을 근거로 형성되는 것일까? 이 책에서는 서비스 충성도의 결정요인을 서비스 특성, 기업 및 브랜드 특성, 소비자 개인 특성, 그리고 전환비용으로 구분하여 살펴보기로 한다.

1) 서비스 특성

서비스충성도의 가장 핵심적인 선행요인은 고객이 서비스 상품을 통해 누릴 수 있는 효용과 가치라고 말할 수 있다. 첫째, 서비스 **효용**(utility)은 서비스 상품의 품질에 의해 결정된다. 서비스의 품질은 결과차원, 과정차원, 물리적 환경 차원으로 세분화될 수 있다. 서비스를 이용함으로써 무엇을 얻었느냐(결과), 얼마나 신속하고 편리하게 서비스를 이용할 수 있었으며 서비스직원의 친절도가 어느 정도였느냐(과정), 그리고 얼마나 쾌적한 환경에서 서비스를 받았느냐(환경)에 따라 소비자가 지각하는 효용이 달라질 것이다.

둘째, 서비스를 위해 지불한 비용 대비 소비자가 얻은 혜택은 서비스의 **가치**(value)를 결정한다. 즉 가치란 서비스를 이용하는데 발생되는 경제적, 시간적 비용과 서비스 혜택과의 비교를 토대로 한 상대적인 개념이다. 예컨대 어떤 서비스를 이용하기 위해 장거리 이동을 하거나 오랫동안 기다려야 하는 경우, 혹은 서비스 가격이 매우 높은 경우, 해당서비스를 통해 개인이 얻을 수 있는 혜택이 현저히 높지 않은 한, 소비자가 가치를 지각하기는 어려울 것이다. 이와 같이 서비스 이용경험을 바탕으로 평가되는 서비스의 효용과 가치는 소비자의 만족도와 서비스 재이용 의도를 결정짓게 된다.

2) 기업 및 브랜드 특성

서비스 기업의 이미지와 명성(image & reputation)은 구매전 서비스 품질평가의 결정적 단서로 작용함과 동시에 서비스를 경험한 후의 고객만족도 및 재구매 의도에 중요한 역할을 한다. 특히 의료서비스나 자동차 수리 서비스와 같이 서비스를 받은 이후에도 소비자가 그 품질을 정확히 판단할 수 없고 다른 서비스제공자와의 비교가 어려운 신용재(credence product)의 경우, 서비스제공자의 명성과 평판은 소비자에게 품질을 확신하도록 해주는 역할을 한다. 서비스 기업의 이미지는 고품질 서비스를 제공할 수 있는 능력차원 연상과 소비자의 안전과 복지를 최우선으로 여기는 선의차원 연상을 토대로 형성되는데, 이러한 기업능력과 선의 차원은 서비스 기업의 매력도와 신뢰도를 결정하며 결국 소비자의 서비스충성도로 귀결된다.

브랜드는 소비자에게 자아스키마의 일관성과 긍정성을 유지하는 도구가 될 수 있다. 브랜드 개성(brand personality)에 대한 호감은 브랜드가 소비자에게 자아일관성, 자아구별성, 자아향상으로서의 의미를 줄 수 있을 때 높아지는데, 소비자는 자신이 원하는 이미지와의 일치성이 높은 브랜드에 매력을 느끼며 그 결과 브랜드와 자신을 동일시하게 된다. 브랜드 개성이 자신의 이미지와 잘 부합하거나 자신의 이미지를 상승시켜준다고 믿을수록 해당 브랜드를 매력적이라고 생각하고 그 브랜드에 대해서 자신과 동일시하고 싶어 하는 것이다. 브랜드 동일시는 매우 강력한 브랜드-고객 간 관계의 원천으로 간주될 수 있다. 브랜드 동일시가 강해질수록 브랜드에 대한 태도적 애착과 감정적 몰입이 증가하게 되고 지속적인 서비스 이용행동이 발생하게 된다.

3) 소비자 개인 특성

서비스 충성도는 소비자 개인의 성향에 의해서도 영향을 받는다. 어떤 브랜드에 대해 만족스럽다는 판단이 내려지면 그 브랜드에 대해 한결같은 충성도를 보이며 장기간 애용하는 소비자들이 있는가 하면, 만족했더라도 항상 새로운 브랜드를 찾아다니는 소비자들도 있다. 서비스 충성도와 전환행동(brand switching)에 영향을 미치는 개인적 특성에는 최적자극수준(OSL: optimum stimulation level), 다양성 추구성향(variety seeking)이 있다. 최적자극수준과 다양성 추구성향이 높은 소비자일수록 변화를 원하는 정도가 높으므로 한 브랜드에 대한 충성도 수준이 낮게 나타난다. 소비자의 혁신성(innovativeness) 또한 충성행동과 관련이 있다. 신상품을 수용하는 정도를 의미하는 소비자 혁신성이 높은 소비자는 새로운 서비스업체를 시도하고자 하는 성향이 높기 때문에 서비스 이전의 가능성이 높다.

개인이 특정 서비스에 대해 갖는 관여도(involvement level)는 그의 서비스 제공자 선택에 영향을 미친다. 높은 관여도를 갖는 고객은 서비스업체 선정에 신중한 태도를 가질 것이며, 철저한 정보탐색의 결과로 선택된 업체를 쉽게 바꾸려하지 않을 것이다. 예를 들어, 커피의 맛에 대해 매우 까다로운 소비자는 자신의 취향에 맞는 커피를 만들 수 있는 커피전문점을 찾기 위해 여러 업체들을 시도할 것이고, 한 번 마음에 드는 업체를 발견한 후에는 높은 충성도를 나타낼 것으로 예상할 수 있다.

4) 전환비용

소비자가 한 서비스업체를 지속적으로 이용하는 이유 중 하나는, 한 번 만족스러운 거래관계가 성립되면 다른 업체로 바꾸는데 드는 비용이 높게 지각되어 현재 이용업체에 대한 의존도가 높아지기 때문이다. 전환비용(switching cost)이란 특정 서비스 공급자에서 다른 공급자로 전환하는데 수반되는 금전적, 심리적 비용을 의미한다. 전환비용이 높게 지각되면 소비자의 잔류의도가 높아지고 그 결과 소비자는 한 서비스업체에 머물러 있게 된다. 즉 전환비용이 높을수록 행동적 서비스 충성도가 높은 수준을 나타내게 되는 것이다.

소비자행동 학자들은 서비스의 전환비용을 다음과 같은 여섯 가지 세부 항목으로 분류하고 있다.

첫째는 **성과상실 비용**(lost performance costs)이다. 성과상실 비용은 기존의 서비스 제공자를 계속해서 이용했을 때 누릴 수 있는 서비스 성과나 부가적인 효익을 상실할 가능성을 뜻한다. 예를 들어, 항공사에서 제공하는 마일리지 혜택이나 레스토랑에서 단골고객에게 좋은 자리를 우선적으로 배치해주는 등의 혜택 때문에 소비자들은 기존의 서비스 제공자와의 관계를 유지하고자 한다.

둘째는 **불확실성 비용**(uncertainty costs)이다. 불확실성 비용이란 새로운 서비스업체의 서비스성과와 관련된 심리적 불안감과 위험 지각을 의미한다. 이와 같은 심리적 불안감과 위험 지각은 대안평가가 어려운 경우에 높게 나타나는데, 무형성과 이질성이라는 특성으로 인해 품질을 평가하기 어려운 서비스의 경우 매우 중요한 전환비용이라고 할 수 있다.

셋째는 **전환 전 탐색 및 평가비용**(pre-switching search and evaluation costs)이다. 이는 전환행동 이전에 새로운 서비스 공급자에 대한 정보를 찾는데 투입되는 시간과 노력에 대한 개인의 지각된 비용을 의미한다. 새로운 서비스 탐색에 요구되는 시간과 노력은 전환장벽(switching barrier)의 역할을 한다.

넷째는 **전환 후 행동적, 인지적 비용**(post-switching behavioral and cognitive costs)이다. 서비스 전환행동 이후의 행동적, 인지적 비용이란 새로이 전환된 서비스에 적응하기 위한 소비자의 노력과 관련된 비용이다. 예를 들어, 거래하는 은행을 바꾸는 경우, 소비자가 새로운 은행의 거래 시스템을 학습하는데 시간과 노력을 투입해야 한다. 소비자가 생산과정에 직접 참여해야 하는 서비스의 비분리성이라는 특징을 고려하면, 전환행동 이후에 필연적으로 발생하는 학습비용 또한 서비스 소비자에게 중요한 전환비용이라고 할 수 있다.

다섯째는 **셋업비용**(setup costs)이다. 셋업비용은 서비스제공자와 새로운 관계를 형성하기 위해 투입되어야 하는 비용으로서, 서비스 개설비나 회원가입비, 서비스 종사원에게 개인적 선호를 설명해야 하는 필요성 등을 뜻한다. 예를 들어, 새로운 스포츠센터를 이용할 때 지불해야 하는 가입비용, 새 미용실을 이용할 때 원하는 헤어스타일을 미용사에게 설명하는데 따른 노력 등은 셋업비용에 해당된다.

여섯째는 **매몰비용**(sunk costs)이다. 매몰비용은 기존 서비스 공급자와의 관계 단절시 사장되어야 하는 기투입된 금전적, 심리적 비용을 의미한다. 예컨대 '메가스터디' 정기 이용권을 구입한 소비자가 기간이 만료되기 전에 다른 서비스로 이전하는 경우 이미 지급한 돈을 포기하는 셈이 된다. 또한 기존 서비스제공자와의 관계적 가치는 공급자와 소비자 간의 상호관계와 사회적 유대감을 토대로 형성되는 것으로서 브랜드 전환이 이루어진다면 포기되어야 할 부분이다. 이는 서비스제공자와 '상업적 우정' 관계를 구축한 소비자에게 높은 비용으로 인식될 수 있는 것이다.

3. 서비스 충성고객의 관계편익

소비자가 특정 서비스업체에 충성고객이 되는 이유에는 반복적인 이용행동을 통해 그들이 얻을 수 있는 혜택이 있기 때문이다. 서비스제공자와의 장기적 관계 유지를 통해 소비자가 얻을 수 있는 관계편익(relational benefits)은 사회적 편익, 심리적 편익, 경제적 편익, 고객화 편익의 네 가지로 구분될 수 있다.

1) 사회적 편익

사회적 편익(social benefits)이란 소비자가 접점 서비스 직원과의 관계에서 느낄 수 있는 친근감, 호감, 편안함, 우정 등을 의미한다. 서비스 제공자와 고객 간에는 '상업적 우정'(commercial friendships)이 생겨날 수 있는데, 호텔, 은행의 PB 서비스, 미장원, 헬스클럽, 네일케어 등과 같은 서비스 상황에서 소비자와 서비스 제공자 간에는 인적 상호작용과 친근한 관계가 형성될 수 있다. 사회적 편익은 소비자와 서비스 제공자 간의 인적 접촉이 높은 서비스에서 주로 나타난다.

2) 심리적 편익

심리적 편익(psychological benefits)은 소비자가 특정 서비스업체를 지속적으로 이용하면서 가지게 되는 편안함과 확신 혹은 안전하다는 느낌을 말한다. 잘 모르는 업체를 이용할 때 갖게 되는 불안감이나 서비스 품질이 낮을지 모른다는 위험지각을 감소할 수 있는 것이다. 서비스 고객은 특정 서비스업체를 장기적으로 이용함으로써 익숙한 서비스 경험을 바탕으로 업체에 대한 신뢰감과 심리적 안도감을 얻을 수 있다.

3) 경제적 편익

경제적 편익(economic benefits)은 소비자가 서비스 기업과의 관계를 구축함으로써 얻을 수 있는 금전적 편익(할인, 추가서비스의 무료 제공, 마일리지 혜택)과 비금전적 편익(시간과 노력 절약)을 의미한다. 항공사, 이동통신, 카페, 인터넷쇼핑몰 등에서 제공하는 마일리지 혜택 및 포인트 적립을 대표적인 예로 들 수 있다.

4) 고객화 편익

고객화 편익(customization benefits)이란 우수고객이 서비스 기업과 장기적 관계를 가지게 됨으로써 일반고객에게는 제공되지 않는 특별대우, 우선적 서비스, 고객맞춤 서비스 등을 받는 것을 의미한다. 고객화 편익은 서비스업체가 고객충성도에 대한 보상을 하기 위해 특별대우를 제공하는 방법이라고 할 수 있는데, 소비자는 특정 서비스업체에 단골 고객이 되어줌으로써 최적 만족(optimum satisfaction)을 누릴 수 있게 된다. 예를 들어, 호텔의 우수고객은 선호하는 객실에 우선적으로 배치되고, 체크인절차 없이 입숙이 가능하며, 별도의 주문 없이도 개인이 선호하는 베개와 객실 어메니티(amenity)를 제공받을 수 있다.

[표 13-4] 충성고객의 관계편익

관계편익의 유형	내 용
사회적 편익	개인적 친분, 우정, 친근감, 편안함, 호감 및 사회적 인정
심리적 편익	위험지각 및 불안감 감소, 신뢰감, 확신, 심리적 안도감
경제적 편익	가격할인, 무료서비스 제공, 서비스 업그레이드, 시간과 노력 절약
고객화 편익	우선적 대우, 특별대우, 개별화된 맞춤서비스, 개별적 니즈 파악 및 특별혜택

6 서비스 불만족

미국의 한 백만장자가 허름한 옷차림으로 은행에 갔다가, 그의 행색을 보고 무시하는 태도로 일관하는 은행직원에게 화가 나서 수백만 달러에 달하는 그의 예금을 전액 인출하고 은행과의 거래를 끊어버렸다는 일화가 있다. 서비스에 대한 고객 기대와 요구가 날로 높아지는 지금, 사소한 서비스 불만족도 종종 이와 같이 치명적인 결과를 초래한다. 서비스 기업은 고객만족관리(customer satisfaction management)의 일환으로 서비스 접점에서 소비자의 불만을 야기하는 요인들과 서비스불만족에 대한 소비자의 반응에 세심한 주의를 기울일 필요가 있다.

1. 서비스 실패

고객만족도에 영향을 미치는 서비스 속성들에는 비대칭성이 존재한다. 속성성과가 긍정적일 때는 고객만족에 별다른 영향을 미치지 못하다가, 사소한 결함이 있을 때는 고객 불만족에 결정적인 영향을 주는 것이다. 예를 들어, 서비스매장의 청결성은 소비자가 당연하게 받아들이므로 서비스 만족도를 높이는데 크게 기여하지 못하는 반면, 서비스매장이 청결하지 못하다는 인식은 즉각적으로 고객만족도를 떨어뜨린다. 또한 서비스의 부정적 성과가 소비자 불만족에 미치는 영향은 긍정적 성과가 소비자만족에 미치는 영향보다 종종 훨씬 크다. 서비스의 모든 속성이 다 만족스러운데 한 가지 측면에서 실수나 오류가 발생하면 바로 그것 때문에 고객의 만족도가 하락하는 것이다. 서비스 무결점(zero defect) 주의는 이와 같은 소비자 반응 때문에 필요한 개념이라고 할 수 있다.

서비스 실패(service failure)란 고객의 불만족을 초래하는 서비스 전달과정의 모든 결함을 의미한다. 고객의 주문과 다른 식사의 제공, 호텔 객실의 예약초과 및 예약 누락, 서비스직원의 불친절 등 서비스실패는 다양한 형태로 발생한다. 특히 호텔이나 외식 서비스와 같이 서비스의 이질성과 인적 요소가 높고 수요의 파동이 심한 경우, 많은 고객 접점에 서비스 실패의 가능성이 항상 내재되어 있다. 따라서 마케팅 관리자는 서비스접점의 어느 지점에서 서비스 실패가 빈번히 발생하고, 어떠한 고객 불평이 반복되는지 파악하여 사전에 서비스 실패를 최소화하는 방안을 마련해야 한다.

1) 불만족 상황의 소비자 유형

서비스 실패 상황에서 소비자들은 어떠한 반응을 나타낼까? 개인의 성격과 표현방식에 따라 소비자들은 서로 다른 행동반응을 보인다. 소비자의 불만족 처리 유형은 다음과 같은 네 가지로 분류될 수 있다.

첫째는 **소극형**(passives)이다. 소극형은 불만족상황이 발생해도 웬만해서는 불만을 토로하지 않고 침묵하는 유형이다. 이러한 유형은 서비스업체에 직접 불평행동은 하지 않지만, 다른 사람들에게 부정적 구전을 할 가능성이 있고 표현하지 않고 구매행위를 중단하는 유형인만큼 주의가 요구된다.

둘째는 **표현형**(voicers)이다. 표현형은 서비스 종사원 및 업체 측에 서비스 실패 요인에 대해 고지하고 필요에 따라서는 환불이나 보상요구를 하는 유형이다. 이들은 소비자로서의 권리를 주장하고 서비스에 대한 합당한 가격을 지불한 만큼 결코 부당한 대우를 당하지는 않겠다는 태도를 취한다.

셋째는 **분노형**(irates)이다. 불만족스러운 서비스를 경험할 때 이에 대해 분노하고 서비스 종사원에게 화를 내는 유형이다. 분노형은 불만스러운 사항에 대해 서비스업체에 불평을 접수하는 것을 넘어서서 큰 소리로 항의하거나 심한 경우 언어적, 신체적 폭력을 가하기도 한다. 이 유형은 서비스종사원에게 많은 좌절감을 가져다주며 다른 고객들에까지 피해를 줄 수 있으므로 때에 따라서는 불량고객으로 분류되기도 한다.

넷째는 **적극형**(activists)이다. 적극형은 불만족 서비스를 이슈화하고 발생한 문제에 대해 언론에 제보하거나 관련 단체에 신고하는 소비자의식을 발휘한다. 적극형 소비자는 필요하면 공적인 불매운동이나 법적행동도 취할 수 있는 행동 적극성과 추진력, 조직력을 가지고 있다. 서비스업체로서는 매우 조심스러운 접근과 관리가 필요한 유형이라고 할 수 있다.

[그림 13-6] 불만족 처리 유형

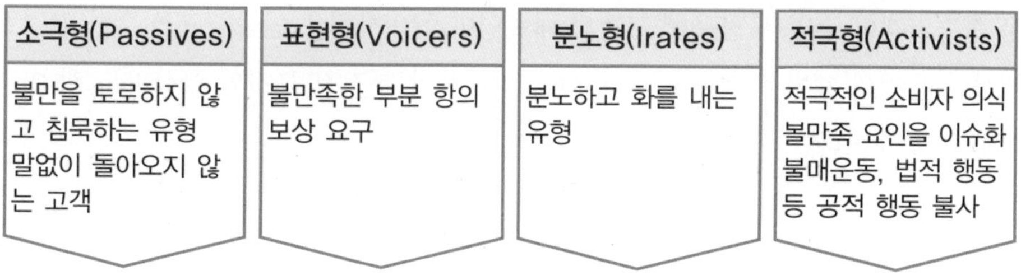

2) 서비스 불만족시 소비자 행동반응

한국능률협회 컨설팅이 실시한 조사결과에 따르면 우리나라 소비자들은 대체로 제조업보다 서비스업에서 불만족을 많이 경험한다고 한다. 서비스 불만족을 경험한 고객은 다양한 행동반응을 나타낸다. 서비스 불만족이 발생했을 때 고객의 반응은 [그림 13-7]과 같다.

첫째는 무반응으로, 불만족이 발생해도 고객이 아무런 행동적 변화를 보이지 않는 것이다. 이는 소비자가 여태껏 해온 대로 변함없이 구매행동을 하는 것으로서, 소비자가 불만족하여도 이를 대체할 마땅한 서비스 대안이 없거나 불만족 사유가 사소한 경우에 발생한다.

둘째는 사적 불평행동이다. 사적 불평행동은 서비스 이용을 중단하거나 주변 사람들에게 부정적 구전을 하는 행위를 의미한다. 사적 불평행동은 표면적으로 잘 드러나지 않으므로 서비스업체에서 고객의 불만사항에 대해 세심한 주의를 기울이지 않는다면 영문도 모른 채 매출하락을 경험하게 된다.

셋째는 공적 불평행동이다. 공적 불평행동은 기업에 보상을 요구하거나 소비자 보호단체에 신고접수를 하고 사법소송을 제기하는 등의 행동을 포함한다. 서비스 기업이 불평을 제기하는 소비자를 어떻게 관리하느냐에 따라 소비자의 재구매 의도와 부정적 구전의 여부가 달려있다고 볼 수 있다.

서비스수준에 대한 고객의 기대가 개인에 따라 다름을 감안할 때, 서비스 불만족은 고객의 입장에서 거의 불가피하게 발생하는 현상이다. 서비스 기업은 고객 불만족을 원천적으로 제거할 수는 없더라도 서비스 실패 발생률을 최소화하기 위해서 최선을 다해야 한다. 불만족한 소비자의 대부분은 불평행동을 하지 않는다는 보고가 있다. 이것은 곧 고객 불평접수가 이루어지지 않았더라도 마케팅 관리자가 서비스 현장에서 고객이 얼마나 만족하고 떠나는지를 세심하게 관찰할 필요가 있음을 말해준다. 또한 서비스 실패가 발생하여 소비자가 문제를 제기할 때 기업은 불평고객이 수많은 침묵형 고객의 대변인이라는 사실을 인식하고 신속하고 적절한 대응과 더불어 문제의 재발을 막기 위한 방안을 마련해야 부정적 구전의 확산과 고객 이탈을 최소화할 수 있을 것이다.

[그림 13-7] 불만족 처리 유형

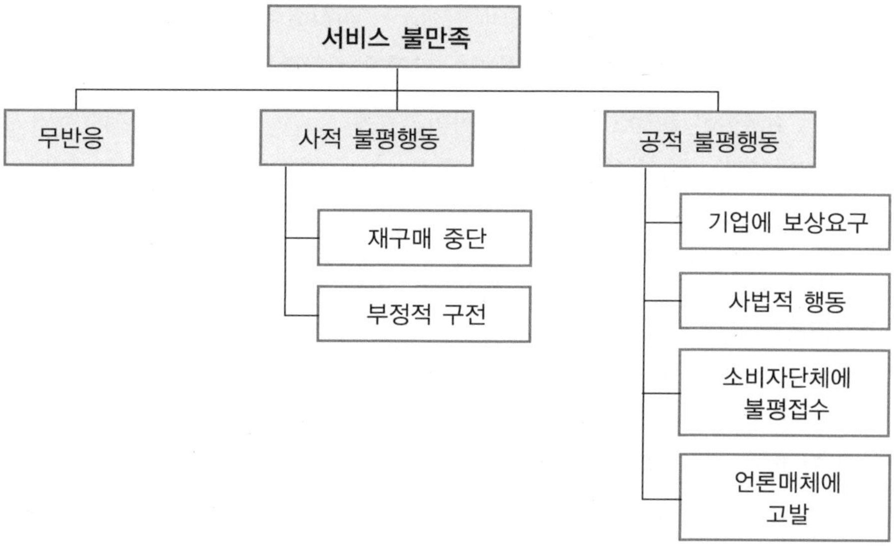

3) 소비자 불평행동의 결정요인

앞에서 명기했듯이 서비스에 불만족한 모든 소비자들이 불평행동을 하는 것은 아니다. 소비자 불평행동은 불만족 수준, 발생한 문제의 심각성, 교환의 불공정 정도가 높은 경우 발생 가능성이 높아진다. 또한 소비자들은 불평을 토로할 시간적 여유가 있고 공식적인 불평 접수 경로를 알고 있을 때 불평행동의 개연성이 높다. 소비자의 인구통계적 특성과 개인적 성향 또한 불평행동의 선행변수가 될 수 있는데, 불평행동을 하는 소비자들은 대체로 연령대가 낮고 소득수준이 높으며 서비스에 대한 관여도가 높은 것으로 나타났다.

서비스 고객의 불평행동을 결정하는 결정요인들은 다음과 같다.

- 불만족의 정도(발생한 문제의 심각성)
- 제품/서비스의 중요성(관여도, 가격 및 구매의미)
- 불평행동의 효익(불평행동을 했을 때 소비자가 얻을 수 있는 혜택)
- 불평행동의 비용(불평행동을 하는데 수반되는 시간, 노력)
- 불평행동에 대한 태도(불평행동에 대한 긍정적/부정적 시각)
- 개인적 특성(연령, 성별, 직업, 성격 등)
- 과거 불평행동 경험(과거 불평행동의 성과)
- 상황적 요인(고객의 일시적 감정 · 무드, 시간적 여유, 동행인 등)
- 고객충성도(서비스 업체에 대한 고객의 애착심의 정도)

4) 소비자 불평행동의 중요성

소비자 불평행동은 종종 서비스 관리에 중요한 정보와 시사점을 제공한다. 서비스에 불만족한 고객들 중 소수만이 불평행동을 통해 서비스 기업에 불만족을 표하고 나머지는 대부분 불만족을 경험해도 침묵하고 돌아간다. 이는 곧 서비스업체가 고객 불만사항을 해결하여 만족고객으로 회복시킬 기회를 그만큼 상실한다는 것을 의미한다. 불만족한 고객이 불평행동을 하지 않는 경우, 기업은 원인도 모르는 채 고객이탈과 매출감소를 당면하는 결과에 이르게 된다.

소비자가 토로하는 각종 불만의 소리는 사실상 서비스 기업에게 불평고객을 충성고객으로 전환시킬 수 있는 중요한 기회를 제공하며 서비스 품질관리를 위한 귀중한 정보 역할을 할 수 있다. 소비자 불평행동의 중요성은 다음과 같은 요인들로 간추릴 수 있다.

문제점의 조기 파악 및 해결 한 고객이 불평을 할 때, 그는 종종 유사한 불만사항을 가진 수십 명의 다른 고객을 대변하는 것이다. 한 조사결과에 따르면 평균적으로 불평고객 한 사람 뒤에는 같은 문제를 경험한 고객 20여명이 있다고 한다. 따라서 기업은 고객 불평을 접수함으로써 시장의 미충족 욕구와 서비스의 문제점을 파악할 수 있다는 것을 인식할 필요가 있다. 이러한 고객 불평사항은 서비스 아이디어로 전환하여 서비스혁신을 위한 전략수립에 활용할 수 있다.

고객 불평 덕분에 조기에 문제점이 파악되는 경우, 사후에 손해배상, 매출감소에서 오는 치명적 재정적 손실을 예방할 수 있다. 특히 상징성이 높은 서비스의 경우에는 조기에 고객 불평에 귀를 기울임으로써 브랜드이미지 손상을 최소화할 수 있다. 고객 불평요인이 단순한 서비스 프로세스 결함인 경우, 기업은 많은 비용을 들이지 않고 서비스시스템 조정과 직원 재교육을 통해 유사상황의 재발을 방지하고 고객만족을 실현할 수 있다.

부정적 구전의 예방 고객이 불만을 토로하는 경우 만족스러운 해결이 이루어지면 부정적인 구전의 확산을 막을 수 있다. 대체로 호평보다는 악평이 더 빨리 퍼진다. 어떤 조사에 따르면, 불만을 감추는 고객 26명 중 4명은 20명 이상에게 나쁜 소문을 퍼뜨렸으며, 나머지 22명도 평균 5명에게 불만족스러운 경험을 이야기했다고 한다. 이와 같이 시장에 부정적 구전을 널리 확산시키는 불만족 고객은 시장 곳곳에서 기업의 이미지에 엄청난 타격을 입히고 다니는 테러리스트와도 같은 존재이다. 이와 같은 부정적 커뮤니케이션을 최소화하기 위해서는, 불만족한 고객으로 하여금 불만을 토로하도록 하여 서비스 기업이 불만족요인을 해결하고 만족도를 회복시켜주는 것이 필요하다.

고객이탈 방지 고객이 불만을 토로하여 서비스업체가 적절한 조치를 취해주는 경우, 고객 신뢰와 만족도, 그리고 재구매 의도는 현저히 증가하게 된다. 서비스 기업의 효율적인 불평 처리는 고객 유지에 매우 중요한 역할을 한다. 흥미로운 사실은, 고객이 불평을 토로했으나 특별한 조치가 취해지지 않은 경우, 불만이 있어도 불평하지 않은 경우보다 재구매 의도가 두 배 이상이라는 점이다. 이것은 곧 불평행동만으로도 서비스 소비자의 심리적 긴장이 완화될 수 있다는 것을 의미한다.

[그림 13-8] **불평행동 및 불평처리에 따른 서비스 재구매 의도**

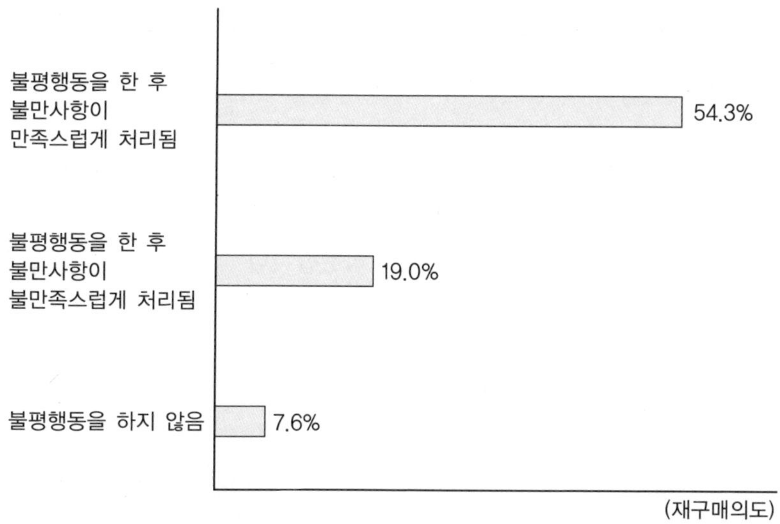

5) 소비자 불평의 처리

앞에서 강조한 바와 같이, 소비자 불평행동은 서비스 기업에 있어 단순히 '골칫거리' 나 '필요악' 이 아닌 고객관리의 중요한 구성요소이다. 서비스 기업은 불만족 고객이 손쉽게 불만을 토로할 수 있도록 불평행동의 기회와 경로를 제공해 주어야 한다. 이를 위해서는, 수신자부담 고객 직통전화(hotline)와 불평접수 창구 설치, 고객지원센터의 운영, 서비스 이용고객에게 구두로 만족여부를 확인하는 방법 등이 사용될 수 있다. 또한 고객이 불평을 하고 문제해결이 이루어지고 난 후에는 반드시 전화를 걸어 (happy call) 불평처리가 만족스럽게 이루어졌는지를 확인하는 작업이 필요하다.

호텔 서비스의 경우, 고객 불평처리 과정은 다음과 같다.

① 불평고객에게 다가가서 정중히 인사를 한다.

("안녕하십니까? 지배인 OOO입니다. 어떻게 도와드릴까요?")

② 고객의 말을 경청한다.

(절대로 고객의 말을 끊지 말고, 필요하다면 메모를 한다.)

③ 정중하게 사과하고, 공감을 표시한다.

("정말 죄송합니다. 얼마나 불편하셨는지 이해합니다.")

④ 행동을 취한다.

■ 바로 시정할 수 있는 것은 즉시 해결한다.

("즉시 바꾸어 드리겠습니다. 잠시만 기다려 주시겠습니까?")

■ 관계부서에 문의를 해보아야 할 때는, 신속하게 알아본 후 해결책을 제시한다.

("즉시 알아보겠습니다. 잠시만 기다려주십시오.")

("기다려주셔서 감사합니다. 새 방으로 바꿔드리겠습니다.")

⑤ 만족도를 확인한다.

("당직 OOO 지배인입니다. 새 방이 마음에 드시는지요?")

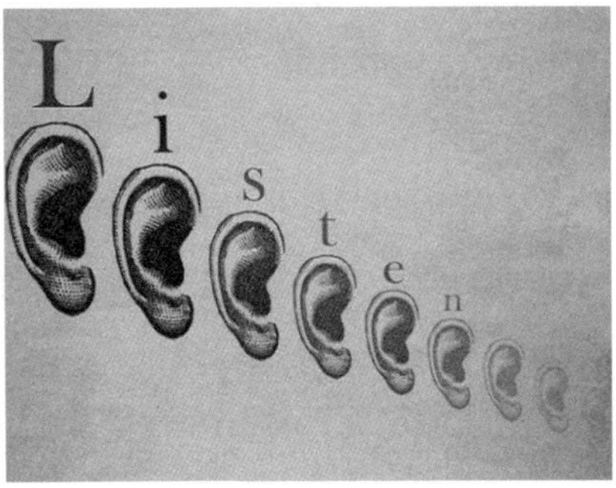

2. 서비스 회복

서비스 실패는 서비스 기업에 있어 위기이기도 하지만 동시에 기회도 된다. 서비스 실패-회복 과정을 거치며 고객과의 관계가 더욱 밀착될 수 있기 때문이다. 서비스 회복(service recovery)이란 서비스 실패에 대응하여 기업이 고객을 위해 취하는 문제해결 행동을 의미한다. 서비스 회복이 성공적으로 이루어지면 소비자는 다시 서비스에 대해 만족하고 재구매 의도를 가질 수 있다. 성공적인 서비스 회복을 위해서는 소비자가 이 정도면 만족스럽다고 느낄 만큼의 사후 서비스가 제공되어야 한다.

1) 서비스 회복 과정

서비스 회복기회 추적 서비스 기업은 적극적으로 고객 불만족 요인을 발견하려는 노력을 기울여 서비스 회복기회를 찾아야 한다. 우선 소비자가 불평을 토로하는데 저해가 되는 요인들을 이해할 필요가 있는데, 많은 경우 소비자는 불평절차가 불편하고 번거롭다는 이유로 불평행동을 하지 않는다. 따라서 서비스 기업은 불평절차를 간소화시키고 고객지원 서비스 센터나 불평접수 이메일 등 편리한 불평행동 경로를 개발해주는 것이 필요하다. 또한 소비자는 불만을 제기했다가 무례하게 대우받거나 회사 측이 조치를 취해주지 않아 오히려 감정이 상할 것 같아서 불평행동을 안하는 경우도 있다. 그러므로 서비스 기업은 고객만족을 위해 최선을 다하는 고객위주 서비스 정신을 고객에게 인지시키고 고객의 불평사항을 해결하는데 적극적인 태도를 보여야 할 것이다.

문제발생 현장에서 즉시 처리 서비스 고객의 불만사항을 파악하면 최대한 신속하게 고객이 있는 현장에서 바로 문제를 처리할 필요가 있다. 문제해결이 늦어지면서 고객의 불만이 증폭되는 사례가 종종 발생하기 때문이다.

일선 서비스종사원에게 권한위양 신속한 문제해결을 위해서는 서비스 접점종사원에게 서비스 실패가 발생했을 때 즉시 대처할 수 있는 권한과 재량권을 부여할 필요가 있다. 서비스 기업은 직원이 신속하고 적극적으로 고객의 문제 해결을 할 수 있도록 제도적 지원을 마련하고 소비자 불평처리의 체계적 절차를 직원에게 숙지시켜야 한다.

서비스직원 훈련과 보상 효과적으로 고객 불평처리를 하고 서비스 회복을 실현할 수 있도록 종사원 교육 · 훈련을 실시하고 성공적으로 서비스회복을 실천하는 종사원에게는 특별 보상이나 승진기회를 제공하는 인센티브 시스템을 마련한다. 예컨대 그랜드 힐튼 호텔에서는 전 직원을 대상으로 고객 불평처리 및 문제해결 사례를 공모하여 우수 사례를 포상하고 호텔의 인트라넷을 통해 모든 구성원에게 회람시킨다.

서비스 프로세스의 개선 서비스 실패의 원천이 되는 근본적 원인을 발견하고 반복적으로 발생하는 문제에 대해서는 재발 방지책이 마련되어야 할 것이다. 서비스청사진을 분석하여 고객에게 서비스가 제공되는 과정에서 빈번히 문제가 발생하는 서비스지점을 발견하고, 접수된 고객 불평사항들을 검토하여 반복적으로 발생되는 불평사항에 대해서는 원천적인 개선책을 수립해야 한다.

2) 회복공정성

서비스 회복에 대한 고객만족도는 서비스실패가 복구되는 과정에서 고객이 지각하는 공정성에 의해 크게 좌우된다. 회복공정성(recovery justice)이란 서비스실패가 발생하여 불편함을 겪은 고객이 업체의 적극적인 서비스회복 노력으로 인해 정당한 대우를 받았다고 느끼는 정도를 말한다. 이와 같이 소비자에게 공정성을 제공하는 서비스 회복은 다음과 같은 세 가지 차원을 기초로 하고 있다.

분배공정성 서비스 회복에 있어 분배공정성(distributive justice)은 기업이 서비스실패에 대한 보상으로 고객에게 무엇을 제시하느냐에 대한 문제이다. 고객은 서비스실패로 인하여 자신이 경험해야 했던 경제적 손실, 시간적 손실, 심리적 불안감과 불쾌감 등에 대해 종종 실질적 보상을 받기를 원한다. 분배공정성은 서비스 회복 상황에서 고객에게 주어지는 보상이나 환불, 할인 등의 방법으로 얻어질 수 있다. 예컨대, 호텔 레스토랑에서 종업원이 실수로 레드와인을 손님의 옷에 쏟았을 경우에, 식사비를 할인해주고 옷을 드라이클리닝을 해주지 않으면 분배공정성이 지각되지 않을 것이다.

절차공정성 절차공정성(procedural justice)은 서비스 회복의 절차적, 과정적 측면이다. 불평접수 절차가 복잡하고 불편하다거나 서비스 기업이 고객 불평을 접수한 후 늑장 대응을 하면 고객은 절차공정성을 느낄 수 없다. 절차공정성이란 고객보상절차, 방침, 기준, 효율성 등 기업의 서비스회복 과정에 대해 고객이 공정하다고 지각하는 정도를 의미한다. 서비스 기업은 서비스실패를 회복하고 문제를 처리하는 과정에서 고객이 또 한 번의 불편을 겪지 않도록 불평처리과정을 간소화하고, 최대한 신속하게 서비스 회복이 이루어지도록 노력해야 할 것이다.

상호작용 공정성 상호작용 공정성(interactional justice)은 고객 불평 접수를 하고 서비스 회복을 담당하는 직원이 고객에게 보여주는 진실하고 정직하며 예의바른 태도에 의해 얻어질 수 있다. 서비스실패로 불편을 겪은 고객에게 감정이입을 하며 진심어린 사과를 하고 문제해결을 위한 적극적인 태도를 보여주는 것은 매우 중요하다. 서비스 종업원은 고객의 입장에서 고객의 마음을 이해하고 고객이 당면한 문제에 대해 관심을 나타내며 문제해결 절차와 방법에 대해 친절히 설명할 수 있어야 한다.

3) 서비스 회복 패러독스

서비스 실패가 발생했다고 고객을 잃는 것은 결코 아니다. 서비스 실패가 발생했을 때 기업이 고객의 입장에 서서 효과적으로 회복전략을 수행하면, 고객은 애당초 서비스 실패가 발생하지 않은 경우보다 오히려 더욱 충성스런 고객으로 전환될 가능성이 있다. 이와 같이, 처음부터 실패 없이 서비스가 전달되는 경우보다 서비스 실패가 발생하고 회복된 경우에 고객만족도가 더욱 높아지는 역설적인 상황을 서비스 회복 패러독스(service recovery paradox) 라고 한다.

서비스 회복 패러독스의 발생에는 몇 가지 기본 요건이 있다. 첫째, 최초 서비스 실패의 심각성과 둘째, 서비스 회복의 성과가 그것이다.

첫째, 애초에 발생한 서비스실패가 고객에게 심각하고 치명적인 성격의 것이었다면 서비스 회복 패러독스는 기대하기 어렵다. 고객이 가장 중요하게 생각하는 핵심 서비스에 대한 오류가 발생하면 고객은 서비스 기업에 대한 기본적인 신뢰를 잃게 되므로 아무리 충분한 사후보상이 이루어진다고 하더라도 회복이 되지 않는 것이다. 예컨대 웨딩 서비스에서 사진사의 실수로 결혼식 사진과 필름이 모두 없어졌다면 그 무슨 보상이 이루어지더라도 고객 신뢰를 회복할 수 없을 것이다.

둘째, 기업의 서비스 회복과정과 그 결과가 기대 이상으로 훌륭하여 고객이 감동할만한 수준이 아니라면 서비스 회복 패러독스는 발생하지 못한다. 긍정적 기대불일치의 원칙이 서비스 회복에도 적용되는 것이다. 그런데 서비스 실패에 대한 고객 불만족을 만회하고도 남을 정도의 서비스 회복에는 종종 높은 비용이 수반한다. 즉 서비스 기업이 무결점(zero defect) 주의에 입각하여 처음부터 최선을 다해 고객에게 실패 없는 서비스를 제공하는 것이 가장 안전한 방법인 것이다.

참|고|문|헌 >>>

강명주(2012), *소비자행동과 마케팅액션, 제 2판,* 경영과 미래.

곽근호(2009), *부자 마케팅으로 승부하라,* 한스미디어.

곽동성, 이상훈(1998), "향기가 소비자들의 서비스 평가에 미치는 영향," *마케팅연구,* 13 (2), pp. 77-102.

구효진, 고재윤(2010), "고객특성에 따른 카지노 방문동기 및 선택속성 차이에 관한 연구," *관광학연구,* 34 (9), pp. 313-336.

권민(2012), *브랜딩 13 - 마케팅은 판매를 불필요하게 한다, 브랜딩은 마케팅을 불필요하게 한다,* Unitas Brand.

김경은, 조성도(2011), "서비스 종업원과 고객 관계에서 관계 배태성의 형성과 역할에 관한 연구," *마케팅연구,* 26 (September), pp. 15-41.

김광석, 최상택, 송장근(2009), "Adaptive Selling: 고객유형에 따른 소비자 분류와 마케팅 전략," *경영학연구,* 38 (3), pp. 669-693.

김권수(2005), "서비스 기업의 대기불안 영향요인에 관한 연구: 호텔과 공항 간 리무진 서비스를 대상으로," *관광학연구,* 29 (3), pp. 67-84.

김남재, 강병서, 유경환(2002), "서비스 종업원의 역할모호성이 고객지향성에 미치는 영향에 관한 연구," *경영학연구,* 31 (5), pp. 1165-1183.

김동태, 김문섭(2010), "가격할인에 대한 지각된 공정성과 재구매의도에 관한 연구 - 기존 구매자의 인지적, 감정적 반응을 중심으로," *소비자학연구,* 21 (3), PP. 1-19.

김모란, 안광호(2012), "서비스 실패요인이 보복행위에 미치는 영향과 관계품질의 조절 효과," *아시아 마케팅 저널,* 14 (1), pp. 99-130.

김상희, 서문식(2005), "서비스접점에서 서비스 제공자의 감정부조화 발생요인 및 조절요인에 관한 연구," *마케팅연구,* 20 (1), pp. 111-145.

김성호, 김지영, 서보경, 허윤정 (2011), "서비스스케이프와 인적 서비스가 고객 반응에 미치는 영향의 비교 - 의료 서비스를 중심으로," *소비자학연구,* 22 (2), pp. 323-349.

김영찬(2004), "고객가치와 시장세분화: 새로운 마케팅전략 분석기법," *경영학연구,* 33 (6), pp. 1757-1779.

김영한(2005), *VIP 마케팅,* 책이 있는 마을.

김유경(2002), "소비자-브랜드 관계 유형과 영향요인에 관한 실증연구," *광고연구,* 제 54호, pp. 7-32.

김장훈, 김주태(2013), "신흥시장의 이질성과 다국적기업의 현지화에 관한 종합적 분석 : 국내 진출 외국계 자회사 성공 · 실패 사례," *무역학회지,* 38 (1), pp. 113-144.

김재영, 한동철(2000), "호텔종업원 친소비자 행동의 결정변수: 사회적 성과, 경제적 성과, 몰입, 분배 공정성의 영향을 중심으로," *마케팅연구,* 15 (1), pp. 103-124.

김재일(2012), *투사적 기법의 재발견,* Seoul Business Letter.

김재일, 권영서, 서준용(2004), "소비자-브랜드 관계와 브랜드 충성도에 관한 정성적 연구," *한국마케팅저널,* 6 (3), pp. 27-57.

김재휘, 안정태(2004), "TV 드라마에서의 제품배치(PPL)의 광고효과 측정: 암묵적 기억 측정을 통한 접근," *광고연구,* 64, pp. 61-83.

김정구(1998), "브랜드 개성을 통한 광고전략 연구," *광고학연구,* 9 (1), pp. 37-52.

김주태, 김장훈(2011), "한국시장에 진출한 다국적기업 자회사의 현지화 수준에 관한 연구 : 국내에 진출한 외국계 자회사 사례를 중심으로," *국제경영리뷰,* 15 (1), pp.19-50.

김지헌(2012), *소비자의 기억을 잡아라: 기억 네트워크 관점의 전략적 브랜드 관리,* 갈매나무.

김현철(2008), "외식동기, 혼잡지각, 레스토랑 이미지 및 레스토랑 충성도 간의 구조적 관계: 시푸드 뷔페형 패밀리 레스토랑을 중심으로," *관광학연구,* 32 (5), pp. 75-98.

김홍범, 김태구(2003), "호텔의 서비스 회복에 대한 공정성 지각이 고객의 자발적 파트너십에 미치는 영향," *관광학연구,* 27 (1), pp. 121-139.

김홍범, 이상건(2006), "패스트푸드 소비자의 위험지각이 구매행동에 미치는 영향," *관광학연구,* 30 (4), pp. 87-107.

나광진(2009), "서비스 기업의 전환비용에 대한 선행요인과 결과요인에 관한 연구," *경영학연구,* 38 (5), pp. 1381-1412.

라선아(2005), "서비스 충성도 형성의 이중경로 모형 - 내재적 경로와 외재적 경로의 상대적 영향력 비교를 중심으로," *마케팅연구,* 20 (4), pp. 19-56.

라선아(2009), "서비스 전환과 서비스충성도에 대한 CS와 서비스 브랜드동일시의 영향에 관한 연구 - 실용적 서비스와 쾌락적 서비스에서 CS와 서비스 브랜드동일시의 상대적 영향력 비교를 중심으로," *소비자학 연구,* 20 (1), pp. 93-125.

박영기, 윤지환(2004), "호텔고객의 불평행동처리가 호텔에 대한 신뢰와 재방문 그리고 추천의도에 미치는 영향," *관광학연구,* 28 (1), pp. 247-262.

박은아, 김태형, 성영신, 강정석(2004), "소비자-브랜드 관계가 확장된 브랜드 평가에 미치는 영향," *소비자학연구,* 15 (4), pp. 37-58.

박종철, 오혜영, 홍성준 (2011), "서비스 품질 - 고객만족 관계에서의 심리적 메커니즘 고찰," *소비자학연구,* 22 (2), pp. 179-202.

박지영(2009), *유쾌한 기억의 심리학 : 천개의 얼굴을 가진 기억 - 우리는 무엇을 왜, 기억하고 망각하는가,* 너머북스.

박철, 정수연(2006), "온라인 소비자 구전에 대한 내용분석 - 사이트 유형과 제품유형에 따른 차이를 중심으로," *광고연구,* 70, pp. 91-118.

배상욱, 전재균, 전창현(2006), "호텔고객의 회복고정성과 관계혜택이 만족 및 이탈의도에 미치는 영향: 부산 소재 특급호텔을 중심으로," *관광학연구,* 30 (4), pp. 131-150.

서문식, 안진우(2009), "고객참여가 서비스 접점에서 서비스 제공자와의 상호작용과 감정적 요소에 미치는 영향 - 사회교환의 감정이론을 중심으로," *경영학연구,* 38 (4), pp. 897-934.

서문식, 오창호(2006), "서비스 실패의 심각성과 서비스 회복의 공정성 지각에 관한 연구: 서비스케이프의 매개효과를 중심으로," *관광학연구,* 30 (5), pp. 219-240.

서성한, 김형재, 최현규(2012), *소비자행동론,* 박영사.

서용구, 이동한, 김지완(2008), "패밀리 레스토랑 브랜드의 성적 개성이 고객의 브랜드 자아동일시와 관계만족 및 브랜드 충성도에 미치는 영향," *관광학연구,* 32 (5), pp. 143-166.

서원석, 조성은(2005), "QFD (Quality Function Deployment)를 이용한 호텔서비스품질 측정에 관한 연구: 호텔 서비스 과정의 중요도를 중심으로," *관광학연구,* 29 (3), pp. 335-356.

신병철(2003), *브랜드 인사이트,* 살림출판사.

신병철(2004), *쉽고 강한 브랜드 전략,* 살림출판사.

신용두, 유희경(2011), "특급관광호텔 고객이 지각하는 관계혜택, 관계품질, 행동의도의 관계분석," *관광학연구,* 35 (6), pp. 273-296.

신현호, 한상일(2004), "서비스 실패/회복 후 고객만족에 관한 연구: 기대불일치 패러다임의 적용," *관광학연구,* 27 (4), pp. 127-145.

아커, 데이비드(2006), *브랜드자산의 전략적 경영,* 비즈니스북스, 이상민 역.

아커, 데이비드(2010), *브랜드 연관성,* 브랜드앤컴퍼니, 이상민 역.

안광호, 이유재, 유창조(2010), *광고관리,* 제 2판, 학현사.

안광호, 임병훈(2000), "소비자 패널자료를 통해 살펴본 비내구 소비재의 상표선택행동에 있어 준거가격의 영향에 관한 기술적 연구," *마케팅연구,* 제 15권, 2호, pp. 37-46.

안광호, 한상만, 전성률(2011), *전략적 브랜드 관리: 이론과 응용,* 학현사.

올인스, 윌리(2006), *브랜드 - 세상을 파고든 유혹의 기술,* 세미콜론, 박미영 역.

유정림, 권현수, 김영국(2008), "외식 서비스품질 측정도구: 보완과 재측정," *관광학연구,* 32 (5), pp. 121-141.

유창조, 현소은(2010), "제품계열에 대한 팽창가격할인 효과에 관한 실증분석," *마케팅연구,* 25 (December), pp. 145-162.

윤성욱, 서근하(2004), "종업원 서비스와 점포충성도 간의 구조적 관계에 관한 연구," *한국마케팅저널,* 6 (3), pp. 59-81.

이령나, 이성근(2009), "가격 공정성 지각에 관한 비교연구," *기업경영연구,* 16 (3), PP. 249-264.

이문규, 홍성태(2005), *소비자행동의 이해,* 법문사.

이선로(2008), "온라인 커뮤니티 활동과 개인특성이 구전효과에 미치는 영향에 관한 연구," *경영학연구,* 37 (4), pp. 957-988.

이용기(2001), "고객접점 종업원의 친사회적 행위에 대한 고객지각이 종업원 서비스품질 평가, 고객만족과 고객의 자발적 행위에 미치는 영향," *마케팅연구,* 16 (3), pp. 105-125.

이용기, 이충기(2005), "카지노 동기의 척도 개발과 타당성 검증," *관광학연구,* 29 (2), pp. 423-441.

이용기, 최병호, 문형남(2002), "관계혜택이 고객의 종업원과 식음료업장에 대한 만족, 그리고 고객충성도에 미치는 영향," *경영학연구,* 31 (2), pp. 373-404.

이유재(2013), *서비스마케팅,* 제 5판, 학현사.

이유재, 김우철(1998), "물리적 환경이 서비스 품질평가에 미치는 영향에 관한 연구: 이업종간 비교," *마케팅연구,* 13 (1), pp. 61-86.

이유재, 라선아(2003), "서비스 품질의 각 차원이 CS에 미치는 상대적 영향에 대한 연구: 기존고객과 잠재고객의 비교를 중심으로," *마케팅연구,* 18 (4), pp. 67-97.

이유재, 라선아(2002), "브랜드 퍼스낼리티 - 브랜드 동일시 - 브랜드자산 모형: 이용자와 비이용자 간 차이에 대한 탐색적 연구," *마케팅연구,* 17 (3), pp. 1-33.

이재석, 이충기, 가연(2011), “겜블링 동기와 열정 및 행동의도 간 영향관계 분석 -강원랜드 카지노와 마카오 카지노 방문객 간 비교,” *관광연구저널,* 25 (3), pp. 5-21.
이정학(2013), *서비스경영,* 제 4판, 기문사.
이충기, 이봉구(2003), “관여도에 따른 강원랜드 카지노 이용객 특성비교,” *관광학연구,* 27 (2), pp. 133-154.
이학식, 안광호, 하영원(2010), *소비자 행동: 마케팅 전략적 접근,* 제 5판, 법문사.
이학식, 임지훈(2004), “브랜드 카리스마, 형성요인, 그리고 효과: 상징적/기능적 관여도의 조정적 작용,” *마케팅연구,* 19 (3), pp. 137-171.
이학식, 정주훈, 이호배(1998), “광고효과의 조절변수로서 인지욕구와 감성강도의 평가,” *마케팅연구,* 13 (1), pp. 105-131.
이형룡, 이종직, 차석빈(2005), “호텔 직원의 유니폼 만족도, 역할갈등 및 고객지향성 간의 관계 연구,” *관광학연구,* 29 (1), pp. 287-308.
이화인(2006), “환대산업에 있어서의 고객충성도 유형별 형성경로 및 후속 행동의도: 진정한 충성도 vs 의사충성도,” *관광학연구,* 30 (1), pp. 337-358.
이화인(2006), “소비자만족과 가치지각이 고객충성도에 미치는 영향,” *관광학연구* (영문판), 6, (1), pp. 65-78.
이화인(2012), “서비스 고객유형별 추구관계 효익의 차이 분석,” *관광경영연구,* 16 (1), pp. 151-171.
이흥표(2003), “비합리적 도박신념이 병적 도박에 미치는 영향,” *한국심리학회지: 임상,* 22 (2), pp. 415-432.
임종원, 김재일, 홍성태, 이유재(2010), *소비자행동론: 이해와 마케팅에의 전략적 활용,* 제 3판, 경문사.
전병길, 이화인(2004), “만족 및 구매후 행동의도에 대한 레스토랑 실내음악의 효과,” *관광학연구,* 27 (4), pp. 47-65.
전선규, 정유정(2012), “묵시적 만족과 명시적 만족 간 관계에 대한 연구,” *소비자학연구,* 23 (1), pp. 163-192.
전성률, 김경호(2012), “온라인에서 양면구전이 소비자의 브랜드 태도에 미치는 영향,” *마케팅연구,* 27 (March), pp. 45-66.
정유경, 문명원, 오지은(2006), “레스토랑 서비스접점에서 대기시간이 서비스 만족도와 이탈성향에 미치는 영향,” *관광학연구,* 30 (4), pp. 317-338.
정윤희, 이종호(2009), “경험적 소비에서 경험특성, 즐거움과 죄책감, 재경험 의도의 관계,” *경영학연구,* 38 (2), pp. 523-553.
정경애(2000), “소비자의 가치관과 태도가 구매 후 불평행동에 미치는 영향의 지역간 차이,” *마케팅연구,* 15 (1), pp. 205-223.
조광행(2000), “기업에 대한 소비자 불평의도의 결정요인에 관한 연구,” *마케팅연구,* 15 (1), pp. 125-142.
조문수, 이성은, 이영란(2008), “외식제약, 외식동기, 외식참여의 관계에 관한 연구: 이론구조모델 개발과 관계 탐색,” *관광학연구,* 32 (5), pp. 31-53.
조소현, 이원제, 이성근(2009), “가격공정성 지각 연구에 관한 고찰과 통합적 연구모형의 제안,” *유통연구,* 14 (3), PP. 51-75.
조형오(1996), “한국인의 라이프스타일 유형분류 및 소비행동에 대한 연구,” *소비자학연구,* 7 (2), pp. 223-242.
채신석(2008), “서비스회복 공정성 지각에 따른 고객불평처리의 효과성 분석: 호텔 레스토랑 이용고객을 중심으로,” *관광학연구,* 32 (5), pp. 251-273.
최병호, 김성혁, 이용기(2007), “호텔 레스토랑에서 관계효익이 고객만족과 고객의 자발적 행동에 미치는 영향에 관한 연구,” *관광학연구,* 31 (5), pp. 271-293.
케빈리(2012), *마케팅 성공사례 상식사전,* 길벗.
하영원(2000), “소비자 의사결정 - 정보처리적 접근을 중심으로,” *소비자학연구,* 11 (2), pp. 1-38.
하영원, 김경미(2011), “우연히 노출된 제품가격에 의한 정박 효과의 경계조건과 심리적 특성,” *마케팅연구,* Vol. 26 (March), pp. 47-71.
한동철(2005), *부자도 모르는 부자학개론,* 씨앗을 뿌리는 사람.
한동철(2005), *1% 부자를 잡아라,* 국일증권 경제연구소.
한민희, 손민희, 황인석(1994), “경쟁광고의 간섭효과,” 제 5차 소비자학회 학술발표회 논문집, *한국소비자학회,* pp. 1-16.
홍성태, 박은아(2005), “라이프스타일 유형별 여성 소비자의 구매행태 비교: 화장품 구매를 중심으로,” *마케팅연구,* 20 (1), pp. 55-89.
황병일(2004), “서비스 고객충성도 형성과정에서 기업이미지의 매개역할,” *광고연구,* 62 (봄), pp. 133-160.
황인석, 조은성(2004), “마케팅 상황에서 음악의 역할: 이론적 고찰 및 제안,” *마케팅연구,* 19 (3), pp. 21-46.
힐, 댄(2004), *감각마케팅,* 비즈니스북스, 이정명 역.

Aaker, D. A.(1996), *Building Strong Brands,* The Free Press.
Aaker, J. L.(1997), “Dimensions of Brand Personality,” *Journal of Marketing Research,* 34 (August), pp. 347-356.
Alba, J. W. & A. Chattopadhyay(1985), “The Effects of Context and Part-Category Cues on the Recall of Competing Brands,” *Journal of Marketing Research,* 22 (August), pp. 340-349.
Alba, J. W. & J. W. Hutchinson(1987), “Dimensions of Consumer Expertise,” *Journal of Consumer Research,* 13 (March), pp. 411-454.

Alderfer, C. P.(1969), "An Empirical Test of a New Theory of Human Needs," *Organizational Behavior and Human Performance,* 4, pp. 142–175.

Back, K. J & Parks, S. C.(2003), "A Brand Loyalty Model Involving Cognitive, Affective, and Conative Brand Loyalty and Customer Satisfaction," *Journal of Hospitality & Tourism Research,* 27 (4), pp. 419–435.

Baker, J., A. Parasuraman, D. Grewal, and G. B. Voss(2002), "The Influence of Multiple Store Environment Cues on Perceived Merchandise Value and Patronage Intentions," *Journal of Marketing,* 66 (April), pp. 120–141.

Bandura, A.(1977), *Social Learning Theory,* Englewood Cliffs, NJ: Prentice–Hall.

Bearden, W. O. & R. L. Rose(1990), "Attention to Social Comparison Information: An Individual Difference Factor Affecting Consumer Conformity," *Journal of Consumer Research,* 17 (March), pp. 461–471.

Belk, R. W.(1975), "Situational Variables and Consumer Behavior," *Journal of Consumer Research,* 2 (December), 157–167.

Bem, D. J.(1972), "Self–Perception Theory," in L. Berkowitz, ed., *Advances in Experimental Social Psychology,* 6, New York: Academic Press.

Berry, L. L.(1995), "Relationship Marketing of Services: Growing Interest, Emerging Perspectives," *Journal of the Academy of Marketing Science,* 23, pp. 236–245.

Berry, L. L.(2001), *Discovering the Soul of Service,* The Free Press.

Bettencourt, L. A.(1997), "Customer Voluntary Performance: Customers as Partners in Service Delivery, *Journal of Retailing,* 73 (3), pp. 383–406.

Bevan, J.(1964), "Subliminal Stimulation: A Pervasive Problem for Psychology," *Psychological Bulletin,* 61, pp. 89–99.

Bhattacharya, C. B. & S. Sen(2003), "Consumer–Company Identification: A Framework for Understanding Consumers' Relationships with Companies," *Journal of Marketing,* 67 (April), pp. 76–88.

Bienstock, C. C., C. W. DeMoranville, & R. K. Smith(2003), "Organizational Citizenship Behavior and Service Quality," *Journal of Services Marketing,* 17 (4), pp. 357–378.

Bitner, M. J.(1992), "Servicescapes: The Impact of Physical Surroundings on Customers and Employees," *Journal of Marketing,* 56 (April), pp. 57–71.

Bitner, M. J.(1995), "Building Service Relationships: It's All About Promises," *Journal of the Academy of Marketing Science,* 23 (Fall), pp. 246–251.

Blackston, M.(1993), "Beyond Brand Personality: Building Brand Relationship," in *Brand Equity and Advertising,* David A. Aaker and Alexander L. Biel, eds., Lawrence Erlbaum Associates, pp. 113–124.

Brady, M. K. & J. J. Cronin Jr.(2001), "Some New Thoughts on Conceptualizing Perceived Service Quality: A Hierarchical Approach," *Journal of Marketing,* 65(July), pp. 34–49.

Brean, H.(1958), "What Hidden Sell is All About," *Life,* March 31, pp. 104–114.

Brehm, J. W.(1956), "Post–Decision Changes in Desirability of Alternatives," *Journal of Abnormal and Social Psychology,* 52, pp. 384–389.

Brehm, J. W.(1972), Responses to Loss of Freedom: *A Theory of Psychological Reactance,* Morristown, NJ: General Learning Press.

Brewer, M. B. & C. L. Pickett(2002), "The Social Self and Group Identification: Inclusion and Distinctiveness Motives in Interpersonal Collective Identity," in *The Social Self: Cognitive, Interpersonal, and Intergroup Perspectives,* Joseph P. Forgas & Kipling D. Williams (Eds), NY: Psychology Press, pp. 255–271.

Bruner, G. C.(1990), "Music, Mood, and Marketing," *Journal of Marketing,* 54 (4), pp. 94–104.

Bruner, J. & C. C. Goodman (1947), "Value and Need as Organizing Factors in Perception," *Journal of Abnormal and Social Psychology,* 42, pp. 33–44.

Caldwell, C. & S. A. Hibbert(2002), "The Influence of Music Tempo and Musical Preference on Restaurant Patrons' Behavior," *Psychology and Marketing,* 19 (11), pp. 895–917.

Cameron, M. A., J. Baker, M. Peterson, & K. Braunsberger(2003), "The Effects of Music, Wait–Length Evaluation, and Mood on a Low–Cost Wait Experience," *Journal of Business Research,* 56 (6), pp. 421–430.

Cherry, E. C.(1953), "Some Experiments on the Recognition of Speech with One and Two Ears," *Journal of Acoustic Science,* 25, pp. 975–979.

Childers, T. L.(1986), "Assessment of the Psychometric Properties of an Opinion Leadership Scale," *Journal of Marketing Research,* 23 (May), pp. 184–188.

Cohen, J. B.(1967), "An Interpersonal orientation to the Study of Consumer Behavior," *Journal of Marketing Research,* 4 (August), pp. 270–278.

Coleman, R. P.(1983), "The Continuing Significance of Social Class to Marketing," *Journal of Consumer Research,* 10 (December), pp. 265–280.

Cunningham, L. F., C. E. Young, & M. Lee(1997), "A Customer–Based Taxonomy of Services: Implications for Service Marketers," in *Advances in Services Marketing and Management,* ed., T. A. Swartz, D. E. Bowen, & D. Iacobucci, Vol. 6, Greenwich, CT: JAI Press, pp. 189–202.

Czepiel, J. A. & R. Gilmore(1987), "Exploring the Concept of Loyalty in Services," in *The Services Challenge: Integrating for Competitive Advantage,* eds. J. A. Czepiel, C. A. Congram, & J. Shanahan, Chicago, IL: American Marketing Association, pp. 91–94.

Digman, M. M.(1990), "Personality Structure: Emergence of the Five–Factor Model," in M. R. Rosenzweig and L. W. Porter (eds.), *Annual Review of Psychology,* 41, Palo Alto, CA: Annual Reviews, pp. 417–440.

Dodds, W. B., K. B. Monroe, & D. Grewal(1991), "Effects of Price, Brand, and Store Information on Buyers' Product Evaluations," *Journal of Marketing Research,* 28 (August), pp. 307–319.

Domjan, M. & B. Burkhard(1985), *The Principles of Learning and Behavior,* Monterey, CA: Brooks/Cole.

Engel, J. F., R. D. Blackwell, & P. W. Miniard(1995), *Consumer Behavior, 8th Edition,* Dryden.

Evans, F. B. (1959), "Psychological Objective Factors in the Prediction of Brand Choice: Ford Versus Chevrolet," *Journal of Business,* 32, pp. 340–369.

Festinger, L.(1957), *A Theory of Cognitive Dissonance,* Stanford, California: Stanford University Press.

Fishbein, M.(1978), "A Theory of Reasoned Action: Some Applications and Implications," in *Nebraska Symposium on Motivation,* eds. H. Howe & M. Page, Lincoln, NE: University of Nebraska Press, pp. 66–116.

Fishbein, M. & I. Ajzen(1975), *Belief, Attitude, Intention and Behavior: An Introduction to Theory and Research,* Reading, MA: Addison Wesley.

Fletcher, G. J., Simpson, J. A. & Thomas, G.(2000), "The Measurement of Perceived Relationship Quality Components: A Confirmatory Factor Analytic Approach," *Personality and Social Psychology Bulletin,* 26, pp. 340–354.

Fournier, Susan(1998), "Consumers and Their Brands: Developing Relationship Theory in Consumer Research," *Journal of Consumer Research,* 24 (March), pp. 343–373.

Freedman, J. L. & Fraser, S. C.(1966), "Compliance without Pressure: The Foot–In–The–Door Technique," *Journal of Personality and Social Psychology,* 4, pp. 195–202.

Ganesh, J., M. J. Arnold, & K. E. Reynolds(2000), "Understanding the Customer Base of Service Providers: An Examination of the Differences Between Switchers and Stayers," *Journal of Marketing,* 64 (July), pp. 65–87.

Gilmore, J. H. and B. J. Pine(2002), "The Experience is the Marketing," *Strategic Horizons,* 26 (August), pp. 1–14.

Ginter, J. L.(1974), "An Experimental Investigation of Attitude Change and Choice of a New Brand," *Journal of Marketing Research,* 11, pp. 30–40.

Goldberg, M. E. & G. J. Gorn(1987), "Happy and Sad TV Program: How They Affect Reactions to Commercials," *Journal of Consumer Research,* 14 (December), pp. 387–403.

Goldsmith, R. E. & C. Hofacker(1991), "Measuring consumer Innovativeness," *Journal of the Academy of Marketing Science,* 19 (Summer), pp. 209–221.

Goldstein, N. J., S. J. Martin, & R. B. Cialdini(2008), *Yes!: 50 Scientifically Proven Ways to be Persuasive,* Book21 Publishing Group (윤미나 역).

Goldman, D.(1995), *Emotional Intelligence,* New York: Bantam Books.

Gorn, G.(1982), "The Effects of Music in Advertising of Choice Behavior: A Classical Conditioning Approach," *Journal of Marketing,* 46, pp. 94–101.

Graeff, Timothy R.(1996), "Using Promotional Messages to Manage the Effects of Brand and Self–Image on Brand Evaluations," *Journal of Consumer Marketing,* 13, pp. 4–18.

Gremler, D. D.(1994), "Word–of–Mouth About Service Providers: An Illustration of Theory Development in Marketing," in C. W. Park & D. C. Smith (Eds.), *Marketing Theory and Applications,* Chicago: American Marketing Association, pp. 62–70.

Gronroos, C.(1984), "A Service Quality Model and Its Marketing Implication," *European Journal of Marketing*, 18 (4), pp. 37–40.

Gronroos, C.(1988), "Service Quality: The Six Criteria of Good Perceived Service Quality," *Review of Business*, 9 (Winter), pp. 10–31.

Gronroos, C.(1990), "Relationship Approach to Marketing in Service Contexts: The Marketing and Organizational Behavior Interface," *Journal of Business Research*, 20, pp. 3–11.

Guseman, D. S.(1981), "Rick Perception and Risk Reduction in Consumer Services," in *Marketing of Services*, eds. J. H. Donnelly & W. R. George, Chicago, IL: American Marketing Association, pp. 200–204.

Gwinner, K. P., D. D. Gremler, & M. J. Bitner(1998), "Relational Benefits in Services Industries: The Customer' s Perspective," *Journal of the Academy of Marketing Science*, 26 (2), pp. 101–114.

Hall, E. T.(1976), *Beyond Culture*. Anchor Books (December 7).

Heider, F.(1958), *The Psychology of Interpersonal Relations*, New York: John Wiley & Sons.

Heimbach, J. T. & J. Jacoby(1972), "The Zeigarnik Effect in Advertising," in *Proceedings of the Third Annual Conference*, ed. M. Venkatesan, Association for Consumer Research, pp. 746–758.

Hennig–Thurau, T., K. P. Gwinner, G. Walsh, & D. D. Gremler(2004), "Electronic Word–of–Mouth via Consumer–Opinion Platforms: What Motivates Consumers to Articulate Themselves on the Internet?" *Journal of Interactive Marketing*, 18 (1), pp. 38–52.

Herr, P. M., F. R. Kardes, & J. Kim(1991), "Effects of Word–of–Mouth and Product–Attribute Information on Persuasion: An Accessibility–Diagnosticity Perspective," *Journal of Consumer Research*, 17 (March), pp. 454–462.

Heskett, J. L. (1987), "Lessons in the Service Sector," *Harvard Business Review*, 65 (March–April), pp. 118–126.

Hirsch, A. R.(1992), "Effects of an Ambient Odor on Slot–Machine Usage in a Las Vegas Casino," *Smell and Taste Treatment and Research Foundation*, LTD Ed.

Hirsch, A. R.(1990), "Preliminary Results of Olfactory Nike Study," *Smell and Taste Treatment and Research Foundation*, LTD Ed.

Hirschman, E. C. and M. B. Holbrook(1982), "Hedonic Consumption: Emerging Concepts, Methods and Propositions," *Journal of Marketing*, 46, pp. 92–101.

Hofstede, G.(1984). *Culture's Consequences: International Differences in Work–Related Values, 2nd Ed.*, Beverly Hills, CA: SAGE Publications.

Hofstede, G., G. J. Hofstede, & M. Minkov(2010), *Cultures and Organizations: Software of the Mind, 3rd Ed.* New York: McGraw–Hill.

Holbrook, M. B.(1994), "The Nature of Customer Value: An Axiology of Service in Consumption Experience," in Rust, R. & R. L. Oliver (eds.), *Service Quality: New Directions in Theory and Practice*, pp. 21–71.

Holbrook, M. B.(2000), "The Millennial Consumer in the Texts of Our Times: Experience and Entertainment," *Journal of Macromarketing*, 20 (2), pp. 178–192.

Hogg, M. K. A. J. Cox, & K. Keeling(2000), "The Impact of Self–Monitoring on Image Congruence and Product/Brand Evaluation," *European Journal of Marketing*, 34 (5/6), pp. 641–666.

Horney, K. B.(1945), *Our Inner Conflicts*, Norton.

Howard, J. A. & J. S. Jagdish(1969), *The Theory of Buyer Behavior*, John Wiley & Sons.

Hulten, B., N. Broweus, & M. Van Dijk(2009), *Sensory Marketing*, Palgrave MacMilllan.

Iacobucci, D. & A. Ostrom(1996), "Perceptions of Services," *Journal of Retailing and Consumer Services*, 3 (4), pp. 195–212.

Johnson, M. D.(1984), "Consumer Choice Strategies for Comparing Non–comparable Alternatives," *Journal of Consumer Research*, 11, pp. 741–753.

Jones, M. A., D. L. Mothersbaugh, S. E. Beatty(2000), "Switching Barrier and Repurchase Intentions in Services," *Journal of Retailing*, 76 (2), pp. 259–274.

Jones, M. A., D. L. Mothersbaugh, S. E. Beatty(2002), "Why Customers Stay: Measuring the Underlying Dimensions of Services Switching Costs and Managing Their Differential Strategic Outcomes," *Journal of Business Research*, 55, pp. 441–450.

Kahle, L. R., S. E. Beatty, P. Homer(1986), "Alternative Measurement Approaches to Consumer Values: The List of Values (LOV) and Values and Life Style (VALS)," *Journal of Consumer Research*, 13 (Dec), pp. 405–409.

Kahn, B. E. & A. M. Isen(1993), "The Influence of Positive Affect on Variety Seeking among Safe, Enjoyable Products," *Journal of Consumer Research,* 20, pp. 257–270.

Kahneman, D. and A. Tversky(1979), "Prospect Theory: an Analysis of Decision under Risk," *Econometrica,* 47, pp. 263–291.

Kassarjian, H. H. & J. B. Cohen(1965), "Cognitive Dissonance and Consumer Behavior: Reactions to the Surgeon General's Report on Smoking and Health," *California Management Review,* 8, pp. 55–64.

Keaveney, S. M.(1995), "Customer Switching Behavior in Service Industries: An Exploratory Study," *Journal of Marketing,* 59 (April), pp. 71–82.

Kellaris, J. & A. Cox(1989), "The Effects of Background Music in Advertising: A Reassessment," *Journal of Consumer Research,* 16, pp. 113–118.

Keller, K. L.(1987), "Memory in Advertising: The Effect of Advertising Memory Cues on Brand Evaluations," *Journal of Consumer Research,* 14, pp. 316–333.

Keller, K. L.(2007), *Strategic Brand Management: Building, Measuring, and Managing Brand Equity, 3rd Edition,* Prentice-Hall.

Kelley, H. H. (1973), "The Process of Causal Attribution," *American Psychologist,* 28, pp. 107–128.

Kelman, H. C.(1958), "Compliance, Identification, and Internalization: Three Process of Attitude Change," *Journal of Conflict Resolution,* 2, pp. 51–60.

Kim, J., C. T. Allen, & F. R. Kardes(1996), "An Investigation of the Mediational Mechanisms Underlying Attitudinal Conditioning," *Journal of Marketing Research,* 33 (August), pp. 318–328.

King, C. W. & J. O. Summers(1970), "Overlap of Opinion Leadership Across Product Categories," *Journal of Marketing Research,* 7 (February), pp. 43–50.

Kleinsasser & Wagner(2011), "Price Endings and Tourism Consumers' Price Perceptions," *Journal of Retailing and Consumer Services,* 18, pp. 58–63.

Kotler, P., J. T. Bowen, & J. C. Makens(2010), *Marketing for Hospitality and Tourism, 5th Edition,* Prentice Hall.

Krishnan, H. S.(1996), "Characteristics of Memory Associations: A Consumer-based Brand Equity Perspective," *International Journal of Research in Marketing,* 13, pp. 389–405.

Krugman, H. E.(1968), "Processes Underlying Exposure to Advertising," *American Psychologist,* 23, pp. 245–253.

Krugman, H. E.(1965), "The Impact of Television Advertising: Learning Without Involvement," *Public Opinion Quarterly,* 29, pp. 349–356.

Kuo, Chang, Chen, & Hsu(2012), "Investigating the Effect of Service Quality on Customer Post-Purchasing Behaviors in the Hotel Sector: The Moderating Role of Service Convenience," *Journal of Quality Assurance in Hospitality & Tourism,* 13, pp. 212–234.

LaPiere, R. T.(1934), "Attitudes Versus Actions," *Social Forces,* 13, pp. 230–237.

Laurent, G. & J. N. Kapferer(1985), "Measuring Consumer Involvement Profiles," *Journal of Marketing Research,* 22 (February), pp. 4–53.

Lee, A. Y. & B. Sternthal(1999), "The Effect of Positive Mood on Memory," *Journal of Consumer Research,* 19, pp. 293–301.

Lee, H. S., Y. K. Lee, and D. K. Yoo(2000), "The Determinants of Perceived Service Quality and Its Relationship with Satisfaction," *Journal of Services Marketing,* 14 (3), pp. 217–231.

Lee, M.(1989), "Contingency Approach to Strategies for Service Firms," *Journal of Business Research,* 19, pp. 293–301.

Long, M. M. & L. G. Schiffman(2000), "Consumption Values and Relationships: Segmenting the Market for Frequency Programs," *Journal of Consumer Marketing,* 17 (3), pp. 214–232.

Lovelock, C. H.(1981), "Why Marketing Management Needs to be Different for Services," in *Marketing of Services,* eds. J. H. Donnelly & W. R. George, Chicago, IL: American Marketing Association, pp. 5–9.

Maister, D. H.(1985), "The Psychology of Waiting Lines," in *The Service Encounter: Managing Employee/Customer Interaction,* J. A. Czepiel, M. R. Solomon, & C. F. Surprenant, eds., Lexington, MA: Lexington Books, pp. 113–123.

Matilla, A. S. & J. Wirtz(2001), "Congruency of Scent and Music as a Driver of In-Store Evaluations and Behavior," *Journal of Retailing,* 77 (2), 272–289.

McCarthy, M. J. (1991), "Mind Probe," *Wall Street Journal,* March 22, B3.

McClelland, D. C.(1962), "Business Drive and National Achievement," *Harvard Business Review*, 40 (July-August), pp. 99-112.

McCrae, R. R. & P. T. Costa, Jr.(1989), "Reinterpreting the Myers-Briggs Type Indicator from the Perspective of the Five-Factor Model of Personality," *Journal of Personality and Social Psychology* (March), pp. 17-40.

Miller, K. E. & J. L. Ginter(1979), "An Investigation of Situational Variation in Brand Choice Behavior and Attitude," *Journal of Marketing Research*, Vol. 16 (February), pp. 111-123.

Milliman, R.(1982), "Using Background Music to Affect the Behavior of Supermarket Shoppers," *Journal of Marketing*, 46, pp. 86-91.

Milliman, R.(1986), "The Influence of Background Music on the Behavior of Restaurant Patrons," *Journal of Consumer Research*, 13, pp. 286-289.

Milner, B, R., S. Corkin, & H. L. Teuber(1968), "Further Analysis of the Hippocampal Amnesia Syndrome: 4 Year Follow-up Study of H. M.," *Neuropsychologia*, 6, pp. 215-238.

Moschis, G. P.(1985), "The Role of Family Communication in Consumer Socialization of Children and Adolescents," *Journal of Consumer Research*, 11 (March), pp. 898-913.

Munson, J. M. & E. F. McQuarrie(1988), "Shortening the Rokeach Value Survey for Use in Consumer Research," *Advances in Consumer Research*, p. 384.

Murray, H. A.(1955), "Types of Human Needs," in *Studies in Motivation*, David C. McClelland, ed., New York: Appleton-Century-Crofts, pp. 63-66.

Murray, K. B.(1991), "A Test of Services Marketing Theory: Consumer Information Acquisition Activities," *Journal of Marketing*, 55 (January), pp. 10-25.

Oliva, T. A., R. L. Oliver, and I. C. MacMillan(1992), "A Catastrophe Model for Developing Service Satisfaction Strategies," *Journal of Marketing*, 46 (July), pp. 83-95.

Oliver, R. L.(1999), "Whence Consumer Loyalty?" *Journal of Marketing*, 63 (Special Issue), pp. 33-44.

Osgood, C. E. & P. H. Tannenbaum(1955), "The Principle of Congruity in the Prediction of Attitude Change," *Psychological Review*, 62, pp. 42-55.

Parasuraman, A., L. L. Berry, & V. A. Zeithaml(1991), "Refinement and Reassessment of the SERVQUAL Scale," *Journal of Retailing*, 67 (4), pp. 420-450.

Parasuraman, A., V. A. Zeithaml, & L. L. Berry(1988), "SERVQUAL: A Multi-Item Scale for Measuring Consumer Perceptions for Service Quality," *Journal of Retailing*, 64 (1), pp. 12-40.

Park, C. & T. M. Lee(2009), "Information Direction, Website Reputation and eWOM effect: A Moderating Role of Product Type," *Journal of Business Research*, 62 (1), pp. 61-67.

Petty, R. E. & J. T. Cacioppo(1983), "Central and Peripheral Routes to Persuasion: Application to Advertising," in *Advertising and Consumer Psychology*, eds. L. Percy & A. Woodside, Lexington, MA: Lexington Books, pp. 3-23.

Pine, B. J. & J. H. Gilmore(1998), "Welcome to the Experience Economy," *Harvard Business Review*, 76 (4), pp. 97-105.

Raju, P. S.(1980), "Optimum Stimulation Level: Its Relationship to Personality, Demographics and Exploratory Behavior," *Journal of Consumer Research*, 7 (December), pp. 272-282.

Rao, A. R. & W. A. Sieben(1992), "The Effect of Price Knowledge on Price Acceptability and the Type of Information Examined," *Journal of Consumer Research*, 19 (September), pp. 256-270.

Reichheld, F. F. & W. E. Sasser, Jr.(1990), "Zero Defections: Quality Comes to Services," *Harvard Business Review*, September-October, pp. 105-111.

Rokeach, M.(1973), *The Nature of Human Values*, New York: Free Press.

Rosenberg, M. J.(1956), "Cognitive Structure and Attitudinal Affect," *Journal of Abnormal and Social Psychology*, 53, pp. 364-372.

Salzman, M., I. Matathia, & A. O' Reilly(2003), *Buzz: Harness the Power of Influence and Create Demand*, John Wiley & Sons.

Schmitt, B. H.(2003), *Customer Experience Management: A Revolutionary Approach to Connecting with Your Customers*, Hoboken, NJ: John Wiley and Sons.

Settle, Robert B. & Pamela L. Alrech(2008), *Why They Buy (소비의 심리학)*, 대홍기획 마케팅 컨설팅 그룹 옮김, 세종서적.

Shostack, G. L.(1977), "Breaking Free from Product Marketing," *Journal of Marketing,* 41 (April), pp. 73–80.

Sim, J. B. Mak, & D. Jones(2006), "A Model of Customer Satisfaction and Retention for Hotels," *Journal of Quality Assurance in Hospitality & Tourism,* 7 (3), pp. 1–23.

Skinner, B. F.(1971), *Contingencies of Reinforcement,* East Norwalk, CT: Appleton–Century–Crofts.

Smith, A. K., R. N. Bolton, & J. Wagner(1999), "A Model of customer Satisfaction with Service Encounters Involving Failure and Recovery," *Journal of Marketing Research,* 36 (August), pp. 356–372.

Spangenberg, E. R., A. E. Crowley, & P. W. Henderson, "Improving the Store Environment: Do Olfactory Cues Affect Evaluations and Behavior?" *Journal of Marketing,* April, pp. 67–80.

Spence, H. E. & J. F. Engel(1970), "The Impact of Brand Preference on the Perception of Brand Names: A Laboratory Analysis," in Research in Consumer Behavior, eds. D. T. Kollat, R. D. Blackwell & J. F. Engel, New York: Holt, Rinehart & Winston, pp. 61–70.

Sweeney, J. C.(1999), "The Role of Perceived Risk in the Quality–Value Relationship: A Study in a Retail Environment," *Journal of Retailing,* 75 (1), pp. 77–105.

Tax, S. S., S. W. Brown, & M. Chandrashekaran (1998), "Customer Evaluations of Service Complaint Experiences: Implications for Relationship Marketing," *Journal of Marketing,* 62 (April), pp. 60–76.

Thompson, A. M. & P. F. Kaminski(1993), "Psychographic and Lifestyle Antecedents of Service Quality Expectations," *Journal of Services Marketing,* 7 (4), pp. 53–61.

Teichert, T. A. and Schontag, K.(2010), "Exploring Consumer Knowledge Structures using Associative Network Analysis," *Psychology and Marketing,* 27 (4), pp. 369–398.

Triandis, H. C.(1977), *Interpersonal Behavior,* Monterey: Brooks/Cole.

Veblen, T.(1899), *The Theory of the Leisure Class.*

Warner, W. L., M. Meekr, & K. Edells(1960), "Social Class in America," *A Manual of Procedure for the Measurement of Social Status,* Harper & Row.

Weiner, B.(1985), "Spontaneous Causal Thinking," *Psychological Bulletin,* 97 (1), pp. 74–84.

Yi, Y. J.(1993), "Contextual Priming Effects in Print Advertisements: The Moderating Role of Prior Knowledge," *Journal of Advertising,* 22 (1), pp. 1–10.

Yuan, Y. & C. Wu(2008), "Relationships among Experiential Marketing, Experiential Value, and Customer Satisfaction," *Journal of Hospitality & Tourism Research,* 32 (3), pp. 387–410.

Zajonc, R. B.(1968), "The Attitudinal Effects of Mere Exposure," *Journal of Consumer Research,* 12 (3), pp. 341–352.

Zeithaml, V. A.(1981), "How Consumer Evaluation processes Differ Between Goods and Services,' In *Marketing of Services,* J. H. Donnely & W. R. George, eds., American Marketing Association, Chicago, Illinois, pp. 39–47.

Zeithaml, V. A. L. L. Berry, & A. Parasuraman(1996), "The Behavioral Consequences of Service Quality," *Journal of Marketing,* 60, pp. 31–46.

Zuckerman, M.(1979), Sensation Seeking: Beyond the Optimal Level of Arousal, Hillsdale, NJ: Lawrence Erlbaum.

(인터넷자료는 표기 생략)

찾아보기

저|자|약|력 >>>

■ 이화인(李華仁)

• 미국 Pennsylvania State University 경영학 박사 (서비스마케팅 전공)
• 미국 University of Massachusetts 호텔경영학 석사
• 경기대학교 관광경영학 학사

[주요경력]

• 경기대학교 관광대학 호텔경영학과 교수
• 미국 Pennsylvania State University 경영대학 마케팅 강사
• 한국투자 경제연구소 객원연구원
• 한국관광공사 관광교육원 자문교수
• 한국관광공사 관광종사원 자격시험 출제위원
• 주식회사 대교 부설대학원 마케팅 교수
• 경기대학교 여학생문화원 원장
• 한국관광학회 관광학연구 편집위원
• 한국여행학회 홍보이사
• 한국서비스산업학회 부회장

[저 서]

• 대학 호텔영어회화(기문사)
• 호텔마케팅(학현사)
• 호스피탈리티 산업의 이해(차길수, 김경환과 공저, 백산출판사)
• 호텔 · 컨벤션 마케팅(B&M Books)
• 호텔외식 고객행동(기문사)
• 호텔마케팅, 2판(B&M Books)

서비스 고객의 심리와 행동

2014년 2월 28일 초　판 발행
2021년 2월 28일 1판 6쇄 발행

저　자 이 화 인
발행인 한 인 환
발행처 도서출판 **기 문 사**
등　록 1978. 8. 9. NO. 6-0637
주　소 서울시 동대문구 안암로 50-1(용두동) 홍신빌딩 3층
전　화 02) 2265-7214/922-8662~8663
팩　스 02) 922-8772

homepage : www.kimoonsa.co.kr
e-mail : book@kimoonsa.co.kr

ISBN : 978-89-7723-621-9 93590

저자와의 협의하에 인지생략

정가 : 27,000원